HISTÓRIA
DA RELIGIÃO
DE ISRAEL

Conselho Editorial

Luiz Henrique Alves da Silva
Profº. Dr. Paulo Cappelletti
Profº. Dr. Waldecir Gonzaga (PUC-Rio, Brasil)

Profº. Dr. Abimar Oliveira de Moraes (PUC-Rio, Brasil)
Profº. Dr. Adelson Araújo dos Santos (Gregoriana, Roma, Itália)
Profª. Dra. Andreia Serrato (PUC-PR, Brasil)
Profª. Dra. Aparecida Maria de Vasconcelos (FAJE, Brasil)
Profª. Dr. Carlos Ignacio Man Ging Villanueva (PUCE, Equador)
Profª. Dra. Edith Gonzáles Bernal (PU Javeriana, Bogotá, Colômbia)
Profª. Dra. Eileen Fit Gerald (UC de Cochabamba, Bolívia)
Profº. Dr. Erico João Hammes (PUC-RS, Brasil)
Profº. Dr. Fernando Soler (PUC-Chile, Santiago)
Profª. Dra. Francilaide Queiroz de Ronsi (PUC-Rio, Brasil)
Profº. Dr. Francisco Nieto Rentería (UP, México)
Profº. Dr. Gabino Uríbarri (UP Comillas, Espanha)
Profº. Dr. Gilles Routhier (U. Laval, Quebéc, Canadá)
Profª. Dra. Gizela Isolde Waechter Streck (EST, Brasil)
Dr. Júlio Paulo Tavares Zabatiero (FTSA, Brasil)
Profª. Dra. Maria Isabel Pereira Varanda (UCP, Portugal)
Profª. Dra. Maria Teresa de Freitas Cardoso (PUC-Rio, Brasil)
Profª. Dra. Sandra Duarte de Souza (UMESP, Brasil)
Profº. Dr. Valmor da Silva (PUC-GO, Brasil)
Profª. Dra. Vilma Stegall de Tommaso (PUC-SP, Brasil)
Profª. Dra. Gleyds Silva Domingues (FABAPAR)

GEORG FOHRER

HISTÓRIA DA RELIGIÃO DE ISRAEL

Tradução:
Josué Xavier

Revisão:
João Bosco L. Medeiros

São Paulo

2021

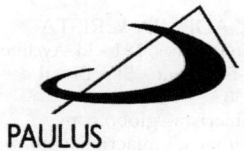

© Editora Academia Cristã
© Walter de Gruyter GmbH& Co. KG Berlin

Título original:
Geschichte der israelitischen Religion

Supervisão Editorial:
Rico Silva
Profº Dr. Paulo Cappelletti

Layout, e arte final:
Regino da Silva Nogueira

Tradução:
Josué Xavier

Revisão:
João Bosco de Lavor Medeiros

Capa:
James Valdana

Assessoria para assuntos relacionados a Biblioteconomia:
Claudio Antônio Gomes

F657h   Fohrer, Georg
        História da religião de Israel / Georg Fohrer; trad. Josué Xavier. – São Paulo : Ed. Academia Cristã Ltda/Paulus, 2012.

        Título original: Geschichte der israelitischen Religion

        16x23 cm: 544 páginas

        ISBN 85-98481-13-0

        Bibliografia

        1. Bíblia – A.T. – Teologia 2. Judaísmo – História 3. História das Religiões 4. História Judaica. I. Título.

                                                                                CDU-221.017

Índices para catálogo sistemático:

1. Bíblia – Teologia   221.017
2. Judaísmo: História   221.017

Proibida a reprodução total ou parcial desta obra, por qualquer forma ou meio eletrônico e mecânico, inclusive através de processos xerográficos, sem permissão expressa da editora (Lei nº 9.610 de 19.2.1998).

Todos os direitos reservados à

EDITORA ACADEMIA CRISTÃ
Rua José do Passo Bruques, 181 - Jd. Avelino
Cep 03227-130 - São Paulo - SP - Brasil
Tel. (11) 3297-5730
E-mail: academiacrista@globo.com
Site: www.editoraacademiacrista.com.br

EDITORA PAULUS
Rua Francisco Cruz, 229
Cep 04117-091 - São Paulo, SP - Brasil
Tel.: (11) 5084-3066 e Fax: (011) 5579-3627
editorial@paulus.com.br
www.paulus.com.br

ÍNDICE GERAL

ABREVIATURAS 11

APRESENTAÇÃO 15

§ 1. INTRODUÇÃO 17
    1. O estudo da religião israelita 18
    2. Propósito e fontes 25

Primeira Parte
A RELIGIÃO DO PERÍODO ANTIGO

Capítulo I - O FUNDO RELIGIOSO 31

§ 2. O SUBSTRATO RELIGIOSO E A RELIGIÃO DAS TRIBOS NÔMADES 31
    1. O fundo histórico 32
    2. Os israelitas como nômades 35
    3. O substrato religioso 38
    4. A religião tribal dos antigos israelitas 42
    5. A posição dos patriarcas 50

§ 3. A RELIGIÃO CANANÉIA 51
    1. Ugarit e a religião cananéia 52
    2. Os deuses cananeus 57
    3. Lendas e mitos cananeus 67
    4. Culto cananeu e vida religiosa 70

§ 4. A RELIGIÃO DOS ANTIGOS ISRAELITAS NA PALESTINA 74
    1. A ocupação e suas conseqüências 74
    2. O encontro entre a religião nômade e a religião cananéia 77

CAPÍTULO II - JAVISMO MOSAICO, A PRIMEIRA
INFLUÊNCIA 81

§ 5. TRADIÇÕES, EVENTOS E FIGURAS 81
   1. Tradições referentes aos inícios do javismo 81
   2. Desenvolvimento histórico 83
   3. A importância de Moisés 92

§ 6. O JAVISMO MOSAICO 93
   1. Iahweh 94
   2. O relacionamento entre Deus e o homem 99
   3. Culto e ética 103
   4. Desenvolvimento ulterior 107

CAPÍTULO III - O JAVISMO NA PALESTINA ANTES DO
ESTADO ISRAELITA 109

§ 7. O FUNDO HISTÓRICO E RELIGIOSO 109
   1. Adoção e expansão do javismo 109
   2. O problema da liga sacral de tribos e Israel como o
      povo de Iahweh 112
   3. O período anterior ao Estado israelita 119

§ 8. O CONFLITO ENTRE O JAVISMO E O
NOMADISMO 122
   1. Soberania e poder de Deus 123
   2. A associação de Deus com o seu povo 124
   3. Conseqüências e mudanças religiosas 125

§ 9. O CONFLITO ENTRE O JAVISMO E A RELIGIÃO
CANANÉIA 129
   1. Considerações básicas 129
   2. Iahweh e os deuses de Canaã 131
   3. Culto 134

§ 10. A RELIGIÃO ISRAELITA ANTERIOR AO ESTADO
ISRAELITA 135
   1. Iahweh e a arca 135
   2. Culto 141
   3. Tradições históricas e leis 151
   4. Conseqüências 155

Segunda Parte
A RELIGIÃO DA MONARQUIA

Capítulo IV - REALEZA, A SEGUNDA INFLUÊNCIA 159

§ 11. EVENTOS E FIGURAS 159
    1. O reinado de Saul 160
    2. Davi e Salomão 162
    3. Primórdios da ascendência assíria 168
    4. O período da ascendência assíria 173
    5. O início da Diáspora 176
    6. Conseqüências literárias 177

§ 12. A CONCEPÇÃO RELIGIOSA E O SIGNIFICADO DA MONARQUIA 180
    1. Conseqüências da monarquia 181
    2. A natureza da realeza em Israel 183
    3. Limitação e rejeição 193

Capítulo V - O JAVISMO NO PERÍODO DA MONARQUIA 197

§ 13. MOVIMENTOS RELIGIOSOS 197
    1. Considerações básicas 198
    2. A sobrevivência do antigo javismo e a abordagem conservadora da vida 199
    3. A abordagem mágica da vida 202
    4. A abordagem cultual da vida 204
    5. A abordagem nacionalista da vida 207
    6. A abordagem sapiencial da vida 209
    7. Características compartilhadas 213

§ 14. IAHWEH E A ESFERA DIVINA 214
    1. Iahweh e suas manifestações 214
    2. Iahweh e os deuses 223
    3. Seres celestiais e demônios 225

§ 15. IAHWEH E A ESFERA TERRENA 229
    1. Natureza, criação e eventos primordiais 230
    2. Iahweh como senhor da história 236
    3. Iahweh e Israel 240
    4. O homem perante Iahweh 244

§ 16. O CULTO 253
   1. Considerações básicas 254
   2. Lugares de culto 256
   3. Festas e festividades 261
   4. A realização do culto 266
   5. O pessoal cultual 274
   6. Desenvolvimento posterior e crítica 277

§ 17. VIDA E MORTE 277
   1. O homem como criatura viva neste mundo 278
   2. Vida e morte 280
   3. Após a morte 281

Capítulo VI - PROFECIA, A TERCEIRA INFLUÊNCIA 289

§ 18. A PROFECIA NO ANTIGO ORIENTE MÉDIO E EM ISRAEL ATÉ O SÉCULO IX A.C. 289
   1. A profecia no antigo Oriente Médio 290
   2. A antiga profecia israelita 296
   3. Elias 298
   4. Eliseu 300
   5. Traços primitivos 301

§ 19. A PROFECIA ISRAELITA NOS SÉCULOS VIII E VII A.C. 305
   1. A história posterior da profecia pré-exílica 305
   2. Experiência e ministério proféticos 308
   3. Amós 314
   4. Oséias 319
   5. Isaías 325
   6. Miquéias 331
   7. Sofonias 333
   8. Jeremias 335

§ 20. A ABORDAGEM DA VIDA FEITA PELOS GRANDES PROFETAS 343
   1. O conteúdo da mensagem profética 344
   2. A crítica dos profetas 353
   3. Relações com a tradição 363
   4. Relação com outras atitudes religiosas 368
   5. O lugar das grandes figuras proféticas na história das religiões 373

CAPÍTULO VII - A TEOLOGIA DEUTERONÔMICA,
CONSEQÜÊNCIA E QUARTA INFLUÊNCIA 377

§ 21. DESENVOLVIMENTOS RELIGIOSOS 377
   1. Fundo e história primitiva 377
   2. A reforma de Josias 381

§ 22. TEOLOGIA E VIDA SEGUNDO OS PRINCÍPIOS
DEUTERONÔMICOS 383
   1. A teologia deuteronômica 383
   2. A vida sob a lei deuteronômica 387
   3. A escola deuteronomística pré-exílica 391

Terceira Parte
A RELIGIÃO DO PERÍODO EXÍLICO

CAPÍTULO VIII - A RELIGIÃO DO PERÍODO EXÍLICO 399

§ 23. A SITUAÇÃO RELIGIOSA 399
   1. A situação e a evidência 399
   2. Palestina 402
   3. Exílio e Diáspora 404

§ 24. QUINTA INFLUÊNCIA: PROFECIA EXÍLICA E
ESCATOLOGIA INCIPIENTE 410
   1. Ezequiel 411
   2. Outros profetas 416
   3. O Dêutero-Isaías 418
   4. Começos da escatologia 424

Quarta Parte
A RELIGIÃO DO PERÍODO PÓS-EXÍLICO

CAPÍTULO IX - O PERÍODO PÓS-EXÍLICO PRIMITIVO 429

§ 25. EVENTOS E FIGURAS 429
   1. Retorno, reconstrução do Templo e atitude religiosa 429
   2. A primitiva profecia pós-exílica 434
   3. Conseqüência 436

§ 26. DESENVOLVIMENTO DA ESCATOLOGIA 438
   1. Eventos escatológicos 438
   2. A estrutura da escatologia 442

3. A esperança messiânica 450
   4. Conseqüência 457

Capítulo X - PERÍODO PÓS-EXÍLICO TARDIO 459
§ 27. EVENTOS, FIGURAS E ATITUDES RELIGIOSAS 459
   1. A crise da comunidade de Jerusalém e Malaquias 459
   2. O documento sacerdotal 461
   3. Neemias e Esdras 463
   4. O período posterior à reforma de Esdras 466
   5. A comunidade samaritana 477
   6. O período macabeu e a apocalíptica 478

§ 28. OBJETOS E CONTEÚDOS DA FÉ 482
   1. Iahweh e os anjos, Satã e os demônios 482
   2. Iahweh, o mundo e o homem 486
   3. A Lei 489
   4. O culto do Templo e a adoração da sinagoga 491
   5. O destino do homem após a morte 498

BIBLIOGRAFIA 505

ÍNDICE DE AUTORES 507

ÍNDICE DOS TEXTOS BÍBLICOS 517

ABREVIATURAS

AcOr	Acta Orientalia
AfO	Archiv für Orientforschung
AIPh	Annuaire de l'Institut de Philologie et d'Histoire Orientales et Slaves
AJA	American Journal of Archeology
AJSL	American Journal of Semitic Languages and Literatures
ALBO	Analecta Lovaniensia Biblica et Orientalia
ANEP	J. B. Pritchard (ed.), The Ancient Near East in Pictures Relating to the Old Testament, 1954.
ANET	J. B. PRITCHARD (ed.), Ancient Near Eastern Texts Relating to the Old Testament, 1950; 2ª ed., 1955.
AnSt	Anatolian Studies
AOT	H. Gressmann (ed.), Altorientalische Texte zum Alten Testament, 2ª ed., 1926.
ARM	Archives Royales de Mari
ArOr	Archiv Orientální
ARW	Archiv für Religionswissenschaft
ASTI	Annual of the Swedish Theological Institute in Jerusalem
AThR	Anglican Theological Review
BA	The Biblical Archaeologist
BASOR	Bulletin of the American Schools of Oriental Research
BEThL	Bibliotheca Ephemeridum Theologicarum Lovaniensium
BHH	Biblisch-Historisches Handwörterbuch
Bibl	Biblica
BiLe	Bibel und Leben
BiOr	Bibliotheca Orientalis
BJRL	Bulletin of the John Reylands Library
BRL	K. Galling, Biblisches Reallexikon, 1937
BZ	Biblische Zeitschrift
BZAW	Beiheft zur Zeitschrift für die alttestamentliche Wissenschaft
CBL	Calwer Bibellexikon

CBQ	Catholic Biblical Quarterly
ChQR	Church Quarterly Review
ChuW	Christentum und Wissenschaft
CRAI	Comptes Rendus de l'Académie des Inscriptions et Belles-Lettres
DTT	Dansk Teologisk Tidsskrift
ET	Expository Times
EvTh	Evangelische Theologie
FF	Forschungen und Fortschritte
GThT	Gereformeerd Theologisch Tijdschrift
HdO	B. Spuler (ed.), Handbuch der Orientalistik
HThR	Harvard Theological Review
HUCA	Hebrew Union College Annual
IDB	The Interpreter's Dictionary of the Bible
IEJ	Israel Exploration Journal
Interpr	Interpretation
JAOS	Journal of the American Oriental Society
Jb	Jahrbuch
JBL	Journal of Biblical Literature
JBR	Journal of Bible and Religion
JCSt	Journal of Cuneiform Studies
JEOL	Jaarbericht van het Vooraziatisch-Egyptisch Genootschap Ex Orient Lux
JJS	Journal of Jewish Studies
JMEOS	Journal of the Manchester University Egyptian and Oriental Society
JNES	Journal of Near Eastern Studies
JPOS	Journal of the Palestine Oriental Society
JR	Journal of Religion
JSS	Journal of *Semitic* Studies
JThSt	Journal of Theological Studies
KAI	H. Donner and W. Röllig, Kanaanäische und aramäische Inschriften, 1962-64
KuD	Kerygma und Dogma
LA	Studii Biblici Franciscani Liber Annuus
MGWJ	Monatsschrift für Geschichte und Wissenschaft des Judentums
MUB	Mélanges de l'Université Saint-Joseph
NC	La Nouvelle Clio

NkZ	Neue kirchliche Zeitschrift
NRTh	Nouvelle Revue Théologique
NT	Novum Testamentum
NThS	Nieuwe Theologische Studiën
NThT	Nieuw Theologisch Tijdschrift
NTT	Norsk Teologisk Tidsskrift
OLZ	Orientalistische Literaturzeitung
Or	Orientalia
OTS	Oudtestamentische Studiën
OuTWP	Die Ou Testamentiese Werkgemeenskap in Suid-Afrika
PEFQSt	Palestine Exploration Fund, Quarterly Statement
PEQ	Palestine Exploration Quarterly
PJB	Palästinajahrbuch
QDAP	Quarterly of the Department of Antiquities in Palestine
RA	Revue d'Assyriologie et d'Archéologie Orientale
RB	Revue Biblique
REJ	Revue des Études Juives
RES	Revue des Études Sémitiques
RGG	Die Religion in Geschichte und Gegenwart, 3ª ed.
RGG²	Die Religion in Geschichte und Gegenwart, 2ª ed.
RHPhR	Revue d'Histoire et de Philosophie Religieuses
RHR	Revue de l'Histoire des Religions
RSO	Rivista degli Studi Orientali
RThPh	Revue de Théologie et de Philosophie
SEA	Svensk Exegetisk-Arsbok
S-F	E. Sellin and G. Fohrer, Einleitung in das Alte Testament, 10ª ed., 1965 (English: Introduction to the Old Testament, 1968)
SJTh	Scottish Journal of Theology
StC	Studia Catholica
StTh	Studia Theologica
ThBl	Theologische Blätter
ThLZ	Theologische Literaturzeitung
ThQ	Theologische Quartalschrift
ThR	Theologische Rundschau
ThStKr	Theologische Studien und Kritiken
ThW	Theologisches Wörterbuch zum Neuen Testament
ThZ	Theologische Zeitschrift
UT	C. H. Gordon, Ugaritic Texbook, 1965

VT	Vetus Testamentum
VTSuppl	Supplements to Vetus Testamentum
WdO	Die Welt des Orients
WuD	Wort und Dienst
WZ	Wissenschaftliche Zeitschrift
WZKM	Wiener Zeitschrift für die Kunde des Morgenlandes
ZA	Zeitschrift für Assyriologie
ZAW	Zeitschrift für die alttestamentliche Wissenschaft
ZDMG	Zeitschrift der Deutschen Morgenländischen Gesellschaft
ZDPV	Zeitschrift des Deutschen Palästina-Vereins
ZEE	Zeitschrift für evangelische Ethik
ZMR	Zeitschrift für Missionskunde und Religionswissenschaft
ZNW	Zeitschrift für die neutestamentliche Wissenschaft
ZRGG	Zeitschrift für Religions- und Geistesgeschichte
ZSTh	Zeitschrift für systematische Theologie
ZThK	Zeitschrift für Theologie und Kirche
ZWTh	Zeitschrift für wissenschaftliche Theologie

APRESENTAÇÃO

A reedição da *História da Religião de Israel*, de GEORG FOHRER, é muito bem-vinda. Textos sólidos sobre a história da religião israelita e suas relações com as demais religiões palestinenses ainda são uma lacuna na bibliografia exegética em língua portuguesa. A obra de Fohrer é, assim, uma leitura obrigatória para quem deseja conhecer melhor as crenças, os rituais, os conflitos, os intercâmbios, as instituições da religião do antigo Israel nos tempos bíblicos.

GEORG FOHRER foi um renomado estudioso do Antigo Testamento. Ele nasceu em 6 de setembro de 1915 em Krefeld. Realizou seus estudos teológicos em Marburg e Bonn, recebendo os títulos de Doutor em Filosofia (1939) e Doutor em Teologia (1944). Iniciou a carreira docente em Marburg em 1949, e de 1954 a 1962 ensinou teologia na Universidade de Viena. A partir de 1962, graças ao reconhecimento de seus méritos como pesquisador, assumiu a cátedra de Antigo Testamento na faculdade de teologia da Universidade Friedrich-Alexander onde se aposentou em 1979. Escreveu mais de 30 livros e duzentos artigos, abrangendo todo o campo dos estudos do Antigo Testamento. Após sua aposentadoria, converteu-se ao Judaísmo e foi residir em Jerusalém, onde faleceu em 4 de dezembro de 2002. Foi sepultado no cemitério Monte das Oliveiras.

Três de seus livros foram publicados em português, todos sobre o Antigo Testamento, e podem, por si só, formar uma pequena biblioteca para a pessoa interessada em conhecer melhor a Escritura em uma perspectiva acadêmica. Em sua *Introdução ao Antigo Testamento*, a maior contribuição reside nos cuidados estudos sobre as formas literárias dos textos vétero-testamentários. Em *Estruturas Teológicas do Antigo Testamento*, dedicou-se a sistematizar os principais conceitos teológicos do Antigo Testamento como parte da Escritura Cristã. Em *História da Religião de Israel*, seu interesse se volta primariamente para o estudo das idéias e práticas religiosas dos antigos israelitas.

Publicada originalmente em 1969, esta *História da Religião de Israel* representa um marco nas pesquisas sobre o tema. Desenvolveu uma abordagem em que procurou compreender a religião israelita em constante relação com as estruturas e instituições sociais e políticas do antigo Israel.

Sua noção do javismo antigo como fruto de três distintas, mas correlatas fontes, é uma hipótese que ainda tem seu valor nos estudos da religião israelita.

Esforçou-se por construir uma visão unificada do javismo israelita antigo, mas não deixou de perceber a existência de fortes conflitos e tensões no desenvolvimento histórico da religião israelita, especialmente no período monárquico – em que sua atenção se volta para os diferentes grupos sociais e religiosos em Israel – ou, como ele prefere chamar, as diferentes "abordagens da vida": conservadora, mágica, cúltica, nacionalista, sapiencial e profética.

Ao centrar seu foco nas "abordagens da vida", a história da religião de Israel de FOHRER é primariamente uma história de idéias religiosas, uma história das crenças e do pensamento religioso em Israel. Nesse sentido, dá atenção aos aspectos sociais e políticos, mas evita formular hipóteses que correlacionem de forma estreita as estruturas e instituições sociais e políticas e as diferentes idéias religiosas em Israel. Dessa forma, a sua história da religião de Israel é muito parecida com uma teologia do Antigo Testamento.

Tendo em vista a época de sua elaboração, as teses principais da *História da Religião de Israel* propostas por FOHRER, têm sido submetidas a uma série de críticas e revisões, especialmente em função dos novos conhecimentos sobre a sociedade israelita e sobre as religiões cananéias desde a época da publicação do livro. Sua visão do javismo nascente como expressão de um forte contraste entre a religião dos cananeus sedentários e a religião javista nômade, por exemplo, precisa ser revisada à luz das novas interpretações sobre as origens de Israel possibilitadas por avanços nas pesquisas arqueológicas. Apesar disso, sua visão contrastante está no pano de fundo de hipóteses mais recentes como, por exemplo, a de N. K. GOTTWALD, que contrapõe o javismo libertário dos grupos mosaicos à religião oficial das cidades-estados e impérios da época vétero-testamentária.

A possibilidade de estudar a religião do antigo Israel com a ajuda desta obra será uma importante contribuição para a pesquisa bíblica em língua portuguesa. Os avanços na pesquisa não se dão a partir de eternos novos começos, mas a partir de revisões permanentes de hipóteses fecundas à luz dos novos dados, métodos e tendências da pesquisa. Dessa forma, a *História da Religião de Israel*, de GEORG FOHRER, certamente será um estímulo ao aprofundamento de nossos conhecimentos sobre a religião israelita antiga.

JÚLIO PAULO TAVARES ZABATIERO
Escola Superior de Teologia

§ 1. INTRODUÇÃO

W. F. Albright, "The Ancient Near East and the Religion of Israel", *JBL* LIX (1940), 85-112; G. W. Anderson, "Hebrew Religion", in H. H. Rowley (ed.), *The Old Testament and Modern Study*, 1951, 283-310; S. A. Cook, "Salient Problems in Old Testament History", *JBL* LI (1932), 273-99; idem, "The Development of the Religion of Israel", *AIPH*, IV (1936), 539-50; O. Eissfeldt, "Israelitisch-jüdische Religionsgeschichte und alttestamentliche Theologie", *ZAW* XLIV (1926), 1-12 (= *Kleine Schriften*, I [1962], 105-14); idem, "Werden, Wesen, und Wert geschichtlicher Betrachtung der israelitisch-jüdisch-christlichen Religion", *ZMR*, XLVI (1931), 1-24 (= *ibid.*, 247-65); W. A. L. Elmslie, "Ethics", in *Record and Revelation*, 1938, pp. 275-302; C. Hartlich and W. Sachs, *Der Ursprung des Mythosbegriffes in der modernen Bibelwissenschaft*, 1952; J. Hempel, "Altes Testament und Religionsgeschichte", *ThLZ* LXXXI (1956), 259-80; W. A. Irwin, "The Study of Israel's Religion", *VT* VII (1957), 113-26; A. Jepsen, "Anmerkungen zur Phänomenologie der Religion", in *Bertholet-Festschrift*, 1950, 267-80; A. S. Kapelrud, "The Role of the Cult in Old Israel", in *The Bible and the Ancient Near East* (Albright Festschrift), 1965, 44-56; J. Kaufmann, "Probleme der israelitisch-jüdischen Religionsgeschichte", *ZAW* XLVIII (1930), 23-43; LI (1933), 35-47; E. König, "Die legitime Religion Israels und ihre hermeneutische Bedeutung", *ibid.*, XLIX (1931), 40-45; A. Lods, "Origins", in *Record and Revelation*, 1938, 187-215; C. C. McCown, "Climate and Religion in Palestine", *JR*, VII (1927), 520-39; R. F. Merkel, "Zur Religionsforschung der Aufklärungszeit", in *Bertholet-Festschrift*, 1950, 351-64; R. Rendtorff, "Kult, Mythos und Geschichte im alten Israel", in *Rendtorff-Festgabe*, 1958, 121-29; idem, "Die Entstehung der israelitischen Religion als religionsgeschichtliches und theologisches Problem", *ThLZ* LXXXVIII (1963), 735-46; C. Steuernagel, "Alttestamentliche Theologie und alttestamentliche Religionsgeschichte", in *Marti-Festschrift*, 1925, 266-73; C. Westermann, "Das Verhältnis des Jahweglaubens zu den ausserisraelitischen Religionen", in *Forschung am Alten Testament*, 1964, 189-218; idem, "Sinn und Grenze religionsgeschichtlicher Parallelen", *ThLZ* XC (1965), 489-96; F. F. Wood, "The Contribution of the Bible to the History of Religion", *JBL* XLVII (1928), 1-19; G. E. Wright, "Archaeology and Old Testament

Studies", *JBL* LXXVII (1958), 39-51; *idem*, "Cult and History", *Interpr,* XVI (1962), 3-20.

1. O estudo da religião israelita[1]

a) O estudo histórico da religião israelita teve seu início na época do iluminismo e do racionalismo. Naquela época, era comum estabelecer um contraste entre razão e revelação, verdades eternas da razão e verdades mutáveis da História e procurar demonstrar que o cristianismo era o ideal de uma religião racional e de uma moralidade elevada. Tal procedimento não só levantava o problema do critério que se devia empregar na distinção e delimitação do material bíblico em si, como também tornava necessário explicar os traços resultantes da religião bíblica que se opunham àquele ideal. Empregou-se então o critério da comparação com outras religiões, em que a razão do "sábio persa" bem podia antecipar a revelação (LESSING) e no qual se descobriu que o mito era o seu ponto de partida comum. Os traços discordantes foram explicados como acomodações necessárias aos limitados conceitos do mundo circunvizinho (J. S. SEMLER, *Abhandlung von freier Untersuchung des Canon,* 1771-75) ou como resultantes da influência das religiões vizinhas, que representavam um estágio mais baixo de desenvolvimento (G. L. BAUER, *Hebraïsche Mythologie des Alten und Neuen Testaments,* 1802; G. P. C. KAISER, *Biblische Theologie,* 1813-14).

Evidentemente, o propósito de extrair da Bíblia a religião pura da razão baseava-se inteiramente tanto em considerações de natureza dogmática quanto no resultado da equação de doutrina eclesiástica com teologia bíblica da parte do supranaturalismo, contra o qual lutava o racionalismo. Contudo, ele preparou o caminho para uma compreensão histórica da religião bíblica, ao chamar a atenção para as diferenças existentes dentro da religião da Bíblia, isto é, suas diversas concepções e manifestações

---

[1] Esta seção segue a exposição de EISSFELDT in *ZMR*; cf. também *RGG* I, 1256-1257.

religiosas, bem como as diferenças entre essa religião e o ensino e práticas dominantes no cristianismo. Isto exigiu que a abordagem histórica da Bíblia se separasse da abordagem própria da teologia dogmática, como realmente J. P. GABLER preconizou em 1787, em sua conferência sobre "a diferença real entre teologia bíblica e teologia dogmática e a correta determinação dos limites dessas duas disciplinas". Exigiu também que a religião da Bíblia fosse vista dentro da estrutura do desenvolvimento total da religião da humanidade. Dessas exigências surgiram muitas observações concernentes ao desenvolvimento gradual da religião bíblica, bem como sobre as influências exercidas sobre ela pelas religiões circundantes.

b) O passo seguinte foi dado por J. G. HERDER[2]. Aplicando seu conceito de um espírito nacional que se situa atrás de toda criatividade literária na poesia hebraica, compreendeu sua natureza melhor do que qualquer outro antes dele. Ele pôde também apreciar as manifestações específicas da religião, em vez de encobri-las ou espiritualizá-las. Ele procurava, sobretudo, representar o desenvolvimento da História universal, fazendo, assim, justiça aos seus estágios individuais (*Ideen zur Philosophie der Geschichte der Menschheit*, 1784-91). Neste contexto, também era necessário estudar o crescimento da religião.

O conceito de desenvolvimento, que já tinha sido muito discutido, foi aprofundado por G. F. W. HEGEL e exerceu influência sobre o estudo da religião bíblica. Todavia, essa abordagem corria o perigo de agir nos moldes de uma filosofia especulativa da História e do esquema de um curso lógico de desenvolvimento. Essas observações se aplicam particularmente à interpretação feita por W. VATKE no sentido de como se desenvolveu a religião de Israel (*Die Religion des Alten Testaments*, 1835)[3]. Segundo VATKE, esse desenvolvimento era essencialmente um processo de crescimento imanente, razão por que deu muito menos atenção à influência das religiões circunvizinhas. A obra de VATKE dividiu

---

[2] M. DOERNE, *Die Religion in Herders Geschichtsphilosophie*, 1927.
[3] L. PERLITT, *Vatke und Wellhausen*, 1965.

também o primeiro momento da religião da Bíblia em dois períodos: o primeiro do Antigo Testamento ou o período da religião israelita e do judaísmo e o período do Novo Testamento ou o período da religião cristã. Aparentemente, razões práticas subjazem a esta divisão: "a tentativa de basear a exposição inteiramente nas fontes e a impossibilidade de alcançar essa exigência para ambas as épocas" (EISSFELDT).

c) As realizações dos estudos histórico-críticos marcaram as décadas seguintes, operando principalmente no campo da crítica literária. Essa abordagem – a despeito das contribuições pioneiras de KUENEN[4] e K. H. GRAF – está vinculada ao nome de WELLHAUSEN, que foi seguido por F. BLEEK, STADE, W. ROBERTSON SMITH, SMEND, C. STEUERNAGEL e outros. Esse circulo de estudiosos produziu exposições da história da religião israelita que se caracterizavam pela aplicação das descobertas da crítica literária à história da religião, bem como o emprego de todos os métodos usados pela erudição histórica secular. Conseqüentemente, os estudiosos começaram a falar de uma história da religião israelita (expressão usada primeiramente por SMEND em 1893). Não se levou suficientemente em conta a influência das religiões circunvizinhas; a abordagem foi feita só em termos do relacionamento original dos israelitas com outros povos semitas ou do desenvolvimento de um sincretismo israelita-cananeu que se seguiu à ocupação israelita da Palestina. Isto foi mais notável, porque não havia carência de estudos das religiões dos povos vizinhos, visto que alguns deles foram escritos mesmo por representantes da escola histórico-crítica.

Com respeito à história da religião israelita, foram especialmente significativos os estudos de duas outras religiões: a religião arábica pré-islâmica, que estava muito próxima da religião dos antigos semitas e, portanto, da religião pré-mosaica de Israel (WELLHAUSEN e, numa base mais ampla, ROBERTSON SMITH); e a religião cananeu-fenícia, que os israelitas encontraram quando

---

[4] O. EISSFELDT, "Zwei Leidener Darstellungen der israelitischen Religionsgeschichte (A. KUENEN und B. D. EERDMANS)", *ZDMG* 85 (1931), 172-195.

ocuparam a Palestina e que influenciou a sua religião (W. W. BAUDISSIN[5]).

d) Pelos fins de 1880, formou-se a escola da história da religião[6], a qual se tornou imensamente significativa para os estudos posteriores da religião israelita. Seus representantes mais importantes na área do Antigo Testamento foram H. GUNKEL e H. GRESSMANN. Quanto ao seu último período, também merece ser mencionado o nome de W. BOUSSET. Esta escola não estava diretamente relacionada com o racionalismo e o romantismo, mas havia certo paralelismo nos problemas que estudavam, paralelismo ocasionado pela investigação histórica que prevalecia por toda parte. Contudo, essa escola foi influenciada pela filosofia da história de HERDER e também por sua avaliação da vida espiritual e intelectual das nações e dos indivíduos, como aparece nos mitos e na literatura. De modo semelhante, não só WELLHAUSEN, mas também B. DUHM e A. HARNACK e, até certo ponto, P. DE LAGARDE também popularizaram os esforços dos representantes da escola da história da religião que os precederam. Finalmente, a escola da história da religião floresceu num período em que havia um incremento generalizado na investigação histórica da religião.

A escola da história da religião provocou uma clara distinção entre a perspectiva da história e a do dogma, esclarecendo certa confusão que, A. RITSCHL fazia entre elas. O objetivo dessa escola era submeter a religião israelita, o judaísmo e o cristianismo a uma abordagem estritamente histórica, que fosse impulsionada não por razões teológicas (*e.g.*, a fim de chegar a uma "religião racional"), mas simplesmente no seu próprio interesse, tendo como meta uma síntese histórica. A religião de Israel era vista em sua conexão com as religiões das nações vizinhas, particularmente a Mesopotâmia e o Egito. Em si mesma, ela foi entendida como parte da "história", isto é, um processo que se desenrola

---

[5] O. EISSFELDT, "Vom Lebenswerk eines Religionshistorikers", *ZDMG* 80 (1926), 89-130 (= *Kleine Schriften* I, 1962, 115-142).
[6] RGG, V, 991-994.

de acordo com as "leis" da vida intelectual, espiritual e social, dentro do que seu poder transformador, a despeito de toda dependência de formas preexistentes, era avaliado.

Uma metodologia abrangente permitiria que se chegasse à consecução desses objetivos. A escola da história da religião aceitou como verdadeiros os princípios da crítica literária que prevaleciam por volta de 1880. Contudo, ela distinguia, com clareza, a época de uma idéia de seu aparecimento na forma escrita: a última pode ser precedida de uma longa tradição oral ou até de uma pré-história literária em outra religião. Além disso, a análise realizada pela crítica literária era suplementada pelo estudo das categorias retóricas e literárias (*Gattungen*), especialmente o conto, a saga e a lenda, veiculados pela tradição em prosa, e os vários tipos de salmos.

e) Ao mesmo tempo, o estudo histórico da religião do Antigo Testamento estava sendo desenvolvido também por estudiosos que não pertenciam à escola da história da religião. Entre eles, podemos citar particularmente BUDDE e KITTEL e também A. BERTHOLET que empregou os princípios das religiões comparadas, especialmente religiões de povos primitivos.

Os paralelos do Antigo Testamento encontrados em textos mesopotâmicos conduziram certos estudiosos ao chamado "Pambabilonismo"[7] e ao tema da "Bíblia e Babel" (H. WINCKLER, A. JEREMIAS), especialmente porque se conhecia pouco, naquela época, a respeito da religião cananéia. A visão do mundo sumério-babilônica, com sua religião astral e seu conceito de macrocosmo e microcosmo (com a implicação de ordem no último), pareceu tão singular "que esta visão do mundo astral deixou sua marca em todas as culturas e religiões do mundo; a visão bíblica do mundo deve, particularmente, a essa visão do mundo sua expressão simbólica"[8]. Apesar desse exagero extremado e da unilateralidade, o "Pambabilonismo" chamou a atenção para diversos fenômenos religiosos que não foram totalmente avalia-

---

[7] RGG, V, 35-36.
[8] A. JEREMIAS, *in* RGG, 2ª ed., IV, 879.

dos mesmo mais tarde: a conexão entre mito e culto, o papel representado pela figura do rei babilônico na festa do Ano Novo e a representação cúltica do ensinamento religioso.

f) De modo geral, a chamada teologia dialética conduziu os estudos históricos da religião bíblica a uma estagnação temporária. Embora não se opusesse realmente à escola da história da religião, com que, de fato, estava relacionada de diversas maneiras, estabeleceu-se um contraste agudo entre as duas. Para a teologia dialética, a abordagem da história da religião era incidental, periférica e, sobretudo, de natureza não teológica. Ainda segundo a teologia dialética, o cristianismo não pode ser emparelhado com outras religiões sob a classificação comum de "religião" com vista a uma comparação. Pelo contrário, a peculiar revelação de Deus na Bíblia contrasta com outras religiões; essa revelação fala diretamente ao presente, exatamente como falou à época em que foi comunicada. Portanto, não só é desnecessário, como também supérfluo estudar a pré-história e a história do cristianismo.

Na verdade, essa teologia intentava definir com o máximo rigor a natureza peculiar do cristianismo e de seu Deus, problema que não tinha sido solucionado pela teologia da história da religião. Não obstante, os estudos do Antigo Testamento, ao mesmo tempo, causavam grande prejuízo à pesquisa teológica, por causa de sua renúncia a toda e qualquer perspectiva histórica da religião, de seu desprezo por uma adequada compreensão da peculiaridade da religião israelita e de sua tentativa de reavivar a interpretação alegórica e tipológica do Antigo Testamento. Ela suplementava e corrigia a teologia que a precedera, mas nenhum postulado da teologia dogmática podia explicar satisfatoriamente os dados da história da religião assinalados pela teologia mais antiga.

g) Desde o advento da teologia dialética, as pesquisas históricas da religião têm-se tornado mais necessárias por causa das numerosas descobertas arqueológicas e de novos textos (como os encontrados em Ugarit) e da penetrante erudição dos estudos sobre o antigo Oriente Médio. Esses estudos demonstram como o território da Palestina e a nação israelita se ajustam ao mundo do antigo Oriente Médio e à bacia oriental do Mediterrâneo. Constitui ponto pacífico o fato de que o Antigo Testamento incorporou diversas idéias que pertenciam a outras religiões encontradas entre os antepassados e vizinhos de Israel. Isso se aplica não apenas à história primeva do Gênesis, aos Salmos e à literatura sapiencial, como também a todo o Antigo Testamento, à medida que nenhuma de suas unidades maiores está completamente isenta de traços ou elementos de religiões não israelitas. Conseqüentemente, o cânon do Antigo Testamento não pode ser escolhido para um tratamento especial, como uma entidade única, na história das religiões. Portanto, o estudo da religião israelita dentro da estrutura do mundo religioso do antigo Oriente Médio é parte indispensável dos estudos do Antigo Testamento. Ele é também fundamental a uma adequada compreensão do próprio Antigo Testamento. Nem exegese nem teologia do Antigo Testamento podem subsistir sem ele.

Por esse motivo têm surgido gradualmente novas escolas ou grupos da história da religião. Por causa de novas descobertas, tem sido possível a essas escolas levar em consideração a religião cananéia. Independente uma da outra, surgiu uma escola na Inglaterra e na Escandinávia. Enfaticamente, rejeitam a noção de desenvolvimento aplicada à religião, descobrem uma estreita relação entre a história da religião e a antropologia e sustentam a hipótese de um padrão mítico e ritual, encontrado em todo o antigo Oriente Médio. Além disso, a escola da Escandinávia aplicou ao Antigo Testamento a interpretação cúltica que se desenvolveu primeiramente na história da religião de origem germânica e procurou demonstrar que uma "ideologia da realeza" constituía a base do padrão cúltico (A. S. KAPELRUD, MOWINCKEL, RINGGREN)[9]. Em contraste com a escola do culto, há

---

[9] K.-H. BERNHARDT, *Das Problem der altorientalischen Königsideologie im Alten Testament*, 1961; J. DE FRAINE, "Les implications du 'patternisme'", *Bibl* 36 (1955), 59-73; R. RENDTORFF, "Der Kultus im alten Israel", *Jb für Liturgik und Hymmologie*, II, (1956), I-21.

uma escola que focaliza a piedade individual, procurando derivar a peculiaridade da religião israelita da estrutura da experiência espiritual para a qual serve de veículo. Essa peculiaridade pode ser observada, por exemplo, na tensão entre um sentimento de dependência e intimidade, por um lado, e um de magnificência que compele à obediência e ao serviço, por outro lado (HEMPEL). Finalmente, surgiu uma escola norte-americana baseada na arqueologia. Essa escola levanta objeções fundamentais aos métodos empregados tanto pela crítica das formas como pela crítica histórica da tradição, que derivam seus princípios somente do Antigo Testamento em si, bem como ao método da história do culto, que faz do culto a determinação das tradições históricas autorizadas. Em vez disso, a escola norte-americana exige a aplicação de critérios externos ao Antigo Testamento, especialmente aqueles fornecidos pela arqueologia (ALBRIGHT, WRIGHT).

Além desses, não devemos esquecer outros que se dedicam aos estudos da história da religião na área da religião israelita sem pertencer ou estar vinculados a qualquer dessas escolas. Em muitos casos eles tentam tomar uma posição intermediária entre as interpretações unilaterais e as posições extremadas. Eles contribuem com uma síntese dos vários métodos.

2. *Propósito e fontes*

a) O propósito da apresentação de uma história da religião israelita é descrever o curso do desenvolvimento dessa religião como a história de uma religião comum entre muitas outras. E, nesse empreendimento, não se fazem julgamentos de valor teológicos ou se atribui peso a considerações de natureza apologética. É importante também mostrar as mudanças e tensões que influenciaram a religião israelita no decorrer de sua história de mais de mil anos, pois essa religião não era nem homogênea nem estática. Na verdade, ela sofreu um processo de evolução histórica que revela significativas mudanças e desenvolvimentos causados não só por influências internas, como também externas. Além disso, freqüentemente existiam, lado a lado diferentes movimentos e tendências num estado de tensão ou de oposição. Portanto, qualquer apresentação da história da religião de Israel deve lançar luz sobre esta evolução e variedade. Ao mesmo tempo, deve responder à questão do que os vários períodos e movimentos têm em comum e que pesa mais que suas diferenças e torna possível falar da religião israelita como uma entidade singular. Estabelecer, assim, o propósito de uma história da religião israelita significa distingui-la de uma teologia do Antigo Testamento, que, de qualquer modo, deve apresentar as estruturas teológicas essenciais de uma mensagem. Tais estruturas, apesar da variedade de suas manifestações históricas, permeiam todo o Antigo Testamento e continuam importantes até mesmo além do período do Antigo Testamento.

Podemos observar freqüentemente como a religião israelita se transforma e evolui. Por exemplo, a concepção javista de Deus passa pelas seguintes transformações: primeiro, ele é um Deus da proteção; depois, um Deus da guerra; e, finalmente, um Deus da paz universal, cujo domínio abrange todo o mundo. O Deus de um grupo especial torna-se o Deus de uma nação; e, em seguida, o único Deus de todas as nações. Esporadicamente ele intervém nas batalhas; depois, age repetidamente na vida e destino de homens e nações; e, por fim, opera continuamente através de todo o domínio da natureza. No curso do desenvolvimento da concepção, Iahweh, primeiramente, é adorado em qualquer lugar; mais tarde, em numerosos santuários locais; e, finalmente, num único santuário. Simples cultos tribais dão lugar a complexas cerimônias cúlticas e, por fim, à adoração em espírito e em verdade. Precauções para a proteção da tribo transformam-se em normas cúlticas, éticas e legais, que são, de per si, sumariadas num único e compreensivo mandamento.

As tensões e contrastes são visíveis especialmente nos numerosos movimentos religiosos que floresceram durante a monarquia, isto é, as diversas abordagens da vida: conservadora, mágica, cúltica, nacionalista, sapiencial e profética, e no conflito que surgiu entre a profecia escatológica e a teologia sacerdotal durante o período pós-exílico.

Contudo, também se podem notar as características comuns: a estrutura pessoal de fé, que é encontrada até na primitiva religião tribal de Israel; a noção de uma correlação entre os atos e decisões de Deus e do homem, juntamente com a noção da ação de Deus contemporaneamente na vida dos homens e das nações; a exigência de que a vida e a conduta do homem estejam de acordo com as leis que expressam a vontade de Deus; e, como ponto focal da religião israelita, a crença no domínio de Deus e na comunhão entre o homem e Deus, com a efetivação de ambas na vida do fiel, da nação ou do mundo humano.

b) A fonte mais importante para o nosso conhecimento da religião israelita é o Antigo Testamento. Constitui fato bem conhecido que o Antigo Testamento não é um livro simples e homogêneo, mas uma coleção de escritos que datam de períodos bem diferentes. Freqüentemente, esses escritos não são de uma só natureza e se formaram no decorrer de um considerável período de tempo. Se eles precisam ser usados numa apresentação da história da religião israelita, deve-se primeiramente determinar, tão precisamente quanto possível, a data de cada escrito em particular ou as partes que os integram. Além disso, a crítica histórica das tradições deve determinar a época das tradições e concepções que acabaram por receber forma fixa e final nesses escritos. Na verdade, essa tarefa deve ser executada pela exegese e pela introdução. O presente relato da história da religião israelita pressupõe as conclusões de E. SELLIN e G. FOHRER, *Einleitung in das Alte Testament*, 10ª ed., 1965 [ed. port.: *Introdução ao Antigo Testamento*, Academia Cristã/ Paulus, São Paulo, 2006, 1 e 2 vols].

Uma fonte adicional é proporcionada pelas descobertas da arqueologia palestinense. Essas descobertas são particularmente úteis para lançar luz sobre as circunstâncias externas à religião israelita e contribuir para a nossa compreensão da fonte primária, isto é, o Antigo Testamento. Raramente elas têm alguma coisa para dizer a respeito do conteúdo da crença religiosa.

As evidências textual e arqueológica das religiões dos vizinhos de Israel constituem uma fonte indireta para a nossa compreensão dos conceitos e fenômenos religiosos de Israel. Notáveis semelhanças podem conduzir-nos a uma explicação mais precisa dos conceitos e fenômenos propriamente israelitas e freqüentemente podem ajudar-nos a completar o quadro fragmentário da religião israelita, juntamente com os conceitos e fenômenos que às vezes, são apenas sugeridos no Antigo Testamento. Evidentemente, quando usarmos este material comparativo, devemos ser cuidadosos em observar e manter os traços peculiares da religião israelita. Algo que pareça com uma característica de outra religião não precisa ter, necessariamente, o mesmo significado que tem na outra religião. Conceitos e costumes religiosos podem ter diferentes significados e propósitos em duas religiões diferentes, mesmo quando essas religiões estejam próximas tanto geográfica quanto historicamente. Portanto, o material do antigo Oriente Médio deve ter empregado sempre com muita cautela.

Primeira Parte

A RELIGIÃO DO PERÍODO ANTIGO

Capítulo I
O FUNDO RELIGIOSO

§ 2. O SUBSTRATO RELIGIOSO E A RELIGIÃO DAS TRIBOS NÔMADES

A. Alt, *Der Gott der Väter*, 1929 (= *Kleine Schriften zur Geschichte des Volks Israel*, I [1953], 1-78); T. Bauer, *Die Ostkanaanäer*, 1926; F. M. T. Böhl, *Das Zeitalter Abrahams*, 1931; A. Causse, *Du groupe éthnique à la communauté religieuse*, 1937; A. Dupont-Sommer, *Les Araméens*, 1949; R. Dussaud, *Les découvertes de Ras Shamra (Ugarit) et l'Ancien Testament*, 2ª ed., 1941; D. O. Edzard, "Mari und Aramäer?", *ZA* LVI (NF XXII [1964]), 142-49; G. Gemser, *Vragen rondom de Patriarchenreligie*, 1958; H. Gressmann, "Sage und Geschichte in den Patriarchenerzählungen", *ZAW* XXX (1910), 1-34; *idem, Mose und seine Zeit*, 1931; J. M. Grintz, "On the Original Home of the Semites", *JNES* XXI (1962), 186-206; M. Haran, "The Religion of the Patriarchs: An Attempt at a Synthesis", *ASTI* IV (1965), 30-35; J. Hoftijzer, *Die Verheissungen an die drei Erzväter*, 1956; J. M. Holt, *The Patriarchs of Israel*, 1964; K. M. Kenyon, *Amorites and Canaanites*, 1966; J.-R. Kupper, "Northern Mesopotamia and Syria", in *The Cambridge Ancient History*, II:1, 1963; V. Maag, "Der Hirte Israels", *Schweiz. Theol. Umschau*, XXVIII (1958), 2-28; *idem*, "Malkût Jhwh", *VTSuppl* VII (1960), 129-53; J. Morgenstern, *Rites of Birth, Marriage, Death and Kindred Occasions Among the Semites*, 1966; S. Moscati, *The Semites in Ancient History*, 1959; M. Noth, *Die Ursprünge des alten Israel im Lichte neuer Quellen*, 1961; S. Nyström, *Beduinentum und Jahwismus*, 1946; R. T. O'Callaghan, *Aram-Naharaim*, 1948; A. Parrot, *Abraham et son temps*, 1946; L. Rost, "Die Gottesverehrung der Patriarchen im Lichte der Pentateuchquellen", *VTSuppl* VII (1960), 346-59; H. H. Rowley, "Recent Discovery and the Patriarchal Age", *BJRL* XXXII (1949/50), 3-38; H. Schmökel, *Geschichte des alten Vorderasien*, 1957; H. Seebass, *Der Ervater Israel und die Einfuhrung der Jahweverehrung in Kanaan*, 1966; C. Steuernagel, "Jahwe und die Vätergötter", in *Beer-Festschrift*, 1935, 62-71; R. de Vaux, "La Palestine et la Transjordanie au IIe millénaire et les origenes israélites", *ZAW* LVI (1938), 225-38; *idem, Die hebräischen Patriarchen und die modernen Entdeckungen*, 1959 (originalmente publicado em RB, entre 1946 e 1949 como "Les patriarches hébreux et les découvertes modernes"); *idem,* "Les patriarches hébreux et l'histoire", *Studii Biblici Franciscani Liber annuus*, XIII (1962/63), 287-97 (= *Bible et Orient*, 1967, 175-85); G. E. Wright, "History and the Patriarchs", *ET* LXXI (1959/60), 292-96; S. Yeivin, "The Age of the Patriarchs", *RSO* XXXVIII (1963), 277-302.

1. O fundo histórico

A história antiga dos israelitas desenrolou-se, em geral, dentro da estrutura de uma das ondas migratórias semíticas que emergiram do deserto da Síria e Arábia com o objetivo de penetrar no Crescente Fértil – longa faixa de território habitado que se estendia no Golfo Pérsico, através da Mesopotâmia, até a Síria e Palestina. Na era pré-cristã, aparecem diversas ondas migratórias maiores, entre as quais houve também a infiltração de grupos menores. As mais importantes dentre essas foram as seguintes[1]: *a)* A onda acadiano-egípcia, que conduziu os semitas para a Babilônia e o Egito pouco depois de 3000 a.C.; não se sabe se eles entraram também na Síria. *b)* A antiga onda amorita, não admitida universalmente, por volta de 2500-2300, que assentou os fundamentos do império da Acádia; desconhece-se também a sua importância para a Síria. *c)* A onda cananéia[2], por volta de 2100-

---

[1] BHH I, 237; RGG III, 1690-1693; IDB IV, 269. Vide também o bosquejo de autoria de A. Bea, "La Palestina Preisraelitica: Storia, popoli, cultura", *Bibl* 24 (1943), 231-260. Em vez de ondas separadas, outros estudiosos supõem um contínuo processo de penetração com certos pontos máximos (Moscati).

[2] Muitos estudiosos designam o povo que compõe essa onda de "amoritas"; outros falam de "cananeus orientais" (Bauer) ou "proto-arameus" (Noth). Cf. também: A. Alt, "Die älteste Schilderung Palästinas im Lichte neuer Funde", *PJB* 37 (1941), 19-49; M. Noth, "Die syrisch-palästinische Bevölkerung des zweiten Jahrtausends v. Chr. im Lichte neuer Quellen", *ZDPV* 65 (1942), 9-67. Segundo Noth, essa onda se tornou a nova classe dominante durante os séculos XIX e XVIII. Sua forma de organização era ainda nômade e estavam estreitamente relacionados com a classe dominante contemporânea da Mesopotâmia. Para argumentos contra essa posição, cf. D. O. Edzard in *ZA* 56 (NF 22), 1964, 142-149.

1700, que resultou no estabelecimento de estados no Ocidente (Alalakh, Carquemish, Alepo, Quatna, Ugarit, etc.), bem como no desenvolvimento de uma civilização (escrita alfabética) e religião independentes. *d*) A onda aramaica, por volta de 1400-900. Outros movimentos migratórios também atingiram a parte ocidental do antigo Oriente Médio, especialmente o dos hicsos[3], provavelmente de origem racial caldeada, de 1700 em diante; o dos "povos do mar", que incluíam os filisteus[4], por volta de 1200 e mais tarde; e, quase ao mesmo tempo, o dos remanescentes errantes dos hititas, que se seguiram à queda de seu império na Ásia Menor[5].

A quarta onda ou onda aramaica explica satisfatoriamente a existência de, pelo menos, uma grande parte dos israelitas que, por volta desse tempo, penetraram, a partir do deserto e da estepe, no território habitado ao oriente e ocidente do Jordão. Eles vieram com outras tribos aramaicas consangüíneas, como os amonitas, moabitas e edomitas. As duas primeiras são caracterizadas como de raça pura em Gn 19.3-38, numa história que hoje é até considerada como ofensiva. Portanto, etnicamente os israelitas deviam ser classificados como arameus[6]. Há traços no hebraico que indicam que eles falavam originariamente, o aramaico e que não adotaram o hebraico, dialeto cananeu do semítico ocidental, até entrarem na Palestina. Existe um inequívoco estrato aramaico nos nomes de pessoas israelitas. Antigas e fidedignas tradições também relacionam Israel com os arameus: Israel alega que é descendente de um arameu moribundo (Dt 26.5) e por todo o Gênesis que refere ao seu parentesco com o oriente, na qualidade de arameus.

Contudo, os israelitas não constituíam um grupo étnico homogêneo. É duvidosa a origem aramaica dos grupos associados

---

[3] BHH I, 237-238; RGG III, 498-499; IDB II, 667.
[4] BHH I, 238; RGG V, 339-341; IDB III, 791-795.
[5] BHH I, 238; RGG III, 299-303; IDB II, 612-615; E. Forrer, "The Hittites in Palestine", *PEQ* 69, 1937, 100-115. Segundo Forrer, os hititas vieram da Ásia Menor para Jerusalém, Belém e Hebron já em 1350.
[6] BHH I, 119-120; RGG I, 531-532; IDB I, 190-193.

com os nomes dos patriarcas. Segundo a tradição do Antigo Testamento, eles vieram da Mesopotâmia para a Palestina. Gn 24.10 refere-se a *Aram-naharim* como sua terra natal (geralmente traduzido nas Bíblias em português por "Mesopotâmia", termo que significa "a terra dos arameus que se situa ao longo dos dois rios", referindo-se ao Eufrates e a um dos seus afluentes, talvez o Balîkh). Se eles fossem arameus, teriam penetrado na Mesopotâmia após 1400 e, depois, migrado imediatamente para a Palestina. É mais provável uma onda mais antiga de migração[7], visto que contatos com tradições mesopotâmicas mais primitivas argúem contra tal origem. Além disso, a tradição associa os israelitas com numerosas tribos arábicas, incluindo o madianitas (Gn 25.1-5.12-18). O grupo que escapou do Egito sob a liderança de Moisés pode ter sido de origem não aramaica. De qualquer maneira, vieram a incorporar-se a eles (cf. Êx 12.38).

Portanto, no começo da história de Israel, não encontramos um grupo unificado de tribos etnicamente homogêneas. Em vez isso, deparamos com famílias, grupos e tribos de origem bem diferentes, embora predominantemente arameus. Já no território da Palestina, outros elementos, com no mínimo alguns cananeus, foram absorvidos, e o povo israelita veio a se formar. A situação externa desses antigos israelitas é sugerida pelo termo *apiru*, que primeiramente foi descoberto nas Cartas de Amarna, correspondência entre os faraós e os reis de certas cidades-estados palestinenses, e desde então tem sido confirmado por todo o antigo Oriente Médio, desde o século XIX até o século XII[8]. Original-

---

[7] Com base em certos paralelos entre a literatura suméria e a Bíblia, S. N. Kramer sugere uma origem suméria para alguns dos ancestrais de Abraão. Ele alega que eles viveram, durante diversas gerações, em Ur ou em outras cidades sumérias ("Sumerian Literature and the Bible", *in* Pontifício Istituto Biblico, *Studia Biblica et Orientalia* III, 1959, 185-204).

[8] BHH I, 296; RGG III, 105-106; M. Astour, "Lês étrangers à Ugarit et le statut juridique des Ḥabiru", *RA* 53 (1959), 10-76; J. Baeck, "Der Ibri", *MGW* 83 (1939), publicado em 1963, 66, 80; R. Borger, "Das Problem der *'apiru (H'biru')"*, *ZDPV* 74 (1958), 121-132; J. Bottéro, *Le problème des Ḥabiru à la 4ème rencontre assyriologique internationale*, 1954; M. Greenberg, *The Hab/piru*, 1955; E. Chiera, "Habiru and Hebrews", *AJSL* 49 (1932-33), 115-124; P. Dhorme, "Les Habiru et les

mente, ele se referia às "pessoas sem filiação familiar" no sentido sociológico, mercenários estrangeiros, cativos e escravos e, conseqüentemente, estrangeiros de *status* inferior legal dentro de um reino. O termo hebraico *'ibrî*, que se relaciona com este vocábulo, caracteriza os antigos israelitas como grupos estrangeiros de *status* inferior legal. O motivo dessa caracterização está no fato de que, antes que se estabelecessem na Palestina, eles eram nômades errantes, que permaneciam apenas temporariamente no território de um ou outro estado.

2. Os israelitas como nômades

Os antigos israelitas não eram nem beduínos condutores de camelos[9] (embora sejam descritos como proprietários de camelos) nem condutores de caravanas no Neguebe[10], nem fazen-

---

Hébreux", *JPOS* 4 (1924), 162-168; A. JEPSEN, "Die Hebräer und ihr Recht", *AFO* 15 (1945-51), 54-68; B. LANDSBERGER, "Über die Völker Vorderasiens im 3. Jahrtausend", *ZA* 35 (1924), 213-238; N. A. VAN UCHELEN, *Abraham de Hebräer*, 1964. Há uma grande variedade de opiniões acerca do significado do termo e de sua relação com "'ibrî".

[9] B. BRENTJES, "Das Kamel im Alten Orient", *Klio* 38 (1960), 23-52; W. DOSTAL, "The Evolution of Bedouin Life", in *L'antica società beduina*, 1959, 11-34; J. P. FREE, "Abraham's Camels", *JNES* 3 (1944), 187-193; H. KLENGEL, "Zu einigen Problem des altvorderasiatischen Nomadentums", *ArOr* 30 (1962), 585-596; W. G. LAMBERT, "The Domesticated Camel in the Second Millenium, Evidence from Alalakh and Ugarit", *BASOR* 160 (1960), 42-43; A. POHL, "Das Kamel in Mesopotamien", *Or* 19 (1950), 251-253; *id.*, "Nochamals das Kamel in Mesopotamien", *ib.*, 21 (1952), 373-374; *id.*, "Zur Zähmung des Kamels", *ib.*, 23 (1954), 453-454; R. WALZ, "Zum Problem der Domestikation der altweltlichen Cameliden", *ZDMG* 101 (1951), 29-51; *id.*, "Neue Untersuchungen zum Domestikationsproblem der altweltlichen Cameliden", *ib.*, 104 (1954), 48-87; *id.*, "Beiträge zur ältesten Geschichte der altweltlichen Cameliden unter besonderer Berücksichtigung des Problems des Domestikationszeitpunktes", in *Actes IV e Congrès Anthropologique* III (1956), 190-204.

[10] W. F. ALBRIGHT, "Abram the Hebrew: A New Archaelogical Interpretation", *BASOR* 163 (1961), 36-54; *id.*, "Some Remarks on the Meaning of the Word SḤR in Genesis", *ib.*, 164 (1961), 28; E. A. EPEISER, "The Word SḤR in Genesis and Early Hebrew Movements", *ib.*, 23-28. Para outro ponto de vista, cf. L. R. FISCHER, "Abraham and his Priest-King", *JBL* 81 (1962), 264-270; C. H. GORDON, "Abraham and the Merchants of Ura", *JNES* 17 (1958), 28-31.

deiros estabelecidos, mas pequenos nômades criadores de rebanhos[11] ou, com referência ao animal que eles empregavam no transporte, nômades condutores de asnos[12]. Tais nômades vivem primariamente em semi-desertos e estepes, de dez a trinta centímetros anualmente na escala pluviométrica. Eles se limitam a ocupar áreas e caminhos onde os poços de água estejam bem próximos uns dos outros e onde haja pastagem adequada. Eles se alternam repetidamente entre a estepe e o território habitado, com que têm ativo relacionamento[13]. Essa é também a maneira comum pela qual os patriarcas são descritos: eles estão constantemente em movimento com suas ovelhas e cabras, sempre interessados nos direitos aos poços de água (a canção do poço de Nm 21.17-18, que se parece com um encantamento, pode ter sido cantada quando se cavavam tais poços). Ocasionalmente, eles até asseguraram a possessão da terra e fizeram a combinação de uma espécie de agricultura com sua guarda de rebanhos. Influenciados pela civilização das regiões habitadas, eles já eram semi-nômades a caminho de estabelecer-se num único lugar, embora isso não os impedisse de roubar os habitantes das áreas povoadas, quando se apresentasse a oportunidade (cf. Êx 12.35-36).

Contrariamente às antigas suposições, os patriarcas não são figuras lendárias, antepassados epônimos de famílias ou deuses rebaixados. São pessoas históricas, embora de uma espécie e significado diferentes daqueles presumidos nas narrativas de

---

[11] RHH II, 1319; RGG IV, 1504-1505; IDB III, 558-560.

[12] Cf. R. WALZ, "Gab es ein Esel-Nomadentum im Alten Orient?", in *Akten des Vierundzwanzigsten Internaionalen Orientalisten-Kongress*, 1959, 150-152; WALZ cita a evidência do século XIX em diante.

[13] A informação encontrada nos textos de Mari acerca dos nômades da Mesopotâmia na primeira metade do segundo milênio pode ser usada para fornecer analogias com as tradições do Gênesis. Cf. J.-R. KUPPER, *Lês nômades en Mésopotamie au temps des rois de Mari*, 1957; A. PARROT, "Marie et l'Ancien Testament", *RhPhR* 35 (1955), 117-120; Cf. também a interpretação das inscrições feitas por O. EISSFELDT, "Das Alte Testament im Lichte der safatenischen Inschriften", *ZDMG* 104 (1954), 88-110 (= *Kleine Schritfen* III, 1966, 289-317).

§ 2. O SUBSTRATO RELIGIOSO E A RELIGIÃO DAS TRIBOS NÔMADES

Gênesis[14]. Nas tradições patriarcais, encontramos nomes do antigo Oriente Médio da primeira metade do segundo milênio, a linguagem e costumes dos pastores nômades do território de Mari do século XX ao século XVIII, um paralelismo entre os nomes dos supostos parentes de Abraão e os nomes de lugares do norte da Mesopotâmia, bem como práticas legais de origem hurrita do período próximo a 1500. De fato, isso tudo ocorre, dentro do Antigo Testamento, apenas em narrativas que se destinam a oferecer um relato desse período[15]. Provavelmente, isso aconteceu porque reminiscências individuais da situação da Mesopotâmia e de figuras específicas se conservaram vivas na Palestina, numa tradição que continuava a crescer e a receber elaboração.

A tradição contém detalhes específicos[16] acerca de Abraão[17], Isaac[18] e Jacó[19]. A história de José[20] dificilmente contém um núcleo histórico e representa, em vez disso uma versão israelita de uma narrativa sapiencial egípcia. Por outro lado, Israel, que é identificado com Jacó em Gn 32.29; 35.10 (cf. 49.24), deve ser considerado patriarca, mas separadamente. Podemos supor que nos

---

[14] Em acréscimo à bibliografia precedente (§ 2), cf. H. GRESSMANN, "Sage und Geschichte in den Patriarchenerzählungen", *ZAW* 30 (1910), 1-34; A. JEPSEN, "Zur Überlieferung der Vätergestalten", *WZ Leipzig* 3 (1953-1954), 265-281; E. MEYER, "Der Stamm Jakob und die Entstehung der israelitischen Stämme", *ZAW* 6 (1886), 1-16; B. STADE, "Lea und Rahel", *ib.*, 1 (1881), 112-116; *id.*, "Wo entstanden die genealogischen Sagen über den Ursprung der Hebräer?" *ib.*, 347-350.

[15] S-F, § 19,1. Conseqüentemente, os patriarcas devem ser datados em algum tempo depois de 1500. Cf. também J. H. CHAMBERLAYNE, "Kinship Relations Among the Early Hebrews", *Numen* 10 (1963), 153-164; J. C. L. GIBSON, "Light from Mari on the Patriarchs", *JSS* 7 (1962), 44-62; A. MALAMAT, "Mari and the Bible: Some Patterns of Tribal Organization and Institutions", *JAOS* 82 (1962), 143-150. Para certas restrições, cf. M. GREENBERG, "Another Look at Rachel's Theft of the Teraphim", *JBL* 81 (1962), 239-248.

[16] S-F, § 19.1

[17] BHH I 15-16; RGG I, 68-71; IDB I, 14-21.

[18] BHH II, 775-776; RGG III, 902-903; IDB II, 728-731.

[19] BHH II, 797-798; RGG III, 517-520; IDG II, 782-787.

[20] BHH II, 886-888; RGG III, 859-860; IDB III, 981-986.

séculos XV e XIV havia mais figuras desta natureza. As tradições concernentes a elas não se tornaram propriedade comum a todo Israel e, assim, foram esquecidas. Não sabemos quase nada acerca da vida nômade das tribos israelitas posteriores antes que elas se estabelecessem na Palestina. Apenas os ditos tribais[21] com suas metáforas sobre animais podem derivar, em parte, do período nômade e permitir que tiremos certas conclusões[22].

Essa existência nômade, ainda que não o elemento fundamental da religião israelita, como NYSTRÖM sugere, é mais provavelmente um elemento constitutivo de sua história, pois a vida nômade conduz a certas formas de sociedades e revela modos característicos de comportamento e peculiaridades religiosas. Duas normas de vida fundamentais são: por um lado, a hospitalidade de longo alcance, com a obrigação implícita de o hospedeiro proteger seu hóspede[23], considerado temporariamente membro do clã com todos os direitos de tal membro; e, por outro lado, a prática da justiça por meios particulares, acima de toda vingança de sangue (cf. a Canção de Lamec em Gn 4.23-24)[24], através da qual a reduzida força vital de um clã, devido à morte ou ao dano de um de seus membros, é compensada por um dano semelhante ao clã culpado.

3. *O substrato religioso*

Como qualquer outra sociedade humana e parcialmente em comum com outras, os antigos israelitas tinham certas concepções, práticas e atitudes que conservaram a sua vitalidade nos tempos subseqüentes, embora tal material tenha desaparecido comumente em outras áreas da vida, depois da mudança da vida nômade para a sedentária. O substrato religioso foi preservado

---

[21] A. H. J. GUNNEWEG, "Über den Sitz im Leben der sog. Stammessprüche", *ZAW* 76 (1964), 245-255; H.-J. KITTEL, *Die Stammessprüche Israels*, tese, Berlim, 1959; H.-J. ZOBEL, *Stammessprüch und Geschichte*, 1965.
[22] S-F, § 8,1.
[23] BHH I, 514; RGG II, 1205; IDB II, 654.
[24] BHH I, 261; RGG I, 1331-1332; IV 216-217; IDB I, 321.

§ 2. O SUBSTRATO RELIGIOSO E A RELIGIÃO DAS TRIBOS NÔMADES

por estar integrado na fé e adoração do período posterior ou por sobreviver separadamente como superstição, que era atacada freqüentemente pela religião oficial.

a) O material primitivo cerca os eventos cruciais da vida humana. Esses incluem a circuncisão, isto é, a remoção cirúrgica do prepúcio[25]. A prática é encontrada entre os amonitas, moabitas e edomitas, povos relacionados com os israelitas quanto à origem, e no Egito, embora apenas como uma exigência para sacerdotes. Não se encontra entre os assírios, babilônios e filisteus, nem, aparentemente, entre os cananeus e fenícios (Gn 34.14ss; Ez 32.30)[26]. Originalmente, pode ter sido um rito de maioridade ou até uma iniciação para o matrimônio (cf. Gn 34.14ss). A breve narrativa da circuncisão do filho de Moisés por sua mãe Zípora (Êx 4.24-26) confirma ou legitima a mudança para a circuncisão de infantes. Em todo caso, permanece em aberto a questão se a narrativa vê a circuncisão como proteção contra os demônios.

Alguns costumes relacionados com o luto[27] são também primitivos, embora não seja mais possível determinar quais dentre os costumes que aparecem no Antigo Testamento (§ 17,3) já eram praticados pelos antigos israelitas. Originalmente, era duplo o propósito desses costumes: prover nova força vital para o morto (por exemplo, por meio de lágrimas, que fornecem umidade criadora e vital)[28]; ou desviar o mal que ameaçava o defunto (por exemplo, com a mudança de roupa como meio de disfarce).

---

[25] BHH I, 223-225; RGG I, 1090-1091; EDB I, 629-631.
[26] Parece que Heródoto testemunha a existência da prática entre os fenícios (cf. E. MEYER in *ZAW* 29 (1909), 152). Na verdade, isso pode representar um empréstimo tardio. A representação pictórica de Meguido (ANEP, 332) mostra dois prisioneiros, provavelmente não cananeus, sendo circuncidados. Para posterior discussão, cf. J. M. SASSON, "Circuncision in the Ancient Near East", *JBL* 85 (1966), 473-476; J. SCHUR, *Wesen und Bedeutung der Beschneidung im Licht der alttestamentlichen Quellen und der Völkerkunde*, 1937. H. ZEYDNER, "Kainszeichen, Keniter und Beschneidung", *ZAW* 18 (1898), 120-135, sugere que a circuncisão é "o sinal de Caim", mas esta teoria é improvável.
[27] BHH III, 2021-2022; RGG IV, 998-1001; IDB III, 452-454.
[28] M. CANNEY, "The Magic of Tears", *JMEOS*, 1926, 47-54.

O lamento pode ter um dos dois propósitos seguintes: fazer o morto reviver ou expulsar o espírito desencarnado.

b) Outro traço primitivo é a proibição religiosamente motivada, designada pelo termo "tabu". A transgressão de tais tabus resulta em sanções específicas. Até o sagrado pode ser considerado tabu, quando não se permite que o profano entre em contato com ele[29]. Havia um antigo tabu alimentar que proibia comer não só dos animais impuros (e.g., o porco[30]) ou certas partes dos animais puros (sangue, gordura), mas também a carne de animais não caçados ou abatidos pelo homem (Lv 17.15; 22.8; Ez 44.31). em conexão com este, encontramos o tabu de sangue[31]. Visto que a vida está "no sangue" (Lv 17.14), um animal não é considerado "morto" até que seu sangue se esgote. Só então é que pode ser usado como alimento (Gn 9.4). A esfera sexual está repleta de tabus: cúpula, ejaculação, menstruação e liberação anormal (de pus) na região genital fazem com que a referida pessoa se torne tabu, comumente até a tarde do mesmo dia (Lv 15.1ss). Deve-se acrescentar que o termo *herem*, isto é, a total destruição de todos os despojos de guerra, que, provavelmente, se relaciona mais com a vida nômade do que com a sedentária, se explica melhor como conseqüência do tabu ligado ao despojo retirado do domínio de outra divindade[32]. A destruição dos despojos realmente serve para "purificá-lo", como na punição com morte por cremação (e.g., Gn 38.24). comumente, contudo, a purificação é completada com a lavagem com água (e.g., Lv 15.1ss).

c) Os israelitas conheciam uma multiplicidade de noções e práticas de magia, muitas das quais trouxeram de sua existência

---

[29] RGG VI, 598-600; A. C. JAMES, *Taboo Among the Ancient Hebrews*, tese, Universidade da Pensilvânia, 1925; E. PAX, "Beobachtungen zum biblischen Sprachtabu", *LA* 12 (1961-1962), 66-112.

[30] BHH III, 1748-1749; IDB IV, 469; I. M. PRICE, "Swine in Old Testament Taboo", *JBL* 44 (1925), 154-157; R. DE VAUX, "Les sacrifices de porcs en Palestine et dans l'Ancient Testament", in *Von Ugarit nach Qumran (Eissfeldt-Festschrift)*, 1958, 260-265 (= *Bible et Orient*, 1967, 499-516).

[31] BHH I, 259; RGG I, 1327-1328.

[32] BHH I, 193; RGG I, 860-861; IDB I, 838-839.

passada, quando se estabeleceram na Palestina, e aí acrescentaram a elas práticas cananéias, assírio-babilônicas e egípcias. Com respeito a Israel posterior, podemos falar até de uma abordagem mágica da vida (§ 13,3). Uma vez mais, temos de afirmar que é difícil determinar que parte de tudo isso deriva do período antigo. As possibilidades incluem o uso mágico do vestuário[33] ou de um bordão (Moisés, Elias, Eliseu), a crença no mau olhado[34] e o poder mágico da mão (2 Rs 5.11). Mais importante ainda é a palavra mágica de efeito, falada pela boca de um homem comum como bênção ou maldição[35], especialmente na hora da morte (cf. Gn 27.27ss; 39-40; 48.15ss, com o uso da mão "errada") ou pronunciada em forma rítmica (precisando, às vezes, de interpretação) por um líder cheio de poder sobrenatural (cf. Js 10.12). No período mais antigo, tal líder podia ser o mágico, o vidente, o poeta e o sacerdote da tribo a um só tempo. Relata-se que Débora cantou uma canção de guerra mágica, preparando o caminho para a derrota do inimigo (Jz 5.12). É razoável supor que o conceito de profetismo em 1 e 2 Reis, com sua crença no poder quase mágico dos "homens de Deus" e líderes profetas, seja um resquício daquela cultura primitiva em que as várias funções ainda estavam combinadas numa única pessoa. O elemento mágico do período antigo continua na noção do poder efetivo das palavras e atos proféticos (cf. mesmo o texto tardio de Eclo 48.1ss)[36]. Essa noção pervade toda a profecia israelita, onde ela se baseia na

---

[33] A. JIRKU, "Zur magischen Bedeutung der Kleidung in Israel", ZAW 37 (1917-1918), 109-125.
[34] BHH I, 257; RGG I, 1321; A. LÖWINGER, "Der böse Blick", Mitteilungen zur jüdischen Volkskunde, 29 (1926), 551-561.
[35] RGG V, 1648-1651; IDB I, 446-448; 749-750; H. C. BRICHTO, The Problem of "Curse" in the Hebrew Bible, 1963; J. HEMPEL, "Die israelitischen Anschauungen von Segen und Fluch in Lichte altorientalischer Parallelen", ZDMG 79 (1925), 20-110 (= Apoxysmata, 1961, 30-113); F. HORST, "Segen und Segenhandlungen in der Bibel", EvTh 7 (1947-1948), 23-37 (= Gottes Recht, 1961, 188-202); S. MOWINCKEL, Psalmenstudien V: Segen und Fluch in Israels Kult-und Psalmdichtung, 1924.
[36] G. FOHRER, "Prophetie und Magie", in Studien zur alttestamentlichen Prophetie (1949-1965), 1967, 242-264.

vontade e –poder de Iahweh. Desde tempos imemoriais, os amuletos têm servido para desviar as influências da magia. Eles eram conhecidos não só na Palestina (onde as escavações arqueológicas têm descoberto muitos deles), mas também na esfera nômade[37].

4. A religião tribal dos antigos israelitas

Todos os estudos recentes da religião dos antigos israelitas tomam como ponto de partida a obra de ALT, que considera as expressões "Deus de Abraão", "Deus de Isaac", "Deus de Jacó" (*paḥad yiṣḥāq* e *'abîr ya'ᵃqob*) como os verdadeiros nomes de Deus, os quais incluem o nome do fundador do culto. Ele sustenta que o culto a esses "deuses dos pais" continuou até a adoção do javismo, enquanto os *'elîm* mencionados em Gênesis com vários epítetos eram deuses locais da natureza. Este ponto de vista tem sido modificado e questionado em muitos aspectos, razão pela qual a nossa apresentação da história da religião israelita deve começar com um exame da evidência textual.

EISSFELDT supõe que o culto aos deuses dos pais não continuou até a adoção do javismo. Ele pensa que é provável que aquele culto tenha sido substituído primeiramente pela religião cananéia de El, deus nativo da Palestina[38]. GEMSER pensa em termos de um único deus dos pais. Para ele, essas várias designações se referem à mesma divindade sob diferentes formas, além disso, ainda segundo GEMSER, a religião de El e a religião do deus dos pais constituem duas expressões da mesma coisa. GRESSMANN, DUSSAUD e outros encontram apenas uma religião hebraica de El no período nômade. Outros estudiosos, entre os quais se destacam ANDERSON, LEWY, MAY e SEEBASS, descobrindo um paralelo nas velhas invocações assírias, representam o ponto de vista segundo o qual se trata, com respeito aos deuses

---

[37] BHH I, 90-91; RGG I, 345-347; IDB I, 122-123.
[38] O. EISSFELDT, "El and Yahweh", *JSS* 1 (1956), 25-37 (reimpresso na Alemanha em *Kleine Schriften* III (1956), 386-397).

dos patriarcas, de deuses de famílias ou anônimos deuses tribais[39].

A descrição que WELLHAUSEN faz do árabe pagão, isto é, do nômade que usa o camelo, considerando-o religiosamente indiferente, certamente não é verdadeira com respeito aos antigos israelitas: "O homem é um indivíduo e seu socorro está em seu braço e em seu irmão; nenhum Deus o assiste, nenhum santo guarda sua alma. Seu maior bem pessoal está em sua honra, porque ele obriga sua alma a aventurar-se naquilo que teme"[40]. Freqüentemente, tem sido sugerido que a religião dos antigos israelitas era uma espécie de animismo ou, mais especificamente, uma espécie de polidemonismo (mais recente por MATTHEW). Esse ponto de vista é insustentável, pois, independentemente de outras considerações, é duvidoso se tal religião realmente existiu em algum lugar, em termos históricos, no antigo Oriente Médio. Tampouco é possível concordar com PEDERSEN, segundo o qual, a indiferenciada e unificada cultura do Israel mais antigo não possuía crença num Deus pessoal, mas concentrava toda a sua fé na vontade e habilidades de homens bem dotados na magia[41]. Certamente, o elemento de magia representou algum papel no material primitivo, mas a crença num Deus pessoal é também encontrada no Israel mais antigo, como demonstraremos adiante.

Evidentemente, nosso conhecimento acerca da religião dos antigos israelitas será sempre limitado. Não existem fontes extra-bíblicas, e as narrativas ou notas do Antigo Testamento foram submetidas a repetidas revisões e ampliações. Os dois estratos da fonte J e N chegam até a supor que Iahweh era o Deus

---

[39] K. T. ANDERSON, "Der Gott meines Vaters", *StTh* 16 (1963), 170-188; J. LEWY, "Les Textes paléo-assyriens et l'Ancien Testament", *RHR* 110 (1934), 29-65; H. G. MAY, "The Patriarchal Idea of God", *JBL* 60 (1941), 113-128; *id.*, "The God of my Father – a Study of Patriarchal Religion", *JBR* 9 (1941), 155-158; 139-200; para o ponto de vista oposto, cf. A. ALT, "Zum 'Gott der Väter'", *PJB* 36 (1940), 93-104.

[40] J. WELLHAUSEN, *Reste arabischen Heidentums*, 2ª ed., 1897, 228.

[41] P. PEDERSEN, *Israel, Its Life and Culture* I-V, 1926-1940.

dos patriarcas, em contraste com E e P, que pelo menos não introduzem o nome de Iahweh até o período mosaico, e com Gn 35.1-7; e Js 24.2,14-15, onde se afirma que os antepassados dos israelitas cultuaram outros deuses. É tão difícil interpretar as tradições que há uma grande diversidade de opiniões acerca do quanto poderemos encontrar da antiga religião israelita. Por um lado, MAAG pensa que as tradições patriarcais estão ainda bem informadas sobre as características gerais da religião nômade[42]. Por outro lado, ROST chega à conclusão de que nenhuma das fontes do Pentateuco fornece base para qualquer reconstrução historicamente provável; segundo ele, cada uma dessas fontes provê um quadro idealizado para o seu período. Provavelmente, a verdade está em algum lugar entre a absoluta confiança e o absoluto ceticismo com respeito às fontes.

a) De fato, as fontes comumente não falam do "Deus dos país", mas do "Deus de meu (teu, seu) pai" (Gn 31.5,29; 43.23; 49.25; 50.17). essa fórmula tem paralelos mesopotâmicos, tanto nos antigos textos assírios (*e.g.*: "Eu dirijo uma prece a Asshur, o deus de teu pai"; "erguendo as mãos em favor da felicidade de PN diante do deus de seu [dela] pai"; "uma taça de ouro que pertence aos deuses do pai") quanto num texto de Mari ("através de deus [ou do nome do deus] de meu pai"). Outros exemplos podiam ser citados. Portanto, as fórmulas encontradas em Gênesis simplesmente sugerem um deus de clã que é anônimo ou que não é mencionado pelo nome e cultuado pelos membros do clã por causa de uma decisão tomada por um de seus antepassados.

b) Em outras fórmulas, os nomes dos pais são mencionados com ou sem o termo adicional "pai": "O Deus de Abraão" (Gn 31.53); "o Deus de Abraão, teu pai" (Gn 26.24; 28.13; 32.10); "o

---

[42] Seu argumento é frágil, porque ele o baseia em supostos paralelos entre a antiga religião israelita e a religião dos pastores contemporâneos que estavam à procura de novas pastagens ("transmigração"). Contudo, a distância tanto geográfica quanto histórica não é facilmente transposta; tampouco se podem compreender as andanças dos grupos patriarcais (Gn 12.1ss) simplesmente como transmigração.

Deus de Isaac" (Gn 28.13); "o Deus de meu/seu pai Isaac" (Gn 32.9; 36.1); "o Deus de Naor" (Gn 31.53). existe ainda a fórmula compreensiva: "o Deus de Abraão, o Deus de Isaac e o Deus de Jacó" (Êx 3.6,10), em que constatamos o único lugar onde se ouve falar de um "Deus de Jacó". Em todos esses casos, a situação é basicamente a mesma como em (*a*); a única diferença está no fato de que os deuses tribais são atribuídos a um grupo específico, identificados pelo nome de um ancestral.

c) Encontramos também o termo "El" atribuído a Deus ou como o nome do deus elevado El. Aqui devemos excluir os exemplos em que El é mencionado em conexão com santuários palestinenses e onde um segundo termo é acrescentado ao nome "El" (cf. § 4,2). É também incerto se os nomes "El-Jacó" e "El-José", que ocorrem como nomes de lugares nas listas egípcias dos séculos XV a XII (Tutmósis III, Amenotepe III [sem valor histórico], Ramsés II e III), devem ser considerados como nomes patriarcais originais[43]. De qualquer maneira, é certo que o nome do patriarca Israel, como o de Ismael, contém o elemento teóforo "El". Gn 33.20 fala de "El, o Deus de Israel", embora em conexão com Siquém, o que significa que provavelmente já estejamos tratando de um estágio mais posterior. Não há uma única explicação segura para a ocorrência de "El" nesses nomes. Pode-se tratar de um mero termo para designar "Deus", com um nome divino que é uma expressão de uma religião nômade de El ou com o nome do elevado deus El cananeu, adotado como o resultado da primitiva influência do território habitado sobre os nômades, que já tinha tratado com ele. Devemos, porém, notar que a tradição, sem exceção, associa os encontros dos patriarcas com El à Palestina, nunca à Mesopotâmia ou ao deserto siro-arábico.

d) Provavelmente, os nomes mais antigos sejam *paḥad yiṣḥaq* e *'ᵃbîr y'ᵃqob*, comumente traduzidos por "Temor de Isaac" e "Poderoso de Jacó" (Gn 31-42 [também em Gn 31.53 como "*paḥad* de seu pai Isaac"]; 49.24). Uma tradução mais acurada prova-

---
[43] Cf. o estudo in ANET, 242.

velmente fosse "Parente de Isaac"⁴⁴ e "Campeão, Defensor de Jacó". Encontramos ainda *'eben yishra'el*, "Rocha de Israel" (Gn 49.24). Com base em Gn 15.1, tem sido sugerido também que o Deus de Abraão era chamado *magen 'abraham*, "Escudo de Abraão"⁴⁵. Assim, cada um dos clãs patriarcais tem associado consigo um termo que caracteriza a divindade particular em seu relacionamento com o clã. Contudo, esses termos não são nomes da divindade.

e) Finalmente, chegamos aos nomes próprios usados no antigo Israel e entre os semitas do noroeste. Freqüentemente, esses nomes foram empregados no Antigo Testamento antes do século X, mas raramente depois, de maneira que se trata, obviamente, de um tipo antigo de nome. Eles incluem os seguintes elementos: *'am*, "clã", "família"; *'ab*, "pai"; e *'aḥ*, "irmão". Esses elementos designam a divindade. Muitos nomes semitas têm significado religioso e os elementos mencionados são permutáveis com o nome de um deus (*e.g.*, Abiezer-Eliezer, Abiram-Jeoram). Assim, encontramos Abiram (Abraão)/Airam, "Meu [divino] pai/irmão é exaltado"; Abiezer/Aiezer, "Meu [divino] pai/irmão é [meu] socorro"; Abimelec/Aquimelec, "Meu [divino] pai/irmão é [meu] rei"; Eliab, "Meu Deus é [meu] pai"; Elisur, "Meu Deus é [minha] rocha"; Amiel, "[O Deus] de meu clã é [meu] Deus". Independentemente do fato de que alguns desses nomes parecerem usar a palavra *El* como uma designação da divindade antes que como um nome, eles são importantes, porque lançam luz sobre a relação que os antigos israelitas sentiam existir entre eles e seus deuses tribais.

Então, nossa primeira conclusão é de que no período antigo de Israel cada clã (e provavelmente também cada tribo) cultuava o seu deus particular. Esse é o mais antigo estágio que se pode

---

⁴⁴ Cf. W. F. ALBRIGHT, *From the Stone Age to Christianity*, 2ª ed., 1946, 188-189. Uma improvável explicação psicológica é dada por N. KRIEGER, "Der Schrecken Isaaks", *Judaica* 17 (1961), 193-195.

⁴⁵ E. A. LESLIE, *Old Testament Religion in the Light of Its Canaanite Background*, 1936, p. 37.

discernir. Há uma multiplicidade de religiões de clã (e religiões tribais), de modo que a tradição está correta em sustentar que os pais cultuavam outros deuses (Gn 35.1-7; Js 24.2,14-15). Tudo aquilo que restou, naturalmente, são referências a quatro deles. Nesses casos, pelo menos o relacionamento pessoal entre a divindade e o fundador do culto, que provavelmente era também o fundador ou líder do clã, representa um importante papel. Por intermédio do fundador do culto, todo o grupo e sua posteridade se tornavam adoradores da divindade relacionada com seu ancestral. Os seguintes traços são característicos:

a) Segundo as tradições patriarcais, primeiro se dá uma revelação da divindade, para a qual deve ser, de algum modo, atraída a atenção do fundador do culto ou líder do clã. Em resposta, segue-se então a escolha da divindade por parte da referida pessoa, visto que, na prática, todo homem independente tinha o direito de escolher seu deus pessoal. A escolha inclui a prática subseqüente de um culto. Conseqüentemente, os patriarcas são, antes de tudo, recipientes da revelação e fundadores do culto do antigo período nômade de Israel. O relacionamento pessoal entre eles e suas divindades é especialmente enfatizado, de modo que os nomes dos patriarcas aparecem na expressão que designa seus deuses.

b) E, Gn 15, J relata (1*b*-2,7-12,17-18) como Abraão lamenta, porque não tem filhos. Em seguida, obedecendo à ordem de Iahweh, partiu os animais pelo meio e pôs as suas metades uma defronte da outra. Apareceu então um fogareiro e uma rocha chamejante que passava por entre os animais divididos após o sol se pôr. "Naquele dia, Iahweh fez uma aliança com Abraão, dizendo-lhe: 'À tua descendência dou esta terra, desde o rio do Egito até o grande rio, o Eufrates'". Mesmo que não estejamos lidando com as palavras originais[46], esta história se baseia numa

---

[46] Segundo A. CAQUOT, "L'alliance avec Abram [Genèse 15]", *Semítica* 12 (1962), 51-66, estamos tratando aqui nada mais que com um midraxe segundo o modelo de Gênesis 14, que intentava glorificar a Davi e sua dinastia por meio de um retrospecto da monarquia hereditária no período patriarcal. Cf. tam-

antiga tradição. A divindade faz uma promessa, isto é, oferecer terra e descendência, e compromete-se com uma permanente obrigação de realizar aquilo que prometeu[47]. Essa atitude lança os fundamentos de uma permanente associação, que pode também ser preparada ou estabelecida por meio de uma refeição (Êx 24.1-2,9-11). Além disso, essa associação é expressa em termos de parentesco. Assim, a divindade era considerada como verdadeira chefe do clã e tratada por "pai" ou "irmão" por seus membros terrenos, enquanto eles se consideravam como "filhos", "irmãos" e "parentes" da divindade.

c) O deus do clã não é um deus do céu, nem está associado com um santuário local. Ele é um deus que protege os nômades errantes em suas viagens. Os nômades sentem-se dependentes da direção da divindade, porque se movem entre forças que são estranhas e, freqüentemente, hostis. Eles procuram a sua proteção, porque o seu deus conhece os caminhos, e os perigos e os guiará com segurança. Ele dá origem ao crescimento dos rebanhos, toma providências para que os proprietários dos territórios habitados sejam benevolentes durante a transumância anual ou dá ao fraco nômade a astúcia que o salvará diante do poderoso. Finalmente, ele o ajudará a ganhar a sua própria terra e fará com que a sua posteridade seja numerosa. A melhor expressão de todo esse complexo de idéias é a expressão idiomática que diz que a divindade está ou estará "com" a pessoa em questão.

d) Provavelmente, o culto da religião do antigo clã israelita era muito simples. É provável que houvesse sacrifício de animais, comumente oferecidos pelos chefes dos clãs. O sacrifício pascal, por exemplo, pode ter-se dado originalmente no começo da migração da estepe para o território habitado, por ocasião da

---

bém J. HENNINGER, "Was bedeutet die rituelle Teilung eines Tieres in zwei Hälften?", *Bibl* 34 (1953), 344-353; L. A. SNIJDERS, "Genesis XV, the Covenant with Abram", *OTS* 12 (1958), 261-279.

[47] Sobre o ritual em si mesmo, cf. Jr 34-17ss e *Sfire stele* I A, 39-40. A expressão "cortar uma *b^{e}rît*" está atestada tão cedo quanto um texto do século XV de Qatna; cf. W. F. ALBRIGHT in *BASOR* 121 (1951), 21-22.

primavera⁴⁸. Dificilmente será provável que fossem usados altares, pois estes não são encontrados entre outros nômades semitas e são na verdade, característicos dos santuários permanentes dos territórios habitados. Contudo, é possível que os nômades tivessem pedras e árvores sagradas (como na Palestina), que representavam a divindade. Essa suposição é fundamentada no fato de que o beduíno pré-islâmico da Arábia erigia pedras nos seus locais de culto, as quais eles chamavam de *"nusb"*, palavra derivada da mesma raiz de *massebah*. Estavam familiarizados também com árvores sagradas.

Quanto o domínio da ética, pode ser citado o texto de Lv 18.7ss. segundo a análise de ELLIGER⁴⁹, havia originalmente um decálogo que continha normas apoditicamente formuladas. Esse decálogo é encontrado nos vv. 7-12,14-16, com o acréscimo de um mandamento que originalmente seguia o v. 9. A forma original do mandamento era a seguinte: "Não descobrirás a nudez de [tal e tal pessoa]". O círculo de pessoas mencionadas aponta para uma vida de clã tal como existia no período nômade. O clã era protegido e resguardado por normas de comportamento que se referiam à atividade sexual em geral, não ao matrimônio. Portanto, devemos pensar em termos de um *ethos* de clã que servia para preservar o modo em que o clã vivia e que dirigia suas normas pessoalmente a cada membro do clã.

---

⁴⁸ L. ROST, "Weidewechsel und altisraelitischer Festkalender", *ZDPV* 66 (1943) 205-216 (= *Das Kleine Credo und audere Studien zum Alten Testament*, 1965, 101-112). Contudo, é improvável que a cerimônia do "bode expiatório" no Dia da Expiação (Lv 6) originalmente inaugurava o retorno à estepe no outono. Igualmente improvável é a teoria de A. BROCK-UTNE, "Eine religionsgeschichtliche Studie zu dem ursprünglichen Passahopfer", *ARW* 31 (1934), 272-278, segundo a qual a Páscoa era o sacrifício oferecido no fim do inverno pela população palestinense na aldeia ou na cidade. Para uma discussão do ensaio de J. PEDERSEN, "Passahfest und Passahlegende", *ZAW* 52 (1934), 161-175, com suas conseqüências de longo alcance, cf. G. FOHRER, *Überlieferung und Geschichte des Exodus*, 1964, 89-96; J. B. SEGAL, *The Hebrew Passover from the Earliest Times to A. D. 70*, 1963.

⁴⁹ K. ELLIGER, "Das Gesetz Leviticus 18", *ZAW* 67 (1955), 1-25 (= *Kleine Schriften zum Alten Testament*, 1966, 232-259); id., *Leviticus*, 1966, 229ss.

e) O elemento pessoal é característico da estrutura da religião do antigo clã israelita, como pode ser visto não só no modo pelo qual essa religião veio a se formar e como era constituída, mas também em seus complementos éticos. Um segundo elemento é o relacionamento mútuo entre a divindade e o homem. Esse elemento aparece claramente na seqüência: "revelação da divindade" – "decisão e escolha por parte do homem" – "promessa e compromisso pela divindade" – "responso cúltico do homem". Esta estrutura se tornou fundamental também no javismo.

5. A posição dos patriarcas

Nesta apresentação da história da religião israelita, temos descrito os patriarcas, fundadores ou líderes dos antigos clãs israelitas, como recipientes da revelação. Talvez possamos dar um passo além e colocá-los entre os chamados líderes inspirados. Na civilização indiferenciada e não especializada de nômades, as funções do clã, tais como líder, sacerdote, vidente e mesmo mágico, não são tão claramente distinguidas como nas civilizações de povos sedentários; comumente, elas se fundem numa única pessoa, que é considerada inspirada. Essa é a situação, por exemplo, no caso do árabe *kabin*. Quando um *kabin* fala como vidente, com base nos sonhos e pressentimentos, os sonhos são reminiscências das tradições patriarcais e as palavras proféticas recordam as promessas feitas com referência ao território e descendentes. As teofanias que acontecem na presença dos patriarcas (das quais ouvimos falar muito) podem facilmente estar associadas com um estado de êxtase suave, como o de um *kabin*. O *kabin* pode também exercer funções sacerdotais, como seria exigido dos patriarcas, quando eles fundaram os cultos. Finalmente, o *kabin* pode alcançar, como resultado de sua autoridade, a posição de chefe de seu clã ou tribo, posição exatamente como a que, podemos supor, era exercida pelos patriarcas. Portanto, como o *kabin*, os patriarcas ajustam-se ao tipo de líderes inspirados, tais como aparecem repetidamente, na forma especializada, na história subseqüente de Israel.

§ 3. A RELIGIÃO CANANÉIA

J. AISTLEITNER, *Die mythologischen und kultischen Texte aus Ras Schamra*, 2ª ed., 1964; W. F. ALBRIGHT, "Syrien, Phönizien und Palästina", in *Historia mundi*, II (1953), 331-76; *idem*, "The Role of the Canaanites in the History of Civilization", in *The Bible and the Ancient Near East* (Albright Festschrift) 1961, 328-62; F. BAETHGEN, *Beiträge zur semitischen Religionsgeschichte*, 1888; W. W. GRAF BAUDISSIN, *Studien zur semitischen Religionsgeschichte*, I-LI, 1876-78; H. BAUER, "Die Gottheiten von Ras Schamra", *ZAW* LI (1933), 81-101; LIII (135), 54-59; W. BAUMGARTNER, "Ugaritische Probleme und ihre Tragweite für das Alte Testament", *ThZ* III (1947), 81-100; G. CONTENAU, "La Phénice", *in* E. DRIOTON, *Les religions de l'Orient ancient*, 1957, 65-70; S. A. COOK, *The Religion of Ancient Palestine in the Light of Archaelogy*, 1930; S. I. CURTISS, *Primitive Semitic Religion Today*, 1902; M. DAHOOD, "Ugaritic Studies and the Bible", *Gregorianum* XLIII (1962), 55-79; G. R. DRIVER, *Canaanite Mythes and Legends*, 1956; R. DUSSAUD, *Les découvertes de Ras Shamru (Ugarit) et l'Ancien Testament*, 2ª ed., 1941; *idem*, *Les origines cananéennes du sacrifice israélite*, 1941; O. EISSFELDT, "Kanaanäisch-ugaritische Religion", *HdO* I.8.1 (1964), 76-91; I. ENGNELL, *Studies in Divine Kingship in the Ancient Near East*, 2ª ed., 1967; G. FOHRER, "Die wiederentdeckte kanaanäische Religion", *ThLZ* LXXVIII (1953), cols. 193-200; T. H. GASTER, *Thespis: Ritual, Mith and Drama in the Ancient Near East*, 2ª ed., 1961; C. H. GORDON, *Ugaritic Literature*, 1949; *idem*, *Ugaritic Textbook*, 1965; J. GRAY, *The Legacy of Canaan*, 2ª ed., 1965; A. HALDAR, *The Notion of the Desert in Somero-Accadian and West-Semitic Religions*, 1950; A. HERDNER, *Corpus des tablettes en cunéiforms alphabétiques découvertes à Ras Shamra-Ugarit de 1929 à 1939*, 1963; F. F. HVIDBERG, *Weeping and Laughter in the Old Testament*, 1962; E. JACOB, *Ras Shamra-Ugarit et l'Ancien Testament*, 1960; A. JIRKU, *Kanaanäische Mythen und Epen aus Ras Schamra-Ugarit*, 1962; *idem*, *Der Mythus der Kanaanäer*, 1966; A. S. KAPELRUD, "Temple Building, a Task for Gods and Kings", *Or* XXXII (1963), 56-62; *idem*, *The Ras Shamra Discoveries and the Old Testament*, 1963; M. J. LAGRANGE, *Études sur les religions sémitiques*, 2ª ed., 1905; R. DE LANGHE, *Les textes de Ras Shamra-Ugarit et leur rapports avec le milieu biblique de l'Ancien Testament*, 1945; M. MATTHIAE, *Ars Syra*, 1962; S. MOSCATI, *Il mondo dei Fenici*, 1966; M. J. MULDER, *Kanaänitische goden in het Oude Testament*, 1965; D. NIELSEN, "Die altsemitische Muttergöttin", *ZDMG* XCII (1938), 504-51; 504-51; J. H. PATTON, *Canaanite Parallels in the Book of Psalms*, 1944; E. PILZ, "Die weiblichen Gottheiten Kanaans", *ZDPV* XLVII (1924), 129-68; M. H. POPE and W. RÖLLIG, "Syrien; die Mythologie der Ugariter und Phönizier", *in* H. W. HAUSSIG, ed., *Wörtterbuch der Mythologie* 1. Abt., I (1965), 217-312; J. B. PRITCHARD,

Ancient Near Eastern Texts Relating to the Old Testament, 3ª ed., 1970 (em especial a seção editada por H. L. GINSBERG); C. F.-A. SCHAEFFER, *Le Palais Royal d'Ugarit*, 5 vols., 1955-65; *idem, Ugaritica*, 4 vols., 1939-62; W. H. SCHMIDT, *Königtum Gottes in Ugarit und Israel*, 2ª ed., 1966; A. VAN SELMS, *Marriage and Family Life in Ugaritic Literature*, 1954; W. ROBERTSON SMITH, *Lectures on the Religion of the Semites*, 3ª ed., 1927; R. C. THOMPSON, *Semitic Magic*, 1908; A. VANEL, *L'iconographie du dieu de l'orage dans le Proche-Orient ancient jusq'au VIIe siècle avant J.-C.*, 1965.

1. Ugarit e a religião cananéia

De um modo geral, a religião cananéia[50] até algumas décadas atrás, era considerada *terra incógnita*. Pode-se dizer que o pouco que se conhecia a respeito dela era, principalmente, informação de segunda mão. Podiam ser tiradas algumas conclusões de declarações do Antigo Testamento (provavelmente mais polêmicas que acuradas historicamente), dos textos de execração egípcios, das Cartas de Amarna e de inscrições fenícias tardias. Informações adicionais podiam ser encontradas em alguns escritores gregos ou em outros que escreveram na língua grega, sendo o mais importante deles Fílo de Biblos (natural de Biblos; cerca de 64-141 d.C.), estudioso fenício. Sabemos que porções de sua *História da Fenícia* foram usadas por Eusébio em sua *Praeparatio evangelica*[51]. Segundo o próprio Fílo, sua obra representa uma tradução de um escrito original de Sanchuniaton, antes da Guerra de Tróia, isto é, no século XIII ou XIV a.C. Esse Sanchuniaton é mencionado em diversas fontes e, segundo Porfírio, numa nota citada também por Eusébio, ele era natural de Beirute, ao passo que outros o localizam em Tiro ou Sídon. A exatidão dessa informação tem sido freqüentemente posta em dúvida. Contudo, os resultados das modernas escavações arqueológicas permitemnos concluir que ele escreveu, de fato, na língua fenícia por volta

---

[50] BHH II, 926-930; RGG III, 1106-115; V, 360-362; IDB I, 494-498; III, 800-804.
[51] C. CLEMEN, *Die Phönikische Religion nach Philo Von Byblos*, 1939; O. EISSFELDT, "Art und Aufbau der phönizischen Geschichte des Philo von Byblos", *Syria* 33 (1956), 88-98 (= *Kleine Schriften* III [1966], 398-406).

ou pouco depois da metade do segundo milênio a.C.[52]. Depois, Fílo "traduziu" esses escritos, isto é, ele os reelaborou, tomando emprestado muita coisa de outras fontes ou fazendo acréscimos de seu conhecimento. Portanto, algumas partes de sua obra se baseiam em antigas e fidedignas tradições.

Certas características da religião cananéia poderiam ser obtidas de um novo estudo comparado das religiões semitas mais bem conhecidas. Contudo, tal estudo está ainda por ser escrito[53]. Os elementos comuns a essas religiões incluem os seguintes[54]: *a*) certo número de poderosos deuses antropomórficos (comumente não tão numerosos), cujas ações resultam da vontade pessoal em vez de uma idéia abstrata; *b*) divindades astrais (Sol, Lua, Vênus) como deuses principais, além de um deus da tempestade, pelo menos ocasionalmente encontrado, embora esse último não pertença ao primitivo panteão semita; alguns estudiosos têm sugerido a possibilidade de um elevado deus El, que estava acima de outros deuses, mas essa suposição ainda necessita de investigação; *c*) completa dependência dos deuses por parte do homem, pecaminosidade do homem e confiança humana na divina misericórdia; *d*) a idéia da justiça divina e o problema da teodicéia (pelo menos em Babilônia); *e*) ausência de misticismo, devida ao realismo semita e um abismo entre o deus e o homem, que é considerado insuperável; *f*) originalmente, parece, ausência de mitos concernentes aos deuses, visto que a mitologia babilônica está enraizada principalmente na mitologia suméria, e a mitologia fenícia e ugarítica na mitologia hurrita.

---

[52] O. Eissfeldt, *Ras Schamra und Sanchunjaton*, 1939 (cf. FF 14 (1938), 251-252; e *ThBl* 17 (1938), 185-187 (= *Kleine Schriften* II [1963], 127-144; *id., Taautos und Sanchunjaton*, 1952; *id., Sanchunjaton von Berut und Ilumlku von Ugarit*, 952; F. Lokkegaard, "Some Comments on the Sanchuniaton Tradition", *StTh* 8 (1955), 51-76.

[53] Cf. O. Eissfeldt, "Götternamen und Gottesvorstellung bei den Semiten", *ZDMG* 83 (1929), 21-36 (= *Kleine Schriften* I [1962], 194-205); S. Moscati, *Le antiche divinità semitiche*, 1958.

[54] RGG V, 1690-1693.

Escavações arqueológicas feitas na Palestina têm proporcionado aos estudiosos algumas intuições que trazem à luz representações egípcias de divindades cananéias, identificadas pela cobertura da cabeça ou pelo nome[55]. Elas também descobriram uma deusa, Qadesh, que monta um leão e segura serpentes nas mãos[56]. Embora seja inegável a influência egípcia sobre essas representações, estatuetas nativas de bronze, recoberto de ouro ou prata (que datam de diversos séculos do período pré-israelita), têm sido descobertas em várias localidades[57].

As escavações da cidade fenícia de Ugarit[58] que tem sido escavada desde 1929, tornaram-se importantes especialmente para o nosso conhecimento e compreensão da religião cananéia. Localizada em *Ras Esh Shamra*, "cabeça de erva-doce", esta cidade-estado era um porto na costa norte da Síria. Ela floresceu na segunda metade do segundo milênio a.C. e foi destruída por volta de 1200 a.C., durante o avanço dos assim chamados "povos do mar". Os documentos e textos que têm sido descobertos aí, primariamente em cuneiforme alfabético e acadiano, têm lançado nova luz sobre questões políticas, sociais, econômicas e artísticas, bem como contribuído para o nosso conhecimento da lingüística e do desenvolvimento da escrita no antigo Oriente Médio. Além de documentos da vida secular, três tipos de descobertas de importância religiosa e histórica podem ser citados: *a)* monumentos arqueológicos, tais como vestígios de templos, altares, instrumentos cúlticos, representações de divindades de pedra, metal e marfim, locais de sepultamento com ofertas

---

[55] Cf., por exemplo, P. MATTHIAE, "Note sul deo siriano Rešef", *Oriens antiquus* 2 (1963), 27-43.

[56] ANEP, 473, 474, 476, 487.

[57] W. F. ALBRIGHT, *Archaeology and the Religion of Israel*, 4ª ed., 1956, 75-76; E. F. CAMPBELL, JR., "The Fith Campaign at Balâtah (Shemen): Field VII", *BASOR* 180 (1965), 24-254; *ANEP* 446.

[58] BHH III, 2044-2046; RGG VI, 1100-1106; IDB IV, 724-732; C. F.-A. SCHAEFFER, "Les fouilles des Ras Shamra-Ugarit, I. Campagne" e as series dos artigos subseqüentes, que apareceram em *Syria*, começando com o volume X (1929). Na discussão seguinte, os textos são citados de acordo com a edição de CYRUS GORDON in UT.

funerárias, e provisões para certos rituais; *b)* documentos da vida cúltica diária, tais como listas de deuses e sacrifícios, normas rituais e orações; *c)* os primeiros vestígios da literatura religiosa cananéia, em forma de epopéias poéticas, cujo assunto pode ser mito, saga e lenda. Parece que hoje os cananeus de um lugar e tempo específicos podem falar diretamente a nós através do material que deixaram.

Contudo, devemos manter algumas reservas. Em primeiro lugar, trata-se de monumentos, documentos e textos religiosos de uma cidade-estado dos séculos XIV-XIII, que inicialmente, pelo menos, podem lançar luz apenas sobre o seu lugar e época. Devemos ser cautelosos em tirar conclusões a respeito da religião cananéia de outros lugares e épocas. Além disso, a população de Ugarit constituía uma variegada mistura: ao lado de um estrato básico de população cananéia, que residia principalmente em aldeias satélites, vivia lá, primariamente na própria cidade de Ugarit, uma população não-semita que pode até ter sido maioria, compreendendo hurritas, mas também cassitas, povo da Ásia Menor, e outros elementos[59]. Independentemente da influência geral da Mesopotâmia, o resultado foi, certamente, um bem freqüente sincretismo cananeu-hurrita e uma poderosa influência exercida pelos mitos hurritas[60]. Devem ser mencionadas também influências do Mediterrâneo ocidental, que influenciaram a cultura e a religião de Ugarit, como essas influenciaram toda a região costeira siro-palestinense, embora

---

[59] M. NOTH, "Die syrisch-palästinische Bevölkerung des zweiten Jahrtausends v. Chr. im Lichte neuer Quellen", *ZDPV* 65 (1942), 9-67; *id.*, "Die Herrenschicht von Ugarit im 15/14. Jh. v. Chr.", *ib.*, 144-164; A. VAN SELMS.

[60] Por exemplo, a epopéia mitológica do matrimônio do deus lunar Yerah com a deusa Nikkal provavelmente é baseada em material hurrita. Além de divindades cananéias e do casal de deuses cassitas Shukamnu e Shumalia (*tkmn wšhnm*), tomados indiretamente por meio dos hurritas, o Texto 1 apresenta a deusa hurrita Ishhara (*ušhry*) (1,13). O Texto 4,6-8 equipara o deus hurrita Kumarbi com El. O. EISSFELDT, "Mesopotamische Elemente in den alphabetischen Texten Von Ugarit", *Syria* 39 (1962), 36-41 (= *Kleine Schriften* IV [1969]), 39-43); J. NOUGAYROL, "L'influence babylonienne à Ugarit d'après les textes en cunéiformes classiques", *ib.*, 28-35.

o efeito não tenha sido criativo, e o caráter cananeu não se tenha transformado de modo significativo[61]. Finalmente, devemos ter em mente que esses mitos são composições poéticas que fizeram de noções e costumes religiosos dominantes assunto para discussão. Podemos perguntar ainda em que medida, a despeito de sua dependência interna da tradição, eles representam um desenvolvimento livre e independente no que diz respeito à prática comum da religião, em que medida refletem, diretamente, tal prática ou mesmo em que medida preservam material religioso de um passado morto.

Embora existam essas reservas, os textos ugaríticos permitem-nos tirar algumas conclusões acerca da religião cananéia, isto é, a religião que os israelitas encontraram quando entraram na Palestina, pela qual foram influenciados e com a qual tiveram de chegar a um acordo. Isso é verdade mesmo que as várias formas provinciais e locais da religião cananéia divergissem mais claramente do que é suposto comumente a partir das descobertas feitas em Ugarit, e a forma ugarítica em si mesma não pode ser simplesmente identificada com as formas atestadas no Antigo Testamento. Essa religião cananéia é o segundo elemento religioso preexistente que toda história da religião israelita deve levar em conta.

A religião cananéia revela ponto de contato e semelhanças com outras religiões do Oriente Médio tão distantes quanto as da Índia[62]. Contudo, isso não significa que devemos pressupor

---

[61] Cf. C. H. GORDON, *Before the Bible*, 1962; H. HAGG, "Homer und das Alte Testament", *Tübinger* ThQ 141 (1961), 1-24; *id.*, "Der gegenwärtige Stand der Erforschung der Beziehungen zwischen Homer und dem Alten Testament", *JEOL* 6, 19 (1965-1966), 508-518; J. HEMPEL, "Westliche Kultureinflüsse auf das älteste Palästina", *PJB* 23 (1927), 52-92; R. H. PFEIFFER, "Hebrews and Greeks Before Alexander", *JBL* 56 (1937), 91-101. A civilização e a religião cananéias, por outro lado, exerceram ponderosa influência sobre a história antiga da Grécia: o panteão cananeu mantém pontos de contato com o Olimpo homérico; a teogonia (Hesíodo) e a cosmogonia gregas são dependentes, em parte, da mitologia cananéia; a antropomorfizante poesia ugarítica acerca dos deuses prepara o caminho à filosofia grega da religião. Contudo, essa influência oposta é exagerada por M. C. ASTOUR, *Hellenosemitica*, 1965.

[62] M. POPE, in *Wörterbuch der Mythologie*, 239.

um esquema cúltico comum por todo o antigo Oriente Médio, no qual a religião cananéia encontrasse o seu lugar. Independentemente de outras considerações, tal hipótese é refutada pela ampla e evidente abertura do antigo Oriente Médio para o mundo mediterrâneo e a Ásia Menor, bem como para o Cáucaso, a Armênia e a Índia[63]. A religião cananéia ostenta a sua imagem peculiar, que a distingue de outras religiões. É uma religião nacional vinculada a uma civilização organizada em cidades-estado. Ela pressupõe uma condição geral da graça divina, que, em benefício do povo, deve ser preservada e restaurada continuamente. Quanto ao seu conteúdo, é uma religião de vida e fertilidade renovadas e, como todas as religiões deste tipo, é sensual, orgíaca e cruel.

2. *Os deuses cananeus*

As noções mais antigas que possuímos acerca do panteão cananeu tiveram de ser corrigidas com base nos textos ugaríticos. Esses textos não mencionam nada a respeito de rochas, árvores e fontes sagradas; a sua menção no Antigo Testamento só pode indicar vestígios de antigos cultos locais. Tampouco podemos pressupor um polidemonismo primitivo ou a existência de numerosos deuses locais menores. Evidentemente, as pessoas acreditavam na existência de demônios e, na verdade, encontramos divindades locais espalhadas por toda parte. Contudo, acima dessas, existe uma multiplicidade de deuses mais eminentes (um panteão como o de Babilônia ou da Grécia), adorados num bem-organizado culto em templo. As figuras dominantes desse panteão são os deuses El e Baal, ambos familiares ao Antigo Testamento. Os muitos epítetos atribuídos a eles no Antigo Testamento (*e.g.*, El Olam, Baal Hermon) não indicam uma multiplicidade de divindades; eles devem ser entendidos como expressões de formas locais dos deuses ou como designações geográficas de sua habitação ou localidades de culto.

---

[63] Cf. também S-F, § 2,2.

a) El⁶⁴ ocupa a posição mais importante, embora, às vezes, já pareça ser um *deus otiosus*, forçado um pouco para dentro do segundo plano. Ele permanece à frente dos deuses como rei e preside a divina assembléia, isto é, o "círculo [ou 'totalidade'] [dos filhos] de El". El é chamado de "pai dos deuses", "pai da humanidade" e "criador de todas as criaturas", isto é, ele é o criador e o pai de deuses e homens. Outras inscrições semitas do ocidente também se referem a ele como "criador da Terra". O título "rei" e o epíteto "El-touro" indicam seu poder e domínio. Ele é também o eternamente sábio, "o santo" e "o que é amigo, El, o que tem sentimento". Sua habitação, para onde se dirigem os deuses quando querem pedir-lhe conselho, localiza-se "na nascente dos [dois] rios, entre os leitos das [duas] profundezas" (texto 49, I, 5-6). Provavelmente, isso não se refira às águas que estão abaixo da terra (POPE), mas à extremidade da terra, onde as águas que estão acima e abaixo da terra se encontram e onde, no extremo da distância mítica, o antigo Oriente Médio imaginava que se situava a montanha do mundo.

Asherah⁶⁵ é a consorte de El. Ela participa da dignidade dele, é adorada como "criadora dos deuses" e pode interceder efetivamente, diante de El, a favor dos outros. A pedido de Anat, por exemplo, ela intercede por Baal, embora ela também apareça como opositora de Baal. Ela se parece mais com uma matrona que passou da época da concepção e do parto do que com uma mulher cheia de vida e amorosa (EISSFELDT). Por causa da polaridade freqüentemente encontrada na natureza dos deuses cananeus, isto não impede que ela seja pintada dando à luz e amamentando.

Desde que, praticamente, El permanece muito mais no segundo plano, Baal⁶⁶ ocupa uma posição proeminente. O termo é

---

⁶⁴ BHH I, 386-390; RGG II, 413-414; O. EISSFELDT, *El im ugaritischen Pantehon*, 1951; F. LOKKEGAARD, "A Plea for El, the Bull, and Other Ugaritic Miscellanies", in *Studia orientalia Ioanni Pedersen*, 1953, 219-235; M. H. POPE, *El in the Ugaritic Texts*, 1955.
⁶⁵ BHH I, 136-137; RGG I, 637-638; IDB I, 250-251.
⁶⁶ BHH I, 173-175; RGG I, 805-806; IDB I, 328-329; W. F. ALBRIGHT, "Baal-Zephon", in *Festschrift Alfred Bertholet zum 80. Geburtstag*, 1950, 1-14; R. DUSSAUD,

§ 3. A RELIGIÃO CANANÉIA

não só um nome comum com o significado de "senhor", "proprietário" ou "marido", como também o nome do deus, que deve ser identificado com Hadad, o deus da tempestade, da chuva e da fertilidade[67]. Por isso, freqüentemente, ele é chamado de "rio-nuvem". O epíteto "Aliyan" designa-o de o "poderoso" ou "o potente", "o soberano". Mostra-se também o seu poder por meio do título "Príncipe Baal" ou por meio da forma mais ampla "príncipe e senhor da terra"[68]. Embora El seja chamado pai de Baal (texto 51, V, 90), Baal é considerado também como o filho de Dagon (texto 49, I, 24). Tais inconsistências sugerem o crescimento gradual do panteão. A habitação de Baal é o monte Zaphon, ao norte de Ugarit. Baal também é rei ou, mais precisamente, ele deve conquistar o seu reinado, assegurá-lo através da construção de um palácio-templo e defendê-lo do ataque de seus inimigos. Todavia, ele o perde, apenas para ressurgir uma vez mais, no fim, como rei (SCHMIDT). Ao contrário de El, ele não é criador; é

"Le mythe de Ba'al et d'Aliyan d'après des documents nouveaux", *RHB* 111 (1935), 5-65; O. EISSFELDT, *Baal Zaphon, Zeus Kasios und der Durchzug der Israeliten durchs Meer*, 1932; A. S. KAPELRUD, *Baal in the Ras Shamra Texts*, 1952. Para outros desenvolvimentos da figura de Baal, cf. POPE-RÖLLING, 270-273: *Baal-addir, Ball-biq'ab, Baal-chammon, Baal-karmelos, Baal-marqod, Baal-qarnaim, Baal-shamen.* Finalmente, cf. O. EISSFELDT, "Ba'alshamem und Jahwe", *ZAW* 57 (1939), 1-31 (= *Kleine Schriften* II (1963), 117-198). O Antigo Testamento menciona as seguintes formas de Baal, ns quais o epíteto freqüentemente designa uma cidade ou outro local geográfico: *Baal-berit* (Jz 8.33; 9.4), *Baal-gad* (Js 11.17; 12.7; 13.5), *Baal-Hamon* (Cânticos 8.11), *Baal-zebub* (= *Baal-zebul*) (2 Rs 1.2-3; 6-16), *Baal-hazor* (2 Sm 13.23), *Baal-hermon* (Jz 3.3; 1 Cr 5.23), *Baal-meon* (Nm 32.38; Js 13.17; Ez 25.9; 1 Cr 5.8), *Baal-perazim* (2 Sm 5.20; 1 Cr 14.11); *Baal-zephon* (Êx 14.2,9; Nm 33.7), *Baal-shalishah* (2 Rs 4.42), *Baal-tamar* (Jz 20.33), bem como *Baalath-beer* (Js 19.8) e provavelmente *Baalat-judah* (2 Sm 6.2). Cf. também R. HILLMANN, *Wasser und Berg; kosmische Verbindungslinien zwischen dem kanaanäischen Wettergott und Jawe*, tese, Halle, 1965.

[67] Os dois são identificados no Texto 76, II, 4-5; III, 8-9; e em outros lugares. Evidentemente, não é impossível que a identificação seja secundária e que, originalmente, existissem dois deuses distintos (KAPELRUD). Cf. H. KLENGEL, "Der Wettergott Von Halab", *JCSt* 19 (1965), 87-93; BHH II, 620; RGG III, 7-8.

[68] Com base nesse título, *"zbl b'l 'arš"*, no texto de 2 Rs 1.2ss, deliberadamente, alterou-se o nome do deus de Ecrom, de "Baal-zebul" para "Baal-zebub".

o preservador da criação, o doador de toda a fertilidade e o representante da vegetação. Quando ele cai nas garras do deus da morte, a natureza emurchece e cessa todo crescimento até que o grito "Baal-Aliyan vive; o príncipe e o senhor da terra está aqui!" anuncie seu retorno e o renascimento da natureza. Como muitas outras coisas da religião de Ugarit, é incerto se isso acontece anualmente, de sete em sete anos ou a intervalos irregulares.

Anat[69] é irmã e consorte de Baal. Ela é chamada "virgem Anat", como expressão de sua juventude e de inesgotáveis poderes de vida, amor e concepção. Assim, por um lado de sua natureza, ela tem uma exagerada sexualidade; por outro, é sequiosa de guerra e sanguinária. A última atitude é revelada numa descrição de sua fúria homicida, em que ela passa dificultosamente com sangue acima dos joelhos, ou melhor, até o pescoço, anda sobre crânios humanos, enquanto mãos humanas voam em torno dela como locustas, até que, por fim, lava as mãos no sangue que corre, diante de novas ações e atrocidades ('*nt*, II).

Yam é um dos dois opositores de Baal. A forma completa de seu nome, "Príncipe Mar, Soberano Rio", demonstra que o seu domínio é o mar, visto que o termo "rio" provavelmente deva ser entendido no sentido de "corrente". Ele contesta o reinado de Baal, atacando a vegetação da terra com o poder do mar, na companhia dos monstros do mar, Leviatã, Tannin e a "serpente enrolada", aliados de Yam ou identificados com ele.

Mot, "morte", cujo domínio é a maturidade e a morte, a seca e o deserto, a morte e o mundo dos mortos, é o outro e o mais terrível opositor, que realmente derrota Baal por um período limitado, de modo que a natureza desfalece.

Ashtar[70] também foi adorado em Ugarit, embora os textos falem pouco dele. Depois que Baal é derrotado por Mot, ele é

---

[69] BHH I, 91-92; RGG I, 356; J. AISTLEITNER, "Die Anat-Texte aus Ras Schamra", *ZAW* 57 (1939), 193-211; U. CASSUTO, *The Goddess Anath*, 1953 (em hebraico); H. CAZELLES, "L'hymne ugaritique à Anat", *Syria* 33 (1956), 49-57.

[70] A. CAQUOT, "Le dieu 'Athtar et les textes de Ras Shamra", *Syria* 35 (1958), 45-60; J. GRAY, "The Desert God 'Attr in the Literature and Religion of Canaan", *JNES* 8 (1949), 72-83.

chamado de sucessor de Baal, mas não está à altura da tarefa e deve renunciar a ela. Isso sugere que ele pode representar a irrigação artificial. Como o deus do sul da Arábia que tem o mesmo nome, parece que está ligado a Vênus, a estrela da tarde. Como mostra a inscrição de *mesha*, moabita, foram-lhe oferecidos sacrifícios humanos[71]. A linha 17 menciona o deus Ashtar-Camosh em vez de simplesmente Camosh, cujo nome ocorre em outro lugar da inscrição[72]. Camosh (em Ugarit: *UT*, Glossário, 1263 *a*) é uma manifestação de Ashtar ou ambos poderiam ser simplesmente igualados. É possível que os amonitas adorassem o mesmo deus, visto que o termo usado para designá-lo, "Milkom" (que também ocorre nos textos 17,11 e 124,17) não é um nome próprio, mas o título *"mlk"* com o sufixo *"m"* (artigo definido nos dialetos do sul da Arábia) e que Jz 11.24 pressupõe que Camosh era adorado na região entre o Arnon e o Jaboc e, portanto, em Amon. Isso iguala Ashtar, Camosh e Mlkm, com uma importante base para o significado do termo *"molek"* do Antigo Testamento (cf. a parte *c* abaixo).

Astarte[73] corresponde à deusa babilônica *Ishtar* e é mencionada freqüentemente nos textos culturais e litúrgicos de Ugarit. Ela é claramente uma deusa da fertilidade com um culto sexual. Os aspectos bélico e astral de *Ishtar* recuam para o segundo plano. Há numerosas representações pictóricas de divindades femininas com pronunciados atributos sexuais, e pelo menos uma parte delas provavelmente represente Astarte. O fato de ela aparecer como a deusa protetora de cidades[74] demonstra a sua grande importância para a religião cananéia.

---

[71] Um episódio da *Vida de são Nilo* no Sinai (cf. J. P. MIGNE, *Patrologia graeca* 79 [1865], 612, 681, 684), erroneamente, tem sido citado como evidência. A narrativa é fantástica e sem base histórica. A descrição do sacrifício de um camelo conflita com o restante de nosso conhecimento sobre o antigo ritual arábico. Cf. J. HENNINGER, "Ist der sogenannte Nilus-Bericht eine brauchbare religions-geschichtliche Quelle?", *Anthropos* 80 (1965), 81-148.
[72] Cf. KAI, Nr. 181.
[73] BHH I, 142-143; RGG I, 661.
[74] Em Astarot (Gn 14.5 e alhures), Ascqlon ou Gat (1 Sm 31.10) e Sídon (1 Rs 11.5,33; 2 Rs 23.13).

Dagon[75] foi adorado na Mesopotâmia (Mari) e na Síria do terceiro milênio em diante. Na Síria, pelo menos, foi considerado o deus do cereal e o doador da fertilidade (cf. Jz 16.23; 1 Sm 5.2-5), e um selo fenício mostra uma face de cereal como o seu símbolo. Como demonstram a posição de um templo dedicado a ele perto do de Baal, a sua menção em textos cultuais e litúrgicos, a dedicação a ele de duas estelas sacrificais (textos 69 e 70) e o uso de seu nome como parte de nomes de pessoas, ele foi adorado com muito zelo em Ugarit. Na Palestina, era deus principal da região filistéia, com templos em Gaza (Jz 16.23) e Asdod (1 Sm 5.1-5), bem como alhures.

Resheph[76] foi adorado do terceiro ou segundo milênio em diante, especialmente na região cananéia, mas também mais distante na Ásia Menor e Egito, bem como em Ugarit, como demonstra a sua presença em textos cultuais e litúrgicos e em nomes de pessoas. Nele, encontramos uma combinação de violência destruidora, como no deus babilônico Nergal, com beneficência, que faz dele um deus da paz e da prosperidade (Inscrições de Karatepe).

As divindades astrais incluem a deusa do Sol Senhora Shapash (em Ugarit, como na Antiga Arábia do sul, o Sol é considerado deusa; em outras religiões semitas, é considerado deus); o deus da Lua Yerah, o "iluminador dos céus", cujo matrimônio com Nikkal é recontado (texto 77); e os deuses da alva e do anoitecer, Shahar e Shalim, "amáveis e belos", cujo nascimento é descrito no texto 52, sendo o segundo um importante deus da Jerusalém cananéia (§ 11,2).

---

[75] BHH I, 311-312; RGG II, 18-19; IDB I, 756; H. Schmökel, *Der Gott Dagan*, tese, Heidelberg, 1928.
[76] G. Fohrer, *Das Buch Hiob*, 1963, 148-149; B. Grdseloff, *Les débuts du culte de Rechef en Égypte*, 1942; J. Leibovitch, "Quelques nouvelles représentations du dieu Rechef", *Annales du Service des Antiquités de l'Égypte* 39 (1939), 145-160; F. Vattioni, "Il dio Resheph", *Annali dell' Instituto Universitario Orientale di Napoli*, NS 15 (1965), 39-74; W. D. van Wijngaarden, "Karakter en voorstellingswijze van den god Rejef", *Oudheidk. Med. Rijksmuseum van Oudh. Te Leiden*, NR 10,1 (1929), 28-42.

§ 3. A RELIGIÃO CANANÉIA 63

b) Havia também outras numerosas divindades. Elas são menos proeminentes ou, mais provável, têm apenas importância local ou aparecem como servas dos grandes deuses, sem serem propriamente objeto de adoração. Há uma questão se o inteligente deus Koshar wa-Hassis, "hábil e astuto", que era objeto de culto, deveria ser contado entre os grandes deuses. De qualquer maneira, os deuses menores incluem os *rpum* (textos 122,4.12; 123,5-6; 124,8-9)[77], que comem e bebem durante sete dias no palácio de El (textos 121, II, 4; 122, 11-4.8-12; 123,23; 124,21-24). Se os seus nomes se relacionam ao verbo "curar", eles são considerados deuses da cura. Gepen wa-Ugar, "vinhedo e campo", são mencionados com uma dupla de mensageiros que servem a Baal (ou um único mensageiro é apresentado, visto que o nome duplicado pode referir-se a uma única figura). Outro par, Qadesh wa-Amrar, "santo e abençoado", é mencionado como servo de Asherah (outra vez, pode significar apenas uma figura). Outros seres divinos menores incluem as deusas Kasharat, que aparecem em ocasiões alegres; a Mulher do Choro (*bkyt*) e a Mulher da Lamentação (*mišspdt*), que aparecem, às vezes, como da morte e do desastre; e a fada da cura, *š'tqt*, que pode conjurar enfermidades.

Outros deuses mais ou menos difundidos (alguns dos quais são mencionados nos textos ugaríticos) incluem Betel[78], Eshmun[79],

---

[77] A. CAQUOT, "Les Rephaim ougaritiques", *Syria* 37 (1960), 75-93; A. JIRKU, "Rapa'u, der Fürst der Rapa'uma-Rephaim", *ZAW* 77 (1965), 82-83. Em Israel, eles eram historizados como uma raça pré-israelita de gigantes que habitavam a Palestina (Gn 14.5 e alhures) e, depois, reduzidos a espíritos dos mortos (Is 14.9 e alhures).

[78] O. EISSFELDT, "Der Gott Bethel", *ARW* 28 (1930), 1-30 (= *Kleine Schriften* I (1962), 206233); J. P. HYATT, "The Deity Bethel and the Old Testament", *JAOS* 59 (1939), 81-98; para um ponto de vista diferente, cf. R. KITTEL, "Der Gott Beth'el", *JBL* 24 (1925), 123-153; *id.*, "Zum Gott Bet'el", *ZAW* 44 (1926), 170-172. Provavelmente, no começo este deus representasse o santuário divinizado; para outro exemplo, cf. A. ALT, "Ein neuer syrischer Gott", *ZAW* 50 (1932), 87-89 (o "deus da habitação").

[79] W. F. ALBRIGHT, "The Syro-Mesopotamian God Šulman-Eshmun and Related Figures", *AfO* 7 (1931), 164-169.

Horon[80], Yw[81], Koshr, Melqart de Tiro[82], Mikal[83], Sedeq (em Jerusalém)[84], Selach[85], Sid[86], e o deus do Tabor[87]. Mais tarde ainda, outros deuses foram acrescentados. Certos estudiosos têm sugerido a existência de outras divindades com graus variados de probabilidade: Bezeq, na cidade do mesmo nome (*chirbet ibziq*)[88], Gish (Gilgamesh)[89], Kinaru/Kinneret[90] e outros.

c) Aparentemente, em muitos casos, estamos tratando com títulos apenas; não se pode determinar com precisão a que divindades eles se aplicavam. Tais títulos incluem, por exemplo, "Baalat"[91] e "Elyon"[92]. O termo *"molek"* do Antigo Testamento (Lv 18.21; 20.2-5; 2 Rs 23.10; Jr 32.35; a LXX, ocasionalmente, o

---

[80] J. Gray, "The Canaanite God Horon", *JNES* 8 (1949), 27-34.

[81] J. Gray, "The Canaanite God *Yw* in the Religion of Canaan", *JNES* 12 (1953), 278-183. O nome ocorre numa leitura duvidosa do texto muito danificado *'nt* pl. X, IV, 14; não tem nenhuma conexão com Iahweh, mas pode ligar-se a *Ieuo* de Biblos, mencionado por Fílo de Biblos. Sobre *Ya'* ou *Yawi*, cf. § 6,1.

[82] R. Dussaud, "Melqart", *Syria* 25 (1946-1948), 205-230; H. Seyrig, "Antiquités Syriennes", *ib.*, 24 (1944-1945), 62-80. Melqart mostra algumas semelhanças com o deus ugarítico Mot.

[83] L. H. Vincent, "Le Baal cananéen de Beisan et sa parèdre", *RB* 37 (1928), 512-543.

[84] W. W. Graf Baudissin, *Adonis und Esmun*, 1911, 247-248; R. Kittel, *Geschichte des Volkes Israel* I, 5ª 6ª eds., (1923), 436. Notem-se os nomes Adonisedec, Malkisedec e Sadoc (Adonizedeq, Melquizedeq, Zadoq) encontrados em Jerusalém. Sobre Sedec e Salem, cf. Sl 85.10, onde "Shalim" foi substituído por "shalom".

[85] M. Tsevat, "The Canaanite God "Sälah", *VT* 4 (1954), 41-49.

[86] Baidissin, *Adonis und Esmun,* 160, 275, 278; E. Meyer, "Untersuchungen zur phönikischen Religion", *ZAW* 49 (1931), 8.

[87] O. Eissfeldt, "Der Gott des Tabor und seine Verbreitung", *ARW* 31 (1934), 14-41 (= *Kleine Schriften* II (1963), 29-54): Baal-Tabor.

[88] H. W. Hertzberg, "Adonibesek", *JPOS* 6 (1926), 213-221 (= *Beiträge zur Traditionsgeschichte und Theologie des Alten Testaments,* 1962, 28-35).

[89] B. Maisler, "Zur Götterwelt des alten Palästina", *ZAW* 50 (1932), 86-87.

[90] A. Jirku, "Gab es eine palästinisch-syrische Gotheit Kinneret?", *ZAW* 72 (1960), 69; *id.*, "Der kyprische Heros Kinyras und der syrische Gott Kinaru(m)", *FF* 37 (1963), 211.

[91] BHH I, 176; RGG I, 806.

[92] A. Lack, "Les origines de 'Elyôn, le Très-Haut, dans la tradition cultuelle d'Israel", *CBQ* 24 (1962), 44-64; R. Rendtorff, "El, Ba'al und Jahwe", *ZAW* 78 (1966), 277-291.

traduz por *"moloch"*) provavelmente se incluiria nessa categoria. Contudo, com base nas inscrições latinas e púnicas do norte da África, Eissfeldt prefere interpretá-lo como termo para expressar o sacrifício de crianças em vez de nome divino. Isso significaria que o sacrifício de primogênitos tinha um lugar legítimo no javismo até a reforma deuteronomista[93]. A expressão idiomática, "representando uma prostituta diante de Moloc" (Lv 20.5), não se aplica a qualquer espécie de sacrifício. Por isso, têm sido feitas muitas objeções judiciosas a essa interpretação[94] embora elas não provem que a expressão seja um nome divino. O mais provável é que se trate da palavra *"melek"*, "rei", empregada como título e, como outras palavras que pertencem ao vocabulário das religiões estrangeiras, vocalizada segundo o modelo de *"bošet"*, "vergonha"[95]. O deus a que se refere seria Ashtar, a quem se sacrificavam crianças (cf. *a* acima) ou uma de suas manifestações locais.

d) Para determinarmos a natureza particular do panteão cananeu, devemos investigar, antes de tudo, a relação entre El e Baal, isto é, os dois deuses mais importantes. Ambos são considerados como reis, embora com uma importante diferença: El é rei; Baal torna-se rei. A realeza de El é interminável, imutável, estática; a de Baal é dinâmica, pois ele a conquista, assegura-a pela construção de um templo, defende-a contra os inimigos, perde-a e reaparece como rei uma vez mais (Schmidt). A luta de Baal com seus inimigos pela conquista da realeza também deter-

---

[93] O. Eissfeldt, *Molk als Opferbegriff im Punischen und Hebräischen und das Ende des Gottes Moloch*, 1935. In *Neue Keilalphabetische Texte aus Ras Schamra-Ugarit*, 1965, 14, ele chama também o texto ugarítico 2004 de liturgia para o sacrifício de *mlk (abḫ mlk)*, mas a linha seguinte continua a falar de *dbḫ ṣpn*, sem referir-se a qualquer espécie de sacrifício.

[94] A. Bea, "Kinderopfer für Moloch oder für Jahwe?", *Bibl* 18 (1937), 95-107; E. Dhorme, "Le dieu Baal et le dieu Moloch dans la tradition biblique", *AnSt* 6 (1956), 57-61; A. Jirku, "Gab es im Alten Testament einen Gott Molek (Melek)?", *ARW* 35 (1938), 178-179; M. J. Mulder, *Kanaänitische goden in het Oude Testament*, 1965, 57-64.

[95] Sugestão feita há muito tempo por A. Geiger, *Urschrift und Übersetzungen der Bibel*, 1857, 299-308.

mina o destino do homem: para este, o reino de Yam ou Mot significa morte, enquanto o reino de Baal, o preservador da criação, significa vida. Aparentemente, El e Baal vivem em paz lado a lado, tendo cada um *status* e linhagem reais. El não é monarquicamente superior; tampouco Baal o desalojou de sua posição soberana. Apesar disso, a aproximação desses dois deuses, bem como muitos absurdos e contradições da religião de Ugarit, são melhores explicados historicamente, pela teoria segundo a qual um grupo mais antigo junto com El e Asherah, correspondendo ao panteão babilônico e do sul da Arábia, se combinou com um grupo posterior semita ocidental, junto com Baal, Anat e Mot (BAUMGARTNER).

O elemento sexual é notável característica não apenas das deusas, mas também dos deuses, sem excetuar El e, sobretudo, Baal. Muitas divindades revelam aspectos amplamente divergentes, sozinhas ou em combinação com outra divindade. El é o criador e Baal, o preservador da criação; Mot é o destruidor. Anat não só dá à luz as nações, como também destrói os homens. Semelhante relação entre deuses e criação é encontrada no panteão indiano (Shiva-Kali/Durga). Contudo, na Índia, uma contrabalança a outra, enquanto, na religião cananéia, a criação é preservada com sucesso. No Antigo Testamento, Iahweh é concebido exclusivamente como criador; a destruição é vista como o resultado não do conflito no interior de deuses ou entre eles, mas do pecado humano.

O fato de Baal cair temporariamente sob o poder de Mot e, em seguida, ressurgir também pode ser entendido como um aspecto duplo. Por isso, os estudiosos de bom grado vinculam Baal à série de deuses que morrem e ressuscitam, a qual significativamente começa com o deus sumério Tamuz (Dumuzi). Contudo, recentemente, têm sido levantadas sérias objeções contra o ponto de vista segundo o qual Tamuz ou Marduc são deuses que morrem e ressuscitam[96] (parcialmente à luz de novos textos).

---

[96] O. R. GURNEY, "Tammuz Reconsidered", *JSS* 7 (1962), 147-160; F. R. KRAUS, "Zu Moortgat, 'Tammuz'", *WZKM* 52 (1953-1955), 36-80; W. VON SODEN, "Gibt es

Portanto, tal suposição com respeito a Baal deve ser considerada questionável, tanto mais porque os pontos de vista concernentes à estrutura e significado do crucial mito de Baal são amplamente divergentes. Presentemente, a única evidência segura com respeito a deuses que morrem e ressuscitam data da era cristã. Por isso, o significado da vitória de Mot sobre Baal e a reaparição de Baal devem continuar como uma questão aberta. Talvez Baal possa ser considerado como um deus da vegetação, que murcha e, em seguida, se restaura.

3. Lendas e mitos cananeus

a) O mais extenso ciclo de mitos de Ugarit pertence a Baal. Contudo, os textos são fragmentários (em alguns casos, pobremente preservados) e incertos quanto à seqüência. Aparentemente, trata-se de um complexo de diversos mitos. Por isso, as interpretações divergem amplamente[97]. Não é diferente a situação com os outros textos ugaríticos.

De acordo com um episódio do complexo, Yam, tendo habitado num palácio, tenta se fazer senhor sobre todos os deuses. Ele exige que eles entreguem Baal, que se opõe a ele. Baal inspira nova coragem nos deuses, que já estavam prontos para render-se. Apenas El está preparado para entregá-lo. Então, Koshar

---

ein Zeugnis dafür, dass die Babylonier an die Wiederauferstehung Marduks geglaubt hagen?", ZA 51 (NF 17, 1955), 130-166; L. VANDEN BERGHE, "Réflexions critiques sur la nature de Dumuzi-Tammuz", NC 6 (1954), 298-321; E. M. YAMAUCHI, "Tammuz and the Bible", *JBL* 84 (1965), 283-290.

[97] U. CASSUTO, "Baal and Mot in the Ugaritic Texts", *IEJ* 12 (1962), 77-86; J. GRAY, "The Hunting of Baal", *JNES* 10 (1951), 146-155; V. JACOBS and I. ROSENSOHN, "The Myth of Môt and 'Al'eyan Ba'al", *HThR* 38 (1945), 77-109; A. S. KAPELRUD, "Ba'al's Kamp met havets fyrste I Ras Sjamra-Tekstene", *NTT* 61 (1960) 241-252; F. LOKKEGAARD, "The House of Baal", *AcOr* (Copenhagen) 22 (1955), 10-27, *id.*, "Baals Fald", *DTT* 19 (1956), 65-82; J. OBERMANN, "How Baal Destroyed a Rival", *JAOS* 67 (1947), 195-208; *id., Ugaritic Mythology*, 1948; S. E. LOEWENSTAMM, "The Ugaritic Fertility Myth – the Result of a Mistranslation", *TEJ* 12 (1962), 87-88; W. SCHMIDT, "Baals Tod und Auferstehung", *ZRGG* 15 (1963), 1-13.

wa-Hassis promete-lhe vitória e dá-lhe duas clavas mágicas, que derrotam Yam. Eis o resultado: Yam é morto e Baal é feito rei (texto 68, 32).

Outro episódio diz respeito à construção de um palácio-templo para Baal, que procura, por esse meio, alcançar o reconhecimento de sua realeza. Tanto Anat como Asherah se esforçam para receber a aprovação de El. Uma vez que El dá permissão para que o palácio seja construído, Koshar wa-Hassis faz a construção. Quando fica pronto, é dedicado com grandes sacrifícios e um banquete festivo aos deuses. Agora, só Baal reinará, "para que deuses e homens possam engordar verdadeiramente, para que a multidão da terra possa engordar" (texto 51, VII, 49).

O terceiro episódio diz respeito à luta de Baal com o fim de dominar com Mot, o deus da morte. Baal submete-se às ameaças de Mot e desce com ele ao mundo dos mortos, de onde mensageiros trazem o anúncio de sua morte da face da terra. Apesar da permanência de Baal no mundo dos mortos, Anat procura seu corpo por todos os lados e o sepulta no monte Zaphon. Ashtar é instalado como o novo rei, mas fracassa. Nesse ínterim, aumenta a saudade de Anat para com Baal. Quando Mot se recusa a devolvê-lo, ela se vinga dele, quebrando-o como um grão, joeirando-o, queimando-o, moendo-o e espalhando-o sobre a terra, onde os pássaros o devoram. Porque Baal leva a chuva consigo a terra sofre. Então, El sonha que "os céus fazem chover óleo e os ribeiros transbordam de mel" (texto 49, III, 6-7.12-13), sinal de que Baal vive. Ele mata os filhos de Asherah e, depois de sete anos, trava uma terrível batalha com Mot (que reaparece uma vez mais), derrotando Mot finalmente.

b) A Lenda de Aqhat[98] começa contando como o rei Danel suplica e lhe é concedido um filho (Aqhat), e mais tarde recebe de Koshar wa-Hassis um arco, que ele dá ao seu filho. Anat exige o arco, mas Aqhat recusa-se a dar-lho. Este se enfurece contra ela, de modo que ela o mata, destruindo a fertilidade da terra. Quando

---

[98] U. Cassuto, "Daniel et son fils dans le tablette II D de Ras Shamra", *REJ* NS 5 (1940), 125-151; J. Obermann, *How Daniel Was Blessed with a Son*, 1946.

Danel recebe as notícias da morte de seu filho, é capaz de persuadir Baal a procurar os assassinos. A procura é infrutífera e assim a filha de Danel se arma e encontra o assassino, que se vangloria, embriagadamente, de seu feito. O texto menciona uma continuação, mas termina bruscamente. Pode ser que a moça tenha chegado a matar o assassino. De algum modo, a fertilidade também deve ser restaurada na terra.

c) A Lenda de Keret[99] conta como o rei Keret, que perdera a esposa e os filhos, consegue uma nova esposa, a filha do rei de Udm, que lhe dá muitos filhos e filhas. Depois, ele adoece seriamente, até que os ritos mágicos de El destroem o poder da morte, de modo que Keret recobra a saúde e seu trono. Um dos filhos de Keret pede-lhe para abdicar em seu favor. Keret convoca alguns dos deuses para punir o filho. Provavelmente, este texto também está incompleto. De qualquer modo, o seu assunto é a situação em que se encontra um rei, o qual, aparentemente, é semidivino e imortal, mas que, na realidade, é doente e incapaz de reinar. Ele também trata da questão de um pai ser sucedido ou suplantado pelo filho.

d) Outros textos ugaríticos descrevem o matrimônio do deus da lua, Yerah, com Nikkal, e a concepção e nascimento dos deuses Shahar e Shalim. Além disso, há um número considerável de fragmentos, alguns dos quais ainda não publicados[100]. Em Ugarit e em toda o Canaã, existiam certamente outros mitos e lendas. Podemos determinar pelo menos o assunto de diversos deles. Isso é certo especialmente com referência às lendas do santuário e do culto que foram incorporadas ao Gênesis: a revelação de El-Roi (Gn 16); a substituição do sacrifício humano

---

[99] K.-H. BERNHARDT, "Anmerkungen zur Interpretation des KRT-Textes von Ras Schamra-Ugarit", *WZ Greifswald* 5 (1954-1955), 102-121; U. CASSUTO, "The Seven Wives of King Keret", *BASOR* 119 (1950), 18-20; H. L. GINSBERG, *The Legend of King Keret*, 1946; J. GRAY, *The Krt Text in the Literature of Ras Shamra*, 2ª ed., 1964; J. PEDERSEN, "Die Krt-Legende", *Berytus* 6 (1941), 63-105.

[100] Cf. o mais recente estudo de O. EISSFELDT, *Neue Keilalphabetische Texte aus Ras Schamra-Ugarit*, 1965 (seu estudo mais antigo é encontrado em sua obra *Kleine Schriften* II (1963), 330-415).

pelo sacrifício de animais num santuário cujo nome não é registrado (Gn 22.1ss); a descoberta dos lugares santos em Betel e Penuel no Jaboc (Gn 28.10ss; 32.25ss). Reminiscências históricas, como a memória de uma expedição de saque pelo povo do Oriente e do rei Melquisedec a Jerusalém, foram preservadas (e incorporadas em Gn 4). Além disso, regulamentos como a norma contra a combinação de duas coisas diferentes (Lv 19.19) ou a norma para determinar o fruto das árvores replantadas (Lv 19.23-25) bem podem ser cananeus, pelo menos quanto ao assunto.

4. Culto cananeu e vida religiosa

O culto cananeu era altamente desenvolvido. Era realizado em inúmeras localidades sagradas, nos "lugares santos" com suas árvores verdes (para Moab, cf. Is 15.2; 16.12; para Israel, cf. 1 Rs 3.2; 2 Rs 12.3; e alhures), onde, aparentemente, também se realizam ritos funerários[101]. Nos tempos antigos, esses lugares santos eram oficialmente reconhecidos em Israel (1 Sm 9.12); contudo, eles caíram em descrédito por causa da polêmica profética e finalmente por meio da teologia deuteronomista. Os templos[102] eram mais importantes e sua construção fazia parte do reconhecimento dado a um deus elevado. Neles, o culto atingia o seu clímax com a comida e a bebida festivas (cf. Jz 9.27 e as descrições ugaríticas do banquete dos deuses). Escavações feitas na Síria e nas cidades pré-israelitas da Palestina têm trazido à luz tais templos. Suas modificações e renovações demonstram como eles eram adaptados às várias necessidades no curso de gerações. Além de utensílios culturais menores, usados propriamente para a oferta de sacrifícios, os santuários eram equipados com altares[103] imagens ou símbo-

---

[101] BHH II, 736-737; IDB II, 602-604; W. F. ALBRIGHT, "The High Place in Ancient Palestine", *VTSuppl* IV (1957), 242-258; L. H. VINCENT, "La notion biblique du haut lieu", *RB* 55 (1948), 245-278.

[102] BHH III, 1940-1941; RGG VI, 681-684, IDB IV, 560-658.

[103] BHH I, 63-65; RGG I, 251-253; IDB I, 96-100.

los dos deuses¹⁰⁴ *maṣṣeboth*¹⁰⁵ que representavam uma divindade (algumas eram reconhecidas oficialmente em Israel, como no santuário de Arad¹⁰⁶; elas eram legitimadas por serem reinterpretadas, como em Êx 24.4; contudo, mais tarde, houve uma crescente e violenta oposição contra elas, *e.g.*, Êx 23.24; Dt 7.5) e, às vezes, um poste de madeira, chamado *asherah*, que simbolizava a deusa do mesmo nome (cf. Jz 6.25; 1 Rs 14.23)¹⁰⁷.

De acordo com a lenda de Aqhat e a lenda de Keret, no antigo período heróico, a execução do culto era, primariamente, direito do rei. Contudo, no período para o qual há dados históricos, o rei executava apenas funções secundárias no culto¹⁰⁸. Em Ugarit, o culto era executado por um grupo grande, hierarquicamente organizado: um sumo sacerdote, doze famílias de sacerdotes (*khnm*), subordinado a esses sacerdotes, um grupo de pessoas consagradas, mas não mais definidas (*qdšm*) e, aparentemente, também um grupo de cantores (*šrm*). Além disso, as listas mencionam muitos artesãos, que estavam, obviamente, a serviço do templo. A formação dos sacerdotes era sustentada por uma escola de escribas e uma biblioteca de tabuinhas de argila, situadas perto dos templos de Dagon e Baal.

Pode-se conhecer a variedade de sacrifícios que eram oferecidos através dos diferentes termos empregados para designá-los. Alguns deles são idênticos ou, pelo menos, equivalentes àqueles usados no Antigo Testamento: *šrp*, "oferta queimada" (não encontrado em muitos cultos semitas; tomado por empréstimo da população nativa da Síria e Palestina); *dbḥ*, "sacrifício"

---

¹⁰⁴ BHH I, 249-250; IDB II, 673-675. Exemplos da Palestina incluem representações de Baal oriundas de Tell ed. Duwein e de Anat oriundas de Beth-shan.
¹⁰⁵ BHH II, 1169; IDB III, 815-817. Uma *massebah* não é uma pedra sagrada conservada em sua forma natural e sagrada como tal, mas uma pedra cujo significado está em ter sido formada para representar uma divindade.
¹⁰⁶ Há um santuário israelita com três *masseboth* dentro da fortaleza; cf. Y. AHARONI e R. AMIRAN, "Arad, a Biblical City in Southern Palestine", *Archaeology* 17 (1964), 43-53.
¹⁰⁷ BHH I, 136-137; RGG I, 637-638; IDB I, 251-252.
¹⁰⁸ Cf. Melquisedeque de Jerusalém (Gn 14.17-18).

(no Antigo Testamento: *zbh*); *šlm*, de significado incerto, como no Antigo Testamento (provavelmente "sacrifício de conclusão"[109]); *ndr*, "voto". Parece que os sacrifícios eram oferecidos também como ato coletivo de propiciação (texto 2). Uma desgraça era considerada como conseqüência de pecado ético ou cultual, consciente ou inconscientemente cometido, o qual tinha de ser reconhecido e expiado[110], prática semelhante aos lamentos e penitências comunitárias dos israelitas. Contudo, justifica-se a cautela na comparação da evidência ugarítica com aquela do Antigo Testamento, porque não existem paralelismos entre o Antigo Testamento e algumas expressões e práticas ugaríticas e, inversamente, os atos cultuais do Antigo Testamento nem sempre têm equivalentes ugaríticos[111].

Exatamente como no Antigo Testamento, os animais de sacrifício mais comuns são novilhos, ovelhas, cabras e pombos. Espécies selvagens, como a gazela e a cabra montês, também eram consideradas apropriadas para o sacrifício. Contudo, quando listas de tais animais ocorrem em textos mitológicos, a questão que se levanta é: se e quando tais normas estavam em vigência. Escavações feitas no antigo estrato neolítico de Gezer e no estrato da Idade do Bronze de Tirzah demonstram que se sacrificavam porcos na Palestina, provavelmente desde o período pré-semita. É ainda desconhecida a extensão em que o sacrifício humano era praticado na religião cananéia[112]. Embora não seja mencionado no material de Ugarit, é pressuposto no Antigo Testamento e, até o século III a.C., sua prática não tinha ainda se extinguido entre

---

[109] G. FOHRER, in KITTEL, ed., *Theological Dictionary of the New Testament* VII, 1022-1023.
[110] A. CAQUOT, "Un sacrifice expiatoire à Ras Shamra", *RHPhR* 42 (1962), 201-211; GRAY, 204-207. Cf. também a carta de Ribaddi de Biblos, publicada por J. A. KNUDTZON, *Die El-Amarna-Tafeln*, 1908-1915, 137, 35.
[111] Cf. por exemplo, D. KELLERMANN, "*ašam* in Ugarit?", *ZAW* 76 (1964), 319-322 e os argumentos contrários à tese de DUSSAUD e GASTER in GRAY, 196ss.
[112] BHH II, 1191; RGG IV, 867-868; IDB IV, 153-154; cf. também F. M. T. DE LIAGRE BÖL, "Das Menschenopfer bei den alten Sumerern", in *Opera Minora*, 1953, 163-173; J. HENNINGER, "Menschenopfer bei den Arabern", *Anthropos* 53 (1958), 721-801.

os cartagineses do norte da África. Parece que pelo menos os cultos de Ashtar e de deuses congêneres envolviam sacrifício de crianças (cf. 2ª), embora o texto de Gn 22 confirme sua substituição por sacrifício de animais num santuário desconhecido. A prática do uso de crianças num sacrifício inicial não era desconhecida. Esse sacrifício era oferecido por ocasião da colocação da pedra angular ou do término de uma construção (1 Rs 16.34, do qual Jz 6.26 depende). Tal material tem sido descoberto no curso de escavações, mas a alta taxa de mortalidade infantil levanta a questão de se crianças já mortas não podiam ser, às vezes, substituídas pelo sacrifício real.

Sendo um culto da fertilidade, a religião cananéia estava familiarizada com a prostituição sagrada, que se difundia por todo o antigo Oriente Médio[113]. Ela deve ser entendida a partir da perspectiva de uma religião agrícola e suas necessidades. Em tal religião, servia para fortalecer a divindade e conservar as poderosas forças operantes na vida. Contudo, esse costume constituía o ponto fraco da religião cananéia, visto que, como em Babilônia, a distinção entre a prostituição sagrada e a prostituição secular era facilmente obliterada.

A dança também desempenhava um papel de certa importância no culto[114]. O Antigo Testamento registra a dança festiva das moças de Silo (Jz 21.21), a dança da vindima de homens (Jz 9.27) e danças processionais como aquela executada quando a arca foi trazida para Jerusalém (2 Sm 6.14).

Alguns dos textos ugaríticos nos dão uma idéia das orações e hinos. Há uma oração dirigida a El em tempos de necessidade (texto 107), um hino à deusa do sol (texto 62) e os textos originalmente cananeus que foram incorporados no Antigo Testamento: Sl 19.1-6; 29; e partes do 68. Tal poesia, como os mitos, era recitada no culto e acompanhada de música e cânticos, como mostram as normas mencionadas no texto 52. Etã, Hemã, Calcol

---

[113] BHH III, 1948-1949; RGG V, 643-645; IDB III, 931-934; W. KREBS, "Zur kultischen Kohabitation mit Tieren im Alten Orient", FF 37 (1963), 19-21.
[114] BHH III, 1931-1932; IDB I, 760-761.

e Darda citados em 1 Rs 4.31 provavelmente eram cantores cananeus[115].

Como é próprio de uma religião da fertilidade, todo o ritual era notavelmente influenciado por concepções mágicas; as formas, freqüentemente, aparecem não apuradas e não desenvolvidas. Contudo, uma delas não deve ser esquecida, isto é, a que a religião cananéia tinha o seu particular elenco de valores, que eram determinados por sua relação com a natureza. Ela produzia tal intimidade entre o homem e a natureza que deve ter sido motivo de atração para os nômades que se estabeleciam na Palestina. Procurava elevar e estabelecer a vida humana por meio do envolvimento do homem na preservação do mundo e compensando sua dependência da divindade por considerá-lo o auxiliar dos deuses. Portanto, entre os antigos israelitas, essa religião era capaz de reforçar o elemento de reciprocidade entre Deus e o homem e de tornar possível o elemento do domínio de Deus como rei.

§ 4. A RELIGIÃO DOS ANTIGOS ISRAELITAS NA PALESTINA

A. ALT, *Die Landnahme der Israeliten in Palästina*, 1925 (= *Kleine Schriften zur Geschichte des Volkes Israel* I [1953]. 90=125); *idem*, "Erwägungen über die Landnahme der Israeliten in Palästina", *PJB*, XXXV (1939), 8-63 (=*Kleine Schriften* I [1953], 126-75); M. NOTH, "Gilead und Gad", *ZDPV* LXXV (1959), 14-73; J. VAN DER PLOEG, "Les anciens dans l'Ancien Testament", in *Festschrift Junker*, 1961, 175-91; H. H. ROWLEY, *From Joseph to Joshua*, 1950; M. WEIPPERT, *Die Landnahme der israelitischen Stämme*, 1967. Cf. também as várias histórias de Israel.

1. *A ocupação e suas conseqüências*

A ocupação da Palestina pelos israelitas não foi uma realização de todo o Israel sob a liderança de uma única pessoa; ela

---

[115] Vide CBL, 294-295; 491.

aconteceu em diversos estágios e num considerável período de tempo. Os clãs patriarcais, cujas narrativas territoriais constituem o núcleo das tradições registradas em Gn 12ss, provavelmente se estabeleceram gradualmente tão cedo quanto o século XIV. A maior parte dos israelitas estabeleceu-se primariamente no século XIII e, uma vez na Palestina, foram organizados como um grupo de tribos. Sua imigração aparentemente se deu em quatro ondas, correspondendo, por assim dizer, às quatro tribos originais citadas pela ordem das esposas de Jacó e suas servas: Lia, do sul; Zilpa, do sudeste da Transjordânia; Raquel, da mesma região; e finalmente Bila, de uma região desconhecida. A narrativa da ocupação pelo grupo central ou de Raquel, tendo passado por muita revisão, encontra-se agora na tradição de Josué, com suas poucas sagas heróicas e suas numerosas sagas etiológicas, que se referem à situação da Palestina[116]. Ela substituiu a tradição de como o grupo chefiado por Moisés se estabeleceu no território habitado, ao ocidente do Jordão. Este grupo posterior chegou à Palestina, o mais tardar, lá pelo fim do século XIII. O texto de Nm 13-14, que narra como a tribo de Caleb ocupou a cidade de Hebron, mostra que ainda outros nômades estavam infiltrando-se na região. Essas e outras narrativas ou breves notícias testificam sobre a diversidade dos eventos históricos.

Raramente é possível traçar os pormenores que explicam por que tem havido tanta discussão sobre a questão se a ocupação da terra se deu pacificamente ou envolveu muita luta[117]. A resposta a essa questão, provavelmente, difere com respeito a dife-

---

[116] Cf. S-F, § 30.
[117] Mais improvável é a recente tese de G. E. MENDENHALL, "The Hebrew Conquest of Palestine", *BA* 25 (1962), 66-87, segundo a qual não houve significativa invasão da Palestina por um grande número de povo, mas antes uma revolta dos camponeses contra a rede de cidades-estado que cobria a terra, causada pelo movimento religioso de um pequeno grupo de cerca de setenta famílias depois de sua fuga do Egito. Para uma descrição mais acurada, cf. J. B. PRITCHARD, "Arkeologiens plats i studiet av Gamla Testamenter", *SEA* 30 (1965). 5-20.

rentes regiões e períodos. Um exame das mais tardias localizações das tribos israelitas demonstra que eles freqüentemente se estabeleceram naquelas regiões da Palestina que eram então desabitadas ou apenas escassamente povoadas. Naqueles lugares reivindicados e que não estavam ainda demarcados e, portanto, sem dono, seu estabelecimento foi essencialmente pacífico, embora possa ter havido pequenas escaramuças ocasionais com as vizinhas cidades-estado cananéias. Contudo, em outros lugares, devem ter acontecido batalhas de proporções maiores. A melhor evidência de tais batalhas não é a destruição de cidades na última parte do século XIII: algumas, como Betel ou Tell Beit Mirsim, foram destruídas por conflagrações; outras, como Láquis, não foram reconstruídas absolutamente durante duzentos anos depois de sua destruição; outras ainda, como Hazor, eram grandes e fortes demais para serem conquistadas por um pequeno grupo de israelitas. As possibilidades a serem consideradas em tais casos podem ser bem observadas num estudo da situação de Meguido[118]. A melhor evidência das grandes batalhas é o fato de que as tribos de Rúben, Simeão e Levi foram quase totalmente exterminadas e que a tribo de Dã (e, provavelmente, também a de Neftali) foi incapaz de manter-se na defensiva contra a força superior dos cananeus e filisteus na região montanhosa, ao ocidente do Jordão, e teve de encontrar novas regiões para estabelecer-se ao norte.

Depois que eles se estabeleceram na Palestina, a organização nômade de clãs e tribos tornou-se antiquada. Em sua nova situação, os clãs e tribos transformaram-se em associações regionais. Uma pessoa não mais pertencia a um clã ou tribo em virtude de seu nascimento; o que importava era o seu estabelecimento em certa cidade ou território. Assim, tornou-se possível incorporar membros de outras tribos e cananeus; por outro lado, também israelitas vieram a estabelecer-se em cidades cananéias. Além disso, formou-se gradualmente uma nova estrutura, deter-

---

[118] A. ALT, "Megiddo im Übergang vom kananäischen zum israelitischen Zeitalter", *ZAW* 60 (1944), 67-85.

minada por considerações econômicas. Os anciãos do clã perderam a sua influência; seu lugar foi tomado pelos grandes latifundiários. Estes reduziram os habitantes locais que possuíam pequenas ou médias propriedades a um estado de dependência, ocuparam as posições oficiais e, freqüentemente, formaram uma espécie de nobreza. No princípio, a maioria dos israelitas eram camponeses que viviam em comunidades fechadas; por fim, grande parte deles chegou a uma economia verdadeiramente urbana[119]. Esta é uma das razões da posterior inimizade entre cidades e zona rural, até ao ponto em que não estava enraizada, como a antipatia da população rural de Judá para com Jerusalém, no fato de que a maioria dos habitantes da cidade eram cananeus.

2. *O encontro entre a religião nômade e a religião cananéia*

Os grupos israelitas trouxeram para a Palestina as suas religiões de clã. Pequenos e singelos santuários certamente foram instalados nas cidades ou perto delas. Provavelmente, a lei do altar de Êx 20.24-26 se aplicasse a tais instalações. Além disso, os israelitas tiveram acesso a alguns santuários cananeus. Logo, eles vincularam os deuses do clã a esses santuários, em vez de ao próprio clã (que se estabelecera permanentemente agora), e as divindades cultuadas na caminhada tornaram-se divindades de lugares específicos. Conseqüentemente, tornou-se necessário transplantar para o solo palestinense as tradições concernentes aos receptores da revelação, fundadores do culto e líderes inspirados, e adaptá-las à nova situação. Tudo que persistia era aquilo que devia ainda ser relevante para a nova maneira de viver na Palestina. O resultado disso foi que o que sobreviveu do período nômade foram, primariamente, os próprios cultos e os nomes de seus fundadores, enquanto as sagas cultuais, que não tinham

---

[119] R. A. F. McKenzie, "The City and Israelite Religion", *CBQ* 25 (1963), 60-70; G. Wallis, "Die Stadt in den Überlieferungen der Genesis", *ZAW* 78 (1966), 133-148.

relação com a Palestina, caíram no esquecimento. Mesmo alguns dos cultos, aos poucos, desapareceram, porque não eram significativos para a vida nas regiões habitadas. Pouco foram preservados no conjunto das tradições israelitas, porque estavam associados com importantes santuários.

As antigas sagas cultuais foram substituídas por lendas dos santuários e cultos, elas eram oriundas dos diversos santuários cananeus e foram elaboradas com o propósito de fazer alusão aos fundadores dos cultos e seus deuses. Essa foi a necessária conseqüência do uso conjunto dos santuários e, ao mesmo tempo, forneceu a base religiosa e a justificação para tal uso conjunto.

Pelo menos no caso dos lugares consagrados a El, sobretudo os deuses do clã foram equiparados ao deus local. Por isso, a tradição sempre localiza na Palestina os encontros dos patriarcas com El. Depois do culto dos deuses do clã, este é o segundo estágio da religião israelita. Conseqüentemente, a tradição preservou os nomes das diversas manifestações locais de El. Os seguintes santuários merecem ser mencionados:

> *Beer-lahai-roi*, localizado no Negueb, associado com El-Roi, cuja lenda de santuário foi incorporada em Gn 16.7-14 e com o qual o deus do clã de Isaac foi associado algumas vezes (cf. Gn 24.62; 25.11*b*).
>
> *Beer-sheba*[120], associado com El-Olam, cuja lenda de santuário foi incorporada em Gn 21.14-19 e com o qual os deuses dos clãs de Abraão e Isaac foram associados (cf. Gn 21.33; 26.23-25, legitimação do santuário)[121].
>
> O *Mamre*[122] foi legitimado pela construção ali de um altar por Abraão (Gn 13.18) e, talvez, também pelas teofanias registradas em Gn 15 e 18. Contudo, mais tarde ele foi rejeitado e, por isso, nenhuma lenda de santuário foi preservada. Parece que essa rejeição está relacionada, pelo menos em parte, com uma árvore especial mencionada em Gn 18.4,8 e no plural localizado alhures no texto massorético. O texto também engana o leitor com respeito à localização, por associar as árvores com

---

[120] BHH I, 211; RGG I, 956-957; IDB I, 375-376; W. Zimmerli, *Geschichte und Tradition von Beerseba im Alten Testament*, 1932.
[121] A inclusão de Jacó, através de Gn 46.1-4, é posterior.
[122] BHH II, 1135-1136; IDB III, 235; F. Mader, *Mamre*, 1957.

Hebron[123] (Gn 13.18) e, por fim, equiparando explicitamente Mamre com Hebron (Gn 23.19; 35.27). Por isso, Hebron, mais aceitável à geração posterior, devia substituir Mamre. Conseqüentemente, com respeito à situação original, devemos ver em El-Shaddai (talvez "El da planície"[124]) o deus não de Hebron, mas do Mamre.

Betel[125], associado com El-Bethel, cuja lenda de santuário está incorporada em Gn 28.10-22 e com o qual o deus do clã de Jacó estava associado (cf. Gn 31.5*b*,13; 35.1ss).

Siquém[126] era o santuário de El-Israel[127]. Gn 22.1-4,19 contém aquilo que foi originalmente uma lenda cultual cananéia, que relata como o sacrifício de animais substituiu o sacrifício de seres humanos. GUNKEL associou, engenhosamente, essa lenda com um santuário chamado *Jeruel* ou *Jeriel*, encontrado na região desértica de Judá[128].

Penuel[129], que se localiza no Jaboc, tem sido associado com o grupo transjordaniano de Jacó por meio de uma reinterpretação de seu antigo santuário e da lenda cultual de Gn 32.25-32.

Guilgal[130], no vale do Jordão, localizado ao oriente de Jericó de acordo com Js 4.19, foi também um santuário pré-israelita. Contudo, a divindade local nunca é mencionada, nem pode ser determinada a partir do nome do lugar, como no caso de *Jeruel* e *Penuel*. Nenhum clã patriarcal está associado com Guilgal, mas antes o grupo palestinense central de Raquel ou os efraimitas com os benjamitas posteriores, que levavam consigo uma arca, que, primeiramente, foi colocada ali (Js 4.18-19; 7.6;

---

[123] BHH II, 669-670; RGG III, 110; IDB II, 575-577.
[124] M. WEIPPERT, "Erwägungen zur Etymologie des Gottesnames 'El Shaddaj", *ZDMG* III (1961), 42-62; para um ponto de vista diferente, cf. E. C. B. MACLAURIN, "Shaddai", *Abr-Nahrain* 3 (1961-1962), 99-118.
[125] BHH I, 231-232; RGG I, 1095-1096; IDB I, 391-393.
[126] BHH III, 1781-1783; RGG VI, 15; IDB V, 313-315.
[127] Cf. H. SEEBASS, *Der Erzvater Israel und die Einführung der Jahweverehrung in Kanaan*, 1966.
[128] H. GUNKEL, *Genesis*, 6ª ed., 1964, ad loc. Segundo 2 Cr 20.16, *Jeruel* é parte do deserto entre Tekoa e En-gedi. A associação que a narrativa faz com Moriá (Gn 22.2), identificada por 2 Cr 3.1 com a montanha em que o templo de Jerusalém foi construído, é posterior.
[129] RGG V, 217-218; IDB III, 727.
[130] BHH I, 572-573; RGG II, 1577-1578; IDB II, 398-399; K. GALLING, "Bethel und Gilgal", *ZDPV* 66 (1943), 140-155; 67 (1944-1945), 21-43; H.-J. KRAUS, "Gilgal", *VT* 1 (1951), 181-199; J. MUILENBURG, "The Ancient Site of Gilgal", *BASOR* 140 (1955), 11-27; E. SELLIN, *Gilgal*, 1917.

cf. § 10,1). O nome do lugar de culto deriva do "círculo" de pedras que o delimitava. As doze pedras supostamente erigidas por Josué, provavelmente, eram, de fato, estelas. Portanto, *Guilgal* era um santuário de estela, como aqueles descobertos pelas escavações feitas em Gezer e Hazor.

A equiparação dos deuses do clã com El forneceu a base para o empréstimo de vários aspectos da religião cananéia. Mais tarde, a equiparação seguinte de El com Iahweh incorporou esse material ao javismo. Não é impossível que os nomes de algumas das tribos israelitas fossem interpretados como nomes divinos. Existe evidência quanto ao uso do termo "Gale" como epíteto, com o significado de "[deus de] boa sorte" para vários deuses e deusas na Síria e Palestina[131]. "Dã", como significado de "soberano, juiz", pode ter sido o título de uma divindade cananéia. "Asher" pode ser a duplicata masculina de Asherah. "Zebulun" relembra o nome "Baal-zebul". Tudo isso permanece no terreno da mera especulação, mas, de qualquer maneira, o processo de assimilação e integração começou muito cedo, antes mesmo de os israelitas palestinenses tomarem conhecimento do javismo[132].

Finalmente, houve ainda outro significado da equiparação dos deuses do clã com El. Ela preservou os vestígios dos antigos cultos do clã e as concepções ligadas a eles. Quando, posteriormente, os santuários em que esses deuses eram cultuados foram adotados pelo javismo, sobretudo as tradições acerca de alguns dos fundadores das religiões do clã se tornaram parte da religião de Ishweh e, além disso, foram elaboradas num contexto novo, forjando, assim, uma continuidade na história de Israel e no relacionamento com Iahweh.

---

[131] Esse uso é mais bem conhecido em Hauran, Fenícia e Palmira, mas é encontrado também em nomes de lugares, tais como *Baal-gad* (Js 11.17) e *Migdal-gad* (Js 15.37).

[132] Porque esse período tem deixado alguns traços na tradição, muitas hipóteses altamente improváveis têm sido aventadas: H. G. MAY, "The Evolution of the Joseph Story", *AJSL* 47 (1930-1931), 83-93 (José teria sido originalmente o deus da fecundidade de Siquém); J. MORGENSTERN, "The Divine Triad in Biblical Mythology", *JBL* 44 (1945), 15-37 (os israelitas teriam cultuado a tríade semita do Norte *Eloah* ou *Elyon* [o mais alto céu], *Shaddai* [céu atmosférico] e El [terra/mar]).

Capítulo II
JAVISMO MOSAICO, A PRIMEIRA INFLUÊNCIA

§ 5. TRADIÇÕES, EVENTOS E FIGURAS

E. Auerbach, *Moses*, 1953; G. Beer, *Mose und sein Werk*, 1912; W. Beyerlin, *Herkunft und Geschichte der ältesten Sinaitraditionen*, 1961; M. Buber, *Moses*, 2ª ed., 1952; W. Caspari, "Neuere Versuche geschichtswissenschaftlicher Vergewisserung über Mose", *ZAW* XLII (1924), 297-313; D. Daube, *The Exodus Pattern in the Bible*, 1963; G. Fohrer, *Überlieferung und Geschichte des Exodus*, 1964; F. Giesebrecht, *Die Geschichtlichkeit des Sinaibundes*, 1901; H. Gressmann, *Mose und seine Zeit*, 1913; C. A. Keller, "Vom Stand und Aufgabe der Moseforschung", *ThZ* XIII (1957), 430-41; S. E. Loewenstamm, *The Tradition of the Exodus in Its Development* (Hebrew), 1965; E. Meyer, *Die Israeliten und ihre Nachbarstämme*, 1906; *Moïse, l'homme de l'alliance*, 1961; E. Osswald, *Das Bild des Mose in der kritischen alttestamentlichen Wissenschaft seit Julius Wellhausen*, 1962; H. Schmid, "Der Stand der Moseforschung", *Judaica* XXI (1965), 194-221; F. Schnutenhaus, *Die Entstehung der Mosetraditionen*, tese, Heidelberg, 1958; H. Seebass, *Mose und Aaron, Sinai und Gottesberg*, 1962; E. Sellin, *Mose und seine Bedeutung für die israelitisch-jüdische Religion*, 1922; R. Smend, *Das Mosebild von Heinrich Ewald bis Martin Noth*, 1959; P. Volz, *Mose und sein Werk*, 2ª ed., 1932; A. S. van der Woude, *Uittocht en Sinaï*, 1961.

1. *Tradições referentes aos inícios do javismo*

No Antigo Testamento, há diferentes pontos de vista acerca dos inícios do javismo. O estrato-fonte J traça a origem do javismo inteiramente a partir da terceira geração de homens

(Gn 4.26)[1]. Desde então, ele foi adorado sob este nome. O estrato-fonte N também usa o nome "Iahweh" desde o começo. Permanece obscuro como se firmou o uso desse nome; o próprio nome não é revelado, nem é explicado o seu significado. Os homens daquele tempo, ou *Enosh*, usavam-no dessa maneira, e esse é o fim do assunto. Portanto, para J e N é evidente que o deus que falou a todas as gerações posteriores e agiu em seu benefício é Iahweh. Isso se aplica também a Moisés. Contudo, em Êx 3.16, J identifica claramente Iahweh com o "Deus de vossos pais, o Deus de Abraão, de Isaac e de Jacó". Essa identificação já fazia parte da tradição usada por J, a fim de que o liame entre Iahweh e os deuses do clã pré-javista identificados com El fosse forjado não pelo narrador, mas muito antes dele. Obviamente, a declaração de J contida em Gn 4.26 não é verdadeira no sentido de que o culto de Iahweh desde o começo da humanidade fosse certamente inconcebível. Contudo, é verdadeiro no sentido de que o período mosaico não assinala o aparecimento de um "novo" e, até então, desconhecido deus; em vez disso, um deus já adorado alhures se tornou, desde então, o Deus de um grupo de israelitas.

A tradição atribuiu muito mais importância às narrativas de E do que à teoria de J. Essas narrativas transferem a origem do javismo para a parte meridional do antigo Oriente Próximo e consideram que ela se baseia num evento de revelação, em que um deus até então desconhecido de nome dos israelitas[2], isto é, O "Deus de vossos pais, o Deus de Abraão, o Deus de Isaac e o Deus de Jacó" (Êx 3.15), aparece e revela o seu nome, que se torna conhecido daí em diante. O texto de Êx 3.14 acrescenta uma explicação do significado do nome de Deus. A ori-

---

[1] F. Horst, "Die Notiz vom Anfang des Jahwekultes in Gen 4.26", in *Libertas Christiana* (Delekat Festschrift), 1957, 68-74. Horst vê aqui a integração do deus criador El com o deus do culto Iahweh.

[2] Para diferentes pontos de vista, cf. R. Abba, "The Divine Name Yahweh", *JBL* 80 (1961), 320-328; J. P. Hyatt, "Yahweh as 'the God of my Father'", *VI* 5 (1955), 130-136; S. Mowinckel, "The Name of the God of Moses", *HUCA* 32 (1961), 121-133.

gem dessa explicação é obscura. Êx 3.15 continua diretamente de Êx 3.13, dando a desejada resposta à pergunta feita aí: "Qual é o seu nome?" Êx 3.14 interrompe essa continuidade, introduzindo duas declarações adicionais feitas por Deus. Por isso, somos compelidos a ver em 3.14a e em 3.14b duas claras interpolações muito antigas, sendo que uma delas pode recuar ao próprio E. Não é mais possível determinar se E ou uma mão posterior é responsável pela bem conhecida explicação do nome "Iahweh" por meio da declaração "'ehyē 'ªšer 'ehyeh". No texto de Êx 6.2ss, que identifica outra vez Iahweh com o Deus dos patriarcas, P declara, até mais claramente do que E, que o nome de Iahweh foi revelado pela primeira vez no tempo de Moisés. Por esta razão, ele usa a fórmula de auto-apresentação. A importância dessas tradições é aumentada por meio da associação de Iahweh com a libertação dos israelitas do êxodo e por meio dos eventos do Sinai ou a montanha de Deus. Isto levanta a questão do fundo histórico que está por trás da tradição concernente a esses eventos.

2. Desenvolvimento histórico

A tradição do Antigo Testamento considera os eventos relacionados à figura de Moisés, os quais englobam o êxodo e a adoção do javismo pelos fugitivos do Egito, fundamentais para o período seguinte. Contudo, os pormenores desses eventos podem ser distinguidos apenas em parte e não em sua totalidade. A razão é primariamente que apenas uma pequena fração do povo posterior de Israel os experimentou. Apesar disso, a tradição os aplicou à nação inteira, de modo que as tradições de outras tribos foram acrescentadas ao núcleo da antiga narrativa. Por isso, a erudição veterotestamentária, há muito tempo, tem-se preocupado em analisar as tradições do período mosaico a fim de lançar luz sobre os eventos e processos que foram tão importantes para a história da religião de Israel. Mais recentemente, esses esforços, às vezes, têm chegado a resultados negativos e à contestação geral da segurança histórica das tradições.

a) A questão que se tem levantado é se a narrativa do êxodo se formou em conexão com a celebração anual da Páscoa. PEDERSEN, por exemplo, com base em Êxodo 12.13, interpretou o corpo inteiro de Êxodo 1-15 como uma lenda festiva da Páscoa, sustentando que se formou no curso de séculos por meio de uma alternância entre narrativa e representação dramática[3]. NOTH adotou esta teoria para Êxodo 1-13[4]. De acordo com este ponto de vista, o ritual da Páscoa era primário; seu sacrifício de primogênito era o ponto de partida para a narrativa concernente à proteção apotropaica dos primogênitos dos israelitas e o extermínio dos primogênitos dos egípcios. Contudo, essas interpretações não são corretas. As leis que regulamentam a Páscoa, a Festa dos Pães ázimos e a consagração do primogênito (Êx 12.1-20,24-27*a*; 13.3-16) pertencem ao tardio estrato-fonte D e P e não poderiam ter sido o ponto de partida para a narrativa que existia séculos antes. Além disso, os primogênitos dos animais não eram sacrificados por ocasião da Páscoa[5], especialmente desde que no período pré-deuteronômico, segundo Êx 22.30, esse tipo de sacrifício devia ser oferecido no oitavo dia após o nascimento. Por isso, a proteção dos primogênitos israelitas e o extermínio dos primogênitos egípcios não podem ser derivados da Páscoa. Mais ainda, antes de Dt 16.1-8, a Festa dos pães ázimos foi historicizada em Êx 23.15; 34.18 e associada com o êxodo. O mesmo não é válido com respeito à Páscoa, que além disso perdeu toda a sua importância pouco tempo depois da ocupação da terra e não foi restaurada até que se realizasse a reforma deuteronômica do culto. Finalmente, o ritual da Páscoa de N não foi escolhido

---

[3] J. PEDERSEN, "Passahfest und Passahlegende", *ZAW* 52 (1934), 161-175; id., *Israel, Its Life and Culture*, III-IV (1940), 384-415, 728-737; esta teoria já recebeu o ataque de S. MOWINCKEL, "Die vermeintliche 'Passahlegende' Êx 1-15 in Bezug auf die Frage: Literarkritik und Traditionskritik", *StTh* 5 (1951), 68-88.
[4] M. NOTH, *Das zweite Buch Mose, Exodus*, 1959, 70-77.
[5] Este ponto é corretamente notado por E. KUTSCH, "Erwägungen zur Geschichte der Passafeier und des Massotfestes", *ZThK* 55 (1958), 1-35; N. NICOLSKY, "Pascha im Kulte des jerusalemischen Tempels", *ZAW* 45 (1927), 174-176; R. DE VAUX, II, 390; J. A. WILCOXEN, "The Israelite Passover: Some Problems", *Biblical Research* 8 (1963), 13-27.

por Êx 12.21, por causa do interesse pela Páscoa, mas porque era um ritual nômade de sangue. Desta maneira, Êxodo 1-15 não representa uma lenda cultual; baseia-se em lembranças históricas.

b) MOWINCKEL tinha denominado a narrativa do Sinai de uma "descrição" ou "reprodução" de uma festa cultual[6]. G. VON RAD modificou essa tese, sugerindo que a narrativa era a lenda festiva da renovação da aliança na festa outonal em Siquém[7]. Neste caso, não é fácil explicar por que do exílio em diante a narrativa do Sinai e o assim chamado "conceito de aliança" vieram a se associar, em vez de estarem associados com a festa das Semanas. Sobretudo, não há nenhum registro de uma festa de renovação da "aliança", nem se pode derivar a existência de tal festa de Êx 19; Js 8.34; 24; Dt 27; 31, textos que datam em parte, de um período tardio (Dt 27) ou sujeitos a revisão (Js 24). O Antigo Testamento não dá motivo para se supor a existência de tal festa anual[8], acima de tudo se o assim chamado "conceito de aliança" não representou um papel importante no período pré-deuteronômico (cf. § 8,3).

c) A interpretação das narrativas do êxodo e do Sinai com lendas festivas leva os estudiosos a separá-las e a atribuir não só as tradições como também os eventos a diferentes grupos de israelitas uma causa adicional disto é divisão esquemática do Pentateuco em "temas" individuais, embora apenas o Cântico de Moisés (Êx 15.1-19, interpolação posterior) dê a impressão de um desvio maior entre o êxodo e os eventos seguintes. Quando não se dá atenção ao Cântico de Moisés, pode-se ver imediatamente que estamos tratando não com dois "temas", mas com um único complexo. Mesmo que as narrativas do êxodo e do Sinai

---

[6] S. MOWINCKEL, *Le décalogue*, 1927, 129.
[7] G. VON RAD, *Das formgeschichtliche Problem des Hexateuch*, 1938 (= *Gesammelte Studien zum Alten Testament*, 1958, 9-86. G. VON RAD também sugere que a forma mais antiga da tradição da ocupação é encontrada em Dt 26.5ss como a legenda festiva da Festa das Semanas no santuário de Gilgal. Sobre essa questão, cf. § 10,3.
[8] Cf. E. KUTSCH, *Das Herbstfest in Israel*, tese, Mainz, 1955.

tivessem tido transmitidas em diferentes contextos, isto não significaria necessariamente que elas derivam de diferentes grupos e que não têm fundo histórico. Muitos complexos de idéias e tradições podem conservar sua vitalidade apenas em certas situações e em certos tempos[9]. A análise histórica e da tradição da narrativa do Sinai demonstra que ela estava associada originalmente com a narrativa do êxodo (BEYERLIN); a recíproca também é verdadeira (FOHRER). Todos os elementos essenciais da tradição são inseparáveis do próprio princípio: a permanência de Moisés em Madiã, a revelação no Sinai ou na montanha de Deus, a libertação prometida aí, a designação de Moisés para proclamar ou executar essa libertação, a referência aos eventos posteriores ao Sinai, o êxodo com sua libertação da perseguição (a última, contudo, deve ser explicada), a jornada ao Sinai ou à montanha de Deus e os eventos que se deram aí. As tradições do êxodo e do Sinai constituem um único complexo[10].

d) Essas considerações nos levam, ao mesmo tempo, a rejeitar o ponto de vista que, com base na análise da história e da tradição das tradições individuais, atribui pouca importância a Moisés, se não condenando-o à completa insignificância. Apenas a tradição de sua sepultura (que, de fato, é completamente desconhecida; cf. Dt 34.6) revive a figura de Moisés, de modo que ele, aos poucos, domina a tradição. Para os pormenores dessa abordagem, remetemos o leitor aos amplos estudos retrospectivos de OSSWALD e SMEND e, para os mais recentes desenvolvimentos, à apresentação de SCHMID. A designação da

---

[9] Cf. A. HULTKRANTZ, "Configurations of Religious Beliefs", *Ethnos*, 1956, 194-195.

[10] A observação de que muitos textos do Antigo Testamento mencionam apenas o êxodo e a ocupação da terra, mas não o Sinai, não é um contra-argumento suficiente. A recordação da libertação do Egito foi tão fundamental que foi mencionada freqüentemente. Ela teve muitas conseqüências, sendo que uma delas foi o pacto do Sinai; outra, a ocupação da terra, a realização do objetivo estabelecido pelo êxodo. A falta de menção do Sinai não significa que os textos são desinformados daquilo que aconteceu ali, mas que o pacto do Sinai não representou, para eles, o papel que lhe é atribuído hoje.

figura de Moisés, através da análise isolada das tradições individuais, tem ultimamente levado à exclusão de Moisés do processo de crescimento e desenvolvimento do javismo, que, contrariamente a toda probabilidade da história da religião, se alega ser o produto de tradições acumuladas e de constelações históricas[11]. Em contraste com essa abordagem, devemos atentar para o contexto das tradições individuais. Se Moisés foi associado, de acordo com as várias análises individuais, desde o princípio com o êxodo[12], com Madiã, Cades e os eventos do Sinai[13], bem como com a ocupação da Transjordânia[14], fica perfeitamente claro que a tradição de Moisés como um todo (que inclui a síntese do êxodo, Madiã, Cades, Sinai e ocupação da terra) não está tão distante da probabilidade histórica, como se supõe algumas vezes.

Inicialmente, podemos considerar como fato histórico a permanência no Egito de um grupo de nômades que, para simplificar, será chamado de grupo de Moisés, por causa de seu líder posterior. Esse grupo deve ser distinguido das tribos israelitas, cuja maior parte já estava engajada na ocupação da Palestina. Deve ser distinguido também da "casa de José", visto que a história de José constitui uma conexão secundária entre as tradições patriarcais e as tradições mosaicas. O grupo de Moisés pode mesmo não ter sido de sangue arameu, pois pelo menos do êxodo em diante grande variedade de elementos não-arameus se ligou a ele. De acordo com a evidência egípcia, tais grupos de nômades asiáticos freqüentemente procuravam refúgio no Egito, no período entre 1500 e 1200 a.C., e os egípcios deportavam os *'Apiru* com eles como prisioneiros e escravos[15]. Também não

---

[11] K. Koch, "Der Tod des Religionsstifters", *KuD* 8 (1962), 100-123; para a posição oposta, cf. F. Baumgärtel, *ib.*, 9 (1963), 223-233.
[12] A. H. J. Gunneweg, "Mose in Midian", *ZThK* 61 (1964), 1-9; R. Smend, *Jahwekrieg und Stämmebund*, 1963.
[13] Beyerlin, Seebass.
[14] M. Noth, *Überlieferungsgeschichte des Pentateuch*, 2ª ed., 1960, 172-191; id., *Geschichte Israels*, 5ª ed., 1961, 45ss.
[15] Cf. os textos em M. Greenberg, *The Hab/piru*, 1955, 56-57.

há razão para se suspeitar das declarações segundo as quais o grupo de Moisés foi mandado para viver na terra de Gosen (*Wadi eṭ-ṭumēlat*) e que, depois de algum tempo, eles, como egípcios, foram obrigados a proporcionar trabalho forçado para os projetos de construção do faraó, especialmente desde quando Ramsés II (1301-1234) construiu as cidades-armazéns Pitom e Ramsés (Tânis), mencionadas em Êx 1.11, e usaram os *'Apiru* no trabalho. Tal trabalho deve ter sido considerado a pior espécie de opressão aos nômades.

Mudou-se a situação com o aparecimento de Moisés[16], que era do mesmo povo, nascido no Egito e obviamente familiarizado com os costumes egípcios. Seu nome é um componente dos nomes egípcios teóforos, que designam o seu portador como o filho (*ms*) de uma divindade ou representante dela como a imagem humana da divindade ("... por nascimento", *e.g.*, Thut-mose ou Ra-mses). O seu casamento com uma mulher estrangeira também é histórico, o que resultou em ter Jetro, sacerdote madianita, como seu sogro (J)[17]. Outra tradição (N) refere-se a Jetro como quenita, Hobab, filho de Reul. Trata-se meramente de um dos muitos exemplos em que pessoas e lugares são chamados por diferentes nomes. Isso se deve, provavelmente, ao fato de a tradição de N ter tomado por empréstimo uma tradição dos quenitas[18], que eram vizinhos dos israelitas e conhecidos como adoradores de Iahweh. Moisés permaneceu temporariamente na terra de Madiã, a oriente do golfo de Áqaba[19]. Aí ou em algum lugar nas imediações ele conheceu o deus Iahweh, muito provavelmente como um deus originalmente madianita. De Madiã, ele trouxe

---

[16] BHH II, 1239-1242; RGG IV, 1151-1155; IDB III, 440-450.

[17] BHH II, 866; IDB II, 896-897.

[18] BHH II, 918, 940; RGG III, 1243; IDB III, 2,6-7; H. Heyde, *Kain, der erste Jahwe-Verehrer*, 1965; B. Mazar, "The Sanctuary of Arad and the Family of Hobab the Kenite", *Eretz-Israel* VII (1964), 1-5; *JNES* 24 (1965), 297-303; H. Schmökel, "Jahwe und die Keniter", *JBL* 52 (1933), 212-229; W. Vischer, *Jahwe, der Gott Kains*, 1929.

[19] BHH II, 1214; RGG IV, 939-940; IDB III, 375-376; L. E. Binns, "Midianite Elements in Hebrew Religion", *JThSt* 31 (1929-1930), 337-354; H. St. J. Philby, *The Land of Midian*, 1957.

aos seus sofridos compatriotas a promessa de uma terra da qual "mana leite e mel". Visto que o J usa essa expressão apenas de Êx 3.8, em diante, pode remontar a Moisés ou ao grupo de Moisés, que estava procurando uma terra de sua propriedade, tão próspera quanto a terra do Egito.

Essa promessa foi o incentivo final que provocou a fuga dos nômades. Nos anos 1234-1230 a.C., o Egito esteve sob ataques de várias direções e, desde que a situação externa era favorável, a tentativa de fuga alcançou êxito. Ela está associada com a lembrança de uma experiência miraculosa: a libertação dos perseguidores egípcios no lago Sirbonis, na costa do Mediterrâneo[20]. O Cântico de Míriam[21] (Êx 15.21; que certamente data do mesmo período dos próprios acontecimentos) atesta a libertação e mostra que foi resultado da ação de Iahweh. Por todos os séculos seguintes, todo o Israel foi juntando sua própria interpretação desse evento, glorificando ao Deus que, desse modo, tinha demonstrado que Israel era o seu povo e que tinha quebrado o poder egípcio e provado que era mais poderoso que os outros deuses.

O desenvolvimento histórico do javismo mosaico foi, basicamente, o mesmo que o desenvolvimento das religiões de clã dos tempos antigos (§ 2,4). Como os assim chamados patriarcas, Moisés foi em primeiro lugar um receptor da revelação, fundador de um culto e líder inspirado de um grupo nômade (ou seminômade) que alcançou solidariedade com base em sua nova religião e procurou cumprir a promessa da possessão territorial. A fuga do Egito deu-se sob a égide dessa nova religião. O sucesso, que foi atribuído a Iahweh, constituiu-se na maior razão para que o javismo mosaico não permanecesse como mera variante das religiões de clã. Na libertação do Egito, que mais tarde sempre desempenhará um papel crucial em toda discussão sobre o relacionamento entre Iahweh e Israel, houve uma

---

[20] O. EISSFELDT, *Baal Zaphon, Zeus Kasios und der Durchzug der Israeliten durchs Meer*, 1932.
[21] BHH II, 1219; RGG IV, 962-963; IDB III, 402.

percepção daquele elemento irracional que permitiu ao javismo transformar-se de religião de um grupo de nômades numa religião mundial.

Parece que, quando o grupo de Moisés escapou do Egito, eles foram para o oásis de Cades (cf. Êx 15.22ss; Jz 11.16), que distava cerca de oitenta quilômetros ao sul de Beer-sheba[22], tornando-se a base de seu avanço para a Palestina. Contudo, esse plano fracassou como resultado de sua derrota diante dos amalecitas (Nm 14.40ss). Eles tinham de sair de Cades, embora não sem levar em sua companhia alguns sacerdotes do famoso santuário local, os quais eram levitas (cf. Êx 32.26-29; Dt 33.8-11)[23]. Esses sacerdotes se tornaram adeptos do javismo, seja diretamente seja por meio da identificação de Iahweh com a divindade de Cades. Eles trouxeram consigo sua maneira peculiar de obter um oráculo, isto é, lançando sortes, transformaram-se na tropa de elite de Moisés que lutava contra os inimigos de Iahweh, e, na Palestina, contribuíram significativamente para a difusão do javismo.

De Cades, o grupo de Moisés deslocou-se para a montanha de Iahweh, à qual o Antigo Testamento se refere como Sinai (J), a montanha de Deus (E) ou Horeb (especialmente o Deuteronômio)[24]. Visto que a tradição era obscura, mesmo tão cedo quanto o período da monarquia israelita, e visto que não houve culto associado com a montanha, o que teria exigido transmissão precisa de seu nome e localização, ela não pode ser localizada com

---

[22] BHHII, 917-918; IDB, III, 1-2.
[23] BHH III, 1077-1079; RGG IV, 336-337; IDB III, 880-881; recentes estudos incluem A. H. J. GUNNEWEG, *Leviten und Priester*, 1965; E. NIELSEN, "The Levites in Ancient Israel", *ASTI* 3 (1964), 16-27. Os levitas eram associados com Moisés por apresentá-lo como descendente de levitas (Êx 2.1) e como ancestral dos sacerdotes levitas (Jz 18.30). Para os argumentos opostos, cf. T. J. MEEK, "Moses and the Levites", *AJSL* 56 (1939), 113-120. MEEK pensa que Moisés era membro da tribo de Levi. Sobre Dedã como o suposto lugar de origem dos levitas, cf. H. GRIMME, "Der südarabische Levitismus und sein Verhältnis zum levitismus in Israel", *Le Muséon* 37 (1924), 169-199; R. DE VAUX, "'Lévites' minéens et lévites israélites", in *Lex tua veritas* (Junker Festschrift), 1961, 265-273 (= *Bible et orient*, 1967; 277-286).
[24] BHH I, 594; II, 647; III, 1801-1802; RGG, VI, 44-45; IDB IV, 376-378.

§ 5. TRADIÇÕES, EVENTOS E FIGURAS

segurança. De qualquer maneira, a montanha era o local onde o relacionamento entre Iahweh e o grupo de Moisés foi, finalmente, determinado, instituindo esse grupo como a comunidade dos adoradores de Iahweh (cf. § 6,2).

A afirmação segundo a qual a montanha de Iahweh estava localizada na parte meridional da Península do Sinai[25] remonta ao século IV d.C. A data em si é suspeita, visto que foram feitas muitas tentativas naquela época para localizar lugares sagrados, comumente com resultados errôneos. Além disso, é altamente improvável que o grupo de Moisés se tivesse aventurado a se deslocar para os arredores das minas de cobre egípcias, onde corriam o perigo de se encontrar inesperadamente com tropas egípcias. As vizinhanças com Cades também estão fora de cogitação[26], porque nenhuma tradição antiga sugere Cades. De fato, toda a evidência indica o território de Madiã. Mesmo Dt 33.2-3; Jz 5.4-5; Hab 3.7; Sl 68.8 se referem à região sueste em vez de à região sul da Palestina. Se Iahweh foi, originalmente, um deus madianita, sua montanha sagrada deve ser localizada em território madianita ou em algum lugar nas proximidades. O itinerário registrado em Nm 33.3-49 poderia também indicar esse caminho, se o seu fim foi mesmo o Sinai, que estaria então no noroeste da Arábia[27]. É possível que seja *Chala' l-Bedr*, no noroeste da Arábia, visto que todos os dados da tradição podem sugerir concordância com esse lugar[28]. A distância relativamente grande entre esse

---

[25] Cf. a recente discussão elaborada por Y. AHARONI, in B. ROTHENBERG, Y. AHARONI e A. HASHIMONI, *Tagliot Sinai*, 1957-1958.

[26] Cf. a recente discussão feita por J. GRAY, "The Desert Sojourn of the Hebrews and the Sinai-Horeb-Tradition", *VT* 4 (1954), 148-154; S. MOWINCKEL, "Kadesj, Sinai og Jahwe", *Norsk Geografisk Tidsskrift* 9 (1942), 1-32.

[27] M. NOTH, "Der Wallfahrtsweg zum Sinai (4. Mose 33)", *PJB* 36 (1940), 5-28.

[28] Essa sugestão já foi feita por W. J. PRTHIAN-ADAMS, "The Mount of God", *PEFQSt*, 1930, 135-149, 192-209; *id.*, "The Volcanic Phenomena of the Exodus", *JPOS* 12 (1932), 86-103; para uma discussão mais recente, cf. J. KOENIG, "La localisation du Sinaï et les traditions des scribes", *RHPhR* 43 (1963), 2-31; 44 (1964), 200-235; *id.*, "Itinéraires Sinaïtiques en Arabie", *RHR* 166 (1964), 121-141; *ib*, "Le Sinaï montagne de feu dans un désert de ténèbres", *ib.*, 167 (1965), 129-155; cf. também H. GESE, "Tò dè Hagàr Sină 'óros estín en te Arabía (Gl 4.25)", in *Das ferne und nahe Wort* (Rost Festschrift), 1967, 81-94.

lugar e a área central de Madiã poderia constituir um argumento oposto, excetuando o fato de que em Êx 18 J e E declaram expressamente que o Sinai ou a montanha de Deus se localiza fora do território principal dos madianitas, pelo qual passaram (Êx 18.5-6,27). De acordo com ambos os estratos-fonte, Moisés atravessou uma vez a estepe para ir lá (Êx 3.1). Portanto, o local sugerido tem um fundamento considerável.

Depois de uma estada de algum tempo na montanha de Iahweh, o grupo de Moisés partiu para a Palestina, de conformidade com o seu plano mais antigo. Sua rota os conduziu através da Transjordânia, onde Moisés morreu antes de 1200. Privado de seu líder, o grupo continuou o seu itinerário através do Jordão e foi absorvido no grupo de tribos que ocupavam a parte central da Palestina. Dali, o javismo difundiu-se entre os israelitas.

3. A importância de Moisés

A tradição está correta ao associar os começos do javismo israelita com a figura de Moisés. Tanto o êxodo como a compreensão da nova religião são inconcebíveis sem ele. Ele ajudou a provocar os eventos, interpretou-os brilhantemente e procurou conservar vivas as forças religiosas despertadas por esses eventos, conduzindo-as para os canais apropriados. Portanto, repetidos esforços foram feitos em Israel para compreender e descrever Moisés à luz de sua importância. Contudo, a descrição dele como mágico, operador de milagres, sacerdote ou profeta dificilmente lhe faz justiça[29], mais do que muitas descrições modernas, que o caracterizam como uma das poucas figuras verdadeiramente grandes da história das religiões. O fato de o javismo ter atingido o *status* de uma religião mundial é mais o resultado de um desenvolvimento feito

---

[29] Para um ponto de vista diferente, cf. J. R. PORTER, *Moses and Monarchy*, 1963. Segundo PORTER, Moisés é descrito em termos da monarquia israelita.

no curso de séculos do que uma realização de Moisés. Por outro lado, o papel desempenhado por Moisés como fundador de uma religião dificilmente pode ser limitado ao papel de um protótipo do "ofício" de juiz ou profeta, nem pode ser completamente negado, em desatenção a todas as observações feitas na história das religiões.

Como os assim chamados patriarcas, Moisés é figura de uma cultura antiga, em que a totalidade das atividades políticas, legais, sociais e cultuais não é nem especializada e dividida entre diferentes pessoas nem mantida separada da inspiração e ação entusiástica de um homem sob a influência da divindade. Como os patriarcas, Moisés deve ser entendido como receptor da revelação, fundador de um culto e líder inspirado de um grupo nômade (ou seminômade). Como tal, ele fundou uma religião que, no seu começo, se parecia com as antigas religiões de clã israelitas. Contudo, ela continha um núcleo criativo que continuou a desenvolver-se nas épocas seguintes (de modo algum em conflito com os elementos religiosos existentes, conflito que conduzisse à rejeição ou à integração), de modo que o conhecimento de uma divindade, que era originalmente um deus da montanha madianita, unido a uma religião de clã nômade, se desenvolvesse numa nova fé de importância histórica, isto é, uma religião superior.

§ 6. O JAVISMO MOSAICO

G. FOHRER, "Das sogenannte apodiktisch formulierte Recht und der Dekalog", *KuD* XI (1965), 49-74; K. GALLING, *Die Erwählungstraditionen Israels*, 1928; O. GRETHER, *Name und Wort Gottes im Alten Testament*, 1934; E. O. JAMES, "The Development of the Idea of God in the Old Testament", *ET* XLVII (1935/36, 150-54; E. KUTSCH, "Gesetz und Gnade", *ZAW* LXXIX (1967), 18-35; V. MAAG, "Das Gottesverständnis des Alten Testaments", *NThT* XXI (1966/67), 161-207; H. H. ROWLEY, "Mose und der Monotheismus", *ZAW* LXIX (1967), 1-21; C. F. WHITLEY, "Covenant and Commandment in Israel", *JNES* XXII (1963), 37-48.

1. Iahweh

a) O nome do Deus de Moisés[30] é atestado na forma *Yhwh* do Antigo Testamento, na inscrição de mesha moabita (século IX) e no óstraco de Láquis (588-587)[31]. A pronúncia "Iahvé" (rima com "Ave"; não "Iahvo"[32]) é suficientemente atestada pela transcrição grega, como as formas *Iabe* e *Iaouai* encontradas em Teodoreto e Clemente de Alexandria, bem como outra evidência[33]. A forma reduzida "Iahu" não é uma forma mais antiga de que "Iahweh" se desenvolveu. Tal desenvolvimento é, filologicamente, improvável, ao passo que o processo oposto é fácil de explicar[34]. Assim, "Iahu" é uma forma abreviada de "Iahweh", exatamente como "Iah" e "Iô" são, provavelmente, formas abreviadas de "Iahu". "Iah" ocorre no Antigo Testamento como um nome divino independente (*e.g.*, Êx 15.2; 17.16; Is 12.2); "Iahu" (Iahô) e "Iô" ocorrem como componentes de nomes de pessoas[35].

Tem sido sugerido, com certa freqüência, que o nome "Iahweh" (ainda que numa forma diferente) é encontrado em

---

[30] 1 RGG III, 515-516; IDB II, 408-411.
[31] Pedra Moabita, linha 18; óstracos de Láquis, 2, linhas 2 e 5; 3, linhas 3 e 9; 4, linha 1; 5, linhas 1 e 8; 6, linhas 1, e 12; 9, linha 1.
[32] W. VISCHER, "Eher Jahwo als Jahwe", *ThZ* 16 (1960), 259-267; L. WATERMAN, "Method in the Study of the Tetragrammaton", *AJSL* 43 (1926), 1-7.
[33] B. ALFRINK, "La pronunciation 'Jehova' du tétragramme", *OTS* 5 (1948), 43-62; O. EISSFELDT, "Neue Zeugnisse für die Aussprache des Tetragramms als Jahwe", *ZAW* 53 (1935), 59-76 (= *Kleine Schriften*, II [1963], 81-96); G. J. THIERRY, "The Pronunciation of the Tetragrammaton", *OTS* 5 (1948), 30-42.
[34] Cf. entre outros estudos, C. F. BURKITT, "On the Name Yahweh", *JBL* 44 (1925), 353-356; G. R. DRIVER, "The Original Form of the Name 'Yahweh': Evidence and Conclusions", *ZAW* 46 – (1928, 7-25; B. D. EERDMANS, "The Name Jahu", *OTS* 5 (1948), 1-29; M. JASTROW, JR., "The Origin of the form *Yh* of the Divine Name", *ZAW* 16 (1896), 1-16; E. KÖNIG, "Die formellgenetische Wechselbeziehung der beiden Wörten Jahweh und Jahu", *ib.*, 17 (1897), 172-179. id., "Ja-u und Jah", *ib.*, 35 (1915), 45-52; E. C. B. MACLAURIN, "YHWH, the Origin of the Tetragrammaton", *VT* 12 (1962), 439-463.
[35] Os membros da colônia militar judaica de Elefantina nunca chamaram seu Deus de Yahu. Na literatura mágica do primeiro século d.C. formas tais como "Iaô" ocorrem freqüentemente como o nome do Deus judaico.

antigos documentos babilônicos, em antigos nomes arameus de Mari ou em nomes siro-arameus do século VIII[36].

Contudo, os nomes "Ia-ú/wu-um-ilu" e "Ia-ah-wi-llum" significam "deus é meu" e "Deus é"[37]. Eles nada têm que ver com "Iahweh".

Não há unanimidade quanto ao significado do nome "Iahweh". O número de opiniões e de tentativas de interpretação é enorme: seria quase uma empresa impossível tentar sumarizá-las em sua totalidade. O ponto de partida comum é a palavra: "Iahweh" em si mesma ou a sua explicação em Êx 3.14, que pode ser obra de E. Outrora, era comum explicar o nome com a significação de "aquele que cai (ou desce)", com base em que Iahweh era, originalmente, um deus do relâmpago, da tormenta e da tempestade; mais recentemente, têm sido propostas as seguintes interpretações: "Oh! Ele!" (*ya-huw*), como uma exclamação cultual[38]; "Aquele que cria" (hiphil do verbo *hayâ*), como um termo para o Deus criador[39]; "Preservador"[40]; "Eu amarei intensamente a quem amo"[41]. A ênfase é sobre a realidade de Deus[42], sua presença imutável[43], sua atualidade e existencialidade[44], a

---

[36] Cf. F. M. Cross, Jr., "Yahweh and the God of the Patriarchs", *HThR* 55 (1962), 225-259; F. Delitzsch, *Babel und Bibel* I (1902), 47; G. R. Driver, "The Original Form of the Name 'Yahweh'"; A. Finet, "Iawi-Ilâ, roi de Talḫyûm", *Syria* 41 (1964), 117-142; J. Gray, *The Legacy of Canaan*, 2ª ed., 1965, 181-182; K. G. Kuhn, "jw, jhw, jhwh; Über die Entstehung des Namens Jahwe", in *Orientalistische Studien Enno Littmann*, 1935, 25-42; A. Murtonen, *The Appearance of the Name YHWH outside Israel*, 1951.

[37] W. von Soden, "Jahwe 'Er ist, Er erweist sich'", *WdO* 3,3 (1966), 177-187.

[38] S. Mowinckel, "The Name of the God of Moses", *HUCA* 32 (1961), 121-133.

[39] C. F. Burkitt, "On the Name Yahweh"; F. M. Cross, Jr., "Yahweh and the God of the Patriarchs"; D. N. Freedman, "The Name of the God of Moses", *JBL* 79 (1960), 151-156.

[40] J. P. Hyatt, "Yahweh as 'the God of my Father'", *VT* 5 (1955), 130-136 ("Preservador de..."); J. Obermann, "The Divine Name YHWH in the Light of Recent Discoveries", *JBL* 68 (1949), 301-323.

[41] S. D. Goitein, "YHWH the Passionate", *VT* 6 (1956), 1-9.

[42] J. Hänel, "Jahwe", *NkZ* 40 (1929), 608-641; J. Lindblom, "Noch einmal die Deutung des Jahwenamens in Êx 3.14", *ASTI* 3 (1964), 4-15.

[43] R. Abba, "The Divine Name Yahweh", *JBL* 80 (1961), 320-328.

[44] T. C. Vriezen, "'Ehje 'ᵃsher 'ehje", in *Festschrift Alfred Bertholet*, 1950, 498-512.

plenitude interminável de seu ser[45]; sobre o "Ser"[46]; "Ser" no sentido de "ser existencial ativo"[47]; "Ele é"[48]; "Eu sou o que sou"[49]; "Ele é, ele prova por si mesmo que é", como um nome de ação de graças[50].

Segundo a única explicação israelita, que se encontra em Êx 3.14, o nome significa que esse Deus é alguém a quem o termo *hayâ* pode ser perfeitamente atribuído[51]. Visto que este verbo no hebraico se refere não meramente a uma existência estática, mas a uma presença dinâmica e eficaz, o nome atribui a Iahweh um ser dinâmico, poderoso e eficaz. A natureza de Iahweh, como é expressa por seu "nome", é uma união de ser, tornar-se e agir, isto é, uma existência eficaz que está sempre em *devir* e, contudo, permanece idêntica a si própria. Essa explicação israelita, relativamente tardia, certamente está correta ao derivar a palavra "Iahweh" do verbo *hayâ* ou *hawâ*. Visto que não representa nem um substantivo nem um particípio, nem uma forma do *hiphil* causativo desse verbo, sendo, em vez disso, uma forma do *qal* arcaico[52], significa "ele é", no sentido de uma existência ativa e eficaz. Portanto, trata-se de um nome próprio no sentido absolutamente estrito. O termo "Iahweh", em vez disso, caracteriza o Deus de Moisés como um poder ativo e eficaz; essa atividade se refere primariamente à vida e destino das nações e dos homens e só mais tarde à natureza e à criação. Como o título "Baal" aplicado ao Deus Hadade, esse termo veio a ser usado quase como um nome próprio.

---

[45] O. Eissfeldt, "'Äh°yäh 'ashär 'äh°yäh und 'El 'ôlam", *FF* 39 (1965), 298-300 (= *Kleine Schriften*, IV [1969], 193-198).

[46] L. Köhler (e W. Baumgartner), *Lexicon in Veteris Testamenti libros*, 1953, 368-369.

[47] R. Mayer, "Der Gottesname Jahwe in Lichte der neuesten Forschung", *BZ*, NF 2 (1958), 26-53.

[48] E. Dhorme, "Le nom du Dieu d'Israël", *RHR* 140 (1952), 5-18.

[49] W. A. Irwin, "Exod. 3,14", *AJSL* 56 (1939), 2997-298.

[50] W. von Soden, "Jahwe 'Er ist, Er erweist sich'".

[51] C. H. Ratschow, *Werden und Wirken*, 1941.

[52] W. von Soden, "Jahwe 'Er ist, Er erweist sich'", 182-183.

b) Ao contrário do que acontecia com a maioria das divindades do antigo Oriente Médio, Iahweh existe sozinho. Ele nem chefia nem pertence a um panteão (simplesmente uma corte celestial é atribuída a ele mais tarde), nem é ele dado a uma consorte, filho ou filha. Esse isolamento é tão característico de sua natureza que a tentativa de associá-lo, posteriormente, com uma deusa não teve sucesso (1 Rs 15.13).

Como os deuses dos patriarcas, Iahweh não está limitado a um lugar fixo de residência. Ele não é um deus local ou territorial, mas o Deus que acompanha o grupo que está vinculado a ele ou está ao lado desse grupo. Mais tarde, ele é o Deus de um povo. Quando se fala, no antigo período, acerca de sua habitação, trata-se dos céus, do qual ele desce para aparecer na montanha de Deus, acompanhar aqueles que o adoram durante as suas andanças ou realizar seus feitos no território habitado, no mar ou na estepes.

Iahweh não tolerará outros deuses entre o povo que se uniu a ele. Ele exige adoradores exclusivos. Ele é justificado nessa prerrogativa, porque acompanha o grupo de Moisés em sua jornada e porque é mais poderoso que os outros deuses, como foi demonstrado no êxodo. As outras nações podem ter outros deuses, mas Iahweh supera a todos, e o grupo de Moisés deve adorar somente a ele. Portanto, o javismo mosaico não conhecia nada acerca de um monoteísmo teórico que nega a existência de outros deuses. Também o termo "henoteísmo", freqüentemente usado, não é apropriado para descrever o fenômeno, visto que ele se refere à crença em diversos deuses individuais que, alternadamente, permanecem na posição suprema[53]. Seria mais correto falar de um "monojavismo" ou de um monoteísmo prático[54].

---

[53] RGG III, 225.
[54] Cf. também B. BALSCHEIT, *Alter und Aufkommen des Monotheismus in der israelitischen Religion*, 1938; V. HAMP, "Monotheismus im Alten Testament", *BEThL* 12 (1959), 516-521; W. L. WARDLE, "The Origins of Hebrew Monotheism", *ZAW* 43 (1925), 193-209.

Iahweh é concebido só como tendo forma humana (uma teologia posterior inverteu a noção, vendo o homem criado à imagem de Deus; Gn 1.26-27), enquanto os deuses do antigo Oriente Médio aparecem também ou apenas em formas que variam desde o mundo astral até o mundo das plantas e dos animais. Além disso, Iahweh é concebido como possuindo traços humanos, como amor e ódio, alegria e tristeza, perdão e vingança. Isso foi importante para o israelita não sofisticado, que precisava de imagens concretas. Por isso, seu Deus entendia seus sentimentos e ações humanas ou totalmente humanas, porque seu Deus mesmo podia amar e odiar. Contudo, ao contrário dos deuses homéricos, Iahweh não incorporava nenhuma fraqueza ou defeito humanos. Ele não podia ser ridicularizado como aqueles, pois nunca deixou de ser uma divindade eminente[55].

Iahweh também possui traços que parecem negativos. Ele é impetuoso e colérico, caracterizado freqüentemente não por seu governo sereno e secreto, mas pela violência furiosa de sua intervenção. Essa violência levou mesmo alguns a falar do elemento "demoníaco" em Iahweh[56]. Seria mais adequado entender essas características como meios de expressão do aspecto irracional de Iahweh: em contraste com o mundo humano efêmero, Iahweh possui a energia do poder divino supereficaz.

Iahweh é também um Deus de propósito moral, que exige fé incondicional e obediência absoluta. Ele é o Deus da retidão e da justiça, da ética e da moralidade. Ele está interessado não só no relacionamento de um homem com ele, mas também no do homem com o seu semelhante e com a sociedade em que vive.

Caracterizado assim, o Deus do javismo mosaico certamente difere, de modo significativo, do deus da montanha madianita, que Moisés veio a conhecer. São os seguintes quase os únicos elementos que eles têm em comum: 1) o nome "Iahweh", que pode ter sido usado nesta ou em outra forma semelhante ao lado

---

[55] J. Hempel, "Die Grenzen des Anthropomorphismus Jahwes im Alten Testament", *ZAW* 57 (1939), 75-85.
[56] P. Volz, *Das Dämonische in Jahwe*, 1924.

do nome não registrado do deus madianita; 2) o lugar da revelação original; e 3) possivelmente certos traços impetuosos e violentos. A conexão de Moisés com o Egito sugere que ele poderia ter-se aproximado da religião egípcia[57] pelas seguintes razões: 1) a noção de um único deus para o indivíduo ou uma nação e 2) a noção da soberania divina que transcende os limites locais e até terrestres. Por fim, existem pontos de contato com a religião dos antigos nômades israelitas: 1) a conexão de teofania com montanhas e tempestades, que, especialmente os nômades, devem ter sentido que eram manifestações do divino; 2) a estreita relação entre a divindade e seus adoradores, expressa, por exemplo, em nomes de pessoas; e 3) o permanente relacionamento entre a divindade e seu círculo de adoradores, expresso em termos de família e clã.

O que coloca Iahweh à parte dos deuses do antigo Oriente Médio não são os traços que se baseiam em tais pontos de contato, mas dois fatos especiais. Primeiro, Iahweh não age dentro do ciclo da natureza a fim de se tornar indistinguível dela. Seus atos estão relacionados diretamente com o destino dos homens e das nações. Ele pode agir sempre, não exatamente em certas estações do ano; assim, ele interrompe o ciclo da natureza. Segundo, Iahweh é um Deus de exigências éticas. O homem não pode satisfazê-lo com um culto ou aproveitar-se cultualmente do poder de Deus. Em vez disso, Iahweh exige confiança e obediência, que fazem deste modo sua reivindicação e exigência de uma decisão pessoal.

2. *O relacionamento entre Deus e o homem*

O ponto de vista aceito é de que o relacionamento entre Iahweh e o grupo de Moisés foi constituído definitivamente pela

---

[57] Hipóteses de maior alcance são improváveis. D. Völter ("Die Herkunft Jahwes", *ZAW* 37 (1917-1918), 126-133) sugere que Iahweh é idêntico a Sopd, que foi originalmente um deus de nômades; N. Walker ("Yahwism and the Divine Name 'YHWH'", *ib.*, 70 [1958], 262-265) sugere que o termo "Iahweh" deriva de uma tradução do vocábulo egípcio "lua", com a adição de "uma", significando assim "uma Yah".

"aliança", que, segundo a tradição, foi concluída na montanha de Iahweh. O estabelecimento definitivo desse relacionamento está, de fato, intimamente associado aos eventos que se deram naquela montanha, mas ela não foi estabelecida por meio de uma "aliança" (b^{e}rît). É mais provável que a refeição cultual descrita por N em Êx 24.9-11 tenha servido para este propósito. É verdade que tanto J como E mencionam expressamente uma b^{e}rît: J, no contexto do assim chamado decálogo cultual de Êx 34.10,27-28. E, no contexto do compromisso do povo, registrado em Êx 24.7-8. Contudo, a palavra hebraica não significa "aliança, tratado, contrato". Num semelhante contexto religioso, ela se refere ou à própria obrigação de Iahweh na forma de uma promessa ou à obrigação imposta ao homem por Iahweh (KUTSCH). J e E intentam claramente a última possibilidade, isto é, a obrigação imposta a Israel na montanha de Iahweh. J define o conteúdo dessa obrigação por meio do assim chamado decálogo cultual (Êx 34.14-26); E o define por meio do assim chamado decálogo ético (Êx 20.1-17, ao qual Êx 24.7-8 se referia originalmente).

Essa definição dos termos torna insustentável a comparação com os tratados de vassalagem hititas, que têm sido citados recentemente e de que certos estudiosos têm derivado um tipo literário para os documentos "de aliança", o "formulário de aliança", com base num suposto paralelismo entre seu esquema e certos textos do Antigo Testamento, especialmente o decálogo de Êx 20 e 34, bem como Dt 4; 29-30 e Js 24[58]. Segundo essa teoria, os tratados de vassalagem e o "formulário de aliança" incluem uma fórmula introdutória, a história antecedente do trabalho, uma declaração da substância, estipulações individuais, uma lista de testemunhas, bênçãos e maldições. No Antigo Testamento, essa forma de "aliança", que parece com os tratados de vassalagem, permanece constante desde o período mais antigo até o mais recente.

---

[58] Especialmente K. BALTZER, *Das Bundesformular*, 1960; G. E. MENDENHALL, *Law and Covenant in Israel and the Ancient Near East*, 1955. Cf. os estudos em *RGG* I, 1513-1515 e D. J. MCCARTHY, *Der Gottesbund im Alten Testament*, 1966.

Independentemente do fato de que a palavra b^{e}rît não significa "tratado, aliança", não há realmente paralelismo: a tradição do Sinai não é modelada segundo uma forma de tratado[59]. Além disso, à parte o fato de que não estamos tratando com uma forma de tratado limitada ao império hitita, mas comum a todo o antigo Oriente Médio[60], de maneira que um conceito de "aliança" seria baseado nas circunstâncias contemporâneas de um período mais posterior e quaisquer paralelos nas narrativas do Sinai poderiam ser devidos à sua revisão e alteração, é difícil imaginar o grupo de Moisés no deserto do norte da Arábia tendo acesso a tratados estrangeiros hititas, mesopotâmios e sírios. Um exame atento demonstra que os textos referentes a uma suposta "aliança" no Sinai não se baseiam no modelo de tratado, e os supostos paralelos são questionáveis. A introdução na primeira pessoa, "Eu sou Iahweh" (Êx 20.2) não é formalmente semelhante ao "Assim [diz] o Sol Mursilis". O paralelo seria "Assim diz Iahweh". Nem é a menção do êxodo análoga à história antecedente do relacionamento de tratado (*e.g.*, "Embora estivesses enfermo, eu, o Sol, te nomeei para tomar o lugar de teu pai"), nem o relacionamento entre Iahweh e Israel corresponde àquele entre o senhor e o vassalo. Que a tradição do Sinai deriva de outro contexto pode, finalmente, ser visto do fato que, a despeito da base legal e política para uma teoria de tratado, nenhuma "aliança" do Sinai representou qualquer papel durante os séculos seguintes na Palestina[61].

O evento do Sinai só pode ser entendido nos mesmos termos que o ato idêntico nas antigas religiões de clã israelitas, a

---

[59] Cf. especialmente F. NÖTSCHER, "Bundesformular und 'Amtsschimmel'", *BZ*, NF 9 (1965), 181-214.
[60] D. J. McCARTHY, *Treaty and Covenant*, 1963.
[61] A. JEPSEN, "Berith", in *Rudolph Festschrift*, 1961, 161-179; R. KRAETZSCHMAR, *Die Bundesvorstellung im Alten Testament in ihrer geschichtlichen Entwicklung*, 1896; J. J. P. VALETON, "Bedeutung und Stellung des Wortes b^{e}rît im Priestercodex", *ZAW* 12 (1892), 1-22; *id.*, "Das Wort berît in den jehovistischen und deuteronomischen Stücken des Hexateuchs, sowie in den verwandten historischen Büchern", *ib.*, 224-260; *id.*, "Das Wort berît bei den Propheten und in den Ketubim. – Resultat", *ib.*, 13 (1893), 245-279.

que o javismo mosaico era mais familiar. Foi um evento peculiar que intentou estabelecer um relacionamento permanente entre Iahweh e o grupo de Moisés, no sentido de uma comunidade que marcha. A comunidade constituída na montanha de Iahweh foi considerada como uma comunidade cujo relacionamento era com base no sangue, e no qual o grupo de Moisés representa o *'am* de Iahweh, isto é, seu clã ou família. Portanto, há muita coisa a sugerir que eles trouxeram consigo para a Palestina essa exata expressão, ou seja, "o clã, família ou povo" de Iahweh[62]. É notável que as formas de *'am* com sufixos, em que o sufixo se refere a Iahweh, são freqüentes especialmente na tradição do êxodo (Êx 3.7,10; 5.1,23; 7.16; 8.20ss; 9.1,13; 10.3).

Diversas características tipificam a estrutura do relacionamento assim constituído entre Iahweh e seu círculo de seguidores. Essas características permaneceram peculiares ao javismo por toda a sua história subseqüente:

a) A estrutura pessoal do relacionamento, já encontrada nas religiões de clã, e vista mais claramente mais tarde no movimento profético.

b) Por um lado, a justaposição do domínio de Iahweh sobre o povo que estava ligado a ele, expressa em sua reivindicação de reconhecimento exclusivo por eles, que mais tarde se desenvolveu em uma forma de reivindicação de domínio sobre todo o mundo; e, por outro, da comunhão entre ele e seus adoradores (ou, mais tarde, todos os que o reconheceram).

c) A ação de Iahweh na vida das nações e indivíduos cujos destinos ele governa e determina, exatamente como a interpretação do êxodo testemunha seu poder sobre o Egito.

d) A correlação entre aquilo que Iahweh faz, a decisão e conduta conseqüentes do homem, e as medidas prometidas pela resposta de Iahweh; há harmonia entre os propósitos, decisões e atos de ambos, desde que todas as ações de um são prometidas com respeito ao outro, a fim de que a história do homem em seu relacionamento com Iahweh represente uma história de decisões.

---

[62] R. SMEND, *Die Bundesformel*, 1963, 16.

3. Culto e ética

a) Uma importante restrição permanece no início de nossa discussão a respeito do culto: a falta de imagens no javismo mosaico, que se constituiu numa de suas características básicas por todas as épocas subseqüentes[63]. Exatamente como não se menciona nenhum nome próprio para Iahweh, assim também não pode haver representação dele em forma visível e tangível. Exatamente como o conhecimento de um nome podia dar o poder mágico inicial ao seu portador, assim também a concentração controlável de "poder" numa imagem de Deus podia servir aos propósitos humanos por meio do culto. Na Palestina, houve certamente desvios ocasionais do princípio que proibia o uso das imagens, tais como os casos da imagem de Mica (Jz 17), da serpente de bronze (Nm 21.8-9; 2 Rs 18.4) ou as imagens de bezerros de Jeroboão I (1 Rs 12.28-29), que a narrativa do bezerro de ouro na montanha de Deus (Êx 32), retrocedimento ao período do deserto, intenta condenar. Em todos esses casos, a influência estrangeira, especialmente cananéia, parece ter estado em ação. Depois de diferentes períodos de tempo, essa influência despertou resistência e foi rejeitada.

É aconselhável sermos cautelosos com respeito a outras sugestões concretas concernentes ao culto praticado pelo grupo de Moisés. As normas definidas em Êx 34.14ss e o assim chamado Código da Aliança, registrado em Êx 20.24-23.9 (com a possível exceção de Êx 2.24-26; cf. § 4,2), surgiram na Palestina durante a monarquia. As normas registradas em Dt 27.15ss não surgiram antes da época da teologia deuteronomista. Elas são, em parte, o resultado de um compromisso entre o javismo, o remanescente das religiões de clã e a religião cananéia, razão por que não oferecem nenhuma informação acerca do culto mosaico de Iahweh.

Certamente se fez uso do Urim e do Tumim, instrumentos de lançar sortes oraculares que eram guardados numa bolsa e

---

[63] K.-H. BERNHARDT, *Gott und Bild*, 1956; A. KRUYSWIJK, *Gen gesneden beeld...*, 1962.

que os levitas trouxeram consigo[64]. Trata-se de forma mais simples do oráculo, em que uma pergunta respondível por um "sim" ou por um "não" era trazida perante a divindade. O aparecimento do primeiro oráculo significava uma resposta negativa (*'ûrîm*, "maldito"), enquanto o aparecimento do segundo significava uma resposta positiva (*tummîm*, "inocente [?]").

Apesar das opiniões em contrário, registradas em Jr 7.22 e Am 5.25 (possivelmente o último seja deuteronomista), provavelmente eram oferecidos sacrifícios. O sacrifício era um meio muito importante de oferecer uma dádiva à divindade a fim de prestar-lhe homenagem ou de rogar-lhe alguma coisa (para uma discussão pormenorizada, cf. § 16,4). O sacrifício acompanhava toda ocasião importante. Na forma de sacrifício de animais, ele representava também uma comunhão íntima entre a divindade e a pessoa que fazia o sacrifício, comunhão estabelecida pela ingestão do animal sacrifical e a simultânea oferta de parte do animal à divindade. Naturalmente, não representava tão importante papel quanto representou mais tarde na Palestina, onde outros tipos de sacrifício, tais como o holocausto, foram adicionados e o ritual foi elaborado.

Embora existam diversos pontos de vista sobre a origem da arca, ela não é incomumente vista como um elemento sagrado que pertencia ao grupo de Moisés, para proteção da qual foi reservada uma tenda. Dentro dessa tenda ocorriam encontros com Iahweh, exatamente pelo fato de ela conter a arca[65]. Contudo, P foi o primeiro a associar a arca com a tenda, também chamada "tenda do encontro" ou "tabernáculo"[66]. Além disso, a

---

[64] BHH I, 420; II, 1103; RGG IV, 1664-1666; VI, 1193-1194; IDB IV, 739-740; E. ROBERTSON, "The *'Urim* and *Tummim;* What Are They?", VI 14 (1964), 67-74.

[65] R. DE VAUX, "Arche d'alliance et Tente de réunion", in *A la rencontre de Dieu* (Gelin Denkschrift), 1961, 55-70 (= *Bible et Orient*, 1967, 261-276).

[66] M. HARAN, "The Tent of Meeting", *Tarbiz* 25 (1955-1956), 11-20; *id.*, "The Nature of the *"Ohel Mô 'edh'* in Pentateuchal Sources", *JSS* 5 (1960), 50-65; G. VON RAD, "Zelt und Lade", *NkZ* 42 (1931), 476-498 (= *Gesammelte Studien zum Alten Testament*, 1958, 109-129; L. ROST, "Die Wohnstätte des Zeugnisses", in *Festschrift Friedrich Baumgärtel*, 1959, 158-165; E. SELLIN, "Das Zelt Jahwes", in *Alttestamentliche Studien Rudolf Kittel zum 60. Geburtstag dargebracht*, 1913, 168-192.

arca, de fato, não parece ter sido um paládio do grupo de Moisés; ela pertence a um contexto totalmente diferente (cf. § 10,1). Com respeito à tenda, a situação é diferente. Pode-se considerá-la com uma espécie de santuário portátil. Paralelos arábicos sugerem que ela era pequena e vazia. Servia primariamente como lugar de revelação, onde se lançavam sortes ou se procurava uma decisão divina para questões e casos difíceis de solução.

Sem dúvida, o javismo mosaico tinha algumas práticas cultuais. O culto não era tão proeminente entre o grupo de Moisés em seu ambiente nômade quanto o foi nas religiões das partes habitadas do antigo Oriente Médio e mais tarde no Israel palestinense. Contudo, havia muitos traços a proporcionar pontos de partida para desenvolvimento subseqüente, que conduziram a uma religião marcadamente cultual (§ 13,4).

b) Desde que ALT fez a distinção entre lei apoditicamente e casuisticamente formulada[67], tem sido prática comum interpretar a ética mosaica de acordo com o princípio segundo o qual as leis classificadas como apodíticas, que foram preservadas primariamente em séries maiores ou menores de leis que mostram estrutura idêntica, são única e genuinamente israelitas e do javismo, e suas instruções refletem a estrita referência delas à vontade divina. Ás vezes, elas são classificadas breve e imprudentemente como lei divina. Contudo, os seguintes pontos podem ser considerados demonstrados desde o aparecimento da monografia de ALT: 1) tais leis não são genuinamente israelitas e do javismo, mas podem ser encontradas alhures, seja em textos mesopotâmicos e hititas ou mesmo como expressão do *ethos* do clã por todo o mundo semita[68], ou universalmente como protótipo de

---

[67] A. ALT, *Die Ursprünge des israelitischen Rechts*, 1934 (= *Kleine Schriften zur Geschichte des Volkes Israel* I [1953], 278-332); K. RABAST, *Das apodiktische Recht im Deuteronomium und in Heiligkeitsgesetz*, 1948; H. GRAF REVETLOW vai além em "Kultisches Recht im Alten Testament", *ZThK* 60 (1963), 267-304.

[68] G. J. BOTTERWECK, "Form – und überlieferungsgeschichtliche Studie zum Dekalog", *Concilium* 1 (1965), 392-401; F. C. FENSHAM, "The Possibility of the Presence of Casuistic Legal Material at the Making of the Covenant at Sinai", *PEQ* 93 (1961),

legislação humana; 2) há considerável evidência para a contínua construção de séries de mandamentos e proibições, com uma preferência por dez elementos, dentro do mundo nômade ou seminômade do antigo Oriente Médio (cf. Lv 18.7ss; § 2,4); 3) essas séries realmente incluem não leis, mas regras de conduta; assim, elas concordam com uma das características do javismo, que não é uma religião de leis, mas uma religião de vida, segundo normas santificadas que expressam a vontade de Deus[69].

Naturalmente, é impossível atribuir, com segurança, ao próprio Moisés uma única norma de vida e de conduta na forma apodítica. O assim chamado decálogo ético (Êx 20.1-17) é citado freqüentemente nessa conexão, mas, independentemente da eliminação de acréscimos posteriores, devem ser feitas maiores alterações no texto para se produzir um protodecálogo de dez mandamentos, identicamente estruturado, representando ou uma breve recensão em que cada mandamento é formado por duas palavras[70] ou uma recensão mais longa e uniforme em que as breves proibições são expandidas e os mandamentos transformados[71]. Constitui suposição mais provável a de que o decálogo foi agrupado posteriormente, talvez por E, como uma seleção do material de outras três séries[72]. As três primeiras proibições podem derivar do tempo de Moisés:

> Não terás *outro* deus[73].
> Não farás para ti imagem de escultura.
> Não tomarás o nome de Iahweh em vão.

143-146; C. FEUCHT, *Untersuchungen zum Heiligkeitsgesetz*, 1964; E. GERSTENBERGER, *Wesen und Herkunft des "apodiktischen Rechts"*, 1965; G. HEINEMANN, *Untersuchungen zum apodiktischen Recht*, tese, Hamburg, 1958; R. HENTSCHKE, "Erwägungen zur israelitischen Rechtsgeschichte", *Theologia viatorum* 10 (1965-1966), 108-133; R. KILIAN, "Apodiktisches und kasuistisches Rech im Licht ägyptischer Analogien", *BZ*, NF 7 (1963), 185-202.

[69] G. FOHRER.
[70] B. COUROYER, *L'Exode*, 1952, p. 97.
[71] A. ALT e K. RABAST (nota 67, *acima*).
[72] G. FOHRER, S-F, § 8,2.
[73] As palavras "diante de mim" ou "além de mim", que agora concluem a sentença, são um acréscimo posterior.

Leis proibindo sacrifício de crianças, magia e sodomia como componentes de cerimônias religiosas podem remontar também a Moisés. Contudo, deve-se contar com a possibilidade de que grandes porções das leis apodíticas de conduta não foram trazidas à Palestina pelo grupo de Moisés, mas ou derivadas, como Lv 18.7ss, de um ambiente nômade que não era o do javismo e integradas no javismo, ou não surgiram até depois do estabelecimento na Palestina, como uma imitação de antigas formas.

De qualquer maneira, tais leis constituíram os primeiros passos ao longo de um caminho que conduziu a uma meta que dificilmente Moisés pode ter tido em mente: um sistema amplo de mandamentos e proibições, que regulavam a vida completa do indivíduo e nação, tal como a religião judaica das previsões da lei.

4. Desenvolvimento ulterior

O javismo mosaico, depois dos básicos e nômades elementos cananeus, foi a primeira influência na história da religião israelita. Ele formou sua religião em contenda com os dois elementos preexistentes, opondo todas as tentativas numa extensa assimilação dos últimos. No princípio, ele era a fé de um pequeno grupo de nômades, mas logo provou que era tão vital e vigoroso que ganhou a lealdade das tribos israelitas da Palestina.

Contudo, suas maiores forças desenvolveram-se lentamente. Por um lado, seu culto forneceu um ponto de partida para o crescimento de uma religião de Iahweh que era puramente cúltica; por outro, o papel comparativamente menor desempenhado pelo culto abriu a possibilidade de uma fé que considerava seu objetivo não a celebração cúltica, que transcende as exigências do dia por entrar na esfera do divino, mas a submissão à vontade de Deus na vida diária, de acordo com o princípio ético da natureza de Iahweh. Além disso, a ordenação da vida por meio de leis apodíticas não conduziu necessariamente a uma religião legalista. As proibições, principalmente na forma negativa, poderiam desafiar Israel a concentrar seus princípios nas grandes exigências positivas que expressam a totalidade da vontade divina. De qualquer maneira, pequenos grupos buscaram primeiramente o segundo rumo, mas os grandes profetas individuais são os primeiros que vêem e alcançam o objetivo. A dinâmica da busca continuada do rumo adequado do próprio Iahweh e o conflito com outros elementos são característicos da história do javismo na Palestina, antes do Estado israelita e durante o período da monarquia.

CAPÍTULO III
O JAVISMO NA PALESTINA ANTES DO ESTADO ISRAELITA

§ 7. O FUNDO HISTÓRICO E RELIGIOSO

J. Dus, "Ein richterzeitliches Stierbildheiligtum zu Bethel? Die Aufeinanderfolge der frühisraelitischen Zentralkultstätten", *ZAW* LXXVII (1965) 268-86; G. Fohrer, "Altes Testament – 'Amphiktyonie' und 'Bund'?", *ThLZ* XCI (1966), 801-16, 893-904; C. H. J. de Geus, "De richteren van Israël", *NThT* XX (1965), 81-100; S. Herrmann, "Das Werden Israels", *ThLZ* LXXXVII (1962), 561-74; F. Horst, "Zwei Begriffe für Eigentum (Besitz): (נַחֲלָה und אֲחֻזָּה)", in *Rudolph Festschrift*, 1961, 135-56; W. H. Irwin, "Le sanctuaire central israélite avant l'établissement de la monarchie", *RB* LXXII (1965), 161-84; M. Noth, *Das System der zwölf Stämme Israels*, 1930; H. M. Orlinsky, "The Tribal System of Israel and Related Groups in the Period of the Judges", *Oriens antiquus*, I (1962), 11-20; T. H. Robinson, "Some Economic and Social Factors in the History of Israel", *ET* XLV (1933/34), 264-69, 294-300; H. Seebass, *Der Erzvater Israel und die Einführung der Jahweverehrung in Kanaan* 1966; H.-J. Zobel, *Stammesspruch und Geschichte*, 1965; A. H. van Zyl, "The Relationship of the Israelite Tribes to the Indigenous Population of Canaan According to the Book of Judges", *OuTWP*, 1959, 51-60.

1. *Adoção e expansão do javismo*

Num estágio tardio da colonização da Palestina pelas tribos israelitas, o grupo de Moisés chegou ali, trazendo consigo o javismo mosaico. Ele foi absorvido no grupo central das tribos que pertenciam à "casa de José". Parece que esse grupo aceitou logo a nova fé, que foi submetida a uma prova na luta ocasionada pela ocupação da terra e pela auto-afirmação das tribos, demonstrando assim que era a "verdadeira" fé. Em conseqüência da superioridade política e militar do grupo que povoava a Palestina central, bem como da atividade dos levitas, que agiam como missionários do javismo em toda a terra, o javismo foi imediatamente recebido entre as outras tribos israelitas. Esse processo, provavelmente, estava essencialmente completo por volta da metade do século XII.

A tradição de Josué oferece-nos certa visão de como isso se deu com o grupo de tribos da Palestina central. Josué[1], cuja associação com Moisés é posterior e data de um período mais tardio, era membro daquele grupo durante o século XII a.C. Contudo, os insuficientes pontos de referência histórica na tradição revelam o importante papel que ele desempenhou na batalha de Gabaão e Aialon. Aí, ele alcançou a vitória sob a égide do Deus Iahweh, que, como creram os soldados, interveio pessoalmente na contenda (Js 10.1-15). Além disso, Js 17.14-18 conta-nos como o grupo de tribos da Palestina central se voltou para Josué para expandir o seu território. Esse relato parece pressupor que Josué era um líder tribal. Assim, como outros" juizes", ele era um herói tribal e comandante militar, cujos sucessos podiam elevá-lo à posição de líder tribal. Desse modo, por fim, ele estava capacitado a fazer a adoção do javismo para a sua própria tribo, se não para todo o grupo da Palestina central, como é relatado pela versão original de Js 24. Em sua presente forma, obviamente, a narrativa é deuteronomista; está baseada num relato mais antigo que, como as outras sagas do livro de Josué, pressupõe "todo o Israel" unificado sob a liderança de Josué. Contudo, por fim, remonta a uma narrativa tribal. Essa última não se referia a uma" festa da aliança", celebrada regularmente em Siquém, mas descrevia um evento histórico: o compromisso feito por Josué para a sua tribo ou grupo de

---

[1] BHH II, 894-895; RGG III, 872-873; IDB II, 995-996; A. Alt, "Josua", in *BZAW* 66 (1936), 13-29 (= *Kleine Schriften zur Geschichte des Volkes Israel*, I, 1953, 176-192).

tribos seguirem a Iahweh, em cujo nome ele tinha alcançado suas vitórias e se tinha sobressaído para se tornar condutor tribal.

Não muito tempo depois, houve outro reconhecimento de Iahweh em razão de uma vitória militar: depois da batalha contra os cananeus no vale de Jezrael e celebrada pelo comovente cântico de vitória religioso de Jz 5. Sob a condução de Barac e Débora, as tribos oprimidas de Issacar, Neftali e Zabulon, aliadas com Benjamim, Efraim e Maquir (de acordo com Jz 4, apenas Neftali e Zabulon), alcançaram a vitória, porque, como eles creram, Iahweh interveio com todo o seu poder em nome dos israelitas. Essa vitória foi atribuída diretamente a Iahweh e, obviamente, causou uma profunda impressão nas tribos que tomaram parte na batalha e, possivelmente, também nas outras tribos israelitas. Iahweh era mais poderoso que os deuses dos cananeus: essa é a segurança anunciada por todo o cântico de vitória. Se a antiga narrativa de Jz 4.4a,5; 6-10, 12-16 está correta em fixar Débora na Palestina central, sua solicitação a Barac para vir de Neftali e lutar sob o comando de Iahweh, e o desejo de Barac no sentido de que ela fosse à frente podem ser considerados como uma espécie de paralelo à conduta de Josué. Exatamente como Josué se tornou vitorioso sob o nome de Iahweh, Débora oferecia a mesma oportunidade a Barac, que não era ainda um seguidor de Iahweh, e o acompanhou como garantia da ajuda divina. Se essa interpretação está correta, o cântico de vitória de Jz 5 é também o reconhecimento de Iahweh por parte de seus novos fiéis.

Desse modo, uma tribo após outra veio a aceitar o javismo: mediante sua introdução como uma religião tribal (Palestina central), como conseqüência de uma repentina convicção que se seguiu a uma vitória inesperada (norte da Palestina), ou por meio de uma gradual extensão de clã para clã e de cidade para cidade. Não é absolutamente impossível que, depois que o javismo foi adotado como a religião tribal, famílias individuais e clãs continuassem a cultuar seus deuses de clã, igualados a El.

2. O problema da liga sacral de tribos e Israel como o povo de Iahweh

Freqüentemente se tem ouvido acerca da teoria segundo a qual, depois da aceitação do javismo, os israelitas constituíram uma liga sacral de tribos (talvez tomando a idéia de ligas menores anteriores ao javismo). Supõe-se que essa liga tenha florescido primariamente no período anterior ao Estado israelita e, junto com suas instituições, tenha exercido uma influência duradoura. Alguns estudiosos pensam que ela incluía um número variável de tribos, como uma liga militar, com Iahweh na qualidade de seu deus de guerra, responsável pela ordem social e dispenseiro da prosperidade material[2]. Outros, com base na analogia com anfictionias gregas e itálicas, pressupõem um número fixo de membros com doze tribos, descobrindo o centro da liga do culto num santuário central e na lei, não só lei consuetudinária não codificada, como também lei anfictiônica codificada, que regulava o culto e o relacionamento mútuo dos membros. A guerra podia ser empreendida contra um membro apenas em casos excepcionais, especialmente quando surgisse uma violação da lei anfictiônica[3]. Essas duas teorias são freqüentemente combinadas: na última, dez tribos apenas são contadas como membros da liga[4]; a instituição sacral da guerra santa contra inimigos externos é atribuída também a essa anfictionia[5]; ou a liga é ampliada para uma organização política das tribos com um guia e um colegiado de anciãos[6].

Outros fenômenos numerosos têm sido derivados de tal liga sacral de tribos ou associados a ela. Há muito pouco da história

---

[2] M. Weber, *Gesamelte Aufsätze zur Religionssoziologie*, III, 2ª ed., 1923, 90ss.
[3] M. Noth, *Das System der zwölf Stämme Israels*, 1930.
[4] S. Mowinckel, *Zur Frage nach dokumentarischen Quellen in Josua 13-19*, 1946, 20ss; *id.*, "'Rahelstämme' und 'Leastämme'", in *Von Ugarit nach Qumran* (Eissfeldt Festschrift), 1958, 129-150; cf. também A. Weiser, "Das Deboralied", *ZAW* 71 (1959), 96; K.-D. Schunck, *Benjamin*, 1963, 48ss.
[5] G. von Rad, *Der Heilige Krieg im alten Israel*, 4ª ed., 1965.
[6] J. Dus, "Die 'Ältesten Israels'", *Communio viatorum*, III, 1960, 232-242; *id.*, "Die 'Sufeten Israels'", *ArOr* 31 (1963), 444-469.

de Israel que não tenha sido considerado uma instituição anficti-ônica ou um derivado de tal instituição. Os assim chamados juízes menores, por exemplo, são considerados como representantes de um ofício central de juízes ou como líderes políticos. Os *nesî'îm* são considerados representantes oficiais de suas tribos na assembléia da liga. Os profetas ocupam um ofício mosaico e anfictiônico, que envolve a proclamação e a transmissão da lei. A lei apodítica ou divina (cf. § 6,3), suposta e genuinamente israelita e do javismo, é identificada com a lei anfictiônica, que prepara o caminho para a lei deuteronômica e o Código de Santidade. Até a origem do javismo, dissociada da obra de Moisés, é ligada com a liga tribal. À vista de todas essas teorias, quase se poderia perguntar se Iahweh não é uma invenção ou uma personificação numinosa da liga tribal.

À parte algumas vozes moderadas[7], a hipótese de uma liga sacral de tribos, às vezes, tem sido fundamentalmente questionada e rejeitada por várias razões[8]. Tais razões incluem o caráter duvidoso da analogia com instituições européias, a limitada compreensão das "doze" tribos, o postulado de um santuário central (rotativo) e a discutível função da arca, a interpretação dúbia de certos textos do Antigo Testamento e a avaliação errônea da situação que imperava durante o período anterior ao Estado israelita. Visto que as objeções à hipótese de uma liga sacral de tribos pesam mais do que aquilo que tem sido dito a seu favor, ela deve ser considerada improvada e improvável. Não pode ser usada como base para uma apresentação da história do javismo no período anterior ao Estado e à monarquia.

a) Embora os gregos inventassem o termo "anfictionia" para referir-se a uma liga sacral, não existe termo hebraico correspondente, não obstante haver expressões hebraicas para todas as insti-

---

[7] S. HERRMANN; B. D. RAHTJEN, "Philistine and Hebrew Amphictyonies", *JNES* 24 (1965), 100-104; R. SMEND, *Jahwekrieg und Stämmebund*, 1963.
[8] O. EISSFELDT, "The Hebrew Kingdom", in *The Cambridge Ancient History*, II, cap. 34 (1965), 16-17; G. FOHRER; H. M. ORLINSKY; para as diferentes razões, Y. KAUFMANN, *The Religion of Israel*, 1960, 256; M. H. WOUDSTRA, *The Ark of the Covenant from Conquest to Kingship*, 1965.

tuições concebíveis e áreas da vida. Certamente, era de se esperar que semelhante instituição básica como a liga tribal tivesse sua própria designação. O termo "Israel", palavra composta com o nome do deus cananeu El, possivelmente não pode ser considerado como substituto para tal termo dentro de uma instituição baseada no javismo. A lacuna terminológica levanta dúvidas acerca da existência de uma liga tribal.

b) A existência das anfictionias gregas e itálicas não implica a existência de uma instituição israelita semelhante. As primeiras não fornecem nem analogia nem modelo para uma liga tribal israelita. Elas correspondem melhor à confederação livre das cinco cidades-estado filistéias[9]. A anfictionia é uma instituição inata às tribos indo-germânicas. Sua existência entre tribos semitas não pode ser suposta simplesmente. Não há, de fato, nenhuma evidência de qualquer anfictionia no antigo Oriente Médio[10], nem mesmo entre as cidades-estado fenícias, que estavam familiarizadas com o mundo do Mediterrâneo oriental. Além disso, contudo, se se classifica a estrutura sociológica das tribos gregas e itálicas antes e depois de seu estabelecimento permanente, elas certamente não eram nômades ou seminômades, segundo a maneira das tribos semitas. As diferenças sociológicas implicam conseqüências de longo alcance para o modo de vida total, diferenças que tornam a comparação quase impossível.

c) À parte os doze antepassados das tribos israelitas, o Antigo Testamento menciona outros grupos semitas de seis ou doze: os doze filhos de Naor, antepassados das tribos araméias (Gn 22.20-24); os doze filhos de Ismael, antepassados das tribos ismaelitas (Gn 25.13-16); os doze ou treze antepassados das tribos edomitas, descendentes das três esposas de Esaú (Gn 36.10-14);

---

[9] B. D. RAHTJEN, "Philistine and Hebrew Amphictyonies".
[10] W. W. HALLO, "A Sumerian Amphictyony", *JCSt* 14 (1960), 88-114, não forma a evidência para uma anfictionia sumeriana, mas para uma obrigação colocada sobre diversas cidades de fazerem provisão para o templo de Nippur; isso é um paralelo da divisão do norte de Israel feita por Salomão em distritos administrativos.

os seis filhos de Abraão e Cetura, antepassados das tribos arábicas (Gn 25.2); e, talvez, também os seis ou sete antepassados das tribos horitas das montanhas de Seir (Gn 36.20-28). É mais improvável que justamente as tribos mais afastadas da Grécia e que viviam, ao contrário dos gregos, não em território colonizado, mas fora ou na orla das regiões colonizadoras estivessem mais familiarizadas com a instituição grega ou a tivessem desenvolvido independentemente. Além disso, a transumância regular de tais tribos teria tornado impossível a manutenção permanente de um santuário central.

d) No período anterior ao Estado, Israel não tinha um santuário central rotativo com a arca como seu símbolo cultual em Siquém, Betel e Silo. Não há menção da arca em conexão com Siquém[11], e é associada com Betel apenas na interpolação tardia de Jz 20.27-28, que pretende explicar por que os israelitas procuraram um oráculo de Iahweh em Betel, que tinha vindo a ser odiado como o santuário de Estado do Reino do Norte. E justamente como a narrativa de Js 24, em sua forma original, não se refere ao estabelecimento de uma liga tribal, mas à aceitação do javismo pela tribo ou grupo de tribos associadas com Josué; assim também a viagem de Siquém a Betel, atribuída à tribo de Jacó (Gn 35.1-5). naturalmente não tem nada que ver com a transferência de um santuário anfictiônico de Iahweh. Contudo, Silo, depois de Guilgal (Js 4.18-19; 7.6), foi o lugar da arca, antes que ela caísse nas mãos dos filisteus. Não é fácil ver o que mais podia ter

---

[11] Além disso, o episódio de Jz 9 com Abimelec, que deve ser classificado como cananeu em vez de israelita, pressupõe que a população de Siquém era cananéia. Depois da destruição da cidade por Abimelec, que a evidência arqueológica data como ocorrida na primeira metade do século XII, parece que o lugar permaneceu desabitado durante um período considerável. a. E. F. CAMPBELL JR., "Excavation at Schechem, 1960", *BA* 23 (1960), 102-110; L. E. TOOMBS e G. E. WRIGHT, "The Third Campaign at Balâṭah (Schechem)", *BASOR* 161 (1961), 11-54; *id.*, "The Fourth Campaign at Balâṭah (Schechem); ib., 169 (1963), 1-60. Portanto, pode-se pensar, no máximo, em termos de um santuário do javismo sob árvore a oriente de Siquém (cf. Gn 12.6-7; 33.20; 35.4; Js 24.26-27; Jz 9.37); tal santuário não parece exatamente adequado como o ponto focal de uma anfictionia israelita.

qualificado Silo para ser um santuário central. Até bem próximo do período que antecede sua destruição pelos filisteus (cerca do ano 1050), não representa um papel importante. Sobretudo, há uma questão real se a arca realmente servia como o paládio de uma liga sacral de tribos. Visto que essa questão está associada a outras questões acerca da origem e significado da arca, sua discussão deve ser adiada. (§ 10,1). Descobriremos então que a resposta é negativa e que Silo também está eliminado como um santuário central em potencial de uma liga tribal. Tal santuário nunca existiu.

e) Nenhum texto do Antigo Testamento menciona uma liga sacral de tribos ou relata suas ações. O cântico de vitória de Jz 5 e a narrativa da campanha contra os benjaminitas em Jz 19-21 têm sido citados nessa conexão, mas o texto de Jz 5 nomeia apenas dez tribos (Jz 4 só duas!) e está interessado numa batalha contra os cananeus, que não pode ter sido uma guerra anfictiônica. As únicas tribos realmente envolvidas nos eventos descritos em Jz 19-21 foram Efraim e Benjamim. A transgressão de Benjamim foi de natureza política e consistiu na revolta de Benjamim ou algumas cidades efraimitas do sul contra a região central de Efraim, e na separação de Benjamim de Efraim[12].

f) Certamente, é verdade que as tribos israelitas foram sempre contadas como sendo em número de doze. Contudo, em si, esse esquema não implica uma anfictionia. Encontramos padrões semelhantes nos sistemas de doze deuses egípcios, gregos e itálicos ou nas doze tábuas da lei romana. Doze é, acima de tudo, o número inteiro de uma totalidade[13]. Portanto, a contagem de doze tribos israelitas demonstra apenas que esse padrão, em cada caso, significava a designação da totalidade de Israel.

g) Gn 29.31ss; 49; Nm 1.26; Dt 33 revelam três formas do esquema de doze. Na primeira, as tribos são arranjadas em qua-

---

[12] O. Eissfeldt, "Der geschichtliche Hinterground der Erzählung von Gibeas Schandtat", in *Beer Festschrift*, 1935, 19-40 (= *Kleine Schriften*, II, 1963, 64-80).
[13] Cf. F. Heiler, *Erscheinungsformen und Wesen der Religion*, 1961, 171-172 (bibliografia adicional *ib.*, 161-162).

tro grupos, de acordo com as esposas de Jacó e suas servas. Na segunda e terceira formas, alguns nomes são omitidos e se acrescentam novos nomes:

	Primeira forma	Segunda forma	Terceira Fforma
Lia:	1. Rúben	1. Rúben	1. Rúben
	2. Simeão	2. Simeão	2. Simeão
	3. Levi	3. Levi	
	4. Judá	4. Judá	4. Judá
	5. Issacar	5. Issacar	4. Issacar
	6. Zabulon	6. Zabulon	5. Zabulon
	7. Dina		
Bila:	8. Dã	7. Dã	6. Dã
	9. Neftali	8. Neftali	7. Neftali
	10. Gad	9. Gad	8. Gad
	11. Aser	10 Aser	9. Aser
Raquel:	12. José	11. José	
			10. Efraim
			11. Manassés
		12. Benjamim	12. Benjamim

Se seguirmos M. NOTH, que não usa nenhum relato da primeira forma, datando a segunda forma do período mais antigo, antes do Estado, e a terceira forma da segunda metade desse período, então a primeira forma deriva do período imediatamente após a imigração das últimas tribos ou clãs israelitas. Nesse período, o grupo de Moisés estava ainda a caminho da Palestina. Visto que esse grupo trouxe consigo o javismo, antes de sua chegada (isto é, na época da primeira forma do esquema) era simplesmente impossível constituir uma liga sacral de tribos com base no javismo.

h) Se o esquema de doze fosse uma lista anfictiônica, dever-se-ia esperar que fosse sobredatado. A destruição de Rúben e Simeão, bem como o surgimento de Maquir, devia ter sido registrada. Como tal não é o caso, isso demonstra uma vez mais que não existia anfictionia em Israel. Ela está provavelmente ligada à conclusão do processo de estabelecimento na terra, depois que os territórios ou distritos assumiram o papel previamente desempenhado pelas tribos. Portanto, numa análise final, o esquema reflete a situação das tribos antes que elas se tornassem permanentemente sedentárias, exatamente como fazem as outras listas de seis ou doze tribos nômades citadas acima, em c.

Portanto, o esquema das doze tribos de Israel não indica uma liga sacral de tribos; ele significa precisamente aquilo que o Antigo Testamento diz que ele quer dizer: é uma lista genealógica, que assinala descendência e parentesco. Os vários clãs ou famílias existentes dentro de uma tribo ligam sua descendência a um antepassado comum e consideram-se seus "filhos". Desse modo, eles se consideram parentes, como "irmãos" num sentido lato. O mesmo fenômeno é válido com respeito ao parentesco de diversas tribos umas com as outras. Suas relações são também formadas nas categorias de parentesco, de modo que duas tribos expressam aquilo que têm em comum por remontar sua descendência a dois homens que foram realmente irmãos. Exatamente como a geração viva de uma tribo se considera aparentada com seu suposto antepassado e participa de uma vida comum nesta base, assim também se considera aparentada com outras tribos cujos antepassados aparecem como irmãos de seu próprio antepassado. Dessa maneira, diversas tribos são capazes de viver lado a lado em paz, usar um santuário comum e, ocasionalmente, ajudar-se em aventuras militares.

Portanto, o esquema de doze tribos de Israel pretende abranger a totalidade de Israel que vivia juntamente na Palestina numa única lista genealógica, que declara que são descendentes de doze antepassados aparentados, sendo esses mesmos descendentes de um único antepassado. Esse esquema não se parece com as genealogias eruditas de P, das Crônicas e do Islã[14]: trata-se de uma herança de tradição mais antiga e popular. Ele representa uma genealogia popular abreviada e constitui a totalidade de Israel como um todo unido por parentesco de sangue, estabelecido por seu epônimo tribal Jacó/Israel e, por fim, através da corrente genealógica dos patriarcas, por Abraão. Eles

---

[14] F. WÜSTENFELD, *Genealogische Tabellen der arabischen Stämme und Familien*, 1852.

são o 'am de Israel. Começa, assim, o processo que fez deles um povo, o 'am de Israel.

Nada disso significa que o javismo, uma vez adotado pelas tribos israelitas, não tenha também funcionado como uma força unificadora, ligando-as uma às outras. Na verdade, foi precisamente por sua assimilação ao grupo de Moisés, constituído como o 'am de Israel, e por sua adoção do javismo que o 'am de Israel como um todo se tornou o 'am de Iahweh e foi introduzido na comunidade de Iahweh. Por um lado, o grupo de Moisés foi assimilado no 'am de Israel; por outro, Israel foi assimilado no 'am de Iahweh. Essa observação nos ajuda a compreender por que Israel preservou as tradições patriarcais mesmo depois da adoção do javismo e igualou os deuses do clã, identificados quanto à forma com as manifestações locais de El, com Iahweh. Assim, Israel estabeleceu continuidade, de modo que o 'am Israel descendente de Jacó/Israel podia parecer desde o começo como o 'am de Iahweh. Ao mesmo tempo, esse procedimento tornou possível continuar a usar categorias de descendência com referência ao parentesco entre Iahweh e Israel. Essas categorias eram naturais não só à religião de clã como também à própria autocompreensão de Israel.

3. *O período anterior ao Estado israelita*

A falta de qualquer instituição religiosa auto-inclusiva corresponde à vida política e militar das tribos israelitas. Elas tinham migrado separadamente para a Palestina e, também, ocupado separadamente a terra. No período anterior ao Estado, o assim chamado período dos juízes, não houve progresso além de uma justaposição de tribos sem liderança comum. Até as ações militares eram comumente empreendidas por tribos ou clãs individualmente. As exceções incluem a batalha liderada por Débora contra os cananeus e a ação de uma coalizão baseada em Silo (1 Sm 4) contra os filisteus. Nesses casos, oponentes grandemente superiores forçaram grupos de tribos a operar conjuntamente. Contudo, por outro lado, a consolidação das tribos em territórios ou distritos e o estabelecimento de colônias satélites por grandes cidades ameaçaram conduzir à fragmentação. Essa tendência operou diretamente contrária a qualquer sentido de representar a totalidade do povo de Israel e, como tal, o povo de Iahweh. Que as conseqüências não foram totalmente destrutivas foi devido primariamente ao fato de que o período desde a ocupação da terra até o estabelecimento de um Estado israelita foi tão curto e turbulento para que territórios israelitas independentes ou cidades-estado consolidassem suas posições. Feito um exame retrospectivo, as tendências nessa direção parecem mais com estágios preliminares que conduzem à formação de um Estado que abrange todo o Israel..

a) A tradição mostra[15] que, quando Israel estava nessa situação, distinguiu-se uma série de figuras, que eram heróis tribais, líderes militares de várias tribos ou, por outro lado, não suficientemente identificados: Otoniel, Eúd, Samgar, Débora, Gedeão, Jefté, Abimelec e Sansão. Dentre estes, Samgar provavelmente era um não-israelita com nome hurrita da cidade cananéia de Bet-Anat, na Galiléia (Jz 3.31; cf. Js 19.38; Jz 1.33); Abimelec era um aventureiro cananeu (Jz 9); a base confusa da tradição torna impossível oferecer quaisquer pormenores acerca de Eúd (Jz 3.7-11). Como esses, as outras figuras são chamadas de "juízes", isto é, agentes da justiça, libertadores, governadores, embora sejam todos eles heróis militares ou citados mais como líderes "carismáticos", não obstante esse termo, desde que muito usado, derive de uma época e ambiente completamente diferentes e tem tido, desde há muito, a necessidade de ser examinado para ver se é realmente aplicável ao Israel antigo.

As épocas tardias, pelo menos, compreenderam a coragem pessoal incomum e o sucesso militar desses homens como conseqüência de Iahweh estar com eles em seus feitos. Contudo, é duvidoso se seus contemporâneos interpretaram essa coragem e sucesso no sentido expresso pelo termo "carisma", como um dom direto da graça de Deus. Dificilmente é esse o caso quando os

---

[15] BHH, III, 1596-1598; RGG, V, 1095; IDB, II, 1012-1023.

anciãos de Galaad oferecem a Jefté o papel de líder temporário de uma campanha militar em seu território por causa de seus talentos como chefe de um bando de flibusteiros (Jz 11.6), e quando ele, por sua vez, capitaliza sobre a situação e consegue ser indicado para a dignidade de chefe permanente da milícia (Jz 11.11). Portanto, parece melhor evitar o termo *carismático* ao se referir aos heróis militares do período anterior ao Estado e também a outras figuras que pertencem à história tardia de Israel.

Os heróis desse período foram envolvidos em lutas internas contra os cananeus (a batalha foi levada a efeito por Débora), que tinham de defender-se de novas incursões e exigências no leste (Eúd, Gedeão e Jefté), ou onde foram empurrados para dentro do incipiente conflito com os filisteus, que lutavam pela soberania sobre a Palestina (Sansão). Todos esses casos envolveram resistência e defesa, não conquista de novos territórios.

b) Tola, Jair, Ibsã, Elom e Abdom constituem um segundo grupo de juízes, sobre quem a tradição preserva apenas uma breve menção. Semelhante menção é feita acerca de Gedeão e Jefté. Essas declarações breves são modeladas segundo o modelo das notas acerca de Saul e dos reis subseqüentes, de modo que esses "juízes" são representados como se fossem governadores, exatamente como o verbo *šapaṭ*, comumente traduzido por "julgar", pode significar também "governar"[16]. A atividade jurídica exercida por esses homens poderia ser entendida como parte de sua função como governadores. Além disso, Jz 10.1-5 e 12.8-15 associam os primeiros cinco não com tribos, mas com cidades. A sua suposta ordem de sucessão é secundária; eles podem ter governado nas cidades mencionadas ou, talvez, até em regiões inteiras (Jair em Galaad) como contemporâneos uns dos outros ou em diferentes épocas. Eles se parecem com os reis das cidades-estados cananéias e marcam a transição de um governo baseado em tribos para um baseado em cidades-estados. Vista à luz dessa

---

[16] W. Richter, "Zu den 'Richtern Israels'", *ZAW* 77 (1965), 40-72; para a discussão do ponto de vista tradicional, cf. H. W. Hertzberg, "Die Kleinen Richter", *ThLZ* 79 (1954), 285-290 (= *Beiträge zur Traditionsgeschichte und Theologie des Alten Testaments*, 1962, 118-125).

perspectiva, a declaração de Jz 8.22-23, segundo a qual a Gedeão foi oferecido o governo, não parece absolutamente exagerada, com a ressalva de que o oferecimento é colocado na boca dos homens de Manassés e não de todo o Israel[17]. Samuel também pode pertencer a esse grupo de juízes; ele é descrito como nazireu, sacerdote e profeta, mas em 1 Sm 7.2-17, numa recensão pré-deuteronômica, é descrito como "juiz" que funciona tanto como líder tribal quanto como governador de sua cidade ou tribo, como no caso de Gedeão e Jefté.

Portanto, no período anterior ao Estado israelita, à parte algumas ações comuns, vemos territórios ou distritos desenvolvidos e as cidades independentes, tomando as suas próprias decisões políticas, militares e religiosas. Para se pintar um quadro preciso do javismo desse período seria necessário coligir abundante evidência de todas essas regiões particulares. Contudo, a tradição existente lança apenas luzes esparsas sobre a situação religiosa do período, e a arqueologia não oferece contribuição maior que a base de povoações escassas. Uma característica central pode ser admitida: o conflito do javismo com os elementos existentes na vida nômade e na religião cananéia. Esse conflito e as novas exigências de vida numa civilização estabelecida tiveram como conseqüência uma forma de javismo mais inclusiva que aquela do período mosaico.

§ 8. O CONFLITO ENTRE O JAVISMO E O NOMADISMO

G. H. W. BREKELMANS, *De herem in het Oude Testament*, 1959; O. EISSFELDT, "Jahwe, der Gott der Väter", *ThLZ*, LXXXVIII (1963), 481-90 (= *Kleine Schriften*, IV [1969], 79-91); S. NYSTRÖM, *Beduinentum und Jahwismus*, 1946.

---

[17] G. H. DAVIES, "Judges VIII, 22-23", *VT* 13 (1963), 151-157 até sugere a aceitação do oferecimento por parte de Gedeão, disfarçada sob a humilde forma de recusa.

1. Soberania e poder de Deus

O conflito entre o javismo e o nomadismo começou bem naturalmente dentro do grupo de Moisés. À medida que os resíduos do mundo conceptual do nomadismo sobreviviam na Palestina, aí continuava o conflito.

Que o Deus Iahweh é exaltado e poderoso, bem como perigoso, é um dos elementos freqüentemente notados no javismo. Ele ainda pode ser observado na narrativa da transferência da arca para Jerusalém: durante a primeira tentativa, Oza morreu, porque tocara na arca (2 Sm 6.6-7). Esse lado perigoso da natureza de Iahweh produz medo, temor e aterra seus adoradores, que devem precaver-se de aproximar-se dele. Por essa razão, ao grupo de Moisés não se permitira nem ao menos tocar a montanha de Iahweh, quando Iahweh desceu até ela. Tocá-la significava morte (Êx 19.12-13). Ninguém pode aproximar-se do soberano, com impunidade, exceto com permissão específica. Ele instila no nômade um temor respeitoso que o adverte a guardar a distância adequada.

Essa distância era aumentada pela ausência de imagens no javismo. O israelita não podia ver a Iahweh e apreendê-lo nessa forma; ele não podia compreender a natureza de Iahweh. O elemento irracional e numinoso de Iahweh escapava-lhe, de modo que ele podia apenas curvar-se humildemente, ao contrário dos gregos, que perderam o respeito pelos deuses que podiam ser racionalmente compreendidos. Essa humildade podia apenas crescer, quando Iahweh, com um poder que transcendia a toda a razão, se revelava um Deus que realiza prodígios. Assim é que os homens o experimentaram repetidas vezes, já desde a libertação particularmente impressionante da perseguição egípcia no êxodo.

A variada experiência do poder soberano de Iahweh exerceu a sua influência no contexto do modo de vida nômade. O israelita tinha de aprender o significado do temor de Deus e respeito por ele. Ele tinha de aprender a tomar o seu lugar numa distância adequada do soberano divino e curvar-se perante ele.

2. A associação de Deus com o seu povo

Na montanha de Iahweh o grupo de Moisés tornou-se o *'am* de Iahweh. O *'am* Israel, definido genealogicamente, entrou nesse relacionamento, que originalmente era concebido em termos de parentesco e, assim, se tornou o povo de Iahweh. Portanto, havia uma associação íntima entre Iahweh e Israel, que os profetas ainda continuaram a descrever por meio da terminologia do parentesco.

Essa associação não é um fato da natureza; ela se origina num momento da história através da vontade de Iahweh. Nesse relacionamento, o comportamento de Iahweh é caracterizado por *ḥesed* e *'emet* (Gn 24.27; Êx 34.6; e *passim*). O primeiros destes termos[18] expressa o vínculo de solidariedade que se manifesta em relação a um membro de uma família ou tribo, ou em relação a um amigo. O segundo expressa sua continuidade e permanência. Iahweh também demonstra essa permanente associação de muitas maneiras, mais notavelmente para o israelita do período anterior ao Estado, por meio de sua intervenção na batalha. Essa intervenção é limitada a um breve período de tempo, mas expressa a direção contínua de Iahweh no destino de Israel com base em sua solidariedade para com o seu povo.

Nessa associação é Iahweh quem dá e Israel quem recebe. A confiança no poder pessoal é substituída pela confiança no auxílio poderoso de Iahweh; a vontade pessoal é substituída pela obediência à vontade de Iahweh; o esforço com vista à glória pessoal é substituído pela glorificação de Iahweh; e o orgulho quanto à generosidade pessoal é substituído pela gratidão pela generosidade de Iahweh. Portanto, valores novos tomam o lugar do ideal nômade.

---

[18] N. GLUECK, *Das Worte Ḥesed im alttestamentlichen Sprachgebrauch*, 2ª ed., 1961; A. R. JOHNSON, "HESED and HĀSÎD", in *Interpretationes ad Vetus Testomentum pertinentes* (Mowinckel Festschrift), 1955, 100-112; H. J. STOEBE, "Die Bedeutung des Wortes *ḥäsäd* im Alten Testament", *VT* 2 (1952), 244-254.

3. Conseqüências e mudanças religiosas

a) Muitas narrativas do Antigo Testamento são dirigidas (algumas vezes quase de maneira polêmica) contra o modo de vida nômade que tem confiança no poder pessoal e cujo esforço visa à gloria pessoal, exige ele em vez disso humildade, lealdade e obediência. Uma tendência semelhante mostra-se quando a atividade humana retrocede para o pano de fundo ou não é absolutamente mencionada, e Iahweh aparece mais ou menos isolado como agente daquilo que acontece.

Alguns exemplos mostrarão claramente como os ideais nômades são abolidos pelo javismo. Depois da batalha levada a efeito por Débora, por exemplo, Jael, mulher nômade, matou Sísara, general cananeu, que tinha procurado refúgio em sua tenda (Jz 4.18ss; 5.24ss). Procedendo assim, ela violou grosseiramente o princípio nômade de hospitalidade e refúgio. No conflito de deveres entre esse princípio e a afirmação radical de Iahweh, ela fez como se sua fé a dirigisse na luta entre Iahweh e seus inimigos. Para os inimigos de Iahweh não há refúgio.

Freqüentemente, revela-se que a lei de vingança de sangue não estava em vigência integral. Mantinha-se o princípio, mas, desde que a vingança pertencia a Iahweh, não era mais necessário um homem vingar-se a fim de aumentar sua glória pessoal e evitar a desgraça que se seguiria à sua falha em vingar-se. O compromisso, compensação monetária pelo sangue de um homem morto, tornava mais fácil a solução do problema. Isso também pode explicar a atitude pacífica atribuída aos patriarcas. Embora a situação exigisse vingança mais de uma vez, eles nunca procuravam a desforra nem parecem mesmo ter cogitado de vingança. A maneira pela qual eles são pintados obviamente traz a marca do javismo.

É possível que ao antigo tabu do *herem* ou "maldição" fosse dado um novo significado quando se tornou algo que "dizia respeito a Iahweh". Agora, a maldição era dirigida contra o inimigo do Deus que lhes tinha outorgado a vitória, e a quem o inimigo e suas possessões eram agora oferecidos. Aparentemente, a mudança de tabu para dedicação mudou pouco ou praticamente nada na questão, mas ela acarretou como conseqüência necessária a aplicação menos freqüente do *herem,* porque a destruição total do inimigo vencido pelo vencedor não estava de acordo com a natureza do javismo. Este removeu uma das raízes de que a guerra se originava. De fato, o *herem* era levado a cabo apenas muito raramente (BREKELMANS cita Nm 21.1-3; Js 6-7; 1 Sm 15); as guerras do período anterior ao Estado não foram guerras agressivas de conquista, mas batalhas defensivas.

Finalmente, os remanescentes dos cultos ao deus do clã, à medida que tinham sobrevivido à fusão com a religião de El, perderam seu suporte restante, quando o culto de Iahweh foi aceito em Israel. O javismo difundiu-se nos antigos estratos religiosos e incorporou as tradições concernentes aos receptores da revelação e aos fundadores dos cultos dos deuses do clã. Nesse ínterim, os deuses do clã tinham sido identificados com as manifestações locais de El. Conseqüentemente, a continuidade entre Iahweh e Israel foi estabelecida desde o tempo de Abraão. Outra conseqüência foi a transformação dos santuários já usados pelos israelitas de Iahweh, de modo que o javismo se firmou nos antigos e veneráveis lugares.

b) A destruição das concepções e instituições nômades afetou até o próprio javismo, quando ele se adaptou à situação de uma civilização estabelecida. Ele tinha-se despojado de tudo o que não era mais adequado às novas circunstâncias e que não podia continuar a existir por meio de uma troca de função.

O primeiro ponto que se deve mencionar é o conceito de *b^{e}rît*. No período anterior ao Estado, os israelitas estavam certamente familiarizados com a *b^{e}rît* do Sinai (e também, em parte, com a *b^{e}rît* de Abraão). Contudo, o que era fundamental para Israel não era a *b^{e}rît* mas a libertação do Egito. A *b^{e}rît* do Sinai era um evento do passado, do qual o povo se tornou cada vez menos cônscio. As raras menções dele nos livros do Antigo Testamento que descrevem Israel antes da formação do Estado e durante a monarquia, tais como Jz 2.20; 1 Rs 19.10, 14, todas datam de um período posterior. O povo de Iahweh, identificado com Israel no cântico de Débora (Jz 5.13, corrigido) e nos períodos posteriores[19], preservou a tradição da b^erît do Sinai, do modo que está registrado no livro do Êxodo. Contudo, a b^erît não era mais algo a ser vivido, quando as circunstâncias do nomadismo não mais prevaleciam. A mudança da situação facilita compreender por que o conceito de b^erît assumiu uma posição secundária. Agora começa um hiato que deveria continuar durante séculos, até o advento da teologia deuteronômica. Enquanto isso, o que importava era manter e cuidar da conseqüência do evento do Sinai: a permanente associação entre Iahweh e Israel. O propósito era servir mediante o culto praticado nos territórios habitados e mediante a retenção das categorias de parentesco segundo as quais o povo de Israel, definido genealogicamente, constitui como um todo o povo de Iahweh.

Com respeito à Páscoa, a situação é semelhante (se podemos supor que esta festa nômade foi realmente celebrada pelo grupo de Moisés e incorporada ao javismo). Desde o estabelecimento do grupo de Moisés na Palestina até o tempo do rei Josias, que ela não foi celebrada, como indica 2 Rs 23.21-22:

> O rei ordenou a todo o povo: "Celebrai a Páscoa em honra de Iahweh, vosso Deus, do modo como está escrito neste livro da Aliança". Não se havia celebrado uma Páscoa semelhante a esta em Israel desde os dias dos Juízes que haviam governado Israel, nem durante todo o tempo dos reis de Israel e dos reis de Judá.

De fato, não há menção da Páscoa no período indicado. Js 5.10-12 é um acréscimo muito tardio, já familiarizado com a combinação deuteronômica da Páscoa com a Festa dos pães ázimos e com a designação do décimo quarto dia do mês como festa, mencionada por P em Êx 12.6. É verdade que o assim chamado decálogo cultual de J menciona a Páscoa em Êx 34.25, mas as palavras "sacrifício da festa da Páscoa" são provavel-

---

[19] Cf. as citações in R. SMEND, *Die Bundesformel*, 1963, 19.

mente deuteronômicas[20]. Uma das maiores razões que conduziram a essa conclusão é o surpreendente uso do termo ḥag, "festa da peregrinação", que não se aplicava à Páscoa até depois que o Deuteronômio a tinha associado com a Festa dos pães ázimos. Deste modo, a antiga festa pastoral, que se tornara sem sentido no contexto da agricultura palestinense, deixou de ser celebrada logo depois da ocupação da terra. Ela não foi restabelecida até que a lei deuteronômica a associasse com a Festa dos pães ázimos e a prouvesse de base histórica no êxodo (Dt 16.1-8).

De igual modo, o santuário portátil do grupo de Moisés, isto é, a tenda da revelação, tornou-se supérfluo no território habitado por eles com seus lugares sagrados locais. Não há antiga evidência de sua existência contínua na Palestina. A tenda que Davi providenciou para a arca em Jerusalém não é a mesma, e passagens tais como Js 18.1 e 19.51, que mencionam a tenda, derivam de um período bem tardio. Sobretudo a associação feita por P da tenda com a arca forjou uma nova construção que causou certa confusão no Cronista, que situou a tenda em Gabaon. A tenda do grupo de Moisés ou foi perdida durante a ocupação da Palestina ou foi rejeitada pouco depois[21].

---

[20] E. Kutsch, "Erwägungen zur Geschichte der Passafeier und des Massotfestes", *ZThK* 55 (1958), 7. Que Êx 23.18 se refira à Páscoa é, na melhor das hipóteses, incerto. – Bibliografia adicional sobre a Páscoa: G. B. Gray, "Passover and Unleavened Bred, the Laws of J, E and D", *JThSt* 37 (1936), 141-253; H. G. May, "The Relation of the Passover to the Festival of Unleavened Cakes", *JBL* 55 (1936), 65-82; N. Nicolsky, "Pascha im Kulte des jerusalemischen Tempels", *ZAW* 45 (1927), 174-176; L. Rost, "Weidewechsel und altisraelitischer Festkalender", *ZDPV* 66 (1943), 205-216 (= *Das kleine Credo und andere Studien zum Alten Testament*, 1965, 101-112); J. B. Segal, *The Hebrew Passover from the Earliest Times to A.D. 70*, 1963; A. C. Welch, "On the Method of Celebrating Passover", *ZAW* 45 (1927), 24-29; cf. também H.-J. Kraus, *Gottesdienst in Israel*, 2ª ed., 1962, 65-66.

[21] Cf. também J. Maier, *Das altisraelitische Ladeheiligtum*, 1965, 1-2; R. de Vaux, II, 114ss. Para um ponto de vista diferente, cf. S. Lehming, "Erwägungen zur Zelttradition", in *Gottes Wort und Gottes Land* (Hertzberg Festschrift), 1965, 110-132.

§ 9. O CONFLITO ENTRE O JAVISMO E A RELIGIÃO CANANÉIA

G. W. AHLSTRÖM, *Aspects of Syncretism in Israelite Religion*, 1963; R. DUSSAUD, *Les origines cananéennes du sacrifice israélite*, 1941; O. EISSFELDT, "Ba'alšamēm und Jahwe", *ZAW* LXII (1939), 1-31 (= *Kleine Schrilten*, II [1963], 171-98); idem, "El and Yahweh", *JSS* I (1956), 25-37 (= *Kleine Schriften*, III [1966], 386-97); J. FICHTNER, "Die Bewältigung heidnischer Vorstellungen und Praktiken in der Welt des Alten Testaments", in *Fetschrift Friedrich Baumgärtel*, 1959, 24-40 (= *Gottes Weisheit*, 1965, 115-29); J. GRAY, "Cultic Affinities Between Israel and Ras Shamra", *ZAW* LXII (1949/50), 207-20; idem, *The Legacy of Canaan*, 2ª ed., 1965; R. HILLMANN, *Wasser und Berg; kosmische Verbindungslinien zwischen dem kanaanäischen Wettergott und Jahwe*, tese, Halle, 1965; S. H. HOCKE, "The Mixture of Cults in Canaan in Relation to the History of Hebrew Religion", *JMEOS* XVI (1931), 23-30; idem, *The Origins of Early Semitic Ritual*, 1938; F. F. HVIDBERG, *Weeping and Laughter in the Old Testament*, 1962; W. KORNFELD, "Fruchtbarkeitskulte im Alten Testament", in *König Festschrift*, 1965, 109-17; V. MAAG, "Jahwäs Begegnung mit der kannanäischen Kosmologie", *Asiatische Studien/Études asiatiques*, XVIII/XIX (1965), 252-69; J. MAIER, "Die Gottesvorstellung Altisraels und die kanaanäische Religion", in *Bibel und zeitgemässer Glaube* I (1965), 135-58; M. J. MULDER, *Ba'al het Oude Testament*, 1962; R. RENDTORFF, "El, Ba'al und Jahwe", *ZAW* LXXVIII (1966), 277-92; J. N. SCHOFIELD, "The Religion of the Near East and the Old Testament", *ET* LXXI (1969/60), 195-98; T. WORDEN, "The Literary Influence of the Ugaritic Fertility Myth on the Old Testament", *VT* III (1953), 273-97.

1. *Considerações básicas*

O conflito com a religião cananéia foi mais duro, prolongado e grave do que aquele com o nomadismo, que, de qualquer modo, estava sujeito a declinar senão a desaparecer inteiramente, uma vez que os israelitas se estabeleceram na Palestina. Seu resultado também foi diferente. Começou enquanto não havia ainda o Estado israelita, mas prolongou-se por séculos para colocar a sua marca na história interna de Israel. Os grandes profetas individuais ainda se sentiam compelidos a intervir nesse conflito. Assim, o período de contato, influência mútua e diferenciação durou do início do século XII até o século VII.

A natureza do javismo e a situação dos israelitas na Palestina tornaram o conflito inevitável. Por um lado, Iahweh aparece como um Deus que se apossa dos homens e os coage, é todo-poderoso e exaltado acima de todos, um Deus de vontade ética que exige obediência radical, que reivindica fidelidade total de seus adoradores. Por outro lado, depois da ocupação da Palestina, o modo de vida do israelita tornou-se crescentemente semelhante àquele da população cananéia, quando os israelitas adotaram a agricultura e, em seguida, a vida urbana. Embora ainda sentissem que o mundo cananeu lhes era estranho, desenvolveram necessariamente relações cada vez mais estreitas com ele. Eles não podiam alcançar as realizações da civilização sedentária e usar a nova língua que adotaram sem participar também do pensamento e das experiências de que se nutriam. O novo modo de vida estava intimamente relacionado com as idéias e com o comportamento que os israelitas encontraram entre a população nativa. Inevitavelmente eles começaram a se aproximar do modo de vida, das práticas cultuais e do ambiente religioso cananeus.

Tomada em conjunto, apesar da resistência e rejeição por parte dos israelitas, as quais devem ser levadas a sério, a influência da civilização cananéia sobre os israelitas dificilmente pode ser pintada em termos suficientemente eficazes e compreensivos. A constante infiltração de práticas e idéias cananéias não podia ser detida. Naturalmente, entre determinada rejeição e pronta aceitação desse material estrangeiro houve diferentes graus de apropriação parcial, assimilação pela prática israelita, integração na fé israelita, transformação bem sucedida ou afirmação vitoriosa do modo de vida israelita. Contudo, o resultado final de tudo isso foi uma profunda alteração no caráter peculiar de Israel. O javismo também foi envolvido nessa mudança. O processo não pode ser classificado simplesmente como cananeização ou sincretismo, a exemplo do que ocorre na política religiosa oficial do período da monarquia. Contudo, independentemente disso, trata-se de um processo histórico necessário em que, de um lado, o javismo se desenvolveu ao longo das linhas do seu próprio gênio interno e, de outro, estava sujeito a constante transformação sob a influência de um fator estrangeiro, ou seja, a religião cananéia. Nesse processo, que não é suficientemente descrito em termos de progresso e desenvolvimento, o javismo do período anterior ao Estado israelita constitui não mais que um estágio de transição.

2. Iahweh e os deuses de Canaã

Israel viu o seu Deus Iahweh em oposição a outros deuses que eram igualmente poderes reais. A existência desses outros deuses foi livremente admitida. Exatamente como Iahweh era o Deus de Israel, também eles eram, naturalmente e sem reservas, vistos como senhores de outras nações (cf. Jz 11.21ss; 1 Sm 26.19). Os israelitas criam em outros poderes divinos além de Iahweh, como pode ser visto, por exemplo, na regulamentação de Êx 21.6, segundo a qual um escravo que não quisesse sua liberdade depois de seis anos de serviço, mas desejasse permanecer em sua condição, devia ser levado por seu senhor "a deus", à porta ou à ombreira, onde sua orelha era furada como sinal de sua permanente ligação com a casa. Neste caso, o "deus" certamente não é Iahweh, mas uma divindade menor da porta. Por esse motivo, em Dt 15.17[22], a regulamentação foi alterada. Não é impossível que, nesta época, os *benê (ha) 'elohîm/'elîm* fossem considerados pelos israelitas um grupo particular de deuses maiores[23]. Se eles eram subordinados a Iahweh desde o princípio, como os deuses ugaríticos eram subordinados a El, é uma questão que deve permanecer aberta, como deve também permanecer a questão se eles eram realmente adorados ao lado de Iahweh. De qualquer maneira, durante o período da monarquia, eles eram considerados

---

[22] O. EISSFELDT, "Gott und Götzen im Alten Testament", *ThStKr* 103 (1931), 151-160 (= *Kleine Schriften*, I [1962], 266-273).
[23] W. HERRMANN, "Die Göttersöhne", *ZRGG* 12 (1960), 242-251.

um grupo subordinado a Iahweh. Depois que se deu a Iahweh o título de rei, eles eram vistos como sua corte e como seus inferiores do mundo celestial (§ 14,2-3). Por outro lado, parece ter havido um culto permanente dedicado à deusa Asherah[24].

Portanto, não é surpreendente que El, já identificado com os deuses mais antigos do clã, tenha sido identificado com Iahweh, e que a religião de El e o javismo iniciassem um processo de união. Esse é o terceiro estágio (depois da adoração dos deuses do clã e sua identificação com El) no processo de desenvolvimento da idéia israelita de Deus. Externamente, esse estágio não se manifestou até séculos mais tarde nos períodos exílico e pós-exílico, quando o Dêutero-Isaías reivindicou o nome El apenas para Iahweh, excluindo os outros deuses (Is 40.18; 43.13; 45.22), quando o termo "El" foi usado naturalmente para referir-se a Iahweh (Js 22.22; Sl 104.21; Jó) e Abraão foi representado prestando culto à formação artificial de El Elyon (Gn 14.18ss)[25]. Contudo, os primeiros passos nessa direção foram dados no período anterior ao Estado israelita. EISSFELDT supõe que, nesse período, El foi até ocasionalmente reconhecido por Iahweh como tendo autoridade superior. Contudo, não existe evidência suficiente para essa conclusão. Dt 32.1-43, de que EISSFELDT cita os vv. 8-9, data do período exílico[26] e fixa, nas passagens mencionadas além daquele ponto, o fim do processo de fusão. O Sl 82, também citado por ele, é presumivelmente pré-exílico e incorpora material mitológico cananeu, mas representa um discurso de julgamento da parte de Iahweh (falado por um profeta cultual) no "conselho divino" (não "conselho de El"), incluindo invectiva, admoestação e ameaça. Ataca o panteão cananeu e proclama o senhorio universal de Iahweh (v. 8). Embora Iahweh não fosse subordinado a El, o javismo não combateu a religião de El, empenhando-

---

[24] R. PATAI, "The Goddess Ashera", *JNES* 24 (1965), 37-52.
[25] H. S. NYBERG, "Studiem zum Religionskampt im Alten Testament", *ARW* 35 (1938), 329-387, vê em El Elyon um dos diversos nomes variantes para um deus 'Al, que ele concebe como o deus territorial de toda a porção ocidental do Oriente Médio, com seu lugar de culto em Jerusalém.
[26] S-F, § 27,4.

se, ao contrário, numa acomodação. Assim, El, o deus que foi identificado com os deuses do clã, foi concebido como uma revelação antiga do Deus que mais tarde se tornou conhecido como Iahweh. Isso preparou o caminho para Iahweh tomar por empréstimo muita coisa de El. Material cultual, como práticas sacrificais e hinos, estava incluído nesse empréstimo. Acima de tudo, os traços perigosos, sinistros e impetuosos de Iahweh, que apareciam ao lado de suas características generosas, foram suplementados pelas características típicas de El: prudência, sabedoria, moderação e paciência, tolerância e misericórdia (EISSFELDT)[27]. Assim, foi forjado um vínculo mais estreito entre as características polares de Iahweh. Mais tarde, acrescentaram-se as funções de criador e rei.

Em contraste com El, Baal veio, pouco a pouco, a ser apreendido e oposto como um rival de Iahweh. Naturalmente, isso não implica que muitos israelitas não adorassem esse deus ao lado de Iahweh ou em vez dele, ou que traços ou expressões peculiares a Baal não fossem aplicados a Iahweh, como pode ser observado até ao tempo de Elias[28]. Imediatamente após a difusão do javismo, por exemplo, o nome "Baal" foi usado como uma designação de Iahweh e como um elemento teóforo nos nomes pessoais israelitas (Isbaal, filho de Saul). Quando o Sl 68.4 introduz Iahweh como *rokeb ba 'arabôt*, recordamo-nos do epíteto *rkb 'rpt*, "cavalgar das nuvens", aplicado a Baal nos textos ugaríticos. O assento ou sela de Iahweh num *Kerub* ou *Kerubim* deve ser entendido analogicamente. Os *Kerubim* personificam nuvens de tempestade (cf. Sl 18.10 e a designação de Iahweh como "aquele que cavalga os *Kerubim*"). De fato, muitos israelitas, no princípio, consideravam Baal como o deus da fertilidade e o adoravam a fim de que ele tornasse suas lavouras produtivas. Segundo Jz 6.11-32, por exemplo, um *Baal-shalom* parece

---

[27] F. LOKKEGAARD, "A Plea for El, the Bull, and Other Ugaritic Miscellanies", in *Studia orientalia J. PEDERSEN dicata*, 1953, 219-235.

[28] S. LINDER, "Jahwe und Baal im alten Israel", in *In piam memoriam Alexander von Bulmerincq*, 1938, 98-107.

ter sido conhecido em Ofra como doador da prosperidade e do crescimento. A história, ao mesmo tempo, declara que os israelitas já estavam divididos em sua atitude: um grupo, cuja posição está refletida em 6.11-24, sustentava que este Baal podia ser acomodado com Iahweh; outro grupo, segundo 6.25-32, exigia que seu culto fosse erradicado[29]. À parte as raras exceções ou contrários, esta rejeição e hostilidade aumentaram durante o período antigo.

3. Culto

A mesma justaposição de empréstimo e rejeição é encontrada na esfera do culto (FICHTNER). Sob a influência de ritos e cerimônias cananeus, o culto de Iahweh recebeu elaboração constantemente. Particularmente o sistema sacrifical cananeu foi largamente adotado; a noção de comida e bebida dos deuses representou um importante papel neste processo[30]. Outra prática cananéia tomada por empréstimo foi dispensar a respigadura de molhos nos campos e de frutos nos ramos, porque eles já tinham sido considerados sacrifícios a Baal, o doador da fertilidade[31]. A saga de Raab (em Js 2-6) faz alusão a uma família de origem cananéia que vivia em Jericó, cidade israelita, onde se dedicaram à prostituição sagrada no santuário local de Iahweh[32]. As danças das jovens nas vinhas de Silo, durante a festa de Iahweh, eram cananéias quanto à sua natureza, e até sugerem a existência de adoração orgíaca (AHLSTRÖM). A saga do sacrifício da filha de Jefté forneceu uma justificação posterior para aquilo que era originalmente uma festa cananéia de quatro dias, durante os quais as mulheres de Galaad pranteavam o

---

[29] O. EISSFELDT, "Neu Götter im Alten Testament", in International Congress of Orientalists, Atti del XIX Congresso Internazionale degli Orientalisti (Roma, 1935), 1938,478-479 (= Kleine Schriften, II [1963], 145-146).

[30] W. HERRMANN, "Götterspeise und Göttertrank in Ugarit und Israel", ZAW 72 (1960), 205-216.

[31] A. VON GALL, "Ein vergessenes Baalsopfer", ZAW 30 (1910), 91-88.

[32] G. HÖLSCHER, "Zum Ursprung der Rahabsage", ZAW 38 (1919-1920), 54-57.

fim da primavera (Jz 11.40)³³. As regulamentações originais de Dt 20.5-7, determinando quem está proibido de participar de uma campanha militar, também parecem estar baseadas em concepções cananéias³⁴. Por outro lado, a lei registrada em Êx 34.26 contra o cozimento de um cabrito no leite da sua própria mãe é dirigida contra uma prática cananéia mencionada no texto ugarítico 54.14.

§ 10. A RELIGIÃO ISRAELITA ANTERIOR AO ESTADO ISRAELITA

W. W. Graf Baudissin, *Die Geschichte des alttestamentlichen Priestertums*, 1889; H. Dreyer, *Tradition und heilige Stätten*, tese, Kiel, 1952; H. Fredriksson, *Jahwe als Krieger*, 1945; A. von Gall, *Altisraelitische Kultstätten*, 1898; A. Jirku, *Das weltliche Recht Israels*, 1927; J. Maier, *Das altisraelitische Ladeheiligtum*, 1965; K. Marti, "Jahwe und seine Auffassung in der ältesten Zeit, *ThStKr* LXXXI (1908), 321-33; A. Menes, *Die vorexilischen Gesetzes Israels*, 1928; M. Noth, *Die Gesetzes im Pentateuch*, 1940 (= *Gesammelte Studien zum Alten Testament*, 9-141); G. Westphal, *Jahwes Wohnstäften nach den Anschauungen der Hebräer*, 1908.

1. Iahweh e a arca

a) Desde a fusão de Iahweh com El, que já tinha começado no período anterior ao Estado, tal fusão não era ainda capaz de exercer influência significativa sobre a noção de Deus. Permaneciam dois lados dessa noção: o amoroso e o terrificante (cf. § 9,2). Iahweh provoca a destruição de todos os seus inimigos, mas faz com que os que o amam brilhem como o sol, quando se levanta no seu esplendor (Jz 5.31). Ele alcança, contra o último, seu triunfo de libertação (Jz 5.11) ou envia outros na força de seu espírito

---
³³ Ib.
³⁴ W. Herrmann, "Das Aufgebot aller Kräfte", *ZAW* 70 (1958), 215-220.

(Jz 6.34; 11.29; 14.6). Assim, ele garante a Israel o seu poderoso auxilio, ao mesmo tempo em que se projeta sobre os inimigos de Israel. E, exatamente como ele concede aos heróis de Israel a força de que eles necessitam por intermédio de seu espírito, assim também ele traz desgraça sobre os cananeus, enviando um espírito mau que os coloca em desacordo e os leva ao ataque mútuo (Jz 9.23). Com esses dois lados de sua natureza, Iahweh continua a governar os destinos das nações e dos indivíduos. É devido não só às circunstâncias do período, como também à seletividade da tradição que isso acontece primariamente por meio da guerra e da batalha, e que as características bélicas da atividade de Deus são, portanto, enfatizadas. Permanecia também o elemento da exigência ética, mas ele foi suplementado e modificado, em larga escala, pelo desenvolvimento do culto. Foi sobretudo por meio do culto que Israel se esforçou para preservar e cultivar sua associação com Iahweh.

Falava-se de Iahweh vindo à terra e aparecendo aos homens[35]. Freqüentemente, isso acontecia em forma de visões durante o estado de vigília, as quais podem ser classificadas como experiências alucinatórias (*e.g.*, Êx 24.9ss; Jz 6.11ss; 1 Sm 3.10)[36]. Particularmente, o cântico de Débora contém a primeira e, durante muito tempo, a única descrição do aparecimento de Iahweh e sua vinda à batalha acompanhada da agitação da natureza (Jz 5.4-5); a associação de uma teofania com fenômenos naturais particulares provavelmente tem a sua origem no mundo vizinho a Israel. Nesse caso, pelo menos, a teofania introduz o cântico de vitória e está intimamente ligada a ele. Essa conexão e a alusão aos fenômenos naturais podem ser explicadas pela suposição de que realmente uma tempestade tornou pos-

---

[35] Cf. J. Barr, "Theophany and Anthropomorphism in the Old Testament", *VT Suppl* VII (1960), 31-38; J. Jeremias, *Theophanie*, 1965; P. D. Miller, Jr., "Fire in the Mythology of Canaan and Israel", *CBQ* 27 (1965), 256-261; F. Schnutenhaus, "Das Kommen und Erscheinen Gottes im Alten Testament", *ZAW* 76 (1964), 1-22.

[36] J. Lindblom, "Theophanies in Holy Places in Hebrew Religion", *HUCA* 32 (1961), 91-106.

sível a vitória dos israelitas sobre os cananeus, que estavam bem mais equipados.

b) Freqüentemente, os estudiosos supõem que as expressões "*Yahweh Ṣebaot*" e "aquele que cavalga os *Kerubim*" se originaram neste período. Segundo essa teoria, essas expressões foram associadas primeiramente com a arca e depois com o santuário de Silo, onde a arca estava localizada, e finalmente vieram para Jerusalém com a arca. Assim, chegamos às questões relacionadas com a origem e o significado da arca e com a data dessas expressões sobre Iahweh.

A origem, a função e o propósito da arca são fortemente controvertidos[37]. Muita coisa sempre permanecera na obscuridade, porque a arca aparece apenas quatro vezes à luz da história: ela foi conduzida quando os israelitas atravessaram o Jordão e, de acordo com o relato tardio, realizou um milagre semelhante ao

---

[37] BHH, II, 1038-1041; RGG, IV, 197-199; IDB, I, 222-226; W. R. ARNOLD, *Ephod and Ark*, 1917; C. BROUWER, *De ark*, 1955; K. BUDDE, "Die ursprüngliche Bedeutung der Lade Jahwe's", *ZAW* 21 (1901), 193-197; *id.*, "War die Lade ein leerer Thron?", *ThStKr* 79 (1906), 489-507; *id.*, "Ephod un Lade", *ZAW* 39 (1921), 1-42; L. COUARD, "Die religiös-nationale Bedeutung der Lade Jahves", *ZAW* 12 (1892), 53-90; M. DIBELIUS, *Die Lade Jahves*, 1906; J. DUS, "Der Brauch der Ladewanderung im alten Israel", *ThZ* 17 (1961), 1-16; *id.*, "Noch zum Brauch der "Ladewanderung"', *VI* 13 (1963), 126-132; O. EISSFELDT, "Lade und Stierbild", *ZAW* 58 (1940-1941), 190-215 (= *Kleine Schriften*, II, 1963, 282-305); *id.*, "Lade und Gesetztafeln", *ThZ* 16 (1960), 281-284 (= ib., III, 1966, 526-628); H. GRESSMANN, *Die Lade Jahves und das Allerheiligste des salomonischen Tempels*, 1920; M. HARAN, "The Ark and the Cherubim", *IEJ* 9 (1959), 30-38; *id.*, "'Oṭfe, Mḥamal and Kubbe", in *Neiger Memorial Volume*, 1959, 215-221; R. HARTMANN, "Zelt und Lade", *ZAW* 57 (1917-1918), 209-244; W. B. KRISTENSEN, *De ark van Jahwe*, 1933; J. MAIER, *Das altisraelitische Ladeheiligtum*, 1965; H. G. MAY, "The Ark – a Miniature Temple", *AJSL* 52 (1935-1936), 215-234; J. MORGENSTERN, "The Ark, the Ephod, and the Tent of Meeting", *HUCA* 17 (1942-1943), 153-266; 18 (1943-1944), 1-52; E. NIELSEN, "Some Reflections on the History of the Ark", *VT Suppl* VII (1960), 61-74; G. VON RAD, "Zelt und Lade", *NkZ* 42 (1931), 476-498 (= *Gesammelte Studien zum Alten Testament*, 1958, 109-129; H. SCHMIDT, "Kerubenthron und Lade", in *Gunkel Festschrift*, I (1923), 120-144; W. SEEBER, *Der Weg der Tradition von der Lade Jahwes im Alten Testament*, tese, Kiel, 1956; H. TORCZYNER (Tur-Sinai), *Die Bundes-Lade und die Anfänge der Religion Israels*, 2ª ed., 1930; M. H. WOUDSTRA, *The Ark of the Covenant from Conquest to Kingship*, 1965.

operado por Iahweh, quando libertou os israelitas do Egito através do mar (Js 3-4); segundo a primeira secção da narrativa da arca (1 Sm 4.1-7.1)[38], ela foi trazida do templo de Silo para o acampamento do exército israelita, caiu em poder dos filisteus, quando os israelitas foram derrotados e, pouco a pouco, caiu no esquecimento após o seu retorno; Davi trouxe a arca para Jerusalém (2 Sm 6); Salomão transferiu-a para o templo que tinha construído (1 Rs 8). Além desses fatos, muito pouca coisa pode ser apurada da tradição.

A tradição, segundo a qual a arca foi construída no Sinai sob a orientação de Moisés (Êx 37.1ss; Dt 10.1ss), é de data bem tardia e desconhecida do antigo estrato-fonte JNE. A sua construção não data do período das andanças à ventura do grupo de Moisés. O santuário portátil desse grupo era a tenda da revelação, que não tinha relação com a arca (§ 6,3). Além disso, Nm 10.33b e os ostensivos ditos da arca de Nm 10.35-36 são interpolações tardias, e Nm 14.44*b* é um acréscimo ao texto. Por isso, supõe-se freqüentemente que a arca era um objeto sagrado da região permanentemente habitada ou que não existia até que os israelitas se tivessem estabelecido permanentemente. Dibelius, Gressmann, von Rad e outros sustentam a origem cananéia da arca; Nielsen pensa que ela era um objeto sagrado dos benjaminitas na Palestina; Maier considera-a um símbolo israelita palestinense de uma aliança tribal antifilistéia, caso ela não tenha, de fato, surgido mais cedo. Essas teorias são bem improváveis.

A teoria, segundo a qual a arca não se originou até que os israelitas se estabelecessem na Palestina, é contraditada pelo fato de que nos três antigos estratos-fonte JNE, que ocorrem também no livro de Josué[39], a arca tem um lugar fundamental na narrativa da travessia do Jordão (Js 3-4) e isto não pode ser eliminado dela. Que ela não era originalmente associada com Iahweh é sugerido pelo seu nome mais antigo, que não contém

---

[38] Para uma discussão da narrativa da arca, cf. S-F, § 32,3.
[39] Cf. S-V, § 30.

absolutamente o nome *"Yaweh"*: *'arôn (ha) 'elohím*, "arca de Elohim" ou "arca de Deus" (1 Sm 3.3; 4.11, e *passim*). Naturalmente, a arca estava associada com o nome de Iahweh pelo menos ao tempo em que foi colocada no templo de Silo; em outras palavras, "Elohim" não foi considerado como outro além de Iahweh. Com respeito à origem da arca, as duas observações já feitas sugerem um local fora da Palestina e uma data anterior à adoção do javismo pelos israelitas; um grupo imigrante de israelitas provavelmente a trouxe consigo para a Palestina (SCHMIDT, SEEBER e outros) – mais provavelmente o grupo que preservou a tradição da imigração pelo caminho do vale do Jordão, com a qual o nome de Josué está associado: o grupo da Palestina central ou os efraimitas e os benjaminitas tardios, que foram com eles. Essa teoria explica não só a menção da arca nas narrativas do livro de Josué, como também seu lugar final de colocação na Silo efraimita, depois de uma, aparentemente breve, estadia em Guilgal.

Muitos estudiosos têm considerado a arca um trono vazio (DIBELIUS, EISSFELDT, NIELSEN, VON RAD e outros; em controvérsia com BUDDE, HARAN, MAIER, SEEBER e outros) ou escabelo (HARAN, TORZCYNER) para Deus. Essa teoria é contraditada pela sua localização no Templo de Jerusalém com seu lado estreito na direção da entrada e acima de tudo pelo uso do termo *caixa*. Provavelmente, a arca deva ser considerada como um receptáculo, única explicação que corresponde à sua forma de bloco (Êx 25.10). Naturalmente, é impossível até conjeturar o que ela podia conter: pedras que representavam a divindade, uma ou mais imagens divinas (BUDDE, GRESSMANN), documentos (SELLIN) ou uma espécie de oráculo (ARNOLD) – para mencionar apenas as hipóteses menos temerárias[40]. Nós simplesmente não sabemos para que os antigos israelitas usavam a arca. Em Silo, depois que se estabeleceu a associação com Iahweh, parece que a arca se tornou o

---

[40] HARTMANN sugere que ela era o ataúde de José, que foi trazido do Egito; KRISTENSEN sugere um ataúde que continha o deus da morte e um símbolo da terra; MAY sugere que era uma miniatura do templo.

símbolo de uma aliança militar efêmera, formada em resposta à ameaça filistéia. Ela pode ter servido ao mesmo tempo como um receptáculo para o documento ou símbolo da aliança (Maier). De qualquer maneira, a arca não era um paládio militar, visto que os israelitas não a levaram espontaneamente para o seu acampamento, mas a trouxeram como último recurso. Tampouco, ela representava Iahweh, visto que a declaração de 2 Sm 7.6, no sentido de que Iahweh não tinha habitado numa casa desde o êxodo, seria impossível depois da localização da arca no templo de Silo. Ela podia apenas ser considerada um símbolo da campanha militar combinada contra os filisteus e uma garantia do auxílio divino.

Portanto, a associação da arca com Iahweh é posterior a data do tempo em que a arca estava em Silo, quando foi usada como o símbolo de uma aliança militar. Tudo isso torna duvidoso se as expressões *"Yahweh Ṣebaot"* e "aquele que cavalga os *Kerubim"* podiam ter-se originado em conexão com a arca. Que de fato elas não o foram é demonstrado pela narrativa que descreve a transferência da arca para Jerusalém (2 Sm 6.2):

> Pondo-se a caminho, Davi e todo o exército que o acompanhava partiram para *Baala* de Judá, a fim de transportar a Arca de Deus que lá[41] estava e que leva o nome de *Iahweh dos Exércitos,* que se assenta entre os *querubins*.

Essa passagem demonstra que o receptáculo era chamado "arca de Deus" até que foi trazido para Jerusalém por Davi, e que tinha outro nome em Baalat. Em outras palavras, os termos do javismo associados com a arca ali não tinham sido relacionados com ela mais cedo, quando ela estava em Silo. Esses termos, ao contrário, parecem corresponder a uma nova função da arca, relacionada com seu primitivo uso, e ter-se originado ao tempo de Davi. Portanto, investigaremos seu significado em outro contexto (§ 14,1).

---

[41] Em vez da repetição de *šem,* "nome", seguimos numerosos manuscritos vocalizando como *šam,* "ali".

2. Culto

a) No período anterior ao Estado, surgiram muitos santuários de Iahweh na Palestina. Depois da identificação de Iahweh com os deuses do clã e com El, os santuários que tinham sido usados no período anterior ao javismo foram dedicados a Iahweh. Outros santuários (originalmente cananeus) foram também associados com Iahweh. Além disso, novos santuários de Iahweh foram formados em locais não usados anteriormente; entre esses, Silo era o mais conhecido, mas não o único.

Parece que Bersabéia[42] adquiriu certa importância em decorrência de sua localização nos limites entre o território habitado e o Negueb. Isso pode ter ocorrido em virtude da nomeação que Samuel fez de seus filhos para serem juízes ali (1 Sm 8.1-2). O santuário foi primeiramente acessível aos grupos do sul da Judéia, que foram absorvidos gradualmente na tribo de Judá; contudo, ele exerce também certa atração sobre israelitas do centro da Palestina, que continuavam ainda suas peregrinações por ali durante a monarquia (Am 5.5) e juraram pelo *dôd*, "amor", de Bersabéia (Am 8.14, emendado).

É impossível dizer se os israelitas já tinham começado a de Maanaim 22, ao norte do Jaboc, que o relato de Gn 32.2-3 o qual é identificado em Gn 23.19; 35.27[43]. Quanto a esse período, deveríamos supor provavelmente que um santuário duplo, Hebron-Mamre, constituía o centro do culto de Judá. Só Hebron já fora o local da coroação de Davi e sua primeira residência oficial (2 Sm 2.4; 5.3, 5a).

Na região montanhosa do ocidente da Judéia, localiza-se o santuário de Iahweh de Zorá[44], que pertenceu primeiramente a Dã e, mais tarde, a Judá. Sua lenda de santuário transferiu-se para o pai de Sansão (Jz 13).

---

[42] Cf. § 4, n. 5.
[43] Cf. § 4, n. 7-8.
[44] IDB, IV, 963.

O antigo santuário do deus Sol em Bet-Sames[45] foi legitimado como santuário de Iahweh pela narrativa de 1 Sm 6.10-14, que relata como as vacas que puxavam o carro que levava a arca foram sacrificadas sobre a "grande pedra" que havia ali, ou seja, o altar local.

O "lugar alto" de Gabaon[46], que pode ter sido localizado acima de *nebī samwīl*, norte de Jerusalém, aparentemente recordava uma longa história e era ainda florescente no tempo de Salomão (cf. 1 Rs 3.4ss). Nenhuma lenda ou legitimação de santuário foi preservada. Visto que a execução dos descendentes de Saul ocorreu *em Gabaon, na montanha* de Iahweh, como se deveria ler 2 Sm 21.6, provavelmente se trata daquilo que, originalmente, tenha sido um ritual cananeu, de modo que o culto de Iahweh continuou a ser um culto bem antigo.

Deve permanecer aberta a questão se o santuário da árvore em Siquém[47] continuou a exercer alguma influência depois que a cidade foi destruída e não reedificada.

O santuário de Betel[48] claramente continuou a existir e foi visitado por peregrinos (1 Sm 10.3).

O mesmo é verdadeiro em relação a Guilgal[49], que provavelmente tinha sido freqüentado por diversas tribos (Benjamin, Efraim, Manassés) e foi tido em alta estima no tempo de Samuel, Saul e Davi, bem como no tempo de Elias e Eliseu.

Silo[50] é o primeiro santuário de Iahweh para o qual temos menção explícita de um templo (1 Sm 1-3). Esse templo (a festa da peregrinação realizava-se no outono) e as danças nas vinhas (Jz 21.19ss) demonstram o quanto este lugar sagrado, aparente-

---

[45] BHH, I, 229-230; IDB, I, 401-403.
[46] BHH, I, 568-569; RGG, II, 1567; IDB, II, 391-393.
[47] Cf. § 4, n. 11.
[48] Cf. § 4, n. 10.
[49] Cf. § 4, n. 15.
[50] BHH, III, 1794-1795; RGG, VI, 35; IDB, IV, 328-330; O. EISSFELDT, "Silo und Jerusalem", *VTSuppl*, IV (1957), 138-147 (= *Kleine Schriften*, III, 1966, 417-425); M. HARAN, "Shiloh and Jerusalem: the Origin of the Priestly Tradition in the Pentateuch", *JBL* 81 (1962), 14-24.

mente estabelecido novamente, esteve sob a influência da religião cananéia e de seu culto da fertilidade.

Como Guilgal, o santuário de Mispá em Benjamin[51], que é mencionado em Jz 20-21, representou um importante papel no tempo de Samuel e Saul (1 Sm 7.5-12, 16; 10.17ss). Ele pode ter sido o santuário central de Benjamin, visto que foi ali que Saul foi escolhido por sorte para ser rei.

Jz 6.11-32, descrevendo a situação de Ofra[52], oferece-nos um traço dos conflitos que cercavam a atribuição de um santuário a Baal ou a Iahweh (§ 9,2). O altar de Iahweh, que foi erigido evidentemente ali, foi aparentemente tolerado no princípio, como podemos supor com base em Jz 8.27. Ao mesmo tempo, essa nota breve revela que o efod fez com que este pequeno santuário fosse considerado um ultraje num período posterior.

Ergueu-se também um santuário de Iahweh no monte Tabor[53], antigo local cananeu (§ 3,2). Ele foi usado pelas tribos de Issacar e Zabulon (Dt 33.19), tendo-se localizado na fronteira comum (Js 19.22). Aparentemente, foi usado também pela tribo de Neftali, como sugere a reunião ali de tropas sob a chefia de Barac de Neftali, antes de se travar a batalha chefiada por Débora (Jz 4.6).

Em Dã, estava localizado o santuário que pertenceu à tribo do mesmo nome[54], depois que, finalmente, eles se estabeleceram no norte da Palestina. O pano de fundo desse santuário é mencionado em Jz 17-18, embora de forma hostil: o santuário obteve sua imagem através de um roubo duplou! Obviamente, não havia tal roubo na recensão original da narrativa, que registrou a tradição de como a tribo de Dã se deslocou de um lugar para outro na Palestina.

---

[51] BHH, II, 1228; RGG, IV, 1065; IDB, III, 407-409.
[52] BHH, II, 1353; RGG, V, 1659-1660; IDB, III, 606-607; S. A. Cook, "The Theophanies of Gideon and Manoah", *JThSt* 28 (1926-1927), 368-383.
[53] BHH, III, 1962-1963; RGG, VI, 598; IDB, IV, 508-509.
[54] BHH, I, 317; IDB, I, 759-760.

Na Transjordânia, ao lado de Penuel[55], existiu O santuário de Maanaim[56], ao norte do Jaboc, que o relato de Gn 32.2-3 acerca do aparecimento no acampamento de Iahweh a Jacó tentou legitimar, e o santuário de Masfa em Galaad[57], com o qual a tradição de Jefté está associada (Jz 11.11, 34). Além disso, a narrativa de Js 22.7ss, que sofreu uma revisão, menciona (vv. 10.11.34) um altar edificado pelas tribos de Rúben e Gad no lado ocidental do Jordão, "perto dos círculos de pedra". Podemos ter aqui um eco de um santuário temporário.

Este relato não esgota a lista de santuários de Iahweh. Em geral, mesmo neste período, todo processo de sedentarização que era total ou predominantemente israelita possuía um local dedicado a Iahweh e era preparado segundo modelo dos locais de culto cananeus (cf. § 3,4). O Antigo Testamento chama a tais locais de *bamâ*, "lugar alto"[58]. Essa expressão não significa necessariamente que o santuário estivesse situado numa colina, visto que podia também estar localizado dentro de uma cidade, à porta de uma cidade ou num vale (cf. 1 Rs 13.32; 2 Rs 23.8; Jr 7.31). Significa antes, uma pequena elevação para uso cultual; ela podia ser natural, mas, em geral, era construída artificialmente (1 Rs 11.7 e *passim*). Escavações arqueológicas têm trazido à luz alguns desses santuários: em Meguido, uma plataforma oval de oito a dez metros de diâmetro, datando da metade do terceiro milênio; em Nahariya, perto de Haifa, um montão de pedras mais ou menos circular de seis e até catorze metros de diâmetro, junto com um pequeno santuário do século XVIII ou XVII; em Hazor, uma plataforma do século XIII; nas cidadelas de Hazor e Arad, locais retangulares da antiga monarquia israelita e dos séculos IX ou VIII e, numa crista a sudoeste de Jerusalém, locais retangulares da antiga monarquia israelita dos séculos VII ou VI. Essas descobertas revelam claramente a con-

---

[55] Cf. § 4, n. 14.
[56] BHH, II, 1123-1124; IDB, m, 226-227.
[57] BHH, II, 1228-1229; RGG, IV, 1065; IDB, III, 407.
[58] BHH, II, 736,1021-1022; IDB, II, 602-604.

tinuidade no estabelecimento de tais locais cultuais por todos os períodos cananeu e israelita. Estes lugares altos parecem estar também associados, de alguma maneira, com os montes de pedras que ocasionalmente eram erigidos como outeiros funerários (2 Sm 18.17), de modo que, de um lado, lugares altos abandonados podiam ser explicados como outeiros funerários de uma época anterior (Js 7.26; 8.29) e, por outro, ritos funerários podiam ser realizados como parte do culto nos lugares altos.

b) Como seus protótipos cananeus, os santuários também eram equipados (cf. § 3,4)[59]. Provavelmente, cada um deles tinha altar, *massebah, asherah*, vasos de libação e jarros de água (para abluções cultuais). Sabemos que, em Dã, se encontrava a imagem mencionada acima. A parafernália cultual incluía também *efod* e *terafim*[60]. Originalmente, o *efod* era, provavelmente, uma peça de vestuário colocado numa imagem divina; essa é a explicação que melhor se ajusta com Jz 17-18, visto que o grande peso mencionado em Jz 8.26-27 sugere mais um metal que recobria um núcleo interior da madeira (cf. Is 30.22). Mais tarde, o vestuário foi confiado à guarda do sacerdote, exclusivamente para propósitos oraculares; ele o tomaria e vestiria, quando a ocasião o exigisse (1 Sm 2.28; 14.3; 23.9; 30.7). Além disso, o termo *efod* refere-se à estola de linho que fazia parte das vestes oficiais de um sacerdote (1 Sm 2.18; 22.18; 2 Sm 6.14). No período pós-exílico, a palavra refere-se à parte das vestes do

---

[59] RGG, III, 158; VI, 686-687.
[60] BHH, I, 420; III, 1952; RGG, II, 521-522; VI, 690-691; IDB, I, 118-119; P. R. ACKROYD, "The Teraphim", ET 62 (1950-1951), 378-380; W. E. BARNES, "Teraphim", *JThSt* 30 (1928-1929), 177-179; G. DAHL, "The Problem of the Ephod", *AThR* 34 (1952), 206-210; H. J. ELHORST, "Das Ephod", *ZAW* 30 (1910), 259-276; K. ELLIGER, "Ephod und Choschen", *VT* 8 (1958), 19-35 (publicado também em *Festschrift Friedrich Baumgärtel*, 1959, 9-23); M. HARAN, "The Ephod According to Biblical Sources", *Tarbiz* 24 (1954-1955), 38-91; G. HOFFMANN e H. GRESSMANN, " "Teraphim, *ZAW* 40 (1922), 75-137; C. J. LABUSCHAGNE, "Teraphim – a New Proposal for the Etymology", *VT* 16 (1966), 115-117; E. SELLIN, "Efod und Teraphim", *JPOS* 14 (1964), 185-193; H. THIERSCH, *Ependytes und Ephod*, 1936.

sumo sacerdote. Na palavra *terafim*, temos um substantivo coletivo usado com conotação de escárnio com referência a imagens (em 1 Sm 15.23 é identificado com feitiçaria). Na história de Jacó, pode significar uma pequena imagem de um ídolo do lar em forma humana; alhures, o termo provavelmente designa uma máscara cultual, usada como símbolo de Deus (1 Sm 19.13, 16). Tais máscaras, que datam do período cananeu, têm sido descobertas em Hazor; elas faziam parte da parafernália do santuário (Jz 17.5; 18.17ss; Os 3.4) e eram usadas para se obter oráculos (Ez 21.21; Zc 10.2).

c) Os sacerdotes[61] eram o grupo mais importante entre o pessoal relacionado com o culto: os *elidas* em Silo, que se vangloriavam de descender do grupo de Moisés; os *aaronidas* na antiga Betel; os sacerdotes de Noh, todos eles (com exceção de Abiatar, que escapou) foram executados por Saul, porque ajudaram a Davi (1 Sm 21-22); e os sacerdotes levitas de Dã, que remontavam sua descendência ao filho de Moisés. Sem dúvida, outros santuários tinham outras famílias de sacerdotes, com filhos que herdavam a ocupação de seus pais. Não sabemos em que medida os sacerdotes cananeus eram aceitos no culto do javismo.

Apenas no caso de Dã, temos evidência de que os levitas[62] eram sacerdotes permanentes em determinado santuário. Com essa exceção, nenhum sacerdote nesse período era chamado de levita, nem era qualquer levita chamado de sacerdote. Havia claramente uma diferença entre os dois grupos, embora não possamos mais definir qual era essa diferença, mesmo porque ambos realizaram as mesmas funções. É possível que os levitas não estivessem associados com determinado santuário, mas, antes, percorriam a região, ministrando nos pequenos locais de culto que não tinham sacerdotes.

As funções dos sacerdotes e levitas consistiam em oferecer sacrifício no altar, oferecer incenso, instruir o povo acerca da *Torá* cultual, ética e legal, e obter decisões ou oráculos da parte de

---

[61] BHH, III, 1486-1490; RGG, V, 574-578; IDB, III, 876-889.
[62] Cf. § 5, n. 23; G. R. BERRY, "Priests and Levites", *JBL* 42 (1923), 227-238.

Deus por meio do *efod* e do *urim* e *tumim*[63]. Portanto, eles podiam exigir parte do sacrifício para si. Contudo, é importante notar que os sacerdotes e levitas não eram os únicos autorizados a realizar os atos cultuais; pelo menos o chefe de toda família tinha o privilégio de oferecer sacrifício (Jz 6.25ss; 13.15ss) ou instituir um culto (Jz 8.27; 17.5).

Além dos sacerdotes e levitas, antigas formas de profetismo também existiam: videntes e *nabis*, que são identificados com o profeta em 1 Sm 9.9, na perspectiva de uma fase posterior. Contudo, no período anterior ao Estado, não pode haver dúvida quanto a uma fusão desses vários tipos de profeta. A confusão que se verificou a esse respeito resulta na caracterização de Samuel não só como governador, sacerdote e nazireu, mas também como vidente e *nabi*. A história antiga do movimento profético será tratada pormenorizadamente num contexto mais amplo (§ 18).

d) Nos lugares cultuais, ofereciam-se sacrifícios cuja importância, desse período em diante, aumentou continuamente, mais porque, até à centralização do culto em Jerusalém, introduzida pela reforma deuteronomista, toda matança de animais era de natureza sacrifical. Nesse período, o sacrifício é mencionado freqüentemente: oferecido por sacerdotes (Eli e seus filhos, 1 Sm 2.12ss), por outros homens (Gedeão, Jz 6; Manoá, Jz 13; o pai de Samuel, 1 Sm 1.21) e por Samuel, descrito ambiguamente (1 Sm 7.9-10; 9.12-13).

Visto que o sistema sacrifical israelita será tratado em outro contexto (§ 16,4), aqui indicaremos meramente as peculiaridades do período anterior ao Estado. Entre os vários modos de se oferecer sacrifício, o mais simples era ainda o familiar: a colocação em um lugar sagrado das ofertas que deviam servir de alimento para a divindade (Jz 6.19), modo que continuou em uso com respeito ao pão da presença (e. g., 1 Sm 21.6). A oferta da bebida, que mais tarde veio a ser meramente uma forma suplementar, era ainda independente; ela envolvia libações de óleo

---

[63] Cf. § 6, n. 5; J. LINDBLOM, "Lot-casting in the Old Testament", *VT* 22 (1962), 164-178.

(Gn 28.18; 35.14), vinho (Êx 20.40) ou água (1 Sm 7.6; 2 Sm 23.13ss). Além de abater animais para consumo, os israelitas também faziam ofertas de holocaustos, nas quais o animal sacrifical era totalmente queimado. O holocausto era uma prática siro-palestinense, originalmente não semítica, que os israelitas encontraram já na Palestina e a tomaram.

O propósito da oferta de comida e bebida é, primariamente, alimentação para a divindade. O sacrifício de animais e o holocausto correspondem a duas características básicas do javismo. A primeira fortalece e renova a comunhão entre Iahweh e seus adoradores, que no banquete cultual consomem o sacrifício do qual Iahweh também recebe a sua porção. A segunda é simplesmente um sacrifício de homenagem, que expressa o reconhecimento do domínio de Iahweh sobre seus adoradores.

e) Embora nenhum calendário, datando do período anterior ao Estado, tenha sido preservado, é possível identificar diversas festividades que foram celebradas em Israel[64]. A festa da Páscoa não era contada entre tais festividades, desde que os israelitas interromperam, temporariamente, a celebração dela, quando se estabeleceram na Palestina (§ 8,3).

Onde quer que o tempo fosse contado pela Lua (em meses), o dia da Lua Nova era uma festa[65]. Esse é o dia em cuja tarde (precedente) a Lua Nova torna uma vez mais visível. Quando encontramos essa festa no Antigo Testamento, ela já é uma festa de Iahweh. Sendo um dia de descanso, é freqüentemente mencionada em conexão com o *Sabbath*.

O *Sabbath*[66] é o último dia da semana de sete dias, no qual cessa todo o trabalho. Desde muito cedo, ele se tornou uma festa

---

[64] BHH, I, 471-474; RGG; III, 910-917: IDB, II, 260-264.

[65] F. Wilke, "Das Neumondfest im israelitisch-jüdischen Altertum", *Jb der Gesellschaft für die Geschichte des Protestantismus in Österreich* 67 (1951), 1-15.

[66] BHH, III, 1633-1635; RGG, V, 1258-1260: IDB, IV, 135-141; K. Budde, "The Sabbath and the Week, *JThSt* 30 (1928-1929), 1-15; W. W. Cannon, "The Weekly Sabbath", *ZAW* 49 (1931), 325-327; J. Hehn, *Siebenzahl und Sabbat bei den Babyloniern und im Alten Testament*, 1907; E. Jenni, *Die theologische Begründung des Sabbatgebotes im Alten Testament*, 1956; E. J. Kraeling, "The Present

de Iahweh, se não o foi desde o começo (Êx 20.10; Dt 5.14; e *passim*). O Antigo Testamento não contém informação historicamente precisa acerca de sua origem. O deuteronomista o explica com base no Êxodo (Dt 5.15); P deriva-o do descanso de Iahweh, quando terminou de criar o mundo (Êx 20.11; 31.17b); Ez 20.12, 20; Êx 31.13, 17 a o interpretam como um sinal da obrigação que Iahweh impôs a Israel.

Têm sido feitas muitas tentativas para derivar o *Sabbath* de práticas não israelitas. BUDDE e outros sugerem que era um dia de Saturno tomado dos quenitas, tribo de ferreiros; tal sugestão não pode ser fundamentada no texto tardio de Êx 35.3 e Nm 15,32-36. MEINHOLD sugere que era um dia da Lua Cheia, com base na palavra semelhante *šab/pattu*, usada pelos babilônios para o décimo quinto dia do mês, embora não haja evidência de que era um dia de descanso. Outros sugerem que era análogo aos dias que marcam as fases da Lua, que, segundo se sabe, ocorriam em alguns dos meses assírio-babilônicos, embora tais dias, diferentemente do *Sabbath*, fossem considerados dias "maus". JENNI sugere que era um dia de mercado, embora o trabalho e o comércio fossem especificamente proibidos. LEWY deriva a semana de um suposto esquema de cinqüenta dias; Tur-Sinai, do "quinto de um mês", embora o cálculo não coincida igualmente para o caso dos meses lunares. Temos melhor fundamentação na hipótese de que, como em outros exemplos, o sete foi usado como um número redondo para determinar pequenas divisões regulares de tempo (semanas); neste caso, o último dia, que foi colocado à parte, como o *Sabbath*, derivaria de *šabat*, "cessar" (KUTSCH, in RGG).

Exatamente como Jz 9.27 fala de uma festa de vindima cananéia no outono, também Jz 21.19ss; 1 Sm 1.3ss falam de uma aná-

---

Status of the Sabbath Question", *AJSL* 49 (1932-1933), 218-228; J. e H. LEWY, "The Origin of the Week", *HUCA* 17 (1942-1943), 1-152; J. MEINHOLD, *Sabbat und Woche im Alten Testament*, 1905; *id.*, "Die Entstehung des Sabbats", *ZAW* 29 (1909), 81-112; R. NORTH, "The Derivation of Sabbath", *Bibl* 36 (1955), 182-201; N. H. TUR-SINAI, "Sabbat und Woche", *BiOr* 8 (1951), 14-24; T. C. VRIEZEN, "Kalender en Sabbat", *NThS* 23 (1940), 172-195.

loga festa israelita nas vinhas e no templo de Silo. Isso sugere a hipótese, segundo a qual, neste período, os israelitas tomaram dos cananeus as três festividades de peregrinação do território habitado, mencionadas nos calendários das festas posteriores e as celebraram como festas de Iahweh. Visto que nós trataremos delas mais adiante (§ 16,3), aqui as enumeraremos apenas: a festa dos Pães Ázimos, na primavera; a festa da Colheita (festa das Semanas), com a oferta dos primeiros frutos; e a festividade da vindima, no outono (festa das Tendas).

Não há evidência para outras festas. A despeito da imaginação fértil de certos exegetas, sua existência é improvável. Contudo, provavelmente foram celebrados muitos eventos isolados e variáveis, em geral, provavelmente, num santuário e acompanhados de ofertas de sacrifícios. Tais eventos incluíam, no caso da família ou clã, o desmamar de uma criança (Gn 21.8); talvez, também sua circuncisão (cf. Gn 17); o casamento (Gn 29.22ss; Jz 14.10ss); o funeral (2 Sm 3.31ss); na estrutura do ano agrícola, a tosquia das ovelhas (1 Sm 25.2ss; 2 Sm 13.23ss); na esfera da política, uma vitória (cf. 1 Sm 15.12 e os cânticos registrados em Êx 15.20-21; 1 Sm 18.7); ou uma calamidade geral (marcada, mais tarde, por lamentação e jejum). Provavelmente, devamos supor que a vida inteira era religiosamente permeada e acompanhada de atos cultuais.

Essa declaração se aplica também à guerra[67], que, freqüentemente, é considerada guerra "santa", sendo uma instituição sagrada do antigo Israel[68]. A despeito da concordância básica, RINGGREN objeta que os relatos das guerras antigas foram influenciados, em parte, por teorias posteriores e, conseqüentemente, estilizados, e que a guerra "santa" deve estar, mais provavelmente, em conexão com a vida nômade do que com a vida

---

[67] C. H. E. BREKELMANS, *De herem in het Oude Testament*, 1959; A. MALAMAT, "Der Bann in Mari und in der Bibel", in *Kaufamnn Festschrift*, 1960, 149-158; E. NIELSEN, "La guerre considérée comme une religion et la religion comme une guerre", *StTh* 15 (1961), 93-112; R. SMEND, *Jahwekrieg und Stämmebund*, 1963.

[68] G. VON RAD, *Der Heilige Krieg im alten Israel*, 4ª ed., 1965.

sedentária na Palestina. Na verdade, houve concepções e práticas religiosas baseadas no esforço de alcançar a vitória e evitar a derrota por meio do auxílio divino. Isso deu origem a provérbios e expressões idiomáticas mais ou menos fixos[69]. Como todas as coisas da vida, o comportamento na guerra era cercado de concepções religiosas e acompanhado de ritos religiosos. Isso, porém, não a torna uma guerra "santa" e uma instituição sagrada mais do que as concepções, ritos e fórmulas religiosas que cercam nascimento, desmama, casamento, morte e tosquia de ovelhas que fazem essas coisas santas. Uma guerra "santa", como instituição sagrada do período antigo, nada mais é que o resultado de uma sistematização tardia do comportamento religioso verdadeiro de um estágio cultural primitivo, condicionado pela hostilidade religiosa a tudo que seja estrangeiro. Pode-se falar de uma "guerra de Iahweh" apenas naqueles casos em que os israelitas criam que Iahweh interviera pessoalmente na batalha. Visto que esses casos eram excepcionais, comumente estamos diante do fato de que as práticas associadas ao comportamento na guerra estavam incluídas no modo geral de vida religioso.

3. Tradições históricas e leis

a) Embora não haja evidência direta, a análise literária e da tradição histórica do Hexateuco revela que as tradições históricas eram consideravelmente elaboradas no período anterior ao Estado[70]. Algumas das narrativas, originalmente independentes, de reivindicação territorial e de ocupação da terra dos vários clãs, grupos e tribos alcançaram um significado geral para Israel e foram gradualmente reunidas num primeiro fio básico de narrativa, que era corrente na tradição oral. Forças cultual e didáticas desempenharam um papel especial na sua formação, bem como deleite na elaboração da narrativa. Até agora, não

---

[69] S-F, § 8,1.
[70] S-F, § 19, 4-5.

houve um interesse dominante pela apresentação do curso total da história.

O elo genealógico das tradições patriarcais representou um importante passo à frente; Abraão, Isaac e Jacó/Israel foram colocados numa relação pai-filho. Além disso, as tradições concernentes aos patriarcas foram associadas com a tradição de Moisés. Em primeiro lugar, isso aconteceu sem a interpolação da novela de José, de modo que, aparentemente, a narrativa progrediu diretamente para a história de como Jacó e sua família migraram para o Egito, como Dt 26.5 ainda pressupõe. Por fim, a tradição de Josué foi acrescentada a uma forma antiga e simples, de modo que constituiu uma narrativa contínua com a tradição patriarcal e a de Moisés. Nessa narrativa, a tradição patriarcal enfatizou o elemento da terra prometida; a tradição de Josué pretendeu, originalmente; pintar a realização da promessa. A tradição de Moisés, suplementando a promessa e sua realização, pretendeu justificar o direito de Iahweh sobre Israel e descrever os deveres de Israel para com Iahweh.

Nem a tradição de ocupação da terra nem o Hexateuco como um todo é o resultado de um credo cultual, como o assim chamado "pequeno credo histórico" (a lenda festiva da festa das Semanas em Guilgal), que VON RAD reivindicou ter encontrado em Dt 26.5ss[71]. Isso tem sido demonstrado repetidamente por novos estudos de Dt 26.5ss e passagens semelhantes[72]. Em Dt 26.1ss, não há menção de qualquer festa relacionada com a oferta das primícias de todos os frutos da terra, na qual devia ser recitado o assim chamado credo. A variação do tempo da colheita tornaria tal festa quase impossível. Além do mais, o texto é mais

---

[71] G. VON RAD, *Das formgeschichtliche Problem des Hexateuch*, 1938 (= *Gesammelte Studien zum Alten Testament*, 1958, 9-86).
[72] C. H. W. BREKELMANS, "Het 'historische Credo' van Israël", *Tijdschrift voor Theologie* 3 (1963), 1-10; L. ROST, "Das kleine geschichtliche Credo", in *Das kleine Credo und andere Studien zum Alten Testament*, 1965, 11-25; T. C. VRIEZEN, "The Credo in the Old Testament", *OuTWP*, 1963, 5-17; A. WEISER, *Einleitung in das Alte Testament*, 5ª ed., 1963, 79ss; A. S. VAN DER WOUDE, *Uittocht en Sinaï*, 1961; cf. S-F, § 18,5.

uma oração ou catecismo que pretendia não apenas providenciar a legitimação javística do ritual agrícola, mas também incorporá-la às tradições históricas do javismo. Por outras palavras, ele pertence ao período posterior, como a cerimônia análoga da festa dos Pães Ázimos e da Páscoa demonstra. Deve-se acrescentar que o texto pressupõe um conhecimento das tradições históricas; ele não é o seu núcleo, mas antes um sumário posterior, que tinha propósitos didáticos.

Quando a primeira narrativa básica foi sendo formada, muitas outras tradições primitivas foram incorporadas: listas (Gn 22.20-24; 25.1-6; 36.31-39); narrativas concernentes à história das tribos e nações (Gn 16.4-14; 19.30-38; 21.8-21; 25.21-26a, 29-34; 29-30; 34, 38.27-30); sagas da natureza (Gn 19; Êx 16-17; Nm 11; 20); pequenas histórias (Gn 12.10ss; 20; 24; 26); provérbios e cânticos (Gn 9.6; 25.23; 27.27-29.39-40); e lendas de santuário e cultuais, cuja maioria era originalmente cananéia. Novas narrativas também foram compostas, algumas como elaborações ou expansões do corpo existente de tradições (*e.g.*), Êx 5.5-21; 7.14-10.29; 32; 34.29-35; Nm 11.14ss a 16-7).

A narrativa primária do Hexateuco relatava, em resumo, o seguinte: a saída de Abraão (e Ló) de sua terra natal, a promessa da terra e de descendentes a eles feita, a destruição de Sodoma e a libertação de Ló, o anúncio do nascimento de Isaac, o perigo por que passou Sara, a expulsão de Agar, o nascimento de Isaac, a promessa a Isaac, Jacó-Esaú, Jacó-Labão, o retorno de Jacó e estada em Siquém e Betel, esposas e descendentes de Esaú, a migração de Jacó para o Egito, a opressão dos israelitas, a introdução de Moisés, sua estada em Madiã e seu casamento, seu chamado em Madiã e retorno ao Egito, a matança dos primogênitos egípcios e a fuga dos israelitas, perseguição e salvação no mar, a viagem para a montanha de Iahweh, eventos no Sinai, o infortunado incidente ocorrido ali, seguido pela ordem de partida, a continuação da viagem, a provisão miraculosa de água, maná e codornizes, a rebelião de Aarão e Míriam ou de Datã e Abirã, os espias enviados à terra (Caleb) e as conseqüências, a recusa por parte de Edom em permitir a passagem por seu território, o avanço continuado e a vitória sobre os amoritas, murmuração e apostasia do povo, a morte de Moisés, pequenas declarações e narrativas concernentes aos sucessos e fracassos dos israelitas na Palestina (Jz 1 e o núcleo de 2.1-5) e o núcleo da tradição de Josué. Esta apresentação é, posteriormente, elaborada no período davídico-salomônico (§ 11,6).

b) Visto que a antiga lei nômade israelita era, em larga medida, inadequada para as circunstâncias das regiões habitadas e não era suficiente para a situação ali, durante este período antigo da Palestina, os israelitas tomaram empréstimos da lei cananéia, que era aparentada com a lei dos outros povos semitas. Ela foi adaptada, quando necessário, à situação israelita e passou por posterior desenvolvimento. Daí em diante, as normas de conduta, apoditicamente formuladas, reunidas em séries, cujas raízes remontam ao período nômade (§ 2,4) e às quais tinham sido acrescentadas novas normas na Palestina, ficaram lado a lado com leis casuisticamente formuladas, que tratavam de casos individuais. Ambos os tipos de lei foram, mais tarde, fundamentadas na autoridade de Iahweh e Moisés. Neste momento, o javismo era ainda uma religião de vida e conduta segundo as leis santificadas que expressavam a vontade de Deus. Contudo, a adoção da lei cananéia iniciou um processo que ia conduzir, nos séculos seguintes, a uma religião legalista.

Dificilmente se pode determinar especificamente que leis devem ser atribuídas ao período anterior ao Estado. De qualquer modo, o assim chamado Código da Aliança como um todo (Êx 20.24-23.9) não data desse período[73]. Contudo, essa hipótese provavelmente seja válida para o material arcaico do Código da Aliança: na secção que trata do dano corporal (21.18-36), a fórmula de talião com o seu princípio da exata retribuição (21.23-25)[74],

---

[73] S-F, § 20,2.
[74] A. Alt, "Zur Talionsformel", *ZAW* 52 (1934), 303-305 (= *Kleine Schriften zur Geschichte des Volkes Israel*, I, 1953, 341-344); A. S. Diamond, "An Eye for an Eye", *Iraq* 19 (1957), 151-155.

a teoria do tabu da chifrada do boi (21.38)[75] e a avaliação de um escravo como propriedade física (21.32)[76], algum material da secção sobre as ofensas contra a propriedade (21.37-22.16), em que 22.9 revela uma perspectiva arcaica; talvez também as regulamentações orientadoras dos processos (23.1-9). Pelo menos a substância e o núcleo das regulamentações que orientam o procedimento no caso de assassínio por um desconhecido (Dt 21.1-9) e a lei da assembléia (Dt 23.2-9)[77] derivam de um período antigo. Em geral, trata-se de lei consuetudinária transmitida oralmente, que não pode mais ser determinada com pormenores.

4. Conseqüências

Como consideramos a fase de transição da religião no período anterior ao Estado, com respeito tanto ao javismo mosaico como aos posteriores desenvolvimentos históricos? Foi um desenvolvimento orgânico, que manteve as idéias básicas da soberania de Deus e da comunhão com Deus, da ação de Iahweh na vida dos homens e nações, e da ênfase sobre as exigências éticas do viver segundo as normas que expressam a vontade de Deus. Ao mesmo tempo, o javismo, pela assimilação e integração de conceitos e práticas cananeus, sofria uma transformação que permitiu ao javismo nômade do período mosaico sobreviver numa civilização sedentária. Assim, uma nova forma sedentária de javismo começou, pouco a pouco, a surgir, e ela estava adaptada a circunstâncias mutáveis e podia ser praticada como parte de um novo modo de vida. Contudo, a ênfase sobre o elemento cultual, por meio do qual os israelitas vieram, de modo crescente, repre-

---

[75] A. van Selms, "The Goring Ox in Babylonian and Biblical Law", *ArOr* 18,4 (1950), 321-330.
[76] P. Heinisch, "Das Sklavenrecht in Israel und im Alten Orient", *StC* 11 (1934-1935), 201-218.
[77] K. Galling, "Das Gemeindegesetz in Deuteronomium 23", in *Festschrift Alfred Bertholet*, 1950, 176-191.

sentar e cultivar seu relacionamento com Iahweh, junto com a adoção da lei cananéia, que, mais tarde, fizeram remontar a Iahweh, assinalou os primeiros passos perigosos em direção à degradação do núcleo do javismo e um aberrante desenvolvimento.

Segunda Parte

A RELIGIÃO DA MONARQUIA

Capítulo IV
REALEZA, A SEGUNDA INFLUÊNCIA

§ 11. EVENTOS E FIGURAS

G. W. AHLSTRÖM, *Aspects of Syncretism in Israelite Religion*, 1963; A. ALT, "Jerusalems Aufstieg", *ZDMG* LXXIX (1925), 1-19 (= *Kleine Schriften zur Geschichte des Volkes Israel*, III [1959], 243-57); *idem, Die Staatenbildung der Israeliten in Palästina*, 1930 (= *ibid.*, II [1953], 1-65); *idem*, "Das Königtum in den Reichen Israel und Juda", *VT* I (1951), 2-22 (= *ibid.*, II [1953], 116-34); *idem*, "Die Weisheit Salomos", *ThLZ* LXXVI (1951), 139-44 (= *ibid.*, II [1953], 90-99); *idem*, "Der Anteil des Königtums an der sozialen Entwicklung in den Reichen Israel und Juda", in *Kleine Schriften zur Geschichte des Volkes Israel*, III (1959), 348-72; S. AMSLER, *David, roi et messie*, 1963; W. CASPARI, *Aufkommen und Krise des israelitischen Königtums*, 1909; A. CAUSSE, "La crise de la solidarité de la famille et du clan dans l'ancien Israël", *RHPhR* X (1930), 24-60; O. EISSFELDT, "Der Gott Bethel", *ARW* XXVIII (1930), 1-30 (= *Kleine Schriften*, I [1962], 206-33); *idem*, "Ba'alšamēm und Jahwe", *ZAW* LVII (1939), 1-31 (= *ibid.*, II [1963], 171-98); G. FOHRER, "Israels Staatsordnung im Rahmen des Alten Orients", *Österreichische Zeitschrift für Öffentliches Recht*, VIII (1957), 129-48; *idem*, "Zion-Jerusalem im Alten Testament", *ThW* VIII, 292-318; K. GALLING, *Die israelitische Staatsverfassung in ihrer vorderorientalischen Umwelt*, 1929; M. J. MULDER, *Ba'al in het Oude Testament*, 1962; *idem*, *Kanaänitische goden in het Oude Testament*, 1962; E. NEUFELD, "The Emergence of a Royal-Urban Society in Ancient Israel", *HUCA* XXXI (1960), 31-53; E. NICHOLSON, "The Centralization of the Cult in Deuteronomy", *VT* XIII (1963), 380-89; M. NOTH, "Jerusalem und die israelitische Tradition", *OTS* VIII (1950), 28-46 (= *Gesammelte Studien zum Alten Testament*, 1957, 172-87; J. VAN DER PLOEG, "Les anciens dans l'Ancien Testament", in *Lêx tua veritas* (Junker Festschrift), 1961, 175-91; H. H. ROWLEY, "Hezekiah's Reform and Rebellion", *BIRL* XLIV (1961/62), 395-

431 (= *Men of God*, 1963, 98-132); J. N. Schofield, "Religion in Palestine During the Monarchy", *JMEOS* XXII (1938), 37-52; J. Schreiner, *Sion-Jerusalem, Jahwes Königssitz*, 1963; R. B. Y. Scott, "Solomon and the Beginnings of Wisdom in Israel", *VTSuppl* III (1955), 262-79; J. A. Soggin, *Das Königtum in Israel*, 1967; E. W. Toon, "The Reforms of Hezekiah and Josiah", *SJTh* IX (1956), 288-93; E. Voegelin, *Order and History, I: Israel and Revelation*, 1956; G. Wallis, "Die Anfänge des Königtums in Israel", *WZ Halle-Wittenberg*, XII (1963), 239-47; M. Wienfeld, "Cult Centralization in Israel in the Light of a Neo-Babylonian Analogy", *JNES* XXIII (1964), 202-12; A. Weiser, *Samuel*, 1962; H. Wildberger, "Samuel und die Entstehung des israelitischen Königtums", *ThZ* VIII (1957), 442-69.

1. O reinado de Saul

Quando Saul[1] foi elevado ao trono, Israel deu um passo crucial, que teve não apenas conseqüências políticas, nacionais, culturais, econômicas e militares, mas também um efeito significativo sobre a história do javismo. Portanto, a realeza deve ser considerada a segunda influência, que seguiu o javismo mosaico, por causa dos efeitos positivos e negativos que exerceu sobre a forma de javismo que se foi desenvolvendo no território habitado da Palestina[2]. Evidentemente, o reinado de Saul foi simplesmente um estágio de transição entre a forma de governo tribal ou de cidade-estado do assim chamado período dos juízes e o estabelecimento de um Estado verdadeiro. O governo de Saul não se estendeu sobre um estado territorial contínuo, nem exerceu aparentemente quaisquer funções políticas domésticas; ele foi primariamente um rei militar, convocado num tempo de carências. Nisso ele se pareceu com os chefes militares do período anterior ao Estado. Contudo, permaneceu à frente não de uma única tribo, mas de diversas tribos, as quais o escolheram por etapas (1 Sm 8; 10.17 -27 relata sua eleição por meio de sorte em Masfa; 9.1-10.16 descreve sua unção como *nagîd*

---

[1] BHH, III, 1677-1678; RGS, V, 1375-1377; IDB, IV, 228-233.
[2] BHH, II, 978-981; RGG, III, 1709-1714; IDB, III, 11-17.

em Efraim[3]; o capítulo 11 descreve sua aclamação como rei em Guilgal). Em tudo isso, o papel desempenhado por Samuel permanece incerto, visto que a tradição o pinta como nazireu, sacerdote e profeta, bem como "juiz"[4]. Ele pode ter tomado parte na condução de sua própria tribo de Efraim para a liderança de Saul.

A natureza da tradição do Antigo Testamento não nos permite determinar os fatos da história da religião. Por um lado, o ciclo narrativo de 1 Sm 9.1-10.16; 11; 13-14 (com a omissão de 13.7b-15b); 31, que conta a elevação e queda de Saul, está enformado pela reverência ao rei, cônscio de sua difícil tarefa, e respeito por seu sucesso temporário. Por outro lado, a narrativa de 1 Sm 8; 10.17-27, que reconta a elevação de Saul ao trono, assume, em sua presente forma, uma posição crítica com respeito à realeza. As narrativas da rejeição de Saul (1 Sm 15, por causa de seu fracasso em destruir todo o despojo tomado dos amalecitas; 1 Sm 13.7b-15, por causa de sua oferta de sacrifício não permitida), bem como a história de sua visita à médium de Endor (1 Sm 28), trazem o sinal de uma atitude hostil para com o rei. Contudo, essas vozes críticas e negativas não pertencem ao período de Saul; elas são características de uma interpretação teológica da história, representativa de posteriores círculos proféticos e sacerdotais. Esse ponto de vista se originou do conflito com a monarquia, que seguia os seus próprios interesses na esfera da política do nacionalismo e do poder, e salienta a oposição entre o poder secular e o poder de Deus. O próprio tempo de Saul não parece ter considerado que tal monarquia representava uma ameaça ao javismo, vendo nela, antes, uma necessidade na situação perigosa dos israelitas, se a nação e o javismo devessem ser preservados. Não pode haver dúvida de que a monarquia não foi imposta em oposição ao javismo, mas veio a existir no interesse do javismo e com a instigação de seus representantes.

---

[3] W. RICHTER, "Die *nagid-Formel*", BZ, NF 9 (1965), 71-84.
[4] BHH, III, 1663-1664; RGG, V, 1357-1358; IDB, IV, 201-202.

2. Davi e Salomão

a) Já em conseqüência da atuação de Davi[5], a realeza começou a desenvolver-se numa direção diferente e a acarretar conseqüências religiosas diferentes daquelas imaginadas por seus primeiros proponentes e adeptos. A despeito de muitas ações questionáveis ou condenáveis (*e.g.*, 2 Sm 8.2, 4; 11), Davi foi certamente um devoto adorador de Iahweh, no sentido de que viveu de acordo com o cultivo do javismo (cf. § 13,4); em seus compromissos, ele se submeteu alegremente à direção de Iahweh, através de oráculos sacerdotais e dos ditos dos profetas cultuais. Além disso, não há razão para se duvidar da tradição de que tenha devotado seu talento artístico ao serviço do culto e composto salmos, ainda que seja altamente duvidoso se algum de seus cânticos – provavelmente alguns – tenha sido preservado[6]. Além do mais, depois da conquista de Jerusalém, ele tomou a arca, símbolo de uma associação tribal antifilistéia e garantia do auxilio divino (§ 10,1), que tinha caído nas mãos dos filisteus e depois abandonada por eles, chamou-a "pelo nome de *Yahweh Ṣebaot*, que está entronizado acima dos querubins", e transferiu-a para Jerusalém, sua capital (2 Sm 6). Mais tarde, pelo menos, a arca foi considerada o paládio do Deus que era superior a todos os outros seres de âmbito divino e símbolo da eleição de Davi; em outras palavras, ela adquiriu significado teológico e dinástico[7]. Sua associação com Iahweh implicava que ele, o Deus distante, estava unido à residência do rei; isto colocou a base para o seu ser, considerado a divindade do Estado israelita.

Contudo, a transferência da arca também teve outro aspecto, que provavelmente revela influência cananéia: além da oferta de

---

[5] BHH, I, 324-329; RGG, II, 48-50; IDB, I, 771-782.
[6] Contudo, os lamentos por Saul e Jônatas em 2 Sm 1.19-27 e o lamento por Abner em 2 Sm 3.33-34 provavelmente derivem de Davi.
[7] J. Maier, *Das altisraelitische Ladeheiligtum*, 1965, 63-64, sugere, em vez disso, que a arca era o paládio das milícias de Judá e Israel, que foram tão bem sucedidas sob a liderança de Davi, e era o símbolo da eleição de Davi, emprestando, assim, à arca significado político e dinástico.

sacrifícios, ali realizou-se uma solene procissão acompanhada por música e dança cultual, a última executada pelo próprio rei, que exercia função sacerdotal. Primeiramente, Davi pôs a arca numa tenda que ele instalou ao lado da fonte de Gion. Mais tarde, pretendeu seguir o exemplo cananeu e construir um templo, privilégio e tarefa dos reis vitoriosos[8], em que deveria localizar a arca. Contudo, teve de se submeter à violenta oposição que se levantou em nome de Iahweh, comunicada a Davi através de Natã, o vidente (2 Sm 7.1-7,17). O momento ainda não era propício para dar tal passo[9].

Apesar dessa vitória conquistada pelos defensores de um javismo incontaminado, a influência cananéia obteve uma larga medida de sucesso em Jerusalém. A antiga cidade cananéia, que tinha sido e continuava a ser habitada por jebuseus, ligada pouco a pouco por um considerável número de judaítas, tornou-se propriedade privada de Davi e sua dinastia depois de ser conquistada, e teve um *status* constitucional especial ao lado de Judá e Israel. Davi herdou os privilégios e deveres dos mais antigos reis da cidade cananéia, adquirindo ao mesmo tempo as funções sacerdotais, que estavam enraizadas na tradição cananéia – talvez como sucessor do rei Melquisedec da última cidade (cf. Gn 14.18-20; Sl 110.4)[10]. Assim, através de sua relação com a figura

---

[8] A. S. Kapelrud, "Temple Building, a Task for Gods and Kings", *Or* 32 (1963), 56-62.
[9] G. W. Ahlström, "Der Prophet Natham und der Tempelbau", *VT* 11 (1961), 113-127; H. van den Bussche, "Le Texte de la Prophétie de Nathan sur la Dynastie Davidique", *ALBO* II, 7 (1948); H. Gese, "Der Davidsbund und die Zionserwählung", *ZThK* 61 (1964), 10.26; E. Kutsch, "Die Dynastie von Gottes Gnaden", ib., 58 (1961), 137-153; S. Mowinckel, "Natanforjettelsen 2 Sam. kap 7", SEA 12 (1947), 220-229; E. S. Mulder, "The Prophecy of Nathan in II Samuel 7", *OuTWP*, 1960, 36-42; M. Noth, "David und Israel in II Samuel 7", in *Mélanges Bibliques Robert*, 1957, 122-130 (= *The Laws in the Pentateuch and Other Studies* [1966], 250-259); M. Simon, "La prophétie de Nathan et le Temple (Remarques sur II Sam 7)", *RHPhR* 32 (1952), 41-58; A. Weiser, "Die Tempelbaukrise unter David", *ZAW* 77(1965), 153-168.
[10] S-F, § 27,1; cf. também BHH, II, 1185-1186; RGG, IV, 843-845; IDB, III, 343; H. W. Hertzberg, "Die Melkisedek – Traditionen", *JPOS* 8 (1928), 169-170 (= *Beiträge zur Traditionsgeschichte und Theologie des Alten Testaments*, 1962,

do rei sacral em outras culturas do antigo Oriente Médio, ele veio a ocupar um lugar especial no culto de Jerusalém. Conseqüentemente, esse culto tomou por empréstimo formas cananéias e as adotou. De fato, o resultado parece ter sido uma verdadeira fusão do javismo com o culto cananeu de Jerusalém, se o último foi devotado a *El, Sedeq* ou *Shalim*. Isso já é sugerido pelo fato de que, em contraste com os nomes dos filhos de Davi que nasceram em Hebron, nenhum dos nomes dos onze ou doze nascidos em Jerusalém tem "Iahweh" como elemento teóforo, embora "El" ocorra em diversos casos (cf. 2 Sm 5.14-16), e o filho de Davi, Jedidiá, "amado de Iahweh" adotou ou lhe foi dado o nome de "Salomão", que, como o nome do filho de Davi, Absalão, é associado ao nome divino "Shalim", contido no nome" Jerusalém". Há a ulterior e inequívoca evidência de que a família sacerdotal cananéia de Sadoc[11] tenha oficiado como sacerdotes de Iahweh, a princípio ao lado de Abiatar, que veio com Davi[12] e, mais tarde, sozinhos.

Deste modo, ficava aberta a porta ao influxo de outras idéias cananéias, e na realidade a adoção das últimas, em muitos casos, determinou a política religiosa oficial do Estado durante a monarquia[13]. Até este ponto, o javismo tinha-se desenvolvido historicamente no território habitado como uma entidade independente, com algumas mudanças devidas à influência cananéia (§ 9,1). Da época de Davi em diante, encontramos um segundo movimento com uma tendência em direção ao sincretismo, em direção a uma coalizão do javismo com os cultos cananeus. Essa

---

36-44); G. Levi della Vida, "El 'Elyon in Genesis 14.18-20", JBL 63 (1944), 1-9; R. Rendtorff, "El Ba'al und Jahwe", ZAW 78 (1966), 277-291.

[11] BHH, III, 2200; RGG, VI, 1860; 5DB, IV, 928-929; E. Auerbach, "Die Herkunft der Sadokiden", ZAW 49 (1931), 327-328; K. Budde, "Die Herkunft Sadok's", ib., 52 (1934), 42-50; *id.*, "Noch einmal: Die Herkunft Sadok's", ib., p. 160; H. H. Rowley, "Zadok and Nehustan", JBL, 58 (1939), 113-141; *id.*, "Melchizedek and Zadok (Gen 14 and Ps 110)", in *Festschrift Alfred Bertholet*, 1950, 461-472.

[12] BHH, I, 360; IDB, I, 6-7.

[13] J. A. Soggin, "Der offiziell geförderte Synkretismus in Israel während des 10. Jahrhunderts", ZAW 78 (1966), 179-204.

tendência foi politicamente determinada: no reino de Davi e Salomão e depois dos reinos divididos, os israelitas e cananeus, que viviam lado a lado, tinham de ser colocados em pé de igualdade, caso quisessem evitar as tensões. Isso produziu a tentativa de criar uma base ideológica comum a todos, isto é, uma religião de Estado, por meio de uma fusão de javismo e religião cananéia, tentativa apenas temporariamente interrompida ou abolida pelas assim chamadas reformas de alguns dos reis. Politicamente motivada, a atitude de tolerância para com os cananeus teve conseqüências religiosas que estavam destinadas a parecer suspeitas aos olhos de muitos. Ao mesmo tempo, a elevação de Jerusalém ao *status* de residência oficial da dinastia davídica, a transferência da presença de Iahweh para lá e a expansão do javismo, conseguida através da adoção de conceitos cananeus, colocaram a base para o gradual crescimento da importância da cidade, que alcançou seu clímax só muitos séculos mais tarde[14].

b) O reinado de Salomão[15] significou nitidamente um passo à frente. Visto que Davi o tinha elevado à posição de co-regente e sucessor por meio de uma espécie de *coup d'état* e sem consultar previamente os representantes do povo (1 Rs 1)[16], ele procurou um modelo diferente de legitimação oficial: dentro da estrutura de uma novela real que seguia o exemplo egípcio, ele derivou sua legitimação do próprio Iahweh (1 Rs 3.4-15)[17]. Salomão realmente baseou sua instalação como rei na narrativa, que é, portanto, colocada no começo do relato de seu reinado. Ela toma como ponto de partida o momento do dia da coroação da novela real egípcia, quando ao novo monarca são concedidos os títulos e nomes de seu reinado num encontro com a divindade. Portanto, no caso de Salomão, a divina legi-

---

[14] BHH, II, 820-850: RGG, III, 593-596; IDB, II, 843-866.
[15] BHH, III, 1651-1653; RGG, V, 1336-1339; IDB, IV, 339-408.
[16] G. Fohrer, "Der Vertrag zwischen König und Volk in Israel", *ZAW* 71 (1959), 1-22.
[17] S. Hermann, "Die Königsnovelle in Ägypten und Israel", *WZ Leipzig* 3 (1953-1954), 51-62: H. Brunner, "Das hörend Herz", *ThLZ* 79 (1954), 697-700.

timação tomou o lugar do reconhecimento político através de um tratado entre o rei e o povo. Contudo, essa legitimação se referia apenas à pessoa de Salomão, de modo que tinha de ser renovada ou estendida a seus sucessores. Deste modo, começaram a existir reconhecimento e garantias divinas para o monarca e a dinastia davídica.

Além do mais, Salomão obteve sucesso naquilo que Davi fracassou, isto é, na construção de um templo. Imediatamente ao norte da antiga cidade jebuséia de Davi, ele estabeleceu um novo bairro, que tornou possível a construção de uma nova residência real e aliviou o verdadeiro amontoamento suportado pela população que crescia cada vez mais. Ali, de acordo com o modelo do templo-residência do Novo Reino egípcio, o palácio e o templo foram construídos juntos, como um único complexo. A construção do templo teve enorme significado para o período seguinte. A localização do palácio e do Templo na mesma cidade, cercados por um muro, mostrava claramente que o Templo era propriedade da dinastia davídica e um santuário de Estado, em que eram oferecidos os sacrifícios privados do rei e realizado o culto oficial do Estado. Assim, Iahweh tornou-se a divindade oficial do território governado por Salomão e seus sucessores e habitado primariamente por israelitas e cananeus; e Jerusalém foi considerada seu principal e mais importante lugar cultual. Visto que a construção foi feita com a ajuda fenícia e de acordo com o modelo cananeu, e desde que marcou a vitória final da prática de se terem lugares cultuais fixados em certas regiões, como era comum nas áreas habitadas, o próprio santuário se tornou um lugar sagrado por legítimo direito, abrindo assim a porta para adicionais idéias e práticas cananéias. É verdade que a arca foi transferida para o Templo e, no tempo de Salomão, a assim chamada narrativa da arca (1 Sm 4.1-7.1; 2 Sm 6; 7.1-7, 17) foi provavelmente destacada de suas narrativas componentes originais e expandida para demonstrar a legitimidade de Jerusalém como o local próprio da arca; o poder

---

[18] S-F, § 32,3.

da arca foi claramente enfatizado neste contexto[18]. Contudo, a arca perdeu rapidamente sua primitiva importância, enquanto o culto do Templo passou por uma ulterior elaboração segundo o modelo cananeu. Conseqüentemente, surgiu uma crescente tendência para o sincretismo. Além disso, depois dos inícios no tempo de Davi, deu-se nova mudança na forma do javismo, com mais ênfase no culto e no nacionalismo religioso (§ 13,4-5). O subseqüente papel histórico de Jerusalém foi também significativamente influenciado pela construção do Templo e pela transferência para ele do culto que, anteriormente, era realizado na cidade de Davi. A presença de Iahweh, que agora como um "rei" tinha sua própria "casa", estava associada com o Templo, de modo que, desde a dedicação do Templo por Salomão em diante (1 Rs 8.12-13), encontramos a idéia de que Iahweh "habita" em Jerusalém. No princípio, essa noção estava associada com o próprio Templo; mais tarde, com o monte no qual ele foi construído (Is 8.18).

Além da atitude tolerante de Salomão para com os cananeus que pertenciam ao seu reino e sua acomodação, politicamente motivada, com a religião cananéia, suas relações diplomáticas e econômicas com o mundo internacional do antigo Oriente Médio levaram à criação de trocas culturais e intelectuais, em conseqüência das quais sobretudo o ensino sapiencial foi tomado do Egito. Esse ensino serviu, em Jerusalém, para a instrução dos funcionários reais que se tornavam necessários por causa do desenvolvimento da administração. Na escola que provavelmente existiu em Jerusalém do tempo de Salomão em diante, como em outras cidades e residências reais do antigo Oriente Médio[19], entre outros assuntos, duas formas de sabedoria foram ensinadas, as quais podem ser descobertas em 1 Rs 4.32,33:

> Pronunciou três mil provérbios e seus cânticos foram em número de mil e cinco. Falou das árvores, desde o cedro que cresce no Líbano até ao hissopo que sobe pelas paredes; falou também dos quadrúpedes, das aves, dos répteis e dos peixes.

---

[19] Cf. K. GALLING, *Die Krise der Aufklärung in Israel*, 1952.

Quando levamos em conta o exagero do estilo de corte, que atribui todas as realizações ao próprio monarca, e a associação errônea com grande número de provérbios e cânticos, podemos observar duas formas de ensino ou estudo de sabedoria: a sabedoria acadêmica, reduzida à forma de listas; e a sabedoria prática, expressa em provérbios e cânticos. Depois de seu começo no templo de Salomão, a última veio a representar um importante papel especialmente durante o reinado de Ezequias, e desenvolveu-se numa abordagem independente da vida (§ 13,6). Como a lei cananéia, que também foi tomada por empréstimo, esse tipo de sabedoria se tornou necessário durante a transição para a civilização urbana e o desenvolvimento do sistema governamental, quando os costumes e práticas dos nômades e o campesinato já não podiam ser aceitos sem questionamento e novos domínios se abriam, aos quais os costumes do passado não podiam dar nenhuma contribuição. Essa sabedoria prática, com suas normas sagazes de conduta da vida, foi sendo pouco a pouco integrada no javismo, porque o javismo era uma religião de vida e conduta de acordo com as normas sagradas que expressavam a vontade de Deus.

Finalmente, devemos notar que Salomão permitiu a prática de cultos estrangeiros àquelas dentre suas esposas que eram oriundas de outros povos e, aparentemente, permitiu que os santuários de outros deuses fossem construídos (1 Rs 11.7). Assim, os habitantes de Jerusalém podiam familiarizar-se com outros cultos em primeira mão.

3. *Primórdios da ascendência assíria*

O quadro histórico da divisão do reino depois da morte de Salomão, cerca de 750 a.C., ao todo uns dois séculos, pode ser brevemente sumarizado. Nas cidades, elementos cananeus penetraram de forma crescente no javismo, até que, por volta de 750, o último não era mais que uma variedade dos cultos cananeus; o sincretismo praticamente tinha triunfado. As reações contra essas tendências, em Judá sob Asa e Josafá, e, em ambos os

Estados, sob Joás e Jeú, constituíram simplesmente ações tardias. Contudo, na zona rural, onde a população freqüentemente permanecia em oposição aberta à sua própria capital ou centro do culto oficial, o começo do nosso período testemunhou meramente o desenvolvimento ulterior do culto de Iahweh, até que finalmente o sincretismo a atacasse também.

a) Em Jerusalém, depois da divisão do reino, o sincretismo continuou primeiro a desenvolver-se sob Roboão, e Abias, não menos em conseqüência da política de casamentos da casa real. A mãe de Roboão era uma amonita cujo nome denota o culto de uma deusa estrangeira. A mãe de Asa, que veio da família de Absalão, filho de Davi que se casou com uma princesa araméia do norte da Transjordânia, mandou erigir uma "abominável imagem" (*mipleṣet*) da deusa Asherah; tais termos alhures se referem a símbolos sexuais (1 Rs 15.13)[20].

A dinastia davídica, porém, não tencionou renunciar ao javismo. De fato, essa dinastia defendeu a sua legitimação divina, ampliando 2 Sm 7 através do acréscimo do cerne dos vv. 8-16.18-29, de acordo com o qual Iahweh garante a existência perpétua da casa real. As promessas feitas pessoalmente a Salomão em 1 Rs 3.4-15 foram agora estendidas a toda a dinastia. O mais provável é que isso tenha acontecido no tempo de Roboão. O ritual da coroação expressava concretamente a legitimação de cada rei individualmente. Um pouco mais tardia, porque colorida levemente com o pensamento profético, é a legitimação da dinastia davídica contra outras reivindicações por meio da narrativa de 1 Sm 16.1-13, em que Samuel unge a Davi. Além do mais, esforços ocasionais foram feitos em Jerusalém para purificar a religião de

---

[20] Sobre a posição da rainha-mãe no Antigo Testamento, cf. H. DONNER, "Art und Herkunft des Amtes der Königinmutter im Alten Testament", in *Friedrich Festschrift*, 1959, 105-145; G. MOLIN, "Die Stellung der Gebira im Staate Juda", ThZ 10 (1954), 161-175. A importância da rainha-mãe é explicada melhor pelo costume legal de documentar a transferência do reinado para um novo rei, pelo fato de ele tomar posse oficial do harém de seu predecessor (cf. 2 Sm 16.21ss); de acordo com esse costume, a rainha-mãe, como a pessoa mais importante do harém, legitimava o direito de seu filho ao reinado.

Iahweh. Isso aconteceu sob Asa[21], que, entre outras coisas, acabou com a prostituição sagrada masculina, que tinha existido ao lado da prostituição sagrada feminina[22] em Jerusalém; outra vez, sob Josafá[23]; e, finalmente, uma terceira vez sob Joás[24], depois de um período de marcadas tendências sincretistas em conseqüência da dependência de Judá da dinastia israelita nortista de Omri e da predominância do culto de Baal durante o reinado da rainha Atalia.

b) Na região rural de Judá, os santuários eram aparentemente servidos primariamente por sacerdotes levitas. Esses sacerdotes rurais eram muito mais cautelosos acerca da adoção de elementos estrangeiros do que os de Jerusalém. Eles procuravam introduzir na fé e no culto apenas aqueles elementos que não estavam em desacordo com a natureza básica do javismo, embora, no processo de introdução, eles indubitavelmente ajudassem o javismo a desenvolver-se numa religião cultual. Nesse período, as primeiras normas rituais foram apresentadas. Por exemplo, as instruções concernentes aos dias especiais do ano (Êx 34.18aα, 21a, 22aα, 26a) e os tópicos referentes aos sacrifícios (34, 20bβ, 25a, 25b, 26b) contidos no assim chamado decálogo cultual do javista bem podem remontar às normas para os santuários de Judá, pressupondo a situação da Palestina cananéia.

Obviamente a linha divisória entre o javismo cultual e os cultos cananeus não foi traçada claramente sempre e em todo lugar. A distinção, algumas vezes, foi obscurecida, de modo que a tendência cultual chegou bem perto do sincretismo e pode ter sido difícil distinguir um javismo influenciado por um baalismo com sobretons de javismo.

c) No Reino do Norte de Israel, o primeiro rei, Jeroboão I[25], estabeleceu dois santuários de Estado em Betel e Dã depois da

---

[21] BHH, I, 133-134; IDB, I, 243-244.
[22] BHH, III, 1948-1949; RGG, V, 642-643, IDB, III, 932-933.
[23] BHH, II, 886-888; RGG, III, 858-859; IDB, II, 815-816.
[24] BHH, II, 68; IDB, II, 909-910.
[25] BHH, II, 819-820; RGG, III, 591-592; IDB, II, 840-842.

divisão do reino. O primeiro continuava uma longa tradição de lugares sagrados estabelecidos ali anteriormente aos israelitas, enquanto o último estava associado com o estabelecimento de um santuário pela tribo de Dã, como é relatado pela redação original de Jz 17.18, que passou por uma revisão jerosolimitana com vista ao fim da monarquia, ligando o santuário a um repreensível roubo duplo[26]. Nesses santuários, antes que em Jerusalém, supôs-se que os israelitas do norte adoravam o Deus que tirou Israel do Egito, simbolizado pelas imagens dos bezerros de ouro (1 Rs 12.28-29). A história da imagem de ouro da montanha de Deus (Êx 32), polêmica contra tais símbolos, e as igualmente graves palavras de Oséias (Os 8.4b-6; 10.5-6a; 13.2) não sugerem colunas cultuais[27], mas esculturas de madeira em forma de bezerros recobertos com chapas de ouro. Essas não constituíam um pedestal sobre o qual se colocaria a divindade invisível, mas, ao contrário, a representavam na forma de um animal[28].

Se isso é um indício da influência cananéia, ela aumentou durante o reinado da dinastia de Omri[29], cuja política concernente aos assuntos israelitas e cananeus tinha como meta direitos iguais para ambos os grupos. Essa posição significava, na prática, uma promoção da cultura cananéia, que até então tinha estado numa situação de desvantagem no Reino do Norte. Além disso, como conseqüência de sua estreita associação com a cidade fenícia de Tiro, os omridas adotaram e propagaram o culto do Baal de Tiro.

A revolução de Jeú[30] constituiu uma reversão temporária. Ela extinguiu e proibiu o culto cananeu. Contudo, sua campanha nunca foi além de medidas políticas superficiais, com o resultado de que as tensões não foram resolvidas e continuou a

---

[26] M. NOTH, "The Background of Judges 17-18", in *Israel's Prophetic Heritage*, 1962, 68-85.
[27] O. EISSFELDT, "Lade und Stierbild", *ZAW* 58 (1940-1941), 190-215 (= *Kleine Schriften*, II [1963], 282-305).
[28] Cf. M. WEIPPERT, "Gott und Stier", *ZDPV* 77 (1961), 93-117.
[29] BHH, II, 1341-1342; RGG, IV, 1630; IDB, III, 600-601.
[30] BHH, II, 808-810; RGG, III, 574.575; IDB, II, 817-819.

cananeização interna. No tempo de Jeroboão II[31], o culto de Baal e outras divindades cananéias foi aparentemente até praticado publicamente uma vez mais (cf. Os 2.13; 8.4b-5; 10-5; Am 3.14; 8.14, corrigido), embora o javismo permanecesse como culto oficial. Naturalmente, esse javismo estava tão transformado pela fusão com elementos cananeus que diferia do culto de Baal quase que apenas no nome (cf., por exemplo, Os 4.12-14). Típicos da situação são os nomes pessoais israelitas encontrados em óstracos, que podem datar do período de Jeroboão II: apenas um terço contém o termo "Iahweh" como elemento teóforo; dois terços são compostos com "Baal". Isso significa que ou os pais de apenas um terço das pessoas nomeadas eram verdadeiros adoradores de Iahweh ou o termo "Baal" era também usado acriticamente para referir-se a Iahweh.

d) De qualquer maneira, a situação era séria para o javismo. Portanto, é compreensível que considerações religiosas em círculos conscientemente ligados ao javismo produzissem uma atitude de rejeição e de intolerância para com cananeus. O javista e o eloísta, e mais tarde o Deuteronômio, expressam essa atitude, reivindicando que os cananeus deviam ser expulsos ou destruídos (javista: Êx 34.11-12; eloísta: 23.28, 32-33). O javista expressa mais claramente essa opinião, tendo dito:

> Está atento para observar o que hoje te ordeno: expulsarei de diante de ti os amorreus, os cananeus, os heteus, os ferezeus, os heveus e os jebuseus. Abstém-te de fazer aliança com os moradores da terra para onde vais; para que te não sejam uma cilada.

A análise da forma e do motivo revela três elementos nesta passagem: 1) a expulsão dos cananeus por Iahweh, a fim de efetuar a promessa do território; 2) a advertência aos israelitas para que não admitissem exceções por meio de alianças e tratados que as incorporassem; 3) a ameaça causadora de que, ao contrário, os cananeus tentariam levar os israelitas à apostasia de

---

[31] BHH, II, 820; RGG, III, 592-593; IDB, II, 842.

Iahweh. Em conteúdo, embora não na forma, o terceiro motivo é dominante: o perigo religioso. Do ponto de vista do narrador, esse perigo teria sido evitado se Israel tivesse recusado dar quaisquer garantias que permitissem aos cananeus permanecerem, e os tivessem, ao contrário, expulsado até o último homem. Isso demonstra que o sincretismo promovido pela atitude de tolerância política foi a causa da atitude religiosa hostil contrária aos cananeus.

4. O período da ascendência assíria

Embora o Reino do Norte de Israel caísse nas mãos dos assírios, o culto de Iahweh foi conservado por mais de um século no santuário novamente restaurado de Betel, apesar da instigação dos próprios assírios[32]. O Reino de Judá continuava a existir. Desde que Acaz, seu rei[33], se tinha tornado um vassalo dos assírios, ele teve de introduzir os cultos dos deuses assírios em Jerusalém como prova de submissão. Desse tempo em diante, em contraste com a situação durante o reinado da dinastia de Omri, que tinha realizado o culto de Baal da cidade de Tiro voluntariamente, para promover a aliança com Tiro, cultos estrangeiros de divindades assírias, seguidos mais tarde por egípcias e babilônicas, foram compulsoriamente introduzidos em Judá como conseqüência da política que ou não podia ser evitada ou foi realmente posta em vigor, comumente como expressão da dependência do grande poder governante. Portanto, há pouca razão em se associar com a teologia deuteronômica a condenação dos reis de Judá comumente sua única escolha era entre a vassalagem, que implicava a introdução dos cultos do soberano, e a pior sorte da incorporação no sistema provincial

---

[32] O culto perdeu a continuidade com a queda do Império Assírio, quando Josias anexou o território e o suprimiu em favor do culto de Jerusalém. Ele foi reinstituído o sob o reinado babilônico, até que o santuário foi destruído no período entre 555 e 540.

[33] BHH, I, 49-50; RGG, I, 190; IDB, I, 64-66.

assírio ou babilônico, que significaria a deportação das classes mais altas. Assim, o período de cerca de 735 até 587 a.C. é dominado pela influência repetida de cultos estrangeiros. Conseqüentemente, não apenas puderam proliferar sem impedimento elementos cananeus, mas também outros elementos estrangeiros se infiltraram no javismo. Estava encerrado o período de exclusiva influência cananéia. Depois que Acaz prestou seu juramento de fidelidade ao rei assírio em Damasco, usou ali um altar de bronze arameu como modelo para um altar idêntico, que mandou construir no Templo de Jerusalém para o culto assírio.

Ezequias[34], seu sucessor, procurou examinar uma vez mais a política nacionalista, com o propósito de tornar Judá independente da Assíria. Essa tentativa fornece a ambientação para a sua reforma do culto, que pretendia purificar o culto de Jerusalém de todos os elementos não israelitas e substituir o sincretismo por uma piedade cultual compatível com o javismo. Esse foi o propósito que estava por trás da remoção da serpente de bronze (símbolo de um demônio beneficente), das *maṣṣeboth* e das *asheroth* e, provavelmente, também seja responsável pelo novo altar construído por Acaz. Trata-se aqui de medidas políticas, elemento que faz parte da rejeição da dominação estrangeira e da luta pela independência. A atitude de Ezequias com respeito aos santuários por toda a zona rural de Judá não pode ser determinada com certeza. Por certo, ele não os eliminou totalmente, como o autor deuteronomista de *Reis* afirma (2 Rs 18.4); no máximo, devíamos pensar em termos de uma purificação de seus cultos, por meio da remoção dos elementos estrangeiros.

Contudo, as duas revoltas contra a Assíria em que Ezequias tomou parte fracassaram, e até determinaram a perda de grandes porções da zona rural de Judá. Em 701, Senaqueribe tentou

---

[34] F. L. MORIARTY, "The Chronicler's Account of Hezekiah's Reform", CBQ 27 (1965), 399-406; cf. também BHH, II, 729-730; RGG, III, 366-368; IDB, II, 598-600.

mesmo subjugar Jerusalém; contra todas as expectativas, foi salva por sua partida repentina (cf. 2 Rs 18.19; Is 36-37). Embora não se possam delinear os pormenores das circunstâncias, visto que diversas razões para a retirada de Senaqueribe podem ser estabelecidas ou implicadas (2 Rs 19.7, 8-9, 35), a ocasião serviu para aumentar consideravelmente o significado de Jerusalém e de seu Templo: como o evento foi interpretado mais tarde, Jerusalém era a rocha sobre a qual o quase invencível assírio tropeçou. As lendas de Isaías, juntamente com os discursos proféticos que elas contêm (que certamente não derivam de Isaías, mas de um período bem posterior) mostram que essa libertação levou à crença (que mais tarde se tornou quase um dogma) de que Jerusalém não podia ser tomada (cf. Jr 7.4).

Na esfera religiosa, o fracasso de Ezequias significava reversão à infeliz situação que tinha prevalecido antes. Sob Manassés[35], o culto assírio e outros cultos não do javismo foram praticados uma vez mais em Jerusalém. Baal, Astarte e as divindades da cabra (bode) dos campos foram adorados; *maṣṣeboth* e *asheroth* foram erigidas uma vez mais; um local especial foi separado, no vale de Hinon[36], para o sacrifício de crianças; foi levantado no Templo um símbolo da deusa *Ishtar*; em sua honra, foi praticada a prostituição sagrada, sendo até construída uma casa especial para ela. Nos pátios exteriores, colocaram-se altares para as divindades astrais assírias e um carro-trono para a procissão do Shamash deus-sol; até o culto de Tammuz, originariamente deus sumério, foi praticado, por diversas décadas, em Jerusalém. Nessa confusão religiosa, houve ameaça da completa supressão da singularidade do javismo.

Ao mesmo tempo, formou-se uma oposição à monarquia e à sua política, a qual permitiu chegar-se a tal estado de coisas. Manassés teve de lutar contra considerável resistência em

---

[35] BHH, II, 1137; RGG, IV, 707-708; IDB, III, 254-255; M. Haran, "The Disappearance of the Ark", IEJ 13 (1963), 46-58; E. Nielsen, "Politiske forhold og kulturelle stromninger i Israel og Juda under Manasse", DTT 92 (1966), 1-10.

[36] 36 BHH, II, 723; IDB, II, 606.

Judá, durante seu reinado, e só pôde silenciar a oposição pública por meio de medidas violentas. O movimento de resistência continuou secreto, sendo absorvido, finalmente, nas reformas políticas e religiosas de Josias, que serão discutidas em outro lugar (§ 21). Próximo à morte prematura do rei, os cultos estrangeiros foram, uma vez mais, praticados em Jerusalém (cf. Jr 7.16-20; Ez 8).

Contudo, em contraste com as mais antigas influências cananéias, esses não deixaram marcas permanentes. Isso é verdade, em primeiro lugar, porque eram, principalmente, motivados politicamente, de modo que a intensidade de seu efeito variou de acordo com a situação política; freqüentemente, foram rejeitados ou odiados. Diferentemente dos cultos cananeus, não determinaram a atmosfera em que os israelitas viviam e de que não poderiam escapar. Além disso, os movimentos que surgiram no seio do javismo e que não tinham sido debilitados pelo sincretismo foram tão fortalecidos que não mais constituíram condição de mudança fundamental por meio de influências externas. Entre tais movimentos, o movimento profético, começado no século VIII merece menção especial por sua participação na crescente resistência, agora mais forte que durante o período mais antigo da monarquia.

5. *O início da Diáspora*

Não podemos pintar um quadro nítido da subseqüente existência de classes superiores do Reino do Norte de Israel, as quais os assírios tinham deportado[37]. Durante o reinado de Manassés, parece que tinham sido colocados os fundamentos para a instalação de colônias militares israelitas no Egito. A maior parte de nosso conhecimento acerca dessas colônias é devida aos papiros de Elefantina, ilha do Nilo, que datam de um período posterior. Nessa ilha, foi construído um templo (anterior a 525 a.C.), em

---

[37] W. F. ALBRIGHT, "An Ostracon from Calah and the North-Israelite Diaspora", *BASOR* 149 (1958), 33-36.

que tanto Iahweh como o deus Betel foram adorados em forma tríplice (cf. § 14,2).

6. Conseqüências literárias

a) A primeira narrativa básica das tradições do Hexateuco, que foi transmitida oralmente, foi aumentada, durante o período primitivo da monarquia, numa segunda narrativa básica. Quando o reino foi dividido, depois da morte de Salomão, provavelmente ela já existia em forma escrita. As mais importantes secções acrescentadas nesse tempo foram as seguintes: a procura de Rebeca, a reconciliação de Jacó com Esaú, a história de José, o primeiro encontro de Moisés com o faraó, as primeiras pragas egípcias, a introdução de um sistema judicial a conselho do sogro de Moisés, a história de Balaão, a designação dos territórios para Gad e Rúben e a nomeação de Josué para suceder a Moisés. A revisão pode ter ocorrido em Jerusalém, em consonância com o incipiente nacionalismo dos períodos davídico e salomônico com a sua crescente consciência histórica. Depois que o reino foi dividido, a segunda narrativa básica divide-se numa forma do sul e numa do norte. Por volta de 850-800 a.C., a primeira converteu-se no estrato-fonte do javista (J); antes da metade do século VIII, a última tornou-se o estrato-fonte do eloísta (E). Se pensarmos em termos de um terceiro e antigo estrato-fonte (J^1,L,N), podemos supor que ele se formou da primeira narrativa básica por volta de 800 a.C. ou pouco mais tarde. Dois motivos foram primariamente responsáveis pela formação desses estratos-fonte: a intenção de examinar e de retratar um período histórico específico que foi importante para Israel e a tentativa de permear o relato com a religião e de compreender teologicamente os eventos.

Além disso, durante o antigo ou médio período da monarquia, as tradições acerca das figuras heróicas do período anterior ao Estado, que incluíam narrativas isoladas e ciclos de narrativas e já tinham sido adaptadas o suficiente para aplicar-se a Israel como um todo, foram reunidas num Livro dos Juízes pré-deuteronômico, coleção livre e não organizada. As tradições essenciais acerca de Saul e Davi também já se tinham formado durante a primitiva monarquia: as narrativas do estabelecimento e queda de Saul, do estabelecimento de Davi e de sua sucessão. Enquanto a história do estabelecimento e queda de Saul é popular por natureza, os autores das outras duas narrativas provavelmente eram das cortes de Davi e Salomão. No período seguinte, outras narrativas foram acrescentadas, nas quais o pensamento profético e sacerdotal se opõe à antiga histórica da narrativa, de modo que essas últimas narrativas freqüentemente entram em conflito com a tradição mais antiga: a assim chamada história da infância de Samuel, o núcleo da narrativa da conversão de Israel e a vitória de Samuel sobre os filisteus, uma narrativa da elevação de Saul ao trono, a forma original do discurso de despedida de Samuel, as duas versões da rejeição de Saul e a narrativa da visita de Saul à médium. Primitivamente, nas cortes reais, menos freqüentemente nos templos, foram produzidos os anais, que contêm os registros oficiais dos eventos importantes ocorridos em cada ano; as crônicas, que registram as datas dos reis e as notas acerca de seus feitos e destino; e os outros documentos expressamente mencionados nos Livros dos Reis: os Atos de Salomão, as Crônicas dos Reis de Israel, as Crônicas dos Reis de Judá, que incluem claramente extratos dos anais da corte e devem ter sido acessíveis ao público. Além disso, no período pós-exílico tardio o cronista registrou ou adaptou uma série de notas concernentes às fortificações e conduta militar dos reis de Judá, que indubitavelmente derivam de uma fonte antiga[38].

b) A instituição da realeza naturalmente afetou a jurisprudência. Deste modo, o assim chamado Código da Aliança (Êx 20.24-23.9) e o Protodeuteronômio (Dt 4.44-11.32; 12; 14-26; 27.1-10; 28.1-68), como seus paralelos do antigo Oriente Médio, podem ser classificados como códigos legais régios. Eles não pre-

---

[38] S-F, § 31-35.

tendem registrar a lei consuetudinária corrente, mas fornecer a base para uma reforma legal, usando novos regulamentos ou julgamentos em casos particulares para mudar decisões anteriores. O chamado Código da Aliança surgiu, mais provavelmente, no Reino de Israel (norte), durante o século IX, talvez no contexto da revolução de Jeú; o Protodeuteronômio provavelmente teve origem no mesmo lugar. durante a primeira metade do século VIII, talvez durante o reinado de Jeroboão II.

c) Além disso, a sabedoria prática que era ensinada nas escolas reais foi, pouco a pouco, reunida e preservada para a posteridade. Na coleção que constitui Pr 10-22.16, alguns dos aforismos e coleções menores, talvez mesmo a base dos dois maiores componentes (10-15; 16-22.16), podem derivar do período da monarquia. O sobrescrito da coleção em Pr 25-29, que coloca sua origem no reinado de Ezequias, tem a aura de credibilidade.

d) Finalmente, foram compostos hinos reais de natureza religiosa e cultual; alguns deles foram preservados no Saltério. Diversos pertenciam ao ritual de coroação do rei[39]. Eles derivam tipicamente o poder subordinado do rei do poder de Iahweh. Os oráculos desempenham um papel em alguns desses hinos, como, por exemplo, Sl 2, um hino de ascensão, Sl 110, uma coleção de oráculos e Sl 45, um hino de casamento. Outros são lamentações ou cânticos de ação de graças que se referem à guerra, como, por exemplo, os Salmos 18*b*; 20; 44; 89b e 144. São também dignos de menção o Sl 21, que foi preparado para uma comemoração anual, o Sl 72, com sua oração para que o rei seja abençoado, o Sl 101, com sua exposição dos princípios de acordo com os quais o rei governa, e o Sl 132, que foi preparado para o dia do lançamento da pedra fundamental do Templo de Jerusalém.

---

[39] G. VON RAD, "Das judäische Königsritual", *ThLZ* 72 (1947), 211-216 (= *Gesammelte Studien*, 1958, 205-213).

§ 12. A CONCEPÇÃO RELIGIOSA E O SIGNIFICADO DA MONARQUIA

A. ALT, "Das Königtum in den Reichen Israel und Juda", *VT* I (1951), 2-22 (= Kleine Schriften, II [1953], 116-34); B. BALSCHEIT, *Gottesbund and Staat*, 1940; K.-H. BERNHARDT, *Das Problem der altorientalischen Königsideologie im Alten Testament*, 1961; W. BEYERLIN, "Das Königscharisma bei Saul", *ZAW* LXXIII (1961), 186-201; G. COOKE, "The Israelite King as Son of God", *ZAW* LXXIII (1961), 202-25; I. ENGNELL, *Studies in Divine Kingship in the Ancient Near East*, 2ª ed., 1967; K. F. EULER, "Königtum und Götterwelt in den altaramäischen Inschriften Nordsyriens", *ZAW* LVI (1938), 272-313; G. FOHRER, "Der Vertrage zwischen König und Volk in Israel", *ZAW* LXXI (1959), 1-22; J. DE FRAINE, *L'aspect religieux de la royauté israélite*, 1954; id., "Peut-on parler d'un véritable sacerdoce du roi en Israël?'" BEThL, XII (1959), 537-47; H. FRANKFORT, *Kingship and the Gods*, 1948; K. GALLING, *Die israelitische Staatsverfassung in ihrer vorderorientalischen Umwelt*, 1929; J. GRAY, "Canaanite Kingship in Theory and Practice", *VT* II (1952), 193-220; R. HALLEVY, "Charismatic Kingship in Israel", *Tarbiz*, XXX (1960/61), 231-41, 314-40; id., "The People of the Monarchy in Israelite Religion", *ibid.*, XXXII (1962/63), 215-24; S. H. HOOKE, ed., *Myth, Ritual, and Kingship*, 1958; E. O. JAMES, "Aspects of Sacrifice in the Old Testament", *ET* L (1938/39), 151-55; A. R. JOHNSON, "The Rôle of the King in the Jerusalem Cultus", in S. H. HOOKE, ed., *The Labyrinth*, 1935, 75-111; id., *Sacral Kingship in Ancient Israel*, 2ª ed., 1967; A. A. KOOLHAS, *Theocratie et Monarchie en Israël*, 1957; H.-J. KRAUS, *Die Königsherrschaft Gottes im Alten Testament*, 1951; E. KUTSCH, *Salbung als Rechtsakt im Alten Testament und im Alten Orient*, 1963; R. LABAT, *Le caractère religieux de la royauté assyro-babylonienne*, 1939; F. M. T. DE LIAGRE BÖHL, *Nieuwjaarsfeest en Koningsdag in Babylon en Israël*, 1927; A. LODS, "La divinisation du roi dans l'Orient méditerranéen et ses répercussions dans l'ancien Israël", *RHPhR* X (1930), 209.21; C. R. NORTH, "The Old Testament Estimate of the Monarchy", *AJSL* LXVIII (1931/32), 8,38; M. NOTH, "Gott, König und Volk im Alten Testament", *ZThK* XLVII (1950), 157-91 (= *Gesammelte Studien*, 1957, 188-229; H. RINGGREN, "König und Messias", *ZAW* LXIV (1952), 120-47; C. S. RODD, "Kingship and Cult", *London Quarterly and Holborn Review*, 1959, 21-26; E. I. J. ROSENTHAL, "Some Aspects of the Hebrew Monarchy", *JJS* IX (1958), 1-18; *The Sacral Kingship*, 1959; H. SCHMIDT, *Der Mythos vom wiederkehrenden König im Alten Testament*, 1925; J. A. SOGGIN, "Zur Entwicklung des alttestamentlichen Königtums", *ThZ* XV (1959), 401-18; id., "Charisma und Institution im Königtum Sauls", *ZAW* LXXV (1963), 54-65; id., *Das Königtum in Israel*, 1967; T. C. G. THORNTON, "Charismatic

Kingship in Israel and Judah", *JThSt* NS XIV (1963), 1-11; R. DE VAUX, "Le roi d'Israël, vassal de Yahvé", in *Mélanges E. Tisserant*, I (1964), 119-33; G. WIDENGREN, *The King and the Tree of Life in Ancient Near Eastern Religion*, 1951; id., *Sakrales Königtum im Alten Testament und im Judentum*, 1955; id., "King and Covenant", *JSS* II (1957), 1-32.

1. Conseqüências da monarquia

Já afirmamos que o efeito da realeza sobre a história do javismo justifica sua classificação como uma segunda influência (§ 11,1). O primeiro efeito foi o papel atribuído ao javismo na estrutura do Estado: ele era a religião oficial. Por um lado, era uma religião de templo; o Templo de Jerusalém era a habitação de Iahweh e quaisquer outros templos – especialmente no Reino de Israel (norte) – tinham significado bem menor. Por outro lado, era uma ideologia que colocava o israelita e os cidadãos cananeus sob uma obrigação comum e os unia. Na realização desse propósito de reconciliar israelitas e cananeus, o javismo foi guiado na direção do sincretismo até bem dentro do século VIII, a despeito de toda resistência e reação.

Nesse contexto, o significado de Jerusalém veio exceder em muito àquele de uma capital e residência real. Não apenas o Templo, mas também, pouco a pouco, o monte no qual o Templo foi construído e a cidade como um todo vieram a ser considerados como a habitação de Deus e, portanto, santos (Is 31.4; 48.2; Sl 15.1; 24.3; 46.4; 48.2-3; 87). Na profecia escatológica e na teologia do Cronista, essa avaliação será mais eminente ainda (§ 26, 1-2; 27,4).

Além disso, a dinastia davídica representou um papel religioso. Em conseqüência da legitimação e garantias divinas, que seus reis invocavam, e da fidelidade a elas, que o sacerdócio de Jerusalém procurava inculcar no povo, ela pôde permanecer no poder até a queda do Estado de Judá, enquanto no Reino de Israel (norte) diversas dinastias e reis individualmente se seguiram em rápida sucessão. O resultado foi uma associação particularmente íntima entre o javismo e a dinastia davídica. A conseqüência primária dessa associação foi a esperança messiânica do período pós-exílico (§ 26,3). Além do mais, os reis davídicos não apenas supervisionaram o culto do Templo de Jerusalém, que era o templo privativo da dinastia (de FRAINE), mas também exerceram, certamente, funções sacerdotais, em virtude de serem reis da cidade de Jerusalém e pela realização do culto em ocasiões especiais do Estado (HALLEVY, et. al.). O Sl 110.4, por exemplo, classifica o rei como um sacerdote, segundo a ordem do rei cananeu Melquisedec; Acaz oferece sacrifícios por ocasião da dedicação de seu novo altar (2 Rs 16.12-13); e parece que até os príncipes tinham funções sacerdotais (2 Sm 8.18).

Pode-se acrescentar que, no período do império davídico e salomônico, foram colocados os fundamentos para dois movimentos religiosos e abordagens da vida, que mais tarde se tornaram eminentemente mais desenvolvidos. Rejeitando o sincretismo e hostis aos cananeus, representantes de um javismo tão livre quanto possível de adulteração constituíram um movimento de nacionalismo religioso que está expresso sobretudo nos estratos-fonte J e E (§ 13,5). Tal movimento seria inconcebível à parte da existência real do império com sua concomitante inclusão de todas as tribos israelitas. O mesmo período marca a influência crescente da instituição sapiencial, que gradualmente foi integrada no javismo (§ 13,6). Essa instrução também deve sua existência e desenvolvimento em Israel primariamente à presença da monarquia e do Estado.

Finalmente, a monarquia, tanto diretamente como indiretamente, promoveu o desenvolvimento e a formação de tradições históricas, lei e literatura. Não pequena porção dos escritos do Antigo Testamento surgiu como conseqüência da monarquia (§ 11,6).

Assim, embora a monarquia produzisse muitos impulsos que significaram progresso, bem como perigo para o javismo, ela pôde também contestar a concepção básica do javismo. O sincretismo e a posterior introdução de cultos estrangeiros ameaçaram a reivindicação de Iahweh de culto exclusivo e o princípio da soberania divina. Freqüentemente os planos políticos e militares dos reis estavam em desacordo com a fé na ação de Iahweh na vida e no destino das nações, como podemos ver especialmente na oposição de Isaías às medidas tomadas por Acaz e Ezequias, durante a guerra siro-efraimita e nas duas revoltas contra a Assíria, bem como no conflito de Jeremias com Sedecias e nos círculos antibabilônicos. Finalmente, o rei e seus funcionários podiam estar inclinados a fazer com que o cálculo astuto tomasse o lugar das exigências éticas do javismo, que exigia que os homens conduzissem suas vidas de acordo com as normas que expressavam a vontade de Deus, alienando assim a conduta diária dos homens de sua base religiosa. Is 5.20, 21; 10.1-3 atacam essa tendência. Contudo, o javismo já estava tão seguramente estabelecido que tais ameaças provocaram o surgimento simultâneo de forças de oposição e resistência.

2. *A natureza da realeza em Israel*

A despeito da duração comparativamente longa da monarquia, de suas conseqüências, dos relatos concernentes a ela e de sua conduta, fica difícil determinar seu caráter peculiar em contraste com as concepções de realeza do antigo Oriente Médio e, correspondentemente, as concepções (possivelmente bem diferentes) prevalecentes nos dois Estados que representavam o Israel dividido. A discussão dessa questão tem sido dominada por duas opiniões contrárias: uma delas coloca a monarquia israelita totalmente dentro da estrutura de realeza do antigo Oriente Médio como um todo; a outra a interpreta como uma realeza carismática do javismo.

a) A primeira opinião baseia-se na suposição de uma realeza divina do antigo Oriente Médio como um modelo cultual difundido o mais vastamente possível; ela deriva a divindade do rei de sua posição como representante no culto de um deus que morre e ressuscita (ENGNELL, HOOKE, WIDENGREN, *et al.*). Algumas vezes, o ritual que está associado a essa concepção é visto como um dos cultos centrais nas religiões do antigo Oriente Médio; outras vezes, embora a hipótese seja basicamente aceita, faz-se uma distinção entre a concepção de realeza do Oriente Médio e a concepção basicamente diferente, encontrada no Egito (FRANKFORT, LABAT). Algumas vezes, a idéia do homem primevo como uma figura cósmica mitológica é associada com a ideologia real[40]. A expansão de uma interpretação cultual unilateral dos Salmos conduz a uma interpretação da realeza israelita dentro da estrutura das concepções prevalecentes no antigo Oriente Médio, onde é vista meramente como um caso especial da realeza divina do antigo Oriente Médio (WIDENGREN, *et al.*). Esse ponto de vista se baseia, em particular, nos três elementos seguintes: 1) a posição proeminente do rei nos Salmos, que pintam não situações particulares, mas situações típicas; 2) o ritual real ou de entronização de Jerusalém, que segue o modelo cultual do antigo Oriente Médio, dentro da Festa do Ano Novo como o *Sitz im Leben* dos Salmos; 3) a posição do rei como a figura central no ritual, que inclui representações dramáticas do sagrado, em que o rei não apenas aparecia como representante do povo, mas também representava o papel de Iahweh.

Alguns estudiosos (RODD, ROSENTHAL), aceitando as idéias básicas dessas hipóteses, têm entrado em controvérsia quanto ao extenso papel e função atribuídos ao rei e insistido na peculiaridade do javismo. Um grupo mais numeroso de estudiosos tem submetido essas idéias à crítica fundamental (BERNHARDT, GRAY, MCCULLOUGH, NOTH). Em concordância básica com essa crítica, podem ser citados os seguintes pontos:

1) Dentro do antigo Oriente Médio, havia significativas diferenças na noção de realeza[41]. O Egito estava familiarizado com a realeza divina como uma instituição. Lá, o rei, a princípio, está acima dos outros deuses como o deus Hórus ou o deus-sol Ra ou filho de Ra; da quinta dinastia em diante, seu *status* era inferior, mas ele permanecia como deus desde o nascimento, era adorado em templos da morte, depois de sua morte, e, enquanto na terra,

---

[40] De acordo com SCHMIDT, e sobretudo A. BENTZEN, *Messias, Moses redivivus, Menschensohn*, 1948. Para uma crítica desse ponto de vista, cf. S. MOWINCKEL, Urmensch und 'Königsideologie'" StTh 2 (1948), 71-89.
[41] Nossa discussão segue W. VON SODEN in RGG, III, 1712-1714.

§ 12. A CONCEPÇÃO RELIGIOSA E O SIGNIFICADO DA MONARQUIA

era tanto sacerdote dos deuses como doador da fertilidade. Sua divindade não dependia de seu poder político.

Na Mesopotâmia, a divinização cultual do rei encontrada entre os sumérios deve ser distinguida da autodeificação do rei acadiano. Para os sumérios, o rei era apenas um "grande homem" (*lú-gal*), o agente dos deuses. Nas cidades, os cultos estavam sob a direção do governador local (*ensi*). Um ato cultual especial, em que o rei participava, era, provavelmente, a repromulgação do casamento de Tamuz e Inana, através do qual, da terceira dinastia de Ur em diante, ele se tornava deus. Templos foram construídos em sua homenagem e hinos eram cantados em sua honra. Os reis semitas da Acádia, ao contrário, eram levados por um exagerado senso de poder para identificar-se com o deus da cidade. Os babilônios e assírios também supunham que a monarquia foi divinamente estabelecida, mas seus reis nunca foram divinizados, mesmo quando os sargônidas assírios aviltaram certas práticas divinas e as aplicaram a si mesmos num sentido secular. Tampouco era a festa do Ano Novo uma festa de entronização.

Os reis dos hititas eram sumo sacerdotes, responsáveis pela condição religiosa da terra; eles tinham mais responsabilidades cultuais do que em qualquer lugar do antigo Oriente Médio, de modo que muitas festividades podiam ser celebradas apenas com a sua participação. Contudo, a despeito do título "meu Sol", tomado do Egito, eles não eram considerados deuses enquanto viviam. Só depois de sua morte eram divinizados e se lhes ofereciam sacrifícios de ancestral; seu rei não *morria*, apenas *se tornava deus*.

Quanto à realeza divina na Siria-Palestina, há evidência ambígua. As lendas ugaríticas de *Aqhat* e *Keret* não têm paralelos no período histórico e as *Cartas de Amarna* aplicam predicados divinos apenas ao rei egípcio. A realeza cananéia desenvolveu-se claramente a seu próprio modo (cf. também GRAY).

Israel também não conheceu nada acerca da realeza divina. Faltam todos os traços característicos: identificação do deus com o rei ou divinização do rei, seja postumamente, seja durante sua própria existência; o rei como objeto do culto; e seu poder sobre as forças da natureza. Em vez disso, encontramos, em muitas ocasiões, a realeza rejeitada de diversas maneiras; não há traço dessa tendência em outras culturas do antigo Oriente Médio e não há lugar para ela numa ideologia da realeza divina.

2) Há muitas razões para se rejeitar a hipótese de um modelo cultual uniforme tão extensivo quando possível. Da perspectiva hodierna, a civilização do antigo Oriente Médio pode parecer tão uniforme quanto a civilização européia atual poderá parecer uniforme a observadores futuros. Contudo, exatamente como a civilização européia é, de fato, altamente diferenciada e, em parte, contraditória, assim também as civilizações do antigo Oriente Médio tinham suas individualidades, diferenças e contrastes. A comparação dessas civilizações com outra revela isso claramente[42]. Além do mais, a pressuposição que está por trás da hipótese, isto é, que o antigo Oriente Médio constituía um todo consistente e unificado, foi alvo de crescente objeção. Até mesmo aos hititas ela não se adapta realmente. Acima de tudo, a interpretação baseada nas escavações de Ugarit revela que o Oriente Médio estava aberto à influência do oriente do mundo mediterrâneo. Havia uma relação análoga entre suas regiões orientais e a índia. Além disso, não se pode demonstrar a existência em sua inteireza do alegado modelo cultual uniforme em qualquer civilização do antigo Oriente Médio. Cada uma revela apenas algumas características, que devem ser juntadas de toda parte para constituir o todo. Os textos reunidos para comparação são também apressadamente declarados paralelos; a mesma palavra pode ter sentidos e conotações diferentes em diferentes culturas. Finalmente, a alegada descoberta de uma riqueza de ecos do suposto modelo cultual em textos tardios (!) do Antigo Testamento pressupõe um incrível conhecimento da história das religiões por parte de um simples israelita.

---

[42] Cf., por exemplo, H. SCHMÖKEL, ed., *Kulturgeschichte des Alten Orient,* 1961.

3) Restringir o *Sitz im Leben* dos Salmos do Antigo Testamento ao culto do Templo pré-exílico e ao ritual de suas festas significa uma injustificada limitação, mesmo quando se leva em conta o importante papel do culto no javismo oficial. Uma associação original dos Salmos com um ritual real e uma subseqüente "democratização" em sua forma presente não podem ser prováveis, mesmo remotamente, mais do que pode uma compilação das situações pressupostas do ritual real para formar uma grande festa outonal ou de Ano Novo, em que a repetida entronização do rei estava associada com a de Iahweh, e o rei representava um papel central como representante de Iahweh[43].

b) Contra essa comparação com a realeza do antigo Oriente Médio podemos colocar a teoria, primeiramente desenvolvida por ALT, de que a monarquia israelita se desenvolveu a partir da condução carismática típica do período anterior ao Estado, de que, de modo geral, a idéia da realeza carismática foi mais bem preservada no Reino do Norte, mas foi afastada pelo princípio dinástico em Judá, de que, contudo, essa monarquia dinástica adquiriu significado religioso e teológico por meio da noção da "aliança" eterna concluída com Davi por Iahweh, o qual legitimou o domínio da casa davídica para sempre (2 Sm 7.8ss e *passim*), e de que a divergência da realeza carismática com a realeza dinástica (que se verificou no Reino do Norte sob Omri e Jeú) foi motivada pela posse de uma capital que pertencesse ao rei pessoalmente, na qual o rei não estivesse sujeito às leis de Israel[44]. Muitos estudiosos adotaram essa interpretação. SOGGIN, é verdade, encontra no elemento carismático base tão estreita e sente a necessidade de acrescentar dois elementos

---

[43] Para uma discussão pormenorizada, cf. E. KUTSCH, *Das Herbstfest in Israel*, tese, Mainz, 1955. As reservas de KUTSCH também se aplicam no "festival real de Sião", postulado por KRAUS, que combina um festival de aliança anfictiônica pré-monárquica com o culto real de Jerusalém.

[44] THORNTON, por outro lado, derivaria os ofícios reais da situação política, que permitiu o desenvolvimento de uma mística dinástica apenas no pequeno e homogêneo Estado de Judá.

ulteriores: o princípio "democrático" de ter uma assembléia popular que eleja o rei e a tendência de institucionalizar a realeza, operando cada um em direção oposta. HALLEVY considera apenas os primeiros dois reis figuras carismáticas; de Salomão em diante, a habilidade pessoal substituiu o carisma e, na quarta geração da monarquia, sua natureza carismática foi totalmente perdida.

De fato, é difícil considerar os reis de Judá e Israel como dotados de carisma, isto é, um dom direto da graça divina. É bem diferente a avaliação dos profeta e do deuteronomista. Nenhum deles faz os reis e suas cortes parecerem ter-se considerado a si mesmos sob essa luz. Portanto, é melhor evitar a aplicação do termo "carismáticos" aos reis israelitas, bem como aos heróis militares do período anterior ao Estado (§ 7,3), especialmente porque a concepção do poder do rei não está enraizada na noção de carisma, mas na idéia original do rei como uma pessoa dotada de *mana*, isto é, um poder extraordinário concebido em termos impessoais[45]. O máximo que se pode dizer é que parte de Israel considerou a monarquia uma dinastia ou um rei particular como ordenado por Deus e, ocasionalmente, como tendo legitimação divina. Conclusões suplementares não encontram fundamentação na tradição do Antigo Testamento.

A concepção israelita da realeza pode ser apresentada em três aspectos, e ela é válida para a monarquia unida e, pelo menos, para o Estado separado de Judá.

a) A concepção da realeza da dinastia davídica é descrita por meio das expressões "filho" de Deus e "ungido de Iahweh", as quais são aplicadas ao rei. A concepção israelita do norte é obscura[46].

---

[45] Cf. W. EICHRODT, *Theologie des Alten Testaments*, I, 6ª ed., (1959), 296 [em port. *Teologia do Antigo Testamento*, Ed. Hagnos, 2006].
[46] Ela encontra expressão no Sl 45.6, se de fato o rei é realmente chamado de *'elohîm*, "divino", neste verso. Contudo, este ponto permanece incerto, porque *'elohîm* poderia ter sido substituído por *Yhwh*, leitura incorreta de *Yihyeh* e o v. 6 pode conter uma expressão idiomática condensada: "o teu trono é (como) o (trono) de Deus" ou *'elohîm* pode ser interpretado como *kisse'* modificador: "o teu divino (poderoso) trono".

O Antigo Testamento refere-se três vezes ao rei como filho de Deus (2 Sm 7.14; Sl 2.7; 89.26-27)⁴⁷. Na expressão da profecia de Natã, em que Iahweh garante a estabilidade da dinastia davídica (§ 11,3), ele declara com respeito à posteridade de Davi: "Eu serei seu pai, e ele será meu filho" (2 Sm 7.14*a*); ele será castigado por suas iniqüidades, mas não será rejeitado (7.14b-15). A imagem imediata é a da relação humana pai-filho, como exemplo ou modelo, mas 2 Sm 7.8-16, 18-29 está, de fato, relacionado primariamente com a legitimação divina da dinastia davídica como um todo. Exatamente como um pai (ou sua esposa principal) podia reconhecer como legítimo o filho de uma concubina ou escrava, Iahweh vai além do princípio dinástico para legitimar cada rei individualmente para designá-lo como seu filho, permitindo-lhe uma participação na soberania que é legitimamente sua como pai.

O Sl 89.3-4, 19-37 descreve essa divina legitimação em termos poéticos; o lamento que se segue suplica pelo livramento da angústia e pela libertação do rei de seus inimigos. Neste contexto, os vv. 27-28 dizem a respeito de Davi aquilo que é válido também para o seu sucessor:

> Ele me invocará: Tu és meu pai,
> meu Deus e meu rochedo salvador!
> Eu o tornarei meu primogênito,
> o altíssimo sobre os reis da terra.

Visto que a ênfase sobre a humanidade do rei no v. 19 torna impossível pensar no rei como o próprio filho de Iahweh no sentido físico, esses versos correspondem à declaração de 2 Sm 7, embora com esta diferença, isto é, de que o rei de Judá tem a prioridade do primogênito entre todos os soberanos. Isso dá ênfase à sua reivindicação à preeminência e é dirigido contra as exigências dos outros. O Salmo usa a noção de legitimação de Iahweh para com o rei de Judá a fim de solicitar seu auxilio para o rei legitimado.

---

⁴⁷ Cf. também o texto corrompido do Sl 110.3. O Sl 22.10 não se refere ao rei.

A essa fundamental legitimação legal, que deve provavelmente ser distinguida da adoção[48], foi dada forma concreta no ritual de coroação de Judá[49]. O rei podia exercer a sua autoridade uma vez que Iahweh o tinha reconhecido como filho, declarando seu nome real total (2 Sm 7.9; 1 Rs 1.47), concedido a ele um primeiro pedido (cf. Sl 2.8; 20.5; 21.2, 4) e lhe outorgada a coroa (2 Rs 11.12; Sl 21.3; 110.2). Esse é o sentido em que deve ser compreendido o ritual do Sl 2.7:

> Ele me disse: "Tu és meu filho,
> eu hoje te gerei".

Embora o Salmo, como um todo, provavelmente derive de uma situação de perigo, como aquela pressuposta pelo Sl 89, justificando a autoridade do rei sobre outras nações, o v. 7, com sua formulação: "Ele disse...", refere-se retroativamente à divina declaração na coroação. Sua primeira parte: "Tu és meu filho" poderia ser considerada como uma fórmula de adoção, mas a expressão "eu hoje te gerei" só pode ser interpretada assim com muita dificuldade. Portanto, a suposição mais provável é de que a declaração está baseada num reconhecimento, feito pela esposa, de uma criança gerada em seu favor por uma escrava: "Tu és meu filho, eu hoje te gerei". Essa fórmula inferida foi modificada a fim de ser aplicada a um pai e, depois, incorporada no ritual de coroação.

Conseqüentemente, na concepção adotada em Judá, o rei não era filho de Deus por natureza; nem ele adentrava a esfera divina por sua iniciativa, por ocasião de sua elevação ao trono. Ao contrário, ele era reconhecido como filho por meio de uma declaração expressa da vontade de Iahweh e, deste modo, recebia uma porção do domínio, propriedade e herança de Iahweh. O uso do

---

[48] Cf. G. FOHRER, "huiós...", ThW 8, 340-354.
[49] G. VON RAD, "Das judäische Königsritual", ThLZ 72 (1947), 211-216 (= *Gesammelte Studien zum Alten Testament*, 1958, 205-213; K. H. RENGSTORF, "Old and New Testament Traces of a Formula of the Judaean Royal Ritual", NT 5 (1962), 229-244.

§ 12. A CONCEPÇÃO RELIGIOSA E O SIGNIFICADO DA MONARQUIA

conceito de filiação para expressar essa situação é devido primariamente à dependência do ritual de coroação de Judá ao ritual egípcio, em que o faraó era proclamado filho de deus. Contudo, o ritual jerosolimitano mudou a adoção egípcia de filiação física para a noção de legitimação legal. Essa modificação se tornou possível ou pelo menos mais fácil pelo fato de que o tratamento do rei como "filho de Deus" também estava enraizado na expressão idiomática que se referia a Israel como filho de Deus (§ 15,3). A eleição de Israel e as promessas de Iahweh com referência a ela nos eventos próximos ao Êxodo e ao Sinai supriram a forma e o fundamento para a noção da eleição de Davi e sua casa, bem como as promessas feitas a eles. Desta maneira, o conceito de filiação de Israel forneceu um modelo adequado para o relacionamento entre Iahweh e a dinastia davídica.

A expressão "ungido de Iahweh", independentemente de sua aplicação a Saul (1 Sm 24.6, 10; 26.9ss; 2 Sm 1.14, 16), está ligada primariamente a Davi e seus descendentes: Davi (1 Sm 16.6; 2 Sm 19.22; 23.1); Salomão (2 Cr 6.42); e reis não mencionados pelo nome (1 Sm 2.10,35; 2 Sm 22.51 = Sl 18.50; Hb 3.13; Sl 2.2; 20.6; 28.8; 84.9; 89.38, 51; 132.10, 17). Contudo, é surpreendente que o ato de ungir seja realizado pelo povo ou seus representantes. Por outro lado, lemos também que a unção era realizada por Iahweh ou por um profeta comissionado por ele, no caso de Saul (1 Sm 9.16; 10.1; 15.1); Davi (1 Sm 16.12-13; 2 Sm 12.7); Jeú (2 Rs 9.3ss; 2 Cr 22.7); e no Sl 45.7. KUTSCH explicou a situação da seguinte maneira: os relatos da unção dos reis pelo povo, que correspondem ao costume hitita, são encontrados em anais historicamente fidedignos; as narrativas de unção por Iahweh, que correspondem à prática egípcia de o faraó ungir altos funcionários e príncipes vassalos, são encontradas em lendas proféticas historicamente não fidedignas, nas quais, quando muito, a unção de Jeú pode estar baseada em fato histórico.

Portanto, visto que não há fundamento para qualquer unção por Iahweh ou por sua ordem, a expressão "ungido de Iahweh" deve ser entendida como referência não ao ato, mas ao efeito da unção. Ela se refere ao relacionamento entre Iahweh e o rei que recebeu a unção, e é um conceito teológico que expressa a delegação de autoridade soberana outorgada por Iahweh ao rei.

b) O rei era considerado monarca do mundo (GALLING). Encontramos, nessa concepção, ecos de um universalismo que data do império de Davi e Salomão. Por exemplo, o Sl 72.8-11 saúda o rei como se segue:

> "Que ele domine de mar a mar,
>   desde o rio até aos confins da terra.
> Diante dele a Fera se curvará
>   e seus inimigos lamberão o pó;
> os reis de Társis e das ilhas
>   vão trazer-lhe ofertas.
> Os reis de Sabá e Seba
>   vão pagar-lhe tributo;
> todos os reis se prostrarão diante dele,
>   as nações todas o servirão".

A expressão de tais petições não é devida simplesmente ao exagerado estilo de corte do antigo Oriente Médio. Ali se fala delas, antes, numa esperança nacionalista e religiosa que se nutre da memória de um império que não mais existe.

c) O rei é o governador da ordem social (GALLING), e incorpora a divina justiça. Por exemplo, o Sl 45.7b-8 descreve um rei israelita do norte como se segue:

> O cetro do teu reino é cetro de retidão!
> Amas a justiça e odeias a impiedade.
> Eis por que Deus, o teu Deus, te ungiu.

No Sl 101, coloca-se uma proclamação na boca de um rei de Judá, por ocasião de sua elevação ao trono, que se lê como segue (vv. 2a. 5. 7):

> Andarei de coração íntegro
>   dentro da minha casa.
> Quem calunia seu próximo em segredo
>   eu o farei calar;

§ 12. A CONCEPÇÃO RELIGIOSA E O SIGNIFICADO DA MONARQUIA 193

olhar altivo e coração orgulhoso
   eu não suportarei.
Em minha casa não habitará
   quem pratica fraudes;
o que fala mentiras não permanecerá
   diante dos meus olhos.

Mesmo quando, como no Sl 72, o poeta fala do monarca do mundo, ele interrompe a fala duas vezes para mencionar o socorro do rei ao pobre e necessitado (vv. 4,12). Portanto, a exigência elementar imposta ao rei é sempre que ele reine justamente e promova a justiça. Lado a lado com a advertência contra a injustiça, encontramos uma advertência contra a exploração do tributo sobre matéria de roubo (Pr 29.4).

3. Limitação e rejeição

O complexo quadro da monarquia, que dependia do javismo para legitimação e fundamentação, e, por sua vez, significava tanto vantagem como perigo para o javismo, estaria incompleto sem a menção da limitação e rejeição da monarquia, ou pelo menos a crítica dela, que era em parte uma extrapolação do javismo.

a) Independentemente do direito do povo de participar da indicação de um rei e da determinação das estipulações contratuais envolvidas (FOHRER), que finalmente sob Josias conduziu a uma espécie de constituição (GALLING), a limitação imposta à monarquia era primariamente determinada pela exigência da soberania divina. A posição singular de Iahweh tornava impossível qualquer deificação do rei, concedendo só a possibilidade de legitimação do rei como filho de Deus, da mesma maneira que o filho de uma concubina ou escrava podia ser legitimado. É por essa razão que Ezequiel não oferece concepções de um esperado monarca futuro como um rei independente, mas como um *nabî* ("príncipe") de baixa estirpe, dependente de Iahweh, que será um pastor subordinado ao divino e supremo pastor (Ez 34.23-24). Para comprovar mais ainda, não houve em em Israel narrativas reais em primeira pessoa, como constituíam a massa da tradição histórica alhures no antigo Oriente Médio. Nem havia hinos de glorificação do rei, seja em primeira seja em terceira pessoa; pelo contrário, nos hinos reais do Saltério, Iahweh, não o rei, é o centro da atenção. Acerca do poder e realizações do rei diz-se menos do que a respeito daquilo que Iahweh lhe promete, daquilo que ele suplica a Iahweh, ou daquilo que ele agradece a Iahweh. Em outras áreas, também, podiam ser impostas limitações à monarquia em nome de Iahweh, como vemos no aparecimento de Elias, seguindo o assassínio judicial de Nabot (1 Rs 21), e no aparecimento de Jeremias, quando Jeoaquim estava construindo o seu palácio (Jr 22.13-19).

b) Peculiar a Israel é a repetida rejeição básica da realeza, em que motivos religiosos freqüentemente estão combinados com a liberdade do ideal nômade. Assim, a realeza podia ser rejeitada como o despotismo ilegítimo de um indivíduo em particular, como, por exemplo, na fábula de Joatão, que escarnece a realeza supérflua e perniciosa (Jz 9.8-15), e nas "prerrogativas reais" da tradição de Saul (1 Sm 8.11ss). Ou podia ser vista como apostasia de Iahweh e condenada nessa base, como, por exemplo, na declaração de Gedeão (Jz 8.23), numa das narrativas acerca da elevação de Saul à realeza (1 Sm 8.7,9-10.19-22) e talvez também na polêmica de Oséias, ainda quando não se pode dizer precisamente se o veredito de Oséias sobre os reis de sua época era baseado nessas considerações, ou seja, de uma natureza mais fundamental (cf. Os 8.4; 10.3; 13.11).

No período seguinte, a situação mudou. Isaías e Jeremias simplesmente se colocaram contra reis maus individualmente, mas não atacaram a instituição em si. Isaías aguardou a desordem política e a queda da monarquia como julgamento de Iahweh, trazendo destruição e morte (Is 3.1-9), enquanto considerava o reino de Davi como o período ideal (Is 1.21-26). A crítica deuteronômica e do deuteronomista também não foi dirigida contra a monarquia davídica como tal, mas só contra representantes particulares que não satisfizeram às exigências deuteronômicas (especialmente com respeito à centralização do culto em Jerusalém), enquanto outros reis, sobretudo Ezequias e Josias, são julgados positivamente. Somente a maior distância do período pós-exílico permitiu a mitigação significativa da atitude crítica. O importante é que considerações de natureza religiosa podiam, de fato, levar à crítica e rejeição da monarquia.

Capítulo V
O JAVISMO NO PERÍODO DA MONARQUIA

§ 13. MOVIMENTOS RELIGIOSOS

W. F. Albright, "Some Canaanite-Phoenician Sources of Hebrew Wisdom", *VTSuppl* III (1955), 1-15: A. Alt, "Die Weisheit Salomos", *ThLZ* LXXVI (1951), 139-44 (= *Kleine Schriften zur Geschichte des Volkes Israel*, II [1953], 90-99); J. J. van As, *Skuldbelydenis en Genadeverkondiging in die Ou Testament*, tese, Utrecht, 1961: J. Barr, "Revelation through History in the Old Testament", *Interpr* XVII (1963), 193-205: A. Causse, "Sagesse égyptienne et sagesse juive", *RHPhR* IX (1929); J. B. Curtis, "A Suggested Interpretation of the Biblical Philosophy of History", *HUCA* XXXIV (1963), 115-23; B. Duhm, *Die Gottgeweihten in der alttestamentlichen Religion*, 1905; O. Eissfeldt, "Jahwe-Name und Zauberwesen", *ZMR* XLII (1927), 161-86 (= *Kleine Schriften*, I [1962], 150-71): J. Fichtner, *Die altorientalische Weisheit in ihrer iraelitisch-jüdischen Ausprägung*, 1933: id., "Die Bewältigung heidnischer Vorstellungen und Praktiken in der Welt des Alten Testaments", in *Festischrift Friedrich Baumgärtel*, 1959, 24-40 (= *Gottes Weisheit*, 1965, 115-29): G. Fohrer, "Die zeitliche und überzeitliche Bedeutung des Alten Testaments", *EvTh* IX (1949/50), 447-60: H. Gese, *Lehre und Wirklichkeit in der alten Weisseit*, 1958: J. de Groot, *De Palestijnsche achtergrond van den Pentateuch*, 1928: M.-L. Henry, *Jahwist und Priesterschrift*, 1960: H.-J. Hermisson, *Sprache und Ritus im altisraelitischen Kult*, 1965; P. Humbert, *Recherches sur les sources égyptiennes de la littérature sapientiale d'Israël*, 1929: F. James, "Some Aspects of the Religion of Proverbs", *JBL* LI (1932), 31-39: A. Jirku, *Die Dämonen und ihre Abwher im Alten Testament*, 1912 (= *Von Jerusalem nach Ugarit*, 1966, 1-107): id., *Mantik in Altisrael*, tese, Rostock, 1913 (= ib., 109-62); id., *Materialien zur Volksreligion Israels*, 1914 (= ib., 163-318): A. Lods, "Magie hébraïque et magie cananéenne", *RHPhR* VII (1927), 1-16; B. Luther, *Die Persönlichkeit des Jahvisten*, 1906: J. Meinhold, *Die Weisheit Israel*, 1908: S. Mowinckel,

Psalmenstudien I. Awän und die individuellen Klagepsalmen, 1922; id., "Psalms and Wisdom", *VTSuppl* III (1955), 205-24; R. E. MURPHY, "The Concept of Wisdom Literature", in J. L. MCKENZIE, ed., *The Bible in Current Catholic Thought*, 1962, 46-54; N. NICOLSKY, *Spuren magister Formeln in den Psalmen*, 1925: N. W. PORTEOUS, "Royal Wisdom", *VT-Suppl* III (1955), 247-61; G. VON RAD, "'Gerechitgkeit' und 'Leben' in den Psalmen", in *Festschrift Alfred Bertholet*, 1950, 418-37 (= *Gesammelte Studien zum Alten Testament*, 1958, 225-47); H. H. SCHMID, *Wesen und Geschichte der Weisheit*, 1966: H. SCHMÖKEL, "Die jahwetreuen Orden in Israel", *ThBl* XII (1933), 327-34; R. B. Y. SCOTT, "Solomon and the Beginnings of Wisdom in Israel", *VTSuppl* III (1955), 262-79; H. W. WOLFF, "Heilsgeschichte – Weltgeschichte im Alten Testament", *Der evangelische Erzieher* XIV (1962), 129-36; id., "Das Kerygma des Jahwisten", *EvTh* XXIV (1964), 73-98 (= *Gesammelte Studien zum Alten Testament*, 1964, 345-73); W. ZIMMERLI, "Zur Struktur der alttestamentlichen Weisheit", *ZAW* LI (1933), 177-204; *id.*, "Ort und Grenze der Weisheit im Rahmen der alttestamentlichen Theologia", in *Les Sagesses du Proche-Orient ancien*, 1963, 121-37 (= *Gottes Offenbarung*, 1963, 300-315).

1. Considerações básicas

Seria grosseira simplificação dizer que o período da monarquia é caracterizado pelo cultivo do javismo como religião oficial, primariamente nos santuários reais, e por sua sujeição, por longo tempo, a um pernicioso sincretismo promovido mais ou menos vigorosamente no interesse de alcançar uma acomodação com o elemento cananeu da população (§ 12). Enquanto isso continuava, existia ou se desenvolvia, em tal período, uma série de outros movimentos religiosos de espécies bem diferentes e, algumas vezes, contraditórios, Muitos círculos israelitas procuravam preservar o javismo mosaico numa forma tão genuína quanto possível; outros, de várias maneiras, continuavam a transformação do javismo, iniciada no período anterior ao Estado, numa forma mais adaptada à vida sedentária, mediante a assimilação e integração do material cananeu e o desenvolvimento simultâneo do próprio potencial do javismo. Podemos observar também outros movimentos que entraram em conflito com o javismo ou puderam ser assimilados por ele apenas gradualmente.

O quadro resultante é complexo e variado até mais do que a discussão seguinte pode pintar. Por um lado, as fronteiras entre os movimentos religiosos eram fluidas, e, por outro, dois movimentos, tais como ênfase cultual e nacionalismo religioso, podiam combinar uma união.

2. A sobrevivência do antigo javismo e a abordagem conservadora da vida

a) Muitas tradições, figuras e instituições do período anterior ao Estado, tais como o cântico de Débora (cf. Jz 5.4-5), Samuel e ocasionalmente o santuário de Silo, cujos sacerdotes aparentemente remontavam sua linhagem ao grupo de Moisés (cf. 1 Sm 2.27), sugerem que certos círculos preservavam um javismo puro ao lado da nova forma que se foi desenvolvendo na vida sedentária. Essa tendência persistiu no período da monarquia. A oposição de Natã aos planos que Davi tinha para a construção do templo é um sinal visível de sua contínua vitalidade. Continuou a haver grupos mais ou menos consideráveis de israelitas que estavam ligados à antiga forma de sua fé[1]. Eles pertenciam primariamente a círculos que também permaneceram fiéis ao seu velho modo de vida e criavam gado. Certamente nem todos os israelitas fizeram imediatamente a passagem da velha vida nômade para a nova vida de fazendeiros, e nem todos aqueles que a fizeram concluíram imediatamente que a transição significava uma nova forma de javismo. Eles não estavam interessados num tipo de religião agrícola e, portanto, não estavam interessados também nos santuários com seus símbolos de Deus e num culto crescentemente elaborado que servia a essa religião. Ao contrário, eles permaneceram fiéis ao Iahweh do Sinai e do deserto. Embora apenas raramente aparecessem e tivessem pouca influência sobre o povo como um todo, eles estavam presentes. Sua crítica da situação religiosa da Palestina é, mais tarde, empreendida numa nova e mais intensa forma pelos grandes profetas

---

[1] RGG, III, 365-366.

individualmente, sendo o primeiro deles, Amós, significativamente um vaqueiro.

b) Um nazireu[2] era originalmente um homem que se dedicava, enquanto indivíduo, a Iahweh e colocava toda a sua vida a serviço de Iahweh. Mais tarde, o juramento foi modificado; a dedicação vitalícia foi substituída por uma obrigação temporária, primariamente de natureza ascética, moldada pelas normas sacerdotais (Nm 6.1-21). O campo original de atividade do nazireu era a guerra de Iahweh, na qual ele realizava feitos heróicos, enquanto num estado de êxtase bélico (cf. Gn 49.23-24; Dt 33.16-17; Jz 15.14); mais tarde, parece que ele se fixou também nos santuários. De um lado, sua vida é determinada por uma luta perpétua em nome de Iahweh; por outro, pela rejeição da civilização cananéia. A recusa de beber vinho (Am 2.11-12)[3] é um símbolo da rejeição à civilização agrícola e do culto que a acompanha. De origem antiga é também a proibição de se cortar o cabelo. Essa proibição não está vinculada a nenhum culto da morte ou do sol, mas é um culto do estilo de vida nômade. Por tais meios (e provavelmente outros com eles, dos quais não se tem registro), os nazireus proclamavam sua crença de que a civilização era incompatível com a antiga forma do javismo. Para eles, o javismo e o estilo de vida nômade combinavam-se.

O tempo fez esquecer os nazireus. Seu modo de existência perdeu sua razão de ser durante a monarquia, através do desenvolvimento de um exército profissional, da obrigatoriedade de os cidadãos particulares servirem na milícia e da nova técnica de guerra. Pouco a pouco, os nazireus se tornaram objeto de gracejo, de quem o povo zombava, tentando embriagá-los (Am 2.12).

c) Os recabitas[4] são mencionados em primeiro lugar em conexão com a revolução de Jeú (841 a.C.). Eles continuaram a existir até à conquista de Jerusalém (587 a.C.). Representam tam-

---

[2] BHH, II, 1288-1289; RGG, IV, 1308-1309; IDB, III, 526-527.
[3] RGG, VI, 1572-1573.
[4] RGG, V, 951-952; IDB, IV, 14-16.

bém um movimento conservador. Constituíram uma comunidade que pode ser chamada de uma espécie de ordem religiosa devotada a Iahweh, Provavelmente, a ordem tenha sido fundada por Jonadab filho de Recab[5], que durante sua época foi reconhecido como chefe dela. Seu dever era "o zelo por Iahweh". Jr 35 registra suas normas de vida: eles renunciaram à propriedade de campos e vinhas, não cultivavam a terra, não bebiam vinho e não construíam casas, mas, ao contrário, viviam em tendas. Isso demonstra que seu propósito era preservar a simplicidade da vida nômade ou retornar a ela, mesmo no território colonizado. Só desta maneira eles criam que poderiam permanecer fiéis ao seu Deus.

Em outras palavras, os recabitas desejavam unir o javismo a uma forma específica de civilização, embora essa forma fosse antiquada e nunca pudesse retornar. Eles resistiram também à descoberta de que toda fé continua a desenvolver ou a evolver, e deve procurar novas respostas para as novas perguntas, se quer permanecer viva. Em vez disso, eles procuraram manter a civilização e a fé do período do deserto.

d) Finalmente, podem ser percebidas concepções conservadoras e reacionárias no terceiro estrato-fonte antigo do Hexateuco, cuja existência muitos estudiosos têm tentado provar[6]. Mesmo a história primeva neste filamento de narrativa mostra certa hostilidade, ou até rejeição, para com o progresso da civilização sedentária. O verdadeiro homem e o verdadeiro fiel são representados pelo nômade. Portanto, Israel devia realmente ter permanecido na montanha de Deus no deserto, da qual Iahweh os despediu por causa de sua impetuosidade, pois o território colonizado, com seus santuários, é apenas um substituto imperfeito da verdadeira terra natal de Israel: o deserto com a montanha de Deus[7]. Portanto, os israelitas abandonaram Iahweh tão logo entraram em contato com o território colonizado (Nm 25.1-5).

---

[5] BHH, III, 1559.
[6] S-F, § 24.
[7] O. Eissfeldt, *Einleitung in das Alte Testament*, 3ª ed., 1964, 259.

Neste ponto, ouvimos claramente a crítica nômade, conservadora, da forma civilizada do javismo influenciada pela religião cananéia.

3. A abordagem mágica da vida[8]

No Israel palestinense, a abordagem mágica foi formada primariamente pela vegetação e cultos de fertilidade cananeus, cuja base era bastante mágica. Apenas no mundo conceptual da magia se pode esperar o fortalecimento da divindade e a manutenção das forças misteriosas da vida, por meio de ritos sexuais ou do redespertar do ritmo da natureza em cada ano e da restituição da terra fértil, através de ritos centrados numa divindade que morre e depois ressuscita. Portanto, os israelitas adotaram muitas práticas cananéias de magia. Eles também tinham trazido outras do tempo de seu passado nômade (§ 2,3); isso tornou mais fácil a invasão da magia cananéia, exatamente como inversamente a antiga herança mágica de Israel podia reviver neste ambiente. Finalmente, tudo isso foi reforçado pelo empréstimo de cultos estrangeiros, primariamente em conseqüência da política de alianças ou estado de vassalo de Judá, durante a monarquia tardia (§ 11,4), visto que esses cultos estavam parcial ou totalmente saturados de magia. É verdade que o javismo prescrevia as práticas de magia (cf. Êx 20.7; 22.18; 1 Sm 28.9; em termos mais recentes Lv 20.27; Dt 18.10ss), mas havia freqüentemente pouca resistência na vida diária.

---

[8] BHH, I, 9-11.19.52.90-91.209.225-226.598-599; III, 1867-1868.1894-1895.2204-2205.2209-2210; RGG, I, 1321; IV, 258.595-601.727.729.1628-1629; VI, 604-605.1525-1526.1871-1875; IDB, III 223-225; J. DÖLLER, *Die Wahrsagerei im Alten Testament*, 1923; H. J. ELHORST, "Eine verkannte Zauberhandlung (Dt 21.1-9); *ZAW* 39 (1921), 58-67; F. C. FENSHAM, "Salt as Curse in the Old Testament and the Ancient Near East", BA 25 (1962), 48-50; P. HUMBERT, La "terou'a", analyse d'un rite biblique, 1946 S. IWRY, "New Evidence for Belomancy in Ancient Palestine and Phoenicia", JAOS 81 (1961), 27-34; S. REINACH, "Le souper chez la sorcière", BHB 88 (1923), 45-50; I. TRENCSÉNYI-WALDAPFEL, "Die Hexe von Endor und die griechisch-römische Welt", AcOr (Budapest) 11 (1960), 201-222; F. VARTIONI, "La necromanzia nell'Antico Testamento". *Augustinianum* 3 (1963), 461-481.

Como os cananeus, os israelitas percebiam a presença de demônios em toda parte – não só no deserto, de modo que um sacrifício apotropaico anual a um deles lhes parecia necessário (Lv 16), mas também no território colonizado, onde a fertilidade dos campos, a segurança da casa e a saúde do homem dependiam, pelo menos em parte, deles (cf. § 14,3). Havia homens e mulheres hábeis em técnicas perigosas de ganhar influência sobre tais poderes ou torná-las subservientes. Os vários nomes que o Antigo Testamento usa com referência a eles mostram quão variado era esse grupo. Eles podiam exorcizar enfermidades, impor ou libertar de um feitiço, provocar dias infelizes, fazer chover e praticar a necromancia. Provavelmente, o povo era mais devotado à magia do que geralmente se supõe. Os homens temiam a ameaça perpétua de demônios e os poderes mágicos de seus vizinhos. Portanto, realizavam ações mágicas para proteger-se e ofender seus inimigos. Em muitos Salmos, podemos encontrar ainda ecos da noção segundo a qual o desastre que aflige um homem é devido a um feitiço que deve ser quebrado por um contrafeitiço. As escavações também têm trazido à luz vários esquemas mágicos: tabuinhas de execração, contendo maldições contra o inimigo; pequenas estatuetas com mãos e pés atados, cuja intenção era amarrar o inimigo por meio de aprisionamento, doença ou morte; numerosos amuletos, como pérolas azuis contra o mau olhado, pequenas mãos de prata para a proteção de crianças e símbolos de deuses ou demônios para assegurar o seu patrocínio. E exatamente como no período primitivo se considerava que palavras de bênção e maldição tinham poder mágico, assim eram os cadáveres, cujo poder era desviado através de ritos funerários.

Assim, embora a tradição tenha freqüentemente mascarado o seu caráter, a vida diária dos israelitas estava repleta de um grande número de práticas de magia. Uma mulher podia buscar a sua ajuda para vencer a aversão ao marido (Gn 30.14), um pastor podia procurar influenciar as crias de sua ovelha (Gn 30.37-38). Mananciais de águas insalubres tornavam-se saudáveis por meio do uso de sal, alimento tóxico, por meio de farinha (2 Rs 2.19ss;

4.38ss). Homens interpretavam sonhos e constelações (Dt 13.2ss; Jr 10.2) ou prediziam o futuro por meio de presságios (Lv 19.26; Dt 18.10; 2 Rs 17.17; 21.6): a água era usada para tal pela observação das bolhas e refração (Gn 44.5), flechas eram tiradas de um receptáculo ou vibradas, o fígado de animais sacrificais era examinado quanto à sua cor e forma (Ez 21.21). Desta maneira, o povo pensava que podia reconhecer, influenciar ou controlar as grandes forças da vida, a fim de ser senhor de sua própria vida, proteger-se contra o perigo e aproveitar ao máximo a sua existência.

4. *A abordagem cultual da vida*

a) Em contraste com o sincretismo e com a abordagem mágica, a abordagem cultual da vida é caracterizada pela recusa em adotar idéias e práticas cananéias sem cuidadosa consideração; ao contrário, procurava incorporar ao javismo só aqueles elementos que eram viáveis e não antitéticos ao javismo. Portanto, este meio-termo entre a radical rejeição da religião cananéia e a total acomodação do javismo a ela mostra uma justaposição de eliminação e compromisso.

A magia e a bruxaria, com todas as manifestações que as acompanham, eram proibidas e duramente atacadas. Visto que a bruxaria levantava a questão da adoração exclusiva de Iahweh como reconhecimento da divina soberania, geralmente era punida com a morte. Certos atos específicos, tais como práticas funerárias (Lv 21.1ss; Dt 14.1-2) e hábitos sacrificais (Êx 34.26; cf. § 9,3), baseados em magia, também eram proibidos. Além de alguns dos reis, o sumo sacerdote Joiada introduziu uma reforma cultual em Jerusalém, quando atacou o culto de Baal da rainha Atalia (2 Rs 11).

Além disso, aquilo que parecia necessário e aceitável à nova situação do território colonizado era tomado por empréstimo e assimilado. Segundo o exemplo cananeu, os israelitas construíram santuários e templos, estabelecendo normas para seus aparatos e culto (cf. § 9,3; 16). No culto, em que a comunhão entre

Iahweh e Israel era cultivada, Iahweh veio a assumir as características dos deuses locais e a ser adorado como eles o eram. A intensa vontade ética da antiga concepção de Deus retraiu-se em favor do poder misterioso da divindade sobre a vida e sobre sua operação na esfera da natureza. Em vez da tremenda exaltação de Iahweh, foi acentuada a mediação da bênção divina. De acordo com essa crença, Iahweh não mais protegia o seu povo só em ocasiões especiais, intervindo em tempo de guerra na batalha com tempestade e tumulto, mas concedia perpetuamente a bênção a seu povo, a fim de que os rebanhos e frutos da terra florescessem. Portanto, pouco a pouco, todos os incidentes da vida agrícola se ligaram a Iahweh.

Do ponto de vista daqueles que participavam da abordagem cultual é mediante o culto que se pode participar da esfera divina, elevando-se pelo êxtase emocional ou pela exaltação prática. Contudo, esse culto não era nem baseado numa revelação divina nem criado pelos próprios israelitas; era um desenvolvimento do próprio culto da terra que tinha sido ocupada, pois ele tinha de satisfazer às exigências da terra. Os homens admitidos à participação no culto reuniam-se conseqüentemente nos santuários para celebrar as grandes festas anuais agrícolas para a concessão divina da bênção e após ela (§ 16,3). Se Iahweh concedia sua bênção ao lavrador, este, por sua vez, ofereceria sacrifício como oração e ação de graças. Ele se sentava à mesa com Iahweh, feliz porque confiava que no ano seguinte também ele poderia uma vez mais ser ricamente abençoado, se pudesse reter o favor de seu Deus. O propósito primário do culto era obter alguma coisa de Iahweh. Visto que o objetivo era a preservação da ordem existente, a abordagem cultual era essencialmente conservada.

b) A teologia sacerdotal do culto combinava o culto da comunhão com Deus com a consciência da distância entre o homem e Deus e da sua inacessibilidade a Deus, que corresponde ao princípio da soberania divina. Para tornar visível a disparidade, os recintos sagrados e os objetos santificados eram separados do âmbito da vida secular. Para divorciar Israel de outros poderes divinos ou demoníacos, cuja esfera devia ser evitada por ser impura, foram estabelecidas regras de pureza e abstinência, que permeavam toda a vida. Assim, colocava-se o fundamento para aquilo que haveria de ser crescentemente enfatizado nos tempos subseqüentes: de um lado, a absoluta transcendência de Deus e, de outro, a separação do povo santo.

A fim de manter a relação real entre as duas qualidades, a teologia sacerdotal do culto sublinhou a importância da lei mais do que o javismo mosaico tinha feito. O próprio sacerdócio cultivava e ampliava a lei existente, com o resultado de que, no período pós-exílico, se originou uma devoção independente para com a lei. A lei representava a vontade soberana de Iahweh de forma concreta; nela, essa vontade deixava o âmbito do divino e invadia a esfera terrena. Como doador da lei, Iahweh demonstrava seu poder sobre os homens por controlar as suas vidas e conservá-los em perpétua dependência.

As leis cultuais estavam fundamentadas na noção de que, dentro de Israel, tudo era propriedade de Iahweh. A natureza do culto tinha de se conformar com essa noção, de modo que as festas, os sacrifícios e outros rituais servissem para fazer os homens reconhecerem a soberania de Iahweh, fazendo sentir ao israelita individualmente que sua vida estava dedicada a esse Deus e determinada por ele até em suas manifestações externas. Freqüentemente, as formas cultuais intentavam ser moralmente educacionais: veja-se, por exemplo, a instrução sacerdotal concernente aos princípios de conduta social no Sl 15; 24.3-6. Outras formas, como os hinos e orações do templo, as palavras de Iahweh e bênçãos, podiam servir para expressar o relacionamento da nação e do indivíduo com Iahweh.

A vida e a conduta diárias eram também introduzidas no âmbito da lei. Visto que a lei como um todo era considerada a incorporação concreta da vontade de Deus, o homem que idealizava sua vida de acordo com seus preceitos obedecia às exigências do próprio Iahweh. As ações específicas de um homem eram o fator crucial, porque eram consideradas a expressão visível de uma atitude interior correspondente que, como tal, não podia ser discernida. Assim, o homem reto que obedecia aos mandamentos divinos era, ao mesmo tempo, o homem devoto.

Obviamente, tudo isso era apenas a teologia sacerdotal do culto e, portanto, teórica. De muitas maneiras, a realidade produzia um aspecto diferente, como mostraram o curso histórico-religioso da monarquia (§ 11) e os libelos dos profetas (§ 20,2).

5. A abordagem nacionalista da vida

Como as noções e práticas de magia da religião popular, a tradição popular das narrativas da história antiga de Israel causou o aparecimento de certa dose de crítica. Essa crítica resultou na recensão final do segundo fundamento do Hexateuco[9] da parte dos grandes editores e construtores dos estratos-fonte J e E[10]. Ambos manifestavam claramente pontos de vista definidos.

O J afirmou a civilização agrícola da Palestina e o javismo que a acompanhava como uma unidade inseparável, como demonstra especialmente o chamado decálogo cultual (Êx 34.1-28). Ele considerou favoravelmente o poder nacional, o Estado e a monarquia (Gn 27.29; Nm 24.3-9, 15-19). Conseqüentemente, Israel deixa o Sinai alegremente e, com expectativa, entra na terra que "mana leite e mel" (Êx 3.8 e *passim);* Iahweh vai à frente habitar nesta terra. Ao mesmo tempo, antepondo a história primitiva de Gn 1-11[11] à história da salvação, J, como uma espécie de advertência, descreveu todo o curso da história a partir da perspectiva do pecado como a dissolução da comunhão com Deus e do julgamento como a vindicação da soberania de Deus contra o pecador. Assim, todo o relato tomou o caráter de uma história da decisão.

E também mostra uma nítida autocompreensão israelita. Neste caso, de fato, um enfoque do universalismo encontrado

---
[9] S-F, § 19.
[10] S-F, § 21-23.
[11] Cf. W. G. LAMBERT, "New Light on the Babylonian Flood", JSS 5 (1960), 113-123.

em J, segundo o qual as outras nações podem participar da bênção concedida a Israel, torna-se vítima da concentração sobre o nacionalismo religioso. A soberania e comunhão com Deus foram essencialmente restringidas a Israel. Contudo, o elemento nacionalista não estava tão imediatamente associado com o elemento religioso como no caso de J; em vez disso, a teologia tende a substituir o nacionalismo. Os elementos cruciais são o lado religioso da eleição de Israel por Iahweh e a separação associada a essa eleição (Nm 23.9b). A ênfase é sobre a herança religiosa e sobre o propósito religioso de Israel: é uma nação escolhida do mundo gentio e colocada a serviço de Iahweh. Essa idéia transcende o mero nacionalismo materialista. Na história do bezerro de ouro na montanha de Deus, o E pode tomar uma atitude negativa para com Israel: em contraste com o relato de J, o E conclui a história com uma nota ameaçadora, visto que Israel é despedido da montanha de Deus é proclamado um julgamento contra a geração do deserto (Êx 32.34).

Apesar de tais diferenças, o J e o E representaram uma forma de javismo distinta da abordagem cultual. Característico do pensamento deles era a associação de religião com nacionalismo, no sentido de solidariedade nacional de um povo com base na religião. Como a abordagem cultual, o nacionalismo religioso era conservador, visto que ele procurava preservar a ordem existente.

Fundamental é a crença segundo a qual Iahweh escolheu Israel dentre as nações da humanidade, embora o termo deuteronômico *bahar* não apareça ainda. Conseqüentemente, o relato do E começa com Abraão e sua eleição. O J, cuja história primitiva constitui o sombrio fundo para a eleição dos patriarcas, também estava interessado primariamente no povo escolhido. Ramos subsidiários foram prontamente excluídos, enquanto a linha principal foi seguida. Muitas narrativas tratam do perigo passageiro em que o clã escolhido se extinguirá, porque um ancestral feminino é estéril (Sara, Raquel) ou é colocado em perigo por um estrangeiro (Gn 20; 26.1-11), enquanto outras intentaram mostrar como Iahweh conduziu o seu desígnio a uma feliz concretização, apesar da ordem para sacrificar Isaac, da fuga de Jacó e da ameaça a José. As repetidas promessas de Deus com respeito à terra, feitas aos patriarcas, colocam a base para a pretensão de Israel, como uma nação, ao território colonizado que eles ocuparam.

Uma razão ulterior que enfatiza a tradição patriarcal está na noção de "todo Israel". No período da monarquia dividida, o J e o E puseram o fundamento do ideal de um Estado nacional na pré-história de Israel; e ele só foi realizado no império de Davi e Salomão, que compreendia todos os israelitas: uma só genealogia, uma única nação. Portanto, unem-se as fronteiras nacional e religiosa. Iahweh pode atravessar os limites da terra, mas não aqueles da nação. Conseqüentemente, J recusa-se a ver o nome de Iahweh, que ele usa desde o princípio, pronunciado na presença de não israelitas ou por eles.

Assim, Iahweh foi confinado não apenas dentro dos limites do culto, mas também dentro dos limites da nação. O israelita cria que sua vida se tornava segura não apenas através da realização do culto, mas também em virtude da pertença ao povo escolhido. Da mesma maneira que a abordagem cultual, pouco a pouco, levou a uma crescente proliferação de rituais e leis, assim também a abordagem nacionalista conduziu Israel a esperar o divino auxilio para o sucesso do Estado israelita e sua soberania, até que as revoltas do período de dominação romana provocaram a catástrofe final.

6. *A abordagem sapiencial da vida*

Desde o tempo de Salomão, a instrução sapiencial era originária de Israel[12]. Ela foi cultivada na corte real e entre o número

---

[12] BHH, III, 2153-2155; RGG, VI, 1574-1577; IDB, IV, 852-861; E. G. BAUCKMANN, "Die Proverbien und die Sprüche des Jesus Sirach", *ZAW* 72 (1960), 33-63; L. DÜRR, *Das Erziehungswesen im Alten Testament und im antiken Orient*, 1932; J. FICHTNER, "Zum Problem Glaube und Geschichte in der israelititisch-jüdischen Weisheitsliteratur" , *ThLZ* 76 (1951), 145-150 (= *Gottes Weissheit*, 1965,

crescente de funcionários; além disso, era geralmente, a forma contemporânea de treinamento intelectual. Quando observamos sua influência fora dos círculos oficiais, como no caso de alguns dos profetas, isso não significa que se trate de homens cultos no sentido comum. Contudo, a crítica isaiana do "sábio", com seus esquemas e programas que parecem prudentes, mas que são realmente perniciosos[13], mostra que, o mais tardar por volta da segunda metade do século VIII, a instrução sapiencial basicamente ainda representava o treinamento e a moralidade da alta burocracia em sentido amplo. Apenas a partir do fim do século VII encontramos evidência de uma base mais ampla. Dt 1.13. 15; 16.9 inclui funcionários menores e administradores da justiça no círculo do "sábio". Jr 8.8-9 chama os sacerdotes de "homens sábios" como dispenseiros da lei, enquanto 18.18 fala de uma classe separada de homens sábios cuja função é aconselhar. Assim, do fim do século VII em diante, a instrução sapiencial evolveu de treinamento e moralidade de uma classe oficial para uma visão compartilhada por extensos círculos, sem restrição social ou sociológica.

Além disso, tinha havido sempre uma familiaridade prática, baseada na experiência, com certas leis da natureza e esferas de atividade, visto que o homem está sempre diante da tarefa de dominar o seu ambiente e de aproveitar ao máximo sua vida no mundo. Contudo, não é adequado falar da antiga sabedoria de clã como uma forma especial de sabedoria. É necessário procurar, sempre e em toda parte, ordem e regularidade na multiplicidade de eventos e fenômenos, ordem à qual o homem pode adaptar-se e com a qual ele pode usar os

---

9-17); G. FOHRER, "sophîa"; B, Altes Testament", ThW 7, 476-496; A. LODS, "Le monothéisme israélite a-t-il eu des précurseurs parmi les 'sages' de l'ancien Orient?" RHPhR 14 (1934), 197-205; P. A. MUNCH, "Die alphabetische Akrostichie in der jüdaischen Psalmendichtung", ZDMG 90 (1936), 702-017; id., "Die jüdischen 'Weisheitspsalmen' und ihr Platz im Leben", AcOr (Copenhagen), 15 (1936), 112-140; W. RICHTER, Recht und Ethos, 1966.

[13] J. FICHTNER, "Jesaja unter den Weisen", ThLZ 74 (1949), 75-80 (= Gottes Weisheit, 1965, 18-26).

seus próprios propósitos. Isso acontece acima de tudo nos provérbios populares, que simplesmente registram fragmentos de conhecimento e experiência, deixando ao indivíduo a possibilidade de tirar as conclusões adequadas com respeito à sua conduta (1 Sm 24.13; Pr 11.2*a*; 16.18; 18.22). A afirmação do provérbio pode ser paradoxal e contraditória (Pr 11.24; 20.17; 25.15; 27.7), sem aparente tentativa de derivar um princípio universalmente válido ou erigir um sistema. Embora tais provérbios fossem transmitidos no contexto da literatura de sabedoria e, mais tarde, fossem freqüentemente expandidos pelo acréscimo de uma segunda linha, com uma correspondente referência à esfera humana (Pr 25.2, 3; 26.20; 27.20), é prudente reservar o termo" sabedoria" para o treinamento e moralidade de círculos oficiais, subdividida, por sua vez, em sabedoria teorética e sabedoria prática.

Essa doutrina está baseada num ideal de treinamento e formação do homem completo, visto que seu propósito não é meramente determinar a ordem e a regularidade da natureza e da vida, mas também educar homens nesta base. O ideal é semelhante ao ensino egípcio: o homem de espírito sereno (Pr 7.27) em contraste com o exaltado (Pr 15.18; 22.24; 29.22), o homem tardio em irar-se em contraste com o homem de temperamento impetuoso (Pr 14.29), o homem de mente tranqüila, que não se entrega à paixão devoradora (Pr 14.30), mas controla suas emoções e impulsos.

Encontramos a sabedoria teorética, no antigo Oriente Médio, na forma de listas eruditas; na falta de um exemplo israelita, podemos citar o onomástico de Amenotep (cerca de 1100 a.C.). Da maneira como foi preservado, fornece uma lista de 610 palavras-chaves: seres e objetos celestiais, coisas encontradas na água e sobre a terra, figuras divinas e reais, cortesãos, funcionários, profissões, classes, tribos e tipos de homens, cidades, construções e suas partes constituintes, bens, grãos e produtos de grãos, comida e bebida, partes de um boi e tipos de carne. Portanto, trata-se de uma enciclopédia universal na forma de um léxico arranjado segundo o assunto. Tais listas existiam também em Israel: elas foram utilizadas em Gn 1; Sl 104; 108; bem como em Pr 6.16-19; 30, e outros ditos numéricos. Extensos poemas parecem seguir tais listas em sua estrutura (Jó 24.5-8, 14-16a; 28; 30.2-8; 36.27-37, 13; 38.4–, 39; 30; 40.15-24; 40.25-41.34).

Mais importante era a sabedoria prática, com suas normas na forma de provérbios e canções. Essa forma de sabedoria proporcionava verdades que se aplicam à vida humana, de acordo com as quais um homem pode guiar sua conduta. Ela foi sempre lúcida e sensível, freqüentemente prosaica, prática e intentava ser útil. Seu propósito era o domínio da própria vida; ensinava que é possível evitar toda ofensa e escapar de todo perigo, se se observa que o sábio estabeleceu normas que governam a vida. Pois até a divindade obedece às leis da natureza e garante sua validade, de modo que o homem sábio seja capaz de tornar-se parte da substância e do sistema dessa ordem universal. Portanto, o representante dessa atitude otimista é perspicaz e reto; ele permanece no fervoroso temor de Deus, mas tem total confiança em sua capacidade para controlar sua vida e satisfazer às suas necessidades humanas. Ele traça uma linha clara e desdenhosa entre si mesmo e o tolo que não possui tal compreensão[14].

A adaptação à vida israelita e acomodação ao javismo deixaram suas marcas na instrução sapiencial. Embora, desde o princípio, fosse uma moralidade para os círculos oficiais, ela não se restringiu a uma classe específica, como era claramente o caso em qualquer outro lugar, especialmente no Egito, mas era mais aplicável a todos os homens. Daí a ênfase sobre os deveres dos filhos para com os pais, o *status* relativamente alto concedido às mulheres, a forte condenação da fornicação e do adultério, o alto valor colocado na amizade e a preocupação com o pobre e o fraco. Dentro da estrutura do javismo como uma religião do comportamento humano, de acordo com nor-

---

[14] W. ZINUNERLI, *Die Weisheit des Predigefs Salomo*, 1936, 11.

mas definidas, a instrução sapiencial tornou-se antropologicizada: o eu humano veio a substituir o mundo como fator crucial. Acima de tudo, o conceito de "sabedoria" transformou-se pouco a pouco de tal modo que sabedoria, retidão e piedade vieram a constituir uma unidade indissolúvel, e as normas de comportamento foram associadas ao Deus de Israel e baseadas nele. Neste contexto, a noção de justiça de retribuição levada a cabo por Iahweh, durante a vida terrena de um homem, ganhou novo significado.

7. Características compartilhadas

Nitidamente distintas como foram as abordagens esboçadas acima, contudo, todas elas revelam duas características comuns, que tipificam o javismo não profético da época da monarquia:

a) O bem-estar espiritual da nação e do indivíduo está pressuposto; ele não é uma meta a ser alcançada ou uma dívida de Iahweh. Está pressuposto na vida do javismo nômade, bem como naquele do período mosaico; no culto, com suas festividades, no qual o adorador pode participar da esfera divina, na sociedade agrícola e na vida política; ou nas sábias normas de conduta que permitem a um homem aproveitar bem a sua vida. Até a abordagem mágica, sem qualquer obrigação para com Iahweh, repousa sobre base semelhante.

b) Esse estado de felicidade pode ser transtornado pelo grupo todo ou por um indivíduo através de quedas concretas, em conseqüência de atos ou omissões específicos. Contudo, ele não é destruído, mas pode ser restabelecido ou restaurado, acima de tudo por meio de atos adequados de expiação.

Este ponto de vista, geralmente aceito, de acordo com o qual Israel vivia pela natureza num estado de bem-estar espiritual que podia ser transtornado temporariamente, mas restaurado a qualquer momento, foi duramente contestado pelos grandes profetas individuais do século VIII em diante (§ 20,1).

§ 14. IAHWEH E A ESFERA DIVINA

K.-H. Bernhardt, *Gott und Bild*, 1956; T. Canaan, *Dämonenglaube im Lande der Bibel*, 1929; G. Cooke, "The Sons of (the) God(s)", *ZAW* LXXVI (1964), 22-47; E. Dhorme, "La démonologie biblique", in *maqqél shâqédh, Hommage à W. Vischer*, 1960, 46-54; H. Duhm, *Die bösen Geister im Alten Testament*, 1904; H. Fredriksson, *Jahwe als Krieger*, 1945: G. W. Heidt, *Angelology of the Old Testament*, 1949; A. Jirku, *Die Dämonen und ihre Abwehr im Alten Testament*, 1912 (= *Von Jerusalém nach Ugarit*, 1966, 1-107); Die Dämonen im Alten Testament, 1930, A. Kruyswijk, "Geen gesneden beeld...," 1962; C. J. Labuschagne, *The Incomparability of Yahweh in the Old Testament*, 1966; E. Langton, *The Ministries of the Angelic Powers*, 1937; id., *Essentials of Demonology*, 1949; J. Rybinsky, *Der Mal'ak Jahwe*, 1930; F. Stier, *Gott und sein Engel im Alten Testament*, 1934; M. T. Unger, *Biblical Demonology*, 1952; A. S. van der Woude, "mal'ak Jahweh: een Godsbode", *NThT*, XVIII (1963/64), 1-13.

1. *Iahweh e suas manifestações*

a) Durante a monarquia, a idéia de Deus foi ampliada e expandida de muitas maneiras, como pode ser visto diretamente pelos novos epítetos e títulos atribuídos a Iahweh. Os primeiros destes que merecem ser mencionados são os dois baseados em 2 Sm 6.2 (cf. § 10,1): "*Yahweh Sabaoth*" (forma completa: "Iahweh, Deus dos Sabaoth") e "aquele que se assenta entronizado acima dos querubins". A expressão "Iahweh (Deus dos) Sabaoth" é de difícil interpretação, visto que, como é tão freqüentemente o caso, o Antigo Testamento não oferece explicação. As interpretações sugeridas classificam-se em dois grupos: 1) "*Sabaoth*" refere-se às hostes militares de Israel ou às milícias combinadas de Judá e Israel[15]; 2) refere-se às hostes celestiais, ou seja, as estrelas, os anjos ou outros seres celestiais, o degradado panteão cananeu, ou demônios subjugados[16]; ou 3) ela significa "poderes" em

---

[15] E. Kautzsch, "Die ursprüngliche Bedeutung des Namens Yehovah Sabaoth", *ZAW* 6 (1886), 17-22.

[16] A. Alt, "Gedanken über das Königtum Jahwes", in *Kleine Schriften zur Geschichte des Volkes Israel*, II (1953), 354-355; V. Maag, "Jahwäs Heerscharen", *Schweiz*.

algum sentido não concreto, como um plural abstrato de *Sabaoth*, significando onipotência[17]. O primeiro ponto de vista é fundamentado pelo fato de que 1 Sm 17.45 chama Iahweh de "Deus dos exércitos de Israel"; mas isto pertence a uma elaboração posterior da narrativa. Qualquer referência às milícias de Judá e Israel seria possível somente no período do império davídico e salomônico. O segundo ponto de vista parece apropriado ao período seguinte, depois da divisão do reino, especialmente visto que Js 5.14 pressupõe um exército celestial (singular) de Iahweh, cujo comandante aparece a Josué, e Is 24.21 refere-se a uma "hoste do céu", que Iahweh chamará para um acerto de contas. Contudo, não é possível definir precisamente a idéia. As "hostes" podiam ser o exército celestial (Js 5.13-15), os seres que formam a corte celestial (1 Rs 22.19; Jó 1.6), os seres celestiais que conduzem ou julgam as nações sobre a terra (Dn 4.17; 10.13, 20-21; 12.1), as constelações (Is 40.26) como divindades astrais adoradas pelos homens (Dt 4.19; Jr 19.13). Contudo, exatamente como o limite entre as estrelas e os espíritos ou divindades astrais era vago, de modo que se poderiam imaginar as constelações como de seres vivos (Jz 5.20), assim também, seguindo o exemplo babilônico, elas poderiam ser identificadas com seres celestiais (Jó 38.7). De qualquer maneira, a expressão "Iahweh [Deus dos] Sabaoth [exércitos]" expressa uma significativa extensão do poder de Iahweh, visto que ela implica a subordinação dos seres celestiais a ele. No uso posterior, o termo perdeu a sua significação concreta. Seu uso popular na profecia pós-exílica corresponde, mais provavelmente, à terceira interpretação, que vê na expressão uma referência à plenitude do poder de Iahweh.

Theol, Umschau 20 (1950), 27-52. Improváveis são as sugestões de J. P. Ross, "Jahweh S⁰bā'ôt in Samuel and Psalms", VT 17 (1967), 76-97, segundo o qual o termo "sabaoth", originalmente, se referia a um deus cananeu, e de M. Tsevat, "Studies in the Book of Samuel, IV", HUCA 36 (1965), 49-58, segundo o qual o termo descrevia Iahweh como a milícia de Israel.

[17] O. Eissfeldt, "Jahwe Zebaoth", *Miscellanea Academica Berolinensia*, II. 2 (1950), 128-150 (= *Kleine Schriften*, III [1966], 103.123); B. N. Wambacq, *L'épithète divine Jahvé Sébaot*, 1947; G. Wanke, *Die Zionstheologie der Korachiten*, 1966, 40-46.

A designação adicional de Iahweh como "aquele que se assenta entronizado acima dos querubins" corresponde ao seu ser chamado "cavaleiro das nuvens" (§ 9,2), pois os querubins, descritos como esfinges aladas, foram considerados ou portadores de todas as espécies de objetos (incluindo tronos) ou a personificação de nuvens de tempestade[18]. No período davídico, Iahweh montava neles (Sl 18.10), como o Deus que se apressa para a batalha no meio da tempestade. Depois da conclusão do Templo de Salomão, esse conceito foi reinterpretado. O par de querubins no santo dos santos simbolizava o trono de Deus, sobre o qual Iahweh foi concebido como sentado e "entronizado acima dos querubins". Portanto, esta interpretação está associada com o uso do título "rei" para Iahweh.

As opiniões diferem amplamente com respeito à origem e, acima de tudo, quanto à data da aplicação do título "rei" a Iahweh[19].

Enquanto BUBER supõe que Israel era originalmente teocrático e, desde o começo, cria na realeza de Iahweh, ALT interpreta essa realeza como a noção de Iahweh entronizado no meio de uma hoste de seres divinos subordinados, conceito que do período pré-monárquico na Palestina. WEISER chega à mesma conclusão com base no nome "Malchishua" (um dos filhos de Saul) e em Êx 15.18; Nm 23.21; Dt 33.5[20]. Por outro lado, ROST sustenta

---

[18] Contudo, cf. também P. DHORME e H. VINCENT, "Les Chérubins", RB 35 (1926), 328-358, 481-495.
[19] A. ALT, "Gedanken über das Königtum Jahwes"; M. BUBER, Königtum Gottes, 3ª ed., 1956; O. EISSFELDT, "Jahwe als König", ZAW 46 (1928), 81-105 (= Kleine Schriften, I [1962], 172-193); J. GRAY, "The Hebrew Conception of the Kingship of God", VT 6 (1956), 268-285; id, "The Kingsship of God in the Prophets and Psalmah", ib., 11 (1961), 1-29; V. MAAG, "Malkût Jhwb", VTSuppl 7 (1960), 129-153; L. ROST, "Königsherrschaft Gottes in vorköniglicher Zeit", ThLZ 85 (1960), 721-724; W. H. SCHMIDT, Königtum Gottes in Ugarit und Israel, 2ª ed., 1966.
[20] A. WEISER, "Samuel und die Vorgeschichte des israelitischen Königtums, I Sam 8", ZThK 57 (1960), 141-161. Contudo, as três passagens citadas são consideravelmente posteriores e não contêm tradições do período anterior ao Estado.

que J, que ele data do período de Davi e Salomão, ainda rejeitava a noção de realeza de Iahweh. G. von Rad também pensa que a noção se originou em algum tempo depois do desenvolvimento da monarquia israelita[21].

Embora a antiga evidência literária explícita (Is 6.5; cf. Nm 23.21 [E]) date apenas do século VIII, o uso do título "rei" para Iahweh é, indubitavelmente, anterior e representa uma herança cananéia. Ele combina a noção da eterna, imutável, "estática" realeza de El com aquela da "dinâmica" realeza de Baal, que deve ser alcançada, assegurada e defendida (Schmidt). Como acontece com Is 6.5, também em Jr 46.18; 48.15; 51.57; Sl 24.9-10, o título real está associado com a expressão "Iahweh Sabaoth" e, neste caso, com a arca (§ 10,1). Enquanto a conexão entre os dois últimos foi estabelecida durante o período de Davi, parece provável que o título de "rei" tenha sido adotado, o mais tardar, depois da construção do Templo de Salomão – com a aparência terrena do palácio celestial de Deus e depois da transferência, para ele, da arca. De qualquer maneira, a aplicação do título real a Iahweh está freqüentemente associada com Jerusalém (*e.g.*, Is 52.7; Jr 8.19), e a realeza davídica é, praticamente, colocada em pé de igualdade com a realeza de Deus (1 Cr 17.14; 28.5; 29.3; 2 Cr 9.8; 13.8). Contudo, tal uso oficial não exclui a possibilidade de que o título tenha sido usado, mais cedo e alhures, como uma forma mais ou menos particular (1 Sm 14.49). Em tudo isso, o ponto essencial é que o título real não se refere à soberania de Iahweh sobre os deuses, como no caso de El e Baal, mas à sua soberania sobre Israel. A extensão dessa soberania, obviamente, não permanece constante; ela se expande continuamente com a passagem do tempo, até incluir todas as nações e o mundo inteiro. .

O termo "pastor" proclamava acima de tudo auxílio e proteção. Contudo, em Israel, ele foi aplicado a Iahweh só hesitantemente, porque estava carregado de sentido, visto já ter sido usado com referência ao Dumuzi sumério (Tammuz) e aos reis no

---

[21] ThW 1, 567.

antigo Oriente Médio. Não o encontramos aplicado a Iahweh até o século VIII em Gn 48.15 (E) e Os 13.5-6, corrigido; seu uso se torna mais freqüente do fim do século VII em diante (Jr 23.1ss; Ez 34, Sl 2.3; e *passim*).

b) O lugar da habitação de Deus nunca foi identificado por Israel com o Sinai; nem mesmo as expressões "aquele do Sinai" (Jz 5.5; Sl 68.8) e "montanha de Deus" podem ser tomadas nesse sentido. A referência é somente ao aparecimento ou descida de Iahweh à montanha, não à sua permanente habitação ali. A montanha serve como um lugar temporário de revelação ou como o ponto de partida para a posterior jornada de Iahweh em direção à Palestina (Jz 5.4-5; Dt 33.2; Hab 3.3-4; Sl 68.17). Nem foram os santuários e lugares de culto da Palestina considerados lugares onde Iahweh habitasse permanentemente. Cria-se que ele estava presente ali apenas no momento de sua revelação. Para um período que não pode ser determinado com exatidão, o Templo de Jerusalém constituiu uma exceção: segundo a oração de dedicação de Salomão, tencionava-se que fosse um templo para Deus habitar nele (1 Rs 8.12-13). Contudo, levanta-se a questão se isso não se refere à habitação da aparência de Deus, exatamente como o Templo em si foi considerado a aparência do palácio celestial de Deus[22]. Pensava-se que Iahweh habitava nesse palácio construído sobre a abóbada do céu e acima do oceano celestial (*e.g.*, Gn 11.5; 19.24; 21.17; 22.11; 24.7; 28.12; Êx 19.18; Sl 2.4; 18.6), embora mesmo a esse respeito uma voz posterior note cautelosamente que o céu, em si mesmo, não pode contê-lo (1 Rs 8.27). Contudo, esta não é a concepção dominante. Ainda assim, o interesse primário está menos na localização em si do que na onisciência (Sl 11.4; 14.2; 33.13ss; e *passim*) e onipotência (Is 40.22ss) de Iahweh simbolizadas dessa maneira.

Iahweh vem do céu para aparecer de várias formas no Sinai ou nos santuários. Independentemente da forma mítico-antropomórfica (*e.g.*, Gn 18) e da aparição em sonhos (*e.g.*, Gn 46.2), que

---

[22] Além do mais, o período posterior restringiu essa noção à habitação da k'bôd ou nome de Iahweh.

não precisam de ulterior explicação, a teofania merece ser mencionada em primeiro lugar[23]. Em sua forma primitiva, os relatos das teofanias incluem os dois motivos da vinda de Iahweh e o efeito de sua vinda (*e.g.*, Jz 5.4-5; Mq 1.3-4). O efeito pode ser mostrado, por um lado, no temor que gera nos homens (a teofania do Sinai); por outro, no distúrbio dos elementos da natureza. Visto que o último fato deriva aparentemente de relatos não javistas, comuns a todo o antigo Oriente Médio, que além do mais concorda com a natureza pessoal do javismo, deve ser considerado original. Portanto, a teofania do Sinai pode ser considerada a base para os relatos de outras teofanias. J. JEREMIAS, recentemente, demonstrou que a origem de um culto-festividade de Jerusalém está fora de questão; contudo, a canção de vitória que ele considera o *Sitz im Leben* da teofania é, em si, provavelmente impossível, porque Jz 5 constitui base estreita demais e, em si, já mostra a forma posterior do efeito sobre a natureza da vinda de Iahweh.

Ocasionalmente, a "face" ou "semblante" (*panîm*) de Iahweh é usado no sentido de uma manifestação[24] – isto é, nem no sentido original de uma imagem de Deus nem no sentido figurado de participação do culto num santuário ("procurando a face de Iahweh"). Ao contrário, significa que a presença de Iahweh é uma firme garantia, mas, ao mesmo tempo, pode ser suportada pelo homem. O termo foi usado neste sentido primariamente com referência à condução de Israel por Iahweh através do deserto (Êx 33.14-15; Dt 4.37; Is 63.9; cf. Sl 21.9; 80.16; Lm 4.16).

Além disso, ao lado dos outros significados, o termo *kabôd*[25] veio a significar, na teologia sacerdotal, uma manifestação de Iahweh – o refletido esplendor do Deus transcendente, o aspecto

---

[23] RGG, VI, 841-843; IDB, IV, 619-620; J. JEREMIAS, *Theophanie*, 1965.
[24] E. GULIN, *Das Antliz Gottes im Alten Testament*, 1923; A. R. JOHNSON, "Aspects of the Use of the Term *panîm* in the Old Testament", in *Eissfeldt Festschrift*, 1947, 155-159; F. NÖTSCHER, *"Das Angesicht Gottes schauen" nach biblischer und babylonischer Auffassung*, 1924.
[25] H. KITTEL, *Die Herrlichkeit Gottes*, 1934; B. STEIN, *Der Begriff K^{e}bod Jahweh und seine Bedeutung für die alttestamentliche Gotteserkenntnis*, 1939.

visível do invisível e a presença da divindade, não única ou transitória, mas perpétua. A divindade torna a sua presença conhecida simbolicamente através de sua "glória", embora o próprio Iahweh não esteja vinculado a qualquer lugar terreno.

Finalmente, o "espírito" ($rû^ah$)[26] podia ser considerado uma manifestação – embora impessoal – de Iahweh, enchendo os homens de poder, animando-os e concedendo-lhes dons religiosos. Em particular, ele pode inspirar um profeta, pressioná-lo a dizer a sua mensagem e induzi-lo a comunicar sua revelação aos outros (Nm 24.2; 2 Sm 23.2; Is 42.1; 61.1; Ez 11.5; Mq 3.8; Zc 7.12; e *passim*).

c) A aparência de Iahweh não parece ser um problema freqüentemente considerado por Israel. As declarações segundo as quais nenhum homem pode vê-lo (Êx 33.20) e que é espírito, não carne (Is 31.3), naturalmente, não significam que ele é sem forma e invisível, mas, ao contrário, que o homem não pode suportar a visão dele (cf., Jz 13.22) e que, em contraste com a "carne" transitória, ele possui uma vitalidade eterna. Contudo, a proibição contra imagens (Êx 20.4)[27] contribuiu decisivamente para conter toda especulação acerca da aparência de Iahweh. Nem as esculturas de touros nos santuários de Betel e Dã que o simbolizavam e o representavam em forma animal (§ 11,3), nem as comparações metafóricas com outros animais[28], que se referem à natureza de sua atividade (*e.g.*, Dt 32.11; Os 5.14; 11.10; 13.7; Lm 3.10), dizem qualquer coisa a respeito de sua forma. Toda a evidência sugere que, desde o princípio, Iahweh foi concebido na forma humana (cf. § 6,1), no momento em que reciprocamente, para uma teologia posterior, o homem é uma imagem semelhante a Deus (Gn 1.26-27): Deus passeia em seu jardim e conversa com os homens (Gn 3), fecha a porta da arca após

---

[26] J. Hehn, "Zum Problem des Geistes im Alten Orient und im Alten Testament", ZAW.43 (1925), 210-215.
[27] K.-H. Bernhardt, *Gott und Bild*, 1956; A. Kruyswijk, "*Geen gesneden beeld...*", 1962.
[28] Cf. J. Hempel, "Jahwegleichnisse der israelitischen Propheten". ZAW 42 (1924), 74-104 (= *Apoxysmata*, 1961, 1-29).

Noé entrar (Gn 7.16), desce para inspecionar a cidade e a torre que estava sendo construída (Gn 11.5), visita Abraão (Gn 18). As visões de vocação de Isaías e Ezequiel também pressupõem que a aparência de Iahweh é humana (Is 6.1; Ez 1.26-27). Essa concepção tornou possível usar antropomorfismos e antropopatismos para se falar de Iahweh.

d) Muito mais importante foi o polimorfismo com que Israel experimentou a singularidade da natureza e atividade divinas. Por exemplo, Iahweh era "santo" e "o Santo de Israel". Embora a noção de santidade pareça derivar do ambiente cananeu[29], ela veio a ser de fundamental importância, como mostra acima de tudo o seu tríplice aspecto (Is 6): denota a exaltação e a inacessibilidade de Iahweh, sua absoluta onipotência (*kabôd* como a "energia" que enche o mundo) e o poder de sua vontade ética (Is 6.5). Pessoas ou objetos são considerados santos, porque estão associados com Iahweh e lhe pertencem como propriedade. Quando um homem é convocado para fazer-se santo ou ser santo, isto pode significar tanto pureza cultual quanto obediência a mandamentos éticos (cf. Lv 19.2ss e *passim*).

Iahweh é um Deus "justo'" (cf. § 6,1). O termo hebraico *ṣdq* refere-se à soberania e ao governo judicial de Deus. Iahweh é justo, quando vence seus inimigos e liberta Israel, quando recompensa o justo e pune – ou poupa o pecador. Um período posterior vê esse governo operando na ordem na natureza (Jl 2.23; Sl 85.12-13).

Iahweh pode ser um Deus de ira[30], expressando seu desagrado sem qualquer razão específica, de modo que um homem pode ser repentinamente abatido em conseqüência do desagrado de Deus. Algumas vezes, a ira de Deus é francamente incompreensível; Davi, por exemplo, suspeita que Iahweh tenha incitado Saul contra ele (1 Sm 26.19) e 2 Sm 24.1 relaciona o censo desastroso de Davi com a ira de Iahweh contra os israelitas (cf. o

---

[29] W. SCHMIDT, "Wo hat die Aussage: Jahwe 'der Heilige' ihren Ursprung?" *ZAW* 74 (1962), 62-66.
[30] H. M. HANEY, *The Wrath of God in the Former Prophets*, 1960.

contrário 1 Cr 21.1, segundo o qual Satanás incitou a Davi!). Contudo, comumente a ira tem fundamentação ética; sua motivação é encontrada no pecado humano. Do ponto de vista não profético, isso se refere às transgressões individuais e é, portanto, transitório; do ponto de vista profético, contudo, a ira de Deus origina-se por causa da natureza humana totalmente pecaminosa e, portanto, inflama-se com terrível ferocidade.

Ao lado da ira de Deus, porém, permanece a declaração de que Iahweh é terno: "um Deus misericordioso e terno, tardio em irar-se, e cheio de amor constante e fidelidade" (Êx 34.6). Sua graça e fidelidade constituíam refúgio nas situações difíceis (Gn 24.12; 1 Rs 3.6), eram invocadas em favor de alguém prestes a partir ou considerado fiel (2 Sm 2.6; 15.20), eram mencionadas em fórmulas litúrgicas usadas orações de petição e ação de graças: "Louva a Iahweh, pois ele é bom; porque seu constante amor permanece para sempre" (Sl 106.1; 107.1).

Iahweh, todavia, é também um Deus zeloso (*'el qănna'*)[31], isto é, de acordo com o significado básico de *qn'*: aquele que afirma seus próprios direitos sobre os outros, sem considerar os direitos deles. Portanto, o termo caracteriza Iahweh como um Deus que procura reconhecimento de sua vontade soberana e recusa-se a compartilhar sua soberania com alguém (cf. Êx 20.5; 34.14). Ainda que não seja a mais antiga, esta é a mais notável formulação da reivindicação de Iahweh à adoração exclusiva.

Obviamente, Iahweh é um Deus poderoso. Israel cria que experimentara esse poder primeira e mais nitidamente nos atos belicosos de Iahweh (FREDRIKSSON). Por isso, tais atos foram glorificados nos hinos antigos (Êx 15.21; Jz 5) e atributos adequados foram atribuídos a Iahweh; "um guerreiro, poderosamente exaltado, terrível e glorioso em santidade, poderoso e operador de maravilhas", pois o israelita experimentou também o poder de

---

[31] H. A. BRONGERS, "Der Eifer des Herrn Zebaoth", VT 13 (1963), 269-284; F. KÜCHLER, "Der Gedanke des Eifers Jahwes im Alten Testament", ZAW 28 (1908), 42-52; B. RENAUD, Je suis un Dieu jaloux, 1963; G. D. RICHARDSON, "The Jealousy of God", AThR 10 (1927), 47-55.

Iahweh como uma miraculosa força criadora e vitalizadora – dos milagres da natureza do período do deserto até à harmonia desejada de natureza expectante na era de libertação escatológica. Acima de tudo, a influência da religião cananéia levou ao reconhecimento do governo miraculoso de Deus na regularidade tranqüila dos processos naturais, na mudança das estações, na circulação das constelações e no aparecimento de uma nova vida. Exatamente como Iahweh demonstrava o seu poder mantendo o mundo e todas as coisas com vida, assim também ele demonstrava o seu poder na criação. A narrativa da criação em Gn 2.4bss (J) mostra que essa crença já era corrente, pelo menos, do século IX em diante. Finalmente, Iahweh era considerado poderoso como o salvador e libertador de Israel, auxiliando a nação e o indivíduo, quando estavam em situação de necessidade e, de acordo com a mensagem de alguns profetas, o redentor da culposa e mortalmente depravada existência do homem (§ 20,1).

Iahweh é um Deus vivo, não limitado no tempo ou no espaço, não um Deus da vegetação que morre e renasce, mas sempre a serviço e acessível ao homem. Ele não é dependente da vida como uma categoria superordenada; ele é Senhor sobre toda a vida e a fonte de toda a vida (Sl 36.9).

Em todos esses aspectos, Iahweh é um Deus eterno. O conceito de uma teogonia foi sempre inconcebível para o Antigo Testamento; o mundo tinha um começo, mas não Iahweh (Sl 90.2). É verdade que a eternidade de Iahweh é especialmente enfatizada na literatura pós-exílica (*e.g.*, Sl 9.7; 10.16; 29.16; 33.11; 92.8; 93.2; 102.12; 145.13), mas antes que essa noção fosse conceptualizada, ela já subsistia no conhecimento direto de que a singular realidade de Iahweh não é temporalmente limitada, mas eterna.

2. Iahweh e os deuses

O javismo mosaico já supunha que, em Israel, Iahweh podia exigir exclusiva devoção. Esse princípio foi continuamente defendido, embora tenha sido, na prática, freqüentemente transgredido, e no culto oficial das divindades dos senhores estrangeiros tinha necessariamente de ser transgredido no Templo de Jerusalém (§ 11,4). Contudo, o monojavismo ou monoteísmo prático israelita não admitia a suposição natural segundo a qual havia outros deuses para outras nações ou terras; depois dos passos preparatórios dados por Jeremias e Ezequiel, o Dêutero-Isaías foi o primeiro representante do monoteísmo teorético[32]. No período mais antigo, à maneira de contraste, os moabitas foram classificados como o povo de Camos (Nm 21.29), e o território deles foi distinguido daquele dos israelitas, como sendo dado por Camos antes que por Iahweh (Jz 11.23-24). 2 Rs 3.27 pressupõe que todo povo e toda terra têm a sua divindade tutelar própria, de modo que, numa terra estrangeira, deve-se servir a um deus estrangeiro (1 Sm 26.19). Iahweh, porém, era considerado o maior e o mais poderoso Deus (Sl 89.6-9), que pode agir efetivamente dentro do âmbito de influência dos outros deuses – tanto na Palestina (Gn 20.1ss) quanto no Egito (Gn 12.10ss; Êx 7.8ss). Isso é tanto mais verdadeiro para o ponto de vista universalista dos profetas.

Além do mais, seguindo seu ambiente cananeu, Israel adotou a idéia de um panteão e de uma assembléia divina. Segundo essa teoria, lá existia uma série de seres divinos (cf. § 9,2), entre os quais, pelo menos, alguns dos deuses de outras nações eram, às vezes, incluídos; eles eram subordinados a Iahweh, o Deus supremo. A evidência inclui diversos Salmos nos quais essa interpretação dos $b^e n\hat{e}\ ha'eloh\hat{i}m$ e expressões semelhantes, que se referem a deuses individuais, podem ser percebidas atrás da presente interpretação deles, como referindo-se a ministros celestiais (cf. a discussão na secção seguinte de Sl 29.1; 82.1,6-7; 89.5-7).

Finalmente, israelitas individualmente ou grupos de israelitas foram tão longe em seu reconhecimento de outros deuses, ao

---

[32] O ponto de vista contrário foi recentemente esposado uma vez mais por B. HARTMANN, "Es gibt keinen Gott ausser Jahwe. Zur generellen Verneinung im Hebräischen", ZDMG 110 (1960), 229-235. De acordo com HARTMANN, o monoteísmo teorético não começa mais tarde que o século IX.

lado de Iahweh, que eles aceitaram e adoraram tais deuses espontaneamente: Ao lado de El e Baal, para quem esse fato é geralmente admitido, havia a difusão de muitos cultos de deusas-mães, sobretudo *Asherah*[33], sugeridos pela menção freqüente de *asheroth*, postes de madeira que serviam como símbolo da deusa, e *Astarte*, como é indicado pelos numerosos achados de representações pictóricas (cf. § 3,2). São mencionados também o culto de Betel (Am 3.14)[34], a "rainha do céu" (*Ishtar*; Jr 7.18, 44, 17ss), Tammuz (Ez 8.14), o deus-sol (2 Rs 23.5, 11; Jr 8.2; Ez 8.16) e as constelações (2 Rs 21.3; Jr 8.2), bem como divindades locais, tais como *Ashimah* de Samaria e *Dod* de Bersabéia (Am 8.14, corrigido), sendo o primeiro deles mencionado em 2 Rs 17.30 como o deus de Hamat. O culto de outros deuses ao lado de Iahweh, todavia, estava constantemente sujeito a severa crítica[35].

Só na colônia militar israelita da ilha Elefantina, no Nilo, um panteão javístico-cananeu era adorado oficialmente no templo, construído algum tempo antes de 525 a.C. Ao lado de Iahweh, os deuses *hrm-betel*, *'nt-betel* e *'shm-betel*[36] eram adorados ali. Contudo, isso constitui uma exceção.

3. *Seres celestiais e demônios*

a) A noção de Iahweh como o Deus do céu está relacionada àquela de figuras que pertencem ao mundo celestial, chamadas *bᵉnê ha'elohîm*, "seres divinos", em virtude de seu relacionamento com a esfera divina e os *mal'akîm*, "mensageiros", em virtude de sua função. Na condição de grupo, elas fazem alusão ao *'ᵃdăt 'el*,

---

[33] R. PATAI, "The Goddess Ashera", *JNES* 24 (1965), 37-52.
[34] Para detalhes. cf. O. EISSFDDT, "Der Gott Bethel", ARW 28 (1930), 1-30 (= *Kleine Schriften*, I [1962], 206-233).
[35] Essa crítica é minimizada por R. H. PFEIFFER, "The Polemic Against Idolatry in the Old Testament", JBL 43 (1924), 229-240.
[36] Os nomes são difíceis de interpretar. O primeiro pode significar a (hipostatizada) "santidade de Betel"; o segundo, o "sinal" (presença real) ou "vontade de Betel" ou a (deusa) "Anat de Betel"; o terceiro, o "nome de Betel" ou "Ashim-Betel".

"o conselho divino" (Sl 82.1), à *qahal*, "assembléia" e *sôd*, "círculo íntimo", dos *qedoším*, " santos" , aqueles que se assentam" em volta" dele (Iahweh) (Sl 89.5,7). Originalmente, deuses estranhos ao javismo foram, pouco a pouco, dentro do javismo, tornando-se seres totalmente subordinados a Iahweh, constituindo parte de sua corte e de seus exércitos.

O fragmento editado pelo javista em Gn 6.1-4 está baseado numa narrativa originalmente mitológica, em que os seres divinos se casaram com mulheres humanas. Enquanto, originalmente, o mito tratava com deuses, a intervenção de Iahweh (v. 3) mostra que o presente narrador estava pensando em termos de seres celestiais subordinados.

Por trás do Sl 29.1; 89.5-7 está a noção de um panteão encabeçado por um deus supremo, a quem os deuses subordinados prestam homenagem e exerce controle sobre eles num reino de terror. O Sl 29.1 é baseado obviamente num hino cananeu, em que se interpolou Iahweh com o papel de rei celestial. No Sl 29.1, a interpretação original dos seres celestiais como deuses é mais evidente; no Sl 89.5-7, vemos o poder deles eliminado por Iahweh.

Conceitos cananeus são até mais evidentes no Sl 82; o v. 1 refere-se aos seres divinos como *'ªdăt 'el*, "o conselho divino" (talvez originalmente "o conselho de El"), e como *'elohîm*, "deuses", o v. 6 chama-os *bᵉnê 'elyôn*, "filhos" ou "companheiros de Elyon". O fim com que são ameaçados no v. 7 pode remontar a um episódio mitológico concernente à queda de um membro do conselho divino (cf. Is 14.12). Contudo, Iahweh substituiu a Elyon como supremo juiz no conselho celestial.

Comumente, a esses seres celestiais ordena-se que obedeçam à ordem de Iahweh. Um homem pode ver, em sonho, num lugar sagrado, como eles sobem e descem uma escada que liga o céu à terra (Gn 28.12). Entre os deveres deles, podem ser incluídas a proteção e a preservação dos homens (Sl 34.7; 91.11-12). Eles também podem, todavia, ser considerados como anjos de destruição e morte (Sl 78.49; Êx 12.23; 2 Sm 24.16) exatamente como um espírito mau ou da mentira pode vir de Iahweh (Jz 9.23-24; 1 Sm 16.14; 1 Rs 22.21).

§ 14. Iahweh e a esfera divina

Freqüentemente, menciona-se o *măl'ăk Yhwh*, o "anjo" ou " mensageiro de Iahweh ". Apesar de não ficar bem claro se isso se refere a uma figura específica, como se supõe comumente, ou simplesmente a algum ser celestial (van der Woude), a evidência tende a fundamentar o primeiro ponto de vista. Esse mensageiro aparece como um portador de revelação e de auxílio. Ele salva Agar, quando ela foge de Sara (Gn 16.7ss), revela-se a Moisés como uma chama numa sarça (Êx 3.2), convoca Gedeão para libertar os israelitas (Jz 6.11ss), anuncia o nascimento de Sansão (Jz 13.3ss), fortalece Elias (1 Rs 19.7) e vence o exército assírio (2 Rs 19.35). Ele é sempre um ministro subordinado de Iahweh, embora não raro pareça praticamente idêntico a Iahweh, de modo que a expressão "anjo de Iahweh" e "Iahweh" são mutuamente permutáveis. Em outros casos, ele se aproxima da noção do antigo Oriente Médio do vizir celestial que executa, na terra, a vontade do deus supremo sob suas ordens. Assim, ele é designado para conduzir, de modo seguro, os israelitas para a Palestina (Êx 23.20ss) , aparece a Josué como comandante do exército celestial (Js 5.13), amaldiçoa aqueles que não vieram em socorro de Iahweh (Jz 5.23) e escolhe aqueles que são poupados pelos seres celestiais de segui-lo (Ez 9.2ss).

Serviços mais humildes são atribuídos aos querubins e serafins. Por um lado, pensava-se que os querubins possuíssem tronos ou fossem personificações de nuvens de trovões (cf. 1, acima), das quais podiam sair relâmpagos (cf. Gn 3.24). Por outro lado, em Ez 1 e 10, eles aparecem como seres mistos, de natureza humana e animal, tais como são familiares primariamente das representações babilônicas. Os serafins mencionados em Is 6 são híbridos semelhantes: têm voz, mãos e (provavelmente) faces humanas, bem como asas e um corpo sinuoso (cf. Nm 21.6; Is 14.29; 30.6).

No javismo, nenhum desses seres celestiais teve algum significado independente; eles eram aceitos como uma espécie de noção auxiliar. Dependendo do papel que representassem, podiam simbolizar a exaltação de Iahweh, seu poder beneficente ou sua intervenção julgadora e primitiva.

b) A crença em demônios foi essencialmente estranha ao verdadeiro javismo. Impressionado pela noção da singularidade de Iahweh, recusou-se a reconhecer quaisquer outros poderes. Fenômenos misteriosos, medonhos e horrificantes foram incorporados à descrição do próprio Deus ou associados a um ser celestial ou espírito enviado por Iahweh. Conseqüentemente, Iahweh assumiu feições "demoníacas" (Gn 32.22-31; Êx 4.24-26)[37] – ou, mais exatamente, veio a aparecer numa luz irracional e numinosa – e o limite entre seres celestiais e demônios ficou obscurecido. Por isso, os demônios são raramente mencionados. Era proibido oferecer-lhes sacrifício (Lv 17.7) e o relacionamento com eles era proibido, sem qualquer negação de sua existência.

Contudo, para um extenso grupo em Israel, os demônios simbolizavam o aspecto misterioso do mundo; certamente representaram um importante papel na religião popular. Ruínas e lugares áridos, sinistros, eram considerados como sua habitação; deuses estrangeiros, relegados a uma posição inferior, eram contados entre eles; e os demônios de outras religiões invadiram o mundo conceptual israelita. Muitas dessas noções, por fim, conseguiram tão firmes raízes que não podiam ser eliminadas, mas podiam apenas ser reinterpretadas dentro da estrutura do javismo. Elas incluíram idéias e práticas associadas com a conduta sexual (Lv 12.1ss; Dt 23.10ss; 24.1-4; 25.11-12; Ct 3.8), enfermidade (Lv 13; Nm 21.9), agricultura (Lv 19.9, 23; Dt 7.2, 9), soleiras (1 Sm 5.5; Sf 1.9) e outras causas (Dt 20).

Os demônios mais importantes mencionados no Antigo Testamento (sem distinguir entre os períodos pré-exílico e pós-exílico) são: 1) demônios peludos em forma de bodes, que habitam as regiões ermas (*śᵉ'îrîm* Lv 17.7; 2 Rs 23.8, corrigido; Is 13.21; 34.14; 2 Cr 11.15); 2) os demônios negros (*šedîm*), isto é, demônios sinistros, provavelmente os primeiros deuses pagãos (Dt 32.17; Sl 106.37); 3) os demônios secos (*ṣiyyîm*), que habitam as regiões áridas (Is 13.21; 34.14; Jr 50.39); os animais

---
[37] Cf. P. Volz, *Das Dämonische in Jahwe*, 1924.

do deserto, mencionados no mesmo contexto, são concebidos, provavelmente, como demônios em forma animal; 4) Azazel, demônio que vive no deserto, de quem se pensava que recebesse o bode expiatório solto na cerimônia do grande Dia da Expiação (Lv 16); 5) demônios que trazem enfermidades, notáveis de dia ou de noite (Sl 91.5-6)[38]; 6) *Lilith*, provavelmente, por origem, um demônio da tempestade assírio, então considerado um demônio noturno, por causa da semelhança com a palavra hebraica para significar "noite". A crença em demônios adquiriu maior importância no judaísmo tardio do que no Antigo Testamento.

§ 15. IAHWEH E A ESFERA TERRENA

P. ALTMANN, *Erwählungstheologie und Universalismus*, 1964; K.-H. BERNHARDT, "Zur Bedeutung der Schöpfungsvorstellung für die Religion Israels in vorexilischer Zeit", *ThLZ* LXXXV (1960), 821-24; S. G. F. BRANDON, *History, Time and Deity*, 1963; R. C. DENTAN, ed., *The Idea of History in the Ancient Near East*, 1955; W. EICHRODT, *Das Menschenverständnis des Alten Testaments*, 1947; I. ENGNELL, *Israel and the Law*, 1946; G. FOHRER, "Prophetie und Geschichte", in his *Studien zur alttestamentlichen Prophetie* (1949-1965), 1967, 265-93; K. GALLING, *Die Erwählungstraditionen Israels*, 1928; H. GESE, "Geschichtliches Denken im Alten Orient und im Alten Testament", *ZThK* LV (1958), 127-45; H. GUNKEL, *Schöpfung und Chaos in Urzeit und Endzeit*, 2ª ed., 1921; J. HASPECKER, "Religiöse Naturbetrachtung im Alten Testament", BiLe, V (1964), 116-30; idem, "Natur und Heilserfahrung in Altisrael", *ibid.*, VII (1966), 83-98; J. HEMPLE, " Gott, Mensch, und Tier im Alten Testament mit besonderer Berücksichtigung von Gen 1-3", *ZSTh*, IX (1931), 211-49 (= *Apoxysmata*, 1961, 198-229); idem, *Das Ethos des Alten Testaments*, 2ª ed., 1964; M.-L. HENRY, *Das Tier im religiösen Bewusstsein des alttestamentlichen Menschen*, 1958; F. HESSE, "Erwägungen zur religionsgeschichtlichen und theologischen Bedeutung der Erwählungsgewissheit Israels", in *Vriezen Festschrilt*, 1966, 125-37; E. JACOB, *La tradition historique en Israël*, 1946; A. JIRKU, *Das weltliche Recht Israels*, 1927; R.

---

[38] R. CAILLOIS, "Les démons du midin, *RHR* 115 (1937), 142-173; 116 (1937), 143-186.

KNIERIM, *Die Hauptbegriffe für Sünde im Alten Testament*, 1965; K. KOCH, "Zur Geschichte der Erwählungsvorstellung in Israel", *ZAW* LXVII (1955), 205-26; L. KÖHLER, Der hebräische Mensch, 1953; N. LOHFINK, "Freiheit und Wiederholung; zum Geschichtsverständnis des Alten Testaments", in *Die religiöse und theologische Bedeutung des Alten Testaments*, n.d., 79-103; A. MENES, *Die vorexilischen Gesetze Israels*, 1928; C. R. NORTH, *The Old Testament Interpretation of History*, 1946; M. NOTH, *Die Gesetze im Pentateueh*, 1940 (= *Gesammelte Studien zum Alten Testament*, 1957, 9.141; G. ÖSTBORN, *Yahweh's Words and Deeds*, 1951; W. PANGRITZ, *Das Tier in der Bibel*, 1963; C. PIDOUX, *L'homme dans l'Ancien Testament*, 1953; G. VON RAD, "Das theologische Problem des alttestamentlichen Schöpfungsglaubens", in *Werden und Wesen des Alten Testaments*, 1936, 138-47 (= *Gesammelte Studien zum Alten Testament*, 1958, 136-47); H. H. ROWLEY, *The Biblical Doctrine of Election*, 2ª ed., 1964; R. SMEND, "The Chosen People", *AJSL* XLV (1928/29), 73-82; W. STAERK, "Zum alttestamentlichen Erwählungsglauben", *ZAW* LV (1937), 1-36; W. ZIMMERLI, "Das Gesetz im Alten Testament", *ThLZ* LXXXV (1960), 481-98.

1. Natureza, criação e eventos primordiais

a) Desde tempos imemoriais, Israel acredita que Iahweh podia conferir certas dádivas da natureza e fazer uso das forças e processos da mesma natureza em sua atividade. Entre as dádivas concedidas está, em primeiro lugar, a terra, promessa que tem importante papel nas tradições patriarcais e de Moisés, a conquista e o controle, que constituem o foco da tradição que está por trás dos livros de Josué e Juízes[39]. Iahweh pode também proporcionar crescimento à natureza. Os rebanhos de Abraão e Ló, por exemplo, cresceram além do que a terra podia suportar (Gn 13.2ss). Até num ano de fome, Isaac podia colher cem por um, porque Iahweh o abençoou (Gn 26.1-3,12). Jacó também atribuiu a Iahweh sua elevação do nada à prosperidade (Gn 32.10; 33.11). Isso se harmoniza com a bênção que Isaac pronuncia sobre ele:

---

[39] G. VON RAD, "Verheissenes Land und Jahwes Land im Hexateuch", ZDPV 66 (1943), 191-204 (= *Gesammelte Studien zum Alten Testament*, 1958, 87-100; H. WILDBERGER, "Israel und sein Land", EvTh 16 (1956), 404-422.

§ 15. Iahweh e a esfera terrena

Sim, o odor de meu filho
é como o odor de um campo fértil
que Iahweh abençoou.
Que Deus te dê
o orvalho do céu
e as gorduras da terra,
trigo e vinho em abundância!

Depois do dilúvio, Iahweh garantiu a fertilidade regular dos campos (Gn 8.21-22); em ocasiões especiais, ele também concedeu dádivas miraculosas da natureza, como o maná e codornizes, dados aos israelitas como alimento enquanto viajavam pelo deserto, e a água que lhes foi dada a beber.

Iahweh também pode fazer uso das forças da natureza para realizar o seu propósito ou vontade. As pragas do Egito foram concebidas como catástrofe da natureza que aconteceu ao Egito, porque o faraó não concordaria em libertar os israelitas. Até a destruição dos egípcios que perseguiam os israelitas, quando eles, finalmente, escaparam ou foram libertados, se deu por meio de um evento da natureza, embora os estratos-fonte individuais tenham concepções diferentes a respeito do que aconteceu.

Para o javismo palestinense, a questão crucial era a quem o lavrador israelita devia a fertilidade de seus campos: a Iahweh ou ao deus cananeu Baal. Especialmente no período antigo, muitos israelitas sinceramente favoreciam o último, mas a resposta final pode ser vista nas declarações concernentes à bênção dos patriarcas, retrojetada para o período antigo da história de Israel: é Iahweh, não Baal, que concede ou nega a fertilidade. Parece que foi Elias o primeiro representante desse ponto de vista, interpretando uma incomum e prolongada seca como punição da parte de Iahweh e também atribuindo a Iahweh a volta da chuva (1 Rs 17.1; 18.1-2). Constituiu significativo passo, o ter o profeta reivindicado para Iahweh o poder de trazer a chuva, tão importante para a vida da Palestina, ou pelo menos emprestou sua autoridade para esse ponto de vista, que já era corrente. Ele ampliou a descrição de Deus feita pelo javismo e rejeitou as exigências dos cultos cananeus: o povo deve a bondade da natureza terrena só ao seu Deus Iahweh, que pode não apenas garantir assistência e proteção contra os inimigos na hora de necessidade, mas também colocá-los sob sua bênção constante.

O ponto de vista representado por Elias logo prevaleceu. Um século mais tarde, o estrato-fonte J (Gn 2.5 e *passim*), bem como os profetas Amós e Oséias (Am 4.6-12; Os 2.8-9, 21-23) o aceitaram como algo natural. A teologia posterior continuou a associar a soberania de Iahweh sobre a natureza com sua palavra[40]. A palavra divina transformou-se no princípio que estava por trás da criação e da preservação do mundo, bem como da atividade da natureza: ela cria o mundo e estabelece suas leis fundamentais (Gn 1.1-2,4a; Is 44.24; 48.13; Sl 33.6,9; 104.7), provê o maná (Dt 8.3), sustenta ou altera o mundo (Is 40.26; 50.2; Sl 147.4,15-18; 148). Assim, a atividade de Deus na natureza foi incorporada na teologia da criação.

b) A crença segundo a qual Iahweh criou o homem e o mundo[41] também significava uma ampliação do conceito de Deus através da adoção de idéias que não eram do javismo, pois a crença na criação não é uma característica peculiar ao javismo. Que a divindade criou o mundo era, antes um artigo de fé corrente em todo o antigo Oriente Médio[42]; nós já encontramos a noção de criação através da palavra da divindade. No poema épico babilônico da criação, *Enuma Elish*, é verdade, essa idéia representa apenas o menor papel, visto que o deus Marduc demonstrou sua capacidade sobre um objeto a fim de provar o seu

---

[40] L. Dürr, *Die Wertung des göttlichen Wortes im Alten Testament und im antiken Orient*, 1938; M.-L. Henry, "Das mythische Wort als religiöse Aussage im Alten Testament", in D. *Müller Festschrift*, 1961, 21-31; K. Koch, "Wort und Einheit des Schöpfergottes in Memphis und Jerusalem", *ZThK* 62 (1966), 251-293; segundo W. Gerhardt, Jr., "The Hebrew/Israelite Weather Deity", *Numen* 13 (1966), 128-143, Iahweh era um deus das condições meteorológicas. Esse ponto de vista é altamente improvável.

[41] BHH, III, 1710-1714; RGG, V, 1473-1476; IDB, I, 725-7.32.

[42] R. Amiran, "Myths of the Creation of man and the Jericho Statues", *BASOR* 167 (1962), 23-25; G. J. Botterweck, "Die Entstehung der Welt in den altorientalischen Kosmogonien", BiLe 6 (1965), 184-191; S. G. F. Brandon, *Creation Legends of the Ancient Near East*, 1963; *Die Schöpfungsmythen*, 1964.

poder divino. Ela era uma parte importante da antiga teologia menfítica do Egito, de acordo com a qual Ptah, o deus do universo, age como criador com o auxílio do "coração e da língua", isto é, por meio de sua palavra[43]. No Sl 104, a influência do hino egípcio a Aton mostra como as descrições egípcias da criação podiam ser tomadas por empréstimo. A religião cananéia que também podia ter pensado em termos da geração da terra pelo deus El[44], mas que certamente concebia a sua origem como sendo uma luta com o caos, exerceu certa influência[45].

A mais antiga evidência israelita da crença na criação é a narrativa do estrato-fonte J em Gn 2.4b-25[46]. Ela não fala da criação do céu e da terra, mas pressupõe a existência de um deserto árido em que foi introduzido água, tornando assim possível a vida. Em seguida, Iahweh criou o homem ('adam) "do pó da terra" e fê-lo um ser vivente por soprar nele o fôlego da vida. No Éden, ele plantou para o homem um jardim com todas as espécies de árvores e ali colocou o homem para que cultivasse e guardasse o jardim. Depois, Iahweh providenciou para o homem "uma auxiliar que se ajustasse a ele", isto é, uma companheira, é, com esse propósito, criou os animais e as aves, aos quais o homem deu nome, colocando-os, assim, ao seu serviço[47]. Quando eles foram mandados embora por se tornarem inconvenientes, Iahweh causou

---

[43] Cf. W. ERICHSEN e S. SCHOTT, *Fragmente memphitischer Theologie in demotischer Schrift*, 1954; JUNKER, *Die Götterlehre von Memphis*, 1940. No Egito, a criação foi concebida como uma emanação da divindade; na Mesopotâmia, como uma evolução.

[44] Para a limitação à terra, cf. R. RENDTORFF, "El, Baal und Jahwe", *ZAW* 78 (1966), 277-291.

[45] Cf. entre outras discussões, O. EISSFELDT, "Gott und das Meer in der Bibel", in *Studia orientalia Ioanni Pedersen*, 1953, 76-84; F. HVIDBERG, "The Canaanite Background of Genesis I-III", *VT* 10 (1960), 285-294; O. KAISER, *Die mythische Bedeutung des Meeres in Ägypten, Ugarit und Israel*, 2ª ed., 1962.

[46] A narrativa de Gn 1.1-2.4a, bem como a maioria dos Salmos (difíceis de ser datados), falam de Iahweh como criador, e as doxologias de Am 4.13; 5.8; 9.5-6 ou datam de um período posterior ou foram tomadas então. Para uma discussão de Gn 14.19, cf. o artigo de RENDTORFF mencionado na nota 6 acima.

[47] Sobre o significado de dar nome, cf. W. SCHULZ, "Der Namenglaube bei den Babyloniern", *Athopos* 26 (1931), 985-928.

um profundo sono no homem e tirou-lhe uma costela, da qual formou a mulher (*'iššā*), a quem o homem (*'îš*) reconheceu como uma companheira adequada numa fórmula de parentesco (Gn 2.23).

Mais tarde, esta crença na criação foi elaborada (cf. § 28,2). Contudo, desde o começo, ela pressupôs a cosmologia aceita por todo o antigo Oriente Médio[48]. Pensava-se que o mundo era uma estrutura autolimitada; em Israel, ele foi concebido como bipartido (céu-terra) e, mais tarde, sob a influência da Mesopotâmia, como tripartido (céu-terra-abismo). O céu representa uma gigantesca cúpula, em forma de sino, invertida sobre a terra, acima dela estão as do céu e a habitação celestial da divindade; abaixo dela as estrelas e as constelações se movimentam. A terra é uma superfície plana com quatro cantos ou, por causa do horizonte, um disco redondo; ela descansa sobre postes ou pilares. Os últimos estão fixados nas águas do abismo sob a terra; essa água alimenta as nascentes e correntes de ao abismo da terra, até que possivelmente retorne uma vez mais ao abismo. Dentro ou abaixo do abismo fica a esfera da morte, que comumente se pensa pertencer à terceira porção do mundo.

c) Iahweh interveio decisivamente nos eventos primordiais que seguiram a criação. A adição dessa chamada história primeva em Gênesis, que não fazia parte das narrativas básicas do Pentateuco constituiu a obra do estrato-fonte J. Ela traça o curso da história humana em direção ao pecado e julgamento imediatamente após a criação[49]: da queda e sua concomitante maldição, através do crime e punição de Caim, até à quase total destruição da humanidade pecadora pelo dilúvio, depois que a raça humana se multiplicou uma vez mais, embora sem quaisquer perspectivas de melhora. Embora a estrutura da narrativa seguisse o

---

[48] BHH, III, 2161-2163; RGG, III, 1615-1618.
[49] P. Humbert, *Études sur le récit du paradis et de la chute dans la Genèse*, 1940; T. C. Vriezen, *Onderzoek naar de Paradiesvorstelling bij de oude semitsche volken*, 1937; A. Weiser, "Die biblische Geschichte vom Paradies und Sündenfall", *Deutsche Theologie*, 1937. 9-37 (= *Glaube und Geschichte im Alten Testament*, 1961, 228-257).

protótipo mesopotâmico da epopéia de Atraassis⁵⁰, seu resultado foi remontar a história aos seus começos, examinando todo o seu curso a partir da perspectiva do pecado como a dissolução da comunhão com Deus e do julgamento como a vindicação da soberania de Deus sobre o pecador.

A história primeva do estrato-fonte N mostra um ritmo peculiar e característico. Repetidamente, o homem entra em contato com a civilização ou efetua o correspondente progresso cultural: ele vive no jardim de Deus, funda uma civilização nômade com músicos e ferreiros, descobre a viticultura e constrói uma cidade e um zigurate. Repetidamente, a criatura desobediente perde-se ou encontra-se na posição de ultrapassar seus limites e limitações, apropriando-se do poder divino ou tomando o céu de assalto: a árvore da vida no jardim de Deus, as uniões de seres divinos com mulheres humanas, a construção da cidade e da torre. Por isso, repetidamente, Iahweh deve intervir e reprimir sua criatura, expulsando-a do jardim, abreviando sua vida e dispersando a humanidade, agora numerosa.

Assim, desde a criação tem havido reciprocidade entre ação humana e ação divina. Exatamente como a seqüência e estrutura do drama primordial em J seguem o modelo de um mito babilônico, também as narrativas particulares, como a história do dilúvio ou os motivos narrativos como o fracasso em alcançar a igualdade com Deus, são influenciadas por outros mitos ou tomadas deles. Contudo, elas não permanecem inalteradas. Sua incorporação ao javismo envolveu uma transformação: elas foram separadas de seu fundo politeísta e faziam referência ao Deus único de Israel; foram tiradas do âmbito exclusivamente divino e aplicadas à fé na criação e no relacionamento de Iahweh com a vida e destino da humanidade. Serviram para descrever a relação existente num dado momento entre Deus e o homem. Portanto, é incorreto dizer que, no javismo, o mito foi "histori-

---

⁵⁰ S-F, § 12,2; cf. J. Laesse, "The Atraḫasis Epic: a Babylonian History of Mankind", BiOr 13 (1956), 90-102; W. C. Lambert, "New Light on the Babylonian Flood", JSS 5 (1960), 113-123.

cizado"⁵¹ ou a história" mitologizada" (RINGGREN)⁵². O elemento mitológico original, em vez disso, foi eliminado por ser transferido para o relacionamento pessoal entre Deus e o homem.

2. Iahweh como senhor da história

Desde o começo, houve uma feição típica do javismo, que está intimamente relacionada com três outras características primitivas – sua estrutura pessoal, sua justaposição de soberania e comunhão divinas e sua correlação entre Deus e o homem: a ação de Iahweh na vida dos homens e nações, cujo destino ele governa e determina (§ 6,2). Até a atuação de Iahweh na natureza, criação e eventos da história primeva, foi vista desta perspectiva. Ele outorga ou nega as dádivas da natureza a pessoas específicas e faz uso das forças da natureza no seu trato com elas; ele realmente criou todas as coisas da terra por causa do homem, sua primeira e mais nobre criação; e, na história primeva, ele deve, constantemente, interessar-se pela humanidade pecadora e desobediente. Desde então, ele tem continuado a governar e determinar o destino dos homens e nações – acima de tudo, obviamente, o destino de Israel. O propósito real das diversas narrativas históricas do período da monarquia é justamente a demonstração desse fato.

Essa característica do javismo é freqüentemente denominada de "ação de Iahweh na história". Que o javismo seja definível como uma teologia da história, que todas as declarações confes-

---

[51] M. NOTH, "Die Historisierung des Mythus im Alten Testament", ChuW 4 (1928), 265-272.301-309.
[52] Cf. também J. BARR, "The Meaning of 'Mythology' in Relation to the Old Testament", VT 9 (1959), 1-10; K.-H. BERNHARDT, "Elemente mythischen Stils in der alttestamentlichen Geschichtsschreibung", WZ Rostock 12 (1963), 295-297; B. S. CHILDS, Myth and Reality in the Old Testament, 1960; G. H. DAVIES, "An Approach to the Problem of Old Testament Mythology", PEQ 88 (1956), 83-91; J. HEMPEL, "Glaube, Mythos und Geschichte im Alten Testament", ZAW 65 (1953), 109-167; J. L. McKENZIE, "Myth and the Old Testament", CBQ 21 (1959), 215-282; id., Myths and Realities, 1963.

sionais básicas do Antigo Testamento se refiram à história como o lugar das ações de Iahweh e que sua revelação ou atividade aconteça na história ou por meio dela parece ser o princípio característico dos chamados livros históricos do Antigo Testamento e da profecia. Nessa vinculação com a história, parece-nos ver a verdadeira diferença entre o javismo e as outras religiões, com sua base intemporal e não histórica, e, assim, a natureza revelatória do javismo. De fato, essa interpretação é simplesmente uma contribuição às exigências apologéticas do século XIX. Por este meio, as filosofias materialista, cética e imanente da história, que ameaçavam relativizar a fé bíblica, foram repelidas, sob a alegação de que ninguém levou a história tão seriamente quanto a Bíblia[53]. Diversas objeções podem ser levantadas contra essa interpretação:

a) O ponto de vista segundo o qual Iahweh age na História ou por meio dela é unilateral e inclui apenas um aspecto da totalidade e plenitude do javismo. À parte o fato de que não é válido para a literatura sapiencial, para a maior parte dos Salmos e para a lei tardia, e talvez também não o seja para o apocaliptismo, ele enfrenta sérios problemas até nos livros históricos. Encontramos muitas concepções e motivos mitológicos de natureza não histórica, que não são, absolutamente, "historicizados". As secções básicas do livro dos Juízes, que cercam e unem os episódios particulares, estão baseadas numa concepção cíclica da História, que corresponde ao pensamento naturalista vinculado a épocas que se repetem. Finalmente, o conceito de "história" deve ser ampliado, devem-se uniformizar narrativas diferentes como aquelas da criação, do dilúvio, do sonho de Jacó em Betel, do Êxodo ou da queda dos reinos do norte e do sul. Além do mais, tal abordagem quebra a grande unidade das narrativas, porque cada narrativa particular tem uma relação diferente com aquilo que pode ser chamado "história": o resultado é o bem conhecido conflito entre a concepção da história do Antigo Testamento e aquela da

---

[53] J. Barr, "Revelation Through History in the Old Testament", *Interpr* 17 (1963), 193-205.

erudição histórico-crítica. Pode-se fugir dessas dificuldades, segundo a orientação do texto do Antigo Testamento em si e afirmando que as narrativas descrevem Iahweh agindo e o homem respondendo em situações adequadas.

b) A idéia de ação na História é conceptualmente imprecisa, porque Iahweh não age retroativamente. Seria mais apropriado falar de sua ação em cada momento presente – seja com referência a um presente que agora é passado, com referência a um presente que agora é, seja com referência a um presente que será. Dever-se-ia observar, de passagem, que, de acordo com uma concepção comum do Antigo Testamento, Iahweh não age constante, ininterrupta e continuamente, mas pode a princípio observar de modo passivo apenas para intervir "repentinamente" (Is 18); aparentemente, ele não pode intervir de modo direto, absoluto, mas determina o curso dos eventos quase imperceptivelmente (Is 8.5-8); pode inclinar os corações humanos em direção a uma ação específica (Gn 24).

c) Acima de tudo, essa abordagem não compreende a característica única do javismo que o distingue de outras religiões do antigo Oriente Médio. Entre os povos vizinhos de Israel os eventos históricos também eram interpretados como atos divinos; algumas vezes, eles eram atribuídos à operação da palavra divina, cria-se que a divindade agia com um propósito e metodicamente naquilo que acontecia, e tais eventos eram até entendidos como revelação divina.

d) Finalmente, a fé na criação e na ação de Iahweh no âmbito da natureza fornecia elementos que não mais podiam ser incorporados no conceito de "história". Ao contrário, Iahweh age através de todo o âmbito do mundo e da vida, de modo que é impossível estabelecer uma distinção entre história e natureza, homem e animal, Israel e nações, a fim de absolutizar um desses aspectos. Oséias, que pensa e argumenta, do começo ao fim, em termos" históricos", ao mesmo tempo vê como uma coisa natural o relacionamento entre Iahweh e Israel dentro da estrutura de uma série de bênçãos que inclui o céu, a terra e a generosidade da natureza (Os 2.21-23), e a descreve, desenvolvendo-se e flo-

§ 15. Iahweh e a esfera terrena

rescendo como uma planta (Os 14.2-9). Todos são aspectos de uma e mesma vida e se relacionam mutuamente.

As ações de Iahweh na vida e destino dos homens e nações, em cada momento presente, são o tema das narrativas históricas que se originam ou atingiram a sua forma final no período da monarquia (cf. § 11,6; 13,5). Nas narrativas e ciclos narrativos do livro tardio dos Juízes, esse tema aparece nas figuras heróicas do período pré-monárquico, que foram suscitadas por Iahweh. Aparece na narrativa do surgimento e queda de Saul, na história do surgimento de Davi e sua história na corte, nos relatos críticos da antiga monarquia, compostos sob a influência da ideologia profética e sacerdotal. A mesma situação se obtém nas interpretações gerais da história antiga nos estratos-fonte pré-exílicos do Hexateuco, que se estendem da criação ou da vocação de Abraão até a ocupação da Palestina. Os profetas também se referem aos eventos do passado. Para eles, os dois maiores fatores necessários à compreensão desse período são, de um lado, o pecado de Israel e, de outro, as calamidades enviadas por Iahweh como advertências e admoestações, bem como seus outros esforços em favor de Israel. Todavia, visto que tudo foi em vão, os profetas, recordando as ações de Iahweh no passado, declaram que ele deve agir e agirá uma vez mais no presente, intervirá radicalmente e punirá Israel com destruição, se Israel não se converter a ele ou – mais raramente – que ele, não obstante, agirá com misericórdia e perdão; os profetas também dizem por que agirá assim. No passado, depois de um início feliz e a despeito do auxílio, admoestações e punições enviadas por Deus, Israel perdeu a oportunidade de firmar e aceitar a soberania de Deus e a comunhão com ele. Agora, com base numa decisão que confronta Israel no presente – de um lado, arrependimento ou esperança paciente na salvação, de outro, rejeição final de Iahweh –, o futuro imediato trará o reconhecimento final da perda através de um ato de Iahweh que destruirá a rebelião ou fará a restauração miraculosa por meio da intervenção divina que quebra qualquer resistência. Os grandes profetas individuais do período pré-exílico perceberam, irresistivelmente, que seu Deus era compelido a decretar a queda e a destruição como o destino final e inescapável de Israel. De qualquer maneira, é Deus quem intervém ativamente na História.

3. Iahweh e Israel

a) Durante o período da monarquia, a fé na eleição de Israel foi esposada, acima de tudo, pelo nacionalismo religioso (§ 13,5)[54]. Segundo essa crença, o relacionamento especial de Iahweh com Israel estava baseado na eleição da nação; essa eleição se associava, primeiramente, com a libertação do Egito no período mosaico e, depois, com os patriarcas. A eleição foi sempre vista como uma oposição ao fundo universalista do mundo habitado, que envolve as três entidades Iahweh-Israel-nações[55]. Iahweh, o Deus cujo poder se estendia sobre o mundo inteiro, pôs Israel à parte com relação às outras nações pela eleição, fazendo de Israel um povo peculiar. Na qualidade de nação eleita, Israel ocupou uma posição singular à vista desse poderoso Deus.

O estrato-fonte J torna esse fato claro, através das declarações de que Abraão devia tornar-se uma grande e poderosa nação, na qual todas as nações da terra seriam abençoadas (Gn 18.18), e de que os descendentes de Jacó seriam numerosos como o pó da terra e se espalhariam por todas as direções e de que, nele e seus descendentes, todas as famílias da terra seriam abençoadas (Gn 28.14)[56]. Na verdade, a eleição de Israel deve produzir uma bênção para as outras nações, mas Israel é a nação abençoada acima de todas as outras. A consciência nacionalista, que ecoa através dessas declarações, não pode ser omitida: Israel é o ele-

---

[54] BHH, I, 435-436; III, 2051-2051; RGG, II, 610-613; VI, 1160-1162; IDB, II, 76-82.
[55] Sobre o relacionamento entre Iahweh e as nações, cf. M. PEISKER, *Die Beziehungen der Nichtisraeliten zu Jahve nach der Anschauung der altisraelitischen Quellenschriften*, 1907; A. RÉTIF e P. LAMARCHE, *Das Heil der Völker*, 1960; H. SCHMÖKEL, *Jahwe und die Fremdvölker*, 1934.
[56] Uma forma ampliada dessa noção foi introduzida em Gn 12.3 como um acréscimo a N, a qual Iahweh simplesmente diz a Abraão: "Sê uma bênção", sem referência às outras nações.

mento crucial no mundo de todas as nações; o destino das outras depende de seu relacionamento com Israel.

De certo modo, o estrato-fonte E mostra uma concepção diferente da eleição, como pode ser visto da reinterpretação da promessa de Iahweh a Abraão; Iahweh o abençoará e fará com que seus descendentes sejam numerosos; enquanto eles habitarem às portas das cidades de seus inimigos, todas as nações da terra serão abençoadas, invocando esses descendentes (Gn 22.17-18; cf. 26.4-5), A limitação a fórmulas de bênção demonstra que a eleição de Israel não tem significação direta para o mundo das nações, exatamente como a seleção de Israel se torna uma separação (Nm 23.9b), Esse é o resultado do concentrado nacionalismo religioso de E.

A fé na eleição de Israel deve ter representado um importante papel no período da monarquia, mesmo antes do advento da teologia deuteronomista, que introduziu o termo *baḥăr* para referir-se a ela, Isso pode ser visto a partir da maneira pela qual os profetas criticaram tal idéia, Amós, "'unicamente, rejeitou a confiança num certo sentido da eleição, que era alardeado antes dele:

> Só a vós eu conheci de todas as famílias
> da terra,
> por isso" eu vos castigarei por todas
> as vossas faltas[57] (Am 3.2).

De igual modo, ele tratou ironicamente a reivindicação de Israel a ser o "primeiro entre as nações" (Am 6.1-7) e se recusou a atribuir qualquer tipo de primazia a Israel em virtude de sua libertação do Egito, porque Iahweh, de modo semelhante, tinha dirigido outras nações (Am 9.7). Semelhantemente, Oséias condena uma concepção de eleição orientado para as tradições patriarcais (Os 12.3ss). E Miquéias atacou violentamente a conclusão errônea, baseada na eleição, segundo a qual Iahweh estava

---

[57] A tradução segue E. BALLA, *Die Botschaft der Propheten*, 1958, 85. O verbo *yada'* está traduzido no sentido da noção alardeada antes de Amós (cf. também Jr 1.5); naturalmente, este perde o tom complementar de comunhão íntima.

essencial e favoravelmente disposto a abençoar Israel (Mq 2.6-9). Quando foi retirada a base de sua crença na eleição, a idéia de uma posição peculiarmente favorável de Israel também desmoronou. Em vez disso, Israel desempenhou um papel negativo, tornando-se a nação-chave que Iahweh chamaria para julgar perante um fórum universal (Is 1.2-3; Mq 1.2ss); a sentença seria executada pelas outras nações (Is 7.18-19; 5.26ss; Os 10.10; Am 6.14; Sf 1.7).

b) Contrariamente à suposição comum, o relacionamento entre Iahweh e Israel não era compreendido em termos de uma "aliança", durante a monarquia. Bem à parte do fato de que a palavra *berît*, provavelmente, não tenha mesmo esse significado, a idéia de uma *berît* não representava nenhum papel nos séculos entre o antigo período nômade e o advento da teologia deuteronomista (§ 8,3). Em vez disso, as antigas idéias de Israel, como o *'am* de Iahweh, e o uso de categorias de parentesco foram preservados e ampliados.

Embora ainda não tenhamos encontrado a fórmula completa de associação, que estabelece que Iahweh é o Deus de Israel e Israel o povo de Iahweh, sua solidariedade mútua é expressa em fórmulas incompletas (SMEND): "Eu sou Iahweh, vosso Deus"; "Iahweh, nosso Deus"; " Iahweh, Deus de Israel"; "nosso/vosso Deus"; "meu povo", "meu povo Israel"; "o povo de Iahweh" etc. (cf. Êx 20.2; 1 Sm 9.16,17; 13.14; 15.1; 2 Sm 5.2; 6.21; 7.8; 1 Rs 14.7; 16.2; 2 Rs 9.6), A fórmula "Deus de Israel" era usada, praticamente, como um título formal, especialmente em discurso solene: em juramentos (1 Sm 20.12; 25.34; 1 Rs 1.30; 17.1), em invocações (1 Sm 23.10-11; 2 Sm 7.27; 2 Rs 19.15), em louvor (1 Rs 1.48) e em fórmulas introdutórias de discursos de Iahweh (1 Sm 2.30; 2 Sm 12.7; 1 Rs 11.31; 17.14; 2 Rs 9.). Conseqüentemente, podemos dizer que, durante a monarquia, Israel pensava em Iahweh como seu Deus e em si mesmo como o povo de Iahweh, e, desse modo, compreendia uma solidariedade mútua. Mesmo em Amós, Iahweh usa a expressão "meu povo", embora no contexto da ameaça de julgamento (Am 7.8,15; 8.2); encontramos semelhante uso em Isaías (Is 1.3; 5.25), embora ele preferisse a expressão derrogatória "este povo" (Is 6.9; 8.6,11; 28.11; 29.13-14). Ambas as fórmulas ocorrem em Oséias: "vosso/nosso/seu Deus"; "meu povo" (Os 4.6,8,12; 5.4; 11.7; 12.7.10; 13.4; 14.2,4). De fato, em Oséias, coloca-se o fundamento para a fórmula completa de solidariedade, quando a ordem de Iahweh para dar nome ao terceiro filho do profeta se baseia na declaração: "Porque vós não sois meu povo e eu não sou vosso Deus" (Os 1.9), e a ameaça é, subseqüentemente, anulada pela declaração: "Eu direi: 'Tu és o meu povo'; e ele dirá: 'Tu és o meu Deus'" (Os 2.23). Não fica muito claro desses casos se *'am* ainda tem o seu antigo sentido de "parentesco" ou "família", ou significa "povo" ou "nação"; a última hipótese é, provavelmente, verdadeira na maioria dos casos.

Contudo, as categorias de parentesco também continuaram em uso para descrever o relacionamento entre Iahweh e Israel. Para Isaías, Iahweh era o amado ou noivo que tinha feito abundante preparação para a sua "vinha" (Is 5.1ss); em Am 3.2, o verbo *yada* contém ecos da idéia de um relacionamento íntimo, tipo casamento entre Iahweh e Israel. Oséias e Jeremias consideraram esse relacionamento primariamente como um relacionamento de matrimônio. (Os 1; 2.16; 3; Jr 2.2; 3.6ss); Os 1.2 até se refere naturalisticamente à terra antes que o povo a habitasse como a esposa de Iahweh. Usa-se mais freqüentemente a relação pai-filho[58]. Iahweh fala de Israel como de seu filho primogênito (Êx 4.22; Jr 31.9), a quem chamou do Egito (Os 11.1), como seu querido filho (Jr 31.20) e o exaltou acima de seus outros filhos, as nações (Jr 3.19) – sendo que nenhuma dessas fórmulas está baseada em qualquer "eleição" de Israel, mas no relacionamento pessoal do amor de Iahweh. Analogicamente, refere-se a Iahweh como ao pai de Israel (Jr 3.4; depois em Dt 32.6,18), e os israelitas, como um corpo, são considerados seus filhos e filhas (num período posterior: Dt 14.1; 32.5,19; Is 43.6; 45.11; Os 1.10), gerados por ele para sua esposa Israel (Os 2.2) ou Jerusalém (Ez 16.20). Embora em Êx 4.22 e na imagem do matrimônio entre Iahweh e Israel,

---

[58] BHH, III, 2071-2072; RGG, VI, 1233-1234.

como descendência da qual os israelitas podem ser considerados (Os 2.2), se encontre um eco de filiação física, a relação pai-filho nunca intenta expressar um relacionamento entre Iahweh e Israel que exista por natureza e seja indissolúvel. Israel ou os israelitas não são filhos de Iahweh ou filhos no sentido físico; eles foram reconhecidos e legitimados por Iahweh com base em sua livre decisão e autoridade divinas. Assim, a relação pai-filho serviu para caracterizar dois aspectos do relacionamento entre Iahweh e Israel. Por um lado, a distância que os separava e a subordinação de Israel a Iahweh eram enfatizadas em termos da autoridade de pai em matéria não só de relacionamento pessoal, como também de propriedade e da concomitante subordinação de filho. Por outro lado, a noção também expressava a bondade e amor de Iahweh, visto que essas qualidades caracterizavam a conduta exigida de um pai (Sl 103.13). Assim, a concepção de autoridade soberana ligava-se àquelas de solidariedade e comunhão.

c) Tomadas como um todo, as feições características do javismo primitivo continuaram a operar no relacionamento entre Iahweh e Israel (§ 6,2): a estrutura pessoal da relação, a justaposição da soberania de Deus e da comunhão com Deus, a ação de Iahweh para formar o destino de Israel e a inter-relação entre as ações de Iahweh e a conduta de Israel.

4. *O homem perante Iahweh*

a) A dupla concepção de soberania e comunhão que era básica no relacionamento entre Deus e o homem determinava a atitude religiosa do homem diante de Iahweh. Há sempre duas reações ou noções complementares: temor e amor, confiança absoluta e comunhão, dependência e participação na soberania de Deus.

Se Iahweh é Senhor, o homem é o seu escravo ou servo (*'ebed*), cujo dever é servir (*'abad*)[59]. A atitude adequada nesse serviço é o

---

[59] C. LINDHAGEN, *The Servant Motif in the Old Testament*, 1950.

§ 15. Iahweh e a esfera terrena

temor ou a reverência (*yir'â*)⁶⁰, de modo que ambos os termos são freqüentemente vinculados um ao outro (Dt 6.13; 10.12-13; Sl 2.11). Além disso, exige-se obediência ao Senhor; assim, diz-se que Abraão "temia a Deus", quando, sob a ordem de Iahweh, ele se preparou para sacrificar seu filho (Gn 22.12). As vezes, esse temor chega ao pavor diante do soberano todo-poderoso; outras vezes, é verdadeiramente pavor, temor e tremor, especialmente quando Iahweh aparece numa teofania (Êx 20.18-19; cf. Sl 76.8-9), de modo que, quando Deus aparece, ele comumente começa por dizer: "Não temais" (*e.g.*, Jz 6.23). Além disso, "temor" pode significar a atitude religiosa em geral, especialmente na literatura sapiencial (Pr 1.7; 9.10; Jó 1.1). Somente no período posterior é que se enfatizou o amor para com Iahweh, particularmente nos discursos parenéticos do Deuteronômio (Dt 6.5; 10.12), menos freqüentemente nos Salmos (Sl 18.1), onde outros termos e expressões idiomáticas são preferidos (cf. Sl 90.14-15).

A confiança humana também é associada com a soberania de Iahweh sobre todo o mundo. Os termos *he'emîn* e *baṭaḥ* em particular, são usados com referência a essa idéia. Exatamente como Abraão creu na promessa futura de Iahweh e essa fé foi reconhecida como a atitude adequada (Gn 15.6-E), assim também Isaías requeria semelhante fé no poder único de Iahweh para intervir em favor de Israel, em vez de confiar no poderio militar e alianças políticas (Is 7.9; 30.15). Qualquer que confia num homem efêmero, em vez de confiar no poder eterno de Iahweh, comete apostasia (Jr 17.5; cf. Sl 62.9-10; 118.8-9). Essa dependência confiante corresponde a uma solidariedade íntima entre o homem e Deus, para a qual os termos *hesed*, "amor constante"⁶¹, e *yada*, "ser familiar, apreciar comunhão"⁶², são primariamente empregados:

---

⁶⁰ J. Becker, *Gottesfurcht im Altem Testament*, 1965; S. Plath, *Furcht Gottes*, 1963.
⁶¹ Cf. bibliografia no § 8, n. 1.
⁶² E. Baumann, "ידע und seine Derivate", *ZAW* 28 (1908), 22-40; G. J. Botterweck, "*Gott erkenenn*" im Sprachgebrauch des Alten Testaments, 1951; S. Mowinckel, *Die Erkenntnis Gottes bei den alttestamentlichen Propheten*, 1941; para um ponto de

> Porque é amor que eu quero e não sacrifício,
> conhecimento de Deus mais do que holocaustos
> (Os 6.6).

Para Oséias, o que estava basicamente errado com Israel era que ele não possuía tal confiança e amor constante e conhecimento íntimo de Deus (Os 4.1,6). Muitos Salmos sugerem que essa comunhão íntima, que provavelmente não pode ser identificada com alguma espécie de união mística com Deus, também podia existir entre Iahweh e um indivíduo (*e.g.*, Sl 25.14; 63.8; 73.23ss; 91.14)[63].

Finalmente, o homem precisa estar cônscio de sua total dependência de Iahweh. Isso é conseqüência da fé na criação. Na criação, Iahweh colocou no homem "de pó" o fôlego da vida, fazendo assim dele um ser vivente (Gn 2.7). Sem esse fôlego da vida, o homem está morto; com ele, está vivo (Sl 104.29-30). O homem é infinitamente pequeno e efêmero em comparação com Iahweh (Sl 8.4; 90.4-6) e, portanto, completamente dependente dele. Paralela a essa noção básica, que é encontrada em todo o Antigo Testamento, é a outra idéia, segundo a qual o homem está mais próximo de seu Deus criador do que qualquer outra criatura, e participa da divina soberania em virtude da autoridade delegada, e, conseqüentemente, está acima de todos os outros seres. Isso é declarado com particular clareza em Gn 1.27-28 e Sl 8.6-9; mas até J declara em Gn 2.20 que o homem tem autoridade sobre os animais, e, em Gn 3.20, que o macho tem autoridade sobre a fêmea, em conseqüência de dar-lhes nomes. Assim, por um lado, é bem inferior ao seu criador e, em todos os pontos, dependente dele; por outro lado, o ho-

---

vista diferente, cf. H. W. WOLFF, "'Wissen um Gott' bei Hosea als Urform von Theologie", *EvTh* 12 (1952-1953), 533-554 (= *Gesammelte Studien zum Alten Testament*, 1964, 182-205). Cf. também a discussão com E. BAUMANN, *ib.*, 15 (1955), 416-425.426-431.

[63] Esse relacionamento também pode ser expresso com o emprego da expressão "meu Deus" como uma forma de vocativo; cf. O. EISSFELDT, "'Mein Gott' im Alten Testament", *ZAW* 61 (1945-1948), 3-16 (= *Kleine Schriften*, III [1966], 35-47).

mem está intimamente associado a ele e participa de sua autoridade soberana.

b) Desde o princípio, Iahweh foi considerado um Deus de propósito ético, que exige completa obediência. O javismo era uma religião da vida e conduta, segundo as leis que expressam a vontade de Deus. Essas leis, em que a vontade de Deus assumiu forma concreta, incluem sobretudo as normas de conduta apoditicamente formuladas (§ 6,3), freqüentemente sumarizadas em grupos de dez ou doze. Entre essas, merecem especial menção as seguintes[64]:

1) A série que se originou antes do javismo, que proíbe o intercurso sexual com certas fêmeas (§ 2,4). Essa série de normas foi, mais tarde, reinterpretada como um ordenamento de Iahweh, proibindo o relacionamento permanente de casamento dentro de certos graus, e, finalmente, como uma lei geral contra o desrespeito à castidade, a fim de garantir a santidade e a pureza cultual da comunidade.

2) O chamado decálogo ético de Êx 20.3-17, composto de três séries (cinco mandamentos longos, três mandamentos curtos, dois mandamentos), sendo que os três primeiros deles, no máximo, podem derivar do período mosaico (§ 6,7)[65]:

    I – Não terás *outro* Deus.
    II – Não farás para ti uma imagem de escultura.
    III – Não tomarás o nome de Iahweh em vão.
    IV – Lembra-te do dia de sábado.
    V – Honra a teu pai e a tua mãe.

---

[64] Cf. G. Fohrer, "Das sogenannte apodiktisch formulierte Recht und der Dekalog", *KuD* 11 (1965), 49-74; E. Auerbach, "Das Zehngebotalgemeine Gesetzesform in der Bibel", *VT* 16 (1966), 255-276.

[65] BHH, I, 331-332; RGG, II, 69-71; IDB, IV, 569-573; A. Jepsen, "Beiträge zur Auslegung und Geschichte des Dekalogs", *ZAW* 79 (1967), 277-304; R. Knierim, "Das erste Gebot", *ZAW* 77 (1965), 20-39; J. Meinhold, *Der Dekalog*, 1927; S. Mowinckel, *Le décalogue*, 1927; E. Nielsen, *Die zehn gebote*, 1965; H. Graf Reventlow, *Gebot und Predigt im Dekalog*, 1962; H. Schmidt, "Mose und der Dekalog" , in *Gunkel Festschrift*, I (1923), 78-119; J. Schreiner, *Die Zehn Gebote im Leben des Gottesvolkes*, 1966; J. J. Stamm e M. E. Andrew, *The Ten Commandments in Recent Research*, 1967.

VI – Não matarás.
VII – Não cometerás adultério.
VIII – Não furtarás.
IX – Não dirás falso testemunho contra o teu próximo.
X – Não cobiçarás a casa do teu próximo.

3) O chamado decálogo cultual de Êx 34.14-26, que independentemente das duas primeiras proibições, que correspondem às duas primeiras em Êx 20 – é composto de duas séries, a primeira das quais trata dos dias especiais do ano (mandamentos) e a segunda se refere às normas sacrificais (proibições); a série de Êx 23.10-19 depende dessas séries:

I – Não adorarás outro deus.
II – Não farás para ti deuses fundidos.
III – Guardarás a festa dos pães ázimos.
IV – Não aparecerás diante de mim com as mãos vazias.
V – Seis dias trabalharás, mas no sétimo dia descansarás.
VI – Observarás a festa das semanas.
VII – Não oferecerás o sangue do meu sacrifício com levedura.
VIII – O sacrifício não ficará até a manhã.
IX – Trarás o melhor dos primeiros frutos da tua terra à casa de Iahweh.
X – Não cozerás o cabrito no leite de sua mãe.

4) O decálogo plural de Lv 19.3-12, que, por causa da primazia dada ao mandamento de honrar pai e mãe, possivelmente pode ser classificado como um "catecismo" doméstico.

5) O decálogo singular posterior de Lv 19.13-18, com suas exigências no âmbito da ética social: o fraco e, de fato, todos os "próximos" devem ser protegidos contra transgressões na vida diária e diante dos obstáculos.

6) Diversas séries pequenas, entre as quais as normas concernentes a pessoas-tabu em Êx 22.18-22.28 e as concernentes à isenção do serviço militar em Dt 20.5-8, podem ser bem antigas, pelo menos quanto ao conteúdo.

A vontade de Deus também podia ser pronunciada na *Torá* concreta ("instrução", "ensino"), divulgada por um sacerdote ou profeta cultual⁶⁶. A instrução cultual tratava de questões de conduta cultual, *e.g.*, as distinções entre puro e impuro, sagrado e profano (cf. Ag 2.10-14). A instrução legal orientava o ignorante acerca dos princípios legais gerais ou determinava um caso difícil e ambíguo dirigido ao sacerdote. A instrução ou liturgia de ingresso testava se as condições para a admissão ao santuário tinham sido cumpridas; com vista a esse propósito, ela podia usar um "guia para auto-exame"⁶⁷, como é, obviamente, o caso registrado em Sl 15 e 24.3-6 (em geral, condições éticas)⁶⁸. Outros ordenamentos ou mandamentos divinos individuais também podiam ser chamados de *tôr'* (cf. Êx 16.28; 18.16; Os 8.12, corrigido). Finalmente, a palavra veio a ser uma designação coletiva de todas as instruções de Iahweh, inclusive as normas jurídicas da lei casuística e os preceitos formulados apoditicamente (a assim chamada série *môt-yûmat*, originalmente talvez em Êx 22.19; Lv 24.16; Êx 21.12,16,17; Lv 20.10-13,15; e a série de maldição de Dt 27.15-26)⁶⁹. O processo produziu a *tôrā* como "lei", como, primeiro, o código deuteronômico (Dt 1.5; 4.8; 17.18 etc.) e, mais tarde, todo o Pentateuco vieram a ser denominados⁷⁰.

A profecia comprometeu-se a transcender a multiplicidade de normas e a formulação primariamente negativa dos mandamentos e a expressar a totalidade da vontade divina como uma compreensiva exigência positiva: "Buscai o bem e não o mal" (Am 5.14); "cessai de fazer o mal, aprendei a fazer o bem" (Is 1.16-17); "... que pratiques a justiça, e ames a misericórdia, e andes humildemente com o teu Deus" (Mq 6.8). Esses intentos estão de acordo com as tendências do javismo primitivo.

---

[66] BHH, III, 1494-1495; RGG, VI, 950-951; IDB, IV, 673.
[67] BHH, I, 213.
[68] Essa forneceu o modelo para a instrução referente ao relacionamento entre Iahweh e Israel dado numa estrutura litúrgica nos Sl 50.81 e 95. Encontram-se imitações proféticas em Is 33.14-16; Mq 6.6-8.
[69] Cf. também BHH, III, 1559-1561; RGG, V, 820-821; IBD, III, 77-89; F. Horst, "Recht und Religion im Bereich des Alten Testaments", *EvTh* 16 (1956), 49-75 (= *Gottes Recht*, 1961, 260-291).
[70] BHH, I, 559-560; RGG, II, 1513-1515.

O homem que faz a vontade de Deus pratica a justiça (*mišpaṭ*) e a retidão (*ṣᵉdaq'*)⁷¹. A "justiça" abrange tanto a justiça social como a distribuição justa da justiça; ela refere-se ao comportamento que uma pessoa deve ter em relação ao Deus do seu povo, ao princípio que rege o comportamento dos homens uns para com os outros e refere-se também à sua atitude, para com Deus, que é medida e julgada e refere-se, ainda, às exigências de Iahweh aos seus adoradores. A "retidão" refere-se à inculpabilidade e inocência diante do tribunal, à vida de acordo com as normas que são alcançadas numa sociedade, à conduta social que não só pressupõe, como também cria a harmonia da vida dentro da sociedade, à obediência à Iahweh em cumprimento dos deveres para com ele e para com o próximo⁷², e à ordem imposta sobre a vida humana e à própria pessoa. Finalmente, na ordem e normas impostas pela vontade de Iahweh ao curso do mundo e à conduta ética da vida, na maneira pela qual os homens ordenam sua vida com respeito a Deus e ao seu próximo, e no julgamento de Iahweh sobre a conduta deles, tratamos dos diversos aspectos da justiça e retidão.

c) Em geral, o Antigo Testamento é de opinião que o homem pode decidir livremente em favor da conduta religiosa e ética adequada e viver de acordo com sua decisão. Ele é capaz de temer a Deus e amá-lo, de confiar nele e viver em comunhão com ele, de praticar a obediência e de fazer o bem. "Porque este mandamento, que hoje te ordeno, não é demasiado difícil, nem está longe de ti... Mas esta palavra está muito perto de ti; na tua boca e no teu coração, para a cumprires" (Dt 30.11,14). Da mesma maneira que Ezequiel pressupõe que o homem é capaz de praticar a retidão (Ez 18.21-32), também Jó declara reiteradamente que

---

⁷¹ K. H. FAHLGREN, צֶדֶק *nahestehende und entgegengesetzte Begriffe im Altem Testament*, 1932; H. W. HERTZBERG, "Die Entwicklung des Begriffes משפט im AT", *ZAW* 40 (1922), 256-287; K. KOCH, "Wesen und Ursprung der 'Gemeinschaftstreue' im Israel der Königszeit", *ZEE* 5 (1961), 72-90.

⁷² J. FICHTNER, "Der Begriff des 'Nächsten' im Alten Testament", *WuD*, NF 4 (1955), 22-52 (= *Gottes Weisheit*, 1965, 88-114).

está sem pecado e sem culpa, declarando até sua inocência sob juramento (Jó 31).

Naturalmente, essa liberdade de decidir não significa que o homem, de fato, decide justamente. O Antigo Testamento faz algo parecido com a afirmação contrária. Em Gn 3, J descreve a origem do pecado: tentados pela serpente, o homem e a mulher comem do fruto proibido da árvore do conhecimento, a fim de poderem conhecer tudo, tanto o bem como o mal, e, assim, se tornarem como Iahweh. O propósito de J é descrever o processo que se repete na consciência que raia em todo homem, a quase necessária queda de todo homem ao pecado, que acontece a todo momento em que o homem procura exercer seu encargo de dominar a terra. Assim, "a imaginação do coração do homem é má desde a sua mocidade" (Gn 8.21). Exatamente como não há homem que não peque (1 Rs 8.46; cf. Sl 103.3; Pr 20.9), também o indivíduo é totalmente pecaminoso (Jr 17.9; Sl 51.5). Essa mesma suposição é feita por todos os grandes profetas pré-exílicos de Israel[73].

Há várias palavras hebraicas para designar pecado. O verbo ḥaṭa' e seus derivados são baseados num relacionamento social que o pecador fracassa em observar, desviando-se dele ou transgredindo-o. A palavra pešă' refere-se a transgressões concretas e a ofensas legalmente definidas, de modo que é traduzida mais acuradamente como "ofensa". Finalmente, a palavra 'awôn refere-se tanto à transgressão, perversão, como à loucura, bem como ao resultado desse lapso: a culpa. Contudo, não devia ser colocada demasiada ênfase nas diferenças entre esses termos, porque freqüentemente duas ou até três das palavras são usadas ao mesmo tempo, de tal maneira que parecem sinônimos.

Mais importante é a distinção que, pouco a pouco, veio a ser feita entre transgressões deliberadas e pecados não deliberados (cf. Sl 19.13) ou pecados involuntários (Lv 4.2,13,22)[74]. Além disso,

---
[73] BHH, III, 1890-1892; RGG, VI, 478-482; IDB; IV, 361-367.
[74] BHH, II, 774-775.

ao lado de uma compreensão concreta e objetiva do pecado como uma transgressão consciente ou inconsciente de uma específica lei divina, desenvolveu-se uma compreensão pessoal, que incluía, junto com a consciência de se ter transgredido um mandamento, um sentimento de responsabilidade.

d) Em todo caso a conduta religiosa e ética certa ou errada por parte do homem envolve certas conseqüências positivas e negativas – tanto para o indivíduo como para a sociedade[75]. A decisão que confronta o homem significa a escolha entre bênção e maldição, vida e morte (cf. Dt 28; 30.15ss)[76].

As conseqüências da conduta reta são uma vida longa e rica (Êx 20.12; Sl 34.12ss; 91.16); *šalôm* no sentido de plenitude e harmonia, boa sorte, existência boa e paz; e, finalmente bênção, que inclui tudo que constitui a riqueza de uma vida bem-sucedida e feliz. A conseqüência da conduta errada é o desastre – a punição do pecado por Iahweh. Essa punição cai sobre o homem como enfermidade[77] e sofrimento de toda espécie. Esse destino, que freqüentemente vem como punição proporcional ao crime, também está baseado na divina retribuição. Existência feliz e desastre foram sempre atribuídos a Iahweh (cf. Êx 20.5-6; Dt 28.1ss,15ss; Jó 34.11).

Contudo, essa declaração deve ser qualificada de acordo com a época. Durante o período da monarquia, essa doutrina da retribuição foi desenvolvida quase exclusivamente na direção negativa. A retribuição punitiva de Iahweh era enfatizada (*e.g.*, Gn 18-19; Jz 9.23-24; 1 Sm 15.2-3; 2 Rs 1), enquanto pouca ênfase era

---

[75] Z. W. FALK, "Collective Responsibility in Bible and Aggada", *Tarbiz* 30 (1960-1961), 16,20; K. KOCH, "Gibt es ein Vergeltungsdogma im Alten Testament"? *ZThK* 52 (1955), 1-42; H. G. MAY, "Individual Responsibility and Retribution", *HUCA* 32 (1961), 107-120; E. PAX, "Studien zum Vergeltungsproblem der Psalmen" , *LA* 11 (1960-1961), 56-112; G. SAUER, *Die strafende Vergeltung Gottes in den Psalmen*, tese, Basel, 1957; M. WEISS, "Some Problems of the Biblical 'Doctrine of Retribution'", *Tarbiz* 31 (1961-1962), 236-263; 32 (1962-1963), 1-18.
[76] BHH, I, 487-488; III, 1757-1758; RGG, V, 1649-1651; IDB, I, 446-448, 749-750.
[77] BHH, II, 997-999; IDB, I, 847-851.

colocada na idéia de recompensa por conduta reta. Até o advento da teologia deuteronômica a doutrina da retribuição bilateral não foi desenvolvida claramente: a bênção de Iahweh vinha como uma recompensa à obediência do homem; a punição assoladora como retribuição à desobediência do homem. Além do mais, essa doutrina veio tipificar a sabedoria prática, que reiteradamente inculcava a noção, segundo a qual o homem piedoso podia esperar recompensa; o homem ímpio, punição (*e.g.*, Pr 11.21,31; 19.17). Essa noção não é simplesmente uma herança da concepção geral do Antigo Testamento sobre a posição do homem diante de Iahweh, mas também origina no antigo Oriente Médio a sabedoria prática, na qual a idéia de retribuição representava um papel crucial. Até o advento do período pós-exílico o autor de Jó não atacou violentamente tais concepções.

Deve ser observado, todavia, que o javismo não profético estava baseado na suposição de que o homem gozava fundamentalmente do favor de Iahweh; esse *status* podia ser perturbado pelas transgressões, mas podia ser restaurado ou recuperado por meio de medidas propiciatórias adequadas. Tais medidas eram primariamente cultuais.

§ 16. O CULTO

A. Arens, *Die Psalmen im Gottesdienst des Alten Bundes*, 1961; E. Auerbach, "Die Feste im alten Israel", *VT* VIII (1958), 1-18; G. A. Barton, "A Comparison of some Features of Hebrew and Babylonian Ritual", *JBL* XLVI (1927), 79-89; W. Graf Gaulissin, *Die Geschichte des alttestamentlichen Priestertums*, 1889; A. Bertholet, "Zum Verständnis des alttestamentlichen Opfergedankens", *JBL* XLIX (1930), 218-33; F. M. T. Böhl, "Priester und Prophet", *NThS*, XXII (1939), 298-313; T. A. Busink, "Les origines du temple de Salomon", *JEOL*, XVII (1963), 165-92; R. E. Clements, *God and Temple*, 1965; E. Dhorme, "Prêtres devins et mages dans l'ancienne religion des Hébreux", *RHR*, CVIII (1933), 111-43; G. Fohrer, "Zion-Jerusalem im Alten Testament", *ThW* VII, 292-318; L. Gautier, *Prête ou sacrificateur?* 1927; J. van Goudoever, *Biblical Calendars*, 2ª ed., 1961; G. B. Gray, *Sacrifice in the Old Testament*, 1925; A. H. J. Gunneweg, *Leviten und Priester*, 1965; F. Jeremias,

"Das orientalische Heiligtum", *Angelos*, IV (1932), 59-69; H.-J. KRAUS, *Gottesdienst in Israel*, 2ª ed., 1962; E. KUTSCH, *Das Herbstfest in Israel*, tese, Mainz, 1955; A. LODS, "Israelitische Opfervorstellungen und - bräuche", *ThR*, NF III (1931), 247-66; J. C. MATTHES, "Die Psalmen und der Tempeldienst", *ZAW* XXII (1902), 65-82; K. MOHLENBRINK, *Der Tempel Solomos*, 1932; J. L. MYRES, "King Solomon's Temple and Other Buildings and Works of Art", *PEQ*, LXXX (1948), 14-41; C. R. NORTH, "Sacrifice in the Old Testament", *ET* XLVII (1935/36), 250-54; W. O. E. OESTERLEY, *Sacrifices in Ancient Israel*, 1937; A. PARROT, *Le Temple de Jérusalem*, 1954; O. PLÖGER, "Priester und Prophet", *ZAW* LXIII (1951), 157-92; G. QUELL, *Das kultische Problem der Psalmen*, 1926; H. RINGGREN, *Sacrifice in the Bible*, 1962, H. H. ROWLEY, The Meaning of Sacrifice in the Old Testament", *BJRL*, XXXIII (1950/51), 74-110 (= *From Moses to Qumran*, 1963, 67-107); J. SCHREINER, *Sion-Jerusalem, Jahwes Königssitz*, 1963; J. B. SEGAL, "The Hebrew Festivals and the Calendar", *JSS* VI (1961), 74-94; N. H. SNAITH, "Worship", in *Record and Revelation (Robinson Festschrift)*, 1938, 250-74; idem, "Sacrifices in the Old Testament", *VT* VII (1957), 308-17; A. SZÖRENYI, *Psalmen und Kult im Alten Testament*, 1961; R. DE VAUX, *Les sacrifices dans l'Ancien Testament*, 1964; H. VINCENT, "Le caractère du temple salomonien", in *Mélanges Bibliques Robert*, 1957, 137-48; A. WENDEL, *Das Opfer in der altisraelitischen Religion*, 1927, 1927; G. WIDENGREN, "Aspetti simbolici dei templi e luoghi di culto del Vicino Oriente Antico", *Numen* VII (1960), 1-25.

1. Considerações básicas

Apesar de a tradição do Antigo Testamento fazer poucas alusões ao fato, o culto a Iahweh na monarquia era altamente variado. Era prestado nos santuários oficiais de Jerusalém, Betel e Dã, nos santuários do período antigo separados por veneráveis tradições e em muitos pequenos santuários locais. Revestia-se de muitas formas. Era um culto de Estado, oficial, que celebrava não apenas os eventos cultuais comuns, mas também eventos especiais da vida de Estado, tais como a investidura de um rei (cf. Sl 2, 72, 101, 110), ou as orações, ação de graças ou lamentações que acompanhavam a guerra (oração: Sl 20, 44, 144; ação de graças: Sl 18B; repreensão: Sl 89B). Era um assunto que dizia respeito a toda a população, como por ocasião de um dia de lamentação ou de arrependimento proclamado num tempo de angústia (cf. Jr 36.9). Era o ato cultual dos habitantes de uma aldeia, quando julgavam que necessitavam oferecer um sacrifício (cf. 1 Sm 9.12ss). Era uma festa de um clã ou família (cf. 1 Sm 20.6), ou o ato de uma única pessoa que desejava oferecer suas petições ou ação de graças perante Deus ou obter um oráculo. Além disso, os homens podiam visitar o santuário como um lugar de julgamento (cf. Êx 22.7), como um lugar de asilo (cf. 1 Rs 1.50ss)[78], ou para receber uma revelação num sonho (incubação; cf. 1 Sm 21.7)[79].

O culto servia para cultivar a comunhão entre Iahweh e Israel como povo de Iahweh. Ele concedeu àqueles que freqüentavam o santuário participação na esfera do divino, de modo que eles eram vencidos pelo êxtase emocional ou exaltação extática. Por ocasião das grandes festas agrícolas do ano, ele oferecia ao lavrador a oportunidade de voltar-se para Iahweh com orações e ação de graças, a fim de continuar a receber a bênção de Iahweh. Finalmente, por meio de ações propiciatórias a favor do povo ou de um indivíduo, tornava possível a restauração do auxílio de Deus, no caso de ele ter sido perdido através de uma transgressão. Podemos resumir dizendo que o culto tinha a intenção de promover o reconhecimento da soberania de Deus e fortalecer e aprofundar a comunhão com Deus.

Por longo tempo, Israel absteve-se de declarar que Iahweh tinha estabelecido ou inaugurado o culto[80]. Só mais tarde é que tal declaração foi feita, e, na época, apenas em parte (P atribui a Deus a instituição do sábado em Gn 2.1-3 e da circuncisão em Gn

---

[78] BHH, I, 143-144; RGG, I, 666-668; IDB, IV, 24; L. Delekat, *Katoche, Hierodulie und Adoptionsfreilassung*, 1964; M. Greenberg, "The Biblical Conception of Asylum", *JBL* 78 (1959), 125-132; M. Löhr, *Das Asylwesen im Alten Testament*, 1930.

[79] E. L. Ehrlich, *Der Traum im Alten Testament*, 1953; E. Preuschen, "Doeg als Inkubant", *ZAW* 23 (1903), 146; A. Resch, *Der Traum im Heilsplan Gottes*, 1964; W. Richter, "Traum und Traumdeutung im Alten Testament", *BZ*, NF 7 (1963), 202-220.

[80] Há até menor razão, em geral, para denominar o culto de um lugar da divina revelação, como R. Gyllenberg faz em "Kultus und Offenbarung", in *Interpretationes ad Vetus Testamentum pertinentes* (Mowinckel Festschrift), 1955, 72-84.

17). No princípio, pensava-se que o culto devia ser meramente regulado por ordem divina, uma vez que já existia, como demonstram as ordens dos vários decálogos colocados na boca de Iahweh (§ 15,4).

Pelo fim da monarquia, porém, parece ter havido alguma fundamentação para uma pretensão de revelação divina, como sugere a recusa de Jeremias em Jr 7.22. Talvez a teologia deuteronômica forneça a fundamentação desse desenvolvimento.

2. Lugares de culto

a) Grande parte dos santuários do período antigo (§ 4,2; 10,2) continuou a existir durante a monarquia. Além disso, a maioria, senão todas, as aldeias tinham seus lugares de culto[81]. Eles não deixaram maiores traços arqueológicos que as estruturas do templo, que, podemos supor, serviam como santuários oficiais, e para os quais há alguma evidência. Apenas em um lugar – Arad, a leste de Berseba – as escavações trouxeram à luz o santuário da fortaleza judaica local[82].

Parece que o santuário de Arad existia, pelo menos, desde o século IX a.C. e foi destruído na segunda metade do século VIII a.C. Era uma construção bem grande, que consistia de três cômodos colocados em seqüência, exatamente como são presumidos para o Templo salomônico em Jerusalém. Como no último, a entrada achava-se no lado do oriente, o "santo dos santos", no lado do ocidente. Três degraus conduziam à entrada do último; era ladeada por dois altares de pedra com uma calha entre eles. Dentro do cômodo, havia uma plataforma elevada de pedra (*bamâ*), em volta da qual ficavam três estelas ou *masseboth*. Ao que parece, trata-se aqui de um santuário real ou oficial; isso levanta a questão se todas as fortalezas judaicas (e israelitas) não podiam ter tido semelhante disposição.

---

[81] BHH, II, 1121-1122; RGG, III, 156-160; IDB, II, 602-604; cf. também W. F. ALBRIGHT, "The High Place in Ancient Palestine", *VTSuppl* 4 (1957), 242-258.
[82] Y. AHARONI e R. AMIRAN, "Arad, a Biblical City in Southern Palestine", *Archaeology* 17 (1964), 43-53.

b) Por causa de sua importância histórica, o Templo de Jerusalém provoca maior interesse[83]. O mais antigo preservou partes que pertencem ao templo herodiano; do templo pós-exílico, como do salomônico, nada existe. Apenas a rocha sagrada, o fundamento natural da estrutura inteira, sobre a qual se ergueu o cômodo do fundo ou santo dos santos[84], é ainda visível como o centro do zimbório islâmico da Rocha. Assim, o Templo salomônico representava uma" rocha cercada", mas a cerca foi construída de tal maneira que a rocha foi incorporada ao fundamento[85].

Com respeito ao conhecimento do Templo que foi construído no tempo de Salomão e permaneceu em uso até ao fim da monarquia, só temos dados literários à nossa disposição: primeiro, a descrição em 1 Rs 6-7, aparentemente revista e ampliada por diversas mãos, e, depois, o relato da visão de Ez 40-42, que na maior parte representa a lembrança do profeta de como a construção parecia no tardio período pré-exílico. A comparação entre as duas descrições mostra que as mudanças arquitetônicas foram realizadas no curso da monarquia[86], incluindo especialmente a construção da estrutura circundante de três andares com suas câmaras (em 1 Rs 6.1-10, provavelmente só 6.2-4,9 sejam originais). Além disso, o texto de 1 Rs 6-7 especialmente é tão ambíguo em muitos pontos que há grande disparidade de pontos de vista com respeito à planta e ao possível projeto do Templo. Ele

---

[83] BHH, III, 1940-1947; RGG, VI, 684-686, IDB, IV, 534-547; H. MAYER, "Das Bauholz des Tempels Salomos" *BZ*, NF 11 (1967), 53-66.
[84] H. SCHMIDT, *Der heilige Fels in Jerusalem*, 1933. De acordo com 2 Sm 24.18ss, isso é mais provável que a suposição segundo a qual o altar dos holocaustos se encontrava sobre a rocha. Para outro ponto de vista, cf. H. W. HERTZBERG, "Der heilige Fels und das Alte Testament", *JPOS* 12 (1932), 32-42 (= *Beiträge zur Traditionsgeschichte und Teologie des Alten Testaments*, 1962, 45-53); segundo HERTZBERG, há no Antigo Testamento um mero indício da posição especial da rocha.
[85] Cf. H. BRUNS, "Umbaute Götterfelsen", *Jb des Deutschen Archäologischen Instituts* 75 (1960), 100,111, e o templo romano sobre a *qal 'a* de Aman.
[86] Cf. também L. A. SNIJDERS, "L'orientation du Temple de Jerusalém", OTS 14 (1965), 214-235.

representava um edifício longitudinal com três cômodos ou um salão com um átrio aberto e um cubo construído em madeira (para a arca e os querubins)?[87]. Foi construído de acordo com os projetos siro-palestinenses – seja com três cômodos seja um cômodo com um átrio aberto – ou foi uma criação peculiarmente israelita?[88]

Provavelmente, seja seguro supor que o Templo, como o santuário de Arad, representava. um edifício longitudinal: que abrangia três seções: átrio, lugar santo e cômodo posterior (mais tarde, designado como "santo dos santos"), e que foi construído segundo o modelo dos templos tripartites. Tais templos incluíam o (não axial) santuário do Antigo Bronze de et-Tell (Ai)[89], o templo do Médio ao Novo Bronze de Hazor[90], o templo de Tell Tainat, que data do século IX ou VIII a.C.[91], e os mais distantemente relacionados templos de Tell Chuera, no noroeste da Síria[92], alguns dos quais com átrios abertos e outros fechados. Pode-se também fazer referência ao tardio "tipo de templo sírio"[93].

O átrio do Templo de Salomão media cerca de 5m de comprimento e 10m de largura. Penetrava-se nele do leste – se não se trata de um átrio aberto – através de uma passagem aberta. De ambos os lados da entrada, achavam-se as colunas de bronze Jaquin e Boaz[94], cujos nomes podem ser uma oração ("Possa

---

[87] Essa é a sugestão de H. SCHULT, "Der Debir im salomonischen Tempel", *ZDPV* 80 (1964), 46-54. Cf. também A. KUSCHKE, "Der Tempel Salomos und der 'syrische Tempeltypus'", in *Das ferne und nahe Wort (Rost Festschrift)*, 1967, 124-132.

[88] Esse é o ponto de vista de J. BRAND, "Remarks on the Temple of Solomon", *Tarbiz* 34 (1964-1965), 323-332.

[89] J. MARQUET-KRAUSE, *Les fouilles de 'Ay*, 1949, 93-94; ANEP, 730.

[90] Cf. TEJ 8 (1958), 11-14; 9 (1959), 81-84.

[91] Cf. C. W. MCEWAN in AJA 41 (1937), 9ss; D. USSISHKIN, "Solomon's Temple and the Temples of Hamat and Tell Tainat (em hebraico)", *Yediot* 30 (1966), 76-84.

[92] A. MOORTGAT, *Tell Chuera in Nordost-Syrien*, 1962.

[93] A. ALT, "Verbreitung und Herkunft des syrischen Tempeltypus", PJB 55 (1939), 83-99 (= *Kleine Schriften zur Geschichte des Volkes Israel*, II [1953], 100-115).

[94] W. KORNFELD, "Der Symbolismus der Tempelsäulen", *ZAW* 84 (1962), 50-57; H. G. MAY, "The Two Pillars Before the Temple of Solomon", *BASOR* 88 (1942), 19-27; R. B. Y. SCOTT, "The Pillars of Jachin and Boas", *JBL* 58 (1939), 143-149.

ele [Deus] fazer seguro [o Templo, a dinastia] em resistência")
ou então referir-se à função arquitetônica delas ("Possa ela [a
coluna] dar segurança – nela está a resistência"). Depois do átrio,
passa-se, por uma porta de dois batentes de cipreste, para o
Lugar Santo, com cerca de 20m de comprimento, 10m de largura e 15m de altura, iluminado por uma luz que vinha através de
janelas colocadas na metade superior da parede. No Lugar Santo, estavam localizados o altar do incenso, a mesa para o denominado "pão da Presença", em que o pão era colocado perante
Iahweh, e os candeeiros dispostos em dois grupos de cinco cada
um. Uma segunda porta de dois batentes fechava o cômodo do
fundo[95], uma câmara elevada em forma de cubo de 10m de lado.
Nela, estavam colocadas duas figuras de querubim, como se
estivessem suportando o trono, e a arca, cuja função sacral não
era arquitetônica (como um trono ou escabelo), mas simbolizar
a associação de Iahweh com a residência real da linhagem davídica e, assim, legitimar a dinastia[96]. As portas e paredes, estas
cobertas de tábuas do Templo eram decoradas com querubins,
palmas, coroas de flores em baixo-relevo. No pátio interno, separado por uma parede do pátio externo, achava-se o altar dos
holocaustos, o gigantesco mar de bronze[97] – obviamente, na
origem, uma representação das águas primevas; mais tarde interpretado como uma bacia para ablução (2 Cr 4.2ss) – e os dez
lavatórios[98] – originalmente associados com o mar de bronze;
mais tarde interpretados como vasos para lavar a carne das ofertas dos holocaustos (2 Cr 4.6).

---

[95] K. GALLING, "Das Allerheiligste in Salomos Tempel", *JPQS* 12 (1932), 43-46; H. SCHULT, "Der Debir im Salomonischen Tempel".

[96] J. MAIER, *Das altisraelitische Ladeheiligtum*, 1965; M. NOTH, "Jerulalem und die israelitische Tradition", *OTS* 8 (1950), 28-46 (= *Gesammeilte Studien zum Alten Testament*, 1957, 172-187; R. DE VAUX, "Les chérubins et l'arche d'alliance, les sphinx gardiens et les trônes divins dans l'ancien Orient", *MUB* 37 (1961), 93-124.

[97] BHH, I, 372; A. SEGRÉ, "Il mare fusile del Tempio di Salomone", *RSO* 41 (1966), 155.

[98] BHH, II, 944.

Pensava-se que o Templo era uma cópia terrena do palácio celestial de Iahweh e sua sede oficial como "rei", como uma porção da terra sobre a qual ele reinava e que tinha concedido a Israel, e como o santuário de Estado oficial para todo Israel e, mais tarde, para Judá, no qual Iahweh habitava, porque ali, no culto, ele manifestava a sua presença. Contudo, a montanha em que o Templo tinha sido construído, dentro da estrutura do complexo do palácio, veio a assumir, pouco a pouco, por causa da rocha de Deus que ela circundava, o significado da montanha de Deus, aliás localizada pela tradição do antigo Oriente Médio nas regiões setentrionais da terra. No curso do tempo, o Templo deu a Jerusalém o prestígio de ser a residência e a cidade de Deus, o lugar do culto e a cidade do Templo (FOHRER: cf: também § 11,2).

Além disso, os estudiosos têm proposto a existência de uma tradição de culto de Jerusalém, que se originou através da transferência, para Iahweh, de uma série de elementos que pertenciam à religião pré-israelita de El. Supõe-se que essa tradição deixou seu sinal em diversas passagens dos Salmos e dos profetas. SCHMID[99] incluiu entre esses elementos a noção de El como criador, senhor dos deuses e Deus do universo; a idéia de uma montanha de Deus e a tradição de uma batalha contra o caos. Outros acrescentaram motivos tais como a luta contra as nações[100], a peregrinação das nações a Jerusalém[101] e a inviolabilidade de Jerusalém[102].

WANKE[103], porém, demonstrou que, embora as idéias ou motivos citados por SCHMID possam ser muito antigos e estar enraizados em literatura não israelita, não se trata de uma tradição uniforme, mas de noções ou motivos isolados que não entraram para o pensamento israelita senão bem mais tarde, e que os moti-

---

[99] H. SCHMID, "Jahwe und die Kulttraditionen von Jerusalem", ZAW 67 (1955), 168-197.
[100] E. ROHLAND, Die Bedeutung der Erwählungstraditionen Israels für die Eschatologie der alttestamentlichen Propheten, tese, Heidelberg, 1956.
[101] H. WILDBERGER, Jesaja, 1965, 80.
[102] J. L. HAYES, "The Tradition of Zion's Inviolability", JBL 82 (1963), 419-426.
[103] G. WANKE, Die Zionstheologie der Korachiten, 1966.

vos adicionais mencionados acima não têm origem fora de Israel. Visto que os motivos mitológicos antigos não foram tomados por empréstimo por Israel senão bem mais tarde, no período pós-exílico, e a evidência do Antigo Testamento com respeito a eles se aplica só a esse período, e visto que, acima de tudo, o motivo da luta contra as nações não é mitológico, e é também um produto do período tardio, a hipótese de uma tradição de culto independente de Jerusalém não pode ser mantida. Os supostos elementos dessa tradição não representam nenhum papel até o desenvolvimento, primariamente observável no período pós-exílico, das idéias associadas com Sião-Jerusalém. Com respeito ao período inteiro da monarquia, não há evidência da existência de tal tradição.

3. Festas e festividades

a) De Êx 34.14-26, podemos concluir que havia em Israel, durante a monarquia, catálogos de festas, que registravam as festividades a serem observadas regularmente (§ 15,4). Nessa passagem foram incorporadas quatro normas de uma série de ordenamentos para dias especiais do ano. Elas mencionam o Sábado, a apresentação dos primeiros frutos, a festa dos Pães Ázimos e a festa das Semanas (Êx 34, 18aª, 21ª, 22aª, 26a). Mais tarde, a festa da Colheita foi acrescentada como a terceira festividade agrícola (v. 22b) e, por mão deuteronômica, a Páscoa (v. 25b). A passagem de Êx 23.10-19, que depende de Êx 34, menciona todas essas observâncias – chamando a festa das Semanas de festa da Colheita – e acrescenta o ano do jubileu. Normas cultuais adicionais derivam dos períodos deuteronômico, exílico e pós-exílico (cf. § 22,2; 23,3; 28,4).

b) Além do Sábado e do dia da Lua Nova (§ 10,2), as festas regularmente observadas incluíam as três festividades agrícolas, mas não a Páscoa, que não foi revivida até o período deuteronômico (§ 8,3)[104].

---

[104] BHH, I, 471-474; RGG, II, 910-917; IDB, II, 260-264.

A festa dos Pães Ázimos[105] foi originalmente uma festividade agrícola cananéia, que os israelitas adotaram. Eles a incorporaram ao javismo, ligando-a a Iahweh e vinculando-a com o êxodo do Egito (Êx 23.15; 34.18). Era realizada no começo da colheita da cevada, no mês de Abib (o primeiro mês) e durava sete dias; visto que ela começava "no dia seguinte ao sábado" (Lv 23.11,15), coincidia exatamente com a semana. Uma data mais precisa não podia ser fixada, porque a festividade dependia do amadurecimento dos cereais. Era uma festividade de peregrinação como as outras duas festividades agrícolas. Os agricultores dirigiam-se aos santuários, para ali desfrutar do pão feito de grãos novos sem levedura, isto é, sem qualquer adição da colheita velha. Ao mesmo tempo, ofertas e sacrifícios de agradecimento adicionais eram certamente apresentados à divindade.

A festa das Semanas[106] era celebrada sete semanas após o começo da festa dos Pães Ázimos, e, assim, caía no terceiro mês. Como explica a passagem de Êx 34.22, era realmente a festividade – originalmente cananéia – da colheita do trigo. Durante essa festividade de peregrinação, as primícias da colheita eram oferecidas (Êx 23.16; 34.22); mais tarde, havia também um oferecimento de cereal de dois pães feitos de farinha nova, cozido com levedura (Lv 2316-17; Nm 28.26). Embora fosse uma festividade alegre, cheia de contentamento e júbilo, no período da monarquia, parece que não teve grande importância. Conseqüentemente, durante longo tempo, permaneceu dissociada de qualquer ato específico da parte de Iahweh. A primeira associação foi feita por P, que datou os eventos do Sinai na festa das Semanas (cf. Êx 19.1).

---

[105] H.-J. KRAUS, "Zur Geschichte des Passah-Massotfestes im Alten Testament", *EvTh* 18 (1958), 47-67; E. KUTSCH, "Erwägungen zur Geschichte der Passafeier und des Massotfestes", *ZThK* 55 (1958), 1-35; BHH, II, 1169-1170.

[106] H. GRIMME, *Das israelitische Pfingstfest und der Plejadenkult*, "Studien zur Geschichte und Kultur des Altermus", 1.1, 1907; E. LOHSE in *ThW*, IV, 45-46; BHH, II, 1440-1441.

A festa da Colheita[107] é a terceira festividade cananéia que Israel adotou e associou com Iahweh. Como a festa dos Pães Ázimos, coincidia com a semana, sendo celebrada "no fim do ano" (Êx 23.16) ou "no fim do ano" (Êx 34.22), quando a colheita tinha sido armazenada e o labor do trilhar do trigo e do espremer da uva tinha cessado. Era a festa mais importante do ano e, por isso, era conhecida simplesmente como "a festa de Iahweh" (Jz 21.19; Lv 23.39) ou "a festa" (1 Rs 8.2,65; 13.32 e *passim*); era dominada pelo pensamento da colheita e o júbilo de festa. Segundo nota tardia, Jeroboão I passou-a para um mês mais tarde (1 Rs 12.32-33); mas mesmo depois da conquista de Jerusalém (587 a.C.) o povo da região do antigo Reino do Norte vinha ainda a Jerusalém em peregrinação no sétimo mês, isto é, para a festa da Colheita (Jr 41.4-5). No tempo da legislação deuteronômica, foi chamada festa das Tendas (Dt 16.13, 16), porque a semana de habitação em tendas era considerada a observância mais importante. Não se pode determinar se essa prática foi observada desde o começo ou se foi introduzida durante o curso da monarquia. De qualquer modo, ela deriva das tendas que eram erguidas em pomares e vinhedos durante a colheita. Mais tarde costumava-se associar a festa com o período do deserto: os israelitas deviam morar em tendas durante a festa como, então, habitavam (Lv 23.42-43).

Uma observância regular adicional era a celebração anual da dedicação do Templo de Jerusalém. Segundo 1 Rs 8.1-2, a festa da Colheita propiciou a ocasião para a dedicação do Templo salomônico; a festividade anual, provavelmente mencionada no Sl 132, por isso, coincidia com a festa da Colheita.

A situação é diferente com respeito ao regulamento de Dt 31.10-11, que requer a recitação da lei a cada sete anos na festa das Tendas. Dt 31.1-13 é um dos suplementos à segunda ou posterior conclusão do livro, que foram acrescentados no período

---

[107] KUTSCH; BHH, II, 1052-1053; segundo R. KITTEL, "Osirismysterien und Laubhüttenfest", *OLZ* 27 (1924), 385-391, a festividade não deve ser associada com uma festividade cananéia de Osíris-Adônis.

exílico no mais tardar e provavelmente no período pós-exílico[108]. É duvidoso se tal cerimônia realmente aconteceu; a regulamentação pode ter-se originado, seguindo a recitação da lei por Esdras, a fim de legitimá-la.

A designação de cada sétimo ano como um ano de jubileu[109], exigido por Êx 23.10-11, não pode ser considerada uma prática real. A inclusão de vinhedos e olivais e a motivação caridosa certamente não são originais. As explicações mais recentes em termos do culto ou economia agrícola são também duvidosas. É também incerto se a prática deve ser derivada do ambiente nômade ou cananeu. Não há evidência da observância real até o século II a.C. (1 Mc 6.49,53). Por isso, levanta-se a questão se a regulamentação deuteronômica, cancelando os débitos a cada sete anos (Dt 15.1ss), não é primária e a regulamentação que exige um ano de descanso, secundária.

A falta de outros dados acerca das festividades israelitas durante a monarquia tem levado a uma abordagem cultual histórica unilateral, que considera ser a adoração um fenômeno central da religião, para postular uma série de festividades desconhecidas da tradição do Antigo Testamento. Essas incluem uma "festividade de Ano Novo de Iahweh", paralela à festa do Ano Novo babilônica no início do ano, no outono, para celebrar o poder demonstrado por Iahweh na criação e no estabelecimento do seu povo[110]; a "festividade de entronização de Iahweh", associada com a festividade do Ano Novo, em que Iahweh anualmente recobrava a soberania sobre o seu povo e toda a criação, após vitória sobre as forças do caos[111]; a "festa da aliança" ou "festividade

---

[108] S-F, § 25.
[109] É também conhecido como o ano da libertação e o ano sabático; BHH, I, 429-430; RGG, II, 568-569; IDB, II, 263; F. HORST, *Das Privilegrecht Jahwes*, 1930, 56ss (= *Gottes Recht*, 1961, 79ss); *id.*, "Das Eigentum nach dem Alten Testament", in *Kirche und Volk*, II (1949), 87-102 (= ib., 203-331: R. NORTH, "Maccabean Sabbath Years", Bibl 34 (1953), 501-515.
[110] P. VOLZ, *Das Neujahrsfest Jahwes*, 1912.
[111] S. MOWINCKEL, *Psalmenstudien*, II, 1922; *id.*, *The Psalms in Israel's Worship*, I (1963), 106-192; H. SCHMIDT, *Die Thronfahrt Jahves am Fest der Jahreswende im alten Israel*, 1927.

da renovação da aliança", algumas vezes associada com a "festividade de entronização", que tinha possivelmente uma "teofania cultual" como seu clímax[112]; a "festividade da Sião real", para celebrar a eleição de Jerusalém e da dinastia davídica por Iahweh (reformada depois do exílio em festividade de entronização de Iahweh)[113], e uma "festividade da eleição", baseada em Êx 19.3-8[114]. Contudo, todas essas hipóteses são muito improváveis. A festividade outonal (festa da colheita) era uma festividade da colheita, não uma festividade do Ano Novo; nenhuma noção mitológica, tal como uma luta contra o caos, a criação do mundo etc., estava associada com ela, visto que a conexão com o período do deserto era um produto do período pós-exílico. Os denominados salmos de entronização são hinos monoteísticos dependentes do Dêutero-Isaías[115], em que a expressão *Yhwh mālak* significa "é Iahweh que reina como rei". Acima de tudo, não pode haver dúvida sobre qualquer envolvimento do rei israelita e do seu "matrimônio sagrado", especialmente desde que é mal colocada a suposição segundo a qual o livro dos Cânticos representa uma coleção de canções truncadas para acompanhar tal cerimônia. A "festividade da aliança" ou "festividade de renovação da aliança" dissipa-se, quando se compreende que o termo *berît* não significa absolutamente "aliança"; as promessas feitas por Iahweh ou a aceitação da obrigação por parte de Israel, que, podemos supor, em vez disso, não precisam ser renovadas anualmente. Além disso, a tradição do Sinai não estava associada com a festividade outonal, mas com a festa das Semanas. E exatamente como a base exegética da festividade hipotética de Sião é insegura, tam-

---

[112] S. MOWINCKEL, *Psalmenstudien*; *The Psalms in Israel's Worship*; G. VON RAD, *Das formgeschichtliche Problem des Hexateuch*, 1938 (= *Gesammelte Studien zum Alten Testament*, 1958, 9-86; A. WEISER, *Die Psalmen*, 4ª ed., 1955; *id.*, "Zur Frage nach den Beziehungen der Psalmen zum Kult; in *Festschrift Alfred Bertholet*, 1950, 513-531 (= *Glaube und Geschichte im Alten Testament*, 1961, 303-321).
[113] H.-J. KRAUS, *Die Königsherrschaft Gottes im Alten Testament*, 1951.
[114] H. WILDBERGER, *Jahwes Eigentumsvolk*, 1960.
[115] S-F, § 39,2.

bém a festividade da eleição é baseada num texto tardio do período monárquico pós-deuteronômico de Judá[116].

c) As cerimônias públicas irregulares incluíam a entronização ritual do rei (1 Rs 1.32-48; 2 Rs 11.12-20)[117]. A ação cultual dava-se dentro do santuário: o rei era apresentado com o diadema e o protocolo real em que Iahweh reconhecia o rei como seu filho, confiava-lhe a soberania sobre o povo, mencionava o seu nome de trono etc.; em muitos casos, o rei era ungido; finalmente, todos os presentes o aclamavam (cf. § 12,2). Mais tarde, realizava-se uma cerimônia secular no palácio: o rei sentava-se no trono, pronunciava seu discurso inaugural, recebia as honras dos funcionários e os confirmava em seus cargos.

Os lugares sagrados também serviam de cenário para celebrações de vitória, súplicas e lamentações, cuja forma variava de acordo com a ocasião e a situação. Só durante ou depois do Exílio é que se fixaram as datas para as lamentações comunitárias; antes dessa época, essas e outras observâncias eram realizadas quando a ocasião as exigia (cf. 1 Rs 21.9-10; Jr 36.9)[118]. Do período pós-exílico, Jl 1-2 registra as palavras pronunciadas pelos profetas cultuais nos dias de lamentação e penitência[119].

4. A realização do culto

a) As cerimônias cultuais eram executadas de acordo com regras e ordenamentos específicos[120]. Por isso, os santuários particulares, muito cedo, reduziram seu culto a normas que eram meticulosamente observadas por todos aqueles que os freqüentavam e participavam do culto. Acima de tudo, um santuário ofi-

---

[116] S-F, § 27,3.
[117] G. VON RAD, "Das judäische Königsritual", *ThLZ* 72 (1947), 211-216 (= *Gesammelte Studien zum Alten Testament*, 1958, 205-213).
[118] BHH, I, 290-292; IDB, II, 261-262; também H. W. WOLFF, "Der Aufruf zur Volksklage", *ZAW* 76 (1964), 48-56.
[119] S-F, § 62.
[120] K. KOCH, *Die Priesterschrift von Exodus 25 bis Leviticus 16*, 1959; R. RENDTORFF, *Die Gesetzse in der Priesterschrift*, 1954.

cial, como o de Jerusalém, possuiria um código de culto aceito. Contudo, seria errôneo concluir que havia uniformidade de ritual. Não pode haver dúvida de que se formaram normas cultuais bem divergentes; quanto mais santuários houvesse, maior era a variedade de ritual.

Ordenamentos cultuais específicos estão incorporados nos livros do Levítico e dos Números; trata-se de instruções que regulamentam o serviço realizado pelos sacerdotes, sua atividade, ou definem os critérios pelos quais eles devem decidir acerca de casos. Entre outras coisas, elas contêm instruções para as várias espécies de sacrifícios (*e.g.*, Lv 1-3). Freqüentemente, a forma original pode ser restaurada com a remoção das fórmulas introdutórias e com a mudança do tratamento direto e das formas de segunda pessoa para as formas de terceira pessoa. Pelo menos o núcleo dessas normas deriva do período da monarquia.

Outras instruções e regulamentos, feitos também para os sacerdotes, contêm porções do saber da profissão sacerdotes (*e.g.*, Lv 15). Essas diferem dos ordenamentos cultuais, porque elas representam pequenos fragmentos isolados, reunidos em coleções sem continuidade formal ou substancial.

b) O ato cultual mais importante era a oferta de sacrifício[121]. Podemos perguntar pelos tipos de sacrifício que havia, quão freqüentemente eram oferecidos e a que propósitos serviam.

O sacrifício de um animal abatido (*zebaḥ*) era um sacrifício de comunhão, para o qual podiam ser usado novilho, ovelha e cabra. O animal sacrificado era consumido numa refeição comunitária[122]. A carne era dividida entre Iahweh e os adoradores; mais tarde, numa data que não se pode determinar, o sacerdote também participava dela. Iahweh recebia as partes mais valiosas do animal abatido, as porções de gordura, que eram queimadas sobre o altar. Depois que recebia sua parte do alimento dessa maneira, a refeição propriamente dita podia começar, no curso da

---

[121] BHH, II, 1345-1350; RGG, IV, 1641-1647; IDB, IV, 147-159.
[122] A expressão "holocaustos" em 1Sm 2.28 aparentemente se refere a esse tipo de sacrifício; RGG, IV, 607-608.

qual – depois que o peito e a perna direita tinham sido removidos como porção do sacerdote – o adorador, junto com sua família e convidados, comia a carne. Aqueles que participavam do ato tinham de estar ritualmente puros. Desde que todo abate de animal era sacrifical e desde que quase nenhuma carne era comida em refeições regulares, semelhante refeição festiva no santuário se revestia de um caráter especial. O propósito primário desse tipo de sacrifício era a comunhão: comunhão daqueles que participavam da refeição uns com os outros, e comunhão de todo o grupo com Iahweh.

Tal refeição sacrifical estava associada também com o tipo de sacrifício chamado de šelem ou šˁlamîm. À luz da dupla tradução usada pela LXX, comumente ele é compreendido como significando "oferta de salvação" ou "oferta de paz", menos freqüentemente como tendo algum outro significado[123]. Uma derivação mais apropriada seria do piel de šalăm, no sentido admitidamente incomum de "tornar completo"; o significado seria então "oferta de conclusão". Esse sacrifício sempre ocupa, nas listas, o último lugar (e.g., 2 Rs 16.13) e parece que, originalmente, concluía uma celebração que consistia em holocausto (Êx 20.24; Jz 20.26; 21.4; 1 Sm 13.9; 2 Sm 6.17-18; 24.25; 1 Rs 8.64), a fim de acrescentar, através de sua refeição sacrifical, a noção de comunhão. Por causa desse ritual, ele estava associado, bem cedo, ao abate sacrifical, de modo que encontramos a menção de "sacrifícios que são ofertas de conclusão" (Êx 24.5; 1 Sm 11.15). No período mais recente, especialmente depois do Exílio, o abate sacrifical perdeu a sua importância; a oferta de conclusão, semelhante a ele em ritual, primeiro o neutralizou e, depois, o substituiu.

O holocausto ('olâ), de origem não semítica (cf. § 10,2), era uma oferta total[124]. O adorador, que tinha de estar ritualmente

---

[123] Para uma discussão pormenorizada do assunto, cf. G. FOHRER in ThW, VII, 1022-1023; R. SCHMID, Das Bundesopfer in Israel, 1964, o traduz como "oferta de aliança".
[124] L. ROST, "Erwägungen zum israelitischen Brandopfer", in Von Ugarit nach Qumran (Eissfeldt Festschrift), 1958, 177-183; W. H. STEVENSON, "Hebrew 'olah and zebach Sacrifices", in Festschrift Alfred Bertholet, 1950, 488-497.

puro, levava o animal sacrifical (ou pássaros) ao sacerdote para a aprovação e punha a mão sobre a cabeça do animal – para confirmar que era realmente oferecido pelo adorador ou para transferir o pecado, a maldição etc. para o animal[125]. Então, o adorador o abatia, o sacerdote derramava o sangue em torno do altar e queimava os pedaços do animal sobre o altar, de modo que a fumaça "subisse" ('*alá*) para Iahweh; nem o adorador nem o sacerdote recebia porção. Tais ofertas assim queimadas honravam a Iahweh e prestavam-lhe homenagem (1 Sm 6.14); por isso, elas eram oferecidas, no culto do Templo, nas festividades anuais (1 Rs 9.25). Contudo, também as orações da congregação (Jr 14.12) e do rei (Sl 20.3-4) eram feitas durante os holocaustos.

Em contraste com as outras ofertas, a oferta de agradecimento (*tôda*) podia incluir fermento (Am 4.5). Esse sacrifício era oferecido primariamente no curso das celebrações da ação de graças, em que a comunidade ou um indivíduo dava graças pela libertação da calamidade.

A oferta pela culpa ('*ašam*) aparentemente era conhecida, pelo menos, ao fim da monarquia, visto que o Código de Santidade, que a menciona em Lv 19.20ss, pode remontar a um núcleo préexílico[126]. Esse sacrifício tinha o propósito de expiar transgressões menores ou casos de impureza.

Desde tempos imemoriais, a oferta de comida e bebida (libações) era costumeira; o pão da Presença também pertence a essa categoria (cf. 1 Sm 21.2-6). Originalmente, o termo "dádiva" (*minḥâ*) referia-se a todos os rituais sacrificais que envolviam substâncias animais ou vegetais; mais tarde, foi restringido às últimas, incluindo cereais, plantas, óleo e vinho. Neste sentido, a palavra ocorre ao lado do abate sacrifical (1 Sm 2.29; 3-14; Is 19.21), de oferta de conclusão (Am 5.22) e holocaustos (Jr 14.12; Sl 20.3).

---

[125] S. H. HOOKE, "The Theory and Practice of Substitution", *VT* 2 (1952), 2-17; P. VOLZ, "Die Handauflegung beim Opfer", *ZAW* 21 (1901), 93-100; para um ponto de vista diferente, cf. J. C. MATTHES, "Der Sühnegedanke bei dei Sündeopfern", *ZAW* 23 (1903), 97-119.

[126] P. D. SCHÖTZ, *Schuld und Sündopfer im Alten Testament*, 1930; N. H. SNAITH, "The Sin-offering and the Guilt-offering", VT 15 (1965), 73-80.

A oferta de incenso é atestada, por todo o período da monarquia, pela menção e descoberta de altares de incenso[127]. O incenso, oriundo do sul da Arábia, é mencionado primeiramente em Jr 6.20, mas isso não significa que não tenha sido usado mais cedo. Outras resinas também eram utilizadas[128].

Israel tomou da religião cananéia a prática de dedicar o primogênito à divindade[129]. Exatamente como os primeiros frutos do campo eram oferecidos nas festividades de colheita, assim também o primogênito macho do rebanho devia ser oferecido (Êx 34.19). Não pode ser determinado em que medida essa exigência era aplicada, originalmente, ao primogênito humano; de qualquer maneira, mesmo o precursor cananeu da história da viagem de Abraão para sacrificar seu filho (Gn 22) parece ter intentado justificar a substituição do sacrifício de animais para o sacrifício humano. Em Israel, a oferta dos animais primogênitos servia para se reconhecer a soberania de Iahweh e os seus direitos de propriedade, expressar a dependência a Iahweh e agradecer-lhe.

O dízimo cúltico[130] é atestado apenas no Reino do Norte, durante o período da monarquia. O texto de Am 4.4 menciona-o em Betel e Guilgal; o de Gn 28.22 (E) justifica-o para Betel, remontando a prática a Jacó. A justificação para Jerusalém, encontrada em Gn 14.20, data de um período consideravelmente tardio. Normas mais precisas parecem ter sido estabelecidas somente pelo Deuteronômio e no período pós-exílico.

O culto sacrifical foi pressuposto. Por isso, não há quase nada preservado com respeito à freqüência e regularidade do sacrifício. Não sabemos se o sacrifício estava limitado a datas específicas e ocasiões especiais ou se era praticado regularmente, talvez

---

[127] M. Haran, "The Use of Incense in the Ancient Israelite Ritual", *VT* 10 (1960), 113-129; M. Löhr, *Das Räucheropfer im Altem Testament, eine archäologische Untersuchung*, 1927.
[128] Cf. BRL, 325-366.
[129] BHH, I, 434; RGG, II, 608-610; IDB, II, 271.
[130] BHH, III, 2208-2209; RGG, VI, 1878-1879; O. Eissfeldt, *Erstlinge und Zehnten im Alten Testament*, 1917.

mesmo diariamente, ou se ocorria em qualquer tempo que o adorador o desejasse. Somente o texto de 2 Rs 15.16 menciona a prática regular do sacrifício do Templo de Jerusalém: uma oferta queimada pela manhã e uma oferta de cereal à tarde.

A oferta de sacrifício podia servir a vários propósitos, mas todos estão associados com a noção básica da soberania de Deus e comunhão com Deus. Que o abate sacrifícial e a oferta de conclusão serviam para estabelecer companheirismo e comunhão mútuos com Iahweh entre aqueles que participavam da refeição sacrifical já foi mencionado. Outro propósito, especialmente associado com o holocausto, era oferecer uma dádiva a Iahweh; desta maneira, o adorador reconhecia a majestade da soberania divina, prestava-lhe homenagem e mostrava o seu respeito. Além disso, o sacrifício podia reforçar uma petição ou expressar agradecimento por auxílio recebido. Contudo, o sacrifício também podia servir para apaziguar a ira de Deus ou expiar as transgressões humanas contra Iahweh[131]. Ele colocava diante de Iahweh um odor agradável (*rê^{a}ḥ nîḥoaḥ*) para apaziguar a sua ira (Gn 8.21; 1 Sm 26.19) ou era uma dádiva propiciatória em substituição da vida humana que estava teoricamente perdida (cf. Mq 6.7)[132]. Finalmente, era possível a um indivíduo – talvez durante uma festividade – fazer uma oferta voluntária (Am 4.5), para a qual até um animal deformado podia ser usado (Lv 22.23).

c) Embora a oferta de sacrifício representasse um papel importante, estava longe de constituir a totalidade do culto. O Antigo Testamento registra uma série de outros atos cultuais ou atos que eram praticados na esfera cultual; esses incluíam material religioso antigo (§ 2,3). O voto[133] era um rito de consagração. Era feito comumente no caso de cumprimento de uma petição

---

[131] RGG, VI, 507-511; IDB, I, 310; IV, 16-17; S. Herner, *Sühne und Vergebung in Israel*, 1942; J. J. Stamm, *Erlösen und Vergeben im Alten Testament*, 1940.

[132] L. Moraldi, *Espiazione sacrificiale e riti espiatori nell'ambiente biblico*, 1956; R. J. Thompson, *Penitence and Sacrifice in Early Israel Outside the Levitical Law*, 1963.

[133] BHH, I, 541-542; RGG, II, 1322-1323; IDB, IV, 792-793; W. H. Gispen, "De gelofte", *GThT* 61 (1961), 4-13.37-45.65-73.93-107; A. Wendel, *Das israelitisch-jüdische Gelübde*, 1931.

(Gn 28.20-22; Jz 11,30-31; 1 Sm 1.11; 2 Sm 15.8), mais raramente como uma expressão de agradecimento (Jn 1.16). No curso do tempo, a emissão e cumprimento de votos foram crescentemente incorporados ao culto, e o sacerdócio nisso se envolveu (cf. Lv 7.16; 22.21; 27.2-8; Nm 6.2-21; 15.8).

Os ritos de purificação ou profanação eram necessários, quando uma pessoa tinha contato íntimo com alguma coisa impura ou sagrada[134]. Por exemplo, tais ritos eram necessários, quando uma mulher se tornava impura por dar à luz ou quando um sacerdote se tornava santo por oferecer sacrifício. A pessoa em questão tinha de ser purificada ou profanada antes de voltar ao dia-a-dia. O sacrifício podia ser oferecido com esse propósito, por exemplo, por uma mulher, oito dias após dar à luz (Lv 12.1-8), por um leproso (Lv 14.10-32) ou por alguém sexualmente impuro (Lv 15.14-15,29-30); as abluções com água podiam servir para purificar vasos, roupas ou pessoas profanadas por contato com alguma coisa impura (Lv 11.24-25, 28, 32, 40; 15). Em tais casos, trata-se de costumes antigos ou concepções que sobreviveram reinterpretadas na esfera cultual.

Os sacerdotes tinham autoridade especial para pronunciar bênçãos ou maldições; quando eles punham o nome de Iahweh "sobre o povo de Israel", durante uma cerimônia cultual, a bênção divina era efetivada (Nm 6.27). Aquilo que, originalmente, tinha sido uma bênção mágica ou fórmula de maldição, geralmente se transformou num desejo relacionado com Iahweh: "Que... seja abençoado [ou amaldiçoado] por [ou perante] Iahweh". Um oráculo servia para descobrir a resposta de Deus, o qual determinaria o curso dos eventos[135]. O Sl 45 contém semelhante oráculo, pronunciado por um profeta cultual, por ocasião

---

[134] BHH, III, 1578-1579.2052-2053; RGG, V, 942-944.947-948; VI, 1549; IDB, I, 648; W. H. GISPEN, "The Distinction between Clean and Unclean", OTS V (1948), 190-196.

[135] BHH, I, 598-600; RGG, IV, 1664-1666; F. KÜCLER, "Das priesterliche Orakel in Israel und Juda", in *Baudissin Festschrift*, 1918, 285-301; J. BEGRICH, "Das priesterliche Heilsorakel", ZAW 52 (1934), 81-92 (= *Gesammelte Studien zum Alten Testament*, 1964, 217-231).

de um matrimônio real. Atos ou pessoas suspeitos eram testados por um ordálio (cf. Nm 5.118s)[136]. Os pronunciamentos dos profetas cultuais podiam também ser parte de uma cerimônia cultual. O Sl 82, por exemplo, representa um discurso de juízo profético, pronunciado por Iahweh, incluindo invectiva, admoestação e ameaça dirigidas contra a esfera divina dos cananeus. Os profetas cultuais Naum e Habacuc bem provavelmente pronunciaram suas ameaças contra o Império Assírio, dentro do contexto cultual do Templo de Jerusalém[137].

Hinos e orações acompanhavam as cerimônias cultuais[138]. Alguns Salmos que, com alguma probabilidade, podem ser datados do período da monarquia – à parte os hinos reais, que são bem distintos – são primariamente orações cultuais de indivíduos: lamentações (Sl 3; 27.7-14; 28; 42-43; 54; 57; 59; 61), ações de graças (Sl 30; 63) ou combinações desses dois tipos (Sl 31.1-9; 31.10-25; 56). Os outros únicos tipos são as duas liturgias de entrada cultuais (Sl 15; 24) e as canções individuais de confiança não cultuais (Sl 11; 27.1-6). As lamentações, representadas por um extraordinário número, pressupõem que o homem normalmente devia estar num estado de favor de Deus, estado interrompido por falha humana ou ira divina. A oração de lamentação era uma petição a Iahweh para que ele pusesse fim na interrupção e restaurasse a quem pedia o seu favor[139]. A oração era, algumas vezes, pronunciada na posição em pé (cf. 1 Sm 1.26; 1 Rs 8.22; Jr 18.20), mais freqüentemente de joelhos (cf. Is 8.54); as mãos podiam ser estendidas para o céu (1 Rs 8.22, 54; Is 1.15) ou inclinado para o chão (Sl 5.7; 99.5,9; a palavra hebraica traduzida por "adoração" realmente significa "prostrar-se"). Essa é a mesma postura assu-

---

[136] BHH, I, 600; RGG, II, 1808-1809; R. Press, "Das Ordal im alten Israel", ZAW 51 (1933), 121-140.227-255.
[137] Cf. S-F, § 67-68.
[138] BHH, I, 518-522.554-555; II, 1258-1262; RGG, II, 1213-1217; IV, 1201-1205; IDB, III, 857-862.
[139] D. R. Ap-Thomas, "Some Notes on the Old Testament Attitude to Prayer", SJTh 9 (1956), 422429; A. Wendel, Das freie Laiengebet im vorexilischen Israel, 1932.

mida perante o rei ou perante uma pessoa a ser honrada (cf. 1 Sm 24.8; 2 Sm 9.8; 1 Rs 2.19; 2 Rs 1.13; 4.37).

Finalmente, podemos mencionar a dança (2 Sm 6.5) e as procissões (Is 30.29; Sl 42.4) cultuais; não há evidência do drama cultual, e tais realizações são improváveis.

5. O pessoal cultual

Ao contrário dos profetas, os sacerdotes[140] não recebiam um chamado; eles assumiam o seu ministério como membros de uma família sacerdotal. Originalmente, não havia ritual pelo qual um sacerdote fosse consagrado; ele simplesmente assumia o seu ofício e seu ministério o santificava (para o procedimento posterior, que era um tanto diferente, cf. Êx 28.41). Era, assim, separado do ambiente secular e da vida diária, e tinha de permanecer assim. Por isso, ele estava sujeito a muitas proibições e normas concernentes à pureza, que se tornaram crescentemente rigorosas no curso do tempo (Êx 28.42-43; 30.17-21; 40.31-32; Lv 8.6; 10.8-11; 21.1-7; Nm 8.7)[141]. Pertencendo por nascimento a uma família sacerdotal específica, ele era designado para servir no santuário a que pertencia a família e participava do destino do mesmo com sua família. Assim, exatamente como o Templo de Jerusalém ganhou precedência sobre os outros santuários, também o seu sacerdócio adquiriu preeminência sobre os sacerdotes da zona rural.

As funções sacerdotais incluíam sobretudo a supervisão dos oráculos e ordálios, a instrução e o pronunciamento de bênçãos e maldições. Originalmente, eles representavam apenas uma pequena parte do ritual sacrifical: aspergiam o sangue, colocavam no altar as porções dedicadas a Iahweh e ofereciam incenso. Mais tarde, as primeiras funções diminuíram de importância ou desapareceram inteiramente, enquanto o ritual sacrifical foi crescentemente reservado ao sacerdócio e se tornou um monopólio

---

[140] BHH, III, 1486-1489; RGG, V, 574-578; IDB, III, 876-889.
[141] W. FALK, "Endogamy in Israel", *Tarbiz* 32 (1962-1963), 19-34.

sacerdotal. Em suas várias funções, o sacerdote representava Iahweh perante o homem (oráculo, ordálio, instrução, bênção e maldição) e também o homem perante Iahweh (sacrifício). Assim, ele funcionava, em seu ofício, como mediador.

A antiga expressão idiomática usada para a investidura de um sacerdote, "encher a sua mão" (Jz 17.12), provavelmente se refere ao direito sacerdotal a uma porção das ofertas sacrificais e à renda do santuário. Geralmente, é verdade que o sacerdote vivia do altar: excetuando os holocaustos, ele recebia uma porção dos animais sacrificados e provavelmente também uma porção das ofertas de cereais e das primícias, bem como dos dízimos. Que se abusava desses privilégios pode ser visto em 1 Sm 2.12-17 e Os 4.8.

O sacerdócio sadoquita manteve-se em Jerusalém até o Exílio[142], embora a lista dos sucessores de Sadoc registrada em 1 Cr 6.8-15 represente uma estrutura artificial. Se, de fato, o texto pode ser analisado dentro das listas de doze nomes, ele estabelece um paralelo intencional entre as doze gerações dos ancestrais de Sadoc antes da construção do Templo (1 Cr 6.3-8) e as doze gerações de sacerdotes desde a construção do Templo salomônico até a sua reconstrução depois do Exílio[143]. Os sacerdotes de Jerusalém eram funcionários reais; os sumos sacerdotes pertenciam à classe dos altos funcionários (1 Rs 4.2), que eram indicados e depostos pelo rei (1 Rs 2.27, 35) e recebiam do rei as suas ordens (2 Rs 12.4-16; 16.10-16). Naturalmente, houve também conflitos, desde que os sacerdotes tentassem restringir a autoridade do rei sobre o Templo e o seu culto.

O sacerdócio de Jerusalém – e provavelmente também o sacerdócio de outros grandes santuários (cf. Am 7.10) estava hierarquicamente organizado. À sua frente, estava "o sacerdote" (1 Rs 4.2 e *passim*) ou "sumo sacerdote" (2 Rs 25.18), que supervisio-

---

[142] A. BENTZEN, "Zur Geschichte der Sadokiden", *ZAW* 51 (1933), 173-176.
[143] Para um ponto de vista diferente, cf. H. J. KATZENSTEIN, "Somme Remarks on the Lists of the Chief Priests of the Temple of Solomon", *JBL* 81 (1962), 377-384; cf. também J. BOWMAN, "La Genealogioj de la Cefpastroj en la Hebrea kaj la Samitarana Tradicioj", *Biblia Revuo* 5 (1966), 1-16.

nava os outros sacerdotes e que, por sua vez, era responsável perante o rei. Depois dele, vinha o "segundo sacerdote" (2 Rs 23.4; 25.18), que, em Jr 29.24ss, ostenta o título de "supervisor do Templo" e tinha, sob seu comando, a polícia do Templo. Os "guardas do umbral da porta" também exerciam ofícios sacerdotais maiores (2 Rs 23.4); de acordo com 2 Rs 25.18, havia três deles. Em conseqüência da ramificação do sacerdócio, havia os "anciãos dos sacerdotes", os chefes das famílias sacerdotais (2 Rs 19.2; Jr 19.1).

Os levitas[144] são pouco mencionados durante o período da monarquia. Vemos apenas Jeroboão I acusado de indicar sacerdotes não levitas para o santuário de Betel (1 Rs 12.31; 13.33). Contudo, podemos supor que os levitas continuaram a exercer o seu ministério nos santuários rurais (cf. § 10,2; 11,3).

Os profetas cultuais também podiam aparecer nos santuários, embora eles estivessem apenas fracamente ligados a eles. Deles falaremos em outro contexto (§ 19,1).

Os cantores e porteiros podem ser classificados como pessoal auxiliar. Visto que Esd 2.41-42 menciona o retorno deles do exílio, deve ter havido tais pessoas antes que o Templo de Jerusalém fosse destruído. Sua existência no Reino do Norte também é pressuposta (Am 5.23). A adoção antiga de cantores do templo do culto cananeu é sugerida pelos nomes "Ethan", "Heman" e "Jeduthun" (nas inscrições dos Salmos; 1 Rs 5.11; 1 Cr 6.33-47; 25.1), que não são nomes israelitas. Eles eram considerados artistas ("homens sábios"): algumas vezes são classificados como ezraítas, isto é, nativas ou cananeus e citados como membros de uma corporação de músicos ($mahôl$).

Finalmente, o Templo de Jerusalém tinha escravos, que realizavam as tarefas mais humildes; de acordo com Js 9.27, os gabaonitas foram condenados a ser rachadores de lenha e tiradores de água. Os $n^e tînîm$ mencionados em Esd 2.43ss; 8.20, entre aqueles que retornaram do exílio, eram tais escravos do Templo.

---

[144] BHH, II, 1077-1079; RGG, IV, 336-337; K. MÖHLENBRINK, "Die levitischen Überlieferungen des Alten Testaments", ZAW 52 (1934), 184-231.

Embora haja menção de mulheres que cantam e dançam nas festividades religiosas (Êx 15.20; Jz 21.21; Sl 68.25) e Israel tivesse não só profetisas (2 Rs 22.14; Is 8.3), como também, ocasionalmente, prostitutas sagradas (contrariamente aos princípios do javismo), não havia pessoal cultual feminino no sentido estrito da palavra.

6. *Desenvolvimento posterior e crítica*

A centralização e reforma deuteronômica do culto, seguida pela destruição do Templo de Jerusalém e pelo exílio, marcaram um momento decisivo, que teve o seu maior efeito na esfera do culto. Em muitos aspectos, o culto pós-exílico tomou sua própria forma, diferindo mais ou menos marcadamente do culto préexílico (cf. § 28,4). Contudo, visto que o culto do javismo não foi uma constante fixa, mas foi envolvido em mudanças contínuas, não escapou à crítica, pelo menos do século VIII em diante. Aqui, fazemos referência à crítica do culto, em parte notável em suas próprias raízes, pronunciada pelos grandes profetas individuais, especialmente Amós, Oséias, Isaías e Jeremias e, em menor grau, Miquéias e Sofonias. Retornaremos, abaixo, a este tópico (§ 20,2).

§ 17. VIDA E MORTE

A. BERTHOLET, *Die israelitischen Vorstellungen vom Zustand nach dem Tode*, 2ª ed., 1914: E. DHORME, "L'idée de l'au-delà dans la religion hébraïque", *RHR*, CXXIII (1941), 11-42; L. DÜRR, *Die Wertung des Lebens im Alten Testament und im antiken Orient*, 1926; A. F. FEY, "The Concept of Death in Early Israelite Religion", *JBR*, XXXII (1964), 239-47; G. FOHRER, "Das Geschick des Menschen nach dem Tode im Alten Testament", *KuD*, XIV (1968), Heft 4; A. R. JOHNSON, *The Vitality of the Individual in the Thought of Ancient Israel*, 2ª ed., 1964; R. MARTIN-ACHARD, *De la mort à la réssurrection d'après l'Ancien Testament*, 1956; G. QUELL, *Die Auffassung des Todes im Alten Testament*, 1925; J. SCHARBERT, *Fleisch, Geist und Seele im Pentateuch*, 1966; J. SCHREINER, "Geburt und Tod in biblischer Sicht", *BiLe*, VII (1966), 127-50; F. SCHWALLY, *Das Leben nach dem Tode nach den Vorstellungen des alten Israel und des Judentums*, 1892; L. WÄCHTER, *Der Tod im Alten Testament*, 1967.

1. O homem como criatura viva neste mundo

a) Quando Iahweh formou o homem "do pó", soprou nele o fôlego da vida, fazendo, assim, dele um "ser vivente" (Gn 2.7)[145]. A palavra usada pelo J, *nepeš*, originalmente significava "garganta", depois a "respiração" que passa através da garganta e a "vida que pode ser reconhecida através da presença da respiração, a qual está no sangue, e, por extensão, "homem", "ser humano", o "eu", mas também a "alma" como o *locus* e o portador das disposições e sensações (por exemplo, desejo). Isso mostra claramente que, comumente, o termo refere-se ao homem como um todo. Iahweh não criou o corpo e lhe acrescentou uma "alma"; o homem deve ser compreendido como um todo vivo, não como uma dicotomia ou tricotomia.

Por um lado, este homem (*'adam*) é tirado do solo (*'ᵃdamā*). Visto que essa explicação da fonte J é um jogo de palavras sobre a semelhança entre as duas palavras, a ênfase está no fato de que o homem é "pó" (Gn 2.7; 3.19) ou de que é feito de barro (Jó 10.9; 33.6) e que, portanto, ele deve retornar ao pó (Sl 90.3). Assim, são expressas a transitoriedade e mortalidade do homem. Além disso, o homem é "carne" (*baśar*)[146]; contudo, Iahweh é espírito (Gn 6.3; Is 31.3). Essa antítese não se refere ao contraste entre aquilo que é material e aquilo que é espiritual; ela enfatiza que o homem é fraco, mas Deus é forte (Jr 17.5; Is 31.1-3), que o homem é transitório, mas Deus vive eternamente (Gn 6.3; Is 40.6,8).

Por outro lado, o que faz do fraco e transitório homem de pó um ser vivente é a divina energia vitalizadora que lhe é dada como respiração (*nᵉšamā*) ou espírito (*rûᵃḥ*)[147]. Sem respiração ou

---

[145] BHH, II, 1055-1057; IDB, III, 124-126; J. H. BECKER, *Het begrip nefesj in het Oude Testament*, 1942; D. LYS, *Nèpèsh*, 1959.

[146] RGG, II, 974-975; IDB, II, 276.

[147] J. HEHN, "Zum Problem des Geistes im Alten Orient und im Alten Testament", *ZAW* 43 (1925), 210-225; P. VAN IMSCHOOT, "L'esprit de Jahvé, source

espírito, não há vida e, portanto, não há emoções, sensações ou sentimentos. Além da alma, vários órgãos são identificados como o *locus* dos estados mentais: o coração, como o órgão do pensamento e sentimento, que recebe impressões, forma planos, desperta coragem e vontade, e desenvolve a compreensão religiosa; também os rins, o fígado e os intestinos, como em qualquer parte do antigo Oriente Médio.

b) O homem é totalmente limitado à vida neste mundo; o javismo é caracterizado por sua completa e não limitada mundanidade. Exatamente como as palavras e atos de Iahweh sucedem no momento presente, também a vida humana, em seu relacionamento com Deus e com o mundo, está ligada exclusivamente a esta vida sobre a terra. Só aqui é possível a significativa existência humana. Por isso, o homem deve ordenar a sua vida presente de tal maneira que ela se revista de sua completa significação aqui e agora. Essa vida não serve como uma preparação para a seguinte, nem é completada por uma existência no além; ela tira o seu valor do momento presente irrecuperável, em que o homem só pode experimentar e aprender aquilo que há para ser experimentado e aprendido.

Por isso, o israelita desejava morrer "numa boa velhice" ou "velho e farto de dias" (Gn 15.15; 25.8; 35.29; Jz 8.32; Jó 42.17; 1 Cr 23.1; 29.28), isto é, ter vivido em paz dilatado período de tempo (Gn 6.3; Sl 90.10) e uma completa e satisfatória vida. Era mal para o homem ter de morrer como o perverso (2 Sm 3.33) e ser tirado "no meio de seus dias" (Sl 102.24), de mais a mais porque a morte prematura e repentina era considerada uma punição divina (1 Sm 25.38; 26.10; Jr 17.11; Sl 26.9).

O relacionamento entre o homem e Iahweh estava também limitado a este mundo, pois ele é o Deus dos vivos, não dos mortos. O morto estava separado dele; por isso, ele mantém a

---

de vie, dans l'Ancien Testament", *RB* 44 (1935), 481-1501; D. Lys, *Rûach*, 1962; J. H. Scheepers, *Die gees van God en die gees van die mens in die Ou Testament*, 1960; P. Volz, *Der Geist Gottes um die verwandten Erscheinungen im Alten Testament und im anschliessenden Judentum*, 1910; M. Westphal, *La ruach dans l'Ancien Testament*, tese, Genebra, 1958.

vida a quem o serve e reconhece a sua soberania, aquele que permite ser vencido por ele e que é chamado á viver em comunhão com ele:

> Com efeito, não é o Xeol que te louva,
> nem a morte que te glorifica,
> pois já não esperam em tua fidelidade
> aqueles que descem à cova (Is 38.18).

Isso estava na mente do suplicante, quando lamentava sua desgraça a Iahweh e suplicava-lhe socorro, pedindo a Iahweh que não permitisse que ele morresse. Se ele caía vítima de sua enfermidade, não tinha esperança futura. Lá permanecia apenas uma existência sombria na escuridão e no esquecimento:

> Realizas maravilhas pelos mortos?
> As sombras se levantam para te louvar?
> Falam do teu amor nas sepulturas,
> da tua fidelidade no lugar da perdição?
> Conhecem tuas maravilhas na treva,
> e tua justiça na terra do esquecimento? (Sl 88.11-13).

O abandono dessas idéias é extremamente raro (Sl 22.29).

2. Vida e morte

A despeito do contraste entre vida e morte, o israelita não as considerava como esferas estritamente separadas, mas como fluidas e campos permutáveis de força que podiam interpenetrar-se e interagir: o poder da morte pode invadir a esfera da vida humana e aí difundir a sua influência. Então, a força da vida se enfraquece até que, finalmente, esteja completamente extinta ou com renovado ímpeto vença o poder da morte.

Assim, o texto de Is 3.1-9 descreve como, depois da ameaçadora deportação das classes mais altas de Jerusalém, o caos e a anarquia irromperam como uma conseqüência posterior entre aqueles que foram deixados para trás. Isso representa uma severa ameaça à vida, que geralmente está baseada na lei tradicional e na ordem tradicional. As coisas caem, porque todos os lados são desfeitos, toda a ordem dissolvida; a vida degenera em confusão e anarquia, perde seu vigor e gradualmente se extingue. Até as mulheres são sugadas pelo turbilhão: tendo sido morta a maioria dos homens, elas colocam de lado toda vergonha, atiram-se ao primeiro homem que encontram e até renunciam ao seu direito de sustento (Is 3.25-4.1). A situação é a mesma para o israelita individualmente, para quem a enfermidade ou opressão pelos inimigos representa uma irrupção da morte em sua vida e previsão da própria morte, de modo que ele pode ver-se já na sepultura (Is 38.10; Sl 18.4-5; 88.3-5). Tais descrições tristes não são exageros poéticos; expressam a compreensão geral do Antigo Testamento sobre a relação entre a vida e a morte. Igualmente séria é a oração, segundo a qual Iahweh restaurará a vida ao suplicante e o trará das profundezas da terra (Sl 71.20). A conseqüente libertação da enfermidade ou perigo é louvada como libertação da sepultura e do abismo (Sl 30.3; 86.13)[148].

3. *Após a morte*

a) Muitas concepções e práticas associadas com a morte são extremamente antigas; seu significado, em parte, era, originalmente, mágico (cf. § 2,3). O cadáver, por exemplo, era considerado impuro e todo aquele que tocasse nele era igualmente impuro; isso pode estar baseado em antigas idéias de tabu.

O costume da lamentação[149], originariamente, pretendia comunicar nova força vital ao defunto ou afastar o perigo que o ameaçava; gradualmente, recebeu o significado de "ritos de

---

[148] C. Barth, *Die Errettung vom Tode in den individuellen Klage- und Dankliedern des Alten Testaments*, 1947.
[149] BHH, III, 2021-2022; RGG, VI, 1000-1001; IDB, III, 452-454; H. J. Elhorst, *Die israelitischen Trauerriten*, 1914; P. Heinisch, *Die Trauergebräuche bei den Israeliten*, 1931; N. Lohfink, "Enthielten die im Alten Testament bezeugten klageriten eine Phase des Schweigens?" *VT* 12 (1962), 260-277; J. C. Matthes, *Die israelitischen Trauergebräuche*, 1905.

inferioridade"¹⁵⁰. O lamentador assentava-se no chão (Is 3.26; 47.1; Jr 6.26), pranteava e jejuava (2 Sm 1.12), rasgava suas vestes (Gn 37.29, 34) e vestia-se de "saco", vestuário de lamentações feita de pêlo de cabra escuro, ou de camelo (Gn 37.34; 2 Sm 3.31; 21.10), ficava descalço, desatava o turbante e cobria a barba (Ez 24.17), batia na coxa e no peito (Is 32.12; Jr 31.19), lançava pó e cinza sobre a cabeça (1 Sm 4.12; 2 Sm 1.2; Ez 27.30). Além disso, o lamentador cortava o cabelo e raspava a barba, (Is 22.12; Jr 7.29; Am 8.10) ou fazia incisões na pele (Jr 16.6; 41.5). Embora essas últimas práticas, cuja origem cananéia era bem aparente (cf. 1 Rs 18.28; Jr 47.5), fossem freqüentemente proibidas (Lv 19.27-28; 21.5; Dt 14.1), puderam sobreviver por longo tempo.

A lamentação expressava-se por meio de um pranto abafado (Am 5.16) e por gritos, como "Ai, meu irmão!" "Ah! irmã!" ou "Ai, Senhor!" (1 Rs 13.30; Jr 22.18; 34.5), que estavam originalmente enraizados no culto dos mortos ou no culto das divindades da vegetação¹⁵¹. O lamento pelos mortos incluía também o canto fúnebre¹⁵², que era cantado, ao som de flauta, pela família do morto ou por carpideiras profissionais. Dois desses cantos, atribuídos a Davi, fazem lamentação por Saul e Jônatas (2 Sm 1.19-27) e Abner (2 Sm 3.33-34). Jeremias propõe-se a ensinar às carpideiras um novo canto fúnebre (Jr 9.20-22).

O culto aos mortos¹⁵³ foi rejeitado pelo javismo (como pode ser visto indiretamente de Lv 19.31; 20.6,27; Dt 18.11). Há alguns indícios de tal culto, como a necromancia, que envolvia prostração diante dos espíritos dos mortos (1 Sm 28.13-14; cf. 2 Rs 21.6; Is 8.19) e a provisão de ofertas (implicada em Dt 16.14) ou refeições sacrificais (Sl 106.28) para os mortos, mas isso é

---

[150] E. Kutsch, "'Trauerbräuche' und 'Selbstminderungsriten' im Alten Teatament", in K. Lüthi, E. Kutsch e W. Dantine, *Drei Wiener Antrittsreden*, 1964, 25-42.
[151] S-F, § 40,6.
[152] P. Heinisch, *Die Totenklage im Alten Testament*, 1931; H. Jahnow, *Das hebräische Leichenlied*, 1923.
[153] J. Frey, *Seelenglaube und Seelenkult im alten Israel*, 1898; A. Lods, *La croyance à la vie future et le culte des morts dans l'antiquité israélite*, 1902; cf. *RGG*, VI, 961-962.

raro. Tal conduta foi sempre considerada apostasia perante Iahweh. Tampouco havia qualquer noção de que os mortos eram julgados[154].

O funeral[155], em que o cadáver era conduzido numa carreta fúnebre (2 Sm 3.31), comumente era realizado no dia do falecimento. Era seguido pela estrita observância de sete dias de lamentação (1 Sm 31.13), período que podia ser, em casos especiais, ampliado (Gn 50.3; Dt 34.8).

b) O Antigo Testamento comumente pressupõe que o homem não é aniquilado completamente depois da morte, mas, em certo sentido, continua a existir. Naturalmente, essa existência não devia ser classificada como "vida" no sentido integral da palavra, mas como uma espécie de vegetação. O ponto importante é que, outra vez, se trata do homem como um todo, não de sua "alma" ou qualquer outra parte dele. Em sua morte, uma sombra de sua pessoa separa-se e continua a vegetar no mundo dos mortos. A existência dela, obviamente, depende do cadáver e, depois de sua decomposição, dos ossos. Num grau que não pode ser definido mais precisamente, esses constituem a base terrena concreta da imagem indistinta. Por esta razão, a cremação era desconhecida e a queima de ossos era considerada sacrilégio (Am 2.1). Por isso, os ossos eram reunidos num buraco dentro das sepulturas, que freqüentemente eram usadas por muitas gerações; mais tarde, eles eram guardados em ossários.

Então, a sepultura era de importância crucial para o destino dos homens após a morte: era o repositório do cadáver e dos ossos, a base sobre a qual a sombra descansava. Portanto, é incorreto ver uma evolução ou uma contradição, quando tanto a sepultura quanto o mundo dos mortos são mencionados. Não há simplesmente evidência para fundamentar qualquer desenvolvimento ao longo das linhas de uma única sepultura, muitas sepulturas, grande tumba, mundo dos mortos. Tampouco é a justaposição da sepultura, como repositório e lugar de união com

---

[154] H. Cazelles, in *Le judgement des morts*, 1961, 103-142.
[155] BHH, I, 211-212; IDB; I, 474-476.

os pais, e o mundo dos mortos, como a "casa destinada a todos os viventes" (Jó 30.23), uma contradição insolúvel. Antes, a sepultura contém a base sobre a qual a sombra descansa, como ela vegeta no mundo dos mortos.

Esse mundo dos mortos[156] não é comparável nem ao Hades dos gregos nem ao inferno e purgatório. O vocábulo hebraico *še'ôl* provavelmente significa "não-terra", a esfera na qual não há nada ativo e dinâmico; portanto, a terra que "não existe", no sentido israelita. Era concebido como um espaço fechado, dentro do oceano abissal, abaixo da terra ou mesmo abaixo das águas (Jó 26.5). A esfera de total impotência, de portas fechadas (Is 38.10; Sl 9.13; Jó 38-17), é penetrada pela sombra que se libera do defunto, para guiar a existência espiritual, que, tradicionalmente, tipifica o destino dos homens após a morte. O termo *repa'îm*, "espíritos dos mortos", que vem da mesma raiz do verbo *rapâ*, "ficar fraco", "sucumbir", provavelmente caracteriza a total impotência das sombras. No silêncio, calma e impotência, alguma coisa como a vida primeva corre o seu curso. Classe e *status* ainda contam. O defunto ainda ocupa a posição que tinha quando morreu ou em que foi sepultado. Reis sentam-se entronizados com os sinais de sua dignidade (Is 14.9ss); guerreiros aparecem com armadura completa; profetas aparecem envoltos em suas capas (1 Sm 28.14). Apenas o homem a quem é negada sepultura digna é forçado a deitar-se sobre gusanos e ser coberto de vermes (Is 14.11,19-20). E exatamente como os abortos e os incircuncisos, os assassinados e os executados eram lançados fora dos lugares comuns de sepultamento ou, quando muito, sepultados aí apressadamente; assim também, no mundo dos mortos, às suas sombras era destinado um lugar de habitação separado – impuro, inglório e desgraçado[157].

---

[156] BHH, III, 2014-2015; RGG, III, 403-404; VI, 912-913; IDB, I, 787-788.
[157] A. Lods, "La mort des incirconcis", *CRAI*, 1943, 271-283; O. Eissfeldt, "Schwerterschlagene bei Hesekiel", in *Studies in Old Testament Propbecy* (*Robinson Festschrift*), 1950, 73-81 (= *Kleine Schriften*, III, 1966, 1-8).

§ 17. Vida e morte

Contudo, até o destino normal do homem é difícil. A impotência das sombras torna impossível a vida real e efetiva. Portanto, o defunto só pode sussurrar (Is 8.19; 29.4). Não há amizade recíproca entre os mortos e, assim, não há esperança de reunião com outros. Os mortos não podem saber nada acerca dos eventos do mundo dos vivos (Jó 14.21).

Por fim, mas não menos importante, as sombras humanas estão separadas de Deus. Quando um homem morre, a soberania de Deus sobre ele e sua comunhão com Deus chegam ao fim; elas, a soberania e a comunhão, não continuam para a sombra no mundo dos mortos. Por mais que o poder de Deus possa estender-se ao mundo dos mortos (Is 7.11; Am 9.2; Sl 139.8; Jó 26.5-6), o destino dos homens após a morte é a separação de Deus. Embora a idéia de soberania divina e a noção de comunhão com Deus constituam uma característica básica do javismo, por mais de um milênio, essa religião as associou exclusivamente com os vivos, negando qualquer relação entre Iahweh e o destino dos homens após a morte. Ele foi uma religião deste mundo, de impressionante consistência e coerência. Aceitou-se que isso envolvia a descrição do destino do homem após a morte como até mais sombrio e sem esperança do que é. A consciência de que a soberania de Deus e a comunhão com ele eram tão abundantemente alcançadas nesta vida ultrapassou tanto as limitações implicadas pelo tipo de vida no mundo dos mortos que este, em comparação, até não era contado.

Embora não haja retorno do mundo dos mortos, concebeu-se certa presença e influência contínuas do defunto sobre a terra. Como Gilgamesh, que falhou na sua tentativa de conquistar a planta da vida, ele podia sobreviver numa grande e duradoura obra, tal como o muro da cidade de Uruk, porque a obra permanece e é maior do que o seu realizador, que está condenado à morte. Ele podia sobreviver em seus descendentes – especialmente se eles portavam os assim chamados "nomes substitutos", isto é, nomes de pessoas que expressavam o ponto de vista de que seu portador reincorporava um membro morto da família ou de que o morto tinha reaparecido ou retornado a vida, uma vez mais, no portador do nome[158]. É por essa razão que se considerava acontecimento tão terrível, quando os filhos de um homem eram exterminados e o nome da família, por isso, extinguido (Is 14.20-21; Sl 109.13). Apenas aos piedosos eunucos o profeta deu, em nome de Iahweh, o conforto de um nome eterno (Is 56.4-5). Todavia, tudo se torna um frio e inadequado conforto, em vista do inexorável destino das sombras do mundo dos mortos. Até um homem como Jó, no derradeiro grau de desespero, Podia apenas momentaneamente descobrir alguma coisa boa para dizer acerca do mundo dos mortos (Jó 3).

c) Só raramente, durante a monarquia, encontramos desvios da concepção tradicional acerca do destino do homem após a morte; mais tarde esse também foi o caso.

Na crença das lendas que envolvem os profetas Elias e Eliseu, a restauração da morte em vida marcou uma fuga temporária do destino que espera os homens após a morte. Assim, o texto de 1 Rs 17.17-24 mostra como Elias fez reviver o filho de uma viúva de Sarepta; 2 Rs 4.18-37 conta como Eliseu fez reviver o filho de uma mulher sunamita.

A última lenda exibe características mais arcaicas: primeiro, o profeta mandou que se pusesse o seu cajado sobre o rosto do menino morto, porque o poder mágico do cajado podia restaurar-lhe a vida. Quando esse expediente falhou, ele mesmo se estendeu duas vezes sobre o menino, boca a boca, olho no olho, mão na mão, para transmitir ao menino a sua própria força vital. Na primeira vez, o corpo do menino aqueceu-se; a segunda, ele espirrou, abriu os olhos e foi restituído à vida. Na lenda de Elias, os traços mágicos são amenizados: o próprio Elias se estendeu três vezes sobre o menino morto e clamou a Iahweh, que fez o morto reviver. Até os ossos de um profeta podem, miraculosamente, restaurar a vida ao morto (2 Rs 13.20-21). Essas e outras características notáveis ocorrem no relato dos profetas nos livros dos Reis, que acreditam claramente que os profetas têm os mes-

---

[158] Cf., com muitos exemplos, J. J. STAMM, "Hebräische Ersatznamen", in *Landsberger Festschrift*, 1965, 413-424,

mos poderes dos adivinhos e dos mágicos. Essa concepção dos poderes virtualmente mágicos possuídos pelos "homens de Deus" e profetas mestres pode refletir a original cultura nômade não dividida antes do advento da especialização, na qual o mágico da tribo era o mesmo profeta, poeta e sacerdote da tribo (cf. § 2,5). De qualquer maneira, as primeiras narrativas que falam de ressurreição dos mortos exibem um fundo arcaico e um sentido de magia, apesar de atenuados por sua incorporação ao javismo. Essa sobrevivência do elemento de magia proibido explica por que a esperança de, pelo menos, uma fuga temporária das garras do mundo dos mortos até à volta da morte inexorável não representa nenhum papel no Antigo Testamento fora das lendas dos profetas há pouco descritas.

Outra possibilidade é oferecida pela procura da imortalidade, meta perseguida por Gilgamesh no antigo poema épico mesopotâmico. Contudo, como Gilgamesh, segundo o relato do estrato-fonte N, a primitiva humanidade falhou nessa procura. Antes que o homem pudesse comer da árvore da vida e, assim, alcançar a vida eterna, Iahweh afastou-o da árvore, sobre a qual ele, então, estabeleceu uma rigorosa guarda (Gn 3.22b-24). E, quando os casamentos dos seres divinos com mulheres humanas começaram a causar um influxo do pleno espírito de vida na humanidade, Iahweh limitou a duração da vida humana a 120 anos, visto que sua força vital não podia habitar para sempre no homem (Gn 6.1-4).

Finalmente, a idéia segundo a qual um homem podia subir até Deus, mesmo ainda vivo, destino atribuído pela tradição do Antigo Testamento apenas a Enoc e Elias (Gn 5.24; 2 Rs 2.11), o qual não podia tornar-se uma esperança geral, parece estar baseada em idéias estrangeiras. A duração da vida de Enoc é de 365 anos e corresponde ao número de dias de um ano solar. Ele se assemelha também ao sétimo rei antediluviano mesopotâmico, Enmeduranna, cuja capital era o antigo centro do deus-sol de Sippar. Exatamente como isso explica a correspondência entre os anos ela vida de Enoc e o número de dias de um ano solar, assim também, provavelmente, explique sua transladação.

De qualquer maneira, o carro de fogo tirado por cavalos de fogo, em que Elias subiu ao céu num redemoinho, está, obviamente, relacionado com o carro e cavalos do sol, no qual o deus-sol prossegue em seu curso através dos céus. Esse carro transporta Elias. Alguém pode perguntar se a transladação se dá por meio do poder do deus-sol, para o deus-sol ou mesmo como o deus-sol. No Antigo Testamento, fica claro que já não se trata de tais concepções, mas da transladação para a esfera divina. Contudo, é inequívoco o fundo mitológico.

Renascimento do morto, imortalidade, transladação nunca houve mais do que poucos que refletissem sobre essas possíveis esperanças ou estivessem associados com elas pela tradição. Elas nunca afetaram a idéia fundamental das sombras que vegetam no mundo dos mortos.

Capítulo VI
PROFECIA, A TERCEIRA INFLUÊNCIA

§ 18. A PROFECIA NO ANTIGO ORIENTE MÉDIO E EM ISRAEL ATÉ O SÉCULO IX A.C.

E. BALLA, *Die Botschaft der Propheten*, 1968; W. CASPARI, *Die israelitischen Propheten*, 1914; A. CAUSSE, *Les prophètes d'Israel*, 1913; K. H. CORNILL, *Der israelitische Prophetismus*, 7ª ed., 1912; B. DUHM, *Israels Propheten*, 1916; G. FOHRER, "Neuere Literatur zur alttestamentlichen Prophetie", *ThR*, NF XIX (1951), 277-346; XX (1952), 192-27; 295-361; idem, "Zehn Jahre Literatur zur alttestamentlichen Prophetie", *ibid.*, XXVIII (1962), 1-75, 235-97; 301-74; idem, "Die Propheten des Alten Testaments im Blickfeld neuer Forschung", in his *Studien zur alttestamentlichen Prophetie (1949-1965)*, 1967, 1-17; idem, "Prophetie und Magie", *ibid.*, 242-64; F. GIESEBRECHT, *Die Berufsbegabung der Propheten*, 1897; A. GUILLAUME, *Prophecy and Divination Among the Hebrews and Other Semites*, 1938; H. GUNKEL, *Die Propheten*, 1917; A. HALDAR, *Associations of Cult Prophetes in the Ancient Near East*, 1945; J. HEMPEL, *Worte der Propheten*, 1949; G. HÖLSCHER, *Die ProFeten*, 1914; A. JEPSEN, *Nabi*, 1934; A. R. JOHNSON, *The Cultic Prophet in Ancient Israel*, 2ª ed., 1962; H. JUNKER, *Prophet und Seher*, 1927; C. KUHL, *Israels Propheten*, 1956; J. LINDBLOM, *Prophecy in Ancien Israel*, 1962; F. Nötscher, "Prophetie im Umkreis des alten Israel", *BZ*, NF X (1966), 161-97; J. PEDERSEN, "The Rôle Played by Inspired Persons Among the Israelites and the Arabs", in *Studies in Old Testament Prophecy (Robinson Festschrift)*, 1950, 127-42; R. RENDTORFF, "Erwägungen zur Frührgeschichte des Prophetismus in Israel", *ZThK* LIX (1962), 145-67; N. H. RIDDERBOS, *Israëls profetie en "Profetie" buiten Israël*, 1955; H. H. ROWLEY, "The Nature of Old Testamente Prophecy in the Light of Recent Study", *HThR*, XXXVIII (1945), 1-38 (= *The Servant of the Lord*, 2ª ed., 1965, 95-134); J. SCHARBERT, *Die Propheten Israels bis 700 v. Chr.*, 1965, W. R. SMITH, *The Prophets of Israel*, 2ª ed., 1895; B. VAWTER, *Mahner und Künder*, 1963.

1. A profecia no antigo Oriente Médio

Embora na profecia israelita personificada em Elias e nos grandes profetas individuais, de Amós em diante, encontramos um fenômeno único, um movimento religioso novo e distinto e uma abordagem de vida que foi de imensa importância para a história do javismo e mesmo além dele, a profecia, como tal, não constitui um fenômeno unicamente israelita ou do javismo. Profetas aparecem em muitas religiões e culturas, incluindo aquelas do antigo Oriente Médio[1]. A evidência para tal é escassa, mas isso é devido provável e primariamente – à parte a natureza de possibilidade das descobertas arqueológicas – ao fato de que os profetas proclamavam suas mensagens oralmente, e comumente não foram registradas por escrito mais do que o foi a *Torá* pronunciada pelos sacerdotes. Por isso, as poucas observações e tradições concernentes aos profetas do antigo Oriente Médio são todas muito importantes, mostrando conclusivamente que tais figuras, na verdade, existiram. Podemos dizer mais precisamente que se trata de duas formas de profecia, correspondendo aos dois tipos de fundo religioso, isto é, a religião nômade e a religião da área cultivada. Os profetas respectivos eram videntes e nabis.

a) Uma das formas de profecia estava enraizada no mundo nômade. Baseando-nos em exemplos arábicos tardios, podemos pressupor que, entre os nômades do antigo Oriente Médio, a figura do vidente representava um papel importante (PEDERSEN). Quanto ao período primitivo, é verdade, temos poucas alusões e não temos relatos diretos. Contudo, a persistência das instituições nômades no mundo dos beduínos torna provável que homens de Deus ou pessoas inspiradas surgissem como videntes entre os nômades, proclamando as

---

[1] RGG, V, 608-613; A. F. PUUKKO, "Ekstatische Propheten mit besonderer Berücksichtigung der finisch-ugrischen Parallelen", *ZAW* 53 (1935), 23-35; H. H. ROWLEY, *Prophecy and Religion in Ancient China*, 1956; W. ZIMMERLI, *Le prophète dans l'Ancien Testament et dans l'Islam*, 1945.

§ 18. A PROFECIA NO ANTIGO ORIENTE MÉDIO E EM ISRAEL ATÉ O SÉC. IX A.C. 291

instituições divinas primariamente com base nos sonhos e pressentimentos. Assim, os patriarcas ou Balaão (Nm 22-24) podem corresponder ao árabe *kahin*.

O vidente não estava necessariamente associado a um santuário, como era típico de outras figuras proféticas. Nem havia, naturalmente, qualquer oposição entre o vidente e o servidor do santuário, visto que ambos usavam poderes semelhantes. Na verdade, na antiga cultura nômade, as atividades do sacerdote, mágico e chefe de clã, podiam coincidir com as do vidente numa única pessoa separada para ser inspirada. Como sugere a própria palavra, o contato primário do vidente com o outro mundo mais elevado era através do sentido da visão; o ouvir representava um papel menor. Comumente, os oráculos eram baseados naquilo que chegava à visão e naquilo que o vidente observava. Isso é verdadeiro acerca de Balaão, que tinha de ver os israelitas antes que ele pudesse amaldiçoá-los. Como um *kahin* registrado em outros casos, ele abria sua alma e seu espírito, pronto para receber a primeira impressão que lhe era fornecida pelos aspectos externos.

Finalmente, a forma poética do discurso profético do Antigo Testamento pode dever-se mais à fala deliberada e artisticamente composta do vidente do que ao tartamudear extático do nabi. Que nenhum profeta israelita, que pretendia falar em nome de Iahweh, podia atingir um ouvinte a não ser que ele revestisse sua fala de forma poética parece ser o caso. Embora o Antigo Testamento não registre nenhuma explicação desse fato, o *kahin* estava freqüentemente tão intimamente associado a uma divindade ou demônio que a exposição do discurso de um vidente em metro era considerada a marca de uma pessoa associada aos poderes do mundo supranatural. A capacidade de falar em forma poética era um vestígio dessa associação.

b) A outra forma de profecia tinha suas raízes na área cultivada do antigo Oriente Médio e, obviamente, estava relacionada com a estimulante vegetação e com os cultos da fertilidade. Aqui, trata-se de profetas extáticos em santuários ou cortes reais, que são mais bem designados pelo termo do Antigo Testamento *nabi*. O próprio Antigo Testamento menciona os profetas extáticos do deus Baal (1 Rs 18.19ss; 2 Rs 10.19) e pressupõe a existência de profetas como um fenômeno conhecido internacionalmente (Jr 27.9).

Até muito recentemente, a mais antiga evidência do aparecimento de tais profetas datava de cerca de 1100 a.C.; por isso, supunha-se, às vezes, que, na Palestina, se trata da conseqüência de um grande movimento extático, que se originou acerca de um século mais cedo no curso da migração egéia. Segundo essa teoria, esse movimento se espalhou de seu foco entre os povos trácios e frigios e Ásia Menor para todo o restante do antigo Oriente Médio e sul da Europa, estabelecendo por toda parte a estrutura emocional para a profecia extática. Entrementes, contudo, significativamente, a evidência mais antiga de tal profecia surgiu; por volta de 1100, ela era um fenômeno familiar no antigo Oriente Médio.

Até os sumérios tinham um termo para designar extático; provavelmente, ele signifique "o homem que entra no céu"[2]. No século XVIII a.C., numa carta de Alepo, embaixador de Zimrilim, rei de Mari, menciona-se um *apilum*, "respondente", que tinha uma contraparte feminina e normalmente executava suas tarefas num santuário[3]. No período por volta de 1700, uma série de cartas de Mari, no médio Eufrates, testifica o aparecimento de profetas e profetisas denominados de *apilum ou muhhûm* e *muhhûtum*[4]. Eles pertenciam a uma classe de homens e mulhe-

---

[2] V. Christian, "Sumo lú-an-ná-ba-tu = akkad. maḫḫû 'Ekstatiker', *WZKM* 54 (1957), 9-10.

[3] A. Malamat, "History and Prophetic Vision in a Mari Letter", *Eretz-Israel* 5 (1958), 67-73.

[4] A. Lods, "Une tablette inédite de Mari, intéressante pour l'histoire ancienne du prophétisme sémitique", in *Studies in Old Testament Prophecy (Robinson Festschrift)*, 1950, 103-110: A. Malamat, "'Prophecy' in the Mari Documents", *Eretz-Israel* 4 (1956), 74-85: id., "Prophetic Revelations in New Documents from Mari and Bible" , *VTSuppl* 15 (1966), 207-227: M. Noth, *Geschichte und Gotteswort im Alten Testament,* 1949 (= *Gesammelte Studien zum Alten Testament,* 2ª ed., 1960, 230-247: H. Schult, "Vier weitere Mari-Briefe 'prophetischen' Inhalts", *ZDPV* 82 (1966), 228-232; W. von Soden, "Verkündigung des

res que recebiam mandatos da divindade, com cujo templo eles estavam associados, por meio de presságios, sonhos ou visões e experiências extáticas, que transmitiam em forma de oráculos. No período seguinte[5] também, havia na Babilônia sacerdotes e sacerdotisas que forneciam "sonhos falados" ao rei. Quanto à Assíria, conhecemos outro tipo de profecia extática, exercida por sacerdotisas conhecidas pelo nome, especialmente aquelas que estavam associadas ao templo de *Ishtar* em Arbela. No século XV a.C., uma carta de Rewashsha de Taanak menciona um *ummânu* de Astarte que era perito em magia e podia prever o futuro[6]. O egípcio Wen-Amon ou Un-Amun relata o seguinte de uma viagem feita ao longo da costa siro-palestinense (cerca do ano 1100), partindo da cidade de Biblos: "Quando ele (o rei de Biblos) oferecia sacrifício aos seus deuses, o deus apoderou-se de um de seus jovens mais velhos e fê-lo ficar fora de si, e ele disse: toma o deus, toma o mensageiro que tem o deus consigo; foi Amon quem o mandou, foi ele quem determinou a sua vinda"[7]. Finalmente, a inscrição de Zakir, rei de Hamat (cerca do ano 800), fala de videntes e de homens que podiam predizer o futuro[8]. Só no Egito não existe certa evidência do aparecimento de profetas; ainda é duvidoso se os textos citados são realmente relevantes[9]. Contudo, Plínio relatou em sua *Historia naturalis VIII*, 185, que, durante a cerimônia cúltica em torno do boi Ápis, jovens eram tomados de êxtase e prediziam eventos futuros.

Gotteswillens durch prophetisches Wort in den altbabylonischen Briefen aus Mâri", *WdO*, I.5 (1950), 397-403: C. WESTERMANN, "Die Mari-Briefe und die Prophetie in Israel", in *Forschung am Alten Testament*, 1964, 171-188.

[5] AOT, 281-284.
[6] W. F. ALBRIGHT, "A Prince of Taanach in the Fifttenth Century B. C.", *BASOR* 94 (1944), 12-27.
[7] AOT, 71-77; ANET, 25-29.
[8] AOT, 443-444; ANET, 501-502; KAI, n. 202.
[9] G. LANCZKOWISKI, "Ägyptischer Prophetismus im Lichte des alttestamentlichen", *ZAW* 70 (1958), 31-38; id., *Altägyptischer Prophetismus*, 1960; C. C. MCCOWN, "Hebrew and Egyptian Apocalyptic Literature", *HThR* 18 (1925), 357-411; quanto ao argumento contrário, cf. S. HERRMANN, "Prophetie in Israel und Ägypten", *XVSuppl* 9 (1963), 47-65.

As cartas de Mari merecem atenção especial. Elas contam, em cada caso, como um homem ou mulher ia, sem ser chamado, até à presença de um governador ou outro alto funcionário do rei, levando um pedido ou mensagem da divindade para ser transmitida ao rei. Na maior parte dos casos, trata-se do deus Dagan, em um caso do deus do tempo Hadad (cf. § 3,2). Freqüentemente, as cartas declaram que os extáticos receberam as instruções (usa-se uma vez a palavra "oráculo") da divindade num sonho; nenhuma distinção é feita entre sonhos e visões, os quais são também mencionados. As exigências da divindade eram dirigidas ao rei e se referiam a diversos assuntos: instruções da divindade acerca da situação estratégica, quando o rei estava em guerra; a construção de uma porta da cidade; a provisão de animais para os sacrifícios e a observância de ocasiões sacrificais. Oferecemos os dois extratos seguintes à guisa de exemplo:

1) Fala ao meu senhor: Assim diz o teu servo *Itur-asdu:* no dia em que eu enviei esta minha carta ao meu senhor, *Malik-dagan*, um homem de Sakka, veio a mim e contou-me o seguinte: "Em meu sonho, eu e um homem do distrito de *Sagaratum*, na região alta, o qual estava comigo, desejávamos ir a Mari. Em minha visão, fui para Tarqa e imediatamente entrei no templo de Dagan e prostrei-me diante de Dagan. Quando. estava de joelhos, Dagan abriu a boca e falou-me como segue: 'Têm os xeques [reis] dos benjaminitas e seu povo estabelecido a paz com o povo de Zimrilim, que saiu?' Disse eu: 'Eles não estabeleceram a paz'. Quando eu estava a ponto de sair, ele falou-me outra vez o seguinte: 'Por que os emissários de Zimrilim não permanecem continuamente em minha presença e por que ele não me dá um relato completo [de tudo]? Caso contrário, eu teria dado, dias atrás, os xeques dos benjaminitas nas mãos de Zimrilim. Agora, vai. Eu te envio; a Zimrilim tu falarás o seguinte: 'Manda-me teus emissários e dá-me um relato completo. Então, prenderei os xeques dos benjaminitas numa armadilha de peixe e os colocarei diante de ti'". Foi isso que: o homem viu em seu sonho e me contou.

2) Por meio de oráculos, Hadad, o Senhor de Kallassu falou o seguinte: "Não fui eu (Had)ad, Senhor de Kallassu, quem o criou [isto é, Zimrilim] no regaço e o colocou no trono da casa de seu pai?

§ 18. A PROFECIA NO ANTIGO ORIENTE MÉDIO E EM ISRAEL ATÉ O SÉC. IX A.C.

Quando eu o coloquei no trono da casa de seu pai, também lhe dei uma moradia [isto é, seu palácio]. E, agora, exatamente como o coloquei no trono da casa de seu pai, arrancarei *Neḫlatum* de sua mãe. Se ele não o entregar, eu sou senhor do trono, da terra e da cidade: tirarei aquilo que dei. Se este não for o caso e se ele está querendo dar aquilo que eu quero, dar-lhe-ei trono sobre trono, casa sobre casa, terra sobre terra, cidade sobre cidade. E dar-lhe-ei a terra desde o levante do sol até o seu ocaso".

O extrato seguinte é de espécie diferente: neste caso, o *apilum* aparentemente prometeu ao rei vitória e domínio sobre outras nações, sem exigir condições especiais. Ele proferiu um oráculo contra nações estrangeiras, com respeito à iminente destruição do inimigo, prometendo, assim, indiretamente salvação e libertação de seu próprio povo; por isso, é possível falar de profecia de otimismo nacionalista:

> 3) Fala ao meu senhor: Assim (diz) *Mukannishum*, teu servo: eu tinha oferecido os sacrifícios a Dagan pela vida de meu senhor. O "respondente" de Dagan de Tutal ergueu-se; assim falou ele, a saber: "Babilônia, estás ainda disposta? Eu te conduzirei para a armadilha (?)... As casas/famílias dos sete parceiros e quaisquer que [sejam] suas possessões eu porei na mão de Zimrilim".

O paralelismo com certo tipo de profecia israelita é inegável. O *apilum* ou *muhhûm* corresponde ao nabi; como o nabi, ele usava a forma do pequeno dito profético. Ele exigia que o mandamento divino fosse transmitido ao rei, sem considerar se agradava ao rei. Ele criticava o procedimento do rei, sem considerar o fato de que os vassalos do rei aprendiam dessa crítica. Pronunciava admoestações e advertências. Se uma promessa fosse condicional, como no primeiro exemplo, ele esperava que o rei obedecesse ao mandamento divino; mas ele podia também prometer incondicionalmente, como no terceiro exemplo. De modo geral, isto é bem semelhante à profecia profissional de Israel.

2. A antiga profecia israelita[10]

a) A presença, no antigo Israel, de ambas as formas da profecia do antigo Oriente Médio é demonstrada por uma nota em 1 Sm 9.9: "Aquele que agora é chamado de profeta [nabi] antigamente era chamado de vidente". Isso sugere que os israelitas, originalmente nômades, trouxeram consigo para a Palestina a instituição do vidente como representada pelos patriarcas no período anterior ao javismo (§ 2,5), mas encontraram a instituição do nabi na Palestina e a assumiram. A mesma passagem demonstra, além disso, que as duas formas distintas começaram a fundir-se e que algo novo estava sendo formado. A profecia do Antigo Testamento não é, certamente, a mera mistura e continuação das duas formas originais; ela transformou aquilo que tomou por empréstimo e preservou em si algo de único e diferente. Isso aconteceu sob a influência do javismo, que deu uma radical contribuição aos elementos existentes – tanto ao desenvolvimento da profecia como ao restante da esfera religiosa. Assim, começou um longo e complicado processo que estava ainda em atividade total por volta de 1000 a.C. Nesse período, os videntes do javismo (Natã) e os nabis (1 Sm 10.5) ainda existiam lado a lado como representantes de fenômenos separados. Sua fusão gradual produziu a profecia do Antigo Testamento no sentido estrito, principalmente nas formas de transição, que são difíceis de distinguir, sobretudo, em Elias e Eliseu. Seguindo a prática dos videntes, tais profetas podiam surgir como figuras individuais, independentes dos santuários e do culto e sem experiência extática. Como os nabis, os profetas também podiam surgir em grupos ou bandos, associados com um santuário e com o culto e participando de experiências extáticas, deliberadamente induzidas.

b) Alguns elementos da forma de transição da profecia foram preservados na tradição. Contudo, esta tradição esteve,

[10] BHH, III, 1496-1512; RGG, V, 613-618; IDB, III, 896-910.

em parte, sujeita a revisão, de modo que freqüentemente permanece aberta a questão de quanto a tradição contém de lembrança real.

No tempo de Salomão, Aías de Silo[11] deu garantias ao rebelde Jeroboão, por meio de uma ação simbólica, de que ele reinaria sobre as dez tribos do norte (1 Rs 11.29-31) e, mais tarde, predisse a morte do filho doente de Jeroboão, que, no ínterim, se tinha tornado rei (1 Rs 14.1-18).

Diz-se de Semeías[12] que ele impediu Roboão de ir à guerra contra o Reino do Norte, depois da divisão do reino (1 Rs 12.21-24; mas cf. 14.30).

Informa-se que um profeta anônimo de Judá pronunciou uma ameaça contra o altar de Betel (1 Rs 12.32-13.10); mas essa narrativa pressupõe a reforma do culto empreendida por Josias. Mais tarde, diz-se que o mesmo profeta aceitou o convite de outro profeta de Betel, contrário ao mandamento de Iahweh, para ir com ele à sua casa; na volta, foi morto por um leão e sepultado em Betel (1 Rs 13.11-32).

Quando o rei de Israel estava consultando seus profetas a respeito da campanha contra os arameus, certo Sedecias[13] é escolhido, o qual fez chifres de ferro e prometeu a vitória ao rei (1 Rs 22.11). Miquéias, filho de Jemla[14], por outro lado, predisse a derrota e a morte do rei na mesma ocasião (1 Rs 22.13-28).

Finalmente, 2 Rs 21.10-15 contém uma ameaça profética anônima contra Manassés e Jerusalém; mas trata-se de um acréscimo posterior ao texto.

Certamente houve profetas de transição além dos mencionados na tradição. Essa conclusão é fundamentada por muitas passagens sumárias, embora os números dados não devam ser tomados literalmente (cf. 1 Rs 18.4; 22.6; 2 Rs 21.10; e as lendas de Eliseu).

---

[11] BHH, I, 50-51; IDB, I, 67-68; A. Caquot, "Ahiyya de Silo et Jéroboam Ier", *Semitica* 11 (1961), 17-27.
[12] BHH, III, 1769-1770; IDB, IV, 322.
[13] BHH, III, 2206; IDB, IV, 947-948.
[14] BHH, II, 1210; IDB, III, 372.

3. Elias[15]

a) Seis narrativas, originalmente independentes, sobre 17-19; 21; 2 Rs 1.1-17, juntamente com diversas narrativas lendárias. Elas falam de uma seca interrompida por um raio, do julgamento divino no monte Carmelo, de um encontro com Iahweh em Horeb, da vocação de Eliseu, da morte judicial de Nabot e do pedido de Acazias por um oráculo. De acordo com esses relatos, Elias apareceu no Reino do Norte durante o período do reinado de Acab e Acazias, isto é, entre 874 e 852 a.C. Ele representava a classe dos profetas errantes, não estando vinculado a qualquer santuário ou vivendo como membro de uma guilda profética. Obviamente, assemelhava-se mais a um vidente que a um nabi.

Exerceu o seu ministério primariamente contra o fundo da política empreendida por Acab, o qual procurava resolver o problema da integração não só dos cananeus, como também dos israelitas em seu reino, por meio de uma abordagem neutra que harmonizasse tanto a paridade dos grupos como os direitos de igualdade. Visto que a civilização cananéia tinha sido anteriormente reprimida e oprimida, essa política significava, na prática, que agora seria promovida, isto é, favorecia o avanço das idéias e práticas religiosas cananéias. Além do mais, Acab, que se considerava um monarca dinástico do tipo encontrado no antigo Oriente Médio, queria substituir a concepção israelita de realeza pela monarquia absoluta, típica do antigo Oriente Médio, e introduzir em Israel a espécie de lei real associada à monarquia absoluta.

Elias opôs-se a Acab em ambos os pontos. Obteve êxito em ter tratado a região do Carmelo, com sua população mista, como território israelita em vez de território cananeu, de modo que só Iahweh seria adorado ali. No caso de Nabot, sustentou o contí-

---

[15] BHH, I, 396-397; RGG, II, 424-427; IDB, II, 88-90; G. FOHRER, *Elia*, 2ª ed., 1968; H. GUNKEL, *Elias, Jahve und Baal*, 1906; C. A. KELLER, "Wer war Elia?", *ThZ* 16 (1960), 298-313; G. MOLIN, "Elijahu, *Judaica* 18 (1952), 65-94; H. H. ROWLEY, "Elijah on Mount Carmel", *BJRL* 43 (1960-1961), 251-276 (= *Men of God*, 1963, 37-65).

nuo reconhecimento da antiga lei israelita de propriedade da terra, rejeitando a concepção de que o rei tem poder sobre a vida e a propriedade de seus súditos. Finalmente, em questões tais como quem concedia chuva sobre a terra e a quem um enfermo devia procurar para ser curado, ele insistia sobre a autoridade única de Iahweh, recusando-se a conferir qualquer reconhecimento a Baal.

b) A mensagem de Elias era caracterizada, primeiro, pela afirmação dos elementos tradicionais do javismo, que deviam continuar a ser reconhecidos na Palestina. Ele sustentava a exigência de Iahweh de uma soberania única em Israel e se revelou um vigoroso guardião do modo ético-religioso de vida que se recusava a permitir que o rei se intrometesse nos direitos humanos básicos e violar o mandamento divino de justiça, e exigia de qualquer pessoa que estivesse ansiosa por saúde ou pela sua vida que se voltasse para Iahweh antes de procurar refúgio no vitalismo cananeu.

Em segundo lugar, Elias introduziu um elemento novo na fé do javismo para preservar sua viabilidade dentro do contexto de uma civilização adiantada e ordem política e impediu-a de inclinar-se para o sincretismo. Assim, ele declarou que era Iahweh, não Baal, que concedia ou retinha a chuva e, por conseguinte, a fertilidade da terra (cf. § 15,1), e passou da concepção de Iahweh como um deus da guerra e da batalha para a concepção de Deus em que a atividade de Iahweh não é representada por explosão de temor e tempestades de furor, mas é caracterizada por um governo tranqüilo, comparável à calmaria depois de uma tempestade, exatamente como Iahweh também se revela através de sua palavra (1 Rs 19.11ss). É fácil ver como essas influências levaram a tradição a compará-lo com Moisés em muitos pontos e a caracterizá-lo como um novo, um segundo Moisés.

Elias difere dos grandes profetas individuais posteriores e considerava que Israel estava fundamentalmente sob o favor de Deus, o qual determinava que a nação mantivesse ou restaurasse esse estado de favor depois de uma interrupção. Contudo, preparou o caminho para aqueles profetas ao reafirmar a exigência de Iahweh à soberania, em termos tais que eles podiam medir a falha e a culpa de Israel contra ela.

4. Eliseu[16]

A tradição de Eliseu é encontrada em forma razoavelmente coerente em 2 Rs 2; 3.4-27; 4.1-8,15; 9.1-10; 13.14-21. Seu primeiro filamento inclui um ciclo de narrativas de histórias de milagres populares, cujo elemento comum é sua associação com Guilgal, onde Eliseu comumente morava (2 Rs 4.38). Esse ciclo reúne aquilo que originalmente eram ditos independentes, que refletem atos de poder real realizados por Eliseu ou relacionados com ele, com motivação generalizada. Um segundo grupo compreende uma série de narrativas individuais de caráter diverso; tudo que elas têm em comum é sua referência ao contemporâneo fundo político e histórico contra o qual Eliseu desempenhou o seu papel.

Os ditos e narrativas revelam dois aspectos da atividade de Eliseu. Por um lado, mostram a influência que ele teve sobre a vida diária e sobre os eventos dentro do círculo de sua associação profética e do povo comum com quem entrou em contato. Por outro lado, eles estendem seu horizonte até incluir as figuras de autoridade do mundo político; no conflito entre Israel e os arameus e na atitude de Eliseu para com a dinastia israelita reinante, eles estão de acordo com a história contemporânea. Aquelas narrativas que mostram a hostilidade do profeta para com a dinastia reinante (2 Rs 3.4-27; 8.7-15) apontam para o tempo de Jorão, o último rei da dinastia omrida. O ponto crítico foi marcado pela revolução de Jeú, de cujos autores intelectuais Eliseu fazia parte (2 Rs 9.1-10), embora ele tenha retrocedido depois que ela começou. De acordo com as narrativas restantes, ele agiu amigavelmente com a dinastia reinante e de modo hostil com os arameus (2 Rs 5; 6.8-23; 6.24-7.20; 13.14-19); esses eventos se deram no período da dinastia de Jeú.

---

[16] BHH, I, 399-401: RGG, II, 429431; IDB, II, 91-92: W. Reiser, "Eschatologische Gottessprüche in den Elisalegenden", *ThZ* 9 (1953), 321-338.

Diferente de Elias, Eliseu reuniu um grupo de profetas em torno de si, com quem ele, normalmente, vivia numa localidade fixa. Embora não exista menção de qualquer associação permanente com um santuário, esse modo de vida se aproxima daquele dos profetas cultuais. Como eles, Eliseu, além disso, estava relacionado com a vida política de sua nação e estava pronto a providenciar oráculos para o rei, a quem até acompanhou numa campanha militar (2 Rs 3.11). Portanto, ele tinha influência política, que era capaz de exercer em favor daqueles que estavam com problemas (2 Rs 4.13). Independentemente desse cuidado para com o necessitado, que estava de acordo com os propósitos dos profetas posteriores, o significado de Eliseu encontra-se no espírito de zelo para com o javismo, que o tomava completamente, embora não na profundidade e pureza de pensamento e ação que caracterizaram Elias. O título de honra que lhe foi conferido (2 Rs 13.14) resumia as experiências da dinastia de Jeú com ele.

5. *Traços primitivos*

a) Nas narrativas acerca dos antigos profetas, já ponderamos que, não incomumente, encontramos traços primitivos que mostram, pelo menos para a tradição popular, haver certa conexão entre profecia e magia.

As lendas dos profetas freqüentemente mencionam traços reminiscentes de adivinhação, sejam esses traços corretamente atribuídos aos profetas ou não. A esposa de Jeroboão, usando disfarce, foi ao profeta cego Aías para obter um oráculo acerca de seu filho doente; logo que Aías ouviu o ruído de seus passos, ficou sabendo de sua vinda (1 Rs 14). Elias previu a morte iminente de Ocazias (2 Rs 1.2ss). Eliseu sabia onde se encontraria água no deserto (2 Rs 3.16-17), sabia que Giezi estava correndo atrás de Naamã (2 Rs 5.25-26), sabia onde os arameus estavam armando emboscada (2 Rs 6.9), sabia que os reis tinham dado ordem para matá-lo (2 Rs 6.32), sabia o que o rei de Damasco disse em seu quarto de dormir (2 Rs 6.12) e sabia que este devia morrer e que Hazael seria seu sucessor (2 Rs 8.10-13).

Além disso, as lendas sobre os profetas com freqüência mostram características miraculosas, que são, claramente, de natureza mágica. Não importa se e em que medida essa espécie de material está baseada em eventos reais. A tradição deixa claro que, durante algum tempo, tal atividade poderia ser esperada dos profetas e vista como uma de suas características. Naamã, por exemplo, supôs que Eliseu invocaria Iahweh, passaria a mão sobre a parte enferma e, deste modo, o curaria de sua enfermidade (2 Rs 5.11). Um profeta podia fazer uso de meios visíveis para realizar um milagre: podia usar sal para fazer com que as águas de um manancial ficassem sãs (2 Rs 2.19-22), usar farinha para neutralizar o veneno de um alimento (2 Rs 4.38-41), usar um pedaço de madeira para recuperar um machado que caiu num rio como se fosse um ímã (2 Rs 6.1-7) ou usar o seu bordão, colocado sobre o rosto de um homem morto, para restaurar-lhe a vida por meio de seu poder mágico (2 Rs 4.29). Se isto não desse certo, ele se estenderia sobre o morto a fim de transmitir-lhe sua própria força vital (1 Rs 17.21; 2 Rs 4.34-35). Até os ossos de um profeta ainda podiam miraculosamente restaurar a vida (2 Rs 13.20-21). Ele era também capaz de alimentar uma multidão com escassas provisões (2 Rs 4.42-44), fazer originar azeite para encher muitos vasos de uma única botija (2 Rs 4.1-7) e impedir que faltassem farinha e azeite (1 Rs 17.14-16). Contudo, ele podia também afligir homens com doença e cegueira (2 Rs 5.27; 6.18), fazer surgir ursas para atacar pessoas (2 Rs 2.23-25) ou fogo para feri-las (2 Rs 1.9-12). Ele podia até destruir um altar por meio de palavra e sinal (1 Rs 13.1-5).

Algumas ações simbólicas, como aquelas realizadas mais freqüentemente pelos profetas tardios, são também atribuídas aos primitivos profetas: Aías de Silo rasgou a sua capa em doze pedaços, dez dos quais deu a Jeroboão (1 Rs 11.29-31); Elias lançou a sua capa sobre Eliseu (1 Rs 19.19-21): Sedecias fez para si chifres de ferro (1 Rs 22.11); Eliseu fez o rei Joás atirar uma flecha em direção ao oriente e ferir a terra com um feixe de flechas (2 Rs 13.14-19). Aqui, também, ouvimos o eco de elementos mágicos (§ 19,2).

Finalmente, havia uma crença geral de que a palavra de Iahweh pronunciada por um profeta possuía uma espécie de poder eficaz, como aquele atribuído às palavras de magia. Quando a flecha de Jeú atingiu o rei que fugia, marcou a realização da palavra de Iahweh proclamada por Elias e pelo mensageiro de Eliseu (1 Rs 21.19; 2 Rs 9.25). A predição de morte e destruição feita por um profeta significava inexorável dano para o ímpio (cf. 1 Sm 2.27-34; 4.11; e 1 Rs 2.26-27; 2 Sm 12.11-18; 1 Rs 13.20-24; 14.12-18; e *passim*). De forma inversa, a libertação predita certamente aconteceria (cf. 1 Rs 11.31-32 e 12.20; 2 Rs 19.6-7,35; 20.5ss; e *passim*).

Em vista de tudo isso, pode-se perguntar se essas concepções acerca da profecia e suas relações com o poder virtualmente mágico dos "homens de Deus" e mestres profetas não eram um eco da antiga civilização nômade, indiferenciada e não especializada. Essa hipótese explicaria muitos fenômenos: a roupa especial usada pelos profetas, que parece seguir a prática nômade; o possível ritual da tonsura (2 Rs 2.23), baseado na idéia de que o cabelo de um homens é um *locus* de poder; a expressão '*iš (ha-) 'elohîm*, que atribui ao seu portador os "poderes de *El*", poderes supra-humanos e divinos; e a invulnerabilidade desses homens, pelo menos dos grandes mestres, que podiam causar a morte de alguém que levantasse a mão contra eles (2 Rs 1.9-12; 2.23-25).

Freqüentemente, é o próprio profeta, nos exemplos dados, quem provoca o resultado pela palavra ou feito. Em alguns casos, porém, podemos começar a distinguir um relacionamento descontínuo ou dialético do profeta com a magia. Nesses casos, não era o próprio profeta quem sabia ou adivinhava o desconhecido; era Iahweh quem o revelava a ele (1 Rs 13.2; 14.5; 2 Rs 3.16-17). Ele não agia sob sua própria autoridade, mas sob a ordem de Iahweh (1 Rs 13.3) ou pelo apelo à vontade de Iahweh (2 Rs 4.43). Ele podia agir, falando a palavra de Iahweh (1 Rs 17.14ss) ou o próprio Iahweh podia agir (2 Rs 6.15ss; 7.1ss). Ou o milagre podia acontecer depois ou durante uma oração a Iahweh (1 Rs 17.20ss; 2 Rs 4.33). Podemos ver aqui a sobrevivência do elemento mágico e sua significação para a profecia definidas: é a idéia de que palavras e ações proféticas são eficazes – eficazes porque baseadas na vontade e no poder de Iahweh.

b) O êxtase, encontrado mais freqüentemente entre os nabis, era também baseado em concepções e modos primitivos de conduta[17]. Era caracterizado por violenta agitação, uma espécie de "frenesi", associado com uma precipitação da fala e, ocasionalmente, acompanhado por um senso de se estar cheio e "possuído" pela divindade. Os primitivos profetas (com freqüência, depois de uma preparação através do ascetismo e isolamento, por meio de música, dança ou outro movimento rítmico; cf. 1 Sm 10.5-6; 1 Rs 18.26ss) deliberadamente usariam a auto-sugestão para atingir um estado de torpor e de reduzida consciência; às vezes, os narcóticos, provavelmente, eram usados[18]. Então, mecanismos primitivos podiam, com facilidade, assumir o comando: rolar, levantar, paroxismos e convulsões – tudo para expressar o último grau de intoxicação emocional. Além disso, automatismos tais como estes não ocorrem num estado de completa consciência, quando o *ego* está "sob controle", começariam: fala obscura, "profecias", o falar em línguas. Nos tempos antigos, os psicopatas ou epiléticos considerados santos eram modelos desse tipo de êxtase. Até os próprios profetas, algumas vezes, foram chamados "loucos". Oséias, por exemplo, teve de enfrentar essa acusação:

> O profeta é um tolo,
> o homem inspirado é um louco (Os 9.7b).

E Semaías escreveu a um sacerdote de Jerusalém, para que exercesse a superintendência sobre "todo homem demente que

---

[17] Quanto à discussão seguinte, cf. W. LANGE-EICHBAUM e W. KURTH, *Irrsinn und Ruhm*, 6ª ed., 1967, 209-210; também B. BAENTSCH, "Pathologische Züge in Israels Prophetentum", *ZWTh* 50 (1907), 77-85; H. HACKMANN, "Die geistigen Abnormitäten der alttestamentlichen Propheten", *NThT* 23 (1934), 26-48; H. HEIMANN, *Prophetie und Geisteskrankheit*, 1956; W. JACOBI, *Die Ekstase der alttestamentlichen Propheten*, 1920; F. MAASS, "Zur psychologischen Sonderung der Ekstase", *WZ Leipzig* 3 (1953-1954), 297-301.

[18] A. H. GODBEY, "Incense and Poison Ordeals in the Ancient Orient", *AJSL* 46 (1929-1930), 217-238; J. HEMPEL, *Mystik und Alkoholekstase*, 1926.

pretenda profetizar" no Templo (Jr 29.26). De fato, é bem possível que os doentes mentais, ocasionalmente, fossem membros dos grupos proféticos ou se parecessem com profetas. O êxtase, todavia, é, primariamente, nada mais que a liberação de elementos primitivos sujeitos ao exagero artístico e político; em todo caso, não precisa ter sido um sintoma de doença mental.

§ 19. A PROFECIA ISRAELITA NOS SÉCULOS VIII E VII A.C.

L. Dürr, *Wollen und Wirken der alttestamentlichen Propheten*, 1926; H. Gunkel, *Die Propheten*, 1917; F. Häussermann, *Wortempfang und Symbol in der alttestamentlichen Prophetie*, 1932; J. Hempel, "Prophet and Poet", *JThSt* XL (1939), 113-32 (republicado em alemão na *Apoxysmata*, 1961, 287-307); S. H. Hooke, *Prophets and Priests*, 1938; E. Jenni, *Die alttestamentliche Prophetie*, 1962; W. C. Klein, *The Psychological Pattern of Old Testament Prophecy*, 1962; S. Mowinckel, "'The Spirit' and the 'Word' in the Pre-Exilic Reforming Prophets", *JBL* LIII (1934), 199-277; idem, *Die Erkenntnis Gottes bei den alttestamentlichen Propheten*, 1941; O. Plöger, "Priester und Prophet", *ZAW* LXIII (1951), 157-92; N. W. Porteous, "Prophecy", in *Record and Revelation*, 1938, 216-49; A. C. Welch, *Prophet and Priest in Old Israel*, 2ª ed., 1953; G. Widengren, *Literary and Psychological Aspects of the Hebrew Prophets*, 1948; cf. a bibliografia do § 18.

1. *A história posterior da profecia pré-exílica*[19]

Exatamente como a profecia tem uma história que retrocede no tempo muito além do que se supunha inicialmente, assim também a profecia israelita dos séculos VIII e VII é um fenômeno mais extenso e mais complexo do que é sugerido pela equívoca expressão "profetas literários" ou "profetas escritores", que tem sido aplicada comumente aos profetas a partir de Amós.

a) A partir dos tipos de profetas de transição, pouco a pouco se desenvolveu um grande e compreensivo grupo que representa

---

[19] RGG, V, 618-627.

o estudo dominante da profecia. Esse grupo não era homogêneo; era tão diversificado e variado quanto às possibilidades e exigências da vida em si. Considerada como um todo, é melhor chamá-la profecia profissional cultual popular. A parte os profetas independentes, que vagavam pela zona rural, podem ser distinguidas duas formas, embora, na prática, elas coincidam bastante. Em primeiro lugar, havia os profetas cultuais, encontrados por toda a terra, que participavam das observâncias cultuais nos santuários ao lado dos sacerdotes ou levitas. Discursos de tais profetas cultuais podem ser encontrados em alguns Salmos ou vesículos de Salmos (Sl 2; 21; 81; 110; 132) e livros proféticos (Naum, Habacuc). Havia também os profetas da corte, que exerceram seu ministério na corte real – e provavelmente nas proximidades de outras figuras nacionais. À medida que eles estão associados a um santuário real, são idênticos aos profetas cultuais. Eles podiam prometer ao rei sua desejada vitória antes de uma campanha militar (1 Rs 22) ou, como Hananias, apoiar a política do rei contra os dissidentes (Jr 28). Esse grande grupo de profetas profissionais inclui aqueles que foram condenados como falsos profetas no Antigo Testamento.

Visto que havia, ainda, profetas profissionais no período pós-exílico, trata-se de uma classe profissional que existiu durante vários séculos e representou um importante papel em Israel. A função desses profetas era, primariamente, prover oráculos divinos, seja em resposta a um pedido seja simplesmente todas as vezes em que o "espírito" de Iahweh vinha sobre eles, proclamando assim a vontade ou instruções de Iahweh. Inversamente, eles intercediam perante Iahweh como representantes do rei, do povo ou de um simples indivíduo. Nesse ministério, eles, como os sacerdotes, eram mediadores entre Deus e o homem.

Do ponto de vista teológico, os profetas profissionais aderiram grandemente à abordagem cultual e à do nacionalismo religioso (§ 13,4-5), embora não devam ser forçados dentro de um esquema procustiano e devam ser admitidas várias ênfases. Em Naum, era dominante o elemento nacionalista; em Habacuc, ele tomou o segundo lugar em favor dos elementos cultuais e verdadeiramente proféticos. O fato fundamental é que essas várias tendências religiosas se fundiram para formar uma nova unidade nos profetas profissionais. Os elementos individuais podem ser determinados pela análise exegética; mas não podem ser eliminados do contexto total, no caso de eles parecerem teologicamente suspeitos, a fim de favorecer a um discurso profético-cultual puro, pois esses profetas não apoiaram meramente idéias cultuais ou nacionalistas em certas ocasiões; eles integraram essas idéias completamente em sua teologia.

b) Mais importante que os profetas profissionais na verdade, em segundo lugar apenas em relação a Moisés quanto à importância para a história do javismo – é o pequeno grupo que compreende os grandes profetas individuais, incluindo Amós e Oséias, Isaías e Miquéias, Sofonias e Jeremias. Ezequiel e, em parte, o Dêutero-Isaías. Eles não exerceram o seu ministério profético como profissionais, mas com base numa vocação especial, que os tirou de sua profissão original. Neles, a profecia israelita atingiu o seu ponto culminante; e, embora sejam considerados, junto com outras formas, sob a denominação comum de "profecia", existe algo mais para distingui-los do que simplesmente identificá-los com essas formas. Eles se apresentaram entre seu povo não como membros de um grupo ou de uma classe, não como representantes de um tribo ou de um clã, não como funcionários de um santuário ou do rei, mas como cônscios representantes e mensageiros de seu Deus.

Portanto, devemos ter constantemente em mente que a profecia significa alguma coisa diferente para o israelita da monarquia do que para nossa visão retrospectiva. O israelita considerava os profetas profissionais primariamente como a classe profética; ao lado deles, os grandes profetas individuais apareciam como figuras extraordinárias apenas isoladamente e, em parte, em épocas bem diferentes. A partir do exílio babilônico, essa perspectiva começou a mudar: o povo estava consciente de que esses poucos profetas estiveram certos e todos os profetas profissionais errados. Por isso no período pós-exílico, a profecia cultual ia mais e mais perdendo a sua importância, enquanto os discursos e relatos dos grandes profetas individuais eram, tanto quanto possível, selecionados, e essas coleções gradualmente receberam o caráter de Escritura sagrada. Contrastando com isso, relativamente só alguns discursos dos profetas profissionais foram preservados.

Até este ponto, nosso exame da história da profecia demonstra que os grandes profetas individuais constituíam apenas uma pequena fração da profecia como um todo, embora teologicamente a fração mais importante. Por isso, na discussão seguinte, quando falarmos em "profetas", via de regra, referir-nos-emos a esses grandes profetas individuais.

2. *Experiência e ministério proféticos*[20]

a) Um ministério profético começava com a sua experiência de vocação (cf. Is 6; Jr 1.4-10; Ez 1.1-3.15)[21]. Podia prosseguir continuamente, apesar da oposição ou rejeição por parte de seus ouvintes (e.g., Os 9.7b; Ez 12.215s); podia cessar por meio de coerção externa (Am 7.10ss) ou pelo profeta num relato sobre o fracasso (Is 8.16-18); ou um relato de sua conversão interior a uma nova mensagem (Ez 3.22-27; 24.25-27; 33.21-22); podia ser temporariamente interrompido. Comumente, as palavras do profeta eram proferidas àqueles a quem sua mensagem se dirigia. Por isso, os discursos eram primeiramente expostos oralmente; a preservação na forma escrita, via de regra, ocorreu subseqüentemente. Além disso, os profetas freqüentemente empreenderam ações simbólicas, que constituíam uma segunda forma de proclamação, como suplemento ao discurso profético.

---

[20] J. Hempel, "Prophetische Offenbarung", *ZSTh* 4 (1926), 91-112; F. Horst, "Die Visionsschilderungen der alttestamentlichen Propheten", *EvTh* 20 (1960), 193-205; J. Lindblom, "Die Gesichte der Propheten", *StTh* 1 (1935), 7-28; S. Mowinckel, "Ecstatic Experience and Rational Elaboration in the Old Testament Prophecy", *AcOr* (Leiden) 10 (1935), 264-291; I. P. Seierstad, *Die Olfenbarungserlebnisse der Propheten Amos, Jesaja und Jeremia*, 2ª ed., 1965.
[21] BHH, 222-223; RGG, I, 1084-1086.

b) O discurso profético, via de regra, formava-se por meio de um processo de alguma extensão, que envolve, pelo menos, quatro etapas.

A primeira etapa, e assim a fonte última da atividade profética, era um momento de profundo contato pessoal com Deus, em que o "espírito" ou "palavra" de Iahweh descia ao profeta. Entre os primitivos nabis e os profetas cultuais, o espírito era uma força impelidora, mas ambígua e difusa. Os grandes profetas individuais, por outro lado, comumente viam com suspeita o dom do espírito, precisamente porque ele dava origem às palavras dos profetas cultuais, que eram freqüentemente contestados. Os profetas individuais apelavam, ao contrário, para a palavra de Iahweh, que os confrontava como uma força exterior, imposta a eles contra a sua vontade e inclinações pessoais, revelando-se como palavra de Deus através de seu conteúdo persuasivo e de exigências consistentes, que destruíam a resposta humana comum à vida, dando origem a uma nova abordagem, que difere da anterior não apenas em grau, mas sobretudo na essência. Num determinado momento de contato com Deus, o profeta tinha uma "experiência particular" (GUNKEL). À parte os sonhos[22], que, como o dom do espírito, eram suspeitos (Jr 23.25ss), podemos identificar quatro tipos de tais experiências, que aconteciam, pelo menos parcialmente, em estados físicos anormais: visões (visão interna, e.g., Is 6)[23]; audições (audição interna, e.g., Jr 4.5-8,13-16,19-22); inspiração repentina (e.g., Is 7.10-17); e conhecimento milagroso (e.g., o "inimigo do norte" no período inicial do ministério de Jeremias). Visões e audições freqüentemente aconteciam juntas.

Às vezes, as experiências particulares, mesmo as dos grandes profetas individuais, eram obviamente acompanhadas de experiências extáticas, tal como são mais bem observadas no caso de Ezequiel. Contudo, o êxtase não tinha significado independente por si mesmo e não era um fenômeno isolado; ele simples-

---

[22] BHH, III, 2023-2025; RGG, VI, 1001-1005; IDB, I, 1868-1869.
[23] BHH, III, 2109-2110; RGG, VI, 1409-1410; IDB, VI, 791.

mente acompanhava a experiência secreta. Além disso, embora pudesse ocorrer neste contexto, não era obrigatório. Assim, acontecia como um possível fenômeno acompanhante das experiências particulares, expondo o profeta a uma agitação e emoção mais ou menos fortes. Se ocorria, a mente girava, temia e tremia, o profeta prostrava-se, cabelos eriçados e os pés recusavam-se a obedecer (Is 21.1-10).

O segundo estágio era a interpretação que o profeta dava à sua experiência. Essa interpretação era completamente dominada pela fé com que o profeta vivia, a qual era, naquele momento, intensificada e reformada pela força da nova experiência, pois a nova experiência era interpretada de tal maneira que a experiência particular era incorporada na descrição existente da natureza e vontade de Iahweh, fazendo-a reviver.

Como terceiro estágio, acrescentava-se o processamento racional da experiência. Se o conteúdo da experiência particular fosse enunciado como uma obrigação divina exigida para que dessa forma pudesse tornar-se eficaz no mundo externo, tinha de ser traduzido em palavras racionais e compreensíveis; não devia continuar como um balbuciar de línguas desconhecidas. Essa interpretação era tão natural que a fé do próprio profeta, às vezes, contribuía para a adequada motivação ou para que as conseqüências lógicas da experiência fossem incorporadas às palavras de Iahweh.

O quarto estágio, que era comparável ao terceiro, era a transposição da mensagem para a forma artística. Isto era também natural. De acordo com a crença da época – inclusive os oráculos proféticos –, ela tinha de ser comunicada numa forma poeticamente estruturada. Por isso, não há dito profético genuíno a não ser em forma poética.

Dessa descrição, podemos ver como o fenômeno conhecido como falsa profecia[24] se originou. Ou não houve experiên-

---

[24] E. Osswald, *Falsche Prophetie im Alten Testament*, 1962; G. Quell, *Wahre und falsche Propheten*, 1952; G. von Rad, "Die falschen Propheten", *ZAW* 51 (1933), 109-120.

cia particular que desse origem a ele, de modo que tudo que foi dito era sem fundamento, ou a experiência particular foi interpretada erroneamente pelo profeta ou aplicada erradamente.

c) Os profetas realizaram as seguintes ações simbólicas[25]:

Os	1.2-9	O primeiro casamento de Oséias e os nomes de seus filhos;
Os	3	O segundo casamento de Oséias;
Is	7.3	O nome proposto para um dos filhos de Isaías;
Is	8.1-4	O nome de outro filho de Isaías;
Is	20	Vestindo a roupa de um cativo;
Jr	13.1-11	O ocultamento de um cinto;
Jr	16.1-4	A renúncia de Jeremias ao casamento e filhos;
Jr	16.5-7	A renúncia de Jeremias à lamentação;
Jr	16.8-9	A renúncia de Jeremias ao banquete;
Jr	19.1,2a, 10-11a, 14-15	A quebra de uma bilha;
Jr	27.1-3, 12b	O porte de um jugo;
Jr	28.10-11	A quebra do jugo (Hananias);
Jr	32.1,7-15	A compra de um campo;
Jr	45.8-13	O ocultamento de pedras em Táfnis;
Jr	51.59-64	O lançamento nas águas do rio Eufrates de um livro que continha as profecias do desastre;
Ez	3.16a; 4.1-3	Descrição de uma cidade sob cerco;
Ez	4.4-8	O deitar imóvel de Ezequiel;
Ez	4.9-17	O cozimento de pão;
Ez	5.1-14	Corte, divisão e destruição de cabelo;
Ez	12.1-11	Partida como exilado deportado;
Ez	12.17-20	Tremor enquanto come e bebe;
Ez	21.6-7	Quebrantamento e suspiro;
Ez	21.18-24	Construção e distinção de caminhos;
Ez	24.1-14	Fervura e tempero de uma panela;
Ez	24.15-24	Omissão do costume de lamentar;
Ez	3.22-27; 24.25-27; 33.21-22	Mudez e restituição da fala;
Ez	37.15-28	Ligação de dois pedaços de madeira com inscrições;
Zc	6.9-15	Coroação de Zorobabel.

---

[25] G. FOHRER, *Die symbolischen Handlungen der Propheten*, 2ª ed., 1968; *id.*, "Die Gattung der Berichte über symbolische Handlungen der Propheten", in *Studien zur alttestamentlichen Prophetie* (1949-1965), 1967, 92-112.

Essas ações foram realmente realizadas, como demonstram as notas ocasionais acerca de sua realização, as surpreendentes indagações do povo e a resposta do profeta. Eram executadas deliberada e conscientemente, não como respostas involuntárias a fins subconscientes, pois às vezes se prolongavam por anos. Eram realizadas com vista a um propósito; não eram originadas por fantasia ou capricho do profeta.

Essas ações acompanharam as palavras da profecia falada como uma espécie de variante, resultante de um ato profético. Muito mais do que eram capazes quaisquer palavras, elas enfatizaram que a mensagem dos profetas devia ser uma mensagem eficaz. Isso fica claro, quando inquirimos acerca da origem das ações simbólicas. Revela-se então que elas eram baseadas em ações mágicas, isto é, ações cuja realização tencionava alcançar um propósito especifico. Antigamente, pensava-se, de fato, que esse propósito era alcançado por meio da ação. Assim, podem ser citados exemplos surpreendentes da esfera mágica para todas as ações proféticas. Contudo, esses exemplos não mostram apenas a associação originalmente íntima entre magia e atos simbólicos dos profetas, mas também a clara diferença entre eles. De acordo com a crença dos profetas, suas ações não produziam os eventos simbolizados mecanicamente *ex opere operato*. Para os profetas, a certeza de que o evento ocorreria estava baseada no poder de Iahweh e sua vontade de realizar verdadeiramente aquilo que os atos simbólicos declaravam. Por isso, os relatos dos atos simbólicos freqüentemente incluem a ordem de Iahweh para realizá-los e sua promessa de executar aquilo que eles proclamam.

Assim, os profetas consideravam que seus atos simbólicos eram eficazes não em conseqüência de um poder magicamente coercivo, mas como declaração de Deus, através de seus representantes autorizados, daquilo que ele estava prestes a fazer. Na verdade, os profetas não apenas declaravam a intenção de Deus, mas também, através de suas ações, provocavam os eventos anunciados. E seus contemporâneos, que indubitavelmente sabiam acerca de tais atos simbólicos, entendiam-nos como proclamação eficaz.

d) Os gêneros literários que conservam a mensagem profética são discutidos nos estudos introdutórios[26]. Eles podem ser sumarizados em três grupos: ditos proféticos, relatos proféticos e imitações de formas retóricas derivadas de outros campos.

Os ditos proféticos intentam declarar a vontade de Iahweh como determina o futuro em conseqüência da atitude e do comportamento atual do homem. Eles incluem:

>oráculos proféticos;
>ditos que proclamam desastres ou ameaças;
>ditos que proclamam libertação ou confiança;
>invectivas;
>admoestações ou advertências.

Os relatos proféticos não representam um grupo tardio de formas; alguns revelam formas primitivas que, mais tarde, perderam a sua importância. Eles incluem:

>ditos de vidente;
>relatos de visões;
>relatos de audições;
>relatos de visões e audições (narrativas de vocações);
>relatos de ações simbólicas.

As formas de imitação, algumas das quais mostram extenso desenvolvimento, derivam primariamente dos âmbitos da vida diária, do culto, da instrução sapiencial, de narrativas históricas e da Lei. A surpreendente freqüência de seu emprego demonstra com clareza a variada situação dos profetas que as empregaram: as formas tradicionais, puramente proféticas, não mais satisfaziam aos grandes profetas individuais e aos profetas escatológicos tardios para a proclamação de sua mensagem, de modo que eles tiveram de recorrer a formas ainda inusitadas.

e) Nossa menção prévia do êxtase e dos atos simbólicos mostra que mesmo os grandes profetas individuais ainda exibiam

---

[26] S-F, § 53,4.

características primitivas. Isso também ajuda a explicar a crença na eficácia das palavras proferidas por Iahweh através dos profetas. Até ditos formulados pelos profetas por sua própria responsabilidade e não atribuídos a Iahweh podem apoiar-se em semelhante poder. Ao contrário dos sonhos ineficazes, a palavra divina é como um martelo que estilhaça a rocha (Jr 23.29). Ela corta como uma espada e mata (Os 6.5); ela resplandece sobre Israel, de modo que toda a nação a percebe (Is 9.8-9); na boca dos profetas, ela se transforma num fogo que devora o povo como lenha (Jr 6.14); por isso, a terra não pode suportar essa palavra espontaneamente (Am 7.10), pois, quando Iahweh levanta a sua voz e bramido, as pastagens e as florestas do Carmelo secam-se (Am 1.2).

As concepções primitivas ainda estão em uso na assunção das formas retóricas com fundo mágico (cânticos de repreensão e fúnebres; idéias, imagens e frases derivadas das maldições do antigo Oriente Médio); na disposição geográfica dos oráculos contra nações estrangeiras, variante do esquema usado pelos textos de execração egípcios; e no registro escrito e transmissão da palavra falada a fim de preservar a sua eficácia.

É verdade que a associação total das palavras e ações proféticas com Iahweh não superou absolutamente o elemento mágico original. Ele ainda pode ser vislumbrado por trás da concepção de eficácia dessas palavras e ações, no conhecimento do futuro e, sobretudo, no poder dos profetas para influenciar o futuro, mas esse poder eficaz estava baseado na vontade e no poder de Iahweh.

3. Amós[27]

a) Amós era natural de Técua, localizada cerca de 20 km ao sul de Jerusalém na orla entre o território colonizado e a estepe. Lá, ele vivia como vaqueiro ou pastor (1.1; 7.14) e, aparentemen-

---

[27] K. Cramer, *Amos*, 1930; J. L. Crenshaw, "The Influence of the Wise upon Amos", *ZAW* 79 (1967), 42-52; F. Dijkema, "Le fond des prophéties d'Amos", *OTS* 2 (1943), 18-34; R. Fey, *Amos und Jesaja* (1963); P. Humbert, "Quelques aspects de la religion d'Amos", *RThPh*, NS 17 (1929), 241-255; A. S. Kapelrud, *Central Ideas in Amos*, 1956; L. Köhler, *Amos*, 1917; V. Maag, *Wortschatz und Begriffswelt*

te, também empenhado no cultivo de sicômoros (Am 7.14), de modo que pode ter sido um proprietário. De qualquer maneira, ele levava uma existência independente, inteiramente de "classe média", até que se sentiu afastado dela pelo chamado pessoal de Iahweh (7.15). Não há razão para se pensar que Amós era um profeta ocasional ou permanente ou funcionário do culto, por causa da declaração aparentemente ambígua em 7.14a ou com base em análises da crítica da forma[28]. Em 7.14a, Amós está simplesmente contando ao sumo sacerdote Amazias que o manda viver em Judá, que a profissão da qual Iahweh o chamou e o enviou a Israel provê sua subsistência, e que ele não tem de contar com rendimentos de seu ministério profético. O estudo da crítica da forma não fornece nenhuma compreensão ampla para o nosso entendimento de Amós. O mero uso de formas retóricas provê muito pouco auxílio, visto que elas sempre podem exercer uma função totalmente diferente daquela que corresponde ao seu *Sitz im Leben* original.

Amós exerceu o seu ministério profético durante o reinado de Jeroboão II (786/82 a 753/46; 1.1; 7.9ss). O tema de seus discursos sugere que Israel desfrutava, na época, de prosperidade política, econômica e cultural, e podia orgulhar-se de importantes sucessos (6.1-13). Isso concorda com a metade ou com o período final do reinado de Jeroboão, de modo que o ministério de Amós pode ser datado entre 760 e 750 a.C.

Embora fosse natural de Judá, sua missão o levou ao Reino do Norte de Israel. Provavelmente, ele tenha feito o seu primeiro aparecimento em Samaria, a capital (cf. 3.9ss; 4.1ss; 6.1-2); depois, ele fez o seu mais importante aparecimento no curso de uma festividade no santuário real de Betel. Contudo, seu ministério

---

des Buches Amos, 1951; A. NEHER, *Amos*, 1950; H. GRAF REVENTLOW, *Das Amt des Propheten bei Amos*, 1962; H. SCHMIDT, *Der Prophet Amos*, 1917; R. SMEND, "Das Nein des Amos", *EvTh* 23 (1963), 404-423; S. TERRIEN, "Amos and Wisdom", in *Israel's Prophetic Heritage (Muilenburg Festschrift)*, 1962, 108-115; J. D. W. WATTS, *Vision and Prophecy in Amos*, 1958; A. WEISER, *Die Profetie des Amos*, 1929; H. W. WOLFF, *Amo's geistige Heimat*, 1964.

[28] Para uma discussão pormenorizada, cf. S-F, § 63,1.

durou pouco tempo. Visto que suas palavras acertaram o alvo, o sumo sacerdote o acusou, diante do rei, de incitar o tumulto, e ele foi banido do reino (7.10-17). Conseqüentemente, ele provavelmente tenha retornado à sua terra natal, sem aparecer outra vez na qualidade de profeta.

Da mensagem de Amós foram preservados cinco relatos de visão, uma extensa série de discursos (1.3-2.16), e vinte e sete discursos independentes, na maior parte curtos, compreendem primariamente invectivas e ameaças. A esses, foram acrescentadas diversas passagens tardias, que derivam do período exílico ou pós-exílico (1.2-9,12; 2.4-5; 3.7; 4.13; 5.8-9; 8.8; 9.5-6,8-15)[29].

b) Fundamental para a mensagem de Amós é o seu "não!" às condições sociais de Israel, ao seu culto, à sua compreensão da história e ao seu modo de vida em geral. Israel não vive automaticamente em estado de favor perante Iahweh; por isso, não pode considerar-se superior aos outros com base na eleição por Iahweh (3.2) ou em sua libertação do Egito (9.7) – exceto, possivelmente, a mais rápida retribuição por sua iniqüidade, pois Iahweh tem orientado outras nações tanto quanto tem orientado Israel:

> Não sois para mim como os cuchitas,
> ó filhos de Israel – oráculo de Iahweh –.
> Não fiz Israel subir do país do Egito,
> os filisteus de Cáftor e Aram de Quir? (9.7)

Portanto, há normas fundamentais que expressam a vontade de Deus com respeito ao relacionamento entre nações; Iahweh pune as transgressões dessas normas, mesmo quando Israel não está envolvido:

> Pelos três crimes de Moab,
> pelos quatro, não o revogarei!
> Porque queimou os ossos do rei Edom
> até calciná-los[30]. (2.1)

---

[29] Para uma discussão pormenorizada, cf. S-F, § 63,3-4.
[30] Com respeito a este procedimento, aliás desconhecido no antigo Oriente Médio, cf. a descoberta no território nabateu (anteriormente edomita) noticiada

§ 19. A PROFECIA ISRAELITANOS SÉCULOS VIII E VII A.C.

Iahweh também punirá os pecados de Israel, que cometeu apostasia a despeito de sua obrigação para obedecer – graças, por exemplo, ao surgimento de nazireus e profetas (2.11). Amós citou, como a principal evidência dessa apostasia, as transgressões sociais e cultuais, que constituem o seu principal ponto de ataque:

> Ai daqueles que estão tranqüilos em Sião[31]
> e daqueles que se sentem seguros na motanha da Samaria,
> os nobres da primeira das nações,
> a quem à casa de Israel recorre.
> Passai a Calane e vede,
> de lá ide a Emat, a grande,
> depois descei a Gat dos filisteus:
> serão eles melhores do que estes reinos?
> Será o seu território maior do que
> o vosso território?
> Quereis afastar o dia da desgraça,
> mas apressais o domínio da violência!
> Eles estão deitados em leitos de marfim,
> estendidos em seus divãs,
> comem cordeiros do rebanho
> e novilhos do curral,
> improvisam ao som da harpa,
> como Davi, inventam para si instrumentos de música,
> bebem crateras de vinho
> e se ungem com o melhor dos óleos,
> mas não se preocupam com a ruína de José.
> Por isso, agora, eles serão exilados à frente
> dos deportados,
> e terminará a orgia daqueles que estão
> estendidos (6.1-7).
> Eu odeio, eu desprezo as vossas festas
> e não gosto de vossas reuniões.
> Porque, se me ofereceis holocaustos...,

---

por G. e A. HORSFIELD, "Sela-Petra, the Rock of Edom and Nabatene III, The Excavations", *QDAP* 8 (1938), 87-115.

[31] "Sião", aqui, não se refere a Jerusalém, mas estabelece um paralelismo com "a montanha de Samaria", como um termo geral para a localização de uma capital.

> não me agradam as vossas ofertas
> e não olho para o sacrifício de vossos animais cevados.
> Afasta de mim o ruído de teus cantos,
> eu não posso ouvir o som de tuas harpas!
> Que o direito corra como a água
> e a justiça como um rio caudaloso! (5.21-24)

Um terceiro, mas menos freqüente ponto de ataque, foi a adoração de deuses estrangeiros:

> Carregareis Sacut, vosso rei,
> e Caivã, vossos ídolos,
> estrela de vossos deuses que fabricastes para vós.
> Eu vos deportarei para além de Damasco,
> disse Iahweh. (5.26-27; cf. 3.14; 8.14, corrigidos)

Iahweh tentou, todavia, repetidas vezes, fazer com que Israel chegasse à razão. Ele é a fonte de todos os infortúnios (3.3-6); assim, ele envia várias pragas, advertências para arrependimento, facilmente compreensíveis – mas em vão (4.6-11). Por isso, agora, Israel é confrontado com a destruição no Dia de Iahweh, a tradicional significação benéfica de que Amós atacou o seu ponto principal (5.18-20). Israel perecerá totalmente a não ser que o arrependimento e a conversão a que, até agora, se tem recusado aconteça no último minuto – interpretados por Amós como busca de Iahweh (5.4) e realização do bem (5.14). Até neste caso, Iahweh preserva a sua liberdade de ação; o arrependimento de Israel não abriga Iahweh a perdoar:

> Procurai o bem e não o mal,
> para que possais viver;
> e deste modo, Iahweh, Deus dos Exércitos,
> estará convosco,
> como vós o dizeis!
> Odiai o mal e amai o bem,
> estabelecei o direito à porta;
> talvez Iahweh, Deus dos Exércitos, tenha compaixão
> do resto de José. (5.14-15)

4. Oséias[32]

a) Como Amós, Oséias exerceu o seu ministério no Reino do Norte de Israel. Ao contrário de Amós, provavelmente ele também era natural do Reino do Norte. Pouca coisa pode ser determinada acerca de sua origem, exceto que ele pertencia a uma classe culta, como demonstram o seu conhecimento do passado, o seu veredito sobre a história e o presente, e o seu estilo. Visto que sua linguagem também revela influência sapiencial, ele bem pode ter sido educado numa escola de sabedoria, tal como as que serviam originalmente para a preparação de funcionários reais.

Poderíamos obter uma compreensão adicional das circunstâncias que envolveram a sua pessoa a partir dos relatos sobre o seu casamento e sobre os filhos, se a interpretação deles não fosse tão controvertida. Segundo o primeiro relato (1.2-9), Oséias deveria casar-se com "uma mulher de prostituições" chamada Gomer filha de Deblaim e gerar filhos, a quem foram dados os nomes simbólicos de *Jezrael, Não Favorecida* e de *Não-Meu-Povo*. De acordo com o segundo relato (3.1-5a), ele deveria casar-se "outra vez", desta vez com "uma mulher que é adúltera", a fim de conservá-la afastada do mundo, nem mesmo visitando-a ele próprio. O ultraje desses procedimentos tem levado a muitas interpretações possíveis[33], das quais, provavelmente, a seguinte seja mais plausível: ambos os relatos referem-se a dois casa-

---

[32] F. BUCK, *Die Liebe Gottes beim Propheten Osee*, 1953; A. CAQUOT, Osée et la royauté", *RHPhR* 41 (1961), 123-146; W. EICHRODT, "'The Holy One in Your Midst', the Theology of Hosea", *Interpr* 15 (1961), 259-273; E. JACOB, "L'héritage cananéen dans le livre du prophéte Osée", *RHPhR* 43 (1963), 250-259; *id.*, "Der Prophet Hosea und die Geschichte" ,*EvTh* 24 (1964), 281-290; H. G. MAY, "The Fertility Cult in Hosea", *AJSL* 68 (1931-1932), 73-98; H. S. NYBERG, *Studien zum Hoseabuche*, 1935; G. ÖSTBORN, *Yahweh and Ba'aal*, 1956; N. H. SNAITH, *Mercy and Sacrifice*, 1953; T. C. VRIEZEN, *Hosea: profeet en cultuur*, 1941; H. W. WOLFF, "Hoseas geistige Heimat", *ThLZ* 81 (1956), 83-94 (= *Gesammelte Studien zum Alten Testament*, 1964, 232-250).

[33] Para uma discussão pormenorizada, cf. S-F, § 61,2; G. FOHRER, *Die symbolischen Handlungen der Propheten*, 2ª ed., 1968.

mentos de Oséias com duas diferentes mulheres e devem ser compreendidos no contexto das ações simbólicas realizadas pelos profetas. Primeiro, ele se casou com uma prostituta, provavelmente uma prostituta sagrada e gerou filhos com ela; os nomes simbólicos pretendiam proclamar o calamitoso destino futuro de Israel. Mais tarde, contraiu um segundo casamento com outra mulher; esse casamento tencionava proclamar o tratamento gracioso de Israel por Iahweh em vez do julgamento aniquilador. A diferença entre os dois atos simbólicos mostra como o profeta do julgamento se tornou o profeta da esperança e da redenção. Usando esta mudança como ponto de partida, não podemos distinguir períodos bem definidos no ministério de Oséias, mas é possível distinguir uma transformação gradual de sua mensagem.

O ministério profético de Oséias durou aproximadamente três décadas. Ele se iniciou quando a dinastia de Jeú ainda estava no trono, provavelmente durante o reinado de Jeroboão II (cf. 1.1.4) e se estendeu através do período de confusão interna e regicídio que se seguiu à queda dessa dinastia, bem como à guerra siro-efraimita (736-733), até os dias de Oséias, último rei do Israel do Norte (cf. 7.11-12; 12.2); mas terminou antes da queda do Reino do Norte. Quanto ao período do ministério de Oséias, podemos supor, portanto, os anos entre 755 e 750 a 725 a.C. Além de seus aparecimentos em Samaria, podemos acrescentar um adicional aparecimento num santuário como Betel ou Guilgal.

O texto dos discursos de Oséias, salvo o trazido para Judá depois da queda do Reino do Norte e aí revisado, foi castigado consideravelmente no processo de transmissão. É também difícil definir as unidades básicas, porque as fórmulas introdutórias e finais freqüentemente faltam. Por isso, tem variado a opinião dos especialistas: alguns pressupõem numerosos ditos ou complexos de menor ou maior extensão. Ocorre grande variedade de formas retóricas: além dos tradicionais ditos proféticos, podemos mencionar discurso de julgamento profético, análise histórica, liturgia e argumento proféticos. Acréscimos tardios também foram incluídos na tradição de Oséias (à parte glosas menores, 1.10-2.1,4,5.-7,10,12; 4.15; 5.5; 7.13b-14; 11.11; 12.1; 14.9)[34]

b) A mensagem de Oséias é dominada por uma rigorosa tensão entre a conduta de Iahweh para com Israel e a um julgamento para refinar e purificar (1.21-26), mas o antigo relacionamento claro e o relacionamento que, durante séculos, vai sendo praticamente destruído. Os israelitas são filhos de Iahweh, que os chamou do Egito como um pai (11.1). O relacionamento entre Iahweh e Israel é semelhante a um casamento (1.2ss; 2.16; 3). Esse relacionamento, que remonta à libertação do Egito (12.9; 13.4), não se baseia em nenhuma "eleição" de Israel; em concordância com as imagens e semelhanças tiradas da esfera da família e das relações pessoais, está baseado no amor (11.1). Contudo, este claro relacionamento que existia no período mosaico e do deserto chegou ao fim, quando os israelitas tomaram conhecimento da religião cananéia e do luxo da civilização – não porque Israel vivia, depois disso, dentro da esfera da civilização agrícola e urbana, mas porque dentro do âmbito dessa civilização caiu como presa de Baal:

> Como uvas no deserto, assim eu encontrei Israel,
> como um fruto em uma figueira nova, assim
> eu vi os vossos pais.
> Eles, porém, logo que chegaram a
> Baalfegor, consagraram-se à Vergonha
> e tomaram-se tão abomináveis
> como o objeto de seu amor! (9.10)
> Eu te conheci no deserto
> em uma terra árida.
> Eu os apascentei.
> Eu *os apascentei* e eles se saciaram;
> uma vez saciados, seu coração se exaltou. (13.5-6)

Toda a história subseqüente de Israel na Palestina é caracterizada pela apostasia e infidelidade para com Iahweh. A despeito das advertências dos profetas e da palavra de Iahweh (6.5), o povo permaneceu rebelde até ao tempo de Oséias (1.4; 9.9; 10.9).

---

[34] Para uma discussão pormenorizada, cf. S-F, § 61,3-4.

Israel era como uma mulher que cometeu adultério e fornicação. Para ilustrar esse fato e suas conseqüências, Oséias começou o seu ministério com a ação simbólica de casar-se com uma prostituta e de dar aos filhos nomes sinistros (1.2-9).

Amós rejeitou o culto como meio de salvação, primariamente em bases éticas, opondo-o à prática da justiça na vida diária. Oséias atacou o culto, porque ele, de fato, não era dirigido ao Deus de Israel, mas a um Iahweh baalizado e ao próprio Baal, e por *isso* era pecaminoso:

> Sim, Efraim multiplicou os altares para fazer expiação,
> mas os altares foram para ele ocasião de pecar
> Ainda que eu lhe *escreva um grande número* de minhas leis,
> elas são consideradas como algo estranho.
> Eles oferecem os sacrifícios que amam,
> comem a carne. (8.11-1.3a)

O segundo ponto atacado pelo profeta foi a política interna e externa de Israel. As convulsões políticas de seu tempo deixaram profunda marca nele e elas ecoam outra vez através de seus discursos. Ele anunciou o fim da monarquia, que se tornara um jogo nas mãos dos blocos de poder pró e antiassírios e viu as grandes potências de sua época – Assíria e Egito – como as forças que provocariam a queda de Israel:

> *Onde* está, pois, o teu rei para que te salve
> em todas as tuas cidades,
> *e os teus juízes* a quem dizias:
> "Dá-me um rei e um príncipe"?
> Eu te dou um rei em minha ira,
> eu o retomo em meu furor. (13.10-11)

> Efraim é como uma pomba ingênua,
> sem inteligência,
> pedem auxílio ao Egito, vão à Assíria.
> Enquanto vão, lanço sobre eles a minha rede,
> eu os abato como pássaros do céu,
> capturo-os logo que ouço a sua reunião. (7.11-12)

§ 19. A PROFECIA ISRAELITA NOS SÉCULOS VIII E VII A.C.

Tudo isso sugere que, no princípio, Oséias esperava apenas o julgamento divino: destruição como aquela que sucedeu a Admá e Zeboim (11.8) ou a revocação do êxodo e nova escravidão (9.1-6; 11.1-7):

> Deveria eu livrá-los do poder do Xeol?
> Deveria eu resgatá-los da morte?
> *Onde* estão, ó morte, as tuas calamidades?
> *Onde* está, ó Xeol, o teu flagelo?
> A compaixão se esconde de meus olhos. (13.14)

Só a volta para Iahweh oferece a possibilidade de libertação (5.15-6.6), à qual ele responderá com misericórdia (10.12-13a; 14.1-8):

> Volta, Israel a Iahweh, teu Deus,
> pois tropeçaste em tua falta.
> Tomai convosco palavras
> e voltai a Iahweh.

Diz a ele:

> dizei-lhe *"Perdoa toda culpa,*
> aceita o que é bom.
> A Assíria não nos salvará,
> não montaremos a cavalo;
> e não diremos mais: 'Nosso Deus'
> à obra das nossas mãos".
>
> Eu serei como o orvalho para Israel,
> ele florescerá como o lírio,
> lançará suas raízes como o cedro do Líbano;
> Efraim! Que tem ainda a ver com os ídolos?
> Sou eu quem lhe responde e quem olha para ele.
> Eu sou como um cipreste verdejante,
> é de mim que procede *o teu fruto.* (14.1-8)

Quando, porém, Oséias foi forçado a reconhecer que o homem não pode livrar-se a si mesmo do desastre em que ele se tem mergulhado (5.3-4; 13.12-13), que, na verdade, a culpa do homem impõe restrições até a Iahweh (6.11b-7.2), ele deu um passo audacioso e crucial em direção à crença na redenção[35]: a graça de Deus não espera pela conversão do homem para produzir efeito; ao contrário, ela precede, enquanto a resposta e a ação do homem a seguem. A crença de Oséias na redenção expressou-se primeiro na esperança de que Israel seria levado de volta à sua situação pré-palestinense e, assim, muito concretamente, às fontes de sua fé, para ali recomeçar (12.9; 3). Iahweh realmente cortejará Israel para aceitar auxilio e, então, uma vez mais, conduzirá Israel para a Palestina, a fim de viver em íntima e ininterrupta comunhão com ele, como nos dias de sua juventude – desta vez no meio da civilização (2.14-23).

> Por isso, eis que vou, eu mesmo, seduzi-la,
> conduzi-la ao deserto
> e falar-lhe ao coração.
> Dali lhe restituirei as suas vinhas,
> e o vale de Acor será uma porta de esperança.
> Ali ela responderá como nos dias de sua juventude,
> como no dia em que subiu do país do Egito.
> (2-16-17)

Deste modo, no fim, haverá bênção, baseada na graça redentora de Iahweh, que provoca a completa transformação de Israel:

> Naquele dia, eu responderei
> – oráculo de Iahweh –,
> eu responderei ao céu e ele responderá à terra.
> A terra responderá ao trigo, ao mosto
> e ao óleo e eles responderão a Jezrael.
> Eu a semearei para mim no país,
> amarei a *Lo-Ruhamah*
> e direi a *Lo-Ammi:* "Tu és meu povo",
> e ele dirá: "Meu Deus." (2.23-25)

---

[35] G. Farr, "The Concept of Grace in the Book of Hosea", *ZAW* 70 (1958), 98-107; G. Fohrer, "Umkehr und Erlösung beim Propheten Hosea", in *Studien zur alttestamentlichen Prophetie* (1949-1965), 1967, 222-241.

5. Isaías[36]

a) Isaías era natural de Jerusalém e cresceu aí. Parece que pertencia à nobreza (cf. Is 7.3; 8.2; 22.15-16). Que ele recebeu uma correspondente educação formal pode ser deduzido do uso que faz de formas e expressões da sabedoria. Era casado com uma mulher classificada explicitamente como "profetisa" (8.3). Seus filhos Searjasub ("Resto que Retorna"; 7.3) e Maher-shalal-hashbaz ("Despojo-Rápido, Presa-Veloz"; 8.3) estavam envolvidos em seu ministério profético por meio de seus nomes simbólicos.

Isaías teve a experiência de seu chamado para ser profeta no ano em que o rei Urias (Azarias) morreu, ou seja, em 746 ou 740 a.C. (6,1). Exerceu o seu ministério durante os reinados de Jotão, Acaz e Ezequias, numa época de agitação política; seu último discurso data do ano 701. No primeiro período de seu ministério, desde a sua vocação até ao tempo anterior à guerra siro-efraimita (746 ou 740 a 736), dedicou-se primariamente à controvérsia concernente à situação interna de Judá que seguiu a um período de prosperidade política e econômica. O segundo período abrange a guerra siro-efraimita, durante a qual Damasco e o reino do Norte de Israel tentaram forçar Judá a fazer parte da sua aliança antiassíria (736-733). Isaías opôs-se não só a essa aliança, como também à política de Acaz, rei de Judá, que desejava declarar-se vassalo dos assírios e apelar para os assírios ajudarem a repelir o agressor. Quando, porém, isso aconteceu, Isaías retirou-se de cena durante diversos anos, após

---

[36] S. H. Blank, *Prophetic Faith in Isaiah*, 1958; K. Budde, "Über die Schranken, die Jesajas prophetischer Botschaft zu setzen sind", *ZAW* 41 (1923), 154-203; id., *Jesajas Erleben*, 1928; B. S. Childs, *Isaiah and the Assyrian Crisis*, 1967; R. Fey, *Amos und Jesaja*; J. Fichtner, "Jahves Plan in der Botschaft des Jesaja", *ZAW* 63 (1951), 16-33 (= *Gottes Weissheit*, 1965, 27-44); S. M. Gozzo, *La dottrina teologica del Libro di Isaia*, 1962; G. Hölscher, "Jesaja", *ThLZ* 77 (1952), 683-694; O. St. Virgulin, *La Fede" nella profezia d'Isaia*, 1961; T. C. Vriezen, "Essentials of the Theology of Isaiah", in *Israel's Prophetic Heritage (Festschrift Muilenburg)*, 1962, 128-146; id., *Jahwe en zijn stad*, 1962; F. Wilke, *Jesaja und Assur*, 1905.

o seu fracasso (8.16-18). Só quando Ezequias fez a sua primeira tentativa para unir-se a outros Estados a fim de livrar-se da situação de vassalo (716-711) é que Isaías reapareceu para um terceiro período de atividade, proclamando novas advertências contra a política em que estava envolvido. Depois que a revolta fracassou, ele silenciou uma vez mais. O quarto período corresponde aos anos da segunda tentativa de Ezequias para restaurar a independência de Judá através de uma revolta geral na Palestina com o apoio do Egito (705-701). Essa tentativa levou à devastação de Judá, à perda de extensas regiões, a uma ameaça a Jerusalém e à completa submissão de Ezequias. De acordo com uma lenda apócrifa, Isaías morreu como mártir sob Manassés, o rei seguinte.

A tradição de Isaías constitui apenas uma parte do livro de Isaías, a saber, os capítulos 1-39; o livro como um todo tornou-se depositário de posteriores discursos proféticos anônimos[37]. Os discursos e relatos de Isaías, em parte fragmentários, estão contidos nas seguintes secções: 1.2-31; 2.6-4.1; 5.1-24 + 10.1-3; 6.1-8.22; 9.8-21 + 5.25-29; 10.5-15.27b32; 14.24-32; 17.1-6; 18; 20; 22.1-19; 28.1-32,14 (depois de se suprimirem os acréscimos tardios 3.10-11; 7.23-25; 8.9-10; 29.17-24; 30.18-26; 32.1-8).

Os complexos extensos mais importantes, que contêm ditos de um período posterior, são os oráculos contra as nações estrangeiras em 13.1-14.23; 15-16; 19.21,23, o chamado Apocalipse de Isaías em 24-27, as liturgias proféticas em 33, os discursos escatológicos em 34-35 e as lendas do Isaías não histórico em 36-39 (tiradas, com algumas alterações e acréscimos, de 2 Rs 18.13; 18.17-20.19). Importantes ditos individuais tardios estão em 2.2-4 (= Mq 4.1-3); 9.2-7; 11.1-9,10,11-16; 17.12-14.

b) Nos primeiros anos de seu ministério, Isaías dedicou a maior parte de sua mensagem aos ataques sobre a situação social e ética de Judá e Jerusalém, fazendo até sérias censuras ao rei e ao governo:

---

[37] Para uma discussão pormenorizada, cf. S-F, § 56,3-5.

> Quanto ao meu povo, os seus opressores o saqueiam,
> exatores governam sobre ele.
> O meu povo, os teus condutores
> te desencaminham,
> baralham as veredas em que deves andar.
> Iahweh levantou-se para acusar,
> está em pé para julgar os povos.
> Iahweh entra em julgamento
> com os anciãos e os príncipes do seu povo:
> "Fostes vós que pusestes fogo à vinha:
> o despojo tirado ao pobre está nas vossas casas.
> Que direito tendes de esmagar o meu povo
> e moer a face dos pobres"?
> Oráculo do Senhor Iahweh dos Exércitos. (3.12-15)

Ele atacou também a classe alta, como por exemplo, os grandes latifundiários:

> Ai dos que juntam casa a casa,
> dos que acrescentam campo a campo até que
> não haja mais espaço disponível,
> até serem eles os únicos moradores da terra. (5.8)

Ninguém será capaz de escapar do julgamento. Todos estarão sujeitos a ele (2.12-17; 3.1-9), mesmo as mulheres (3.16-24; 3.25-4.1). O culto não proporciona escape, porque ele desagrada a Iahweh (1.10-17). Só pode haver uma única salvação: fazer o bem, ser solícito e obediente (1.17,19-20).

Contudo, modificou o seu tema no segundo período do seu ministério. Desse tempo em diante, sua profecia reflete os ataques dos assírios sobre a estrutura política da Síria e da Palestina e sobre a tentativa de os Estados atacados se defenderem. Conseqüentemente, os discursos de Isaías retornaram, repetidas vezes, aos temas da ação de Iahweh no mundo dos homens e das nações e da relação entre religião e política: Iahweh dirige o curso da história e age na história, embora suave e brandamente (8.5-8). O homem não está destinado a contemplar passivamente essa ação ou a proceder arbitrariamente sob sua própria responsabilidade; ao contrário, deve aceitar a tensão e incerteza da perseverança, confiando na soberania universal de Iahweh. Isso também se aplica à política. Por isso, na guerra siro-efraimita, Isaías faz uma advertência contra o pedido de auxílio à Assíria, exigindo confiança exclusiva, com base na fé:

> Assim diz o Senhor Iahweh:
> Tal não se realizará, tal não há de suceder,
> porque a cabeça de Aram é Damasco,
> e a cabeça de Damasco é Rason;
> dentro de sessenta e cinco anos Efraim será
> arrasado e deixará de constituir um povo.
> A cabeça de Efraim é Samaria e a cabeça
> de Samaria é o filho de Romelias.
> Se não o crerdes, não vos mantereis firmes. (7.7-9)

Acaz, todavia, tencionava seguir o seu próprio caminho político, sem ouvir a Isaías, e rejeitou um sinal oferecido para garantir-lhe o poder de Iahweh. Em conseqüência disso, o profeta irrompe, profetizando um sinal de desastre da parte de Iahweh:

> Eis que a jovem concebeu
> e dará à luz um filho
> e por-lhe-á nome de Emanuel.
> Ele se alimentará de coalhada e de mel
> até que saiba rejeitar o mal e escolher o bem.
> Com efeito, antes que o menino saiba
> rejeitar o mal e escolher o bem,
> a terra, por cujos dois reis tu te apavoras;
> ficará reduzida a um ermo.
> Iahweh trará sobre ti, sobre o teu povo
> e sobre a casa de teu pai
> dias tais como não existiram desde o dia
> em que Efraim se separou de Judá. (7.14b-17)

Mais tarde, Isaías primeiro considerou o rei da Assíria como servo designado por Iahweh e aconselhou a Ezequias que fosse um súdito leal, enquanto, ao mesmo tempo, prevenia os "sábios" políticos de Judá contra a política de poder autocrático e a aliança com o Egito. Em vez disso, e uma vez mais em vão, ele recomendava confiança em Iahweh, que, ao contrário do Egito, pode realmente ajudar (31.1-3) :

> Pois assim disse o Senhor Iahweh,
> o Santo de Israel:
> Na conversão e na calma estaria vossa
> salvação,
> na tranqüilidade e na confiança estaria
> a vossa força,
> mas vós não o quisestes!
> Mas dissestes: "Não, antes, fugiremos a cavalo!"
> Pois bem, haveis de fugir.
> E ainda: "Montaremos sobre cavalos velozes!"
> Pois bem, os vossos perseguidores serão velozes.
> Mil tremerão diante da ameaça de um
> diante da ameaça de cinco haveis de fugir,
> até que sejais deixados como um mastro
> no alto de um monte.
> como um sinaleiro sobre uma colina. (30.15-17)

Quando, porém, o rei assírio invadiu a Palestina, Isaías foi forçado a reconhecer que ele não tinha consciência de ser o instrumento de Iahweh, mas, antes, estava procurando o aumento do seu poderio (10.5-15). Por isso, Isaías proclamou o julgamento sobre ele, enquanto, uma vez mais, exortava Judá a perseverar, confiante no Deus invisível:

> Iahweh dos Exércitos jurou, dizendo:
> Certamente o que projetei se cumprirá,
> aquilo que decidi se realizará:
> Desmantelarei a Assíria na minha terra,
> pisá-la-ei nos meus montes. (14.24-25)

De fato, Jerusalém, em 701, estava livre dos assírios, mas não em conseqüência da sua fé em Deus. Então, Isaías acusou a cidade triunfante de pecar em seu júbilo: porque não tinha proclamado um dia de lamentação e se convertido a Iahweh, todos teriam de sofrer o castigo da morte (22.1-14).

Através de todo o ministério de Isaías, sua mensagem sustentou a marca fundamental do seu chamado, no qual ele teve experiência com Iahweh como o Santo (6.3), peculiar e distinto de tudo que é terreno, Iahweh que pervade o mundo com sua glória e o governa, confrontando o homem com a força da vontade pessoal, de modo que o homem se dará conta de sua pecaminosidade mortal (6.5). Este Deus insiste sobre a sua única soberania. Qualquer oposição será condenada ao julgamento do Dia de Iahweh, quando Iahweh será exaltado acima de todos (2.12-17). Por isso, em nome de Iahweh, Isaías ameaçou o império assírio, que estava promovendo a sua própria soberania; mas ele também atacou os pecados sociais e políticos de Judá como rebelião contra Iahweh (1.2-3): a opressão do pobre (3.12-15), o luxo (3.16-24), e a devassidão (5.11-13,22), a injustiça (5.1-7,23) e o roubo da terra (5.8-10), a disputa pelo favor das grandes potências (8.5-8; 30.1-5,6-7; 31.1-3,4-9) e a confiança em seu próprio poder (30.15-17). Isaías condenou os políticos aparentemente astutos (5.21; 28.14-22; 29.15), os sacerdotes e os profetas cultuais que zombaram dele (28.7-13). Ele atacou também a auto-retidão e a arrogância (2.6-22), bem como o falso desespero (7.1-9). Tudo isso representa respeito para com poderes que são terrenos e transitórios ("carne"), em vez de divinos ("espírito") (31.3). Deste modo, o homem opõe sua inteligência à sabedoria única de Deus (31.2), rebelando-se contra ele (10.15).

Por isso, o julgamento ameaça destruir o modo de vida pecaminoso que se opõe à vontade santa de Deus. Essa ameaça se repete através de toda a pregação de Isaías, desde o seu chamado (6.11) até aos seus últimos discursos (22.1-14; 32.9-14). Ocasionalmente, ele a proclamou como um julgamento para refinar e purificar (1.21-26), mas comumente como um julgamento de destruição por meio da guerra (3.25-4.1), escravidão (3.24) e anarquia (3.1-9). Só a completa transformação de Israel e sua adesão à vontade divina, somente a obediência e o retorno penitente reclamado e oferecido por meio do nome do filho do profeta poderiam salvá-los (1.17,18-20; 7.3). Contudo, esse retorno significa fé, isto é, absoluta confiança nas promessas do Deus que, invisivelmente, dirige o curso da história, embora sua verificação não esteja ainda à vista (7.9); significa espera calma e confiante na intervenção de Iahweh (30.15). Assim, através de todo o seu ministério, Isaías foi um profeta do retorno penitente a Deus. Ele, porém, ficou invariavelmente desapontado, de modo que até o seu discurso final foi uma ameaça:

> Vós, mulheres descuidadas, ponde-vos de pé
> e ouvi a minha voz;
> filhas confiantes, dai ouvidos às minhas palavras.
> Vós que estais tão seguras de vós mesmas,
> dentro de um ano e alguns dias haveis de tremer,
> porque a vindima estará arruinada,
> a colheita nada renderá.
> Estremecei, ó descuidadas,
> tremei, vós que estais tão seguras de vós mesmas;
> despojai-vos, despi-vos, cingi os vossos lombos.
> Batei no peito, por causa dos campos ridentes,
> por causa das vinhas carregadas de frutos.
> Sarças e espinhos crescerão nos campos do meu povo,
> bem como sobre todas as casas alegres
> da cidade delirante.
> Com efeito, o palácio ficará deserto
> e o tumulto da cidade cessará.
> Ofel e a Torre de Vigia ficarão reduzidos
> a campinas escalvadas,
> alegria dos jumentos selvagens e pasto dos
> rebanhos. (32.9-14)

6. *Miquéias*[38]

a) Miquéias era natural da cidadezinha de Moreshet-Gath, na região montanhosa de Judá, ao sudoeste de Jerusalém. Ele era, provavelmente, um camponês independente, bem familiarizado com os abusos que se originavam na capital, provavelmente sofrendo ele mesmo a influência deles. É certo que apareceu

---

[38] W. BEYERLIN, *Die Kulttraditionen Israels in der Verkündigung des Propheten Micha*, 1959; B. A. COPASS e E. L. CARLSON, *A Study of the Prophet Micah*, 1950; E. HAMMERSHAIMB; "Einige Hauptgedanken in der Schrift des Propheten Micha", *TtTh* 15 (1961), 11-34.

durante o reinado de Ezequias (cf. Jr 26.18). Visto que em 1.2-9 ataca a Samaria, que ainda existia, a atividade de Miquéias deve ter começado antes de sua destruição, enquanto ele, claramente, nada sabe acerca das campanhas assírias em 711 e 701. Por isso, seu ministério, provavelmente, pode ser datado do período de 725, algum tempo antes de 711 a.C.

A tradição de Miquéias não é extensa; encontra-se em oito discursos contidos nos capítulos 1-3 do livro (1.16; 2.4,5,10,12-13 são acréscimos posteriores). As outras secções do livro, provavelmente, derivam do período pós-exílico[39].

b) Embora em 1.10-15 e 2.1-3 Miquéias pareça ter sido influenciado por Isaías, ele foi, não obstante, uma poderosa e notável figura, trazendo uma marca peculiar. Mediante sua experiência pessoal, conhecia os abusos que atacava, especialmente a anulação, na inaugurada Jerusalém, das antigas leis agrárias em benefício dos grandes latifundiários. A violência incomum e a mordacidade de seus ataques e ameaças são explicadas pela sua compaixão pelos sofrimentos dos camponeses e seu desprezo pelos profetas profissionais, que adulavam o rico para tirar vantagem:

> E eu digo:
> Ouvi, pois, chefes de Jacó
> e magistrados da casa de Israel!
> Por acaso não cabe a vós conhecer o direito,
> a vós que odiais o bem e amais o mal,
> (que lhes arrancais a pele, e a carne de seus ossos)?
> Aqueles que comeram a carne de meu povo,
> arrancaram-lhe a pele,
> quebraram-lhe os ossos,
> cortaram-no como carne na panela
> e como vianda dentro do caldeirão. (3.1-3)
> Assim disse Iahweh aos profetas
> que seduzem o meu povo:
> Aqueles que, se têm algo para morder em seus dentes,
> proclamam: "Paz".
> Mas a quem não lhes põe nada na boca,
> eles declaram a guerra! (3.5)

---

[39] Para uma discussão pormenorizada, cf. S-F, § 66,2-6.

Para isso, Miquéias contrastou o senso de sua própria missão: com força, justiça e poder, denunciava o pecado de Israel (3.8). Com base no seu conhecimento da justiça desejada por Deus, atacou a falsa segurança daqueles que pensavam que gozavam o favor de Iahweh e, por isso, se sentiam a salvo de qualquer desastre. Ele rejeitou sumariamente essa confiança por ser povo de Iahweh: "Vós não sois de maneira alguma 'meu povo'!" (2.6-8). Por isso, a única mensagem de Miquéias foi o desastre inevitável.

> Por isso, por culpa vossa,
> Sião será arado como um campo,
> Jerusalém se tornará um lugar de ruínas,
> e a montanha do Templo, um cerro de brenhas! (3.12)

7. *Sofonias*[40]

a) Sofonias era de Judá e provavelmente tenha vivido em Jerusalém. A longa genealogia registrada em 1.1 talvez tenha a intenção de evitar a impressão de que seu pai, Cusi, fosse etíope. O profeta fez o seu aparecimento durante o reinado de Josias. Visto que deuses estrangeiros ainda estavam sendo adorados em Jerusalém (1.4-5), devemos pensar em termos de anos que precedem a reforma deuteronômica. E visto que 1.8 menciona simplesmente os filhos do rei e não o próprio rei, o período da menoridade do rei deve ser considerado pelo menos em alguns dos discursos de Sofonias. Portanto, seu ministério pode ser datado por volta de 630 a.C.

Temos seis discursos de Sofonias contra Judá e Jerusalém e a respeito deles (1.4-5,7-9,12-13,14-16; 2.1-3; 3.11-13) e três discursos contra outras nações (2.4,13-14; 3.6-8). Os restantes discursos do pequeno livro derivam de um período significativamente tardio[41].

---

[40] G. GERLEMAN, *Zephanja*, 1942.
[41] Para uma discussão pormenorizada, cf. S-F, § 69,2-3.

b) Em sua pregação, Sofonias seguiu a Amós, Isaías e Miquéias; em particular, ele ampliou e desenvolveu a interpretação do Dia de Iahweh representada pelos dois primeiros. Ele atacou a idolatria, a imitação de práticas baseadas em religiões estrangeiras e a descrença de que Iahweh mostraria a sua ira. O terrível julgamento que Sofonias anunciou tão impressionantemente, que ecoa ainda no *Dies irae,* versão poética e latina de 1.14-16, atacava a ímpia classe alta de Judá e Jerusalém, mas também de outras nações:

> Está próximo o grande dia de Iahweh!
> Ele está próximo, iminente!
>
> O clamor do dia de Iahweh é amargo,
> nele, até mesmo o herói grita.
> Um dia de ira, aquele dia!
> Dia de angústia e de tribulação,
> dia de devastação e de destruição,
> dia de trevas e de escuridão,
> dia de nuvens e de negrume,
> dia da trombeta e do grito de guerra
> contra as cidades fortificadas
> e contra as ameias elevadas. (1.14-16)

Contudo, se o povo usasse o tempo que lhe restava para lembrar-se dos mandamentos de Iahweh, se ele se voltasse para a justiça e a humildade (2.1-3), apenas um julgamento de purificação aconteceria. Nesse julgamento, uma parte de Israel seria deixada, como o resto de um exército que escapou de uma terrível derrota; como no dia dos pais, eles viveriam humilde e obscuramente, mas com fidelidade no monte Sião, onde não fariam o que era errado e viveriam em paz:

> Naquele dia,
> não terás vergonha de todas as tuas más ações,
> pelas quais te revoltaste contra mim,
> porque, então, afastarei de teu seio
> teus orgulhosos fanfarrões;
> e não continuarás mais a te orgulhar

em minha montanha santa.
Deixarei em teu seio
um povo pobre e humilde,
e procurará refúgio no nome de Iahweh
o Resto de Israel.
Eles não praticarão mais a iniqüidade,
não dirão mentiras;
não se encontrará em sua boca língua dolosa.
Sim, eles apascentarão e repousarão
sem que ninguém os inquiete. (3.11-13)

8. Jeremias[42]

a) Jeremias é oriundo de uma família sacerdotal que residia em Anatot, a nordeste de Jerusalém. Teve a experiência do seu chamamento para ser profeta no ano 626 a.C. (cf. Jr 1.2; 25.3). Recentemente, diversos estudiosos esposaram a hipótese segundo a qual ele não se tornou profeta até depois da morte de Josias, cerca de duas décadas mais tarde. Essa suposição, todavia, cai por terra com a data exata de seu chamamento, a transferência de 3.6-13 para o período de Josias e a suposição de que em 2.18 o império assírio, que teve a sua queda em 612, ainda existia. Visto que Jeremias se classifica como um "jovem" por ocasião de seu chamamento (1.6), provavelmente tenha nascido por volta de 650 ou um pouco depois. Podemos concluir de 16.1-2 que ele nunca se casou. A tradição registra, comparativamente, mais pormenores acerca do seu destino e personalidade do que para qualquer outro profeta.

Jeremias exerceu o seu ministério profético por mais de quatro décadas, com interrupções. Esse ministério pode ser dividido em quatro períodos, cuja mensagem reflete não só a situação interna de Judá, como também os eventos cruciais da política internacional, que determinaram também a condição pessoal de

---

[42] S. H. BLANK, *Jeremiah*, 1961; H. W. HERTZBERG, *Prophet und Gott*, 1923; J. P. HYATT, *Jeremiah*, 1958; J. W. MILLER, *Das Verhältnis Jeremias und Hesekiels*, 1955; A. NEHER, *Jeremias*, 1961; H. ORTMANN, *Der alte und der neue Bund bei Jeremia*, tese, Berlin, 1940; H. GRAF REVENTLOW, *Liturgie und prophetisches Ich bei Jeremia*, 1963; P. VOLZ, *Der Prophet Jeremia*, 2ª ed., 1930; A. C. WELCH, *Jeremiah*, 1928; H. WILDBERGER, *Jahwewort und prophetische Rede bei Jeremia*, 1942.

Jeremias. O primeiro período compreende os anos desde a vocação de Jeremias até um pouco antes de a reforma de Josias estar concluída (626-622 a.C.). Depois de um período de atividade aparentemente breve em Anatot, Jeremias foi para Jerusalém, onde ridicularizou os pecados de seu povo nas esferas cultual, ética e política. Quando foi forçado a reconhecer o fracasso de sua mensagem, considerou que o seu mandato estava terminado (cf. 6.10-11,27-29) e ficou em silêncio por muitos anos. O segundo período de seu ministério ocorre no reinado de Jeoiaquim; o profeta envolveu-se em sérios conflitos (608-597). Nos primeiros anos desse período, atacou primeiramente o Templo e o culto, exortando o povo, como antes, a arrepender-se e voltar-se para Iahweh, porque o julgamento estava aproximando-se. Ele, todavia, encontrou oponentes mordazes, especialmente o rei e os sacerdotes, que o ameaçaram e o atacaram: acusações de blasfêmia, ataques traiçoeiros à sua vida, açoites e expulsão do Templo. Como advertência final, Jeremias e Baruc anotaram os seus primeiros discursos e os proferiram no Templo. Então, o rei ordenou a sua prisão, e ele teve de ficar escondido até a morte do rei. O terceiro período de sua atividade compreende os anos desde a ascensão de Sedecias ao trono, depois da primeira deportação, até depois da queda de Judá e Jerusalém (597-586). A despeito das inclinações do rei, Jeremias foi incapaz de levar a melhor contra o partido nacionalista antibabilônico e contra os profetas nacionalistas a favor de Iahweh. Na verdade, depois do cerco de Jerusalém pelos babilônios, estava, uma vez mais, correndo perigo de vida e escapou da morte por um triz (37-38). Depois da queda de Jerusalém, permaneceu na Palestina, mas após o assassínio de Godolias, preposto nomeado pelos babilônios, foi obrigado por um grupo de refugiados a acompanhá-los ao Egito (42-43). Aí, exerceu o seu ministério por um breve quarto período e aí desapareceu de cena; segundo uma lenda, acabou martirizado.

Uma significativa parte da tradição de Jeremias[43] estava contida no rolo que Jeremias ditou a Baruc e que foi reescrito depois

---

[43] Para uma discussão pormenorizada, cf. S-F, § 59,3-6.

que o rei o destruiu. O volume dele é encontrado em 2-9 e 11; é ainda bem coerente e geralmente em ordem cronológica. Alguns discursos dele foram incluídos nos capítulos 13-14; 18; 25; 46. Outros discursos, que não estão no rolo, incluem as lamentações ou confissões de Jeremias (distribuídos através dos capítulos 11-20); ditos concernentes à dinastia e a reis individuais (em 21.1-23.2), a profetas (23.9-40) e à salvação vindoura (30-31); outros discursos individuais e relatos estão dispersos por todo o livro. Em adição a isso, Baruc registrou uma série de narrativas concernentes a Jeremias, a fim de mostrar que as predições feitas por Jeremias, pelas quais teve de sofrer tanto, finalmente foram cumpridas (19 + 20.1-6; 26; 27-28; 29; 34; 36-45; 51.59-64). Dispersos por todo o livro de Jeremias encontramos grande número de ditos de outros autores. Esses não podem ser catalogados; apenas os oráculos contra as nações estrangeiras constituem uma secção unificada (46.13-51.58).

b) Não há evidência de que no início do ministério de Jeremias ele se tenha considerado um nabi, profetizando contra as nações ou que, mais tarde, ocasionalmente tenha aparecido como um profeta cultual, intercedendo pelo povo ou dirigindo o culto, para não mencionar que tenha realizado um ofício litúrgico permanente. Nem está ele completamente sujeito à tradição; sua mensagem traz a sua marca pessoal mais do que qualquer outro profeta. É verdade que ele empregou a terminologia teológica de seu tempo, quando usou o conceito deuteronômico da *berît* (31.31-34)[44], e a fórmula solidária para descrever o relacionamento entre Iahweh e Israel (11.15s; 24.7). Contudo, em adição, ele manteve a primitiva descrição profética desse relacionamento,

---

[44] A tradução tradicional de *b^erît* como "aliança" tem-se revelado errônea pelos novos estudos. A palavra realmente significa "obrigação": a obrigação com a qual uma pessoa se compromete, a obrigação que uma pessoa pode impor a outra e a obrigação mútua. Para uma discussão, cf. G. FOHRER, "Altes Testament – 'Amphiktyonie' und 'Bund'?" *ThLZ* 91 (1966), 801-816.893-904 (= *Studien zur alttestamentlichen Theologie und Geschichte* [1949-1966], 1969, 84-119); E. KUTSCH, "Gesetz und Gnade", *ZAW* 79 (1967), 18-35; id., *"b^erît* Verpflichtung", in *Theologisches Handwörterbuch zum Alten Testament*, I (1971), 339-352.

usando a terminologia do parentesco para descrever sua natureza pessoal. Como Oséias, descreveu-a como um relacionamento de casamento (2.2; 3.6ss) e chamou os israelitas de filhos de Iahweh (3.19,22; 4.22). Como Oséias, remontou o relacionamento à libertação do Egito (2.6); contudo, ao contrário da teologia deuteronômica, não baseou essa libertação em nenhuma "eleição" de Israel, mas no amor de Iahweh. Como Oséias, limitou o período de excelente relacionamento entre Israel e Iahweh ao período mosaico e do deserto (2.20), quando não se ofereciam ainda sacrifícios (7.22). Foi no território colonizado que a apostasia com relação a Iahweh começou (2.7), apostasia que Jeremias preferiu descrever com imagens naturais, antes que históricas (8.4-7), pintando-a em termos clássicos:

> Vai e grita nos ouvidos de Jerusalém:
> Assim disse Iahweh:
> Eu me lembro, em teu favor, do amor da tua juventude,
> do carinho do teu tempo de noivado,
> quando me seguias pelo deserto,
> por uma terra não cultivada.
> Israel era santo para Iahweh,
> as primícias de sua colheita;
> todos aqueles que o devoraram tomavam-se culpados,
> a desgraça caía sobre eles.
>
> Eu vos introduzi em uma terra de vergéis,
> para que saboreásseis os seus frutos
> e os seus bens;
> mas vós entrastes e profanastes
> a minha terra,
> e tornastes a minha herança abominável.
> Os sacerdotes não perguntaram:
> "Onde está Iahweh?"
> Os depositários da Lei não me conheceram,
> os pastores rebelaram-se contra mim,
> os profetas profetizaram por Baal
> e, assim, correram atrás do que não
> vale nada. (2.2-3,7-8)
> E eu dizia:
> Como te colocarei entre os filhos?

Eu te darei uma terra agradável,
a herança mais preciosa dos povos.
E eu dizia: Vós me chamareis "Meu Pai",
e não vos afastareis de mim.
Mas como uma mulher que trai o seu companheiro,
assim vós me traístes, casa de Israel. (3.19-20)

A apostasia para com Iahweh continuava até então. Jeremias viu os pecados de seu tempo, os quais atacou na esfera política, cultual e ética.

Agora, pois, que te adiantará ir para o Egito,
beber as águas do Nilo?
Que te adiantará ir para a Assíria,
beber as águas do Rio? (2.18)

Como podes dizer: "Não me profanei,
não corri atrás dos ídolos?"
Observa o teu caminho no Vale,
reconhece o que fizeste.
uma camela ágil, que cruza seus caminhos,
uma jumenta selvagem, acostumada ao deserto,
que no ardor de seu cio absorve o vento;
quem freará sua paixão?
Quem a quiser procurar não terá dificuldade,
ele a encontra no seu mês.
Evita que teus pés fiquem desnudos
e a tua garganta sedenta.
Mas tu dizes: "É inútil! Não!
Porque eu amo os estrangeiros
e corro atrás deles". (2,23-25)

Que me importa o incenso que vem de Seba,
e a cana aromática de países longínquos?
Vossos holocaustos não me agradam
e vossos sacrifícios não me comprazem. (6.20)

Percorrei as ruas de Jerusalém,
olhai, constatai,
procurai nas praças
se encontrais um homem
que pratique o direito
que procure a verdade:

> e eu a perdoarei,
> diz Iahweh.
> Mas se dizem "Pela vida de Iahweh",
> na verdade eles juram falso.
> Iahweh, não é para a verdade que teus olhos se dirigem?
> Tu os feriste: eles não sentiram dor.
> Tu os consumiste: eles recusaram aceitar a lição.
> Tornaram a sua face mais dura do que a rocha,
> recusaram converter-se. (5.1-3)

Por causa de todos esses pecados, é iminente o julgamento aniquilador; Iahweh não atenderia nem mesmo a intercessão de um Moisés ou Samuel (15.1). Jerusalém e Judá simplesmente não vivem num estado básico de favor da parte de Iahweh, que, rápido e facilmente, pode ser restaurado, caso seja interrompido; sua situação é basicamente de alienação de Iahweh:

> Porque desde o maior até o menor
> todos eles são gananciosos;
> e desde o profeta até o sacerdote,
> todos eles praticam a mentira.
> Eles cuidam da ferida do meu povo superficialmente,
> dizendo: "Paz! Paz!", quando não havia paz. (6.13-14)

Como seus predecessores, Jeremias viu no arrependimento e retorno a Iahweh a única possibilidade de livramento do desastre iminente. Daí, ele clamar urgentemente por isso (e.g., 3.6-13; 3.21-4.2; 4.3-4):

> Arroteai para vós um campo novo
> e não semeeis entre espinhos.
> Circuncidai-vos para Iahweh
> e tirai o prepúcio de vosso coração,
> homens de Judá e habitantes de Jerusalém,
> para que a minha cólera não irrompa como fogo,
> queime e não haja ninguém para apagar,
> por causa da maldade de vossas obras. (4.3-4)

No ano 605, Jeremias até podia resumir toda a sua mensagem como um chamamento a retornar a Iahweh:

§ 19. A PROFECIA ISRAELITA NOS SÉCULOS VIII E VII A.C.

> Desde o ano décimo terceiro de Josias, filho de Amon, rei de Judá, até o dia de hoje, há vinte e três anos, a palavra de Iahweh me foi dirigida e eu vos falei, sem cessar (mas vós não escutastes). Essa palavra dizia: Convertei-vos, cada um de vosso caminho mau e da perversidade de vossas ações; então habitareis o território que Iahweh deu a vós e a vossos pais, desde sempre e para sempre. Mas vós não me escutastes. (25.3,5,7)

Quando, porém, tal retorno se mostrou impossível e o julgamento sobre Judá tinha começado com a primeira deportação, Jeremias começou a esperar uma protetora e redentora intervenção da parte de Iahweh a favor dos afligidos deportados de Judá e dos antigos deportados do Reino do Norte (24; 30.31). Sua esperança futura era sóbria e distante da extravagância dos tardios profetas escatológicos (31.6; 32.15; 35.18-19). O ponto fundamental era que Iahweh daria ao seu povo um coração para conhecê-lo; as obrigações do Sinai, uma vez rompidas, não seriam renovadas – em vez disso, Iahweh infundiria no homem a vontade divina e a inscreveria em seu coração, de modo que seria conhecida e cumprida naturalmente:

> Eis que dias virão – oráculo de Iahweh – em que selarei com a casa de Israel (e a casa de Judá) uma aliança nova. Não como a aliança que selei com seus pais, no dia em que os tomei pela mão para fazê-los sair da terra do Egito – minha aliança que eles mesmos romperam, embora eu fosse o seu Senhor, oráculo de Iahweh! Porque esta é a aliança que selarei com a casa de Israel depois desses dias, oráculo de Iahweh. Eu porei a minha lei no seu seio e a escreverei em seu coração. Então eu serei seu Deus e eles serão meu povo. Eles não terão mais que instruir seu próximo ou seu irmão, dizendo: "Conhecei a Iahweh!!" Porque todos me conhecerão, dos menores aos maiores, – oráculo de Iahweh, porque vou perdoar sua culpa e não me lembrarei mais de seu pecado. (31.31-34)

De modo geral, Jeremias desenvolveu a mensagem de seus predecessores ao longo de linhas próprias: um relacionamento pessoal com Deus que se origina da tensão entre Deus e o homem, uma comunhão com Deus baseada na interação, que encontra expressão especialmente na oração, uma profunda entrega de todo o homem a Deus, entrega refinada por meio de crises; uma profunda compreensão do pecado não como um desvio pessoal, mas como uma perversão básica da vida humana; assim, tudo o que é mais urgente é o chamamento ao arrependimento e, em seguida, visto que Deus não é apenas justo, mas também e sobretudo amor, a mudança para uma crença na redenção que antecipa uma genuína comunhão com Deus, atingindo, ao mesmo tempo, o alvo da soberania de Deus.

c) Conhecemos alguns outros profetas que são da mesma época de Jeremias, três dos quais devem ser mencionados rapidamente.

Naum[45] primeiramente pronunciou ameaças contra Nínive, capital assíria (pouco depois de 626). Sua pregação mostrou percepções genuinamente proféticas, quando reconheceu Iahweh como Senhor das nações, quando falou do mandato entregue à Assíria para punir Judá e quando censurou a política assíria como sendo contrária à vontade de Deus, pressagiando o fim do império assírio. Ele, porém, era primariamente um representante da profecia otimista com uma tendência fortemente nacionalista, que pesava mais que o elemento cultual. Para a sua maneira de pensar, Iahweh agia exclusivamente com referência a Judá, promovendo seus interesses para o benefício de todo o Israel. De muitos modos, Naum suspeitosamente chegou perto da linha que separa a falsa da verdadeira profecia.

Habacuc[46], que também profetizou a queda da Assíria, pode ser datado um pouco mais tarde que Naum, mas ainda anterior a 622. Ele foi profeta cultual para o qual Judá era o "justo" (2.4), a quem ele prometeu auxílio, mas sem exigir humilde arrependimento e retorno a Iahweh. Ele não via a justiça de Iahweh como uma exigência para o seu povo, mas como sendo dirigida somente contra os poderes ímpios do mundo. Especialmente quando os seus discursos são comparados com

---

[45] A. HALDAR, *Studies in the Book of Nahum*, 1946; S-F, § 67.
[46] P. HUMBERT, *Problèmes du livre d'Habacuc*, 1944; S-F, § 68.

os discursos contemporâneos de Jeremias (Jr 1-6), não pode ser descartada certa medida de otimismo profético nacionalista. Ao contrário de Naum, todavia, o elemento nacionalista não era a base de sua profecia, mas antes o desalento com relação à injustiça moral do poder secular e o interesse para com a demonstração que Iahweh faz de sua justiça na história. Habacuc participou da consciência genuinamente profética da majestade de Iahweh, considerando Iahweh como o defensor do oprimido, que tem poder sobre todas as nações, que as suscita ou as esmaga e que as usa como instrumentos de sua vontade. Com base nessas percepções, ele conclama o fiel a rejeitar as aparências exteriores e a esperar paciente e confiantemente em Iahweh (2.1-4).

Hananias[47] apresentou-se para se opor a Jeremias, quando o último usou um jugo como uma ação simbólica, exigindo permanente sujeição aos babilônios (Jr 27). Depois de uma mensagem de salvação, em que ele predisse o quebrantamento do jugo babilônico, o retorno dos deportados e a rejeição dessa profecia por parte de Jeremias, ele quebrou o jugo de Jeremias, numa ação simbólica antitética. No princípio, Jeremias afastou-se da derrota e, mais tarde, retornou, pronunciando uma ameaça contra Hananias. O relato de Baruc (Jr 28) mostra a mordacidade do conflito entre profetas que proclamavam mensagens antitéticas. em nome de Iahweh.

§ 20. A ABORDAGEM DA VIDA FEITA PELOS GRANDES PROFETAS

E. L. ALLEN, *Prophet and Nation*, 1947; M. BUBER, *Der Glaube der Propheten*, 1950; J. HÄNEL, *Das Erkennen Gottes bei den Schriftpropheten*, 1923; E. W. HEATON, *Die Propheten des Alten Testaments*, 1959; A. J. HESCHEL, *The Prophets*, 1962; J. HESSEN, *Platonismus und Prophetismus*, 2ª ed., 1956; P. HUMBERT, "Les prophètes d'Israël ou les tragiques de la

---

[47] H.-J. KRAUS, *Prophetie in der Krisis*, 1964; W. STAERK, "Das Wahrheitskriterium der alttestamentlichen Prophetie", *ZSTh* 5 (1927), 76-101.

Bible", *RThPh*, XXIV (1936), 209-51; J. P. HYATT, *Prophetic Religion*, 1947; J. LINDBLOM, "Die Religion der Propheten und die Mystik", *ZAW* LVII (1939), 65-74; S. MOWINCKEL, *Die Erkenntnis Gottes der alttestamentlichen Propheten*, 1941; A. NEHER, *L'essence du prophétisme*, 1955; T. H. ROBINSON, *Prophecy and the Prophets in Ancient Israel*, 2ª ed., 1953; R. B. Y. SCOTT, *The Relevance of the Prophets*, 1947; C. F. WHITLEY, *The Prophetic Achievement*, 1963; W. G. WILLIAMS, *The Prophets, Pioneers to Christianity*, 1956; cf. a bibliografia dos §§ 18 e 19.

1. *O conteúdo da mensagem profética*[48]

A fé dos grandes profetas individuais (§ 19,1), baseada na influência perene do javismo mosaico, estava fundamentada numa nova compreensão de Iahweh, oriunda do mistério da experiência pessoal. De acordo com os profetas, essa experiência podia ser compartilhada, de algum modo, por qualquer homem. Ele então experimenta Deus como uma paixão santa e como fogo ardente, que envia para a destruição de todos os que se opõem à sua vontade. Quando sente que essa vontade invade a sua vida e a agita, tudo o que permanece parece ser a humilde renúncia de toda ação movida pela vontade pessoal e total sujeição a Iahweh. Os profetas aprenderam, porém, de fato, que o santo poder de Deus não reduz o homem a uma servidão involuntária, fazendo-

---

[48] E. BALLA, "Der Erlösungsgedanke in der israelitisch-jüdischen Religion", *Angelos* 1 (1925), 71-83; R. E. CLEMENTS, *Prophecy and Covenant*, 1965; W. COSSMANN, *Die Entwicklung des Gerichtsgedankens bei den alttestamentlichen Propheten*, 1915; E. K. DIETRICH, *Die Umkehr (Bekehrung und Busse) im Alten Testament und im Judentum*. 1936; J. FICHTNER, "Die 'Umkehrung' in der prophetischen Botschaft", *ThLZ* 78 (1953), 459-466 (= *Gottes Weisheit*, 1965, 44-51); J. H. GRONBAEK, "Zur Frage der Eschatologie in der Verkündigung der Gerichtspropheten", *SEA* 24 (1959), 5-21; S. HERRMANN, *Die prophetischen Heilserwartungen im Alten Testament*, 1965; J. LINDBLOM, "Gibt es eine Eschatologie bei den alttestamentlichen Propheten?" *STTh* 6 (1952), 79-114; H.-P. MÜLLER, "Zur Frage nach dem Ursprung der biblischen Eschatologie", *VT* 14 (1964), 276-293; A. NEHER, "Fonction du prophète dans la société hébraïque", *RHPhR* 28-29 (1948-1949), 30-42; E. ROHLAND, *Die Bedeutung der Erwählungstraditionen Israels für die Eschatologie der alttestamentlichen Propheten*, tese, Heidelberg, 1956; H. W. WOLFF, "Das Thema 'Umkehr' in der alttestamentlichen Prophetie", *ZThK* 48 (1951), 129-148 (= *Gesammelte Studien zum Alten Testament*, 1964, 130-150).

§ 20. A ABORDAGEM DA VIDA FEITA PELOS GRANDES PROFETAS

o humilhar-se no pó, mas, ao contrário, coloca-o diante de uma decisão pessoal: a decisão se ele dirá *sim* ou *não* a Iahweh e à vontade de Iahweh, se se tornará um homem realmente novo ou continuará a ser o homem que tem sido.

Tomando isto como ponto de partida, os profetas questionaram a abordagem humana comum da vida: o desejo de segurança, tranqüilidade e saciedade, em vez de alegre confiança e entrega total, que Iahweh exige. Eles fizeram advertências contra tal vida e suas conseqüências, convocando os homens à tomada de decisão pela nova vida em que eles já estavam, vida franqueada a todos que a desejam.

Os profetas fizeram advertências contra a velha vida, porque ela é caracterizada pela culpa humana para com Iahweh e o mundo, e representa a fonte de outras idéias, palavras e ações falsas. Visto que não eram filósofos ou teólogos, eles começavam, em primeira instância, por reprovar os pecados individuais que estavam diante de seus olhos. No processo, eles atacaram as várias classes e estratos de seu povo com uma franqueza sem precedentes, lançando-lhes tais palavras, como nunca tinham ouvido antes. Eles se voltaram contra tudo em que encontraram faltas: o rei e sua administração, o rico e o aristocrata, juizes e anciãos, grandes latifundiários e negociantes, sacerdotes e profetas cultuais, mas também o simples e o pobre. Toda a nação se arruinou em virtude do rumo pérfido que ela tomou.

Todas as transgressões individuais, porém, estão enraizadas na atitude fundamental e universal do homem, que dá origem às violações particulares. Essa atitude se caracteriza por recusar a alegre confiança e a entrega total que Iahweh requer, pela rebelião contra ele e a apostasia com respeito a ele. Inclusa está a culpa do homem no nível mais profundo; Amós a viu na ingratidão; Oséias, na aversão interna e hostilidade para com Iahweh; Isaías, na arrogância e presunção; Jeremias, na malícia e impiedade. Todas essas coisas exercem um poder tão pavoroso sobre o homem que freqüentemente, a possibilidade de mudança parece uma perspectiva sem esperança. A recusa obstinada em aceitar a vontade divina converte-se em hostilidade ativa contra Iahweh.

Assim, os profetas opuseram-se à piedade e à teologia tradicionais, que se sentiam confiantes no favor de Deus. Eles reconheceram a culpa profunda do homem para com Iahweh, a qual não poderia ser removida pela promessa de paz e salvação, porque não existem (Jr 6.14). Eles tinham de aprender que Iahweh não apenas castiga durante algum tempo, como foi afirmado, mas também destrói (Is 6.11). Portanto, viram o homem num estado de fundamental alienação de Deus, na qual, contudo, o homem é, ainda, colocado diante da decisão *ou um ou outro)* como aquela formulada por Jr 22.1-5 ao rei de Judá e por Is 1.19-20 a toda a nação: ou a retidão e a justiça prevaleceriam, seguidas pela salvação, ou não prevaleceriam e se seguiria o desastre.

Visto que os profetas eram de opinião que o pecado prevaleceu, eles esperavam um julgamento punitivo terrível para surpreender a sua nação. Esse julgamento não viria inesperadamente, visto que tinha sido precedido por muitas admoestações, advertências e reveses menores. Contudo, visto que isso tinha sido em vão, o fim amargo, do qual ninguém poderia escapar, era esperado como iminente. Os profetas descreveram esse julgamento de diversas formas; concepções diversas podem até ser encontradas nos escritos de um único profeta. O julgamento seria realizado por catástrofes naturais, por guerra devastadora e deportação, por revolução e anarquia, ou pelo Dia de Iahweh. De qualquer maneira, seu advento era tão certo que o canto fúnebre podia e devia ressoar desde já, porque, mais tarde, não haveria ninguém para produzi-lo e sepultar os últimos cadáveres de seu povo.

Duas expressões e concepções merecem discussão especial: o "Dia de Iahweh" e o "resto de Israel".

a) No Antigo Testamento, a expressão "Dia de Iahweh[49] refere-se ao grande dia vindouro de julgamento em que Iahweh se

---

[49] L. CERNY, *The Day of Yahweh and Some Relevant Problems*, 1948; R. LARGEMENT e H. LEMAÎTRE, "Le Jour de Iahweh dans le contexte oriental", *BEThL* 12 (1959), 259-266; S. MOWINCKEL, "Jahwes dag", *NTT* (1958). 1-56; G. VON RAD, "The

revelará visivelmente e convocará Israel ou as nações para o julgamento. O mesmo dia é também chamado de "dia da vingança" (Is 34.8), "dia do desastre" (Jr 17.16-17), "dia da calamidade" (Jr 46.21), "dia da punição" (Jr 50-27; Mq 7.4) ou simplesmente" o dia" (Ez 7.7), Independente dessa expressão, mas provavelmente influenciada por ela, é a expressão "seu dia", utilizada para o dia em que o destino de um homem, especialmente um que faz o mal, for selado (1 Sm 26.10; Ez 21.25; Sl 37.13; Jó 18.20).

A expectativa do Dia de Iahweh tem uma longa história. Suas raízes formam-se na crença do tempo antigo, segundo a qual no dia de batalha Iahweh intervinha em favor de Israel para prestar-lhe auxílio (Jz 5). Contudo, mesmo antes da mais antiga menção explícita do Dia de Iahweh por Amós, essa crença tinha sido ampliada para tornar-se uma esperança mais compreensiva, incluindo uma expectativa de salvação para Israel: cria-se que, em tal Dia de Iahweh, uma grande luz brilharia, porque Iahweh se tornaria visível em sua maravilhosa glória; os fenômenos tradicionais que acompanhavam uma teofania também estavam incluídos. Esperava-se que esse "dia" fosse um evento glorioso e feliz, visto que a catástrofe sobreviria aos inimigos de Israel, enquanto Israel mesmo se beneficiaria dos efeitos salutares do aparecimento de Iahweh.

Os profetas modificaram essa expectação. Amós proclamou que o Dia de Iahweh não significava "luz" (salvação), mas "trevas" (desastre) para o Israel pecador (Am 5.18-20). Isaías viu a conseqüência da gloriosa teofania do Dia de Iahweh também como destruição de Judá, quando a tempestade se enfureceria a partir das montanhas e florestas da fronteira norte da Palestina até o mar Vermelho ao sul, e a terra estremeceria, de modo que o homem orgulhoso e arrogante pereceria juntamente com as suas obras (Is 2.12-17). De acordo com Sofonias, no Dia de Iahweh, os

---

Origin of the Concept of the Day of Yahweh", *JSS* 4 (1959), 97-108; K.-D. Schunk, "Strukturlinien in der Entwicklung der Vorstellung vom 'Tag Jahws'", *VT* 14 (1964), 319-330; M. Weiss, "The Origin of the 'Day of Yahweh' Reconsidered", *HUCA* 37 (1966), 29-71.

pecadores de Jerusalém se tornariam o sacrifício conveniente para Iahweh em sua teofania (Sf 1.7-9); na sempre mutável terminologia, ele descreve o terrível julgamento (cf. Sf 1.14-16), com que Ez 7.5ss,10ss também ameaça a Judá e Ez 30.1-9, ao Egito e seus aliados.

Essa ameaça foi retomada pelos profetas tardios, que reinterpretaram o conceito do Dia de Iahweh em termos escatológicos. Tendo visto o julgamento ameaçador executado na queda de Judá e no exílio, na época escatológica por vir, eles esperavam uma nova salvação para o resto de Israel e o desastre para as potências do mundo hostil a Deus ou um último julgamento estendido a todas as nações. Para descrever isso, empregaram, entre outras coisas, a expectação do Dia de Iahweh (Is 13; 24; 34; Jl; Ab 15ss; Zc 14). De acordo com esta concepção, haverá uma mudança fundamental no curso da história; marca o fim, não do mundo como um todo, mas da época dominada por um poder hostil a Deus. Essa transformação radical, junto com o julgamento final escatológico, constitui o pré-requisito para a vinda de um novo mundo escatológico.

b) Originalmente, o "resto"[50] referia-se à menor parte que restou depois da destruição (cf. Êx 10.12; Lv 5.9; Js 11.22). O mesmo era verdadeiro para a profecia pré-exílica, para a qual a idéia de um resto não estava associada com a salvação esperada, mas acompanhava as ameaças de julgamento e exortações para retornar a Iahweh. Isaías, por exemplo, usou-a no sentido dos miseráveis sobreviventes de uma batalha, que atestam simplesmente a seriedade da catástrofe (Is 1.8; 6.11-12; 17.3,5-6; 30.14,17); Amós 5.3 a usa claramente no mesmo sentido. A situação não é diferente no caso de Jeremias e Ezequiel (cf. Jr 24.8-9; 42.2-3; Ez 9.8; 17.21). Quando um resto é mencionado numa exortação, pode referir-se à nação inteira. Neste sentido, o nome do filho de Isaías Resto-que-Retorna (Is 7.3) significava que, quando o julgamento tives-

---

[50] S. GAROFALO, *La nozione profetica del "Resto d'Israele"*, 1942; W. E. MÜLLHER, *Die Vorstellung vom Rest im Alten Testament*, tese, Leipzig, 1939; R. DE VAUX, "Le 'Reste d'Israël' d'après les prophètes", *RB* 42 (1933), 526-539.

§ 20. A ABORDAGEM DA VIDA FEITA PELOS GRANDES PROFETAS   349

se atingido a Samaria e Damasco, as partes culpadas, Judá restaria como os sobreviventes de uma batalha, se se arrependessem e se voltassem a Iahweh.

A idéia de um resto santo que tentava constituir o futuro povo de Iahweh e experimentar uma nova salvação era desconhecida dos grandes profetas individuais do período pré-exílico. Ela aparece primeiro na profecia escatológica, que data do fim do período exílico. Então os deportados no exílio interpretaram o conceito do resto de tal maneira que se referisse a uma parte de Israel escolhida para ser um novo povo de Iahweh. O termo veio a ser aplicado tanto humildemente como orgulhosamente àqueles que tinham escapado vivos do julgamento divino; eles não eram mais considerados indignos fugitivos, mas os eleitos representantes do futuro salvador de Deus (Is 4.3; 10.20-21; 11.11,16; 28.5; 46.3-4; Mq 7.18; Ag 2.2; Zc 8.6). A extensão em que se mudou o significado do termo pode ser vista na sua equação com "uma nação forte" (Mq 4.7) e na sua comparação com um leão enfurecido (Mq 5.8), que são diretamente contrárias ao seu significado original.

Os profetas não consideraram que o julgamento de Iahweh, que eles prediziam, era simplesmente a punição legal – prescrita para a culpa, e certamente não um capricho, despotismo e brutalidade da parte de Deus, pois a culpa está enraizada num falso esforço em busca de segurança por parte do homem e consiste em ter uma vida segura baseada na ordem natural criada, que é transitória, antes que na confiança e na submissão à vontade divina. Portanto, a culpa leva necessariamente à queda e à catástrofe, porque a ordem naturalmente criada é transitória. A vida que continua no curso errado, como conseqüência lógica, fracassa. Ocasionalmente, pecado e julgamento estão tão estreitamente relacionados que a culpa em si é julgamento, como, por exemplo, na imagem de Isaías sobre a parede fendida que, finalmente, cai (Is 30.8-14).

Os profetas invariavelmente, contudo, algumas vezes, chegaram a entender que o julgamento não expressa a vontade real de Iahweh. Ezequiel deu a esta idéia uma expressão clássica:

> Porventura tenho eu algum prazer na morte do ímpio?
> Porventura não alcançará ele a vida se se converter dos seus
> maus caminhos? (Ez 18.23)

Portanto, o julgamento não pode ser inevitável, mais do que a errônea abordagem da vida seja invencível. Os profetas também viram de relance a possibilidade de uma nova salvação: a possibilidade de o homem cumprir a vontade de Iahweh tão completamente que Iahweh, de fato, governasse o mundo.

Naturalmente, deve ser observado que, embora encontremos uma série de discursos que, nos grandes profetas individuais pré-exílicos, profetizam a salvação, esses são poucos em número, em comparação com as invectivas e ameaças. Muitas passagens otimistas foram interpoladas nos livros proféticos num período posterior, contudo, quando os profetas consideraram que a salvação era possível, viram-na primariamente na renovação interior do homem. Eles não esperavam nenhum esplendor externo; como Sofonias, falaram mesmo de um pobre e insignificante povo, que, contudo, vivia a verdadeira fé. Exatamente como eles próprios foram levados a essa fé por meio de seu chamamento, assim também outros poderiam ser trazidos à mesma fé. Então, Iahweh colocará sua vontade no coração dos homens, de modo que eles a realizarão, como ela era, naturalmente (Jr 31.31-34).

Os profetas quase nunca anteciparam o futuro distante. A que esperavam que acontecesse eles comumente esperavam acontecer eminentemente – mesmo os profetas pré-exílicos. Tudo estava no momento exato de acontecer e era justamente o tempo de alertar os homens e desafiá-los a tirar as suas próprias conclusões com respeito ao presente. Em particular, as palavras acerca do favor de Deus pronunciadas pelos grandes profetas individuais não tinham nada que ver com o futuro distante, mas constituíam os sublimes ou *um* ou *outro* do julgamento ameaçador; o iminente cumprimento de ambos era igualmente possível. A mensagem dos profetas falava de eventos iminentes, e da história próxima. E a única razão pela qual falavam da história

§ 20. A ABORDAGEM DA VIDA FEITA PELOS GRANDES PROFETAS

próxima era exercer influência sobre o presente. O presente no qual eles viviam constituía o interesse real dos profetas.

O princípio decisivo para a compreensão dos grandes profetas individuais é, portanto, este: a intenção dos profetas não era predizer o futuro distante, mas exercer influência e moldar a sua época presente. Foi por isso que eles censuraram a impiedade, advertiram com a ameaça de destruição iminente e chamaram os homens a uma nova vida sob o favor de Deus.

O segundo princípio é o seguinte: o tema da mensagem dos profetas era a possível libertação do homem, a despeito da culpa que o sujeitava à morte.

A primeira resposta à questão de como tal libertação podia acontecer foi a convocação ao arrependimento e retorno a Iahweh, que encontramos em todos os grandes profetas. "Convertei-vos!" significa abandonar a vida pérfida de pecado, voltar-se para a vida especial de confiança e submissão à soberania de Deus e comunhão com ele. Se o homem se converter, Iahweh será misericordioso e gracioso para com ele. Esse chamado ao arrependimento foi dirigido aos contemporâneos dos profetas e eles eram confrontados com uma decisão: tornarem-se totalmente novos ou permanecerem totalmente como tinham sido – com todas as conseqüências que isso acarretaria.

Um segundo filão "vem desde Oséias (cf. § 19,4) por intermédio de Jeremias (cf. 19.8) e Ezequiel até o Dêutero-Isaías e além. Sua tônica não é o retorno, mas a redenção. Esperava-se que tudo fluísse do ato redentor de Iahweh, que seria seguido pela resposta do homem. O ponto crucial era a decisão de aceitar a oferta de perdão e redenção da parte de Iahweh e ser trazido por ele a uma vida nova. Assim, Ezequiel prometeu um novo coração de carne em vez do de pedra, associado com o dom do espírito divino, que forma e determina a nova vida do homem (Ez 36.25-27).

Obviamente, arrependimento e redenção não deviam ser agudamente distinguidos um do outro; com certeza, não eram mutuamente exclusivos, pois ambos significavam uma transformação do homem e constituem apenas duas maneiras diferentes de descrever essa transformação, com ênfase naquilo que o homem faz ou naquilo que Iahweh faz. Arrependimento significa que o próprio homem redime aquilo que perdeu através do pecado; espontaneamente volta-se de seu modo de vida ímpio e centraliza todos os seus pensamentos e ações em Iahweh. Redenção significa que Iahweh é a causa de tudo que acontece no interior de um homem para conduzi-lo de volta para Iahweh, centralizando todos os pensamentos e ações do homem em sua direção.

Em vista de tudo isso, os profetas exigiram que os homens tomassem a decisão correta, porque assim é que Iahweh agiria, pois ele não ignora a decisão do homem, que faz ou não alguma coisa por causa de sua honra ou amor. Deus, porém, não age à parte da intenção humana, embora Iahweh certamente não seja dependente da escolha do homem. Isaías, com freqüência, baseava o seu apelo na harmonia entre aquilo que Iahweh faz e aquilo que o homem faz (cf. Is 1.19; também, por exemplo, Jr 7.1-15; 18.1-11; 22.1-5). A presteza de Iahweh em perdoar e a disposição do homem caminham juntas e, em última análise, constituem dois aspectos ou componentes de um único processo: à libertação do homem pecador sujeito à morte, o qual agarra a possibilidade de arrependimento ou a oferta de redenção. Inversamente, existe uma harmonia semelhante na crise mortal do homem que não crê e rejeita a Iahweh: sua própria indisposição e o fechamento que Iahweh faz de seus olhos e ouvidos determinam que o pecador recalcitrante se torne eterna e profundamente enredado em sua própria destruição (cf. Is 6.9-10; 29.9-10).

Sobre esta base, podemos resumir a substância da mensagem dos profetas em alguns pontos. Ela começa 1. com a necessária transformação do homem por meio do arrependimento ou redenção. Isto provoca 2. a efetivação da soberania de Deus na vida do homem que se converteu a Iahweh ou foi redimido, o que leva 3. a uma real comunhão com Deus numa nova vida e transforma 4. inteiramente a maneira de viver do homem, visto que ele agora cumpre a vontade de Deus. Finalmente 5. os fiéis individuais ligam-se a uma comunidade que é o verdadeiro povo de Deus. A tarefa de cada indivíduo e da comunidade do fiel é efetivar a soberania de Deus e a comunhão com Deus nesta terra, por meio de suas vidas aqui e agora.

2. A crítica dos profetas

a) Os profetas travaram um debate básico com a história de seu povo[51]. Até o seu ponto de partida diferia da concepção tradicional, pois eles viram no tratamento que Iahweh dava a Israel simplesmente um segmento de suas ações na vida e no destino de todos os homens e nações – embora um caso especial de sua operação universal, determinado por seu relacionamento íntimo com Israel. A diferença entre a concepção profética e aquela da tradição era até maior, quando o curso da história em si é considerado. Na verdade, começou com uma possibilidade inicial de favor oferecido por Iahweh e com um limitado período de excelente relacionamento entre Iahweh e Israel, que Oséias e Jeremias identificaram com o período mosaico e do deserto e Isaías estendeu-o ao período de Davi e Salomão. O subseqüente curso da história, porém, foi total e absolutamente pecaminoso. Israel rebelou-se contra Iahweh e permaneceu rebelde até ao tempo dos profetas. E visto que Iahweh nunca esteve disposto a aceitar este estado de coisas, a história de Israel foi também uma história repleta de calamidades enviadas por Deus para repreender a Israel e adverti-lo acerca do julgamento de aniquilação que estava por vir. Assim, Isaías,

---

[51] G. F. ALLEN, "The Prophetic Interpretation of History", *ET* 51 (1939-1940), 454-457; G. H. DAVIES, "The Yahvistic Tradition in the Eighth-Century Prophets", in *Studies in Old Testament Prophecy (Robinson Festschrift)*, 1950, 37-51; G. FOHRER, "Prophetie und Geschichte". in *Studien zur alttestamentlichen Prophetie* (1949-1965), 1967, 265-293; J. HEMPEL, *Die Mehrdeutigkeit der Geschichte als Problem der prophetischen Theologie*, 1936; O. PROCKSCH, *Die Geschichtsbetrachtung bei dei vorexilischen Propheten*, 1902; A. F. PUUKKO, "Die Geschichtsauffassung der alttestamentlichen Propheten", in International Congress of Orientalists, *Actes du XX Congrès International des Orientalistes*, 1940, p. 296; J. RIEGER, *Die Bedeutung der Geschichte für die Verkündigung des Amos und Hosea*, 1929; H. W. WOLFF, "Das Geschichtsverständnis der alttestamentlichen Propheten", *EvTh* 20 (1960), 218-235 (= *Gesammelte Studien zum Alten Testament*, 1964, 289-307).

analisando a história do Reino do Norte de Israel, desde as guerras com os filisteus e arameus até ao terrível terremoto no passado imediato, viu nela a voz terrível e a mão da ira, porque o povo, repetidas vezes, se recusou a retornar para aquele que os castigava (Is 9.8-21; 5.25-29). Para os profetas, o pecado de Israel e as calamidades admoestadoras de Iahweh, bem como os seus outros esforços, são os fatores mais importantes para a compreensão da história de Israel na Palestina.

Portanto, a história de Israel não foi uma história de salvação *(Heilsgeschichte)*. Este termo, freqüentemente encontrado, é usado pela teologia em vários sentidos, mas nenhum deles reflete a concepção profética. Nem mesmo a suposta idéia de um "plano" primordial de Iahweh, que envolve julgamento e salvação, pode ser citada para fundamentá-lo. As expressões interpretadas neste sentido ocorrem em Isaías apenas nas ameaças de julgamento, nunca em promessas de salvação; e, mesmo que os discursos dos profetas tardios em Is 1-35 fossem pronunciados para construir um plano de salvação, há muitas discrepâncias. Além disso, é óbvio que tal "plano" seria notavelmente hesitante. Primeiro, Isaías considerou que os assírios eram instrumentos de Iahweh, porém, mais tarde, considerou-os repudiados como tais; de igual modo, ele, repetidas vezes, ofereceu libertação e preservação aos habitantes de Judá, condenados ao destino de Sodoma e Gomorra, se não se arrependessem; por fim, quando eles o desapontaram depois da retirada assíria de Jerusalém, associada com o pagamento de tributo de Ezequias, ele condenou-os irrevogavelmente (Is 22.1-14; 32.9-14). Em vista disso, é impossível falar de um "plano" primordial associado com a *Heilsgeschichte*. Deveríamos, ao contrário, falar de um "propósito" ou "resolução" que pode ser formada em cada caso particular e ab-rogada, se necessário.

É bem possível falar da atividade intencional de Iahweh. Para os mais antigos estratos-fontes do Hexateuco, ela culmina na ocupação da Palestina; para P, culmina no estabelecimento final dos ordenamentos sagrados e – para a sua realização – na divisão da Palestina; para a escatologia, culmina num Estado" sem história". Contudo, a esta atividade intencional,

§ 20. A ABORDAGEM DA VIDA FEITA PELOS GRANDES PROFETAS 355

como uma meta positiva limitada, corresponde uma atividade paralela com resultados negativos (o julgamento deuteronômico sobre o período da monarquia e o julgamento dos profetas sobre a história de Israel) ou até com um propósito negativo, o julgamento aniquilador da ameaça de Iahweh. No mínimo, a *Heilsgeschichte* e a história do pecado ou desastre contrabalançam-se. Mais precisamente, a atividade salvífica e destruidora de Iahweh e a predominante atividade pecaminosa do homem estão entrelaçadas.

Quer se mova em direção à salvação quer em direção ao desastre, a história foi sempre uma história de crise; na avaliação profética geral das experiências de Israel, o momento presente sempre foi uma situação crítica para o indivíduo e a nação, que tinham de decidir entre uma contínua e renovada apostasia para com Iahweh ou retornar a ele. As decisões prévias – à parte o período freqüentemente considerado como de excelente relacionamento entre Iahweh e Israel – são, sem exceção, classificadas como errôneas, de modo que Israel perdeu a sua oportunidade de felicidade:

> Se ao menos tivesses dado ouvido aos meus
> mandamentos!
> Então a tua paz seria como um rio,
> e a tua justiça como as ondas do mar. (Is 48.18)

Israel, porém, era desobediente e, assim, as promessas não podiam ser cumpridas. A história que resulta da apostasia e do pecado agora determina a situação atual, em que o julgamento de aniquilamento é iminente, e exige por esta razão nova decisão, que determinará, por sua vez, o futuro:

> Se estiverdes dispostos a ouvir,
> comereis o fruto precioso da terra.
> Mas se vos recusardes e vos rebelardes,
> sereis devorados pela espada! (Is 1.19-20)

b) Raramente uma instituição religiosa tem sido sujeita a uma crítica tão amarga, quase ilimitada como aquela com a qual os profetas arrasaram o culto israelita[52]: o culto popular é apostasia para com Iahweh e o pecado é, portanto, a causa do julgamento vindouro (Os 2.13). Os altares, *masseboth*, e a matança sacrifical são pecado (Os 8.11-13; 10.1-2). As estátuas de touros erigidas como símbolos da divindade são pecado (Os 8.4b-6). Este culto é adultério e fornicação; não admira, então, que o espírito de impureza venha pervadir toda a vida e conduta e que as mulheres e moças se prostituam, desencaminhadas pelos homens que deviam ser sábios e, contudo, se unem às prostitutas sagradas (Os 4.12-1,4). Não menos culpados são os sacerdotes, que desencaminham o povo por meio do culto, que eles promovem para o proveito que dele auferem (Os 4.7-10; 5.1-2).

Os profetas atacaram o culto não apenas porque ele estava impregnado de elementos cananeus, porque Iahweh estava sujeito a coação tangível, e o acesso a ele era procurado por meios materiais e mágicos, mas também porque desencaminhava o povo incitando-o à satisfação com a execução de suas obrigações cultuais, supondo que assim tinham cumprido sua obrigação para com Iahweh. Eles observavam as formas exteriores que tinham aprendido e pensavam que assim demonstravam completa obediência (Is 29.13-14). A participação freqüente no culto e a oferta generosa do sacrifício outorgavam um sentimento de segurança e gratificação, o qual Amós já havia atacado acremente (Am 4.4-5).

A ira dos profetas contra a realização do culto originou-se primariamente por causa da compreensão que eles tinham de que o povo não estava levando a sério as exigências éticas de

---

[52] R. Dobbie, "Sacrifice and Morality in the Old Testament", *ET* 60 (1958-1959), 297-300; *id.*, "Deuteronomy and the Prophetic Attitude to Sacrifice". *SJTh* 12 (1959), 68-82; R. Hentschke, *Die Stellung der vorexilischen Schrifitpropheten zum Kultus*, 1957; H. W. Hertzberg, "Die prophetische Kritik am Kult", *ThLZ* 75 (1950), 219-226) (= *Beiträge zur Traditionsgeschichte und Theologie des Alten Testaments*, 1962, 81-90); J. P. Hyatt, *The Prophetic Criticism of Israelite Worship*, 1963; R. Rendtorff, "Priesterliche Kulttheologie und prophetische Kultpolemik", *ThLZ* 81 (1956), 339-342; K. Roubos, *Profetie en cultus in Israël* 1956; H. H. Rowley, "Ritual and the Hebrew Prophets" *JSS* (1956). 338-360 (= *From Moses to Qumran*, 1963, 111-138); *id.*, "Sacrifice and Morality: a Rejoinder", *ET* 60 (1958-1959), 341; M. Schmidt, *Prophet und Tempel*, 1948.

Iahweh, supondo, em vez disso, que se haviam aproximado de Iahweh e obtido sua proteção no culto ou no Templo (Jr 7.1-15). Por isso, os profetas opuseram ao culto as exigências éticas que se supunha formar e determinar o curso da vida diária (Amós 5.21-24)[53], rejeitando asperamente o culto como meio de salvação (Is 1.10-17). Eles não rejeitaram, em principio e *a priori*, toda observância cultual; ao contrário, procuravam afirmar claramente que é blasfêmia agir contrariamente à vontade de Iahweh na vida diária e, ainda, assim oferecer sacrifícios, que essa blasfêmia conduz à destruição e que, nessa situação, o culto não pode ser usado para evitar o julgamento. Iahweh não deve ser procurado em seu santuário, mas nas boas obras (Am 5.4-6,14-15); ele não deve ser servido no culto, mas na retidão e na justiça (Am 5.21-24).

Essa atitude, às vezes, tem sido compreendida como significando que os profetas exigiam uma religião ética sem acréscimos cultuais, mas essa conclusão não é correta. Eles criticaram e atacaram o culto, mas não o colocaram simplesmente em oposição à ética. Essa antítese, ao contrário, era típica da instrução sapiencial, cujo ideal é, freqüentemente, uma religiosidade ética sem observância cultual. Contudo, não deram ênfase às exigências éticas porque elas eram valiosas por si sós ou requeridas por lei, mas porque elas expressavam a reivindicação da vontade de Deus para com o homem, por causa da vontade de Deus que está por trás delas e porque a prática delas é uma marca distintiva do fiel.

A crítica feita pelos profetas contra o culto originou-se da mesma fonte. Os profetas lançaram invectivas contra ele, porque lhes parecia uma tentativa de enganar a Iahweh. O povo

---

[53] E. HAMMERSHAIMB, "On the Ethics of the Old Testament Prophets", *VTSuppl* 7 (1960), 75-101 (= *Somme Aspects of Old Testament Prophecy from Isaiah to Malachi*, 1966, 63-90); N. W. PORTEOUS, "The Basis of the Ethical Teaching of the Prophets", in *Studies in Old Testament Prophecy* (*Robinson Festschrift*), 1950, 143-156; C. TRESMONTANT, *Sittliche Existenz bei den Propheten Israels*, 1962; U. TÜRCK, *Die sittliche Forderung der israelitischen Propheten des 8. Jahrhunderts*, tese, GÖTTINGEN, 1935.

não estava tomando a sério o seu Deus, não estava permitindo que o poder dele determinasse as suas vidas; estavam seguindo um caminho contrário à vontade de Deus. O culto só poderia subsistir se o homem inteiro agisse corretamente. Visto que a devoção estava restrita ao culto, em flagrante contradição com a parte restante da vida, os profetas condenaram o culto como pecaminoso e exigiram arrependimento, retidão e justiça.

O que interessava aos profetas não era o culto ou a ética em si, mas o fiel individual dependendo de Iahweh e sustentado por ele. Portanto, eles atacaram o culto, porque nele o descrente reivindicava direitos sobre Iahweh, em vez de reconhecer e obedecer à vontade de Iahweh. Eles convocaram os homens a fazerem o bem, a praticarem a retidão e a justiça, porque tal conduta era a expressão primária de compromisso com Iahweh. Se a soberania de Deus e a comunhão com Deus tinham determinado o caminho para os homens viverem, encontrando expressão na justiça e no amor para com o semelhante, certo culto teria sido justificável como expressão dessa fé e como adoração da majestade excelsa de Iahweh. Só a adoração oferecida por um fiel cuja vida toda é moldada pela vontade de Deus é agradável a Iahweh.

Nenhum dos profetas pré-exílicos sugeriu que um culto adequado do fiel podia ser semelhante. Obviamente, eles consideraram a questão insubsistente e sem sentido, enquanto sua nação não tivesse demonstrado através da observância das exigências éticas que tinha retornado a Iahweh. Tal arrependimento e retorno eram ultra-importantes. Por isso, o propósito dos profetas não foi aperfeiçoar o culto, mas motivar uma transformação da vida inteira dos homens por intermédio da submissão à vontade divina. Só depois que o julgamento tinha realmente caído sobre Judá e Jerusalém e uma parte da nação tinha sido exilada é que Ezequiel se considerou investido para planejar o programa para um novo culto a ser observado por um Israel purificado pelo julgamento e pela deportação.

c) A atitude profética em questões de justiça social[54] era caracterizada sobretudo pela denúncia da negligência para com a lei e a sua transgressão. Tal conduta, especialmente para os representantes do javismo, deve ter parecido não só um sinal claro de deterioração política e moral, como também de desrespeito para com Iahweh, que legitimava a lei, e de apostasia com relação a ele. A lei é negligenciada, quando um homem se declara interiormente independente de Iahweh e de não ter nada que ver com a soberania de Deus e a comunhão com ele.

Acima de tudo, os profetas denunciaram implacavelmente as transgressões das classes altas e dos grandes proprietários: eles defraudam os outros no comércio e dificilmente podem esperar começar outra vez depois de um dia santo (Am 8.4-7). Eles odeiam a justiça e cometem ultrajes e atos sanguinários (Mq 3.9-10). Odeiam o homem que, no tribunal, oferece a verdadeira evidência que entre em conflito com os seus interesses (Am 5.7,10-11). Eles aceitam suborno para absolver o culpado e condenar o inocente (Is 5.23).

Contudo, não basta observar as leis em vigência. Talvez seja isto o que Amós já queria dizer, quando acusou os homens de usarem impiedosamente, para o seu próprio benefício, a roupa empenhada do pobre, a qual deveria cobri-lo à noite, de beber o vinho ajuntado em lugar de dinheiro e de vender o pobre como escravo por causa de uma bagatela (Am 2.6-8). Embora as leis vigentes possam propiciar tal conduta, ainda é pecado proceder brutalmente de acordo com a letra em cada caso, não indagando pelo sentido e espírito de uma lei, nem ouvindo o próprio coração falar contra a sua aplicação superficial e inflexível (Is 29.13). Até na esfera da lei e da justiça, o homem é chamado a submeter-se totalmente à exigência de Iahweh, baseando sua conduta não

---

[54] A. CAUSSE, "Les prophètes et la crise sociologique de la religion d'Israël", *RHPhR* 12 (1932), 93-140; H. DONNER, "Die soziale Botschaft der Propheten im Lichte der Gesellschaftsordnung in Israel", *Oriens Antiquus* 2 (1963), 229-245; E. GILLISCHEWSKI, "Die Wirtschaftsethik der israelitischen Propheten", *Jb für jüdische Geschichte und Literatur* 25 (1923-1924), 32-61.

na realização objetiva e na observância exterior da lei, mas na submissão pessoal e numa atitude harmônica com a vontade de Deus. Por esta razão, o principio *"fiat justitia, pereat mundus"* deve ceder diante dos direitos humanos, desejados e dados por Deus, pois os profetas eram guardiãos dos direitos humanos muito antes de esses direitos serem descobertos para aplicações políticas.

Em Is 1.16b-17, encontra-se um exemplo de conduta humana adequada de acordo com um principio compreensivo:

> Cessai de praticar o mal,
> aprendei a fazer o bem!
> Buscai o direito, corrigi o opressor!
> Fazei justiça ao órfão, defendei a causa da viúva!

Tal intervenção a favor do oprimido, do órfão e das viúvas era, originalmente, um dever do rei, como demonstram o Código de Hamurabi (Rev. XXIV. 60-61), os textos ugaríticos (I Aqht I. 23-25; II Aqht V. 7-8; 127.33-34. 45-47) e, quanto a Israel, o Sl 72.2,4. Agora, declarava-se que era dever de qualquer israelita (Êx 22.20-23; cf. os textos posteriores de Dt 10.18; 24.17; 27.19). Isaías deu um passo à frente em outra direção. Sua primeira e básica exigência era: fazer o bem e não o mal! As exigências individuais específicas que se seguem serviam para elucidar a exigência básica; elas eram exemplos práticos de como o princípio básico devia ser aplicado. Os ordenamentos individuais da lei antiga, que os profetas interpretaram como simples exemplos, foram substituídos por uma única exigência concentrada, que se relacionava com o homem inteiro: fazer o bem. A atitude assim descrita era para evidenciar a sua presença e efeitos nos detalhes da conduta na vida diária.

Quando Israel se recusou a aceitar essa exigência fundamental, era inevitável que os profetas devessem encontrar-se em oposição à aplicação da lei de modo meramente exterior ou errôneo, ligada à cegueira com relação à exigência e atitude fundamental. E o perigo associado com a compreensão errônea da lei e da justiça finalmente resultou na oposição ao conteúdo da lei em si.

A verdadeira vontade de Iahweh, transformada numa mentira pela pena do escriba, foi contrastada com a lei escrita (Jr 8.8). As muitas regulamentações do Estado, que os funcionários nunca se cansavam de emitir em nome do rei, foram condenadas porque simplesmente colocavam novas cargas sobre o povo e roubavam dele os seus direitos (Is 10.1-3). Em contraste com essas regulamentações, colocava-se a vontade viva de Deus para o momento presente, que exige a submissão total do homem. Dessa submissão fluem o conhecimento da exigência concreta e sua aplicação em decisão e responsabilidade pessoais, e em oposição à ordem legal vigente. Como o tratamento subseqüente da mensagem dos profetas no Deuteronômio e em outros lugares demonstra, à exigência básica de justiça deve ser acrescentada, como um inseparável princípio, a lei do amor. Não pode e não deve imperar só a justiça; a justiça e o amor juntos devem determinar e formar a vida que os homens vivem juntos.

d) Finalmente, os profetas dirigiram a sua crítica contra o Estado e sua política[55], sobretudo contra a monarquia, que representava o Estado e esposava sua política. Visto que era responsável perante Iahweh e lhe devia estrita consideração, estava necessariamente aberta a violentos ataques, quando a catástrofe ameaçava seguir os seus passos. Se ela se recusasse à correção, ela e, conseqüentemente, a nação inteira estavam ameaçadas de desastre. Então, a monarquia transformou-se de bênção em maldição, de dádiva de Iahweh numa punição, de modo que a nação não podia esperar nenhum benefício dela. Iahweh mesmo usou-a como uma vara para castigar o seu povo. Para esse propósito, ele indicava reis, afastava-os e os substituía por outros, se eles não fizessem bastante danos (Os 13.9-11), de modo que a monarquia se tomou um instrumento do seu julgamento.

---

[55] H. Donner, *Israel unter den Völkern*, 1964; K. Elliger, "Prophet und Politik", *ZAW* 53 (1935), 3-22 (= *Kleine Schriften zum Alten Testament*, 1966, 119-140); N. K. Gottwald, *All the Kingdoms of the Earth*, 1964; J. Hempel, *Politische Absocht und politische Wirkung im biblischen Schrifttum*, 1938; E. Jenni, *Die politischen Voraussagen der Propheten*, 1956; H.-J. Kraus, *Prophetie und Politik*, 1952; F. Weinrich, *Der religiös-utopische Charakter der "prophetischen Politik"*, 1932.

O Estado era vulnerável, em muitos pontos, à crítica dos profetas. Eles condenaram, freqüentemente, os métodos corruptos na execução da política interna (e.g., Is 3.12-15; Jr 22.13-17), inclusive a política religiosa. Obviamente, eles não suportaram a elevação do javismo ao *status* de religião estabelecida e a aliança entre o trono e o altar, que estava associada com o sincretismo. O seu ataque ao culto, provavelmente, estava baseado, em parte, no fato de que sua observância favorecia a religião estabelecida, e o culto era usado para apoiar a política oficial, que era realizada com a sua ajuda. Além disso, os profetas condenaram a política externa israelita, que traiçoeira e fraudulentamente ia para trás e para a frente; por meio dela os pequenos Estados de Judá e Israel procuravam representar um papel entre os grandes poderes. Em última análise, tal política revela uma profunda estupidez e corrupção dos estadistas, que, mesmo assim, não podem evadir-se da vontade de Iahweh (Os 7.11-12), pois toda política que representasse um papel na vã luta pelo poder no palco deste mundo, ignorando ao mesmo tempo o verdadeiro Senhor do mundo, está condenada ao fracasso desde o começo. Até a guerra já não pode ser considerada um instrumento político. Os profetas a consideraram antes como uma expressão da pecaminosidade de Israel, suficientemente boa para servir como advertência fulminante ao arrependimento ou para servir de ameaça de punição no dia do julgamento. Assim, para os profetas, a paz não era um tempo para refazer-se entre duas guerras, mas a condição natural do mundo. Visto que a guerra, que é empreendida com confiança no próprio poder e no poder dos aliados, é pecaminosa, pois devia, de fato, reinar sempre a paz. Visto que este não é o caso, o homem deve considerar-se responsável. A paz é retirada, mas a guerra que a substitui torna-se o julgamento do homem. Só o arrependimento podia impedir que isto acontecesse. Contudo, visto que nenhum dos profetas encontrou o povo desejando arrepender-se, eles falaram da paz vindoura no tempo depois da intervenção julgadora ou redentora de Iahweh (Sf 3.12-13; Os 2.18) – expectação que foi estendida pela profecia escatológica tardia à paz eterna.

§ 20. A ABORDAGEM DA VIDA FEITA PELOS GRANDES PROFETAS 363

Os profetas não dirigiram a sua crítica contra o governo em si; Isaías podia mesmo ver o julgamento entrando em vigor na queda do governo, na anarquia (Is 3.1-9). O Estado certamente era reconhecido como uma forma de vida humana ordenada. Os profetas, porém, questionavam a ingênua identificação das ações do rei e a política de seus funcionários com o governo de Iahweh e, assim, introduziram na vida pública a tensão entre a vontade do homem e a de Deus. Eles mostraram a ambígua posição do Estado, que tem uma função a cumprir para com a vida humana em conjunto, e, em si mesmo, não é nem divino nem demoníaco, quando realiza essa função, mas que pode desviar-se muito facilmente desse curso, reivindicando para si a autoridade divina e o poder de tomar as últimas decisões. Quando isto acontece, deve-se resistir a ele e fazê-lo uma vez mais respeitar as suas limitações.

Os profetas não desejavam que a fé fosse dependente da política; tampouco procuraram ter as ações políticas do Estado sob a tutela dos representantes da fé. Ao contrário, como Isaías se colocou diante de Acaz (Is 7.1-9), eles exigiram estadistas fiéis que ousassem tomar as suas decisões sob sua própria responsabilidade, porque em questões políticas – como em toda a vida – eles agiam como crentes fiéis e não como o rei assírio censurado por Isaías, com base em seu próprio poder e arrogância (Is 10.5-15).

3. *Relações com a tradição*

Nos grandes profetas individuais, renasceu, uma vez mais, o impulso religioso do período mosaico – se não em forma idêntica, ao menos, numa forma refinada e ampliada. Eles tornaram a experimentar a atividade miraculosa de Iahweh e sua inflexível vontade, que requer decisão. Decisiva para eles foi a sua própria experiência, sobretudo o que lhes foi revelado em suas "experiências particulares" (cf. § 19; 2). Agora, devemos enfrentar a questão do relacionamento deles com as tradições, especialmente a tradição israelita. Podemos perguntar se eles se limitaram a usar tais tradições em sua pregação e como isto foi feito ou se eles estavam inteiramente dominados pelas tradições, se viveram dentro delas, se depenaderam delas e as recitaram, atualizaram ou as radicalizaram.

A solução mais simples para este problema bastante discutido é supor que os profetas simplesmente adaptaram as antigas tradições a cada situação nova e fizeram aplicação prática delas[56]. Contudo, eles rejeitaram os tradicionais movimentos religiosos mais do que os aceitaram e reconheceram, e trataram das tradições de maneira não comumente imputadas a eles. Jeremias não anunciou a adaptação dos antigos compromissos de Israel com a época contemporânea, mas antes um compromisso inteiramente novo (Jr 31.31-34).

A concepção segundo a qual a profecia está enraizada na tradição tem sido esposada, com mais vigor, por VON RAD[57]. Ele vê os profetas associados a três grandes complexos extensos de tradição, a saber, os do êxodo, de Davi e Sião, todos eles tradições da eleição. A essas, o Dêutero-Isaías acrescentou a tradição da criação. As diferenças entre os profetas dependem, conseqüentemente, de que tradição usaram e qual de seus aspectos eles enfatizaram. Além disso, é importante notar que eles interpretaram as tradições da eleição escatologicamente, resultando na visão dos novos atos savíficos de Iahweh que se dariam na história futura.

Essa concepção defronta-se com uma dificuldade básica, que VON RAD evita por tratar separadamente as tradições históricas. Durante o tempo dos profetas pré-exílicos, as tradições históricas às quais ele se refere existiam apenas em forma fragmentária e incompleta. As tradições que recebem as maiores ênfases teológicas são também as mais tardias: a tradição deuteronômica e o estrato-fonte sacerdotal do Hexateuco. Elas não podiam ter

---

[56] Como é feito, por exemplo, por J. BRIGHT, *History of Israel*, 1959 [trad. bras. *História de Israel*, Ed. Paulu, São Paulo, (ano).

[57] G. VON RAD, *Theologie des Alten Testaments*, II, 4ª ed., 1965 (trad. bras.: *Teologia do Antigo Testamento*, Aste/Targumim, 5ª ed., São Paulo, 2006.

exercido nenhuma influência significativa nos profetas, mas, ao contrário, foram influenciadas pela teologia dos profetas, como VRIEZEN demonstrou, usando a noção deuteronômica de eleição como exemplo[58]. Naturalmente, eles incorporaram material muito mais antigo, mas a ênfase religiosa e teológica especial que colocam sobre certos aspectos é o elemento final que entrou em sua formação.

Mesmo independentemente dessa consideração, a tese de VON RAD, segundo a qual as raízes da mensagem dos profetas devem ser encontradas nessas três tradições da eleição, é contestável. Por exemplo, ele considera que os dois temas de Isaías seriam o perigo ou a segurança de Sião e o Messias davídico. É duvidoso, porém, atribuir as duas passagens messiânicas de Is 9.2-7 e 11.1-9 a Isaías. A posição contrária é freqüentemente esposada, mas a evidência não é absolutamente tão convincente que metade das raízes tradicionais de Isaías não possam remontar a esses textos messiânicos. Além disso, segundo a pregação de Isaías, Jerusalém não deve ser simplesmente libertada e preservada. Não há um único discurso de Isaías prometendo qualquer coisa dessa espécie. Mesmo quando o profeta repudiou os assírios como instrumento do castigo divino, não houve alteração de sua mensagem contra a cidade; mesmo depois de os assírios se retirarem de Jerusalém, em 701, a ameaça foi de algum modo intensificada (Is 22.1-14; 32.9-14). Isaías sempre colocou a libertação na dependência do arrependimento radical dos pecados e retorno a Iahweh. Quanto à necessidade de tal arrependimento e retorno como um pré-requisito indispensável para a libertação, cf. v. 4 em 29.1-8; v. 15 em 30.15-17 e v. 6 em 31.4-9. E, em Is 1.19-20, o grande "ou/ou" é inequivocamente claro. Semelhantes argumentos aplicam-se à interpretação dos outros profetas.

A situação não é diferente com respeito à hipótese segundo a qual os profetas estavam enraizados em tradições legais ou sapienciais. No caso de Amós, as referências esparsas à chamada

---

[58] T. C. VRIEZEN, *Die Erwählung Israels nach dem Alten Testament*, 1953.

lei apodítica⁵⁹ – que, de fato, representava não uma "lei divina", mas normas de conduta (cf. § 6,3) – são totalmente insuficientes para demonstrar a existência de dependência. O mesmo é verdade com referência ao caso de Miquéias, para o qual se tem citado Mq 6.8⁶⁰. À parte o fato de que 6.1-8 dificilmente pode ser atribuído ao próprio Miquéias, sendo de uma época consideravelmente posterior, é impossível alegar que *mišpaṭ* seja um termo para expressar "lei anfictiônica" e *"higgîd"* para a sua "proclamação cultual". Além disso, 6.8 não é dirigido ao israelita, mas ao "homem" (*'adam*); sua perspectiva transcende a Israel. A sugestão segundo a qual Amós está enraizado numa antiga sabedoria de clã⁶¹ é altamente questionável, quando os pormenores são examinados mais de perto⁶². Em Amós e, sobretudo, em Isaías, a conexão com a instrução sapiencial basicamente significa não mais que eles tinham uma espécie particular de educação formal; assim, o aparecimento de elementos de sabedoria e pontos de contato com ela significam apenas que o profeta em questão era um homem culto com senso comum.

Naturalmente, em tudo o que os profetas disseram e fizeram, eles se mantêm dentro de uma longa e extensa tradição – incluindo não só o profetismo, mas também a civilização e religião do antigo Oriente Médio e de Israel. Contudo, isso não significa que a eles possa ser atribuído um lugar em alguma civilização hipotética encontrada por todo o antigo Oriente Médio e que possam ser equiparados aos profetas cultuais mesopotâmicos e cananeus. Tampouco podem eles ser compreendidos como meros guardiães de uma tradição israelita que podiam reformar, à qual podiam chamar de volta o povo, ou cuja relevância imediata podiam proclamar. Sua relação com as tradições era diferente.

---

⁵⁹ W. BEYERLIN, *Die Kulttraditionen Israels in der Verkündigung* des Propheten Amos", in *Dehn Festschrift*, 1957, 23-34.
⁶⁰ R. BACH, "Gottesrecht und weltliches Recht in der Verkündigung *des Propheten Micha*, 1959.
⁶¹ H. W. WOLFF, *Amos' geistige Heimat*, 1964.
⁶² J. L. CRENSHAW, "The influence of the Wise upon Amos", *ZAW* 79 (1967), 42-52; G. WANKE, *'vy* und *hvy, ZAW* 78 (1966), 215-218.

§ 20. A ABORDAGEM DA VIDA FEITA PELOS GRANDES PROFETAS 367

É verdade que estavam ligados à tradição religiosa de Israel e, através dela, à tradição mais ampla das nações do antigo Oriente Médio. Contudo, essa conexão não é aquilo que realmente determinava a sua abordagem da vida, mas, antes, a sua própria experiência com Iahweh. Isto é aquilo que fez dos profetas um fenômeno singular. Eles renunciaram às formas religiosas que tinham surgido mediante o compromisso com outras idéias e práticas, agindo, ao contrário, sobre uma verdade que eles descobriram existencialmente. No processo, eles não excluíram a tradição, mas fizeram uso dela em sua pregação. As antigas tradições, porém, não eram fundamentais para a sua fé; elas foram reconstruídas pela mensagem dos profetas, interpretadas e compreendidas de modo novo, a fim de que, com o seu auxílio, os profetas pudessem expressar aquilo que eles desejavam dizer. Este foi o caminho pelo qual Isaías conduziu a noção do Dia de Iahweh (Is 2.12-17, que segue Am 5.18-20), os seguros termos "rocha" e "pedra", aplicados a Iahweh, que, em vez disso, causariam aos homens tropeço e queda (Is 8.14), o epíteto "que habita no monte Sião", garantindo a destruição da cidade (Is 8.16-18) e a memória das vitoriosas batalhas de Iahweh sob Davi, que logo seriam repetidas – mas contra Judá (Is 28.21). Essas idéias estavam baseadas na experiência do chamamento de Isaías. Sua pergunta: "Até quando?", dirigida a Iahweh, pressupunha, de acordo com a concepção tradicional da época, que Iahweh aflige, mas não destrói. Contudo, Iahweh, em sua resposta, predisse uma desolação completa (Is 6.11). Assim, a tradição foi quebrada por Isaías e ele estabeleceu um novo curso.

Isto ajuda a explicar por que os profetas não estavam limitados pelas tradições e por que não dependiam delas, mas, ao contrário, as usaram livremente para propósitos específicos, implícitos em sua mensagem. A despeito de seus traços israelitas comuns, cada um possuía uma individualidade inequívoca; de maneira semelhante, eles não estavam interessados nas tradições comuns, mas na mensagem particular que cada um tinha a proclamar. Por isso, eles usaram as tradições no interesse de sua mensagem. Mais precisamente, as tradições e sua interpretação não estavam entre os elementos primários dos discursos dos profetas, mas pertenciam a seus estágios tardios: a interpretação da experiência particular no contexto da fé profética ou a análise racional da experiência necessária à sua proclamação.

Dentro dessa estrutura, a razão pela qual os profetas usaram as tradições e sua interpretação era tornar a palavra viva de Iahweh compreensível para a pregação e ilustrar a sua nova compreensão do relacionamento do homem com Iahweh e com o mundo. Por causa dessa nova compreensão, os profetas não chamaram os homens de volta à tradição; interpretando-a e desdobrando o seu significado, eles apontaram o caminho para um novo relacionamento com Iahweh. A mudança pela qual passou a tradição correspondia à mudança interior e exterior operada no pecador, quando se transformava num novo homem.

4. Relação com outras atitudes religiosas

Os grandes profetas individuais atacaram, mais ou menos explicitamente e em pormenores, os outros movimentos religiosos que eles encontraram ao seu redor. Uma exceção isolada, em certo sentido, foi o conservadorismo religioso, que representou apenas um papel menor e não poderia pretender atenção especial. Os profetas, como Jeremias, admitiram a seriedade e a intenção pura dos representantes desse movimento (Jr 35), mas não consideraram, nem por um momento, a necessidade de preservar o javismo em sua forma mais antiga ou mesmo olharam o modo de vida nômade como um ideal religioso desejável. O propósito real dessa escola, porém, foi cumprido na mensagem dos profetas de maneira nova e diferente: a manutenção do javismo em toda a sua pureza. Mas sua associação com um modo de vida antiquado foi superada.

O que é simplesmente sugerido aqui não só caracterizou, como também determinou a relação da abordagem profética com outras abordagens verificáveis: freqüentemente, outras formas religiosas foram superadas, enquanto seus propósitos reais foram cumpridos.

§ 20. A ABORDAGEM DA VIDA FEITA PELOS GRANDES PROFETAS 369

a) Primeiro, os profetas não só superaram, como também cumpriram a magia. O exemplo de suas ações simbólicas torna isso claro. Elas se originaram de ações mágicas, tais como são encontradas entre todas as raças. Esperava-se que tais ações mágicas tivessem a sua eficácia própria e produzissem o efeito desejado por meio de seu próprio poder mágico. O profeta, pelo contrário, não supunha que os objetos com os quais ele executava a sua ação estivessem impregnados de poder e que a sua execução fosse eficaz em outras palavras, ele não esperava que o resultado seguisse automaticamente a realização de sua ação. Em vez disso, ele simbolizava o resultado desejado; sua realização era deixada a Iahweh.

Embora o elemento mágico fosse assim superado e eliminado, o profeta realizava a sua ação na completa certeza de que o evento simbolizado, de fato, aconteceria. A ação simbólica era o anúncio eficaz de um evento, porque era da vontade de Iahweh provocá-lo. Assim, na ação simbólica, a magia não era apenas superada, mas também cumprida: aquilo que era simbolizado podia acontecer.

b) Os profetas também superaram e cumpriram a religião cultual. Eles retiraram as barreiras cultuais que pretendiam tornar a vida segura, especialmente em face de seu questionamento total através da experiência vivida com Iahweh. O culto não é um meio de salvação (Is 1.10-17); quando é empregado deste modo, deve perecer. Tudo o que o povo tinha pensado que podia ser usado para preservar ou alcançar o favor de Deus – templo e sacerdócio, imagens e altares, sacrifícios e hinos, canções e danças, promessas e festas – tudo era inútil como meio de assegurar a bênção de Iahweh. Na verdade, podia ser visto através de toda a terra que, finalmente, esse culto servia apenas para causar o pecado; ele era, em si mesmo, fundamentalmente pecaminoso, porque, com o seu auxílio, os homens fogem da vontade de Deus em vez de se submeterem a ela. Enquanto for este o caso, o culto não produz o favor de Deus, mas é, antes, um sinal de corrupção humana que deve submeter-se ao julgamento de Deus.

Os profetas não apenas superaram a religião cultual, como também cumpriram o seu propósito real na oração. O culto verdadeiro de Iahweh dá-se na oração do crente. O exemplo mais característico é a vida de Jeremias, que é ocupada por três tipos de oração: luta interior com Iahweh (lamentações ou confissões de Jeremias), intercessão em favor de sua ação desviada e absorção do profeta em Iahweh, por meio da qual a vontade de Iahweh em cada situação se tornava clara para ele. Aqui, a atitude cultual autocentrada foi superada e cumprida mais profundamente na oração.

c) Os profetas superaram também a abordagem do nacionalismo religioso, derrubando suas barreiras nacionalistas, pois o Deus que eles pregavam se recusa a colocar-se à disposição de um povo ou nação, e não é o fiador do poder ou da cultura nacional. Diante de sua vontade, povo e nação, monarquia e eleição, alianças favoráveis e exércitos vitoriosos perdem o seu significado. Nesta base, podemos compreender a crítica dos profetas à monarquia; o mesmo é válido para a sua condenação dirigida à nação. O relacionamento exclusivo de Iahweh com Israel foi superado. De acordo com a fé dos profetas, Iahweh conduz o destino de todas as pessoas e nações.

O Deus nacional tornou-se o Senhor do mundo. A história da nação expandiu-se para dentro da história do mundo e foi vista dentro dessa estrutura. A história olhava para além das fronteiras da nação e se tornou interpretação religiosa de tudo aquilo que acontecia no mundo. Assim, a fé nacionalista também foi cumprida. Ela tinha visto a revelação de Iahweh não no ciclo das estações do ano e na fertilidade do solo, mas nos eventos que formam a vida dos homens e nações, transcendendo os processos naturais. Tudo o que continuava necessário era superar a limitação do povo israelita e sua experiência nacional e reconhecer Iahweh como o Senhor de todas as nações. Isto é precisamente aquilo que aconteceu com os profetas. Agora, a vontade de Iahweh tinha que ver com todas as nações. Esta é a razão porque os profetas muito freqüentemente dirigiam a elas a palavra de Iahweh; isto é, também porque elas foram ameaçadas com julgamento, caso tivessem desobedecido aos seus mandamentos – mesmo que fossem apenas os moabitas prejudicando os edomitas (Am 2.1-3). Para a profecia escatológica tardia, todas as nações participarão até da salvação escatológica.

d) A abordagem sapiencial da vida foi superada por Isaías, único profeta a interessar-se expressamente por esse movimento. Ele atacou os "sábios" que arrogantemente baseavam os seus planos políticos em sua própria sabedoria, confiando em sua própria compreensão e no poder dos seus aliados egípcios, enquanto duvidavam da sabedoria de Iahweh. Contudo, só Iahweh é sábio e frustra a inteligência daqueles cuja sabedoria é mundana. O ponto importante não é ser inteligente e prudente, procurando uma saída a torto e a direito, mas agir com fé, arrepender-se e confiar em Iahweh (Is 7.9; 30.15). Assim, a abordagem sapiencial também é superada, mas seu propósito – libertação e vigor – é cumprido.

e) A abordagem legal, que encontramos lá pelo fim do período pré-exílico e que está freqüentemente associada com a abordagem cultual, também pode ser considerada como superada pelo movimento profético. Olhado do ponto de vista da mensagem dos profetas, o cumprimento da Lei parecia simplesmente uma tentativa ulterior da parte do indivíduo devoto de colocar Iahweh sob uma obrigação através de suas próprias ações. Não se deve parar na letra da lei, mas reconhecer e cumprir o seu espírito. O compromisso pessoal deve substituir a realização objetiva e a obediência meramente externa. No esquema de realização e recompensa, o homem afirma seus direitos em relação a Iahweh, em vez de reconhecer a vontade de Iahweh, diante da qual ele não é nada. Por isso, a mensagem profética excluía a piedade legalista, mesmo em sua forma mais refinada, para não mencionar as suas manifestações mais grosseiras.

Naturalmente, os próprios profetas, repetidas vezes, pronunciaram admoestações éticas, embora não como leis individuais, mas como aplicações específicas das exigências básicas de Iahweh, adaptadas a cada situação. Sua posição, sobretudo, era diferente: elas são a conseqüência do viver corretamente no mundo, diante de Iahweh, não o fundamento sobre o qual tal vida é construída. Sem motivos ulteriores sua observância é a expressão externa de que um homem está no poder de Iahweh e se submeteu a ele na fé.

Isto ajuda a explicar por que Jeremias não saudou festivamente a reforma de Josias, mas, a princípio, tomou uma atitude de "deixa como está para ver como é que fica", possivelmente até crítica, e não disse nada, pois, embora muitos motivos da acusação profética já tivessem sido removidos, o interesse cultual e legal ainda estava lá. Mais tarde, Jeremias expressou abertamente a sua crítica. Tampouco Ezequiel considerou a atitude deuteronômica como um meio de salvação. Ele não viu Jerusalém preservada pela reforma, mas condenada à destruição com antecedência. Acima de tudo, ele retornou a idéia deuteronômica da eleição de Israel, que, em seu ambiente original – sem negar a seriedade da situação – foi considerada uma idéia primária que ajuda a convocar o povo para uma nova vida e a libertar toda a nação. Absorvendo essa idéia e, em seguida, descrevendo a constante apostasia de Israel com respeito a Iahweh (Ez 20.18s), o profeta demonstrou que considerava mal sucedida a experiência deuteronômica.

f) Agora, podemos resumir as nossas conclusões. A relação da abordagem profética com os outros movimentos religiosos mostra que todos eles foram superados pelos profetas e, ao mesmo tempo, cumpridos em seus propósitos mais profundos e autênticos. A comparação revela a superioridade da fé profética. Obviamente, encontramos essa atitude não apenas nos poucos grandes profetas individuais, mas, mais ou menos claramente, em quase todo o Antigo Testamento. Na verdade, ela se baseava no javismo mosaico, do qual autênticas influências estavam em uso até na abordagem cultual e naquela do nacionalismo religioso. A mensagem em si, por sua vez, exerceu forte influência: sobre os historiadores das narrativas com sua atitude nacionalista, sobre os representantes da teologia deuteronômica, sobre a instrução sapiencial tardia e todo o período pós-exílico.

5. O lugar das grandes figuras proféticas na história das religiões

a) A abordagem da vida feita pelos profetas marcou a transição daquilo que era ainda predominantemente uma religião primitiva para uma religião superior, completamente desenvolvida. É digno de nota que essa transição se deu também alhures, durante o mesmo período[63]. No mundo grego, o período entre aproximadamente 800 a 500 a.C. testemunhou a transição do *mythos* para o *logos,* da mitologia para a teologia. No começo desse processo, colocaram-se as especulações cosmológicas de Hesíodo; a multiplicidade de deuses desenvolveu-se na unidade do *theion.* Nesse começo, dividiu-se numa linha teística de Anaxágoras a Aristóteles e numa linha mística que conduziu à identidade universal da Escola Eleata, de Platão e do Estoicismo. Contudo, ambas conduziram a uma unidade do absoluto e, assim, a uma religião superior.

Na Índia, a primitiva religião do Veda continha as sementes do desenvolvimento posterior que se deu aproximadamente entre 800-500 a.C., que encontrou expressão na literatura dos Upanixades. Nela, ainda é discernível o substrato primitivo da especulação sacrifical e da mitologia, mas a unidade do absoluto aparece gradualmente. Buda constituiu o clímax.

Na China, como na Grécia, a compreensão do absoluto seguiu dois caminhos, definidos pelos dois eminentes fundadores da religião no Oriente: o caminho teísta por Confúcio, o caminho místico por Lao-tzu. Ambos viveram por volta de 500 a.C.

Finalmente, um processo semelhante aconteceu no profetismo israelita, pois em Israel foram os profetas que abriram caminho para uma religião superior, desenvolvida de forma total no período aproximadamente entre 800-500 a.C. Seu primeiro elemento, a experiência de um único Deus absoluto num monoteísmo prático, já estava largamente presente, embora o Dêutero-

---

[63] R. OTTO, *Vischnu-Narayana,* 1923, 203-229: "Das Gesetz der Parallelen in der Religionsgeschichte".

Isaías fosse o primeiro a tirar as conclusões completas dele num monoteísmo teorético. O segundo elemento, porém, originou-se no próprio profetismo: dizia respeito ao homem e foi a descoberta, enraizada naquela experiência absoluta de Deus, de um estado existencial de alienação de Deus, a que ele estava exposto. Isto não teve precedentes; por isso, a religião superior dos profetas era superior aos outros movimentos religiosos, que, no máximo, constituíam um primeiro estágio na transição de uma religião primitiva para uma religião superior.

b) Além disso, a abordagem profética marcou a transição de uma religião nacional para uma religião universal, na qual a comunidade nacional não era mais idêntica à comunidade religiosa. O fiel individual era agora o portador da fé; ele podia unir-se a outros para formar uma comunidade religiosa particular. A religião estava focalizada sobre o indivíduo, que se tinha tornado independente e cuja vida tinha desenvolvido os seus próprios problemas internos. Na religião nacional, o indivíduo podia perder a sua salvação se rompesse os laços que o prendiam à comunidade; agora, a situação era reversa: a alienação existencial de Deus era vista como a situação fundamental em que o indivíduo se encontrava; a salvação era alguma coisa a ser ganha, não preservada. O foco da atenção estava sempre voltado para a pessoa individual, para a existência humana, uma necessidade pessoal de natureza puramente religiosa, independente de todos os laços com a nação e o povo. Conseqüentemente, a mensagem dos profetas, como aquela de toda religião universal, era universal: correspondendo às angústias e necessidades universais, havia uma mensagem universal que conduziria à salvação universal, pois a universalidade da mensagem não significava apenas que era proclamada a todos e endereçada a todos, mas também que falava de um assunto universal: a possibilidade e necessidade de uma vida sob a soberania de Deus e em comunhão com ele, e o caminho que conduz a essa vida. Havia uma oferta universal (a transformação através do arrependimento ou redenção), a qual, aceita, colocava a base para a salvação (uma nova vida). O assunto era verdadeiramente de vital importância: a existência do homem ou a não-existência pende na balança. Para a mensagem dos profetas e sua eficácia, não havia limite dentro do homem, nenhuma área limitada. Como uma religião universal, a fé profética dizia respeito ao centro da personalidade humana, de que todas as outras esferas da existência humana derivavam o seu novo significado e virtude. Além disso, ao contrário do misticismo, a fé profética procurava influenciar todas as esferas da vida humana e do mundo na base desse centro, e formar o curso dos eventos através dessa nova associação com Iahweh.

Capítulo VII
A TEOLOGIA DEUTERONÔMICA, CONSEQÜÊNCIA E QUARTA INFLUÊNCIA

§ 21. DESENVOLVIMENTOS RELIGIOSOS

A. ALT, "Die Heimat des Deuteronomiums", in *Kleine Schriften zur Geschichte des Volkes Israel*, II (1953), 250-75; W. BAUMGARTNER, "Der Kampf um das Deuteronomium", *ThR*, NF I (1929), 7-25; A. BENTZEN, *Die josianische Reform und ihre Voraussetzungen*, 1926; K. BUDDE, "Das Deuteronomium und die Reform Josias", *ZAW* XLIV (1926), 177-224; R. FRANKENA, "The Vassal-Treaties of Esarhaddon and the Dating of Deuteronomy", *OTS* XIV (1965), 122-54; H. GRESSMANN, "Josia und das Deuteronomium, *ZAW* XLII (1924), 313-37; A. JEPSEN, "Die Reform des Josia", in *Festschrift Friedrich Baumgärtel*, 1959, 97-108; S. LOERSCH, *Das Deuteronomium und seine Deutungen*, 1967; N. LOHFINK, "Die Bundesurkunde des Königs Josia", *Bibl*, XLIV (1963), 261-88, 461-98; V. MAAG, "Erwägungen zur deuteronomischen Kultzentralisation", *VT* VI (1956), 10-18; G. VON RAD, *Deuteronomium-Studien*, 2ª ed., 1948; D. W. B. ROBINSON, *Josiah's Reform and the Book of the Law*, 1951; M. WEINFELD, *The Provenance of Deuteronomy and the Deuteronomic School*, tese, Jerusalém, 1964.

1. *Fundo e história primitiva*

a) Embora sob o regime de Manassés, que era totalmente dependente da Assíria, a oposição, em Judá, fosse condenada ao silêncio, sua resistência ao sincretismo crescente continuou *sub rosa*. Os dois maiores movimentos de oposição, os sacerdotes do território levítico e os círculos proféticos, parecem ter concluído uma aliança com base em sua atitude cultual conservadora.

Ambos viram a tragédia de seu tempo na apostasia de Judá com relação a Iahweh. Ambos viram crescente perigo nos numerosos santuários não supervisionados que existiam por toda a terra, os quais estavam sujeitos à influência dos cultos cananeus, bem como dos cultos assírios de Jerusalém e dos vários cultos menores. Se todos eles pudessem ser abolidos, o javismo puro podia alcançar sucesso na empresa de ser restaurado no seu lugar de honra. Podia-se esperar que, em conseqüência, o prejuízo político, social e cultural pudesse ser reparado.

O pré-requisito para a realização desses objetivos foi alcançado na última parte do reinado de Assurbanipal, rei da Assíria (morto em 626 a.C.), e depois de sua morte, quando o império assírio começou a fragmentar-se. Como resultado, a pressão assíria sobre os Estados menores da Síria e Palestina foi reduzida, de modo que, por algum tempo, eles estavam, no tocante a todos os propósitos práticos, sem um soberano. Em Judá, isso propiciou a ascendência daquelas forças políticas e religiosas que operavam como uma espécie de partido da liberdade nacional, que procuravam libertar a terra do domínio assírio e defender a soberania de seu próprio Estado, em vez de depender do Egito. Parte desse programa tratava da purificação da vida e do culto através da eliminação dos acréscimos estrangeiros.

Eles receberam o apoio do rei Josias para os seus objetivos. O mais tardar, pelo ano 622 a.C., ele cortara os laços que o prendiam à Assíria. A rejeição da soberania assíria significava também a rejeição da religião assíria; a última era inconcebível sem a primeira. É discutível se foram tomadas de uma vez todas as medidas ou se foram executadas mais cautelosamente em diversos estágios, durante diversos anos. Parece mais provável que as medidas tomadas por Josias começaram logo após a morte de Assurbanipal e culminaram com a reforma cultual de 622 a.C. De qualquer forma, trata-se de um processo contínuo e coerente que era não só um empreendimento político, como também religioso, mesmo na reforma concluída. A reforma removeu do culto tudo aquilo que não se ajustava com o javismo e se constituiu no reconhecimento de

Iahweh, da parte do Estado, como o único soberano de seu povo. A reforma era, por um lado, uma revolução antiassíria e, por outro, uma revolução conservadora com tendências nacionalistas, cultuais e legalistas.

b) A base para a reforma cultual foi um código de leis apresentado a Josias. É quase universalmente reconhecido que tal código era uma forma incipiente do livro do Deuteronômio, o assim chamado Protodeuteronômio; por isso, a reforma de Josias tem sido chamada Reforma Deuteronômica[1]. As razões para identificar o código legal da reforma com o Protodeuteronômio são muito fortes, ainda mais que esse livro de leis foi além da mera remoção do culto dos deuses estatais assírios do Templo de Jerusalém, acrescentando outras medidas, mencionadas em 2 Rs 22-23 e exigidas apenas no Deuteronômio: a supressão de todos os santuários, excluído o Templo de Jerusalém; a eliminação de todos os cultos estrangeiros do Templo e a celebração da Páscoa no Templo. Assim, temos os seguintes pontos de concordância entre o relato da reforma e o Deuteronômio:

Centralização do culto	2 Rs 23.8-9,19	Dt 12.13ss
Abolição do culto astral	23.11-12	17.3
Remoção dos prostitutos do culto	23.7	23.18
Extirpação dos necromantes	23.24	18.11ss
Proibição do sacrifício de crianças	23.10	18.10
Celebração da Páscoa no Templo	23.21ss	16.1ss

A única discrepância é a diferença entre 2 Rs 23.8-9 e Dt 18.6 na classificação dos sacerdotes dos santuários da região rural, que pode ser explicada pelas circunstâncias locais.

É difícil determinar o escopo e, portanto, o conteúdo do Protodeuteronômio ou o livro da lei usado na reforma. Pode apenas ser definido em largos contornos; o fracasso não pode mais ser determinado, porque a revisão tardia foi muito profunda. De qualquer maneira, o livro da lei possuía uma introdução e conclusão além do *corpus* legal, provavelmente a atual estrutura in-

---

[1] BHH, I, 336-338: RGG, II, 101-103; IDB, I, 831-838.

terna do Deuteronômio. Talvez possamos fazer a seguinte reconstrução[2]:

1. Introdução, sanção do livro da lei como vontade de Iahweh, junto com expansões de natureza parenética e admoestações solenes: 4.44-11.32 (omitindo-se 9.7-10.11).
2. Ordenamentos concernentes à centralização do culto: 12; 14.22-29; 15.19-23; 16.1-17; provavelmente também 17.8-13; 26.1-15.
3. Ordenamentos construídos de modo casuístico, que tratam da lei "civil": o núcleo de 21-25.
4. Leis de abominação, cuja fórmula de conclusão declara que tal ação é uma abominação para Iahweh: 16.21-17.1; 18.9-14; 22.5; 23.19; 25.13; possivelmente também 22.9-12.
5. As chamadas leis humanitárias: 22.1-4; 23.15-16,19-20; 24.6-25.4; talvez também as "leis militares": 20; 21.10-14; 23.9-14, geralmente colocadas no grupo 3.
6. Ordenamentos derivados do chamado código da Aliança (Êx 20.22-23.19), em parte não contidos nos grupos já elencados: 15.1-11,12-18; 16.18-20; 19.1-13,16-21.
7. Conclusão, com a estipulação de que a lei deve ser escrita em grandes pedras no monte Garizim e um altar deve ser construído, bem como devem ser pronunciadas bênçãos e maldições: 27.1-10; 28.1-68.

Este livro da lei mostra uma história complexa[3]. Em particular, sua relação com o chamado Código da Aliança e com o estrato-fonte E sugere o Reino do Norte de Israel como uma resposta à pergunta sobre onde se originou o primeiro livro da lei. Ele deve ter sido composto ali antes da queda do Estado de Israel; em outras palavras, provavelmente não mais tarde que a primeira metade do século VIII a.C. O último período de prosperidade sob Jeroboão II pode ter propiciado a ocasião. Depois da queda de Israel, foi levado para Jerusalém, juntamente com outra literatura de Israel, onde foi submetido a uma revisão inicial já no tempo de Ezequias ou da parte da oposição ao movimento da reforma, durante o reinado de Manassés. Nesse tempo, o material parenético e exortativo foi acrescentado ao *corpus* legal, e foi

---

[2] S-F, S 25,3.
[3] S-F, § 25,4-5.

composta a estrutura, que consistia de introdução e conclusão. O caráter básico do livro da Lei, contudo, foi preservado, como é demonstrado pelo exemplo de outros códigos legais do antigo Oriente Médio com introdução e conclusão (Código de Lipit-Ishtar; Código de *Hamurābi*). Esta é a forma em que o livro da lei foi usado no tempo de Josias.

2. A reforma de Josias

De acordo com o relato da reforma em 2 Rs 22.23, que parece ser baseado, em geral, em anais oficiais, enquanto 2 Cr 34.35 é menos fidedigno, o sumo sacerdote Helcias descobriu o livro da lei ou Protodeuteronômio no Templo de Jerusalém. Essa afirmação tem sido interpretada de várias maneiras. Não pode, porém, ser colocada nenhuma questão quanto a uma possível fraude sacerdotal ou quanto a uma "descoberta" no sentido de origens lendárias para legitimar documentos novamente compostos. Devemos supor que realmente foi descoberto um rolo, depois de ter estado no Templo durante um tempo considerável. Isso podia ser fruto do costume de se depositarem documentos importantes no Templo (1 Sm 10.25; 2 Rs 19.14). Se o Protodeuteronômio se originou como um livro da Lei composto no Reino do Norte e revisto em Jerusalém, é razoável supor que tenha sido conservado no Templo depois de ser revisado e – talvez no contexto das medidas iniciais tomadas contra os cultos assírios – redescoberto mais ou menos acidentalmente.

Helcias entregou o rolo ao rei, que – consternado e assustado com a iminente ira de Iahweh, porque os ordenamentos do livro da lei não tinham sido obedecidos – ordenou que se consultasse Iahweh. A profetisa Hulda imediatamente predisse o desastre, embora não durante a vida de Josias. O rei aconselhou-se com os anciãos de Judá e convocou uma assembléia geral do povo no recinto do Templo. O livro foi lido publicamente e a assembléia o aceitou como uma lei nova. Assim, suas regulamentações tornaram-se, em tudo, obrigatórias. Visto que ele tocava em muitas áreas além das questões cultuais – os direitos do rei, a indicação de novos funcionários, a disposição do exército, o tratamento dos inimigos, conduta social e ética etc. – e atingia a vida do Estado, do povo e de cada cidadão em particular, sua aceitação significava o seu reconhecimento como constituição e leis fundamentais.

Seguindo a aceitação do livro da Lei, Jerusalém e seus arredores junto do Templo foram purificados. Os pertences do culto assírio foram removidos e destruídos, naquilo que ainda não tinha sido feito: a imagem de *Ishtar*, o carro e cavalos do deus-sol e os altares correspondentes. O mesmo foi feito com o mobiliário e pertences dos cultos cananeus e outros cultos estrangeiros, com o santuário dos demônios-bodes e o lugar para o sacrifício de crianças no vale de Hinom. O segundo ato foi a centralização do culto em Judá; todos os santuários existentes por toda a zona rural foram considerados cultualmente impuros e ordenou-se a todos os sacerdotes de Iahweh que se apresentassem em Jerusalém. Embora Dt 18.6-7 dê explicitamente a esses sacerdotes o mesmo *status* dos sacerdotes de Jerusalém, nesta cidade, a eles só foi dado o direito de viver dos rendimentos do sacerdócio; não lhes era permitido oficiar no altar (2 Rs 23.9)[4]. Isso se explica pelos esforços compreensíveis do sacerdócio de Jerusalém a fim de evitar uma regulamentação que fosse prejudicial aos seus interesses. O clímax de todas essas medidas foi uma Páscoa celebrada de acordo com as novas provisões, como não tinha sido celebrada desde o período dos juízes (2 Rs 23.22). Mais tarde, quando Josias pôde ocupar algumas partes daquilo que fora o Reino do Norte, estendeu suas medidas reformadoras a elas.

A reforma de Josias parece ter sido um completo sucesso durante o seu tempo; ao mesmo tempo, continuou-se a fazer a revisão do Protodeuteronômio (cf. § 22,3). Depois de sua morte, naturalmente, seus sucessores não se consideraram mais sujeitos ao livro da Lei, de modo que Joiaquim – excluindo a centrali-

---

[4] J. A. EMERTON, "Priests and Levites in Deuteronomy", *VT* 12 (1962), 129-138; G. E. WRIGHT, "The Levites in Deuteronomy", *ib.*, 4 (1954), 325-330.

zação do culto – podia simplesmente ignorá-la. Isso não impediu, porém, que ele fosse suplementado, no período exílico e pós-exílico, até atingir a sua forma atual e continuasse a produzir um poderoso efeito através de sua teologia.

§ 22. TEOLOGIA E VIDA SEGUNDO OS PRINCÍPIOS DEUTERONÔMICOS

P. ALTMANN, *Erwählungstheologie und Universalismus im Alten Testament*, 1964; A. CAUSSE, "La transformation de la notion d'alliance et la rationalisation de l'ancienne coutume dans la réforme deutéronomique", *RHPhR* XIII (1933), 1-29, 298-323; F. DUMERMUTH, "Zur deuteronomischen Kulttheologie und ihren Voraussetzungen", *ZAW* LXX (1958), 59-98; A. R. HULST, *Het karakter van den kultus in Deuteronomium*, 1938; A. JEPSEN, *Die Quellen des Königsbuches*, 2ª ed., 1956; B. MAARSINGH, *Onderzoek naar de Ethiek van de Wetten in Deuteronomium*, 1961; R. MARTIN-ACHARD, "La signification théologique de l'élection d'Israël", *ThZ* XVI (1960), 333-41; M. NOTH, *Die Gesetze im Pentateuch* (= *Gesammelte Studien zum Alten Testament*, 1957, 9-141; idem, *Überlieferungsgeschichtliche Studien*, I, 1943; G. VON RAD, *Das Gottesvolk im Deuteronomium*, 1929; T. C. VRIEZEN, *Die Erwählung Israels nach dem Alten Testament*, 1953; M. WEINFELD, "The Origin of the Humanism in Deuteronomy", *JBL* LXXX (1961), 241-47; idem, "The Change in the Conception of Religion in Deuteronomy", *Tarbiz*, XXXI (1961/62), 1-17; H. W. WOLFF, "Das Kerygma des deuteronomistischen Geschichtswerks", *ZAW* LXXIII (1961), 171-86 (= *Gesammelte Studien zum Alten Testament*, 1964, 308-24).

1. *A teologia deuteronômica*

A teologia deuteronômica é dominada por três idéias básicas. A primeira é a unidade de Iahweh, em contraste com a tendência para a pluralidade que tinha implicado na concepção de Deus pela multiplicidade de santuários com suas várias tradições e teologias[5]. Os vários epítetos aplicados a El e Baal nos santuários individuais dos cananeus podiam enfatizar certos aspectos tão fortemente, que

---

[5] W. F. BADE, "Der Monojahwismus des Deuteronomiums", *ZAW* 30 (1910), 81-90.

quase produziram novas divindades locais. Assim também tão forte era o perigo que se originou, que a concepção de Iahweh podia fragmentar-se e, por fim, produzir diversos *Iahwehs*. A simbolização de Iahweh por meio de imagens de touros, no Reino do Norte, tinha sido o primeiro passo nessa direção. Contudo, havendo um único centro cultual, podia ser formada ali uma concepção unificada de Deus. Por isso, a teologia deuteronômica exigia a centralização do culto num único santuário.

A segunda idéia básica é a do zelo de Iahweh. Essa expressão, que já encontramos (cf. § 14,1), foi empregada mais freqüentemente pela teologia deuteronômica. Ela manifesta empenho pelo reconhecimento da vontade soberana e dos direitos individuais de alguém contra e com a exclusão de outros. Nela, percebemos claramente a exigência de adoração exclusiva de Iahweh. De fato, de acordo com a teologia deuteronomista, o zelo de Iahweh é dirigido contra a adoração de outros deuses por Israel, especialmente contra as influências dos cultos cananeus.

A terceira idéia básica é tomada dos profetas: o amor de Iahweh, que desde os dias dos patriarcas tinha manifestado inexplicável graça e favor para com Israel, o qual não demonstrara nenhuma qualidade para justificar esse favor. Esse amor encontra a sua correspondência, por um lado, no amor de Israel, por Iahweh, que, segundo esparsas referências antigas (Êx 20.6; Jz 5.31; Jr 2.2-3), veio a representar um importante papel na teologia deuteronômica[6], e, por outro, no amor pelo próximo. A esse respeito, Israel é hoje uma vez mais confrontado com a decisão, como nos dias de Moisés.

A teologia deuteronômica colocava a vida inteira sob o signo da vontade amorosa e reivindicadora de Iahweh. Para esse fim, ela retomou o termo *b^{e}rît* (cf. § 2,4; 6,2; 8,3)[7], que tinha caído em desuso

---

[6] J. COPPENS, "La doctrine biblique sur l'amour de Dieu et du prochain", ALBO IV.16, 1964
[7] BHH, I, 282.287; RGG, I, 1513-1516; IDB, I, 714-721; A. JEPSEN, "Berith", in *Rudolph Festschrift*, 1961, 161-179: E. KUTSCH, "Gesetz und Gnade", ZAW 79 (1967), 18-35: N. LOHFINK, "Die Wandlung des Bundesbegriffes im Buch Deuteronomium", in *Rahner Festschrift*, 1964, 423-444.

durante séculos e foi preservado apenas nas tradições de Abraão e Moisés, fazendo uso de seu duplo significado "segurança/obrigação", aplicando-o, por um lado, à promessa de Iahweh aos pais e àqueles que guardam os seus mandamentos (Dt 7.9,12; 8.18; posteriormente 4.31; 29.12-13) e, por outro lado, à obrigação imposta ao povo pelo decálogo e pela lei deuteronômica (Dt 5.2; posteriormente 4.13,23; 9.9,11,15; 10.8; 17.2; 29.1; 29.9). Acima de tudo, o termo tornou-se significativo no último sentido. Mesmo na introdução mais antiga do Deuteronômio, ele se refere à obediência ao decálogo e às leis deuteronômicas (Dt 5.2-3), que são também mencionados de modo explícito em Dt 29.1; 29.9. De acordo com esse relato, Moisés deu essas leis aos israelitas depois que transgrediram as leis do Sinai em Moab. A nova interpretação deuteronômica do termo diferia da antiga interpretação nômade de duas maneiras. Primeiro, em vista da violação da antiga obrigação, as leis deuteronômicas referem-se, com especial ênfase, ao caráter permanente e eterno da nova obrigação, cominando terríveis ameaças, caso elas fossem transgredidas. Além disso, elas foram formuladas, numa proporção muito maior, com termos legais e jurídicos, especialmente desde que o livro da lei deuteronômica procurava regulamentar muitos aspectos diferentes da vida diária. Nesse contexto, a teologia deuteronômica desenvolveu também a idéia da dupla recompensa da parte de Iahweh: recompensa pela observância da lei, punição pela transgressão dela (cf. § 15,4)[8].

A sujeição da vida inteira à vontade de Iahweh foi dirigida contra a secularização da vida e do Estado, que tinha acompanhado o desenvolvimento cultural. Até certo ponto, a teologia deuteronômica era uma extensão dos antigos movimentos religiosos cultuais e nacionalistas (cf. § 13,4-5); ao mesmo tempo, ela tomava uma atitude crítica para com a sabedoria racionalista, "iluminista" e "secular" (cf. § 13,6). A soberania divina, que constituía a nova aspiração dessa teologia, devia ser simbolizada de modo concreto no santuário central com suas atividades cultuais de

---

[8] M. WEINFELD, "The Source of the Idea of Reward in Deuteronomy", *Tarbiz* 30 (1960-1961), 8-15.

massas; o modo de vida ordenado por Deus devia ser baseado no registro escrito da vontade de Deus. Desta maneira, os homens esperavam evitar as fraquezas humanas e o julgamento ameaçado pelos profetas com a sua conseqüência, pois a teologia deuteronômica adotou a crítica profética da teoria segundo a qual Israel vivia essencialmente num estado de favor de Deus. Contudo, ao contrário dos profetas, que em geral adotavam uma concepção extremamente negativa em relação às oportunidades futuras de Israel, essa teologia tentava preservar a nação como um todo do catastrófico julgamento de ameaça, sem tentar esconder a seriedade da situação. Para esse fim, ela dirigia-se aos homens como pecadores individuais, exigindo que aceitassem as obrigações da lei deuteronômica. Se cada indivíduo lhe obedecesse e todos tomassem uma decisão com respeito a Iahweh, a nação, como a soma de todos esses indivíduos, poderia ser salva. Se se desse essa inversão, o amor de Iahweh para com Israel permaneceria. A maldição não precisaria tornar-se efetiva, as ameaças de julgamento dos profetas ficariam sem realização. Essa tentativa deuteronômica, como síntese entre a teologia cultual e nacionalista, por um lado, e a teologia profética, por outro, enquanto excluía o secularismo, foi uma notável realização teológica.

A nota principal era o conceito de eleição, para o qual a teologia deuteronômica empregou o verbo *haḥăr* como termo técnico, concentrando-se nesse conceito, a fim de convocar a nação inteira a uma nova maneira de vida[9]. Isso concedeu à autocompreensão de Israel uma coloração notavelmente nacionalista e particularista: Israel é o próprio povo santo de Iahweh e, por essa razão, isso significa excluir os outros povos da Palestina e não se aparentar com eles (Dt 7.1-6). De modo semelhante, um texto desse período, que se originou dos círculos sacerdotais e foi influenciado por essa concepção, prediz que Iahweh criará uma nação santa dedicada a ele, com uma monarquia ou rei sacerdotal (Êx 19.6)[10].

---

[9] BHH, I, 435-436; RGG, II, 610-613; IDB, II, 76-72.
[10] G. FOHRER, "'Priesterliches Königtum', Êx 19.6", *ThZ* 19 (1963), 359-362; H. WILDBERGER, *Jahwes Eigentumsvolk*, 1960.

A teologia deuteronômica exerceu poderosa influência sobre o futuro e subseqüente desenvolvimento do javismo, sobretudo através dos conceitos de obrigação legal e da eleição de Israel. Por isso, podem ser classificados como outra influência sobre o javismo. Se essa influência foi favorável e desejável é outra questão. De qualquer maneira, Jeremias não acolheu a lei deuteronômica e não proclamou os ordenamentos dela como uma *berît* obrigatória, substituindo a obrigação do Sinai que tinha sido rompida; em vez disso, proclamou uma nova *berît*, que incorporava a promessa de Iahweh, a qual seria estabelecida não num livro da lei, mas na comunicação da vontade de Iahweh no íntimo do coração do homem (Jr 31.31-34). Além disso, a teologia deuteronômica, com seu interesse na vontade codificada de Iahweh, preparou o caminho para um cânone autorizado[11] e marcou o começo do desenvolvimento de uma "religião do livro", uma fé que podia ser ensinada e aprendida (Dt 7.6ss; 30.11ss).

2. *A vida sob a lei deuteronômica*

a) No âmbito cultual, a lei deuteronômica atacou, mordaz e energicamente, as instituições e práticas cananéias, e aquelas que estavam relacionadas com outras religiões estrangeiras. Ela proibia, com freqüência, sob pena de morte, a adoração de outros deuses além de Iahweh, árvores sagradas e *masseboth*, a prostituição sagrada e o sacrifício de crianças, adivinhação, feitiçaria e necromancia. As proibições contra o travestismo e a mistura de coisas diferentes, como também a exclusão dos eunucos, provavelmente, sejam dirigidas contra as práticas religiosas de outros povos (Dt 22.5,9-12; 23.2). O javismo devia ser preservado em toda a sua pureza. Obviamente, não era o javismo de Moisés ou dos grandes profetas individuais, mas a religião que se desenvolveu no curso da monarquia, com suas ênfases cultual e nacionalista e enriquecida mediante o acréscimo de muito daquilo que era originalmente cananeu.

---

[11] Nos acréscimos tardios, já se pensa no Deuteronômio como "escritura": cf. Dt 17.18; 28.58,61; 29.20-21.

A ira daqueles que defenderam a lei deuteronômica era dirigida apenas contra as instituições e práticas estrangeiras ainda não assimiladas ou que não podiam nunca ser assimiladas. Aquilo que os profetas tinham criticado não era reformável[12].

Em conseqüência da centralização cultual, aumentou o significado do Templo de Jerusalém, e a própria cidade também cresceu em importância. Havia agora apenas um santuário em Jerusalém, o qual Iahweh tinha escolhido. Até para Jerusalém e seu Templo, a teologia deuteronômica tinha introduzido essa noção de eleição, associada com a idéia da habitação de Iahweh no Templo. Por causa da posição especial que Jerusalém ocupava como a cidade escolhida e o local do Templo, ela se tornou centro cultual para todos os israelitas.

Iahweh escolheu Jerusalém e o Templo a fim de "fazer habitar o seu nome" ali (Dt 12.5). Assim, a noção materialista da habitação real da divindade no santuário foi superada. Estabeleceu-se, no local apropriado, uma distinção entre o Deus supramundano e a revelação do seu governo através do seu nome. Esse local da presença revelada de Iahweh foi o Templo.

Dt 16.1-17 contém o calendário deuteronômico de festas com três festividades (cf. § 16,3)[13] a serem celebradas, dali em diante, de modo exclusivo, no Templo de Jerusalém. Com respeito à festa das Semanas e à festa da Colheita, agora chamada festa das Tendas, nada mais precisa ser dito. Aquilo, porém, que tinha sido a festa dos Pães Azimos foi, de forma evidente, combinado com a Páscoa, novamente comemorada, para constituir um única festa; ao contrário da prática nômade, a Páscoa foi transformada numa festa de peregrinação e do Templo[14].

---

[12] Para uma discussão da diferença entre os profetas e o Deuteronômio, cf. R. Dobbie, "Deuteronomy and the Prophetic Attitude to Sacrifice", *SJTh* 12 (1959), 68-82.

[13] E. Auerbach, "Die Feste im alten Israel", *VT* 8 (1958), 1-18: H. J. Elhorst, "Die deuteronomischen Jahresfeste", *ZAW* 42 (1924), 136-145.

[14] N. Füglister, *Die Heilsbedeutung des Pascha*, 1963; H. Guthe, "Das Passahfest nach Dtn 16", in *Baudissin Festschrift*, 1918, 217-232: H. G. May, "The Relation of the Passover to the Festival of Unleavened Cakes", *JBL* 55 (1936), 65-82.

b) A atitude deuteronômica para com outros povos e nações está também baseada em considerações religiosas[15]. Em sua atitude com respeito aos cananeus, ela dependia das concepções nacionalistas dos estratos-fonte J e E (cf. § 13,5), mas as intensificou. Enquanto J e E falavam em geral de expulsar os cananeus e apenas ocasionalmente de aniquilá-los (Js 9), o Deuteronômio exigia primariamente que o cananeu fosse morto, exterminado e aniquilado – em especial por meio do *herem*[16] –, expulso. Contudo, para todos os propósitos práticos, pelo fim do século VII a.C., essa exigência mais rigorosa e mais radical era puramente teórica. Serviu antes de tudo para expressar a rejeição fundamental dos cultos cananeus e do sincretismo.

Amonitas e moabitas deviam ser excluídos da congregação de Iahweh (Dt 23.3), originalmente, talvez porque sua origem era inaceitável a Israel (cf. Gn 19.30ss); mais tarde, outras razões foram dadas para explicar a exclusão deles (Dt 23.4-6). O mesmo se aplicava a outros povos de origem obscura ou duvidosa (23.3). Por outro lado, os edomitas, irmãos de Israel, e os seus primeiros protetores, os egípcios, eram tidos em alta estima (Dt 23.7-8).

c) A lei deuteronômica caracteriza-se por uma tendência humana, que a distingue favoravelmente de outros códigos legais do antigo Oriente Médio. Por exemplo, um escravo fugitivo não deveria ser devolvido ao seu senhor (23.15-16); não se devia usufruir lucros dos israelitas (23.19-20); sujeito a certas limitações, alguém podia satisfazer a sua fome com as uvas e cereais de outrem (23.24-25); uma das mós ou ambas não podiam ser tomadas em penhor (24.6) e um manto tomado em penhor devia ser devolvido para uso à noite (24.12-13); nenhum israelita podia ser roubado, tratado mal ou vendido (24.7); ao trabalhador devia ser dado o seu salário no mesmo

---

[15] O. Bäcli, *Israel und die Völker*, 1962; C. Brekelmans, "Le *Herem* chez les prophètes du royaume du nord et dans le Deutéronome", *BEThL* 12 (1959), 377-383; N. K. Gottwald, "'Holy War' in Deuteronomy, Analysis and Critique", *Review and Expositor* 61 (1964), 296-310.
[16] BHH, I, 193; RGG, I, 860-861.

dia (24.14-15); os pais de uma pessoa culpada não podiam ser punidos pelo crime dela (24-16); os direitos dos estrangeiros, órfãos e viúvas não podiam ser infringidos e a eles devia ser concedida a respigadura dos campos e pomares (24.17-22); a punição corporal devia ser moderada (25.1-3). Essa categoria inclui também as regulamentações que orientam a conduta na guerra, algumas das quais são baseadas naquilo que eram originalmente noções cananéias (cf. § 9,3), bem como inclui aquelas que tratam da isenção do serviço militar (20.5ss), da proibição do corte de árvores frutíferas (20.19-20) e das regulamentações que dão orientação sobre o casamento com mulheres tomadas dos inimigos em batalhas (21.10ss). Nem mesmo os animais foram esquecidos (22.1-4; 25.4).

Finalmente, a lei decretava uma remissão geral de dívidas a cada sete anos (15.1-18), cujo propósito era tornar possível um novo começo, em intervalos regulares, para aqueles que estavam numa baixa posição social. Não se conhece nada a respeito da força de coação real das regulamentações acerca da remissão das dívidas. Aquelas concernentes à libertação dos devedores, obviamente, não eram observadas, como demonstra o texto de Jr 34.8ss; segundo esse relato, tal libertação aconteceu apenas uma vez, como medida temporária numa situação especialmente crítica e mais tarde foi revogada. Esses ordenamentos – e indubitavelmente outras regulamentações deuteronômicas – nunca passaram de um programa teórico. Mesmo assim, elas continuam dignas de nota e apreciáveis.

d) A lei tentou também regulamentar e salvaguardar a vida humana no âmbito da ética e da justiça sociais. Desde que a antiga assembléia judicial local, na qual todos os cidadãos mantinham o tribunal, demonstrou o seu fracasso sob as circunstâncias em mudanças, juízes eram indicados por toda a terra; eles deviam exercer o seu cargo imparcialmente e sem corrupção (16.18-20). Como antes, os casos difíceis deveriam ser decididos pelos sacerdotes – dali por diante, apenas pelos sacerdotes de Jerusalém (17.8ss). Importante também era a proteção contra a vingança de sangue, que os lugares de refúgio deviam oferecer aos homicidas (19.1ss).

A lei prescrevia rigorosa ética sexual (22.13 ss); ela proibia o divórcio fácil (24.15s) e a conduta considerada vergonhosa da parte das mulheres (25.11-12).

e) Finalmente, o Estado e a monarquia não escaparam aos efeitos da lei deuteronômica[17]. As leis que orientavam o rei são características, estabelecendo primariamente aquilo que ao rei é e não é permitido fazer (Dt 17.14ss): nenhum devia ser estrangeiro, isto é, a preservação da dinastia davídica[18]; nenhuma multiplicação de cavalos ou submissão ao Egito para obter cavalos, isto é, nenhuma expansão do exército mercenário, que tinha sido largamente dissipado na catástrofe de 701, e nenhuma guerra de agressão; nenhuma multiplicação de esposas, isto é, limitação do harém estrangeiro do rei e redução das influências estrangeiras através do casamento com as filhas de outros soberanos; nenhuma grande riqueza, isto é, restrições ao luxo e redução das taxas. O rei retratado nessa lei não é um soberano absoluto, mas um soberano popular, obrigado a obedecer à vontade de Deus como estabelecida na lei deuteronômica; ele está sujeito à mesma lei a que a assembléia popular concordou em obedecer.

Segue-se, dessa igualdade sob a lei de Deus, que todos os israelitas são irmãos. De entre esses irmãos sai o rei, bem como o camponês e o negociante; mesmo o escravo israelita é irmão do seu senhor. Esse senso de comunidade política é indubitavelmente nutrido pelo espírito dos profetas; a forma legal dele mostra, uma vez mais, o acento tipicamente deuteronômico.

3. *A escola deuteronomística pré-exílica*

a) O movimento deuteronômico de reforma produziu uma escola teológica, que existiu até além da morte de Josias e mes-

---

[17] K. GALLING, *Die israelitische Staatsverfassung in ihrer vorderorientalischen Umwelt*, 1929.
[18] A legitimação da dinastia em 2 Sm 7 foi, conseqüentemente, interpretada deuteronomisticamente em 2 Sm 23.5 como uma promessa eternamente válida da parte de Iahweh. Contudo, também A. H. J. GUNNEWEG. "Sinaibund und Davidsbund", *VT* 10 (1960), 335-341; L. ROST, "Sinaibund und Davidsbund", *ThLZ* 72 (1947), 129-134.

mo além da queda do Estado de Judá. Já ao tempo de Josias, essa escola continuava a revisão do Protodeuteronômio enfatizando suas características parenéticas e exortativas e introduzindo nele o espírito belicoso, que foi revivido em conexão com a restauração da milícia composta por todos os cidadãos livres, segundo o modelo do período do antigo javismo. Além disso, incorporou-se a série de ameaças de Dt 27.15-26, composta no período pré-exílico tardio. Trata-se, aqui, de uma série de máximas legais, modelada segundo a série de normas apodíticas de conduta. Na estrutura do Deuteronômio, a ordem de apresentação serviu para dar a impressão de uma (fictícia) ação cultual.

A escola deuteronomística fez poucas alterações nos livros de Gênesis-Números. A parte algumas notas suplementares ou redacionais, como aquelas no decálogo (Êx 20.1-17), as regulamentações concernentes à festa da Páscoa e à festa dos Pães Ázimos e dos primogênitos em Êx 12.24-27a; 13.3-16 podem ser atribuídas a ela. O livro de Josué sofreu duas recensões deuteronomísticas; os acréscimos maiores, à parte as notas breves, foram de Js 1.3-9,12-18; 8.30-35; 10.16-43; 11.10-20; 22.1-8; 23. Js 24 (E) também foi revisto. Não pode ser determinado com certeza quanto disso devia ser atribuído ao período pré-exílico. O livro dos Juízes também passou por uma múltipla revisão deuteronomística. A primeira revisão produziu os comentários da estrutura, que foram colocados em torno das narrativas individuais ou ciclos de narrativas; de acordo com essa estrutura, houve um esquema constantemente repetido de apostasia de Israel, punição dada por Iahweh, conversão de Israel a Iahweh e auxílio dele por meio do chamado de um libertador. O curso da história, que resulta, é cíclico. Os livros de Samuel, por outro lado, exibem apenas alguns traços deuteronomísticos; as maiores alterações estão limitadas à revisão de 1 Sm 2.22-36; 7; 12; e 2 Sm 2.

Sobretudo os livros dos Reis são um produto deuteronomístico, compostos e construídos pela mão de autores deuteronomísticos. Naturalmente, o propósito deles não era oferecer uma apresentação minuciosa da história da monarquia, mas providenciar uma análise rigorosa da história. O Templo de Jerusalém, a relação dos reis com ele, e os profetas deviam ser enfatizados. Os reis cujos reinados não foram memoráveis a este respeito receberam apenas um mínimo necessário de menção; quanto aos pormenores adicionais, o leitor era remetido às fontes históricas então existentes. Todos os reis, porém, foram avaliados de acordo com o critério segundo o qual tinham ou não permitido ou promovido outros cultos, além daquele do Templo de Jerusalém. Apenas Ezequias e Josias, no relato de suas reformas cultuais, foram honrados sem reservas; Asa, Josafá, Joás, Azarias e Joatão foram honrados em grau menor. A maior parte dos livros dos Reis foi redigida após 622 a.C.; a composição desses livros foi concluída antes de 609, visto que nem o exílio babilônico nem a morte violenta de Josias (cf. 2 Rs 22.20) são incluídos.

De acordo com outra teoria, os livros do Deuteronômio a Reis constituem uma compreensiva História Deuteronomística (JEPSEN, NOTH)[19]. Segundo NOTH, durante o exílio, o autor dessa História reuniu seções que anteriormente eram independentes e acrescentou os seus próprios comentários. Mais tarde, foram interpoladas passagens extensas. Contudo, sua hipótese levanta diversas objeções.

Em primeiro lugar, o Deuteronômio foi incorporado ao Pentateuco ou Hexateuco, depois de um período de existência independente. Isso é demonstrado pela continuação dos estratos-fonte J, E e P em Dt 31.14-17,23; 33, 34, bem como pela incorporação de versículos derivados de P em Dt 1.3; 4.41-43. Além disso, o Deuteronômio estava ligado não só internamente, como também materialmente com o Pentateuco ou Hexateuco por meio da estrutura de narrativa posterior. Essa estrutura constitui um todo unificado, de modo que os capítulos 1-3 do Deuteronômio não podem ser colocados à parte e considerados o começo da História Deuteronomística (NOTH). Ela incorpora o Deuteronômio na tradição do Pentateuco através da suposição de uma obrigação

---

[19] RGG, II, 100-101.

tomada por Israel em Moab, depois de sua transgressão da obrigação aceita na montanha de Deus.

Além do mais, há claras conexões entre o Pentateuco e o livro de Josué; essas conexões já estavam presentes nos estratos fonte pré-exílicos, como demonstram as declarações concernentes ao sepultamento dos ossos de José (Êx 13.19; Js 24.32) e à introdução da figura de Josué (Êx 17.8ss; 24.13-15; 32.17-18; 33.11; Nm 11.28-29; Dt 31.14,23). Acresce que os estratos-fonte do Pentateuco continuam no livro de Josué e no começo do livro dos Juízes, como demonstra uma cuidadosa análise.

Finalmente, os livros de Juízes-Reis diferem tão notavelmente entre si que não podem ter constituído partes de uma História Deuteronomística coerente; enquanto apenas influência deuteronomística menor poder ser encontrada nos livros de Samuel, o livro dos Juízes e os livros dos Reis mostram duas teorias divergentes da história, ambas deuteronomísticas: o curso da história no livro dos Juízes, com sua constante repetição, é cíclico; o dos livros dos Reis é uma linha reta que indica a catástrofe. Essa espécie de diferença não pode ser atribuída a um único autor ou redator.

Não se pode supor seguramente que outras forças estavam em ação no mesmo período, pelo menos nos anos entre a morte de Josias e a queda do Estado. Nos últimos anos da monarquia, provavelmente se formou uma primeira recensão daquilo que mais tarde veio a ser o Código de Santidade (Lv 17-26; cf. § 23,3), incluindo coleções individuais e conjuntas. Ezequiel, filho dos círculos sacerdotais em Jerusalém, estava familiarizado com essa coleção antes de sua deportação. De qualquer maneira, isso explicaria a concordância entre ele e o Código de Santidade, a qual dificilmente pode ser acidental[20].

b) O relato deuteronomístico do período dos Juízes e da monarquia tentou demonstrar e elucidar a exatidão da teologia deuteronômica. Cada episódio do período dos Juízes mostrava como a apostasia de Israel foi seguida pelo castigo de Iahweh e o

---

[20] Cf. S-F, § 20,3.

§ 22. TEOLOGIA E VIDA SEGUNDO OS PRINCÍPIOS DEUTERONÔMICOS

arrependimento de Israel pelo auxílio de Iahweh. Por isso, toda a nação eleita podia ser libertada e preservada da destruição, somente se retornasse a Iahweh. Contudo, naturalmente depois de voltar-se para Iahweh, como era exigido pela lei deuteronômica, não devia recair em pecado; evitar que isso acontecesse era justamente o propósito da lei.

A história da monarquia também ilustrava a necessidade de arrependimento radical e retorno a Iahweh depois do fracasso pecaminoso de Israel em face do amor de Iahweh. Naturalmente, aprovação e recomendação eram convenientes, quando a batalha contra os abusos religiosos estava relacionada tão fortemente com Ezequias e Josias. Com essa aprovação porém, deve ser contrastada a mais ou menos severa censura à maioria dos reis, censura cuja finalidade era admoestar e educar. Assim, a escola deuteronomística teve sucesso ao pintar a história da monarquia como uma ilustração multiforme da infidelidade de Israel para com a sua própria eleição e ao fazer dessa infidelidade a causa de todas as desgraças que surgiram no curso daquela história. Essa história deveria ser um manual de aprendizagem para Judá, que devia encontrar o caminho de volta para o manancial de sua fé, se não quisesse perecer. A importância da responsabilidade individual para o destino de toda a nação foi, assim, cunhada de novo em moeda corrente da apresentação popular, enquanto, ao mesmo tempo, um novo meio de disseminação de doutrina religiosa foi criado.

Naturalmente, a história foi, com freqüência, distorcida no processo pela grosseira simplificação e reinterpretação esquemática. Isso estava ligado ao que acontecia quando os reis eram avaliados simplesmente de acordo com a atitude que eles tomavam para com o culto de Iahweh fora de Jerusalém, critério do qual eles não podiam ter conhecido nada em seu próprio tempo. A intenção pedagógica da escola deuteronomística, que fez a tradição histórica servir a seus próprios propósitos, enfraqueceu notavelmente o mérito de sua atividade literária. Contudo, essa atividade perseguiu fins que não eram históricos, mas religiosos e pedagógicos.

Terceira Parte

A RELIGIÃO DO PERÍODO EXÍLICO

Capítulo VIII
A RELIGIÃO DO PERÍODO EXÍLICO

§ 23. A SITUAÇÃO RELIGIOSA

A. Causse, "Les origines de la diaspora juive", *RHPhR* VII (1927), 87-128; *idem*, "Du groupe éthnique à la communauté religieuse", *ibid.*, XIV (1934), 285-335: S. Cook, "Le VIe siècle, moment décisif dans l'histoire du Judaïsme et dans l'évolution religieuse de l'Orient", *ibid.*, XVIII (1938), 321-31; J. de Fraine, "Individu et societé dans la religion de l'Ancien Testament", *Bibl* XXXIII (1952), 324-55, 445-76; E. Janssen, *Juda in der Exilszeit*, 1956; E. Klamroth, *Die jüdischen Exulanten in Babylonien*, 1912; K. Koch, "Sühne und Sündenvergebung um die Wende von der exilischen zur nachexilischen Zeit", *EvTh* XXVI (1966), 217-39; A. Menes, "Tempel und Synagoge", *ZAW* L (1932), 268-76: J. Morgenstern, "The Origin of the Synagogue", in *Studi orientalistici G. levi della Vida*, II (1956), 192-201: M. Noth, "La catastrophe de Jérusalem en l'an 587 avant Jésus-Christ et sa signification pour Israël", *RHPhR* XXXIII (1953), 81-103: D. W. Thomas, "The Sixth Century B.C.: a Creative Epoch in the History of Israel", *JSS* VI (1961), 33-46.

1. *A situação e a evidência*

a) A queda do Estado de Judá marcou um ponto crítico decisivo na vida histórica da nação israelita – momento decisivo que teve efeito correspondente sobre o javismo e começou a transformá-lo mais notavelmente do que qualquer evento anterior. Isso foi devido, por um lado, à destruição do Templo, ao fim da monarquia, e à cessação geral do oferecimento de sacrifícios, e, por outro lado, à deportação de parte da população para a Babilônia, onde os exilados foram forçados a viver numa terra considerada impura e cercados por uma religião estrangeira.

As deportações atingiram o estrato superior da população, naqueles membros que os babilônios não tinham executado. Não é mais possível determinar precisamente quantos foram deportados; de qualquer maneira, eles constituíam apenas uma parte – embora uma parte importante – da população total. O número daqueles que foram deixados para trás, apesar da fuga de alguns deles para o Egito depois do assassínio de Godolias, era consideravelmente maior, como indica também Ez 33.24.

Jerusalém tinha sofrido grave dano. O Templo tinha sido queimado e deixado em ruínas. Os babilônios tinham destruído os muros da cidade, embora não totalmente, visto que a lista posterior daqueles que trabalharam nos muros fala quase exclusivamente de reparos (Ne 3). A cidade não estava desabitada; grande número de habitantes continuou a morar nela (cf. Lm 1.4,11; 5). Naturalmente, sua condição de vida era miserável: insuficiência de víveres (Lm 1.11), canibalismo (2.20; 4.10); sofrimento das criancinhas (2.11-12,19); violentação de mulheres (5.11); assassínio de sacerdotes e profetas (2.20); enforcamento de homens respeitáveis e degradação de anciãos (5.12). A administração babilônica envolvia também opressão, sobretudo o trabalho forçado (5.13) e impostos (5.4). Só gradualmente foi restaurada certa prosperidade, de modo que, pelo ano 520, muitos habitantes de Jerusalém possuíam casas bem confortáveis (Ag 1.4ss).

Muito compreensivelmente, a situação dos deportados era também difícil, embora variasse sob os diferentes reis babilônicos. Enquanto Nabucodonosor exerceu mão forte e perseguiu seus objetivos políticos consistente e constantemente, seu sucessor Amel-Marduk teve boa disposição para com os judeus e deu ao rei Joiaquim, que já tinha sido deportado em 597, a libertação. Ficou claro que era vantajoso para os deportados continuar a viver em colônias fechadas; felizmente, os babilônios permitiram que prevalecesse essa medida temporária. Os deportados podiam construir casas, fazer comércio e, mais tarde, até procurar outro lugar para viverem. Muitos conseguiram riqueza e prosperidade no exílio, de modo que, depois que foram libertados por Ciro, apenas uma parte deles considerou vantajoso o oferecimento de poderem retornar à sua terra natal.

Várias conclusões foram tiradas do curso dos eventos por aqueles que foram deixados em Judá e por aqueles que foram deportados. Muitos julgaram que a maneira pela qual Josias executou a reforma deuteronômica fora errada e tinha encolerizado os outros deuses; isso significava um retorno a outros cultos. Outros viram na catástrofe o julgamento de Iahweh, com que os grandes profetas individuais tinham ameaçado e se consideravam ainda enredados na culpa, porque, depois da morte de Josias, o povo e o Estado tinham, uma vez mais, se afastado de Iahweh para outros cultos. Outros ainda duvidavam se Iahweh realmente existia (cf. nota 2 abaixo). Assim, o povo dividia-se em diversos grupos.

b) A catástrofe de Judá refletia-se em sua literatura. À parte a profecia contemporânea, que será discutida alhures (§ 24,1-3), as grandes fontes são lamentações e alguns dos salmos.

As cinco lamentações reunidas num pequeno livro[1] foram compostas por uma testemunha ocular da queda de Jerusalém, algum tempo depois do ano 587 a.C. Deve permanecer aberta a questão se o poeta vivia em Jerusalém ou no exílio. Os cantos são elegias de um homem culto, que refletem sobre a terrível catástrofe que se abateu sobre Jerusalém. Embora, aparentemente, ele tivesse uma vez pertencido àqueles círculos que aguardavam pela libertação da cidade até ao amargo fim, a destruição dela abriu-lhe os olhos para um contexto mais profundo, levou-o a concordar, interiormente, com aquilo que acontecera, dispô-lo a ouvir a mensagem dos profetas e fê-lo comprometer-se com uma tentativa de auxiliar seus companheiros sofredores que tinham submergido numa crise de fé. Ele viu como causa imediata do desastre a ira de Iahweh, ocasionada, por sua vez, pela pecaminosidade do povo, entre os quais os sacerdotes e profetas cultuais eram os mais culpados. A única maneira de escapar da miséria era orar a Iahweh, que seria gracioso e misericordioso para com um povo penitente.

---

[1] Para uma discussão minuciosa; cf. S-F, § 44.

Diversos salmos, que podem ser datados, com relativa segurança, do período exílico, refletem também a situação difícil; eles incluem os Salmos 60; 74; 123, que são lamentações comunitárias. As lamentações individuais de Sl 77.1-15 e de 102 também se referem a esses eventos, mostrando em que medida eles podiam atingir a piedade pessoal.

2. *Palestina*

a) Provavelmente, sempre houve dúvidas acerca de Iahweh entre os israelitas (cf. Sf 1.12), mas a queda de Jerusalém as intensificou. Os acontecimentos pareciam-lhes dirigidos por um destino cego que sobrevinha ao inocente: "Os pais comeram uvas verdes, e os dentes dos filhos embotaram-se" (Jr 31.29; Ez 18.2). Outros, a cujas objeções o poeta das Lamentações respondia, simplesmente negavam a Iahweh (Lm 3.34-36). Como conseqüência, alguns dos de Judá que ficaram na Palestina voltaram-se para cultos estrangeiros. Mesmo nos anos finais do período pré-exílico, depois da morte de Josias, tais cultos tinham sido permitidos, uma vez mais, até no Templo de Jerusalém, como pode ser determinado através de Ez 8 e de outras informações. Agora, haviam sido abertos os últimos diques que protegiam o javismo e muitos que não renunciaram a Iahweh e mantiveram sua fé nele como o Deus da Palestina adotaram uma religião sincretista ou uma multiplicidade de cultos. Para a maior parte de Judá, Iahweh era simplesmente um deus entre outros, a quem eles também adoravam.

Assim, chegou a prevalecer uma religião popular com características mais cananéias que do javismo. Além disso, houve um ressurgimento de práticas de magia, que tinham sido secretamente preservadas e transmitidas, bem como vários cultos ignominiosos. Essa tendência foi intensificada pela influência da religião sincretista, igualmente influenciada pelos cultos cananeus, que já existiam na província de Samaria, centro daquilo que tinha sido anteriormente o Reino do Norte de Israel. O javismo também foi invadido pelos cultos dos povos transjordanianos, pequenos grupos cujos adeptos se estabeleceram naquilo que tinha sido o território de Judá. Nessa religião sincretista, o Iahweh de Jerusalém não pode ter diferenciado muito do Iahweh de Samaria, do Malcom dos amonitas ou do Camosh dos moabitas. Além do mais, naturalmente, os cultos babilônicos foram praticados, encontrando muitos adeptos tanto nos cultos dos vitoriosos como dos governantes.

b) o genuíno javismo, porém, não morreu, embora se restringisse a um círculo menor do que antes. Dentro desse círculo, a catástrofe foi compreendida como o julgamento proclamado pelos profetas, que Iahweh tinha aplicado sobre Judá por causa dos seus pecados. Obviamente, levantou-se de modo gradual a questão acerca de quanto tempo duraria o julgamento. O Templo em ruínas era um escárnio de Iahweh – quanto tempo permaneceria assim (Sl 74.9-10)? Ou lemos em termos positivos que é tempo de Iahweh ter piedade (Sl 102.14).

A despeito de toda a destruição, as ruínas do Templo ainda serviram para propósitos de culto. De acordo com uma antiga teoria, o local continuava sagrado apesar de toda destruição, de modo que, provavelmente, ainda se ofereciam sacrifícios[2]. Não sabemos se isso acontecia regularmente e se havia um altar. Há apenas uma menção de homens que vinham a Jerusalém, procedentes do que fora o território do norte de Israel, trazendo ofertas de cereais e incenso (Jr 41.5-6). Visto que o local sagrado era também o lugar de lamentação (1 Rs 8.33), as lamentações rituais que faziam dali em diante eram prescritas, como as festas, para certas datas (cf. Zc 7.5). De acordo com Zc 8.19 (cf. 2 Rs 25.1, 8-9, 25), esses ritos deviam ser observados quatro vezes ao ano: no quarto mês, por causa da conquista de Jerusalém (junho/julho); no quinto mês, por causa do incêndio do Templo (julho/agosto); no sétimo mês, por causa do assassínio de Godolias (setembro/outubro); no décimo mês, por causa do início do cerco de Jerusalém (dezembro/janeiro).

---

[2] Para uma posição diferente, cf. D. JONES, "The Cessation of Sacrifice After the Destruction of the Temple in 586 B. C.", *JThSt*, NS 14 (1963), 12-31.

3. Exílio e Diáspora[3]

a) A deportação da classe alta de Judá para uma terra estrangeira, com uma civilização superior, deve ter significado uma terrível crise para o javismo. Um culto sacrifical era impossível numa terra impura. Sobretudo o deus babilônico Marduc parecia ser mais poderoso que Iahweh, porque tinha conquistado Judá por meio dos babilônios. Visto que era vantajoso adorar o deus vitorioso e visto que os israelitas, possivelmente, podiam assim auferir vantagem dos seus senhores babilônios, muitos dos deportados se tornaram infiéis ao javismo, embora não haja meio de estimar o número deles. Outros consideraram pelo menos o culto aos deuses babilônicos como acréscimo a Iahweh e erigiram imagens desses deuses em suas casas (Ez 14.1-11). Havia também feiticeiras que empregavam a magia babilônica, cosiam faixas para os pulsos e faziam véus para o povo que vinha consultá-las (Ez 13.18).

Contudo, como na Palestina, o javismo foi preservado entre os deportados; de fato, ele fincou raízes mais firmes lá do que tinha feito antes. Assim, uma vez mais, os deportados foram capazes de preservar a singularidade dele, ao contrário dos israelitas do norte, que, em geral, foram ética e religiosamente absorvidos em seu novo ambiente. Essa conseqüência foi, além disso, auxiliada pelo fato de que, em suas manifestações populares, o javismo era inferior aos cultos babilônicos, não menos como conseqüência das influências proféticas.

Os deportados foram mais seriamente atingidos pela impossibilidade de continuar a adorar Iahweh num templo como em Jerusalém. Parece que durante algum tempo eles procuraram um substituto, de modo que pudessem continuar com o culto com o qual já estavam familiarizados: eles quiseram erigir uma imagem de "madeira e pedra", provavelmente copiando dos protótipos babilônicos, mas desistiram do projeto após o protesto de Ezequiel (Ez 20.32).

---

[3] BHH, I, 340-341.458-460; RGG, II, 174-177.817-819; IDB, I, 854-856; II, 186-188.

Então, desenvolveram outras formas em substituição. A escola religiosa, que, mais tarde, se transformou na sinagoga[4], substituiu o Templo; ali, o povo reunia-se para uma forma simples de adoração que compreendia oração, hinos e uma preleção. A última, sob a influência da escola deuteronomística, consistia primariamente de interpretação histórica. Supõe-se, com freqüência, que o culto da sinagoga já estava inteiramente desenvolvido no período deuteronômico, mas não se pode oferecer uma prova definitiva para tal suposição. De qualquer maneira, a classe dos mestres da lei, neste contexto, ficou em evidência. Ela existia, pelo menos, desde o fim do período pré-exílico, possivelmente como conseqüência da reforma deuteronômica. Tinha a tarefa de interpretar a lei e aplicá-la aos vários casos particulares que eram levantados no dia-a-dia. O povo reunia-se para a adoração do *Shabbath*, que, assim, adquiriu nova importância[5]. Sua observância tornou-se o substituto mais importante do culto; guardar o santo *Shabbath* tornou-se uma obrigação religiosa decisiva.

Certos ritos e cerimônias recebiam mais ênfase durante o exílio do que anteriormente. Assim, a circuncisão[6] constituiu-se num importante rito que distinguia os israelitas dos babilônios, os quais tinham conhecimento da prática; ela simbolizava a relação do povo com Iahweh. Além disso, uma espécie de culto negativo foi praticado, no jejum, em honra de Iahweh, em que se abstinham de comer e beber[7]. Essa era a maneira de observância sobretudo dos dias de lamentação ritual, que também eram regularmente observados no exílio. Finalmente, a antiga dieta e regulamentações sobre a pureza passaram por posterior elaboração[8]. A obser-

---

[4] BHH, III, 1906-1910: RGG, VI, 557-559; IDB, IV, 476-491.
[5] BHH, III, 1634; RGG, V, 1259-1260; IDB, IV, 135-141.
[6] BHH, I, 223-224; RGG, II, 819; IDB, I, 629-631.
[7] BHH, I, 465-466; RGG, I, 640-641; IDB, II, 241-244.
[8] BHH, III, 1579.1828; RGG, V, 947-948; VI, 231-232; IDB, I, 641-648; J. Döller, *Die Reinheits- und Speisegesetsze des Alten Testaments*, 1917; W. Kornfeld, "Reine und unreine Tiere im Alten Testament", *Kairos*, 1965, 134-147; J. Milgrom, "The Biblical Diet Laws as an Ethical System", *Interpr* 17 (1963), 288-301.

vância cuidadosa delas mostrava que não se sentiam em casa em terra estranha, impura e que eram devotos de um Deus diferente daquele de seus habitantes. Desta maneira, o exílio contribuiu para o processo que ligou intimamente o núcleo daqueles que tinham sido a classe superior de Judá com o javismo e consolidou o próprio javismo. Essa consolidação tomou com clareza uma forma que os grandes profetas individuais dificilmente aprovaram, embora a influência deles também seja perceptível. No próprio exílio, porém, alguns elementos importantes do judaísmo tardio se formaram ou sobressaíram. Contudo, essa fé possuía tanta atração que, durante o exílio, pessoas que pertenciam a outras nações e religiões se ligaram a ela, possivelmente, de modo geral, deportados de outras nações, que moravam nas vizinhanças das colônias dos de Judá. Assim, durante o período em que o javismo era totalmente dependente de um poder estrangeiro, ele demonstrou a sua força vitoriosa; na verdade, durante esse período, nasceu a noção de Israel ser enviado a todas as nações, a idéia da missão de Israel (cf. § 24,3).

Por outro lado, influências do mundo vizinho também tiveram efeito, ainda que modesto, sobre o javismo; essas foram, a princípio, de origem babilônica e, próximo ao fim do exílio, de origem persa[9]. Elas se fizeram sentir primariamente no âmbito da cosmologia e na crença em anjos e demônios; começando com esse período, ocorrem, de alguma forma, por toda parte, mesmo em Ezequiel e no Dêutero-Isaías. Não se trata, porém, de um novo sincretismo; os novos elementos foram, antes, fundidos com o javismo, sendo despojados, em menor ou maior grau, de seu significado original.

b) O substituto exílico para o primitivo culto mostrava claramente um lado legalista, tal como já tinha aparecido no movimento de reforma deuteronômica. Depois da destruição do Templo e da extinção de seu culto, os deportados, ameaçados pelo seu novo ambiente, procuravam alguma coisa para se apoiar,

---

[9] Cf., por exemplo, F. STUMMER, "Einige keilschriftliche Parallelen zu Jes 40-66", *JBL* 45 (1926), 171-189.

algum meio de proteger-se contra a ameaça, alguma coisa em que pudessem recolher-se como numa fortaleza. Eles a encontraram na lei.

A contribuição primária foi aquela da escola deuteronomística do exílio. Ela tentou tornar claro aos deportados que, de acordo com a vontade de Iahweh, tudo tinha de acontecer como realmente tinha acontecido, que Iahweh, de fato, tinha anunciado tudo muito tempo antes. Por isso, a coisa mais importante era retornar a Iahweh, porque só assim se poderia ter esperança outra vez. Contudo, a possibilidade de se obter, uma vez mais, a graça de Deus, a qual tinha sido selada por juramento na história antiga de Israel, era dada através da lei. Depois da catástrofe, ainda permaneciam válidos ali os mandamentos e proibições de Iahweh, suas regulamentações e ordenamentos. O desastre os tinha atingido, porque tais mandamentos não tinham sido obedecidos; se, finalmente, eles fossem obedecidos agora, haveria esperança de libertação. A lei era a rocha fixa e irremovível, a que eles podiam aderir a fim de evitar que fossem varridos pela corrente da história.

A escola deuteronomística continuou a empreender a transmissão da escritura. Provavelmente, neste período, tenha sido acrescentada a segunda estrutura ao Deuteronômio, que incluía como introdução Dt 1.1-4,43; 9.7-10,11 e, como conclusão 29.1; 29-30, e serviu para incorporar o Deuteronômio na tradição do Pentateuco. Ao mesmo tempo, foi dado ao livro o caráter de testamento de Moisés ou de discurso de despedida.

Além disso, prosseguiu a revisão deuteronomística dos livros de Josué-Reis. A revisão mais importante foi aquela dos livros dos Reis por outra mão, que acrescentou as referências ao exílio ao lado de outro material suplementar e a conclusão dos livros de 2 Rs 23.25b em diante. A nova conclusão trata da libertação de Joiaquim.

No exílio, deu-se também ao código legal contido em Lv 17-26 a sua forma final. Ele é chamado Código de Santidade com base na fórmula freqüentemente repetida: "Vós sereis santos, pois eu, Iahweh vosso Deus, sou santo" (com pouca variação)¹⁰. Ele contém primariamente normas cultuais e éticas:

17	O abate de animais e o consumo de sua carne
18	Intercurso sexual
19	Normas religiosas e éticas
20	Delitos capitais, sexuais e outros
21	Santidade dos sacerdotes
22	Santidade das ofertas cultuais e sacrifícios
23	Calendário das festividades
24.1-9	Detalhes da adoração no santuário
24.10-23	A lei israelita aplica-se aos estrangeiros
25.1-55; (26.1-2)	Ano sabático e ano do jubileu
26.3-46	Declaração de recompensa e punição

O Código de Santidade colocava diante do povo a exigência de que eles deviam ser santos no sentido de pureza cultual e ética.

As leis do Código, que visam ao próprio tempo dele, têm traço arcaizante; elas derivam do período do deserto como a época ideal de Israel, e suas ilustrações refletem as circunstâncias de um acampamento de peregrinos. Como Moisés e sua geração, o povo vivia fora da Palestina e esperando por uma nova ocupação da terra. Além disso, diz-se que todas as leis foram outorgadas ao povo através da mediação de Moisés no Sinai, de modo que, dali em diante, Moisés tornou-se o legislador por excelência; agora, ele emprestaria sua autoridade a toda a lei. Esse princípio foi levado em conta até mais consistentemente em P, que foi composto mais tarde. A respeito de sua forma arcaizante, o Código de Santidade é um programa e um plano para a reconstrução da vida nacional, embora não no sentido profético de reconstrução mediante o espírito, mas, ao contrário, por meio da organização e da lei.

O Ano Sabático mencionado acima (§ 16,3) foi prescrito, pela primeira vez, por Lv 25.1-7. A situação exílica em si tornou claro

---
¹⁰ Para uma discussão minuciosa, cf. S-F, § 20,3.

que se tratava mais do que de um programa no âmbito da ética social. Ele se baseava na teoria segundo a qual Iahweh é o verdadeiro proprietário da terra da Palestina, e o camponês é apenas seu vassalo ou arrendatário; a terra é realmente arrendada à nação como um todo e seus benefícios devem, portanto, estar à disposição daqueles que não têm propriedade. Não há menção, em nenhum lugar, da imposição da lei em qualquer tempo durante o período do Antigo Testamento; desde que a realização de suas estipulações radicais dificilmente podia ter acontecido sem alguma reação, esse silêncio pode ser interpretado como admissão de que a lei nunca entrou em vigor.

Ao mesmo tempo, Lv 25.8-55 registra as normas concernentes ao Ano do Jubileu[11], em que as normas concernentes ao Ano Sabático foram combinadas com aquelas de Dt 15, que dão orientação sobre a remissão dos débitos. Elas também permaneceram programáticas.

Desta maneira, durante o exílio, as exigências da lei converteram-se no princípio diretor da conduta humana para uma parte de Israel; o cumprimento dessas exigências foi elevado à condição de modo exemplar de vida. Depois dos inícios no movimento de reforma deuteronômica, agora podemos falar de uma abordagem legal da vida e de uma religião legalística. É impossível negar a profunda seriedade ou a prontidão em obedecer à vontade de Deus que moldavam essa abordagem. É freqüentemente possível perceber um assentimento interior à lei, que transcende a sua letra; nem estava ali qualquer falta de cumprimento da lei de acordo com seu espírito e intenção. As leis individuais podiam mesmo estar subordinadas aos padrões básicos de conduta para com outros israelitas, e essa conduta era descrita sumariamente como amor ao próximo (Lv 19.18). Assim, estava incluída também a ajuda ao fraco e oprimido, que não podia ser definida em termos legais.

Embora a influência profética seja discernível nesse último traço, a abordagem legal como um todo deve ser julgada nos

---

[11] N. M. NICHOLSKIJ, "Die Entstehung des Jobeljahres", *ZAW* 50 (1932), 216.

mesmos termos do movimento cultual. Ela reduzia a vida ao ritual, pois as leis éticas receberam a mesma ênfase que as leis rituais do culto, se sua importância, de fato, não predominou. A vida foi colocada dentro dos estreitos limites da lei, regulamentada e esquematizada. O fator determinante era o ato exterior correto, como deve ser o caso com a orientação legalista. Era reto e devoto o homem que cumpria as exigências divinas contidas na lei.

c) Nada se sabe acerca da Diáspora que já existia no Egito, exceto que o templo erigido antes de 525 a.C., na ilha de Elefantina, no Nilo, foi construído durante o período exílico. Os judaítas que fugiram para o Egito após o assassínio de Godolias podem ter-se extraviado do javismo. De qualquer maneira, eles afirmaram, naquele tempo, que todos os desastres se originaram da sua falha em continuar a oferecer sacrifícios à Rainha do Céu, *Ishtar* (Jr 44,17ss). De acordo com esse ponto de vista, o engano do passado que tinha provocado a catástrofe estava na reforma deuteronômica. A eliminação dos cultos que não eram do javismo tinha levado a amargas conseqüências. Por isso, deveria haver, uma vez mais, reconciliação com as divindades prejudicadas e seus cultos estimulados. Essa atitude também pertence ao quadro do período exílico e ilustra as divisões existentes entre os judaítas.

§ 24. QUINTA INFLUÊNCIA: PROFECIA EXÍLICA E ESCATOLOGIA INCIPIENTE

W. Caspari, "Das Ende der alttestamentlichen Prophetie", *NkZ*, XXXVIII (1927), 438-72, 489-500; T. Chary, *Les prophètes et le culte à partir de l'exil*, 1955; G. Fohrer, "Die Struktur der alttestamentlichen Eschatologie", in *Studien zur alttestamentlichen Prophetie* (1949-1965), 1957, 32-58; S. B. Frost, "Eschatology and Myth", *VT* II (1952), 70-80; H. Gressmann, *Der Ursprung der israelitisch-jüdischen Eschatologie*, 1906; J. Lindblom, "Gibt es eine Eschatologie bei den alttestamentlichen Propheten?", *StTh*, VI (1962), 79-114; C. Steuernagel, "Strukturlinien der Entwicklung der jüdischen Eschatologie", in *Festschrift Alfred*

Bertholet, 1950, 479-87; T. C. VRIEZEN, "Prophecy and Eschatology", *VTSuppl* I (1953), 199-299; M. WEINFELD, "Universalism and Particularism in the Period of the Exile and Restoration", *Tarbiz*, XXXIII (1963/64), 228-42.

1. *Ezequiel*[12]

a) Durante o curso do período exílico, a abordagem legalista da vida desenvolveu-se e deu-se uma grande mudança na avaliação dos profetas pré-exílicos. O povo virou as costas aos profetas cuja mensagem era otimista, e a tradição dos grandes profetas individuais adquiriu respeito e autoridade. Esse período marcou também o fim dos grandes profetas individuais, cujo último representante foi Ezequiel. Os profetas que vieram depois dele devem ser classificados como epígonos. Embora muitos deles fossem importantes figuras inovadoras, eles partiram, em muitos pontos, do curso estabelecido pelos grandes profetas individuais. Eles não mais encontraram as clássicas respostas dos últimos à questão de seu tempo, porque foram influenciados por outros movimentos: nacionalistas, cultuais e legalistas.

Ezequiel, que tinha sido originalmente sacerdote, foi levado para a Babilônia com o primeiro grupo de deportados (597 a.C.). Ele se estabeleceu com outros em Tel-Abib, às margens do Rio Cobar, canal que ligava a Babilônia a Uruk por meio de Nippur (1.1; 3.15). Seu ministério profético começou no terceiro ano da deportação e durou, de acordo com a última data oferecida em seu livro, até o ano 571 (19.17), ultrapassando cerca de duas décadas. A esposa de Ezequiel morreu por volta de 587, antes ou durante o cerco de Jerusalém (24-18).

---

[12] L. DÜRR, *Die Stellung des Propheten Ezechiel in der israelitisch-jüdischen Apokalyptik*, 1923; W. EICHRODT, *Krisis der Gemeinschaft in Israel*, 1953; G. FOHRER, *Die Hauptprobleme des Buches Ezechiel*, 1952; id., "Das symptomatische der Ezechielforschung", *PhLZ* 83 (1958), 241-250; H. GRAF REVENTLOW, *Wächter über Israel*, 1952; J. STEIMANN, *Le prophète Ézéchiel et les débuts de l'exil*, 1953; W. ZIMMERLI, *Erkenntnis Gottes nach dem Buche Ezechiel*, 1954 (= *Gottes Offenbarung*, 1963, 41-119).

A exatidão desses dados do livro de Ezequiel tem sido freqüentemente impugnada. Em oposição a eles e indo além deles, os especialistas têm desenvolvido várias teorias acerca da data e localizações do ministério de Ezequiel, seu caráter profético e o conteúdo de sua mensagem, a origem do livro e a história do texto. Particularmente, têm sido feitos esforços para datar o ministério do profeta e, assim, a origem do livro num período diferente daquele indicado acima; essa tentativa comumente envolve a transferência para outra localização. Tem sido suposto também que, durante o período indicado no livro, Ezequiel exerceu o seu ministério total ou primariamente em Jerusalém ou em dois cais, tanto na Palestina como na Babilônia. Contra tais teorias devemos sustentar firmemente que Ezequiel viveu e exerceu o seu ministério profético na Babilônia e que ele se considerou enviado exclusivamente aos deportados de Judá, para demolir sua esperança em qualquer libertação de Jerusalém e aliviar sua angústia em face da destruição da cidade[13]. Obviamente, ele não pregou sem fazer referência a Jerusalém. Pela proclamação do julgamento contra a cidade, através de suas palavras e ações simbólicas, ele contribuiu, de acordo com as concepções desse tempo, indiretamente para a realização desse julgamento, porque tal proclamação foi considerada eficaz. Para seus contemporâneos, sua significação duradoura pode ter repousado justamente nesse fato.

O ministério de Ezequiel pode ser dividido em três períodos. No primeiro, que durou desde o seu chamamento até a queda de Jerusalém (593/92-587), ele predisse o desastre inevitável de Jerusalém e de seu Templo, procurando destruir a confiança do povo na inviolabilidade deles, e uma iminente inversão do destino, a fim de separar a esperança e ansiedade dos deportados da existência de Jerusalém e seu Templo. Depois de um curto período de silêncio, que se seguiu à queda de Jerusalém, Ezequiel mudou a sua mensagem para uma mensagem de salvação condicional (586/ 585): salvação para o fiel, morte para o ímpio.

---

[13] Para discussão minuciosa, cf. FOHRER, *Hauptprobleme*.

Ao profeta interessava confortar aqueles que estavam desesperados e guiar a vontade para o arrependimento dentro dos canais próprios. Naturalmente, ele teve de reconhecer que suas exigências ultrapassavam os poderes dos deportados e que o futuro não podia consistir simplesmente na sobrevivência de algumas almas devotas. No terceiro período de seu ministério (após 585), portanto, ele proclamou nova salvação, da qual apenas os apóstatas deliberados e os inimigos externos de Israel seriam excluídos: essa salvação envolveria a transformação do homem através de atos redentores de Iahweh, a reunificação de Israel e o retorno de Iahweh ao Templo restaurado, do qual fluiria um rio de bênçãos.

Em acréscimo aos relatos de ações simbólicas e visões extáticas, a tradição de Ezequiel contém muitos discursos, freqüentemente de considerável extensão. As formas de ameaça são mais extensivamente representadas, com cinqüenta e seis discursos. Além disso, há diversas exortações e invectivas, bem como grande número de análises históricas, discussões, instruções e alegorias, que dão testemunho acerca do elemento racional e reflexivo do pensamento de Ezequiel. Finalmente, as promessas constituem uma parte significativa do livro. A isso foi gradualmente acrescentada uma série de discursos tardios, que derivam de vários autores e períodos[14].

b) Ezequiel foi o primeiro profeta a servir-se extensivamente de tradições não israelitas de caráter originalmente mitológico, primariamente material cananeu-fenício e mesopotâmico. Esse fenômeno pode ser freqüentemente observado do seu tempo em diante, de modo que o uso de tais materiais pode ser considerado praticamente um sinal de origem tardia. As tradicionais narrativas de Israel tiveram pouca influência sobre Ezequiel, embora freqüentemente se referisse a Amós, Oséias, Isaías e Miquéias. Ele estava também enraizado na teologia de seu tempo. Assim, ele exibe freqüentes pontos de contato com Jeremias, de quem pode até ser literariamente dependente; com a teologia deutero-

---

[14] Para uma discussão pormenorizada, cf. S-F, § 60.4-6.

nômica em sua análise da história, sua avaliação da lei, sua ênfase sobre o indivíduo, sua exigência de unidade no culto e localização dele, e sua avaliação da monarquia; e com a teologia sacerdotal do Código de Santidade e com as idéias e cerimônias cultuais familiares a ele na qualidade de antigo sacerdote.

Contudo, decisiva para Ezequiel foi a sua experiência de chamamento. Contrariamente à concepção tradicional de que a divindade e sua terra estavam relacionadas e que a primeira só pode ser adorada na última, ele compreendeu que a presença de Iahweh não está limitada a um único lugar, que o fiel pode experimentá-la onde quer que ele habite. Isso significava uma ruptura fundamental na tradição. A vida e a morte não são dependentes seja da residência de alguém em sua terra natal seja em terra estranha; elas derivam de uma atitude interior ou conduta exterior de um homem onde quer que ele more e em quaisquer condições em que ele viva. Por isso, Ezequiel dirigiu-se especialmente ao indivíduo.

Examinou também repetidamente a história de Israel, proclamando um veredito mais severo que os antigos profetas. Como sugere a sua reinterpretação das imagens de Israel como uma vinha (15) e da união entre Iahweh e Israel (16), Ezequiel forjou uma interpretação nova e consistente de toda a história de Israel pela seleção, desconhecimento e introdução de motivos específicos (20.1-32); já no Egito, o povo tinha adorado ídolos e, por isso, tinha pecado desde o começo; desde então até ao presente, a despeito das crescentes e severas ameaças e ações de Iahweh, eles tinham permanecido desobedientes e rebeldes.

Com respeito à sua própria época, Ezequiel estava primariamente interessado no indivíduo israelita[15]. Cada um é responsável somente por si próprio e decide pessoalmente acerca de sua salvação ou perdição:

---

[15] A. LINDARS, "Ezekiel and Individual Responsibility", *VT* 15 (1965), 452-467; W. ZIMMERLI, "'Leben' und 'Tod' in Buche des Propheten Ezechiel", *ThZ* 13 (1957), 494-508 (= *Gattes Offenbarung*, 1963, 178-191); A. H. VAN ZYL, "Solidarity and Individualism in Ezekiel", *OuTWP*, 1961, 38-52.

> A pessoa que peca é a que morre! O filho não sofre o castigo da iniqüidade do pai, como o pai não sofre o castigo da iniqüidade do filho: a justiça do justo será imputada a ele, exatamente como a impiedade do ímpio será imputada a ele (18.20).

O que importa é a conduta do homem no momento crucial em que Iahweh prova o indivíduo, de modo que, na prática, aquilo que é feito ou omitido em dado momento pode determinar o julgamento por Iahweh. O homem deve estar sempre aberto à admoestação de Iahweh para arrepender-se e retornar a ele:

> "Filho do homem, eu te constituí atalaia para a casa de Israel. Quando ouvires uma palavra da minha boca, adverti-los-ás de minha parte. Se digo ao ímpio: 'Tu hás de morrer' e tu não o advertires, se não lhe falares a fim de desviá-lo do seu caminho mau, para que viva, ele morrerá, mas o seu sangue, requerê-lo-ei da tua mão. Por outro lado, se tu advertires o ímpio, mas ele não se arrepender do seu caminho mau, morrerá na sua iniqüidade, mas tu terás salvo a tua vida.
> Também se o justo se afastar da sua justiça, praticando a injustiça, e eu puser um tropeço diante dele e ele vier a morrer, porque não o advertiste, morrerá certamente em virtude do seu pecado e a justiça que praticou antes já não será lembrada, mas o seu sangue eu requererei da tua mão. Por fim, se tu advertiste o justo para que não pecasse e ele não pecou, viverá porque deu ouvidos à advertência e tu terás salvo a tua vida" (3.17-21).

Portanto, os pecados do presente que correspondem aos pecados de toda a história passada pesam excessivamente: "abominação", isto é, a pompa e as cerimônias de idolatria; e a "culpa de sangue" e impiedade, isto é, delitos éticos e sociais. Esses devem, por sua própria necessidade, conduzir ao julgamento ameaçador, que Ezequiel viu executado contra Jerusalém na queda da cidade.

Em face do pecado e do julgamento, Ezequiel, primeiro, continuou a usar a velha admoestação profética de arrependimento, certo de que os próprios esforços do homem poderiam efetuar a transformação exigida:

Eu vos julgarei, a cada um conforme o seu procedimento, ó casa de Israel, oráculo do Senhor Iahweh. Convertei-vos e abandonai todas as vossas transgressões. Não torneis a buscar pretexto para fazerdes o mal. Lançai fora todas as transgressões que cometestes, formai um coração novo e um espírito novo. Por que haveis de morrer, ó casa de Israel? (18.30-31).

Mais tarde, Ezequiel aguardou a transformação do homem como conseqüência do ato redentor de Iahweh: por meio do perdão da culpa, que o homem não pode eliminar (36.25); mediante a renovação do centro da vida através de um novo coração que não seja mais frio, insensível e incapaz de transformar-se (11.19-20; 36.26); e por intermédio do dom do espírito divino, que desperta os homens para fazerem a vontade de Deus (11.19; 36.27). O homem, redimido e renovado, pode então desejar e fazer espontaneamente aquilo que é reto, em harmonia com os mandamentos de Iahweh, de modo que a vontade de Iahweh seja feita na terra. Esse novo homem e seus companheiros constituem uma comunidade que não vive apenas em mútua comunhão, mas também e acima de tudo em íntima comunhão com Iahweh (11.20; 36.28):

> Borrifarei água sobre vós e ficareis puros sim, purificar-vos-ei de todas as vossas imundícies e de todos os vossos ídolos imundos. Dar-vos-ei um coração novo, porei no vosso íntimo um espírito novo, tirarei do vosso peito o coração de pedra e vos darei um coração de carne. Porei no vosso íntimo o meu espírito e farei com que andeis de acordo com os meus estatutos e guardeis as minhas normas e as pratiqueis. Então habitareis na terra que dei a vossos pais: sereis o meu povo e eu serei o vosso Deus (36.25-28).

2. *Outros profetas*

a) No período posterior à queda de Jerusalém, o profeta Abdias apareceu com ameaças contra Edom, porque tinha tomado o partido dos inimigos de Judá e exultado com o desastre que tinha sucedido a ele. Cinco de seus discursos constituem o pequeno livro que leva o seu nome (vv. 1*b*-4, 5-7, 8-11, 12-14+15*b*,

15a+16-18); a eles foi acrescentado um suplemento pós-exílico (19-21)[16].

Abdias pode ter sido um profeta cultual entre os judaítas deixados na Palestina; a julgar pela sua mensagem, ele era representante do profetismo otimista, combatido por Jeremias. Contudo, o elemento decisivo em seu pensamento não foi o nacionalismo religioso, mas a seriedade ética do javismo e a esperança na justiça compensatória de Iahweh. A esperança na justa vingança, que está claramente expressa em 15b, permeia todos os seus discursos. Ela se liga à idéia do "Dia de Iahweh" como o dia do julgamento – não mais de Israel, mas das nações. Nele, Edom receberá a sua justa retribuição.

b) Outro profeta cultual pode ter sido o autor de Is 63.7-64.11. Essa seção, que provavelmente foi composta nas primeiras ou na metade das décadas do exílio, está relacionada, quanto ao conteúdo, com a teologia deuteronomística, e representa uma lamentação comunitária que começa com uma análise histórica. Ela suplica por uma mudança na situação provocada pela queda de Judá e Jerusalém.

c) Outro profeta anônimo compôs a predição da conquista iminente de Babilônia pelo Elão e pela Média em Is 21.1-10, a qual veio a ele numa visão e audição extáticas. Esse profeta, provavelmente, apareceu com esta mensagem na Palestina por volta ou antes de 540 a.C., quando as nações em questão foram mobilizadas sob a liderança de Ciro para atacarem o império babilônico:

> Ele acrescentou:
> "Caiu, caiu Babilônia!
> E todas as imagens dos seus deuses
> ele as despedaçou no chão!" (Is 21.9b)

Durante o período exílico, outros discursos proféticos foram compostos contra outras nações por profetas anônimos; mais tarde, eles foram incorporados aos livros proféticos já existentes.

---

[16] Para uma discussão minuciosa, cf. S-F, § 64.

É difícil datar esses discursos, mas pelo menos aqueles dirigidos contra Babilônia devem vir do período anterior à queda do império babilônico. Tais discursos incluem Is 13 e o núcleo de Jr 50.1-51.58. Primariamente, eles dão testemunho do ódio que o império mundial tinha suscitado.

3. O Dêutero-Isaías[17]

a) O profeta anônimo, ao qual se convencionou chamar Dêutero-Isaías (" Segundo Isaías"), cuja tradição está contida em Is 40-55, exerceu o seu ministério durante os últimos anos do exílio entre os deportados para Babilônia, quando o império babilônico enfrentou a destruição e o rei persa Ciro foi aguardado como o libertador das nações oprimidas[18]. O profeta também esperava que Ciro libertasse os deportados judaítas e que permitisse que eles retornassem a Jerusalém e reconstruíssem o Templo. De acordo com seu ponto de vista, Iahweh tinha chamado Ciro, declarando que ele era o seu ungido (45.1) e o estava usando para ajudar Israel.

Alguma informação adicional sobre o profeta, provavelmente, possa ser derivada dos discursos concernentes ao Servo de Iahweh (os cânticos do Ebed Iahweh) contidos em 42.1-4,5-7; 49.1-6; 50.4-9; 50.10-11; 52.13-53,12[19]. A interpretação, porém, desses cânticos difere amplamente: o "servo" tem sido compreendido coletivamente como Israel; como ele foi ou era idealizado, ou como a parte sofredora ou deportada de Israel; como um indivíduo,

---

[17] J. BEGRICH, *Studien zu Deuterojesaja*, 1938, reimpresso em 1963; P. A. H. DE BOER, *Second-Isaiah's Message*, 1956; W. CASPARI, *Lieder und Gottessprüche der Rükwanderer*, 1934; L. GLAHN e L. KÖHLER, *Der Prophet der Heimkehr (Jesaja 40.66)*, 1934; E. HESSLER, *Gott der Schöpfer*, tese, Greifswald, 1961; S. PORÚBCAN, *Il Patto Nuovo in Is 40-66*, 1959; C. WESTERMANN, "Sprache und Struktur der Prophetie Deuterojesajas", in *Forschung am Alten Testament*, 1964, 92-170.

[18] E. JENNI, "Die Rolle des Kyros bei Deuterojesaja", *ThZ* 10 (1954), 241-256; R. KITTEL, "Cyrus und Deuterojesaja", *ZAW* 18 (1898), 149-162; C. E. SIMCOX, "The Rôle of Cyros in Deutero-Isaja", *JAOS* 57 (1937), 158-171; U. SIMON, "König Cyrus und die Typologie", *Judaica* 11 (1955), 83-89.

[19] Para uma discussão minuciosa, cf. S-F, § 57,4.

com teorias amplamente divergentes quanto à sua identidade; ou numa fluida ou integral interpretação, combinando ambas as teorias. Se se constatasse ser verdadeiro que o Dêutero-Isaías devesse ser mesmo identificado com o "servo", poderiam ser tiradas algumas conclusões desses discursos. Em 42.1-4, 5-7, o profeta relata a sua missão e o seu ministério para si e talvez para outros, desenvolvendo sua autocompreensão profética. Depois, em 49.1-6; 50.4-9, como Jeremias, ele falou de suas dúvidas e lutas interiores. Talvez se tenha sentido também ameaçado pela intervenção de funcionários babilônicos, como também sua pregação antibabilônica levaria alguém a esperar. Nessa situação, a obra de sua vida e sua fé estavam em jogo, de modo que procurou apresentar, em seus discursos, o significado de sua missão e de sua vida. Por meio de contraste, 50.10-11; 52.13-53.12 recordam a vida e o ministério do profeta após a sua conclusão; pressupõem que ele foi executado depois de um processo judicial. Especialmente no último cântico, seus adeptos aparentemente tentaram reinterpretar sua vida, seus sofrimentos e sua morte humilhante.

Na mensagem do Dêutero-Isaías, as formas retóricas características da profecia pré-exílica retrocederam. Outras formas se sobressaem em seus mais ou menos sessenta e cinco discursos: o oráculo de salvação totalmente desenvolvido, o hino em louvor ao iminente ato salvador de Deus, o argumento forense profético para demonstrar que só Iahweh é Deus e a contestação para combater dúvidas e objeções. Alguns discursos secundários também encontram seu caminho dentro da tradição (40.18-20+41.7; 42.8-9; 44.9-20; 45.18-19; 46.5-8; 48.1-11; 51.11-16; 52.1-6)[20].

b) A mensagem do Dêutero-Isaías está fundamentalmente dominada por uma fé na redenção escatológica[21]. O elemento realmente novo é sugerido pelo termo "escatológico". Enquanto

---

[20] Para uma discussão pormenorizada, cf. S-F, § 57,3.5.
[21] A. JEPSEN, "Die Begriffe des 'Erlösens' im Alten Testament", in *R. Herrmann Festschrift*, 1958, 153-162; J. J. STAMM, *Erlösen und Vergeben im Alten Testament*, 1940.

Oséias, Jeremias e Ezequiel revelam uma crença na redenção, o Dêutero-Isaías foi o primeiro profeta a proclamar uma mensagem escatológica, desde que viu raiar uma nova era (cf. *abaixo*, nota 15). Em seus discursos, essa idéia estava associada com o esboço de uma teologia compreensiva, baseada na singularidade de Iahweh. Até esse tempo, pode-se falar apenas de um monoteísmo prático que vinculava Israel a Iahweh somente, apesar da existência de outros deuses. O Dêutero-Isaías, seguindo algumas sugestões de Jeremias, advogou um monoteísmo teorético que nega expressamente a existência de outros deuses[22]:

> Assim diz Iahweh, o rei de Israel,
> Iahweh dos Exércitos, o seu redentor:
> Eu sou o primeiro e o último,
> fora de mim não há Deus.
> Quem é como eu? Que clame,
> que anuncie, que o declare na minha presença;
> desde que estabeleci um povo eterno,
> diga ele, o que se passa,
> e anuncie o que deve acontecer.
> Não vos apavoreis, não temais
> não vo-lo dei a conhecer há muito tempo
> e não o anunciei?
> Vós sois as minhas testemunhas.
> Porventura existe um Deus fora de mim?
> Não existe outra Rocha: eu não conheço
> nenhuma! (44.6-8)

Contudo, se existe apenas um único Deus, tudo o que acontece, tudo o que se manifesta desde a criação do mundo[23] até à

---

[22] R. MAYER, "Monotheismus in Israel und in der Religion Zarathustras", *BZ*, NF 1 (1957), 23-58; R. A. ROSENBERG, "Yahweh Becomes King", *JBL* 85 (1966), 297-307; N. H. SNAITH, "The Advent of Monotheism in Israel", *Annual of Leeds University Oriental Society*, (1963-1965), 100-113.

[23] K. GALLING, "Jahwe der Weltschöpfer", *ThBl* 4 (1925), 257-261; H.-J. KRAUS, "Schöpfung und Weltvollendung", *EvTh* 24 (1964), 462-485; R. RENDTORFF, "Die theologische Stellung des Schöpfungsglaubens bei Deuterojesaja", *ZThK* 51 (1954), 3-13; C. STUHLMUELLER, "The Theology of Creation in Second Isaias", *CBQ* 21 (1959), 529-467.

§ 24. QUINTA INFLUÊNCIA: PROFECIA EXÍLICA E ESCATOLOGIA INCIPIENTE 421

eternidade depende dele. Por isso, num único grande arco, o Dêutero-Isaías uniu a história primeva, a história e a escatologia, e ligou o todo com Iahweh. Ele, e ninguém mais, estava e está presente na criação, no destino dos homens e nações, e na inauguração da salvação eterna, realizando a sua vontade. Nisto repousa a garantia do futuro: porque Iahweh criou o mundo e a humanidade e sempre tem determinado o destino deles, ele continuará a fazer assim até a vinda do *eschaton*; e esse *eschaton* é iminente.

Conseqüentemente, o Dêutero-Isaías predisse nova salvação para Israel, para a qual Ciro criaria o necessário fundo político:

> Mas agora, diz Iahweh,
> aquele que te criou, ó Jacó,
> aquele que te formou, ó Israel:
> não temas, porque eu te resgatei,
> chamei-te pelo teu nome: tu és meu.
> Quando passares pela água, estarei contigo,
> quando passares rios, eles não te submergirão.
> Quando andares pelo fogo não te queimarás,
> a chama não te atingirá.
>
> Com efeito, eu sou Iahweh, o teu Deus,
> o Santo de Israel, o teu Salvador.
> Por teu resgate dei o Egito,
> Cuch e Sebá, dei-os em teu lugar.
> Pois que és precioso aos meus olhos,
> és honrado e eu te amo,
> entrego pessoas no teu lugar
> e povos pela tua vida.
>
> Não temas, porque estou contigo,
> do oriente trarei a tua raça,
> e do ocidente te congregarei.
> Direi ao norte: Entrega-os!,
> e ao sul: Não os retenhas!
> Reconduze os meus filhos de longe
> e as minhas filhas dos confins da terra,
> todos os que te chamam pelo meu nome,
> os que criei para a minha glória,
> os que formei e fiz (Is 43.1-7).

Assim diz Iahweh ao seu ungido,
a Ciro que tomei pela destra,
a fim de subjugar a ele nações
e desarmar reis,
a fim de abrir portas diante dele,
a fim de que os portões não sejam fechados.
Eu mesmo irei na tua frente e aplainarei
lugares montanhosos,
arrebentarei as portas de bronze,
despedaçarei as barras de ferro
e dar-te-ei tesouros ocultos
e riquezas escondidas,
a fim de que saibas que eu sou Iahweh,
aquele que te chama pelo teu nome,
o Deus de Israel. (Is 45.1-3)

Então aqueles que estão livres marcharão diretamente através do deserto para a Palestina – ou, antes, Iahweh os levará para lá e reconstruirá Jerusalém:

Haveis de sair com alegria e em paz sereis reconduzidos.
Na vossa presença montes e outeiros romperão em canto,
e todas as árvores do campo baterão palmas.
Em lugar do espinheiro crescerá o zimbro,
em lugar da urtiga crescerá o mirto;
isto trará renome a Iahweh
e um sinal eterno, que nunca será extirpado. (55.12-13)

Sobe a um alto monte,
mensageira de alegres novas a Sião
eleva a tua voz com vigor,
mensageira de alegres novas a Jerusalém;
eleva-a, não temas dize às cidades de Judá:
"Eis aqui o vosso Deus!"
Eis aqui o Senhor Iahweh: ele vem com poder,
e o seu braço lhe assegura o domínio;
ei-lo que traz consigo o seu salário,
a sua recompensa vem com ele.
Como um pastor apascenta ele o seu rebanho,
com o seu braço reúne os cordeiros,
carrega-os no seu regaço,
conduz carinhosamente as ovelhas que amamentam. (40.9-11)

§ 24. Quinta influência: profecia exílica e escatologia incipiente

Ó aflita, batida de tempestades, desconsolada,
certamente vou revestir de carbúnculo as tuas pedras,
vou estabelecer os teus alicerces sobre a safira.
Farei de rubi as tuas ameias
e de berilo as tuas portas,
de pedras preciosas todas as tuas muralhas.
Todos os teus filhos serão discípulos de Iahweh;
grande será a paz dos teus filhos.
Serás edificada sobre a justiça. (54.11-14a)

Até as outras nações estarão incluídas na salvação vindoura; tal fato propiciou o ímpeto para a missão num período posterior[24]:

Voltai-vos para mim e sereis salvos,
todos os confins da terra,
porque eu sou Deus e não há nenhum outro!
Eu juro por mim mesmo,
o que sai da minha boca é a justiça,
uma palavra que não voltará atrás:
com efeito, diante de mim se dobrará todo o joelho,
toda a língua jurará por mim,
dizendo: Só em Iahweh
há justiça e força.
A ele virão, cobertos de vergonha,
todos os que se irritaram contra ele.
Em Iahweh alcançará a justiça e nele se gloriará
toda a descendência de Israel.

Não se deve, porém, desconhecer que a pregação do Dêutero-Isaías, em conseqüência de sua confiança na mensagem otimista dos primitivos profetas profissionais, também continha questionáveis elementos nacionalistas e materialistas. Por isso, esse profeta não ficou no ápice da profecia israelita, mas marcou o início de seu declínio.

---

[24] J. Hempel, "Die Wurzeln des Missionswillens im Glauben des AT", *ZAW* 66 (1954), 244-272; M. Löhr, *Der Missionsgedanke im Alten Testament*, 1896; R. Martin-Achard, *Israël et les nations*, 1959; E. Sellin, "Der Missionsgedanke im Alten Testament", *Neue Allgemeine Missionszeitschrift*, II (1925), 33-45, 66-72.

4. Começos da escatologia

Contudo, se se procura descrever as características fundamentais dos grandes profetas individuais, sua mensagem era absolutamente não escatológica. As primeiras décadas do exílio testemunharam um incipiente movimento na direção de uma reformulação escatológica do pensamento teológico (cf. Ez 38-39); o Dêutero-Isaías foi o primeiro a desenvolver completamente essa nova orientação, de modo que a escatologia se tornou autorizada para os profetas que o seguiram e influenciou o futuro desenvolvimento do javismo.

A idéia essencial das esperanças escatológicas era a distinção entre duas eras. O Dêutero-Isaías sugere essa distinção já nos três discursos introdutórios de seu *corpus* (Is 40.1-2,3-5,6-8). Eles esboçam brevemente o fim da era de transição de pecado e miséria e o começo da era futura de redenção e libertação. A distinção é até mais clara onde o profeta contrasta aquilo que é novo com as coisas antigas do passado (45.18-19), referindo-se a ele como um "tempo de graça" e um "dia de salvação" (49.8), ou descreve o contraste com a ajuda da imagem de um "cálice da ira" e "taça da vacilação" (51.17-23). O profeta viu a si e a sua geração firmes no fim de uma era e no limiar de outra. Seu dia era o momento em que começasse a se revelar claramente ou acontecesse a grande transformação.

A distinção entre duas eras e o senso de estar na fronteira entre elas distinguiam a profecia escatológica que seguia o Dêutero-Isaías não apenas do javismo tradicional – que considerava que Israel estava fundamentalmente sob a graça de Iahweh, estado que poderia ser interrompido por transgressões isoladas, mas restaurado por medidas propiciatórias adequadas –, mas também e até mais profundamente dos grandes profetas individuais pré-exílicos. Eles não pregavam o fim de uma era de calamidade e o começo de uma era melhor, mas o fim do modo de vida pecaminoso de Israel e de outras nações, enquanto o resto do mundo seguia o seu caminho. Esses profetas só viam possibilidade de libertação numa transformação do homem por meio do arrependimento e do retorno a Iahweh, ou mediante sua redenção. Eles não falaram acerca de duas eras, mas da destruição ou da libertação como uma decisão contínua.

A profecia escatológica reinterpretava o ou/ou, fazendo dele um temporal *antes/depois*. Essa reinterpretação ocorreu durante o exílio sob a contínua influência da antiga profecia otimista que os grandes profetas individuais tinham rejeitado. Por isso, como os primitivos profetas otimistas – não obstante de outro modo –, eles pensavam em termos de um estado de graça que podia ser restaurado, e colocavam ênfase unilateral na vontade salvífica de Deus. Ao mesmo tempo, eles entenderam que a queda de Judá e o exílio eram o julgamento ameaçado pelos grandes profetas individuais (cf. Is 40.1-2). Desde que esse julgamento não era mais uma possibilidade iminente, mas um evento histórico singular, uma final e eterna era de salvação podia seguir-se – uma" garantia eterna" (Is 55.3) com um "sinal eterno" (55.13), "uma salvação eterna" (47.17; 51.6,8), um "amor eterno" (54.8) e uma "alegria eterna" (51.11).

Grande transformação estava para acontecer num drama escatológico que tem os seguintes atos no Dêutero-Isaías: 1) a superação do poder da opressora Babilônia mediante Iahweh (43.14-15 e *passim*), de seu instrumento Ciro (41.24 e *passim*), ou por meio do próprio Israel (41.14-16); 2) a redenção de Israel mediante a libertação (49.25-26 e *passim*), a saída ou fuga (48.20 e *passim*), o retorno pelo deserto (55.12-13 e *passim*), a chegada a Jerusalém (40.9,11) e reunião de todos aqueles que estavam espalhados pelo mundo (41.8-9 e *passim*); 3) o retorno de Iahweh a Sião (40.9-11 e *passim*); 4) a transformação da situação terrena através da reconstrução (44.26 e *passim*), bênçãos reminiscentes do Paraíso (51.3), e multiplicação da comunidade (44.1-5 e *passim*); 5) o reconhecimento pelos homens de que seus deuses são inúteis, e a conversão deles a Iahweh (51.4-5 e *passim*). No período pós-exílico, freqüentemente encontramos essas e outras características. Elas revelam claramente a nova influência exercida pela escatologia.

Quarta Parte

A RELIGIÃO DO PERÍODO PÓS-EXÍLICO

Capítulo IX
O PERÍODO PÓS-EXÍLICO PRIMITIVO

§ 25. EVENTOS E FIGURAS

A. Alt, "Die Rolle Samarias bei der Entstehung des Judentums", in *Procksch Festschrift*, 1934, 5-28 (*Kleine Schriften zur Geschichte des Volkes Israel*, II [1953], 316-37); S. H. Blank, "Studies in Post-Exilic Universalism", *HUCA* XI (1936), 159-91; A. Causse, "La diaspora juive à l'époque perse", *RHPhR* VIII (1928), 32-65; T. Chary, *Les prophétes et le culte à partir de l'exil*, 1955; T. K. Cheyne, *Das religiöse Leben der Juden nach dem Exil*, 1899; J. de Fraine, "Individu et société dans la religion de l'Ancien Testament", *Bibl*, XXXIII (1952), 324-55, 445-75; K. Galling, *Syrien in der Politik der Achämeniden bis 448 v. Chr.*, 1937; idem, *Studien zur Geschichte Israels im persischen Zeitalter*, 1964; W. Kessler, "Studie zur religiösen Situation im ersten nachexilischen Jahrhundert und zur Auslegung von Jesaya 55-66", *WZ Halle-Wittemberg*, VI (1956/57), 41-73; K. Koch, "Sühne und Sündenvergebung um die Wende von der exilischen zur nachexilischen Zeit", *EvTh* XXVI (1966), 217-39; J. L. Myres, "Persia, Greece and Israel", *PEQ*, LXXXV (1953), 8-22; W. O. E. Oesterley, "The Early Post-Exilic Community", *ET* XLVII (1935/36), 394-98; M. Weinfeld, "Universalism and Particularism in the Period of Exile and Restoration", *Tarbiz*, XXXIII (1963/64), 228-42.

1. *Retorno, reconstrução do Templo e atitude religiosa*

A vitória de Ciro sobre o Império neobabilônico (538 a.C.) ofereceu aos deportados judaítas e seus descendentes a possibilidade do retorno à Palestina. Segundo o plano de seu novo soberano, o Império Persa não devia ser mais uma aliança política e militar de povos dominados sob a liderança de uma nação dominadora, mas um Estado desenvolvido com direitos iguais para todos os seus cidadãos. No fomento dessa política, aos judaítas, entre outros, foi concedida permissão para retornar à sua terra natal. Ciro permitiu-lhes levar de volta o mobiliário do Templo que Nabucodonosor tinha trazido para a Babilônia e deu-lhes ordem para a reconstrução do Templo de Jerusalém às expensas do Estado; essa parte do edito real, em seu original aramaico, está contida em Esd 6.3-5[1].

Apenas uma parte dos judaítas que viviam na Babilônia fez uso da permissão de retornar. Os persas indicaram, como comissário para o território da Judéia, Sesbazar, descendente de Davi, que, provavelmente, lançou a pedra fundamental do novo Templo em 537 a.C., durante a festa dos Tabernáculos, que estava sendo celebrada uma vez mais. Além disso, foi erigido um altar no chão do Templo, de modo que o culto sacrifical foi restaurado antes que o Templo fosse reconstruído. Sesbazar e os outros que retornaram contribuíram com dinheiro e ofertas para as provisões do Templo e do culto; aqueles que permaneceram em Babilônia também deram a sua contribuição. Embora o Templo devesse ser construído à expensa persa, a situação era diferente daquela do período da monarquia. O Templo salomônico tinha sido propriedade real, construído pelo rei e pertencente à dinastia. O povo pagava taxas para a sua manutenção, mas o rei, mais uma vez, controlava o seu uso. Agora que a monarquia judaíta tinha sido abolida, o sustento do novo Templo devia ser financiado pelo povo e o Templo pertencia ao povo, de modo que aquilo que tinha sido um Templo real e oficial foi substituído por um Templo nacional que pertencia ao povo como um todo. O sumo sacerdote substituía o chefe dos sacerdotes no ápice da hierarquia.

A situação da Judéia, porém, tornou a ser difícil e, em parte, claramente caótica; não havia sinal do tempo de salvação que tinha sido predito. Além disso, as obras do Templo logo sofre-

---

[1] L. Rost, "Erwägungen zum Kyroserlass", in *Rudolph Festschrift*, 1961, 301-307; R. de Vaux, "Les décrets de Cyrus et de Darius sur la reconstruction du Temple", *RB* 46 (1937), 29-57.

ram uma paralisação, se, de fato, tinham ido além do lançamento da pedra fundamental e da ereção do altar. Todos os que retornaram tinham feito tudo o que podiam para construir suas próprias casas e produzir o suficiente para a sua subsistência.

A situação não se alterou até o ano 520 a.C., quando um partido tomou o controle em Jerusalém, procurando, finalmente, terminar a reconstrução, apesar de todas as dificuldades. Esse movimento foi favorecido por convulsões internas no império persa, que fizeram surgir, na Judéia, esperanças de uma transformação escatológica de todas as coisas. O movimento foi liderado pelo novo comissário Zorobabel, que tinha sido indicado recentemente, e pelo sumo sacerdote Josué; ele recebeu importante apoio dos profetas Ageu e Zacarias.

Todas as coisas, porém, não estavam ainda claras. Certos grupos desejavam participar da reconstrução do Templo e do culto; tais grupos pareciam questionáveis quanto ao estrito julgamento religioso dos que retornavam, visto que a sua forma de javismo estava permeada de influências estrangeiras. Devíamos pensar primariamente em termos de descendentes dos judaítas que tinham sido deixados na Palestina ao tempo das deportações e de adeptos do javismo na Samaria. Ageu atacou esses grupos, demonstrando, com base em dois exemplos da lei ritual, que a pureza cultual não é transferível, enquanto a impureza cultual é contagiosa, e concluindo que o mesmo é verdadeiro a respeito "deste povo", e que o lugar onde eles ofereciam sacrifícios se tornaria impuro (Ag 2.10-14). Essa conclusão, com probabilidade, visava a excluir das obras do Templo e do culto aqueles cujos sacrifícios tornariam impuro o lugar sagrado. Assim, a tendência em direção à exclusividade, que tinha sido inaugurada pela teologia deuteronômica, foi intensificada.

Pelo menos uma parte daqueles que foram excluídos, primariamente os habitantes de Samaria, não aceitou essa conclusão sem resistência. Eles se dirigiram primeiro ao competente sátrapa persa, que, em conseqüência, foi a Jerusalém com a intenção de embargar as obras do Templo. Contudo, visto que o edito de Ciro que permitia a reconstrução foi descoberto nos arquivos persas, a tentativa fracassou. As obras continuariam e o Templo estava pronto para ser consagrado no ano 515 a.C., com grande celebração. Por esta época, porém, Zorobabel já não residia em Jerusalém.

O novo Templo foi construído no local do antigo e com as suas dimensões[2]. A arca e as duas colunas já não estavam presentes; os candelabros de dez lâmpadas foram substituídos por um único com sete braços. De acordo com 2 Cr 3.14, o Santo dos Santos era separado por meio de uma cortina; 1 Cr 29.2 sugere mosaicos. O povo, no princípio, temia que eles tivessem apenas uma pobre estrutura que não podia ser comparada com o Templo salomônico (Ag 2.1-9); todavia o Templo parece ter-se tornado de forma gradual tão imponente que Eclo 49.12 podia louvar a sua magnificência. Talvez o efeito tenha aumentado pelo reparo e acréscimo de colunatas, mencionadas num decreto de Antíoco III, por volta de 200 a.C.[3] Mais tarde, o Templo sofreu freqüentes danos nas guerras com os selêucidas.

Os israelitas da Palestina e da Diáspora estavam divididos em diversos partidos de natureza intelectual e religiosa. Na Diáspora babilônica, o partido dominante aderiu, estrita e firmemente, à Lei, recusando-se a fazer quaisquer concessões a outras influências ou a admitir modificações liberalizantes. Na Judéia, o partido dominante, formado, na maior parte, dos que retornaram de Babilônia, era de igual modo religioso, aparentemente em associação com esforços nacionalistas e, em parte, com esperanças messiânicas. Ao lado desse grupo, consolidou, pouco a pouco, sua posição um partido sacerdotal e teocrático, preocupado mais com a expansão da comunidade do que com o rigor legal. A classe superior da Jerusalém nova, que procurava aliar-se com a classe superior da Samaria, era até mais aberta ou negligente[4]. A colônia militar de Elefantina, no Egito, tinha, há muito,

---

[2] Cf. a bibliografia para o § 10.
[3] Josefo, *Antigüidades*, XII, 3.3.
[4] As canções de amor e de casamento do Cântico dos Cânticos podem ter-se originado desses círculos.

se afastado bastante do genuíno javismo (cf. § 11,5)⁵. No Templo lá construído antes de 525 a.C., contrariamente ao programa deuteronômico de centralização cultual, era praticado um sincretismo popular, que a Diáspora babilônica atacou pelo menos uma vez, com a ajuda persa, no decreto pascal de Dario II (419 a.C.). O Templo foi destruído por volta de 419 a.C. por instigação de sacerdotes egípcios, presumivelmente reconstruído outra vez antes de 402 a.C. e, provavelmente, destruído, por fim, alguns anos mais tarde. A colônia judaica, com probabilidade, deixou Elefantina naquele tempo. Na Arábia, também parece ter existido uma Diáspora do século V ou VI em diante⁶, embora não se conheça nada acerca de seu comportamento.

MORGENSTERN procurou ampliar os escassos dados históricos e religiosos acerca do período que se seguiu à reconstrução do Templo⁷. A partir de Lamentações e de certos Salmos ou textos proféticos (sobretudo o Trito-Isaías), ele concluiu que houve uma revolta judaica de cunho nacionalista contra os persas, depois da derrota deles na batalha de Maratona (490 a.C.), baseada sobre a fé na vontade de Iahweh de estabelecer um império mundial e na sua eterna promessa para com a dinastia davídica. Foi coroado um rei (Sl 2) com o nome real de Manaém (encontrado em Lm 1.2,9,16-17,21; Is 51.12-13), no Dia do Ano Novo, em 486, mas a revolta logo fracassou. O rei ruiu nas mãos dos edomitas (Sl 89.38ss), e Jerusalém foi destruída uma vez mais. Essa hipótese, porém, é insustentável; alguns dos textos citados são erroneamente datados, outros erroneamente interpretados.

---

⁵ E. König, "Religionsgeschichtliche Hauptmomente in den Elephantinetexten", *ZAW* 35 (1915), 110-119; E. G. Kraeling, "New Light on the Elephantine Colony", *BA* 15 (1952), 50-67; B. Porten, "The Structure and Orientation of the Jewish Temple at Elephantine – a Revised Plan of the Jewish District", *JAOS* 81 (1961), 3842; A. Vincent, *La religion des Judéo-Araméens d'Éléphantine*, 1937; C. C. Wagenaar, *De Joodse kolonie van Jeb-Syene in de 5e eeuw v. Chr.*, 1928.
⁶ Cf. I. Ben-Zvi, "The Origins of me Settlement of Jewish Tribes in Arabia", *Eretz-Israel* 6 (1960), 130-148.
⁷ J. Morgenstern, "Jerusalem – 485 B. C.", *HUCA* 27 (1956), 101-178; 28 (1957), 15-47; 31 (1960), 1-19; *id.*, "Further Light from the Book of Isaiah upon the Catastrophe of 485 B. C.", *ib.*, 37 (966), 1-28.

2. A primitiva profecia pós-exílica

a) Ageu e Zacarias são os únicos profetas desse período cujos nomes são conhecidos[8]. Ambos estavam seguros de que aqueles que tinham retornado de Babilônia depois de 538 a.C. eram o resto sagrado de Israel, que devia ser libertado do julgamento (cf. § 20,1). Por isso, as promessas proferidas pelos profetas eram dirigidas a esse resto, isto é, os que retornaram; eles eram o povo da era escatológica da salvação. Agora que o julgamento era uma coisa do passado, todo o interesse se concentrava numa única questão: quando começará finalmente a era da salvação que deve seguir-se ao julgamento, como já fora predito pelo Dêutero-Isaías? O esquema escatológico (antes/depois) e a esperança da vinda iminente do *eschaton* fizeram do "quando" da era da salvação uma questão urgente.

Ageu considerou o dia em que Zorobabel lançou a nova pedra fundamental como o começo da nova era, depois do que haveria apenas bênçãos (Ag 2.15-19); ele esperava que o término da reconstrução seria marcado por um terremoto que assinalaria o fim da mudança e o início da era da salvação (2.1-9), na qual Zorobabel, o rei davídico, reinaria como rei messiânico do *eschaton* (2.20-23). Na descrição de como seria aquela era de salvação, o presente desastre econômico fez com que as esperanças religiosas assumissem uma posição secundária quanto aos futuros bens materiais. Ageu esperava que depois do terremoto todas as

---

[8] Sobre Ageu, cf. A. BENTZEN, "Quelques remarques sur le mouvement messianique parmi les Juifs aux environs de l'an 520 avant Jésus-Christ", *RHPhR* 10 (1930), 493-503; F. HESSE, "Haggai", in *Rudolph Festschrift*, 1961, 109-134; K. KOCH, "Haggais unreines Volk", *ZAW* 79 (1967), 52-66; J. W. ROTHSTEIN, *Juden und Samaritaner*, 1908; L. WATERMAN, "The Camouflaged Purge of Three Messianic Conspirators", *JNES* 13 (1954), 73-78; H. W. WOLFF, *Haggai*, 1951. Sobre Zacarias, cf. K. GALLING, *Studien zur Geschichte Israels im persischen Zeitalter*, 1964, 109-126; K. MARTI, *Der Prophet Sacharia, der Zeitgenosse Serubbabels*, 1892; *id.*, "Zwei Studien zu Sacharja", *ThStKr* 65 (1892), 207-245, 716-734; *id.*, "Die Zweifel an der prophetischen Sendung Sacharjar", in *Wellhausen Festschrift*, 1914, 279-297; L. G. RIGNELL, *Die Nachtgesichte des Sacharja*, 1950; J. W. ROTHSTEIN, *Die Nachtgesichte des Sacharja*, 1910.

nações viriam a Jerusalém oferecer os seus tesouros como tributo devido a Iahweh, o Senhor do mundo. Isso permitiria que o Templo fosse magnificamente mantido, de modo a brilhar com fabuloso fulgor (2.6-8). Atrás disso, encontramos, freqüentemente, um grosseiro materialismo nas descrições da era da salvação, aspecto que, mais tarde, vai caracterizar igualmente as representações apocalípticas.

Do mesmo modo, Zacarias datou o começo da era da salvação a partir do lançamento da pedra fundamental (Zc 8.9-13); contudo, ele insistiu no fato de que a completa chegada daquela era devia aguardar não apenas a reconstrução do Templo, mas também a eliminação do pecado e a renovação interna da nação. Além disso, ele relacionou a esperança de prosperidade material com exigências éticas. Em vista da iminente convulsão, ele não estava mais preocupado com a observância de lamentações solenes e de dias de jejum, mas com a obediência aos mandamentos éticos de Iahweh. Finalmente, permitiu que fosse convencido por uma delegação da Diáspora babilônica a coroar Zorobabel simbolicamente como rei messiânico do *eschaton* (6.9-15, corrigido). Ele, porém, dividiu a dignidade messiânica entre os dois representantes, ao incluir o sumo sacerdote como agente para assuntos espirituais (4.1-6a^α,10b-14).

b) Que a reconstrução do Templo não ficou sem contestação mostra-o o audacioso discurso profético contido em Is 66.1-4, o qual rejeita sua reconstrução de modo racionalístico, reminiscente da instrução sapiencial, juntamente com todo o culto sacrifical, que é qualificado de idólatra.

Os oráculos de salvação de Is 60-62 derivam de um profeta claramente influenciado pelo Dêutero-Isaías. Contudo, faltam a perspectiva universalista e a abordagem teocêntrica deste último, enquanto enfatiza totalmente a felicidade terrena de Jerusalém. Essa cidade, não Iahweh, é o foco da atenção; a salvação é restringida a ela, enquanto as outras nações podem ser apenas servas da comunidade salva. Por isso, esse profeta pode ser considerado como o descendente da antiga profecia nacionalista.

Do início do século V a.C. derivam Is 56.1-8, instrução profética que trata da questão se os eunucos e estrangeiros podem ser membros da comunidade, um problema que se tornou importante após a reconstrução do Templo; Is 56.9-57.13, que ataca os líderes da comunidade, acusando-os de negligência no cumprimento de seus deveres, ao procurarem ganho e prazer pessoais, e de abandono de Iahweh; e Is 59, em que um profeta resolve o problema de por que a salvação escatológica demorou após o término da reconstrução do Templo, apontando o pecado como a causa da demora.

A maior parte do chamado Apocalipse de Isaías (Is 24-27) deriva, provavelmente, do século V a.C.: as três liturgias proféticas de 24.1-20, que descrevem o julgamento escatológico e a dissolução da vida urbana; 24.21-25.12, que descreve a destruição dos inimigos de Iahweh e o começo da soberania universal de Deus; e 27.1-6,12-13, que descreve a batalha escatológica de Iahweh, a preservação de Israel e a reunificação de todos os israelitas.

Há outras tradições proféticas que se originaram, provavelmente, do primitivo período pós-exílico, as quais não podem ser datadas com mais precisão. As mais importantes são: às promessas messiânicas de Is 9.2-7; 11.1-9; os oráculos concernentes a Moab, de Is 15-16 e contra o Egito, de Is 19.1-15; as liturgias proféticas de Is 33.1-6; 7.24; a descrição da era escatológica de Is 34-35; a promessa escatológica de Is 57.14-21; o discurso concernente ao jejum adequado de Is 58.1-12; o discurso acerca da observância do *Shabbath* de Is 58.13-14; a descrição de Iahweh como o vingador escatológico de Israel contra as nações de Is 63.1-6; as promessas de Mq 4-5; os discursos críticos, de invectiva, ou de ameaça de Mq 6.1-7.7; e a promessa de exaltação escatológica de Jerusalém de Mq 7.8-20.

3. *Conseqüência*

O Templo tinha sido dedicado sem a presença de Zorobabel, a quem o regime persa tinha afastado por considerá-lo politicamente indigno e não tinha feito a substituição com um novo comissário. Isso foi o sinal externo de uma incipiente mudança na situação intelectual. Pouco a pouco, dissipou-se a esperança de que a era escatológica da salvação estava prestes a ser inaugurada sob o reinado de um rei messiânico em Jerusalém. Após a dedicação do Templo, tudo continuou como antes. Aqueles que continuavam a acalentar a esperança messiânica foram confrontados com a questão de por que o *eschaton* estava demorando; alguns a respondiam, citando a pecaminosidade da comunidade, outros fugiam da questão com um aumento no fervor religioso.

De início, depois do afastamento de Zorobabel, o sumo sacerdote assumiu o controle da situação e, com ele, o partido sacerdotal e teocrático, cujos interesses eram primariamente cultuais e legais. O sumo sacerdote, como representante de Iahweh, tornou-se o chefe efetivo da comunidade. Muitas antigas tradições do Templo foram revividas. Abriu-se amplamente a porta para aqueles que desejavam entrar na comunidade, até aqueles que Ageu queria excluir.

As diferenças entre os dois movimentos – de um lado, o profético e escatológico, de outro, o sacerdotal e teocrático – eram consideráveis. O primeiro era caracterizado pela separação de toda a impureza, pelas esperanças e desejos ardentes freqüentemente de natureza materialista, pela esperança da vinda iminente de Iahweh e pela inclusão das nações acima de sua conversão, até então sob a severidade e a intolerância para com o mundo vizinho. O último não abrigava nenhuma esperança escatológica, mas, antes, associava a soberania de Iahweh com o cumprimento da Lei, especialmente suas prescrições cultuais e rituais; por isso, eles abriram a comunidade a adeptos tanto quanto possível, porque todo aquele que oferece sacrifícios a Iahweh e cumpre a Lei de Iahweh contribui para a efetivação da salvação. Sob a liderança desse último partido, a comunidade desfrutou de considerável prosperidade externa depois do término da reconstrução do Templo, mas logo enfrentou uma crise interna.

§ 26. DESENVOLVIMENTO DA ESCATOLOGIA

K. Baltzer, "Das Ende des Staates Juda und die Messias-Frage", in *Von Rad Festschrift*, 1961, 33-43; A. Bentzen, *King and Messiah*, 1955; G. R. Berry, "Messianic Predictions", *JBL* XLV (1926), 232-37; L. E. Browne, *The Messianic Hope in Its Historical Setting*, 1951; J. Coppens, "L'espérance messianique", *ALBO*, IV.9, 1964; L. Dürr, *Ursprung und Ausbau der israelitisch-jüdischen Heilandserwartung*, 1926; G. Fohrer, *Messiasfrage und Bibelverständnis*, 1957; idem, "Die Struktur der alttestamentlichen Eschatologie", in *Studien zur alttestamentlichen Prophetie* (1949-1965), 1967, 32-58; H. Gressmann, *Der Messias*, 1929; L. Hartmann, *Prophecy Interpreted*, 1966; J. Lindblom, "Gibt es eine Eschatologie bei den alttestamentlichen Propheten?" *StTh*, VI (1962), 79-114; N. Messel, *Die Einheitlichkeit der jüdischen Eschatologie*, 1915; S. Mowinckel, *He That Cometh*, 2ª ed., 1959; G. Pidoux, *Le Dieu qui vient*, 1947; O. Plöger, *Theokratie und Eschatotogie*, 2ª ed., 1962; P. Volz, *Die Eschatologie der jüdischen Gemeinde*, 1934.

1. Eventos escatológicos

a) No curso do período pós-exílico, as esperanças escatológicas, iniciadas pelo Dêutero-Isaías, desenvolveram-se rapidamente (cf. § 24,4), encontrando adeptos primeiro em extensos círculos, até que, seguindo-se o desapontamento com respeito às esperanças iminentes, elas permaneceram limitadas a grupos menores. Com freqüência, apareciam representantes dessas esperanças; finalmente, eles foram absorvidos pela apocalíptica. A discussão seguinte apresentará a escatologia pós-exílica como um todo.

A distinção e divisão em duas eras, como traço básico de toda esperança escatológica, é claramente ilustrada pelo discurso, contido em Ag 2.15-19, proferido pelo profeta em setembro de 520 a.C., no dia em que foi lançada a nova pedra fundamental do Templo. Nele, o profeta exortou os homens a dirigirem o seu olhar para o futuro, a estarem alertas com relação a ele, e a compará-lo com aquilo que acontecera antes, agora parte do passado. Ele proclamou para a comunidade de Jerusalém um momento decisivo, que identificava como aquele exato dia, como a linha divisória entre as duas eras. Remontando ao passado, descreveu a calamidade – que consistia numa maldição sobre todos os meios de sustento – que tinha levado a comunidade à beira do desespero. Olhando para o futuro, viu uma época de bênção, na prosperidade e no crescimento, baseada na palavra de Iahweh: "Desde este dia em diante, eu te abençoarei!" Ageu identificou o "hoje" dessa declaração com o dia do lançamento da pedra fundamental do Templo, como o dia da grande transformação, a fronteira entre as duas eras, quando a antiga era chega ao fim e a nova começa.

Zacarias fez uma distinção semelhante, essencialmente da mesma maneira. Em seu primeiro discurso, Zc 1.1-6, a admoestação de 1.3 é seguida por uma análise histórica e baseada nela (1.4-6), na qual o profeta examina a era precedente, agora levada ao fim pela momentânea intervenção de Iahweh através de seu julgamento sobre Judá e por meio do exílio. O passado podia ser não só compreendido, como também avaliado. O observador podia ver que ele era uma história em que as palavras e decretos de Iahweh foram efetivados, como haviam sido proclamados pelos antigos profetas. Portanto, a admoestação que acompanha a construção do Templo deve ser levada a sério como exigência de Iahweh para o começo de uma nova era, a fim de que a promessa de salvação contida nas visões a seguir pudesse ser Igualmente efetivada. Conseqüentemente, Zc 8.14-15 distinguia duas eras, uma caracterizada pelo propósito de Iahweh de destruir, a outra pelo seu propósito de salvar.

b) Além da noção das duas eras, que seguem uma a outra, a qual foi fundamental para a estrutura da profecia escatológica, essa profecia, desde o começo, desenvolveu certas características do evento escatológico que, com freqüência, praticamente seguiam uma a outra como atos de um drama escatológico. Com base nos textos mais extensos, podemos distinguir cinco formas básicas desse drama ao lado daquelas contidas no Dêutero-Isaías (§ 24,4); elas diferem mais claramente nos vários tratamentos concedidos às outras nações.

1) Os pontos de vista de Ageu e Zacarias eram semelhantes. Para Ageu, o primeiro ato era a promessa de bênção dada no dia do lançamento da pedra fundamental do Templo (Ag 2.19; cf. 2.9), juntamente com a preservação da comunidade em toda a sua pureza pela exclusão daqueles que eram impuros (2.10-14). Como ato seguinte, ele esperava convulsões na ordem natural (2.6,21) e entre as nações (2.7), em que o poder delas seria destruído (2.22); então, Zorobabel seria entronizado como rei messiânico (2.23). No caso de Zacarias, a seqüência dos eventos parece ter sido um tanto diferente, embora a ordem de suas visões não implique necessariamente uma seqüência temporal idêntica nos eventos observados. O primeiro ato, provavelmente, seria a destruição do poder do mundo gentílico (1.18-21), que era, na realidade, culpado das desgraças de Israel (1.15) e seria vítima de seus primeiros súditos (2.13). Seguiria então a criação de condições notáveis para a comunidade de Jerusalém (1.17; 2.1-5; 8.4-5,12), em que Iahweh habitaria para protegê-la com sua presença (2.10,12; 8.3), juntamente com a destruição dos pecadores da Judéia (5.1-4) e a remoção do pecado da comunidade (5.5-11), seguidas pelo retorno da Diáspora (6.1-8; 8,7-8). Além disso, seria inaugurado o reinado do Messias (3.1-7; 4; 6.9-15), e muitos homens e nações se uniriam a Israel (2.11; 8.20-22). Os novos elementos não encontrados no Dêutero-Isaías eram primariamente a extensão da destruição desde Babilônia até às nações, a purificação da comunidade e a concepção messiânica com a menção de figuras específicas.

2) O chamado Apocalipse de Isaías (Is 24-27) inclui primariamente três liturgias proféticas originalmente independentes. Dessas, 24.1-20 anunciava o julgamento escatológico sobre toda a terra e seus habitantes, incluindo a dissolução da vida urbana, e sobre os céus – porque os homens tinham pecado contra as leis de Noé, que obrigavam a todos. Is 24.21-25.12 esperava que os inimigos de Iahweh perdessem o seu poder e que tivessem suas capitais destruídas, após o que (para aqueles que sobrevivessem), haveria um banquete universal com Iahweh em Sião, para marcar o início do reinado de Deus. Contudo, de acordo com

27.1-6,12-13, Israel seria protegido depois da batalha escatológica de Iahweh, e sua Diáspora se reuniria em Sião.

3) Na segunda metade do século IV a.C., o Dêutero-Zacarias em Zc 9.11-17; 10.3-12, participou, com as formas básicas já discutidas, a esperança de que os prisioneiros seriam libertados para retornar à pátria, de que a Diáspora seria reunida e de que a fertilidade paradisíaca seria criada. Como no Dêutero-Isaías, o império reinante no mundo da época seria conquistado para tornar possível a era da salvação, mas isso seria feito pelo próprio Israel, auxiliado na batalha decisiva por Deus, que apareceria numa teofania. Essa concepção parece ter incluído não apenas a destruição do poder do império, mas também a destruição da nação que sustentava aquele poder. Isso seria até mais claro se Zc 11.4-16, na forma presente, derivasse do mesmo autor.

4) Joel, que foi aproximadamente contemporâneo do Dêutero-Zacarias (século IV a.C.), descreveu duas fases: *a*) O próprio Iahweh desafiaria as nações a um ataque escatológico contra ele e contra Israel diante de Jerusalém (Jl 3.2,9-10); de fato, elas estavam sendo intimadas para um julgamento final, por causa de seus pecados contra Israel (3.2-3.12). O julgamento aconteceria em forma de uma batalha aniquiladora, próxima de Jerusalém, descrita com a imagem de uma colheita (3.13-17), demonstrando a inviolabilidade de Jerusalém (3.16-17). Aqui, encontramos ligada a extensão a todas as nações, empreendida por Ageu e Zacarias, e a idéia de uma batalha final representada pelo Dêutero-Zacarias. *b*) O julgamento final seria seguido por bênçãos e paz paradisíacas (3.18-21). Essas mesmas duas fases são encontradas também em Zc 14, mas com duas diferenças em contraste com Joel: Jerusalém não é inviolável, mas é conquistada, saqueada e despojada de seus habitantes, até que a destruição parcial das nações aconteça, seguindo a teofania de Iahweh e sua entrada em Jerusalém; e os sobreviventes entre as nações participarão da salvação de Israel.

5) Os oráculos tardios de Zc 12.1-13.6; 13.7-9, por outro lado, parecem pressupor que a era da salvação já despontou; isso deve ter acontecido pacificamente e sem qualquer derrota do império

mundial ou das nações. Contudo, numa data posterior, Jerusalém e a comunidade salva serão ameaçadas por um ataque por parte das nações, em que o próprio Iahweh, uma vez mais, arriscará tudo. A derrota das nações e a libertação de Jerusalém serão seguidas pela purificação da comunidade; os pecadores serão eliminados e a salvação final realizar-se-á.

Essas várias formas participam das seguintes características: 1) destruição do poder do império mundial ou das nações, ou a destruição geral das próprias nações; 2) libertação e liberação de Israel como a comunidade escatológica para gozar da salvação, juntamente com a purificação da comunidade e a reunião da Diáspora em Jerusalém; 3) a criação de maravilhosas circunstâncias paradisíacas para a comunidade; 4) instalação da soberania direta de Deus ou do reinado do Messias; 5) conversão das nações ou de uma parte delas. Nessas esperanças, vemos, em grande parte, a transformação escatológica da pregação dos otimistas profetas pré-exílicos.

2. *A estrutura da escatologia*

A interpretação e descrição do evento escatológico e a aguardada nova e eterna era da salvação foram marcadas, na profecia escatológica, por um considerável número de elementos estruturais que não podem ser isolados do todo, mas antes o definem em pormenores. Cada um desses elementos individuais focaliza dois motivos polares que não podem ser ligados (*a, e, h*) ou entre os quais podem existir as formas de transição (*b, g*).

a) O julgamento sobre a era presente, que chega ao fim, foi largamente determinado pelo Dêutero-Isaías; ela é a era de pecado e da punição que vem após o pecado (Is 40.2; 51.17; 57.17). Quando o castigo veio a ser identificado com um evento histórico particular (a queda de Judá e o exílio), era natural pensar nele como castigo dos pecados da era precedente; nesse ponto, a estimativa finalmente concordava com a amarga queixa dos deportados registrada em Ez 18.2. Por outro lado, Is 9.2 descreveu a era precedente geralmente como atividade caótica, com o povo andando na "escuridão" da desgraça e da morte, definhando, como se estivesse, no mundo inferior das sombras dos mortos. Essas duas concepções estão relacionadas entre si pela explicação de que a miserável situação de escuridão e de enfermidade, em que a comunidade está, carente de luz e de cura, é devida ao pecado – não passado, mas presente (Is 59.1-8). A era presente é caracterizada pelo eterno e, portanto, pecado presente do homem na transgressão das leis noáquicas (Is 24.5,20; 26.21). De fato, essa presente pecaminosidade pode retardar a vinda da era da salvação, se o pecado é a recusa de prosseguir com a reconstrução do Templo (Ageu) ou a culpa do derramamento de sangue e da injustiça (Is 59.1-4).

b) O Dêutero-Isaías considerou iminente o começo da nova era. Essa esperança pode ser ouvida repetidamente em seus discursos (cf. Is 43.10-17), especialmente naqueles concernentes a Ciro, cujos feitos deviam ser considerados como auxílio para a instalação da era da salvação. O profeta pode mesmo olhar aquilo que estava por vir como se já estivesse presente (48.20) ou, num retrospecto fictício, já tratá-lo como um evento passado (40.9-11; 48.2). A esse respeito, ele estava seguindo a estrutura da mais primitiva pregação profética, que sempre tratara do presente momento e do futuro imediato. Contudo, os dois discursos finais concernentes ao Servo de Iahweh (Is 50.10-11; 52.13-53.12), à medida que se referem ao próprio Dêutero-Isaías, refletem o trágico desapontamento dessas esperanças exageradas. Mais tarde, porém, o raiar da era da salvação era, uma vez mais, proclamado como iminente (Is 56.1-2,61.2); ele era mesmo chamado de "proximidade de Deus" (Is 58.2) ou representado como já acontecendo (Ag 2.19; Is 57.14). Sua continuada demora, todavia, não levava apenas a uma impaciência ardente (Is 62), mas também a um adiamento baseado na presente pecaminosidade (Is 59) ou a uma recusa em estabelecer qualquer data, de modo que o começo da revolução veio a parecer uma possibilidade que podia acontecer em qualquer tempo, para o qual um homem devia preparar-se através do cumprimento de suas obrigações cultuais e rituais (Malaquias). Isso marcou a transição para um adiamento indefinido da nova era, resultado dos repetidos desapontamentos.

c) Os profetas escatológicos freqüentemente associavam a grande transformação, na mudança de uma era para a seguinte, com uma convulsão da terra, seja limitada seja universal. Para o Dêutero-Isaías, essa convulsão sobreveio ao poder reinante de Babilônia (cf. também Is 13; 21.1-10; Jr 50-51), o qual, como o símbolo do velho mundo, devia ser demolido, quando o último perecesse. Isto seria feito por Iahweh, batalhando como um guerreiro, de acordo com uma antiga idéia (Is 42.13)[9], ou por um líder indicado como rei por Iahweh e comissionado por ele. Para Ageu, a convulsão devia afetar até a ordem natural e as nações (Ag 2.6-7,21-22); para Zacarias, devia suceder a todas as nações (Zc 1.15; 1.18-21). Mais tarde, a esperança veio a referir-se, crescentemente, ao dominante poder mundial (Zc 9.1ss; 11.1ss), freqüentemente mencionado simbolicamente por meio de nomes históricos, tais como Assíria (Is 10.24-27a), Babilônia (Is 14.22)[10], Moab (Is 25.10) ou Edom (Is 34). Tudo isso continuava a linha seguida pelos profetas mais antigos e não menos os otimistas, que viam a mão de Iahweh em ação nas crises políticas. Uma tradição totalmente diferente ecoou no motivo do ataque escatológico das nações sobre Israel ou Jerusalém. Esse motivo representava uma transformação escatológica do discurso de Ezequiel contra Gog (Ez 38-39), que, em si, foi derivado da ameaça de Jeremias baseada no inimigo do norte (Jr 4.6; cf. Jl 2.10: "um do norte")[11]; foi também associado com aquilo

---

[9] Veja o amplo tratado de H. Fredriksson, *Jahwe als Krieger*, 1915.

[10] A estrutura de Is 14 (vv. 1-4a.22-23) deriva do período pós-exílico, como pode ser visto sobretudo da confiança do autor nos textos exílicos e pós-exílicos (Is 49.22-23; 56.1-8; 61.4-9; Zc 2.8-12; 8.20-23); cf. G. Quell, "Jesaja 14.1-23", in *Festschrift Friedrich Baumgärtel*, 1959, 131-157.

[11] Cf. B. S. Childs, "The Enemy from the North and the Chaos Tradition", *JBL* 78 (1958), 187-198; O. Eissfeldt, *Baal Zaphon, Zeus Kasios und der Durchzug der Israeliten durchs Meer*, 1932: G. Fohrer e K. Galling, *Ezechiel*, 1955, 212-216; A. Lauha, *Zaphon, der Norden und die Nordvölker im Alten Testament*, 1943; G. Wanke, *Die Zionstheologie der Korachiten*, 1966.

que, originalmente, tinham sido idéias mitológicas e foi permeado, em parte, com as noções dos profetas otimistas. Essas esperanças e temores de uma violenta transformação militar, pouco a pouco, substituiu o outro motivo de uma miraculosa inauguração do tempo da salvação sem tais eventos externos. No mínimo, esperava-se que Iahweh interviesse na vida da comunidade escatológica. Para Zc 5.1-4, essa intervenção devia envolver a destruição dos roubadores e perjuros habitantes locais, em acréscimo à transformação geral; Is 59.17-18; 65.11ss parece pensar apenas em termos de remoção dos ímpios e idólatras da comunidade de Israel.

d) Para o Dêutero-Isaías, a transformação escatológica estava fundamentada somente na vontade redentora de Iahweh. Em sua pregação, a doutrina da redenção, que, na teologia profética, pode ser traçada a partir de Oséias, passando por Jeremias e Ezequiel, encontra o seu clímax. "Arrependimento" não era nem o pré-requisito nem o meio de redenção, mas a sua conseqüência: porque Iahweh perdoou e perdoa, o homem pode e deve arrepender-se (Is 44.21-22; 55.6-7). Para Zc 1.3, obtém-se precisamente o contrário: "Voltai-vos a mim, e eu [uma vez mais] voltar-me-ei para vós". Na situação de Zacarias, a exigência de arrependimento, como o pré-requisito e condição para a inauguração da era da salvação, significava o fim da negligência quanto às obras do Templo e anseio em prosseguir com as obras. Nessa associação cultual, encontramos a diferença maior entre esta e a mais antiga profecia. Em Is 56.1-8, é a observância do *Shabbath* e a fuga do mal (pela exclusão dos estrangeiros e eunucos da comunidade), em Is 58, o amor concreto para com o semelhante e, em Is 59, a rejeição do pecado que são mencionados como condição para a inauguração da era da salvação e a participação nela: de fato, Is 61.8 até a denomina de "garantia externa" a "recompensa" pela firme paciência. Assim, contrastam-se duas diferentes concepções.

e) A efetivação da transformação escatológica podia ser imaginada em termos particularistas e nacionalistas ou em termos universalistas; no primeiro caso, que aparece especialmente com freqüência, a profecia nacionalista encontrou o seu mais vigoroso sucessor. De acordo com essa concepção, na época da convulsão do mundo (cf. *c*), Iahweh executaria o julgamento a favor de Israel contra o poder mundial ou contra as nações, primeiramente de acordo com a ameaça que elas representavam para a comunidade escatológica. Esse julgamento, executado por Iahweh ou pelo próprio Israel, representou um importante papel nas esperanças escatológicas. Iahweh até daria todas as nações como resgate pela liberação e reunião dos deportados dispersos ou as transformaria em servas da futura comunidade da salvação. A parte os benefícios materiais, pelos quais também se esperava (cf. *h*), essas promessas de natureza nacionalista também tinham um aspecto universalista, à medida que algumas ou todas as outras nações eram afetadas pela efetivação da era futura. Como na profecia nacionalista, que esperava salvação primariamente para Israel, essas nações, contudo, se defrontariam com o julgamento e a destruição. Apenas os sobreviventes do julgamento, convertidos através dos eventos escatológicos, teriam certa participação na salvação vindoura (cf. *i*). Contudo, também encontramos a idéia de uma efetivação da salvação verdadeiramente universal em benefício de todos os homens, baseada na teologia dos grandes profetas individuais. Essa idéia é mais claramente expressa em Sf 3.9-10; Iahweh daria às nações lábios novos e puros para invocá-lo, para servi-lo de comum acordo e para trazer ofertas de todo o mundo. O Dêutero-Isaías também fala numa passagem da salvação direta para as nações que esperam (Is 51.4-6), salvação que o autor de Is 52.13-53.12 viu realizada através do sofrimento vicário do servo de Iahweh. Com base na idéia de criação, Is 17.7-8 fala da conversão escatológica de todos os homens sem a intervenção de quaisquer eventos adicionais. Mais freqüentemente, encontramos uma realização nacionalista e universalista combinada: a salvação é prometida universalmente a todo o mundo, mas deve ser alcançada no centro nacional e religioso de Israel, em Jerusalém (Is 2.2-4; 25.6ss; 56.7; Jr 3.17; Zc 8.20ss; com tons de ameaça em Zc 14.16ss).

§ 26. DESENVOLVIMENTO DA ESCATOLOGIA 447

f) Os exemplos precedentes mostram que a profecia escatológica em geral não pensava em termos do fim do mundo, mas via os eventos escatológicos acontecendo dentro da estrutura do mundo das nações. Em geral, a salvação esperada na nova era devia ser realizada dentro dessa estrutura. Aqui, a profecia escatológica levava em consideração as circunstâncias políticas ou históricas (como no Dêutero-Isaías ou Zc 1.7-15), ou elaborava mais suas reflexões escatológicas sem tais pontos de contato (cf. Jl 3; Zc 12.14).

À maneira de contraste, com freqüência, encontramos teorias que envolviam o cosmos nos eventos escatológicos ou até interpretavam a própria escatologia em termos cósmicos. O ponto de partida dessas teorias era a inclusão da natureza feita pelo Dêutero-Isaías em virtude de sua crença na criação, importante elemento de seu pensamento. Ag 2.6,21, por exemplo, espera por uma convulsão na esfera da natureza tanto quanto no mundo das nações; Is 13.10,13; 24.1ss,18ss; Jr 4.23-26 procuram os efeitos cósmicos do julgamento final, que pode provocar o fim do mundo existente (Is 34.4; 51.6). Ao fim do velho cosmos corresponde o começo de um novo cosmos (Zc 14.6), que será eterno (Is 65.17-18; 66.22) e dentro do qual Iahweh resplandecerá como uma luz eterna (Is 60.19-20).

g) A futura era da salvação era freqüentemente esperada como uma restauração da era antiga. Essa escatologia restauradora é caracterizada aparentemente em Zc 10.6; Sl 85.4 pela palavra *šûb* no hiphil, significando "restaurar", mas sobretudo através da frase *šebûît*, "restaurar a sorte", cujo significado, neste sentido, está claro a partir de Ez 16.53 e Jó 42.10[12]. A expressão é encontrada quase exclusivamente na teologia escatológica, onde parece ter servido, praticamente, como expressão idiomática fixa para designar

---

[12] E. L. DIETRICH, *šûb šᵉbût, die endzeitliche Wiederherstellung bei den Propheten*, 1925. Para uma interpretação diferente (suavização da culpa), cf. E. BAUMMAN, "*šûb šᵉbût*, eine exegetische Untersuchung", *ZAW* 47 (1929), 17-44. Para uma discussão da forma da frase, cf. R. BORGER, "Zur *shûb shebû/it*", *ZAW* 66 (1954), 315-316.

a restauração escatológica. Contudo, com igual freqüência, a profecia escatológica esperava não pela restauração, mas pela renovação da velha ordem. A era da salvação devia significar essencialmente uma renovação do mundo. Isto está claro especialmente no contraste estabelecido pelo Dêutero-Isaías entre as "primeiras coisas" e as "novas coisas". Jerusalém também, e sobretudo, será renovada, como mostram Zc 2.1-5 e o paralelo da criação em Is 60.1-2. O autor de Is 62 deu mesmo um passo à frente, falando de um novo nome para Jerusalém, que significava a sua nova natureza de salvação, como fez o autor de Is 2.2, que usou originalmente conceitos mitológicos para descrever a cidade como o monte de Deus e o centro do paraíso. Essas esperanças culminaram na predição de uma nova criação do cosmos (cf. *f*).

h) Os benefícios salvadores da nova era foram compreendidos em termos de abundantes bênçãos e prosperidade material (Zc 1.17). Um elemento básico era a esperada reconstrução de Jerusalém, de seu Templo e das cidades de Judá (Is 44.26; 45.13; 54.11-12; 58.12; 60.10,13; 61.4), por meio do que Jerusalém devia tornar-se o centro do universo e o centro do reino eterno de Iahweh (Is 2.2; 24.23; 60.10-11)[13]. Imensas riquezas iriam para lá, para suprir as necessidades do Templo ou da comunidade salva; ao mesmo tempo, uma corrente de bênçãos nasceria da cidade (Jl 3.18; Zc 14.8, tirado de Ez 47.1-12). Parcialmente como conseqüência disso, parcialmente como resultado da renovação do mundo (cf. *g*), a paradisíaca fertilidade da terra é mencionada com surpreendente freqüência (e.g., Is 30.23-25; 51.3; Am 9.13; Jl 3.18; Sl 144.13-14)[14]. A abundância de bênçãos inclui também o crescimento de Israel através de numerosa descendência (Is 44.3-4; 49.19-21; 54.1-3; 60.22), da eliminação das enfermidades corporais (Is 29.18; 32.3-4; 33.23; 35.5-6), da longevidade humana cor-

---

[13] G. FOHRER, "Zion-Jerusalem im Alten Testament", *ThW* 7, 291-318; H. GROSS, *Weltherrschaft als religiöse Idee im Alten Testament*, 1953; N. W. PORTEOUS, "Jerusalém-Zion: The Growth of a Symbol", in *Rudolph Festschrift*, 1961, 235-252.

[14] A. DE GUGLIELMO, "The Fertility of the Land in Messianic Prophecies", *CBQ* 19 (1957), 306-311.

§ 26. Desenvolvimento da escatologia

respondente à concepção israelita da vida (Is 65.10; Zc 8.4), até a própria morte é destruída (Is 25.8) e por meio da luz eterna entre os homens e animais (Is 2.4; 9.5; 11.6-9; 65.25; Zc 9.10; Sl 46.9)[15]. Por outro lado, deveria haver benefícios religiosos e espirituais: a remoção da impureza (Zc 13.1ss); da pecaminosidade (Is 60.21; 65.25; Zc 5.5-11), de modo que nenhum mal fosse praticado (Is 11.9) e Israel é denominado de "santo", isto é, separado de sua vida anterior e dedicado a Iahweh (Is 4.3; 62.12). Conseqüentemente, Israel devia receber o espírito de inspiração profética, que torna possível um relacionamento direto com Iahweh (Jl 2.28-29). Aqui, encontramos um eco – apesar de: em termos mais rudimentares – da crença na redenção, típica da profecia mais antiga. Contudo, em última análise, os dois aspectos, prosperidade externa e salvação religiosa, podem ser separados apenas superficialmente; para a mentalidade daquele tempo, eles estavam unidos, como mostra a sua ligação em Is 11.6-9; 58.11-12; Sl 85.11-13; 90.13-17. Tudo isso produzirá alegria e prazer, sendo ambos um eco dos benefícios recebidos e eles próprios um benefício final (Is 42.10-22; 44.23; 48.20; 49.13; 51.11; 52.8-9; 61.3; 65.13,14,18; 66.10).

i) Toda a comunidade israelita participaria primeiro da salvação da nova era ao redor de Jerusalém e em Jerusalém, o centro de seu mundo; esse grupo era freqüentemente mencionado como o "resto" de Israel. Esse termo, que originalmente se referia à parte menos importante que sobreviveria à catástrofe (cf. § 20,1), tornou-se pelo fim do exílio um termo para significar o misto de orgulho e humildade, denotando aqueles que tinham sido preservados da destruição, que o aplicaram a si mesmos não como restos indignos, mas como agentes eleitos do futuro de salvação. A participação dessa comunidade "remanescente" na salvação podia ser interpretada como exclusivismo, no sentido que separava seus membros e excluía os outros (Ag 2.10-14; Is 61.9).

---

[15] W. Eichrodt, *Die Hoffnung des ewigen Friedens im alten Israel*, 1920; G. Fohrer, *Glaube und Welt im Alten Testament*, 1948; 230-258; H. Gross; *Die Idee des ewigen und allgemeinen Weltfriedens im Alten Orient und im Alten Testament*, 1956.

Por outro lado, a comunidade podia ser chamada a abrir-se para absorver os outros que, naturalmente, teriam de obedecer às exigências da lei cultual (Is 56.1-8; Zc 9.1-8). Comumente, a participação na salvação era prometida às nações como um segundo e ampliado círculo. A possibilidade de pertencerem ao "povo" que adorava a Iahweh (Zc 2.11) seria devida à sua conversão à luz de suas experiências (Is 2.2-4; 45.3,5-6,14-17), à sua percepção baseada no chamamento feito por Iahweh (Is 45.20,25), ao trabalho missionário entre eles (Is 42.1-4,6; 49.6) ou ao sofrimento vicário, de cujos benefícios eles podiam apropriar-se (Is 52.13-53.12). O direito de as nações serem contadas entre os adoradores de Iahweh seria revelado pelo desejo delas em serem instruídas a respeito do modo de vida exigido por Iahweh (Is 2.3), pela sua participação no banquete de Iahweh (Is 25.6ss) ou pelo seu apego ansioso a um membro da comunidade salva (Zc 8.23) ou a um dos peregrinos que iam a Jerusalém (Is 2.2-3; Zc 14.16ss). Outra vez aqui temos tantos motivos particularistas como universalistas (cf. *e*). Contudo, em todos os casos, a participação de Israel e das nações era concebida em termos coletivos ou corporativos; o indivíduo devia participar da salvação apenas como membro da comunidade ou de seu povo.

3. *A esperança messiânica*

a) A profecia escatológica tinha duas teorias diferentes quanto àqueles que exerceriam autoridade sobre a terra na era da salvação. Alguns criam que o próprio Iahweh reinaria como rei e, assim, estabeleceria a soberania de Deus (Is 24.23; 33.22; 43.15; 44.6; Ab 21; Mq 2.13; 4.7; Sf 3.15; Zc 9.1-8; Ml 3.1; Sl 47; 96-99; 146.10; 149.2). Outros, ao contrário, supunham que não o próprio Iahweh, mas um rei humano indicado por ele reinaria, como seu representante e soberano. Esse soberano é comumente denominado "Messias", embora o Antigo Testamento nunca use esse título para a figura tão designada hoje; tal uso começou com o judaísmo após o Antigo Testamento e com o Novo Testamento. Na discussão seguinte, continuaremos a usar esse título, visto

§ 26. Desenvolvimento da escatologia

que é o termo familiar; mas deve-se notar que as profecias do Antigo Testamento nessa questão não fazem menção do "Messias". Isso significa que devemos tomar cuidado com as idéias tomadas do judaísmo primitivo e do cristianismo primitivo quanto aos textos do Antigo Testamento, que, em vez disso, deve ser estudado cautelosamente, a fim de se determinarem as suas esperanças particulares.

As profecias messiânicas incluem, antes de tudo, Is 9.2-7, passagem que fala de um "menino" ou "filho" no trono de Davi, com o nome real de "Conselheiro Maravilhoso, Herói Divino, Possuidor dos Despojos, Mantenedor da Paz". Is 11.1-9 fala de um rebento do "tronco de Jessé", a dinastia davídica, e seu reino de paz é claramente messiânico. De igual modo, Is 11.10 e 16.5 falam de um rebento da "raiz de Jessé" ou de um soberano justo e "juiz", associado a Davi por meio de um acréscimo tardio. Jr 23.5-6 (33.15-16) também menciona um ramo de Davi, que reinaria com retidão e justiça. Ez 17.22-24 usa a metáfora de um broto na ponta de um cedro. Mq 5.2,4, ao falar de Belém de Éfrata, faz uso verbal da casa da dinastia davídica, da qual viria o soberano messiânico. Ag 2.20-23 fala de Zorobabel, comissário davídico de Jerusalém indicado pelos persas, como o Messias iminente; Zc 6.9-15 faz o mesmo na coroação simbólica, que se referia originalmente a Zorobabel. Em Zc 4.1-6a,10b-14, a dignidade messiânica é dividida entre um monarca secular e um soberano espiritual: o político Zorobabel e o sumo sacerdote Josué; o último é incluído, porque há funções sacerdotais a serem executadas e um monarca político não é, por isso, suficiente. Finalmente, Zc 9.9-10 descreve a entrada real do rei messiânico em Jerusalém.

A figura "daquele que eles traspassaram" de Zc 12.9-13.1 é difícil de ser interpretada e não pode ser levada em conta. Um acréscimo tardio de Ml 4.4-6 fala de Elias como o precursor de Iahweh, quando ele aparecer para julgar; mas essa passagem não é messiânica no sentido estrito, porque, embora o retorno de Elias seja uma figura messiânica, o próprio Iahweh é esperado em vez de um Messias (Ml 3.1).

A outros textos freqüentemente citados tem sido erroneamente dada uma interpretação messiânica fora do curso do tempo, e, de fato, têm significados bem diferentes:

1) Não há promessa messiânica ou de outra espécie em Gn 3.15; Is 7.14 e Sl 22.18. Gn 3.15 é uma maldição sobre a humanidade pecadora e fala de uma inimizade eterna entre o homem e a serpente, que fará com que um tente matar o outro. Em Is 7.14, a palavra hebraica *'almâ*, traduzida por "virgem" pela Septuaginta, realmente significa "jovem". Além disso, o contexto e as declarações que seguem em 7.18-22 mostram que o sinal profetizado por Isaías era uma ameaça de desastre, de acordo com o qual os campos seriam abandonados e desolados dentro de alguns anos. O texto do Sl 22.18 foi interpretado messianicamente por causa do autor do Evangelho de João, que fez os membros paralelos do verso hebraico, que tratam do mesmo incidente, referirem-se a dois diferentes atos: a divisão do vestuário e o lançamento de sortes por um manto. O Salmo é, de fato, a oração de um homem doente que foi atendido.

2) Os discursos concernentes ao servo de Iahweh não podem ser interpretados como profecias messiânicas (cf. § 24,3):

3) Finalmente, há muitas outras passagens do Antigo Testamento que têm sido interpretadas messianicamente, quando, de fato, referem-se ao rei reinante ou – em alguns casos – ao rei esperado de Judá ou Israel. Isto se aplica aos Salmos reais, bem como à obscura palavra *sîlō* na secção de Judá da chamada Bênção de Jacó (Gn 49.10) e as expressões "estrela de Jacó" e "cetro de Israel" na profecia de Balaão (Nm 24.17), que provavelmente se referem a Davi. Igualmente não messiânica era a esperança de Ezequiel segundo a qual o rei deportado Joiaquim seria restaurado no seu lugar de direito (Ez 21.25-27) ou que outro descendente de Davi reinaria no futuro como "príncipe" (Ez 37.23-25; 34.23-24). Outros discursos ou declarações, datando todos provavelmente do período exílico, que expressam esperanças de restauração do Estado de Judá e o restabelecimento da dinastia davídica, são semelhantes quanto à sua natureza: Is 32.1; Jr 30.9,21; Os 3.5a; Am 9.11-15; Mq 4.8. Essas esperanças pelo futuro constituem meramente um estágio preliminar de transição que leva ao conceito de um Messias.

Assim, o Antigo Testamento contém 11 (12) profecias messiânicas. O seu pequeno número demonstra, por si só, que a noção de um Messias não era o ponto focal da escatologia. Além disso, apenas algumas das profecias derivam dos profetas em cujos livros são encontradas. As de Ag 2; Zc 4 e 6 podem ser atribuídas aos dois profetas em questão; as de Zc 9 podem ser atribuídas ao Dêutero-Zacarias. Todas as outras derivam de profetas anônimos do período pós-exílico e são mais tardias que Ageu e Zacarias.

b) o título tardio "Messias" foi bem escolhido naquilo que representa uma forma abreviada da expressão $m^e \check{s}iah\ ykwk$, "ungido de Iahweh", originalmente aplicada ao rei reinante (§ 12,2). Assim, o título caracteriza a figura escatológica do mesmo modo que um rei. Contudo; deve ser notado que o rei persa Ciro foi também mencionado por ela (Is 45.1) e que, mais tarde, lemos da unção do sacerdote (Lv 4.3 e *passim*), de todos os sacerdotes (Êx 28.41), dos profetas (1 Rs 19.16; Is 61.1) e dos patriarcas (Sl 105.15; 1 Cr 16.22). Conseqüentemente, a unção significava que um homem entrava num relacionamento mais íntimo com Iahweh do que era usualmente o caso. Assim, o título "Messias" descreve a figura escatológica como alguém que mantém uma associação especialmente íntima com Iahweh.

A esperança de semelhante Messias originou-se nos tempos iniciais do período pós-exílico, depois da queda de Judá e da deposição da dinastia davídica, após o exílio e a libertação, quando veio a existir na Judéia uma nova comunidade sob a soberania persa, mas a profecia escatológica prometia uma era eterna de salvação, como uma efetivação da soberania de Deus, a ser exercida primariamente dentro do contexto de uma nova nação e império israelita em solo palestinense. Contudo, a nação e o império como eram concebidos pelo tempo necessitavam de um soberano. O verdadeiro soberano deveria ser, indubitavelmente, o próprio Iahweh. Aqueles que não aceitavam a idéia segundo a qual ele podia aparecer e reinar na terra em forma corporal esperavam que ele apontasse um representante terreno para reinar em seu nome. Esse representante é o Messias: o futuro rei da era escatológica de salvação, exercendo seu reinado como representante de Iahweh na terra. Ele reinaria no império nacional e religioso vindouro que Iahweh, um dia, estabeleceria miraculosamente. Assim, as esperanças messiânicas surgiram e floresceram onde quer que o povo pensasse em termos escatológicos e, ao mesmo tempo, permanecesse fiel à monarquia davídica. Tais esperanças são encontradas tão raramente e permaneceram no segundo plano porque esses círculos eram pouco numerosos e não exerceram influência duradoura.

Também digna de menção é a explicação segundo a qual a idéia de um Messias era um produto de fundo mitológico e cultural do antigo Oriente Médio. Diversos estudiosos antigamente defenderam esse ponto de vista, que foi proposto mais vigorosamente por GRESSMANN. Ele considera o Messias uma figura escatológica, derivada do rei do paraíso – noção que tinha, supostamente, invadido Israel em época bem antiga, vindo de Babilônia e do Egito. Por todo o antigo Oriente Médio, de acordo com essa teoria, o rei era considerado como Messias e descrito com o auxílio da ideologia messiânica; a idéia monárquica do antigo Oriente Médio refletia mesmo concepções messiânicas mais antigas. Contudo, esse ponto de vista é contestado pela observação segundo a qual não existe traço de qualquer escatologia em qualquer parte do antigo Oriente Médio afora Israel (exceto na religião persa tardia); foi sempre o rei reinante que foi louvado e glorificado.

S. MOWINCKEL tem uma teoria diferente. Como ele a explica, a realeza de Iahweh foi, no princípio, experimentada como realidade na festa de entronização de Iahweh; ao mesmo tempo, o rei terreno era celebrado como seu ungido, representando as esperanças e aspirações da dinastia e da nação. Moderado pelas desastrosas experiências da monarquia mais recente, o povo projetava essa realidade no futuro como um ideal. Assim, a forma e o conteúdo da esperança messiânica derivaram da idéia israelita de realeza como um estágio preliminar no desenvolvimento das esperanças propriamente messiânicas; mas essa ideologia real israelita estava, em si mesma, associada com o conceito de realeza do antigo Oriente Médio. Contudo, a existência de uma festa de entronização em Israel é altamente duvidosa (cf. § 16,3); e, em Babilônia, terra da clássica festa do Ano Novo, envolvendo a entronização de Marduc e o rei, nenhuma escatologia ou esperanças messiânicas jamais se originaram, embora os desapontamentos da vida diária fossem realmente grandes.

Outros enfatizaram mais a conexão entre a realeza do antigo Oriente Médio e as esperanças messiânicas, tomando como ponto de partida um esquema cultual comum a todo o antigo Oriente Médio e usando o termo "messiânico" para descrever a ideologia real, que se supõe constitua o centro desse esquema (cf. § 12,2). Esse termo não se refere a um messianismo escatológico, mas à ideologia real totalmente desenvolvida. De acordo com este ponto de vista, a realeza era uma instituição religiosa e política. Pela graça de Deus, o rei incorporava a divindade em sua pessoa e representava o papel da divindade no culto. Ao mesmo tempo, representava a comunidade, a nação como um todo. Dele dependiam a vitória e a prosperidade, a chuva e a fertilidade, a segurança da vida natural e humana e a ordem do cosmos, que ele defendia em face das forças do caos. Supõe-se que tudo isso esteja incluído na ideologia associada à figura do rei; visto que essa ideologia representava o rei como uma figura ideal, com quem estavam associadas as esperanças de salvação, o termo "messiânico" deve ser aplicado a ele. Os argumentos contra esse ponto de vista já foram apresentados (§ 12,2). Eles eliminam qualquer possibilidade de se derivar as esperanças messiânicas de uma suposta ideologia real do antigo Oriente Médio. Essas esperanças podiam originar-se somente depois da deposição da dinastia davídica, dentro da estrutura de uma esperança escatológica.

c) Em termos pessoais, o Messias é sempre um descendente mortal da deposta dinastia davídica. Quando as iminentes esperanças de Ageu e Zacarias os levaram a designar alguém que pudesse assumir logo a soberania, eles o encontraram na figura de Zorobabel, neto do antigo rei Joiaquim. Depois que o desmoronamento das esperanças se fixou nele, não se fez mais menção de uma pessoa específica; em vez disso, falava-se em termos gerais de um rebento ou raiz que brotaria do tronco de Jessé, de um descendente da antiga linhagem de Belém. Não é Davi em pessoa que retorna miraculosamente, nem Davi ressuscitado ou reencarnado, nem Davi redivivo. Essas seriam idéias impossíveis para o período do Antigo Testamento. Mesmo quando o soberano escatológico era simplesmente chamado de "Davi", isso era somente um modo abreviado de referir-se a um descendente da antiga dinastia.

O Messias não é um ser sobrenatural que desce à terra, mas um ser humano como qualquer outro. Ele é superior apenas por causa de seu relacionamento particularmente estreito com Iahweh, de quem é representante, e por ser descendente da antiga dinastia. Não há nada miraculoso acerca do Messias; o milagre será a era da salvação inaugurada por Iahweh e o império estabelecido por ele.

Às vezes, naturalmente, não se trata de uma pessoa específica ou até de um único indivíduo. Não se espera um Messias individual, mas uma dinastia messiânica davídica. Mesmo quando um único renovo era mencionado, ele aparecia como uma figura na qual a dinastia messiânica primeiramente tomaria forma visível. Ele marca simplesmente o começo da era eterna da salvação e é o primeiro de uma série sem fim.

d) A tarefa do Messias será sentar-no no trono de Davi e reinar como um rei justo. Independentemente do segundo – o Messias sacerdotal da visão de Zacarias – desde o começo, ao Messias foram atribuídos uma função e significado que eram políticos em seu mais amplo sentido. Ele era uma figura política do mundo escatológico.

De modo negativo, isso significa que, no Antigo Testamento, o Messias não traz salvação e não é um salvador. A salvação vindoura é sempre dádiva de Iahweh; mesmo em Is 9.2-7, é Iahweh quem faz tudo. A pessoa do Messias é secundária quanto a Deus que o indica; seu trabalho é somente aquele de um agente e representante de Iahweh, o verdadeiro rei. Positivamente, significa que o Messias – cheio do espírito de Iahweh como a fonte de seu poder – age como chefe e herói militar, defendendo o povo e a terra contra todos os ataques, assegurando a paz perpétua e criando felicidade e prosperidade, paz e segurança, ordem e amor fraternal. Ele faz tudo isso como o soberano da terra, depois do começo da era da salvação.

e) O judaísmo primitivo, de um lado, continuou a linha de desenvolvimento encontrada no Antigo Testamento, esperando também um Messias nacional e político que pertencia à ordem terrena. Ele diferia da figura do Antigo Testamento no fato de que a esperança era muito mais particularista, focalizando apenas os judeus e também no fato de que, a partir daí, o Messias se tornaria alguém que traz salvação e um salvador. Por outro lado, era esperado um Messias universalista que pertencia à ordem sobrenatural, uma figura já pressuposta pelo livro de Daniel (cf. § 27, 6). Essa figura era chamada de Filho do Homem. Só raramente se faziam tentativas para unir as duas concepções (Esdras e o Apocalipse de Baruc).

4. *Conseqüência*

A distinção básica entre as duas eras e outros pormenores numerosos demonstram que a profecia escatológica representava uma reinterpretação pós-exílica da mensagem dos grandes profetas pré-exílicos, ligada à uniforme e inviolável esperança de salvação de Israel, que esses profetas, há muito tempo, questionaram, e continuava a mensagem de salvação – primariamente encontrada na pregação dos profetas cultuais – em novo plano. Contudo, essa esperança e promessa de salvação para Israel simplificavam demais o conceito de Deus por omitir outros aspectos ou o rebaixavam por atribuir salvação a Israel e destruição às nações no sentido da religião nacionalista. O contraste entre os profetas escatológicos e os grandes profetas individuais foi aumentando pelo fato de que a profecia escatológica comumente não aguardava uma transformação básica do homem e uma nova abordagem da vida, mas uma nova era e uma nova forma do mundo em que o homem vivia. De acordo com a profecia escatológica, Iahweh não transforma o homem e, depois, através do homem, transforma o mundo, mas, ao contrário, transforma o mundo e só assim, indiretamente, transforma o homem, se, na verdade, não se pensa que o homem seja capaz, em seu próprio bem, de merecer uma participação na salvação. Isso representava uma mudança fatal: com algumas exceções, não mais se pensava que Iahweh interviesse diretamente na vida dos homens, mas que os tocava indiretamente através das circunstâncias externas a eles. Seguia-se que a salvação aguardada devia ser eterna; tão logo o homem se encontrasse num estado de salvação, ele estaria isento da necessidade de repetir sua decisão e colocado num estado de gozo extático.

Assim, a profecia escatológica estava baseada num equívoco acerca da mensagem dos grandes profetas individuais e na ilusão otimista da vontade exclusiva de Deus em salvar a Israel. Ao mesmo tempo, ela foi, desde o começo, uma profecia de vãs esperanças e de esperanças sem fruto. Ela se firmava num único traço básico do javismo, ao considerar que a nova época era iminente. Essa proclamação de uma nova era prestes a ser inaugurada estava em harmonia total com a ênfase que o javismo colocava na presente situação do homem e, assim, também com a reivindicação de toda outra atividade profética para tratar do presente particular e do futuro imediato. Contudo, essas iminentes esperanças envolviam uma inesperada e não intencionada conseqüência: a verificação de que a salvação prometida não se verificava. Isso levou ao desapontamento pela demora e a renovadas promessas de consolação no futuro imediato. Até as esperanças realmente escatológicas do Dêutero-Isaías, que foram além das predizíveis realizações políticas de Ciro e seus efeitos, não aconteceram, mas, antes, contribuíram para o fim trágico do profeta, para o qual um discípulo tentou, de certo modo encontrar algum significado (Is 52.13-53.12). De igual modo, as esperanças escatológicas de Ageu e Zacarias associadas à construção do Templo enfrentaram a realidade; seu desapontamento levou à vitória temporária da rival piedade cultual e ritual, que não era escatológica. A insuficiência dessa última forma de religião produziu a crise refletida no livro de Malaquias, que Esdras procurou minorar através de uma religiosidade estritamente legalista.

Capítulo X
PERÍODO PÓS-EXÍLICO TARDIO

§ 27. EVENTOS, FIGURAS E ATITUDES RELIGIOSAS

G. R. BERRY, "The Unrealistic Attitude of Postexilic Judaism", *JBL* LXIV (1945), 309-17; A.-M. BRUNET, "La théologie du Chroniste", *BEThL*, XII (1959), 384-97; H. CAZELLES, "La mission d'Esdras", *VT* IV (1954), 11340; M. DELCOR, "Hinweise auf das samaritanische Schisma im Alten Testament", *ZAW* LXXIV (1962), 281-91; N. N. GLATZER, *Anfänge des Judentums*, 1966; U. KELLERMANN, *Nehemia*, 1967; J. C. H. LEBRAM, "Nachbiblische Weisheitstraditionen", *VT* XV (1965), 167-237; idem, "Die Theologie der späten Chokma und häretisches Judentum", *ZAW* LXXVII (1965), 202-11; J. MACDONALD, *The Theology of the Samaritans*, 1964; G. F. MOORE, "The Rise of Normative Judaism", *HThR*, XVII (1924), 307-73; XVIII (1925), 1-38; S. MOWINCKEL, *Studien zu dem Buche Ezra-Nehemia*, 3 vols., 1965-65; J. M. MYERS, "The Kerygma of the Chronicler", *Interpr*, XX (1966), 259-73; R. NORTH, "Theology of the Chronicler", *JBL* LXXXII (1963), 369-81; J. PAULUS, "Le thème du Juste Souffrant dans la pensée grecque et israélite", *RHR*, CXXI (1940), 18-66; O. Plöger, *Theokratie und Eschatologie*, 2ª ed., 1962; H. H. ROWLEY, "Nehemiah's Mission and Its Background", *BJRL*, XXXVII (1954/55), 528-61 (= *Men of God*, 1963, 211-45); idem, "The Samaritan Schism in Legend and History", in *Israel's Prophetic Heritage* (Muilenburg Festschrift), 1962, 208-22; H. H. SCHAEDER, *Esra der Schreiber*, 1930.

1. *A crise da comunidade de Jerusalém e Malaquias*

A crise interna da comunidade de Jerusalém é revelada por duas acusações levantadas por um profeta por volta de 465 a.C. Esse profeta se chamava Malaquias (Ml 1.1), embora a palavra não seja um nome próprio, mas, antes, à expressão "meu mensageiro", tirada de 3.1. Ele fustigou a negligência e a desonestidade dos israelitas no cumprimento de suas obrigações cultuais: os sacerdotes ofereciam sacrifícios de qualidade inferior – animais cegos, coxos e doentes (1.6-2.9) – e a comunidade retinha os dízimos para o Templo (3.6-12). A observância do culto estava tornando-se cada vez mais externa: enquanto os sacerdotes o consideravam primariamente como uma fonte de rendas, o povo tentava dar tão pouco quanto possível. O profeta trata também do problema de casamentos mistos. Visto que substancialmente mais homens que mulheres tinham retornado do exílio e a discrepância ainda não tinha sido ajustada, muitos homens tinham tomado para si esposas entre os habitantes nativos da terra, fossem elas israelitas ou não. No período do profeta, parece que se fizeram tentativas para, no futuro, proibir tais casamentos e dissolver os casamentos mistos existentes, mesmo depois que as mulheres tinham dado à luz os filhos desejados (2.10-16). Malaquias atacou também essa medida intolerante. Os discursos concernentes ao jejum em Is 58.1-12 e a observância do *Shabbath* em Is 58.13-14 dão testemunho sobre ressentimentos posteriores.

Além disso, duas influências estrangeiras estavam tendo seu efeito sobre a comunidade: as noções e práticas religiosas da religião cananéia ainda sobreviventes, que são atacadas em Is 56.9-57.13, e a religião persa, com seu agudo dualismo entre o bem e o mal, sua rejeição de sacrifícios de animais e ênfase na conduta ética, seu conceito de um julgamento após a morte sobre a ponte do julgamento e sua apoteose final do mundo no reino de Deus. A religião cananéia enredou os israelitas nos cultos sexuais; a religião persa destruiu uma religiosidade puramente cultual como aquela que predominava em Jerusalém. Assim, o javismo parecia estar em perigo mortal em Jerusalém. As reformas necessárias foram introduzidas pela Diáspora babilônica, que era religiosamente mais rigorosa.

2. O documento sacerdotal[1]

O estrato-fonte sacerdotal do Hexateuco, que foi criado no século V a.C., expressava a rigorosa atitude religiosa da Diáspora babilônica. Ele faz um relato da história que diverge sensivelmente dos estratos-fonte mais antigos, completando a concentração sobre o período mosaico começada pela fonte E, Deuteronômio e pelo Código de Santidade. Na história primeva, ele narra a história da criação, do dilúvio e de Noé; no restante, como na história dos patriarcas, ele se restringe primeiramente a simples genealogias ou linhagens que ligam as narrativas individuais e as notas. Assim, o relato prepara o caminho, tão rapidamente quanto possível, para a história antiga de Israel e para a tradição de Moisés. De fato, a história primeva, a história dos patriarcas e mesmo o relato do êxodo do Egito foram reduzidos à condição de mera introdução à revelação do Sinai, com que todo o material importante está associado. Exceto o *Shabbath*, as leis para a dieta, a circuncisão e a Páscoa, P fez remontar todos os ordenamentos importantes à revelação do Sinai ou ao período imediatamente seguinte e a Moisés como seu mediador.

Característica é a associação íntima da narrativa histórica com a lei, as quais estão indissoluvelmente vinculadas. Dentro da estrutura da narrativa, Iahweh publica seus decretos particulares para serem considerados como "ordenamentos eternos" que se aplicam tanto à situação na terra como também ao futuro, de geração em geração. A narrativa coloca a base para a lei eterna e a lei eterna necessita da apresentação da narrativa. Por essa

---

[1] K. Elliger, "Sinn und Ursprung der priesterlichen Geschichtserzählung", *ZThK* 49 (1952), 121-14.3 (= *Kleine Schriften zum Alten Testament*, 1966, 174-198); S. Grill, "Die religionsgeschichtliche Bedeutung der vormoseischen Bündnisse (Gen 9.9-17; 17.9-14)", *Kairos* 2 (1960), 17-22; K. Koch, "Die Eigenart der priesterlichen Sinaigesetzgebung", *ZThK* 55 (1958), 36-51; J. Roth, "Thèmes majeurs de la tradition sacerdotale dans le Pentateuque", *NRTh* 90 (1958), 696-721; W. Zimmerli, "Sinaibund und Abrahambund", *ThZ* 16 (1960), 268-280 (= *Gottes Offenbarung*, 1963, 205-216).

razão, o material da narrativa está desigualmente distribuído. Onde não está relacionado com ordenamentos divinos, raramente vai além de genealogias e breves notas que tinham a intenção de unir o todo. Por outro lado, o relato torna-se bem circunstancial, quando as instituições cultuais são derivadas da história (cf. Gn 1.1-2.4a; 6.9-9.17; 17).

Além de uma cronologia, de genealogias e da fórmula "essas são as gerações de...", P organizou sua história primariamente por meio de uma divisão em quatro períodos caracterizados por vários estágios na revelação de Iahweh e na obrigação do homem ou de Israel. O primeiro estágio começa com a criação do mundo, em que Iahweh atribui ao homem participação em seu domínio sobre o mundo, oferecendo-lhe alimentação vegetariana, e instituiu o *Shabbath*. O segundo estágio inicia-se depois do dilúvio com as leis de Noé e o arco-íris como sinal para que Iahweh se lembrasse dos homens. O terceiro estágio compreende Abraão e o mandamento e sinal da circuncisão; o quarto e último é a revelação do Sinai com o programa inteiramente cultual que deve prevalecer para sempre, pois a história contada por P e os ordenamentos registrados por ele não só se aplicavam ao passado, mas também e sobretudo ao presente e ao futuro. Como o Código de Santidade que ele incorporava, P incluía um programa, de modo que, quando Esdras empreendeu as suas reformas, dependia sobretudo dos ordenamentos de P. A retrojeção desse programa no passado tentava legitimá-lo e dar-lhe autoridade. Porque Iahweh tinha, há muito, decretado seus eternos ordenamentos, eles deviam ser aceitos sem questionamento no presente é no futuro.

Em P, o próprio Iahweh tornou-se um Deus totalmente transcendente. Ele não aparece ao homem nem na forma real nem em sonhos. Apenas sua *kabôd*, sua "glória", é revelada; e mesmo essa "glória" é velada para ser vista só por Moisés. Em contraste com a idéia da habitação e presença perpétua da divindade no Templo, a idéia deuteronômica da presença revelada de Iahweh é absorvida e ampliada: no santuário-tenda do período do deserto², que tinha a intenção de prefigurar o futuro Templo, Iahweh meramente aparece ocasionalmente na nuvem com sua *kabôd*.

O relacionamento entre esse Deus transcendente e o homem está alterado, também, como representado *na* ordem de acampamento em Nm 2³. Os sacerdotes e levitas estão acampados como uma espécie de parede protetora entre o santuário e o povo. Este último já não tem acesso direto a Iahweh; ele deve ir a Iahweh através dos sacerdotes como mediadores. De modo semelhante, Iahweh já não fala diretamente ao povo, mas através de Moisés e Aarão.

3. *Neemias e Esdras*

A resolução da crise na comunidade de Jerusalém está inextricavelmente associada aos nomes de Neemias e Esdras. A tradição apresenta muitos problemas, geralmente literários e cronológicos. Há muitos pontos de vista divergentes, não menos com respeito à seqüência e datação dos dois homens.

Independentemente da teoria segundo a qual só Neemias é uma figura histórica e Esdras apenas um substituto literário adaptado aos pontos de vista de um período tardio, merecem menção três pontos de vista basicamente diferentes. Tudo que eles têm em comum é sua datação do ministério de Neemias no reinado de Artaxerxes I, nos anos 445-432 a.C. (ou um pouco mais tarde).

1) Esdras e Neemias exerceram seu ministério durante o tempo de Artaxerxes I, na seqüência indicada pela tradição: Esdras começou em 458, seguido por Neemias.

2) Esdras e Neemias exerceram seu ministério durante o tempo de Artaxerxes I. Primeiramente o muro da cidade foi reparado sob a direção de Neemias, que então partiu, porque reconhe-

---

² M. Haran, "The nature of the '*Ohel môedh*' in Pentateuchal Sources". *JSS* 5 (1960), 50-65.

³ A. Kuschke, "Die Lagervorstellung der priesterschriftlichen Erzählung", *ZAW* 63 (1951), 74-105.

ceu a necessidade de reforma interior. Esta foi levada a efeito por Esdras, mas foi interrompida pelos distúrbios que se seguiram à lei contra casamentos mistos. Neemias então retornou e conseguiu da parte do povo a observância da lei de Esdras.

3) Neemias exerceu o seu ministério em Jerusalém durante o tempo de Artaxerxes I; Esdras exerceu seu ministério sob Artaxerxes II, começando em 398. Este ponto de vista, que parece o mais provável, quando todos os argumentos são ponderados[4], fornece a base para a discussão seguinte.

a) Neemias, filho de uma família israelita de Babilônia e copeiro do rei persa, foi enviado pelo rei, a seu pedido, para servir como governador de Jerusalém. Conseqüentemente, Jerusalém e suas vizinhanças, estendendo-se mais ou menos de Masfa ao norte até à área do norte de Hebron ao sul, ficavam separadas da província de Samaria e se tornavam uma província independente. Como seu governador, Neemias contribuiu para a manutenção da ordem externa e interna da comunidade – para a ordem externa, restaurando o muro da cidade, que tinha sido parcialmente destruído, quando os babilônios conquistaram Jerusalém (Ne 2ss), através do restabelecimento de algumas das populações locais na cidade, que era apenas parcialmente habitada (11.1-2) e através de uma remissão geral das dividas (5.1ss); para a ordem interna, conseguindo que os levitas recebessem seus dízimos (12.44ss; 13.10ss), que os homens descansassem no *Shabbath* (13.15ss) e através de sua oposição aos casamentos mistos (13.23ss). Por outras palavras, exerceu seu ministério primariamente na área política e não introduziu novas idéias religiosas, embora esperanças político-messiânicas pudessem estar centralizadas nele, sem seu conhecimento ou até contra a sua vontade. É possível que tais esperanças tenham levado o regime persa a chamá-lo repentinamente (KELLERMANN). De qualquer maneira, colocou as bases para o estabelecimento da paz e da independência relativa da nova província, tornando possível uma reforma religiosa.

---

[4] J. A. EMERTON, "Did Ezra Go to Jerusalem in 428 B. C.?" *JThSt*, NS 17 (1966), 1-19.

b) A reforma está associada ao nome de Esdras, que exerceu seu ministério por volta de 398 a.C. em Jerusalém, depois que o rei persa lhe dera ampla autoridade e o encarregara de organizar os negócios da comunidade em Jerusalém-Judéia com base num código de leis que Esdras tinha à mão. Uma vez mais, uma caravana retornou à Palestina, desta vez com Esdras, e aí reforçou o movimento em cujo espírito Esdras tentou agir.

A primeira coisa que ele fez foi recitar, diante do povo, a lei que tinha trazido consigo; a impressão do povo foi tão grande e efetiva que toda a comunidade prometeu obedecer-lhe. Essa lei se refere, pelo menos, a P, como demonstram as conexões entre Ne 8.13ss e Lv 23.40, bem como Ne 8.18 e Lv 23.36. É possível que se trate mesmo do Pentateuco como uma combinação dos estratos-fonte JNEDP, visto que algumas medidas tomadas por Esdras não estão baseadas nos ordenamentos de P: Ne 10.30; 13.1ss baseiam-se em Êx 34.16; Dt 7.2ss; 23.3ss e Ne 10.31 em Dt 15.2. Se foi assim, o Hexateuco deve ter-se formado logo depois da composição de P, que foi incorporado em Babilônia; o livro de Josué, cujo programa para a distribuição da terra era considerado inaceitável pelos persas, foi colocado à parte como uma entidade independente. Esta hipótese fundamenta-se também no fato de que, durante o século IV a.C., os samaritanos adotaram o Pentateuco como a base oficialmente reconhecida de sua religião. Durante o exílio, os estratos-fonte mais antigos tinham sido revisados e editados no espírito deuteronomístico. Agora, próximo ao fim do V ou no começo do século IV a.C., o Hexatateuco como um todo formou-se como uma revisão e expansão de seu predecessor deuteronomístico, com P como estrutura dominante. Por razões políticas, ele foi abreviado, ficando apenas o Pentateuco – obra da Diáspora babilônica – um relato da história e coleção de leis desde a criação do mundo até a morte de Moisés, que Esdras elevou ao *status* de base obrigatória do primitivo judaísmo que se estava formando.

A segunda coisa que Esdras fez foi aplicar rigorosamente a lei ao problema mais crítico de seu tempo: casamentos mistos. De acordo com a nova lei, esses casamentos, em que um dos cônjuges era de origem não israelita, tinham de ser dissolvidos. Visto que a maioria do povo concordou e apenas uma minoria protestou, tudo foi logo realizado de acordo com os princípios de Esdras; casos especiais eram examinados e decididos por um colegiado. Assim, a segregação da comunidade, introduzida pela lei deteuronômica e continuada por Ageu, estava efetivamente completa. De fora da comunidade, é verdade, surgiram ressentimentos e agitações na Palestina. Conseqüentemente, o regime persa, que estava especialmente interessado em ter paz e segurança em suas províncias ocidentais, convocou Esdras à corte; ele nunca retornou a Jerusalém.

Contudo, sua obra lançou as bases para o período seguinte, de modo que, mais tarde, ele chegou a ser comparado a Moisés e glorificado como o finalizador da obra de Moisés. De fato, criou o primitivo judaísmo e lançou suas bases religiosas no Pentateuco. Atribuiu igual importância à conduta ética e ritual; a hierarquia sacerdotal, por um período considerável, exerceu a liderança na comunidade; a segregação deliberada envolvia o perigo de arrogância com respeito aos outros; e a abordagem legalista da vida levou ao perigo de uma religião baseada no *do ut des*. Finalmente, a reforma de Esdras estabeleceu a corrente principal do javismo no curso que abandonou as intuições e princípios que tinham prevalecido anteriormente, sobretudo a mensagem dos profetas. Aqui se trata mais do que de uma reelaboração do javismo israelita: estava sendo formada uma nova religião.

4. O *período posterior à reforma de Esdras*

a) Nas décadas seguintes à reforma de Esdras, a vida do judaísmo primitivo foi determinada pela lei, pelo menos na Judéia e na Diáspora babilônica. Essa religião da lei, que atribuía também uma posição central ao ritual cultual, tornou-se claramente uma tendência dominante, tendo começado a prevalecer depois do Deuteronômio e do exílio. A influência profética desapareceu rapidamente. Ambos os fenômenos se deram ao mesmo tempo: quanto maior a influência da piedade legalista, mais fraca se tornava a fé profética.

b) Que houve também outras tendências religiosas pode ser visto a partir dos livros de Jonas e de Rute, ambos compostos depois da reforma de Esdras no século IV a.C. O primeiro atacou a noção particularista, materializada na figura do profeta Jonas, segundo a qual a salvação era restrita a Israel e as ameaças contra as outras nações conservavam sua força absoluta, e procurou contradizer a intolerância e a arrogância particularistas. O livro de Rute também respira um espírito de magnanimidade para com aqueles que pertenciam a outra nação, em cujo destino pode ser percebido o benevolente governo de Iahweh e sobre quem se desejava a sua bênção.

c) Outra atitude ainda básica é representada pela História do Cronista, que foi composta não antes da segunda metade do século IV e, provavelmente, no período em torno de 300 a.C. (1 e 2 Cr, Esd e Ne)[5]. Seu autor omitiu quase tudo o que tinha acontecido antes de Davi (exceto a morte de Saul) e fora de Judá; no caso dos poucos reis judaítas ideais, eliminou tudo que podia colocá-los numa posição desfavorável ou substituiu o relato por outra versão. Esse procedimento, junto com o material próprio do Cronista, alterou radicalmente o relato da monarquia, em confronto com o dos livros de Samuel e Reis.

Notável é a glorificação religiosa de Davi, que está intimamente associada ao Templo e a seu culto, para o qual se diz que ele fez todas as provisões necessárias. Seu tempo é descrito como o estado ideal de coisas, um digno objeto de aspiração.

---

[5] G. J. BOTTERWECK. "Zur Eigenart der chronistischen Davidgeschichte", *Tübinger ThQ* 136 (1956), 402-434; A. CAQUOT, "Peut-on parler de messianisme dans l'ouvre du Chroniste?" *RThPh* 99 (1966), 110-120; N. D. FREEDMAN, "The Chronicler's Purpose", *CBQ* 23 (1961), 436-442; G. VON RAD, *Das Geschichtsbild des chronistiscben Werkes*, 1930; *id.*, "Die levitische Predigt in den Büchern der Chronik", in *Procksch Festscbrift*, 1934, 113-124 (= *Gesammelte Studien zum Alten Testament*, 1958, 248-261; W. F. STINESPRING, "Eschatology in Chronicles", *JBL* 80 (1961), 209-219; C. C. TORREY, *The Chronicler's History of Israel*, 1954; A. C. WELCH, *The Work of the Chronicler, Its Purpose and Date*, 1939.

Faz-se rapidamente referência às promessas inabaláveis de Iahweh e às promessas à dinastia davídica. Assim, no período tardio, apareceu ali um anseio pela dinastia davídica; provavelmente, o Cronista acalentava esperanças de uma futura restauração da monarquia davídica. A mesma idéia é expressa na revisão secundária e na expansão do livro de Rute (4.17b,18-22), associada a Davi e colocada num episódio da história antiga da casa davídica.

Também típica da História do Cronista é a apresentação dos eventos de acordo com um esquema baseado na doutrina da retribuição, que o Cronista aplicou mais aos indivíduos que à nação como um todo. Ele explicou os desastres de todas as espécies que sucederam aos reis como punição dos seus pecados, dos quais ele contava, entre os mais dolorosos, as ofensas contra os sacerdotes e profetas (cf., por exemplo, 2 Cr 33). Contudo, a intervenção direta e miraculosa de Iahweh também determinava o curso da história (cf., por exemplo, 2 Cr 20.1-30). Assim, encontramos, em forma desenvolvida, as antigas idéias acerca da ação de Iahweh no destino dos homens e nações e da correlação entre as ações de Iahweh e a conduta humana.

Finalmente, o Cronista revelou alta estima pelo culto do Templo de Jerusalém, único santuário legítimo, cujo significado defendeu contra a comunidade samaritana, que se tinha formado por volta de 350 a.C. (cf. abaixo, n. 5). Seu interesse centralizava-se na realização real do culto, de modo que ele descreveu as ofertas sacrificais minuciosamente. Contudo, o acesso às áreas e cerimônias sagradas estava reservado ao pessoal cultual adequado, e a música para acompanhar a liturgia estava restrita aos levitas.

d) Muitos salmos foram compostos no período pós-exílico: quase dois terços dos hinos e orações preservados no Saltério, provavelmente, derivam desse período. A fé expressa nesses salmos, conseqüentemente, centralizava-se em dois pontos: o culto do Templo e a lei.

Ao contrário de P, os Salmos sustentavam ativamente a idéia segundo a qual Iahweh tem sua habitação no Templo; de qualquer maneira, o povo associava a noção da presença perpétua de Iahweh com o Templo. Ele tinha escolhido Sião para ser a sua habitação. Por isso, a protegeria; correntes de bênçãos religiosas e materiais fluiriam no Templo; todos aqueles que pertenciam ao povo de Iahweh tinham lá a sua cidadania, onde quer que estivessem dispersos. O Templo deu a Jerusalém dignidade e autoridade tais que parecia ser o verdadeiro centro do universo. Estar apto para viver ali era razão de louvor e ação de graças. Ter a permissão de entrar no Templo, morar aí temporariamente como um visitante sob a proteção do Templo ou permanentemente como sacerdote era um favor especial. Havia freqüentemente um grande desejo de visitar o Templo, tomar aí parte no culto. Mesmo que alguém pudesse passar toda a sua vida aí, um dia no santuário era melhor do que mil em outro lugar. Quanto mais distante alguém vivesse, mais desejável parecia seu esplendor. Vibrava ansiosa esperança através da peregrinação, porque estava-se prestes a ver com os próprios olhos aquilo que se conhecera apenas através de boato. Já na perigosa viagem a Jerusalém experimentava-se a proteção de Iahweh. Então, contemplava-se com admiração a cidade e o Templo, experimentava-se o culto e retornava-se para casa em ação de graças, pronto a contar aos filhos todas as maravilhas que se tinha visto. Naturalmente, também se ouviam críticas; elas serão discutidas abaixo (§ 28,4).

O segundo ponto focal da fé dos Salmos pós-exílicos era a Lei, que, como o culto, estabelecia uma conexão entre Iahweh e o homem. Toda a vida se ligava à Lei, porque Iahweh julga retamente e retribui a cada um de acordo com os seus feitos. Era a Lei que discriminava os espíritos; por isso, os Salmos distinguem, repetidas vezes, o justo e o reto, de um lado, do mau e do ímpio, de outro lado. A verdade conservada nessa religião legalista, como revelam os próprios Salmos, consiste no reconhecimento de que fé e vida, fé e conduta constituem uma unidade. Uma fé que não conduza a conclusões acerca daquilo que o homem deve fazer e daquilo que um homem não deve fazer é morta; a afirmação de Agostinho acerca do *misera necessitas non posse non peccandi*, em geral, não era compartilhada pelo Antigo Testamento relativamente ao fiel. A doutrina da retribuição, por sua vez, facilita a compreensão da insistência de alguém em sua inocência, que o suplicante desejava ver confirmada a fim de não parecer, aos olhos das multidões, rejeitado por Iahweh. Conseqüentemente, em diversos salmos, chegou-se ao ponto de o suplicante amaldiçoar seus inimigos e pedir a sua destruição, de modo que ele próprio seja justificado diante dos homens. Naturalmente, há outras soluções que foram tentadas (Sl 49; 73).

e) Apesar da desvalorização geral da profecia, apareceram ainda profetas individuais. Na primeira metade do século IV a.C., Joel exerceu seu ministério como profeta cultual no Templo de Jerusalém[6]. Sua mensagem foi ocasionada por uma seca e por uma praga de gafanhotos, que ele interpretou, em parte, como sinais do Dia de Iahweh; além disso, proclamou o julgamento escatológico de Iahweh sobre as nações. Tomou como ponto de partida o desastre econômico da época, ocasionado por catástrofes naturais, tendo em vista, ao mesmo tempo, o dia da transformação escatológica. Em concordância com seu mandato, ele se esforçou para impedir o desastre econômico e conclamou os homens a voltarem a Iahweh em sua hora de necessidade. Clamou pela convocação das assembléias cultuais para arrependimento, com jejum e lamentação, e enfatizou a necessidade de retornar a Iahweh, apesar de não pressupor qualquer culpa. Falou do Dia de Iahweh em termos universalistas, mas apenas no julgamento sobre as nações, em contraste com sua particularista restrição da salvação a seu próprio povo.

Isaías 65 contém invectivas e ameaças contra os membros da comunidade que se tornam apóstatas e contém promessas para os fiéis. A mensagem desse profeta desconhecido do século IV centralizava-se nos dois pontos focais de salvação e destruição do *eschaton*.

---

[6] J. Bourke, "Le jour de Yahvé dans Jöel", *RB* 66 (1959), 5-31.191-212; W. Cannon, "'The Day of the Lord' in Joel", *ChQR* 103 (1927), 32-63; A. S. Kapelrud, *Joel Studies*, 1948; H.-P. Müller, "Prophetie und Apokalyptik bei Joel", *Theologia viatorum* 10 (1965-1966), 231-252.

O Dêutero-Zacarias (Zc 9-11)⁷ compreende duas séries de discursos: a primeira, das últimas décadas do século IV a.C., está baseada na situação histórica, e faz uma análise profética dos eventos desde o cerco da cidade de Tiro por Alexandre, o Grande (332 a.C.), até às primeiras guerras dos diádocos (9.1-8,11-17; 10.3-12; 11.4-16); e a segunda compreende uma série de discursos isolados de diversos autores do mesmo período ou de um período posterior (9.9-10; 10.1-2; 11.1-3,17).

Is 66.5-24 é uma unidade maior, que compreende três discursos proféticos do século III a.C.; compostos sobretudo de promessas intercaladas com algumas ameaças, esses discursos predizem uma iminente transformação escatológica com suas conseqüências para o apóstata e o fiel.

No Trito-Zacarias (Zc 12-14), foram reunidos ditos de diversos autores da primeira metade do século III a.C. Com exceção de Zc 12.9-14, que obviamente se refere a um assassínio judicial, eles são puramente escatológicos na orientação e não se referem a dados históricos concretos. A ênfase é no destino e desenvolvimento interno de Jerusalém.

f) No contexto dessas mudanças intelectuais profundas, o conceito de sabedoria estava sujeito a completa análise e emprego teológicos⁸. A sabedoria era entendida como um apelo divino ao homem, como mediador da revelação, como o grande educador de Israel e das nações, e mesmo como o princípio divino dado ao mundo desde a criação. Assim, toda reflexão teológica podia ser organizada e unificada sob o termo geral "sabedoria" de modo antes não suspeitado. A inclusão da criação e da revelação envolvia as áreas que tinham sido ignoradas pela mais antiga sabedoria prática, e levou à criação de um sistema teológico abrangente. Em acréscimo a Pr 1-9⁹ e Jó 28, encontramos suges-

---

⁷ C. Brouwer, *Wachter en herder*, 1949; B. Heller, "Die letzten Kapitel des Buches Sacharja im Lichte des späteren Judentums", *ZAW* 45 (1927), 151-155; P. Lamarche, *Zacharie IX-XIV*, 1961; B. Otzen, *Studien über Deuterosacharja*, 1964.
⁸ G. Fohrer, *"sophia ktl"*, *ThW* 7, 476-496.
⁹ G. Bostrom, *Proverbiastudien*, 1935; A. Hulsbosch, "Sagesse créatrice et éducatrice", *Augustinianum* 1 (1961), 217-235, 433-451; 2 (1962), 5-39; 3 (1963), 5-27;

tões desse modo de pensamento na inspirada sabedoria de Eliú, que sente estar ele em constante possessão da sabedoria (Jó 32-37)[10], mas também nas palavras de Deus no livro de Jó, em que o mundo natural, como criação, está pelo menos incipientemente, relacionado com a revelação dada aos homens. Alguns salmos também dão testemunho da teologia da sabedoria (Sl 1; 19.7-14; 34; 36; 37; 49; 73; 105; 106; 112; 119; 128; 133).

O conceito de sabedoria em Jó 28 e Pr 1-9 exige tratamento especial. Embora em Jó 28 a sabedoria esteja subordinada a Iahweh, incorporada em sua atividade criativa e identificada com os mistérios da criação do mundo por Deus, podemos vislumbrar ainda aquilo que tinha sido o estado independente, em que a sabedoria era uma entidade celestial separada, preexistente ao lado da divindade. Essa teoria reflete idéias mitológicas, mais provavelmente um mito gnóstico. O mesmo mito, junto com outros elementos, permanece no fundo do conceito de sabedoria encontrado em Pr 1-9. Isso explica por que a sabedoria, que, de acordo com Jó 28, é inacessível ao homem, fala a ele como mestre e revelador, visto que ela procura habitação entre os homens (o que, no mito, ela não encontra e, por isso, retorna ao céu). De acordo com Pr 1-9, a sabedoria não existe desde o começo ao lado da divindade, mas foi criada no começo de sua obra. Aqui, vemos a influência do mito do homem primordial, criado antes do mundo e, por isso, possuído de especial sabedoria empírica. Além disso, o conceito de sabedoria em Pr 1-9 foi atingido pela imagem do profeta proclamando a sua mensagem.

A teologia sapiencial compartilhava com a piedade legalista a doutrina da dupla retribuição, de acordo com a qual Iahweh pune ou recompensa todo homem, enquanto ainda vivo, de acordo com a sua conduta. Cada qual ceifa aquilo que semeou. Portanto, o homem reto e piedoso não encontra dificuldade; apenas o homem perverso e ímpio é punido com a desgraça. Qualquer

---

P. Humbert, "La 'femme étrangère' du Livre des Proverbes", *RES*, 1937, 49-64; W. A. Irwin, "Where Shall Wisdom Be Found?", *JBL* 80 (1961), 133-142.

[10] G. Fohrer, "Die Weisheit des Elihu (Hi 32-37)", *AFO* 19 (1959-1960), 83-94 (= *Studien zum Buche Hiob*, 1963, 87-107).

que sofre merece sua desgraça. Ele faria bem se descobrisse seus pecados públicos ou secretos. Contudo, isso também, conseqüentemente, significa que da desgraça que fere um homem pode-se concluir que ele tem pecado e que sua desgraça representa uma punição. O homem, cuja vida é boa, é ele próprio bom; o homem que experimenta o mal deve ser mau. Portanto, se um homem foi ferido pelo desastre, obviamente era um pecador secreto, de quem se guardaria cuidadosamente distância, a fim de não ser envolvido em sua desgraça.

O livro de Jó representou vigoroso protesto contra essa doutrina[11]. O autor do livro aprendera também que a vida não toma o seu curso plácida e harmoniosamente, mas ele não atribuía esse fato a alguma retribuição dúbia, pois o Jó desse livro via através da teologia de seus amigos. Como representantes da comunidade piedosa e da própria sociedade, eles procuram distribuir luz e trevas racionalmente, ocultar a base escura e misteriosa da existência e explicar facilmente tanto o seu lado claro como o sombrio. Bem e mal, alegria e sofrimento, ventura e desventura são termos correspondentes e são distribuídos justa e eqüitativamente. Jó examina o absurdo do cálculo racionalista, com o qual a doutrina da retribuição responde à questão do mistério da existência e ao significado do sofrimento. Porque essa teoria é inadequada, ele renuncia a toda segurança em face do sofrimento cujo ataque destrói a sua vida. Ele decide renunciar à tradição confortável e ao cálculo de segurança, penetrando num território novo e inexplorado. Ele aceita sua inevitável situação como sua verdadeira situação e reconhece o Deus que age em tudo aquilo que acontece como seu verdadeiro senhor. Quanto à questão do de-

---

[11] G. Fohrer, *Studien zum Buche Hiob*, 1963; J. Hempel, "Das theologische Problem des Hiob", ZSTh 6 (1929),621.689 (= *Apoxysmata*, 1961, 114-73); P. Humbert, "Le modemisme de Job", *VTSuppl* 3 (1955), 150-161: A. Jepsen, *Das Buch Hiob und seine Deutung*, 1963; H. Knight, "Job (Considered as a Contribution to Hebrew Theology)", *SJTh* 9 (1956),63-76; W. Lillie, "The Religious Significance of the Book of Job", ET 68 (1956-1957), 355-358; H. H. Rowley, "The Book of Job and Its Meaning", BJRL 41 (1958.1959), 167-206 (= *From Moses to Qumran*, 1963, 141-183); A. Weiser, "Das Problem der sittlichen Weltordnung im Buche Hiob", *ThBl* 2 (1923), 154-164 (= *Glaub und Geschichte im Alten Testament*, 1961, 9-19).

sespero sobre a possibilidade de vida baseada em seus próprios esforços, vê uma nova vida baseada na possibilidade oferecida por Iahweh. Por isso, lança-se, sem hesitação ou reserva, nos braços de Deus; na confiante submissão a Deus, encontra a resposta para a sua importante questão. Aqui, descobrimos a fé autêntica dos profetas aplicada à situação e aos problemas de outra época.

De maneira semelhante, o autor do Sl 73 encontrou a solução para o mistério da vida na experiência da comunhão com Deus, em que lhe foi concedida a segurança da proteção de Deus:

> Quanto a mim, estou sempre contigo,
> tu me agarraste pela mão direita;
> tu me conduzes com teu conselho
> e com tua glória me atrairás. (Sl 73,23-24)

Visto que este Deus está sempre perto, mesmo quando as perspectivas são sombrias e obscuras, a solução para todas as questões é encontrada nele; a solução, de fato, consiste na comunhão com ele e na submissão a ele. São esses os objetivos mais altos; nada no céu ou na terra é igualmente desejável:

> Quem teria eu no céu?
> Contigo, nada mais me agrada na terra.
> Minha carne e meu coração podem se consumir.
> a rocha do meu coração, a minha porção é Deus, para sempre!
> Sim, os que se afastam de ti se perdem,
> tu repeles teus adúlteros todos.
> Quanto a mim, estar junto de Deus é o meu bem!
> Em Deus coloquei o meu abrigo,
> para contar todas as tuas obras. (Sl 73.25-28)

Qoheleth (Eclesiastes), como o autor de Jó, também perdeu sua fé na doutrina fundamental da teologia sapiencial, isto é, a doutrina da retribuição[12]. É verdade que ele atribuía certo va-

---

[12] K. GALLING, *Die Krise der Aufklärung in Israel*, 1952; A. LAUHAM, "Die Krise des religiösen Glaubens bei Kohelet", *VTSuppl* 3 (1955), 183-191; O. LORETZ, *Qohelet und der Alte Orient*, 1964; J. PEDERSEN, "Scepticisme israélite ", *RHPhR* 10 (1930), 317-370; W. ZIMMERLI, *Die Weisheit des Predigers Salomo*, 1936.

lor relativo à teologia sapiencial (2.3,14; 4.13; 10.12). Contudo, em última análise, ela permanece sem proveito (2.15; 9.11) e não é mais que tolice (1.16-17; 6.8). Assim, *Qoheleth* atacou a autosegurança com que o sistema pensava compreender o mundo e a vida em sua inteireza, apontando os limites que tornam inatingíveis toda segurança e, assim, todo proveito: a morte e a mulher (2.15-16,21; 7.26). De modo geral, o destino do homem não depende de sua conduta reta e piedosa, como afirma a doutrina, mas está impenetrável e indiscernivelmente nas mãos de Iahweh (8.17; 9.1). Visto que o sistema proposto pela teologia sapiencial era sem valor, nada restava, a não ser gozar toda a existência que foi concedida ao homem numa vida ativa (9.7-10), em vez de lutar pelo proveito último. A primeira parte do conselho de *Qoheleth* para gozar a vida tem estreito paralelo com a Canção do Harpista egípcio e com o conselho dado pelo copeiro dos deuses na Épica de Gilgamesh, o qual também menciona o limite negativo (a morte). A segunda parte do conselho de *Qoheleth* – prazer completo numa vida ativa – encontra a sua contraparte na ajuda que Gilgamesh recebe de seu grande projeto, o muro da cidade de Uruk, embora *Qoheleth* tenha em mente a atividade em si. Esses paralelos dificilmente podem ser acidentais, mas estão associados ao aspecto conservador de *Qoheleth*. Ele se apropriou de um antigo ponto de vista e o opôs ao sistema da teologia sapiencial, pois esse sistema era igual à luta de Gilgamesh pela imortalidade, porque seu propósito era criar alguma coisa singular, duradoura e definitiva. No seu lugar, *Qoheleth* apontou as possibilidades limitadas do homem e procurou relembrar a antiga fase pragmática da instrução sapiencial. Por isso, ele não era universalmente cético e resignado, como se pressupõe comumente, mas apenas relativamente às possibilidades de um sistema teológico que pretendia ser uma panacéia e, naturalmente, também no tocante à tolice. Ainda estaria ali a possibilidade já sugerida na Épica de Gilgamesh, mas reinterpretada como uma possibilidade concedida por Iahweh, que o homem recebe de sua mão como a "porção" concedida por ele (2.24-25; 3.13; 5.18-19).

g) O mundo romano helenístico fora da Palestina, especialmente o Egito, era o centro do judaísmo helenístico[13]. Ele sustentava sua individualidade étnica e religiosa e cultivava seus laços com Jerusalém, à qual eram feitas peregrinações, e ao Templo pagava taxas. Até mais exclusivamente que na Palestina, a sinagoga era o centro da vida religiosa. O judaísmo helenístico tinha sido notavelmente influenciado pela religião de Jerusalém após a reforma de Esdras e, de modo semelhante, conservava-se separado do mundo circunvizinho através da observância do *Shabbath*, da circuncisão e de normas de pureza.

Contudo, logo se perdeu o conhecimento do hebraico e do aramaico; o grego tornou-se a língua geral da fala coloquial. Por isso, as Escrituras Sagradas logo tiveram de ser traduzidas para o grego, de modo que pudessem ser entendidas. Começando no século III a.C., essa necessidade gradualmente deu origem à primeira tradução grega do nascente Antigo Testamento, isto é, a Septuaginta (LXX). A tradução do Pentateuco foi completada por volta da metade do século III, a de Josué-Reis e os profetas por volta do ano 200 a.C. e aquela da maioria dos outros livros durante o século I a.C. Essas traduções refletem igualmente o espírito do judaísmo helenístico influenciado pelo ambiente intelectual do helenismo, formando uma parte do mais extenso corpo da literatura judaica que se formou primeiramente no Egito[14].

Apesar de ampla duração, o templo judaico de Leontópolis ao norte de Mênfis não foi mais do que um episódio[15]. Ele foi estabelecido, por volta de 160 a.C., por Onias, filho de Onias,

---

[13] BHH, II, 690-691; RGG, III, 209-212.979-986.
[14] RGG V, 1707-1709; G. Bertram, "Die religiöse Umdeutung altorientalischer Lebensweisheit in der griechischen übersetzung des Alten Testaments", *ZAW* 54 (1936), 153-167; *id.*, "Praeparatio evangelica in der Septuaginta", *VT* 7 (1957), 225-249; G. Gerleman, "The Septuagint Proverbs as a Hellenistic Document", *OTS* 8 (1950), 15-27; K. Koch, "Der hebräische Wahrheitsbegriff im griechischen Sprachraum", in *Was ist Wahrheit?* 1965, 47-65; L. Prijs, *Jüdische Tradition in der Septuaginta*, 1948.
[15] M. A. Beek, "Relations entre Jérusalem et la diaspora égyptienne au 2ᵉ siècle avant J.-C.", *OTS* 2 (1943), 119-143; H. Lietzmann, "Jüdischgriechische

sumo sacerdote de Jerusalém, deposto por Antíoco IV Epífanes, por instigação dos círculos helenísticos. O culto sacrifical pôde ser realizado aí até 73 a.C. Esse templo teve apenas significado secundário, visto que os judeus egípcios aderiram ao Templo de Jerusalém.

5. *A comunidade samaritana*

No curso do século IV a.C., os adoradores de Iahweh, da província de Samaria, finalmente romperam o relacionamento com Jerusalém e constituíram sua própria comunidade samaritana com um templo no monte Garizim[16]. Embora a separação tenha acontecido por volta do ano 350, a permissão para construir um templo não pode ter sido próxima, até que, com o colapso do império, os privilégios de Jerusalém se tornaram letra morta ou puderam ser contestados.

A razão pela qual esses eventos ocorreram não foi por qualquer desejo da parte dos samaritanos por uma religião sincretista. Eles eram complacentes em questões de casamento misto e admissão ao culto, visto que não participavam das tendências exclusivistas da comunidade de Jerusalém. Em outros casos, eles eram mais conservadores do que a última, pois baseavam sua fé apenas no Pentateuco, não em obras adicionais que o judaísmo primitivo, de modo crescente, considerou sagradas.

A verdadeira razão da separação foi a velha oposição entre o norte e o sul, que já tinha levado à divisão do Estado davídico e salomônico, especialmente a aversão à dinastia davídica, que, uma vez mais, tinha adquirido alto *status* nos círculos de Jerusalém, como é ilustrado sobretudo (embora por um período um

---

Inschriften aus Tell el-Yehudieh", *ZNW* 22 (1923), 280-286; F. STÄHELIN, "Elephantine und Leontopolis", *ZAW* 28 (1908), 180-182.

[16] BHH, I, 513; RGG, II, 1202; IDB, II, 384-385; R. J. BULL e G. E. WRIGHT, "Newly Discovered Temples on Mt. Gerizim in Jordan", *HThR* 58 (1965), 234-247; E. J. BULL *et al*., "The Fifth Campagn at Balâtah (Shechem)", *BASOR* 180 (1965), 7-41; H. H. ROWLEY, "Sanballat and the Samaritan Temple", *BJRL* 38 (1955-1956), 166-198 (= *Men of God*, 1963, 246-276).

tanto mais tarde) pela História do Cronista. Com exceção do Pentateuco, os samaritanos rejeitaram todas as escrituras sagradas, porque nelas encontravam a glorificação de Jerusalém e da linhagem davídica e até a esperança de um Messias pertencente à casa de Davi, antes que à tribo de José.

Portanto, a causa do cisma não foi a oposição samaritana à Lei ou ao Templo de Jerusalém, mas a oposição à reivindicação do sul de exercer liderança política e religiosa e a Davi como um herói nacional e religioso.

6. *O período macabeu e a apocalíptica*

a) O reinado dos selêucidas no Estado sírio que se seguiu à divisão do império[17] de Alexandre produziu amargas altercações. Antíoco IV Epífanes (175-164 a.C.) pretendia helenizar os judeus, como helenizou os outros súditos. Contudo, apenas uma pequena classe alta judaica de Jerusalém estava inclinada nessa direção; entre as massas, a rejeição desse programa combinava-se com a falta de afeição política para com os selêucidas. Nessa situação, Antíoco decidiu adotar severas medidas. O Templo de Jerusalém foi transformado num santuário de Zeus; a observância do *Shabbath* e festas, a prática da circuncisão e a posse dos rolos da Lei eram punidas com a morte. Através de todo o país, altares pagãos eram erigidos e os judeus eram persuadidos ou compelidos a oferecerem sacrifícios neles.

Logo que foi armada, a rebelião contra Antíoco foi sufocada. Ela foi encabeçada primeiro por Matatias, sacerdote pertencente à família dos asmoneus, e seus seguidores, depois também pelos hassideus, grupo de judeus animados por um extraordinário zelo pela Lei. Eles se tornaram logo a espinha dorsal da luta pela liberdade religiosa e constituíram a oposição à aristocracia sacerdotal, que apoiava as tentativas sírias de helenização. Depois da morte de Matatias, a liderança da resistência passou para um de seus filhos, Judas Macabeu. No ano 164 a.C., ele pôde ocupar

---

[17] BHH, III, 1764-1768; RGG, V, 1686; IDB, IV, 266-267.

o Templo de Jerusalém, purificá-lo de sua profanação e restaurá-lo para o uso do culto judaico. Isso marcou a vitória da luta religiosa. Os hassideus retiraram-se, mas os macabeus continuaram a lutar pela liberdade política, que alcançaram temporariamente em 142 a.C. e permanentemente em 129 a.C. Houve, uma vez mais, reis judeus, os asmoneus; mas eles fracassaram tanto política como religiosamente. O ódio para com eles aumentou e, finalmente, no ano 63 a.C., obrigou o povo a pedir aos romanos que estabelecessem sua soberania.

b) Neste período, formou-se a abordagem apocalíptica da vida, a última a ser registrada no Antigo Testamento[18]. Depois do fracasso das esperanças escatológicas iminentes, no período pós-exílico tardio, porque tudo permanecia como estava, a despeito das vãs promessas dos profetas, extensos segmentos da comunidade tinham abandonado a escatologia, que se desenvolveu na apocalíptica, utilizando a teologia sapiencial e as influências estrangeiras, sobretudo o dualismo cósmico e ético do Irã. Dos escritos apocalípticos, apenas o livro de Daniel, que inaugura a série dos apocalipses, foi incorporado ao Antigo Testamento. Esses apocalipses procuravam revelar os mistérios do *eschaton* e ofereciam revelações concernentes à vinda e passagens de épocas do mundo, de modo que se podia determinar tanto a data em que toda a história chegaria a um fim quanto a posição relativa da presente hora. Estabelecia-se um contraste entre a história do mundo como um todo e o reino de Deus, que seria inaugurado depois de um julgamento futuro. Esse dualismo da divindade e

---

[18] G. R. BERRY, "The Apocalyptic Literature of the Old Testament", *JBL* 62 (1943), 9-16; J. BLOCH, *On the Apocalyptic in Judaism*, 1953; S. B. FROST, *Old Testament Apocalyptic*, 1952; G. HÖLSCHER, "Problèmes de la littérature apocalyptique juive", *RHPhR* 9 (1929), 111-114; J. LEBRAM. "Die Weltreiche in der Jüdischen Apokalyptik", *ZAW* 76 (1964), 328-331; M. NOTH, *Das Geschichtsverständnis der alltestamentlichen Apokaliptik*, 1953 (= *Gesammelte Studien zum Alten Testament*, 2ª ed., 1960, 248-273); B. REICKE. "Official and Pietistic Elements of Jewish Apocalypticism", *JBL* 79 (1960), 137-150; H. H. ROWLEY, *The Relevance of Apocalyptic*, ed. rev., 1947; D. S. RUSSEL, *The Method and Message of Jewish Apocalyptic*, 1964; R. SMEND. "Über jüdische Apokalyptik", *ZAW* 5 (1885), 222-251; B. VAWTER, "Apocalyptic: Its Relation to Prophecy", *CBQ* 22 (1960), 33-46.

do mundo estava associado às idéias da dissolução do mundo existente por uma nova criação e pelo estabelecimento de uma teocracia sob a qual viviam essas esperanças apocalípticas de refúgio, seja imediatamente seja depois de sua ressurreição. Assim, a mais antiga profecia era, finalmente, substituída por novos modos de pensar e crer.

c) O livro de Daniel[19] foi composto nos anos 167-164 a.C.; ele foi concluído o mais tardar na primeira metade de dezembro de 164, visto que seu autor conhecia a perseguição promovida por Antíoco IV Epífanes, seu retorno de sua segunda campanha no Egito (169) e a profanação do Templo de Jerusalém (167), mas não sabia nada acerca da morte de Antíoco (dezembro de 164). O livro é fruto dos conflitos desse período.

Como um apocalipse, procurava determinar a data do fim da história e a posição relativa do presente. Em 8.26, o fim parece estar num futuro distante, mas isso é assim porque se trata de uma apresentação retrospectiva da história como "profecia" apresentada no tempo do autor. O que parecia estar longe quanto ao sentido, o Daniel do exílio babilônico tinha, entretanto, considerado perto.

Como um desenvolvimento posterior da escatologia, a compreensão apocalíptica da História contrastava a História do mundo como um todo com a soberania de Deus. Considerava o curso da História como uma unidade que alcançaria seu clímax numa meta determinada por Iahweh: o último julgamento seria seguido, para o piedoso, por uma nova era em que não haveria história. Até aquele tempo, a História está dividida nas épocas dos sucessivos impérios mundiais. A estátua feita de vários metais, que é destruída por uma pedra (Dn 2), é uma imagem da História mundial vista como um todo e ao mesmo tempo dividida em épocas. Até ao *eschaton*, esse é o estágio no qual sucede a vida humana, carregado da herança do passado, cheio das oportunidades para decisão no presente, responsável diante do futuro.

---

[19] Para uma discussão minuciosa, cf. S-F, § 74.

À luz de todas essas considerações, o livro procurava fortalecer a paciência e a coragem dos fiéis em meio à perseguição, dar-lhes nova esperança e exortá-los a seguir o exemplo de Daniel, permanecendo fiéis à sua fé até ao martírio. Procurava assegurar-lhes que o período de sofrimento logo completaria o seu curso, porque estava próximo o dia em que Iahweh poria fim aos poderes do mundo e inauguraria seu reino eterno. Nesta conexão, o livro trata de duas questões, ou seja, se aqueles que tinham tombado na luta a favor da fé poderiam participar da salvação escatológica e se, no último julgamento, todos os homens teriam de responder por seus atos perante o trono de julgamento de Iahweh, por proclamar a ressurreição dos mortos (cf. § 28,5).

Além disso, 7.13-14 menciona o "Filho do Homem" (significando alguém que é humano ou como um ser humano), figura que ocorre em outros documentos do judaísmo primitivo e no Novo Testamento ao lado do Messias davídico (§ 26,3), que representa um desenvolvimento posterior da figura do Messias. Naturalmente, Dn 7 identifica, de modo claro, o Filho do Homem com o Israel escatológico, mas o autor parece ter tomado um conceito antigo de uma figura individual e reinterpretado-o para aplicá-lo à comunidade. Independentemente de certas considerações improváveis, os estudiosos têm assinalado a ampla concordância entre as esperanças associadas com essa figura e as concepções de um homem primevo[20], sugerindo que a esperança no Filho do Homem era uma modificação judaica dos mitos encontrados por todo o antigo Oriente Médio; a reinterpretação de Dn 7 significaria que tais esperanças devem ter sido familiares, o mais tardar, pelo começo do século II a.C. Outros, negando a associação do Filho do Homem com Israel, assinalaram a semelhança da relação entre o "ancião de muitos dias" (Dn 7.9) e o Filho do Homem com aquela entre El e Baal nos textos ugaríticos; eles fazem remontar a transferência do reinado do ancião de muitos dias para o Filho do Homem à noção de um deus jovem

---

[20] S. MOWINCKEL, *He That Cometh*, 2ª ed., 1959, 427ss.

que alcança a soberania no lugar de um deus idoso. Tal noção foi preservada, pelo menos, em alguns dos mitos cananeus; no presente, a rivalidade entre Baal e El atestada nos textos ugaríticos é a melhor evidência dela[21]. A questão, porém, que permanece é se a composição especial do panteão ugarítico poderia ter continuado a exercer semelhante influência e se o Filho do Homem de Dn 7 realmente representa um indivíduo.

§ 28. OBJETOS E CONTEÚDOS DA FÉ

A. BERTHOLET, *Die Stellung der Israeliten und Juden zu den Fremden*, 1896; W. BOUSSET e H. GRESSMANN, *Die Religion des Judentums im späthellenistischen Zeitalter*, 3ª ed., 1926; A. CAUSSE, "Judaïsme et syncrétisme oriental à l'époque perse", *RHPhR* VIII (1928), 301-28; W. EISS, "Der Kalender des nachexilischen Judentums (mit Ausnahme des essenischen Kalenders)", *WdO*, III.1-2 (1964), 44-47; I. ELBOGEN, *Der jüdische Gottesdienst in seiner geschichtlichen Entwicklung*, 4ª ed., 1962; H. G. JUDGE, " Aaron, Zadok and Abiathar", *JThST* NS VII (1956), 70-74; J. KRITZINGER, *Qehal Jahweh: Wat dit is en wie daaraan behoort*, tese, 1957; E. LANGTON, *The Ministries of the Angelic Powers*, 1937; idem, *Essentials of Demonology*, 1949; L. ROST, *Die Vorstufen von Kirche und Synagoge im Alten Testament*, 1939; H. C. M. VOGT, *Studie zur nachexilischen Gemeinde in Esra-Nehemia*, 1966; H. WILLRICH, *Juden und Griechen vor der makkabäischen Erhebung*, 1895.

1. Iahweh e os anjos, Satã e os demônios

a) Para o período tardio, a singularidade e a transcendência de Iahweh tinham, há muito tempo, sido aceitas como básicas para o conceito de Deus. Com freqüência, encontramos referências à singularidade de Iahweh, menos repetidamente no Antigo Testamento que nos livros deuterocanônicos ou não canônicos do judaísmo primitivo. Outras formas de expressão idiomática enfatizam sua dignidade e transcendência, como, por exemplo, na LXX os termos *pantokrátor* ("todo-poderoso") e

---

[21] C. COLPE, "*ho yiós tou anthrópou*", *ThW* 8, 418-425.

hypsistos ("o mais alto", tradução de *'elyôn*)[22]. Essa terminologia correspondia a uma nova compreensão da realeza de Deus (Ml 1.14; Sl 103.19; 145.1ss), que, como a do Dêutero-Isaías, é universal, mas sem ser inaugurada como um evento escatológico; ela aparece como condição presente, embora não seja visível a todo olho. Essa soberania presente de Iahweh como rei já não se restringe a Israel (§ 14,1), mas é expressa na lei que ordena o mundo, a que o homem deve submeter-se obedientemente. Finalmente, isso levou à noção de uma realeza de Iahweh existente desde o começo e estabelecida na criação do mundo (cf. 1 Cr 29.11; Dn 3.33; 4.3,34,37).

A reivindicação dessa confissão monoteística fundamental estava revestida das palavras de Dt 6.4, não mais interpretadas como exigência de unidade interna na concepção de Deus (cf. § 22,1), mas como significando: "Iahweh é o nosso Deus, Iahweh é único". Esse dogma, que devia ser inculcado por meio de repetição cotidiana, elevava a idéia da singularidade de Iahweh a uma posição de centralidade; dava ao fiel sua superioridade interna ao politeísmo oriental e helenístico, bem como ao dualismo persa e gnóstico, porque o convencia de que não havia outro Deus além de Iahweh.

A noção de transcendência de Iahweh também tornou mais fácil para amplos círculos do judaísmo primitivo satisfazerem-se com a impotência política. Se Iahweh, que exercia seu governo sobre todo o mundo, enquanto invisível e inacessível, expõe sua elevada posição apenas indiretamente na lei e no culto, e não por meio de intervenção direta a favor de sua comunidade, o que interessava não era mais o poder político, mas a vitória, dentro do homem, do único Deus sobre o poder hostil.

Correspondentemente a essa concepção de Deus, houve uma crescente relutância em usar o nome "Iahweh", com medo de profaná-lo. Nas Escrituras Sagradas, além do Pentateuco, a

---

[22] Para uma discussão da expressão "Deus dos céus", que provavelmente deriva da terminologia diplomática da administração persa, D. K. ANDREWS, "Yahweh the God of Heavens", in *Meek Festschrift*, 1964, 45-57.

palavra *'adônay*, "Senhor", era com freqüência usada em acréscimo ou no lugar do nome divino. No período mais antigo, seguindo o exemplo cananeu, tinha ela sido usada como um atributo honorífico, primariamente como um termo de invocação nas orações; nesta época, contudo, ela se referia a Iahweh como Senhor do universo e expressava sua soberania absoluta sobre o mundo. Conseqüentemente, a LXX traduziu o nome "Iahweh" por *Kyrios*, "Senhor"[23]. Outras traduções comuns eram "Céu" (Dn 4.23) e "o Nome" (em uso coloquial"; além disso, havia palavras encontradas uma só vez, como "o ancião de muitos dias" (Dn 7.9).

No contexto dessa ênfase sobre a singularidade e transcendência de Iahweh, os poderes divinos gradualmente se desenvolveram em hipóstases, isto é, entidades independentes capazes de agir por própria conta. Em suas ações, poder-se-ia perceber a operação do próprio Iahweh, sem encontrá-lo diretamente. A hipóstase-palavra caracterizava a operação de Deus desde a criação como determinação e permeação espirituais; a hipóstase-espírito enfatizava o dinamismo e a vitalidade de Iahweh, tornando impossível qualquer espécie de deísmo; a hipóstase-sabedoria, como a idéia criadora do mundo por Iahweh, combinava com o reconhecimento da adequação interna, ordem e beleza do mundo, a subordinação das forças cósmicas ao único Deus.

b) A área entre Iahweh e o homem estava longe de ser vazia. Visto que a transcendência de Deus era percebida como distante, essa área estava ocupada pelo mundo intermediário dos anjos, que constituía um elo entre o Deus distante e o homem. Assim, a concepção mais antiga da corte celestial de Iahweh foi gradualmente transformada numa angelologia cujos começos já podem ser observados no Antigo Testamento. Uma noção era que havia anjos de povos e nações, que asseguravam a irrestrita soberania de Iahweh sobre todas as nações (Dt 32.8-9; Is 24.21);

---

[23] W. W. Graf Baudissin, *Kyrios als Gottesname im Judentum und seine Stelle in der Religionsgeschichte*, 1929.

em Dn 4.14, o verdadeiro governo do mundo parece ser delegado a eles sob a autoridade soberana do Altíssimo. A nação de Israel também tem o seu anjo, cujo nome é Miguel (Dn 10.13,21; 12.1). Uma vez, nos discursos de Eliú, no livro de Jó, é mencionado um anjo mediador, que pode interceder junto de Iahweh a favor de uma pessoa doente, após o que ela é curada (Jó 33.23ss)[24]. Apenas nesse único exemplo, o Antigo Testamento atribui funções mediadoras a um anjo.

c) Como Israel no período da monarquia, o Dêutero-Isaías ainda cria que tudo, o bem e o mal, vinha de Iahweh, que criou a luz e as trevas, a paz e a tribulação (Is 45.7). Mais tarde, pouco a pouco, os homens convenceram-se de que o único Deus elevado e santo podia fazer apenas o bem e de que o mal, por isso, tem origem diferente. Essa origem era vista como sendo incorporada em Satã, antagonista de Iahweh.

No começo do período pós-exílico encontramos as primeiras menções de Satã, mas como parte do mundo de Iahweh, um membro da corte celestial (Zc 3.1ss; Jó 1.6ss; 2.1ss) que aparece com outros membros diante de Iahweh para uma audiência, apresenta-lhe um relatório e recebe instruções de Deus. Ele é freqüentemente interpretado como uma espécie de promotor público segundo o modelo das cortes reais do antigo Oriente Médio, apontando perante Iahweh a perversidade dos homens; o nome "Satã" é interpretado como um título ou função, "adversário"[25]. É, porém, mais exato entender o termo como referência à sua conduta: ele é chamado de Satã ("inimigo", "oponente"), porque é o ser celestial hostil ao homem[26]. No relato, porém, do Cronista que diz como Davi é induzido a fazer o censo, "Satã" tornou-se um nome próprio (1 Cr 21.1, sem o artigo); a figura assim designada assume uma função anteriormente atribuída a Iahweh (cf.

---

[24] S. MOWINCKEL, "Die Vorstellungen des Spätjudentums vom heiligen Geist als Fürsprecher und der johanneische Paraklet", *ZNW* 32 (1933), 97-130.

[25] Cf., por exemplo, B. L. RANDELLINI, "Satana nell'Antico Testamento", *Bibbia e Oriente* 5 (1963), 127-132.

[26] Para uma discussão pormenorizada, cf. G. FOHRER, *Das Buch Hiob*, 1963, 82-83.481-501.

2 Sm 24.1). O incitamento para o mal estava também relacionado com essa figura. Assim, colocou-se a estrutura para a introdução de um autor e representante do mal na fé do javismo. O período posterior desenvolveu mais essa noção, mas sem cair no dualismo, visto que Satã era considerado um anjo decaído expulso do céu ou um espírito do mal criado por Iahweh.

Ao mesmo tempo, desenvolveu-se aí um conceito de espíritos do mal, possivelmente incorporando aquilo que fora originalmente um espírito do mal ou da mentira emanado de Iahweh (cf. 1 Sm 16.14; 1 Rs 22.22). A antiga demonologia também sofreu considerável desenvolvimento. Anteriormente, só de infortúnios externos os demônios tinham sido acusados; agora, apareciam também sob a forma de tentadores que incitavam os homens ao mal moral, ao pecado. Pouco a pouco, todos esses desenvolvimentos levaram à noção de uma esfera organizada do mal, hostil à soberania de Iahweh, dentro da qual seres do mal operam como anjos de Satã para afastar os homens do domínio de Deus.

2. Iahweh, o mundo e o homem

a) A narrativa da criação de P em Gn 1.1-2.4a desenvolveu as conclusões lógicas implícitas no conceito alterado de Deus: a palavra criadora de Iahweh representa um papel decisivo, e do homem se diz que é criado à imagem e semelhança de Deus (Gn 1.26-27)[27]. A última significava, por um lado, excluir o conceito,

---

[27] P. BACHMANN, "Der Mensch als Ebenbild Gottes", in *Ihmels Festschrift*, 1928, 273-279; P. G. DUNCKER, "L'immagine di Dio nell'uomo (Gen 1.26,27)", Bibl 40 (1959), 384-392; H. GROSS, "Die Gottebenbildlichkeit des Menschen", in *Lex tua veritas* (Junker Festschrift), 1961, 89-100; J. HEHN, "Zum Terminus 'Bild Gottes'", in *Sachau Festschrift*, 1915, 36-52; F. HORST, "'Der Mensch als Ebenbild Gottes", in *Gottes Recht*, 1961, 222-234; P. HUMBERT, *Études sur le récit du paradis et de la chute dans la Genèse*, 1940, 153-175; L. KÖHLER, "Die Grundstelle der Imago-Dei-Lehre, Genesis 1.26", *ThZ* 4 (1948), 16-22; J. J. STAMM, *Die Gottebenbildlichkeit des Menschen im Alten Testament*, 1959; T. C. VRIEZEN, "La création de l'homme d'apres l'image de Dieu", *OTS* 2 (1943), 87-105; H. WILDBERGER, "Das Abbild Gottes, Gen. 1.26-30", *ThZ* 21 (1965), 245-259.481-501.

do antigo Oriente Médio, de um relacionamento físico direto entre o homem e a divindade e enfatizar a elevação e singularidade absolutas de Iahweh, visto que o homem não é mais que uma semelhança de Deus. Por outro lado, significava manter a conexão existente entre eles, visto que, de acordo com Gn 5.3, a expressão sugere o relacionamento entre pai e filho. Assim, a distinção absoluta entre Iahweh e o homem foi enfatizada, enquanto o relacionamento entre eles foi mantido, a despeito da distinção e dentro dela.

A semelhança do homem com Deus significa que Iahweh confia-lhe o domínio sobre o mundo, permitindo que ele participe de seu próprio poder soberano. O Sl 8, que coloca o homem um pouco mais perto de Iahweh do que Gn 1, enfatiza sua autoridade soberana:

> E o fizeste pouco menos do que um deus,
> coroando-o de glória e beleza.
> Para que domine as obras de tuas mãos
> sob seus pés tudo colocaste:
> ovelhas e bois, todos eles,
> e as feras do campo também;
> a ave do céu e os peixes do oceano
> que percorrem as sendas dos mares. (Sl 8.6-9)

b) Justamente como as passagens que tratam da criação expressam a noção da soberania de Deus e da comunhão com Deus, assim também por um longo tempo se fixou a idéia de que Iahweh governa o destino dos homens e nações. Naturalmente, mais tarde, essa idéia foi limitada pela crença na operação de anjos e poderes demoníacos e, enfim, na apocalíptica, pela suposição de que o curso da História tinha sido, há muito tempo, pré-ordenado.

De acordo com a teoria dominante, Iahweh governa particularmente o destino dos indivíduos, com total retidão, de acordo com os princípios da doutrina da retribuição, distribuindo recompensas e punições de acordo com as ações dos homens. Já discutimos os contra-argumentos do autor de Jó e de *Qoheleth* (cf. § 27,4). Contudo, havia uma percepção crescente de pecaminosidade e impiedade de cada indivíduo. Nenhum homem é justo diante de Deus (Jó 9.2-3); se Deus se lembra dos pecados em vez de perdoá-los, então nenhum homem pode permanecer diante dele (Sl 130.3). O pecador não pode escapar do seu julgamento[28].

Era, todavia, também objetivo da abordagem legalista e cúltica da vida superar a tensão entre a ira de Iahweh e sua misericórdia por meio de regulamentação precisa da penitência e da expiação. O povo operava em geral na suposição de que o homem é livre para obedecer à vontade de Deus e, assim, obter vida e salvação.

c) Como conseqüência da situação religiosa e teológica alterada, o mundo visível não mais parecia ser a realidade última, mas era colocado contra um fundo secreto. Ali formando-se uma crença numa esfera divina além deste mundo, que seria revelada no fim da História ou da qual o fiel podia participar, tendo passado pela morte. Contudo, na vida presente, não havia, há muito, um relacionamento pessoal entre Deus e o homem. Ao contrário, dois poderes Iahweh e Satã – contendiam por causa do homem e sua alma, cada um deles apoiado por uma hoste de anjos bons e maus. O homem tornou-se o campo de batalha entre o bem e o mal.

Além disso, a história foi interpretada como refletindo a luta entre esses anjos e espíritos, na verdade como o campo de batalha entre Iahweh e os poderes hostis. Visto que essa luta devia resultar na existência transcendente de um supramundano reino de Deus, à história secular também foi dado um fundo invisível e um objetivo sobrenatural.

Essas noções produziram uma profunda e momentosa mudança no javismo: aquilo que fora um relacionamento pessoal entre Iahweh e o homem transformou-se numa luta de dois lados para o homem; uma religião deste mundo foi transfor-

---

[28] K.-H. BERNHARDT, "Zur Gottesvorstellung von Psalm 139", in *Holtz Festschrift*, 1965, 20-31.

mada numa religião do além. Os elementos estruturais fundamentais do javismo capitularam; uma nova religião estava se formando.

3. *A Lei*

Mais do que qualquer antes dele, P baseava a existência de Israel num eterno ordenamento divino, determinado unilateralmente por Iahweh, sem consultar Israel. Em sua plenitude autônoma de poder, Iahweh impôs a Israel a sua obrigação e deu-lhe a sua lei, que ele só podia aceitar humilde e obedientemente. Assim, o poder de Deus influencia totalmente a vida humana através da lei, enquanto a obediência a essa lei constitui o principio formativo da existência humana. O ponto fundamental é a obediência à lei. Essa ênfase no legalismo relativizava o culto do Templo; ao mesmo tempo, a religião legalista veio a substituir a sabedoria. A lei ocupou o lugar do temor de Deus da instrução sapiencial (cf. Sl 1; 19.7-14; 119) e a última estava mesmo associada ao próprio conceito de sabedoria (Eclo 24).

Entretanto, a lei consistia em uma pletora de preceitos individuais, cujo número aumentava constantemente; até ao ponto de serem enumerados 613 preceitos; 365 proibições e 248 mandamentos. Esses eram multiplicados a fim de formar uma barreira em torno da lei; em outras palavras, as exigências da lei, rigorosamente interpretada, eram circundadas por outros numerosos ordenamentos. A transgressão de um deles deixava a própria lei irresistível.

Outra importante tarefa era a aplicação da lei a todos os pormenores da vida diária e do culto; era também necessário suplementar a lei para assegurar aqueles casos para os quais não havia preceito específico. No período mais antigo, a tradição e instrução sacerdotais tinham regulamentado tais questões; agora, tais regulamentações tinham de ser derivadas da forma fixada em letra do código da lei. Isso era tarefa dos escribas. Educados como teólogos e juristas, eles decretavam regulamentações obrigatórias concernentes à religião e à ética, a questões legais e à conduta diária. Mais tarde, desenvolveu-se a teoria de uma *Torá* oral, que havia sido transmitida desde quando Iahweh tinha instruído Moisés, bem como várias escolas de exegese escriturística, cujos pontos de vista podiam divergir amplamente (fariseus-saduceus). Jesus Sirácida descreveu o escriba ideal nos seguintes termos[29]:

> Diferente é aquele que aplica a sua alma,
> o que medita na lei do Altíssimo.
> Ele investiga a sabedoria de todos os antigos,
> ocupa-se das profecias.
> Conserva as narrações dos homens célebres,
> penetra na sutileza das parábolas.
> Investiga o sentido obscuro dos provérbios,
> deleita-se com os segredos das parábolas.
> Presta serviços no meio dos grandes
> e é visto diante dos que governam.
> Percorre países estrangeiros,
> fez a experiência do bem e do mal entre os homens.
> Desde a manhã, de todo coração,
> volta-se para o Senhor, seu criador.
> Suplica diante do Altíssimo,
> abre sua boca em oração.
> Suplica o perdão de seus pecados.
> Se for da vontade do supremo Senhor,
> ele será repleto do espírito de inteligência.
> Ele mesmo fará chover abundantemente suas palavras de sabedoria
> e na sua oração dará graças ao Senhor.
> Ele mesmo adquirirá a retidão do julgamento e
> do conhecimento,
> meditará os seus segredos.
> Ele mesmo manifestará a instrução recebida,
> gloriar-se-á da lei da aliança do Senhor.
> Muitos louvarão a sua inteligência
> e jamais será esquecido.
> Sua lembrança não se apagará,
> seu nome viverá de geração em geração.
> (Eclo 39.1-9b, conforme a BJ)

---

[29] A tradução está baseada em V. HAMP, *Sirach*, 1951.

4. O *culto do Templo e a adoração da sinagoga*

a) Como conseqüência da centralidade da Lei, o Templo e seu culto como um todo, a despeito do entusiasmo registrado em diversos salmos (§ 27,4), tornaram-se, de modo crescente, uma parte periférica da vida religiosa. O culto era realizado porque era prescrito pela lei. Por isso, o significado do Templo foi, pouco a pouco, substituído pela sinagoga, na qual a lei era ensinada.

Dentro do culto do Templo, o sacrifício ainda representava um papel importante. As normas sacrificais do Pentateuco, entretanto, tinham sido observadas cuidadosa e escrupulosamente, para evitar omissões e abusos que poderiam privar os sacrifícios de seu poder propiciatório, pois seu propósito era primariamente obter a misericórdia de Deus. Isso também é expresso pelo fato de que a oferta pelo pecado veio a gozar de especial estima. De acordo com a organização sistemática do sistema sacrifical, essa oferta era usada apenas em casos de transgressão involuntária de um mandamento (Lv 4.2; 5.18s; Nm 15.22ss); seu propósito, aparentemente, era purificar e santificar o adorador. O uso do sangue sacrifical era analogamente complexo: além de ser derramado na base do altar, era aplicado nos chifres do altar dos holocaustos (Lv 4.25,30) ou do altar do incenso (Lv 4.7,18) e aspergido sete vezes diante do véu do santuário (Lv 4.6,17). Lemos acerca da "purificação" de objetos, tais como o altar e os umbrais do Templo (Lv 8.15; 16.14ss; Ez 43.19-20; 45.18-19), e acerca do uso da oferta como sacrifício de santificação (Lv 8.14ss; 14.12ss; Nm 6.9ss).

A música e o canto também eram cultivados. Os livros das Crônicas fazem freqüente menção de ocasiões solenes celebradas com música (1 Cr 15.16ss; 29.20; 2 Cr 5.12-13; 20.21ss; 23.13; 29.27) e revelam particular interesse pelo pessoal do Templo relacionado com a música e o canto. Os coros de cantores do Templo entoavam os hinos, aos quais a comunidade respondia "Amém" ou "Aleluia" cf. Esd 3.11; Ne 8.6; 1 Cr 16.36).

Depois do início do período pós-exílico, o sumo sacerdote ocupava a posição no topo de uma extensa hierarquia sacerdotal[30]. Aquilo que tinha sido funções e privilégios régios foi transferido para o sumo sacerdote; diversos pormenores de suas vestes podem derivar da roupagem do rei. Uma boa descrição de sua importância e de algumas de suas funções é fornecida pelo panegírico ao sumo sacerdote Simão II (218-192 a.C.)[31]:

> Como ele era majestoso, cercado de seu povo,
> quando saía de detrás do véu,
> como a estrela da manhã em meio às nuvens,
> como a lua na cheia,
> como o sol radiante sobre o Templo do Altíssimo,
> como o arco-íris brilhando nas nuvens de glória,
> como a rosa na primavera,
> como o lírio junto de uma fonte,
> como um ramo de árvore de incenso no verão,
> como o fogo e o incenso no incensário,
> como um vaso de ouro maciço,
> ornado de toda espécie de pedras preciosas,
> como a oliveira carregada de frutos,
> como o cipreste elevando-se até as nuvens;
> quando tomava sua veste de gala
> e revestia-se de seus soberbos ornamentos,
> quando subia ao altar sagrado
> e enchia de glória o recinto do santuário;
> quando recebia das mãos dos sacerdotes as porções do sacrifício,
> ele próprio, estando de pé junto à fornalha do altar,
> cercado com uma coroa de irmãos,
> como de seus rebentos, os cedros do Líbano,
> cercavam-no como troncos de palmeiras,
> quando todos os filhos de Aarão em seu esplendor,
> tendo nas mãos as ofertas do Senhor,

---

[30] N. B. Barrow, *The High Priest*, 1947; K. Elliger, "Ephod und Choschen", *VT* 8 (1958), 19-35; J. Gabriel, *Untersuchungen über das alttestamentliche Hohepriestertum*, 1933; J. Morgenstern, "A Chapter in the History of the Highpriesthood", *AJSL* 55 (1938), 360-377; F. Stummer, "Gedanken über die Stellung des Hohenpriesters in der alttestamentlichen Gemeinde", in *Episcopus, Studien über das Bischofsamt*, 1949, 1-30.

[31] A tradução está baseada em V. Hamp, *Sirach*, 1951.

> diante de toda a assembléia de Israel,
> enquanto ele realizava o culto dos altares,
> apresentando com nobreza a oferta ao Altíssimo Todo-poderoso.
> Estendia a mão sobre a taça,
> fazia correr um pouco do sumo de uva
> e o derramava ao pé do altar,
> perfume agradável ao Altíssimo, rei do mundo.
> Então os filhos de Aarão gritavam,
> soavam as suas trombetas de metal maciço
> e faziam ouvir um possante som,
> como memorial diante do Altíssimo.
> Então, imediatamente, à uma,
> todo o povo caía com a face por terra:
> adoravam o seu Senhor,
> o Todo-poderoso, o Deus Altíssimo.
> Os cantores também faziam ouvir os seus louvores,
> todo esse ruído formava uma doce melodia.
> E o povo suplicava ao Senhor Altíssimo,
> dirigia orações ao Misericordioso
> até que terminasse o serviço do Senhor
> e acabasse a cerimônia.
> Então ele descia e levantava as mãos
> sobre toda a assembléia dos filhos de Israel,
> para dar, em alta voz, a bênção do Senhor
> e ter a honra de pronunciar seu nome.
> Então, pela segunda vez, o povo se prostrava
> para receber a bênção do Altíssimo. (Eclo 50.5-21)

O sacerdócio era composto primariamente de sacerdotes sadoquitas que tinham retornado de Babilônia com o primeiro grupo. Alguns sacerdotes também retornaram com Esdras, os quais remontavam sua linhagem a Itamar (Esd 8.2) e, portanto, eram provavelmente descendentes de Abiatar (cf. 1 Sm 22.20; 1 Cr 24.3). Alcançou-se certa acomodação entre os grupos rivais, considerando-se Aarão o principal antepassado de ambos; mas os sacerdotes sadoquitas conservaram a posição de liderança. Mais tarde, quando os reis asmoneus reivindicaram para si o ofício de sumo sacerdote, os grupos sadoquitas afastaram-se e formaram a comunidade de Qumran.

Os levitas também estavam entre os que retornaram do exílio, mas em número menor. Depois de seu rebaixamento por

Ez 44.4-31, eles constituíram uma ordem mais baixa de sacerdotes. No curso do tempo, e depois de conflitos aparentemente violentos, outros grupos foram bem sucedidos em ser incluídos entre os levitas: cantores, músicos e porteiros[32].

b) Na sinagoga[33], o culto era realizado na manhã do *Shabbath*. O relato da recitação da lei por Esdras (Ne 8), cujo modelo é tirado do culto da sinagoga, permite-nos reconstruir como ele era, pelo menos no período do Cronista. O culto incluía leitura e instrução (8.3), que começavam com uma convocação para a leitura da *Torá* (8.1). O escriba colocava-se no púlpito, sobre o qual havia uma parte apropriada para a leitura (8.4), abria o rolo da *Torá* (8.5) e louvava a Iahweh; a congregação respondia "Amém" (8.6). Do mesmo modo que o texto hebraico era lido, era traduzido verso por verso para o vernáculo (8.8). A leitura era seguida por um sermão em forma de discurso livre (8.9ss); no período mais antigo, era mais breve e parenético quanto ao seu conteúdo.

A confissão de fé chamada de *Shema,* que consistia em três textos do Pentateuco (Dt 6.4-8; 11.13-21; Nm 15.37-41), parece ser antiga, como demonstram muitas fórmulas de oração. No período subseqüente, o culto era, além disso, desenvolvido e elaborado.

c) As festas e as festividades continuaram a incluir a observância do *Shabbath* da Lua Nova (§ 10,2), a festa da Páscoa e dos Pães Azimos, a festa das Semanas e a festa dos Tabernáculos (§ 16,3; 22,2). P tentou fundamentar as duas últimas festas na História de Israel, associando os eventos do Sinai à festa das Semanas e associando o compromisso colocado sobre o povo por Iahweh à mesma festa (cf. Êx 19.1) e explicando a festa dos Tabernáculos com base no uso de tendas pelos israelitas durante o êxodo do Egito (Lv 23.42-43). Além da festa dos Tabernáculos, desde o exílio, duas festas adicionais foram celebradas no

---

[32] H. Gese, "Zur Geschichte der Kultsänger am zweiten Tempel", in *Michel Festschrift,* 1963, 222-234.
[33] BHH, II, 1906-1910; RGG, VI, 557-559: IDB, IV, 476-491.

outono, durante o sétimo mês: o Dia do Ano Novo e o Dia da Expiação.

O primeiro dia do sétimo mês, como o primeiro dia do ano outonal, tornou-se o Dia do Ano Novo no sentido absoluto (em adição aos anos que começavam, por vários motivos, no primeiro dia do primeiro, sexto e nono mês); era observado com um "toque memorial de trombetas" (Lv 23.24-25).

O décimo dia do sétimo mês marcava o grande Dia da Expiação (Lv 16; cf. também Lv 23.27-32; 25.9; Dt 29.8-12)[34]. O primeiro ato realizado nesse dia era a remoção dos pecados dos sacerdotes e do povo; isto era seguido, mais tarde, pela purificação do Templo. Para este propósito, os pecados eram transferidos para o "bode expiatório" num ritual especial, e o bode era enviado para o deserto, ao demônio Azazel, que morava ali (§ 14,3). Embora a origem do ritual pareça estar num sacrifício apotropaico, oferecido anualmente a um demônio do deserto (§ 13,3), a data da origem do Dia da Expiação é desconhecida. É improvável que ele substituía uma festividade do Ano Novo mais antiga ou era originalmente uma celebração nômade que antecedia a mudança do pastoreio do território colonizado para o deserto. A festividade não pode ter sido fixada antes do exílio, porque ela pressupõe a designação da Festa dos Tabernáculos para o décimo quinto dia do mês.

Além disso, começando no período pós-exílico tardio, era celebrada[35] a festa do Purim, festividade nacional secular realizada no décimo quarto e décimo quinto dia de Adar (fevereiro/

---

[34] S. ADLER, "Der Versöhnungstag in der Bibel, sein Ursprung und seine Bedeutung", ZAW 3 (1883), 178-185.272; E. AUERBACH, " Neujahrs-und Versöhnungs-Fest in den biblischen Quellen", VT 8 (1958), 337-343; T. K. CHEYNE, "The Date and Origin of the 'Scapegoat', ZAW 15 (1895), 153-156; S. LANDERSDORFER, *Studien zum biblischen Versöhnungstag*, 1924; M. LÖHR, *Das Ritual von Lev. 16*, 1925; I. SCHUR, *Versöhnungstag und Sündenbock*, 1934.

[35] V. CHRISTIAN, "Zur Herkunft des Purim-Festes", in *Nöascher Festschrift*, 1950, 33-37: T. H. GASTER, *Purim and Hanukkah in Custom and Tradition*, 1950; G. GERLEMAN, *Studien zu Esther*, 1966; P. DE LAGARDE, *Purim*, 1887; H. RINGGREN, "Esther and Purim", SEA 20 (1956), 5-24; H. ZIMMERN, "Zur Frage nach dem Ursprung des Purimfestes", ZAW 11 (1891), 157-169.

março). O livro de Ester contém a lenda da festividade. O fundo histórico é uma perseguição e libertação dos judeus da Diáspora oriental, durante o período persa; não se encontram pormenores adicionais. O nome é derivado da determinação do dia indicado para a destruição dos judeus através de *pûr*, que corresponde ao hebraico *gôral*, "sorteio". Trata-se daquilo que não era originalmente uma festa judaica; pode ter sido persa quanto à origem, embora isso não possa ser determinado com certeza (*farvardigan*, festa persa da morte; festividade *sakaia*; festividade *mithrakana*). Talvez devêssemos falar apenas de características isoladas de um esquema de festividade. De qualquer maneira, a festa persa primeiramente passou por um desenvolvimento na Mesopotâmia, de onde deriva o seu nome (o assírio *puru'um, purum*); depois, foi adotada pelo judaísmo e legitimada por meio da lenda da festividade. Ela passou da Diáspora para a Palestina antes da metade do século I a.C.; é mencionada pela primeira vez em 2Mc 15.36-37 (cerca do ano 50 a.C.).

Finalmente, os mais importantes êxitos das guerras dos macabeus eram celebrados em suas comemorações. A festa de oito dias, referente à dedicação do Templo (*Hanukkah*)[36], merece a primeira menção; ela comemora a rededicação do Templo no ano 164 a.C. Outras observâncias incluíam o Dia de Nicanor, que comemorava a vitória de Judas sobre o general selêucida Nicanor, e o dia da tomada da "acra" ou cidadela de Jerusalém por Simão, que foi celebrada durante certo tempo.

d) Como ocorreu no período pré-exílico, vozes que criticavam o culto com freqüência se fizeram ouvidas; contudo, comumente elas se diferençavam da antiga crítica dos profetas. O autor do Sl 40, por exemplo, declara:

> Não quiseste sacrifício nem oferta,
> não pediste holocausto nem expiação. (Sl 40.7)

---

[36] Hochfeld, "Die Entstehung des Hanukkafestes", *ZAW* 22 (1902), 264-284; J. Morgenstern, "The Chanukkah Festival and the Calendar of Ancient Israel", *HUCA* 20 (1947), 1-136; 21 (1948), 365-496; O. S. Rankin, *The Origins of the Festival of Hanukkah*, 1930.

O autor propõe, ao contrário, observar a lei de Deus e louvar a Iahweh na assembléia da sinagoga. Assim, essa forma de culto é colocada realmente em posição superior, em detrimento do culto do Templo. *Qoheleth* também parece preferir o culto da sinagoga; é mais digno participar dele e ouvir a lei explicada do que o sacrifício que o tolo oferece. A cautela e a restrição do sábio podem ser ouvidas na admoestação para não se ser impaciente na oração e cumprir um voto rapidamente (Ecl 5.1-7). Os Salmos 69 e 141 também preferem outras formas de ação de graças ao sacrifício:

> Louvarei com um cântico o nome de Deus,
> e o engrandecerei com ação de graças;
> isto agrada a Iahweh mais que um touro,
> mais que um novilho com chifres e cascos. (Sl 69.30-31)
>
> Suba minha oração como incenso em tua presença,
> minhas mãos erguidas como oferta vespertina. (Sl 141.2)

Essa idéia podia estar associada à uma linha de argumento que é francamente racionalista, como no Sl 50, que coloca as seguintes palavras na boca de Iahweh:

> Não vou tomar um novilho de tua casa,
> nem um cabrito dos teus apriscos;
> pois são minhas todas as feras da selva,
> e os animais nas montanhas, aos milhares;
> conheço as aves todas do céu,
> e o rebanho dos campos me pertence.
> Se eu tivesse fome não o diria a ti,
> pois o mundo é meu, e o que nele existe.
> Acaso comeria eu carne de touros,
> e beberia sangue de cabritos?
> Oferece a Deus um sacrifício de confissão
> e cumpre teus votos ao Altíssimo;
> invoca-me no dia da angústia:
> eu te livrarei, e tu me glorificarás". (Sl 50.9-15)

Outra nota é tocada por Mq 6 e Sl 51, que seguem as pegadas da profecia pré-exílica:

"Com que me apresentarei a Iahweh,
e me inclinarei diante do Deus do céu?
Porventura me apresentarei com holocaustos
ou com novilhos de um ano?
Terá Iahweh prazer nos milhares de carneiros
ou nas libações de torrentes de óleo?
Darei eu o meu primogênito pelo meu crime,
o fruto de minhas entranhas pelo meu pecado?"
"Foi-te anunciado, ó homem, o que é bom,
e o que Iahweh exige de ti:
nada mais do que praticar o direito,
gostar do amor
e caminhar humildemente com o teu Deus!" (Mq 6.6-8)
Pois tu não queres um sacrifício
e um holocausto não te agrada.
Sacrifício a Deus é um espírito contrito,
coração contrito e esmagado, ó Deus tu não desprezas.
(Sl 51.16-17)

5. O *destino do homem após a morte*[37]

a) A antiga idéia de um infeliz destino que aguarda as sombras da morte do mundo inferior continuou a existir no período pós-exílico tardio. Como antes, as exceções são poucas (cf. § 17,3).

---

[37] W. Baurngartner, "Der Auferstehungsglaube im Alten Orient", *ZMR* 48 (1933), 193-214; G. J. Botterweck, "Marginalien zum alttestamentlichen Auferstehungsglauben", *WZKM* 54 (1957), 1-8; S. H. Hooke, "Israel and the After-Life", *ET* 76 (1964-1965), 236-239; *id.*, "After Death: The Extra-Canonical Literature", *ib.*, 273-276; E. König, *Zarathustras Jenseitsvorstellungen und das Alte Testament*, 1964; N. A. Logan, "The Old Testament and a Future Life", *SJTh* 6 (1953), 165-172; R. Martin-Achard, *De la mort à la résurrection d'apres l'Ancien Testament*, 1956 [ed. port. *Da morte à ressurreição segundo o Antigo Testamento*, Ed. Academia Cristã, São Paulo, 2005]; A. Nicolainen, *Der Auferstehungsglaube in der Bibel und ihrer Umwelt*, 1944; F. Nötscher, *Altorientalischer und alttestamentlicher Auferstehungsglaube*, 1926; O. Schilling, *Der Jenseitsgedanke im Alten Testament*, 1951; K. Schubert, "Die Entwicklung der Auferstehungslehre von der nachexilischen bis zur frührabbinischen Zeit", *BZ*, NF 6 (1962), 177-214; N. H. Snaith, "Justice and Immortality", *SJTh* 17 (1964), 309-324; E. F. Sutcliffe, *The Old Testament and the Future Life*, 1946; G. Wied, *Der Auferstehungsglaube im späten Israel in seiner Bedeutung für das Verhältnis von Apokalyptik und Weisheit*, tese, Bonn, 1964-1965.

O Sl 49 pode invocar uma esperança diferente a respeito do destino do homem após a morte, se o fiel pobre ou o devoto pobre for contrastado com o rico autoconfiante, que chega a um fim inevitável[38] porque para ele não há esperança após a morte. Contudo, é difícil ver em que consiste essa esperança:

> Mas Deus resgatará minha alma
> das garras do *Xeol*, e me receberá. (Sl 49.15)

Isto é contrastado com o destino do rico que não pode remir-se. Naturalmente, nem o devoto pode; mas Iahweh pode fazê-lo. E ele o faz – não para o rico, mas para o fiel pobre. É a este que Iahweh resgatará do *Xeol*, isto é, protegerá ou libertará do mundo interior. Assim, o autor prometia ao fiel a preservação e livramento da morte, de modo que ele não veria a sepultura e viveria outra vez ou até para sempre. Então, a situação será o oposto daquilo que é no presente: o fiel piedoso, agora oprimido, experimentará um destino mais feliz do que o rico que viveu em autoconfiança e saciedade. Obviamente, não há explicação de como e onde a compensação será feita e como o fiel será vingado: não existe seguramente nenhum pensamento sobre assunção ou ressurreição. Contudo, a idéia de retribuição para o fiel sofredor, que espera isso no além-morte, é simplesmente deixada no ar, quando devíamos esperar por essa idéia, que é peculiar ao Antigo Testamento. Talvez a encontremos numa forma mais desenvolvida, na parábola do rico e Lázaro (cf. Lc 16.19-31).

A profecia escatológica permaneceu mais controlada. Contentava-se em predizer um período maior de vida para os israe-

---

[38] Para uma discussão da "religião do pobre", que se tornou importante no período subseqüente e é ocasionalmente sugerida no Antigo Testamento, cf. A. Causse, "La secte juive et la nouvelle piété, *RHPhR* 15 (1935), 385-419; A. Gelin, *Les pauvres de Yahvé,* '1953; A. Kuschke, "Arm und reich im Alten Testament mit besonderer Berücksichtigung der nachexilischen Zeit", *ZAW* 57 (1939), 31-57; R. Martin-Achard, "Jahwé et les *"anawim"*, *ThZ* 21 (1965), 349-357; J. van der Ploeg, "Les pauvres d'Israël et leur piété, *OTS* 7 (1950), 236-270.

litas, sem qualquer mudança no destino que os aguardava depois da morte. A morte simplesmente devia ser adiada o mais possível, de modo que o número de velhos, que necessitariam usar um cajado por causa do peso da idade, aumentaria (Zc 8.4), e um homem de cem anos de idade seria ainda considerado jovem:

> Já não haverá ali criancinhas que vivam apenas alguns dias,
> nem velho que não complete a sua idade;
> com efeito, o menino morrerá com cem anos;
> o pecador só será amaldiçoado aos cem anos. (Is 65.20)

A única passagem a predizer que Iahweh destruiria a morte para sempre foi o acréscimo tardio a Is 25.8, que interpretou mal as lágrimas e a reprovação dos homens, dos quais Iahweh enxugaria as lágrimas no começo do abençoado *eschaton*, como se se referissem à morte. Deste modo, a questão referente ao destino do homem após a morte ainda não se originara.

b) Apenas no período mais tardio do Antigo Testamento surgiu uma expectação diferente, que provou ser significativa para o futuro e influenciou o período subseqüente: a esperança por uma ressurreição dos mortos. Essa esperança transformou radicalmente todas as idéias acerca do destino do homem depois da morte. No próprio Antigo Testamento, é verdade, a ressurreição representa um papel muito pequeno, visto que há apenas uma passagem que se refere a ela. Todos os outros textos para os quais se tem feito a reivindicação de que mencionam a esperança da ressurreição, de fato, têm um significado diferente.

Os 6.1-2 não expressa nenhuma esperança por uma ressurreição no terceiro dia, tomada do culto a deuses da vegetação murchos e revividos; nem contém qualquer traço de uma ressurreição dos mortos ou mesmo de uma seqüência de pensamento naquela direção. O texto refere-se, antes, à cura de um homem doente. Israel é comparado a um homem ferido, como demonstram os termos "curar" e "ligar", bem como o emprego da "história clínica", familiar aos salmos de lamentação, com sua seqüência lágrima-cura, golpe-ligadura, reviver-levantar-se do leito da

§ 28. Objetos e conteúdos da fé						501

enfermidade. Em outras palavras, a nação sente-se ferida e espera pela cura em exatamente dois ou três dias (frase tirada dos provérbios numéricos), isto é, dentro de um pequeno espaço de tempo.

Ez 37.1-14 é o relato de uma visão e audição, com que estava associado um transe extático da parte do profeta: Ezequiel experimenta a revivificação dos ossos secos que representam os israelitas. Essa imagem deriva da queixa dos israelitas deportados para Babilônia, que lamentavam sua esperança destruída e diziam que seus ossos estavam completamente secos e que estavam perecendo (37.11). O exílio era como uma moléstia que ia gradualmente definhando a vida. Aos olhos dos deportados, o processo já estava tão avançado que eles estavam realmente cortados da vida e assemelhavam-se aos esqueletos dos mortos. Assim como a imagem de Ezequiel derivava das lamentações dos deportados, também o uso dela derivava da antiga concepção da relação entre vida e morte, aplicada ao exílio. Em ambos os casos, a morte e o reviver são empregados metafórica e simbolicamente. Trata-se da ressurreição dos cadáveres israelitas, mas com a momentânea condição de deportados, que era um povo morto, e com sua futura condição, na qual, uma vez mais, eles seriam um povo vivo. Portanto, Ezequiel não pressupõe qualquer crença na ressurreição. Isso pode ser notado também na sua resposta à pergunta de Iahweh se os ossos podem reviver: "Tu o sabes", isto é, eu não sei, isso está além do conhecimento humano (37.3).

Nem se refere a qualquer ressurreição do suplicado Servo de Iahweh o texto de Is 53.10, quando afirma que ele verá a sua descendência, e 53.12 diz que Iahweh lhe dará "muitos" como despojo. Isso significa simplesmente que os homens se apropriarão da redenção acompanhada do sofrimento deles. Da solidão do seu sacrifício emanará a abundância daqueles que recebem a vida desse sacrifício e, por isso, podem ser chamados de sua descendência.

Is 26.7-21 contém aquilo que é primariamente uma oração, assemelhando-se a uma lamentação, pela esperada vinda do *eschaton* (26.7-18a); ela conclui com a segurança do auxílio divino (26.18b-19) e com a conseqüente exortação a Israel (26.20-21). A oração fala do fracasso de todos os esforços humanos para provocar o fim; esse fracasso é contrastado com a segurança do auxílio divino: só Iahweh pode e destruirá o ímpio e acompanhará a nação da injustiça, da sua angústia para a salvação escatológica. Dirigido a Iahweh, Is 26.19 apresenta essa segurança:

> Os teus mortos tornarão a viver,
> os teus cadáveres ressurgirão.
> Despertai e cantai, vós os que habitais o pó,
> porque o teu orvalho será um orvalho luminoso,
> e a terra dará à luz sombras. (Is 26.19)

Como Ez 37.1-14, esta passagem fala metafórica e simbolicamente da salvação da nova vida que se espera no *eschaton*. Os teus mortos, meus corpos ressuscitarão e viverão – nós, o teu povo, experimentaremos sob o teu governo o auxílio que não podemos trazer para nós, gozaremos a salvação que tu trazes! Além disso, a declaração absoluta de 26.14, segundo a qual os mortos ressuscitarão e viverão, com que 26.19 contrasta, sugere o ponto de vista segundo o qual este último verso deve ser entendido apenas simbolicamente e não pressupõe qualquer crença na ressurreição. Está ainda adicionada a segunda imagem do orvalho celestial que capacita a terra, uma vez mais, a dar à luz os seus mortos.

O Sl 16 refere-se inequivocamente à libertação de perigo mortal (16.10-11); o Sl 73 louva a vida em comunhão com Iahweh neste mundo (73.25ss). Não há a mais leve sugestão a qualquer esperança pela ressurreição. O mesmo é verdadeiro a respeito de Jó 19.25-27; trata-se de uma tentativa de Jó de induzir Iahweh a reconhecer a sua inocência. Ele suplica a Iahweh que o auxilie como uma testemunha e advogado de defesa contra seus amigos, que o perseguem e contra a condenação por uma geração futura ignorante. Iahweh deve testemunhar em favor do direito de Jó aqui na terra; Jó gostaria de ver Iahweh aparecer, em seu favor, numa teofania na terra, enquanto ele ainda está vivo em seu desfigurado e macilento corpo.

Quanto à esperança numa ressurreição, só permanece ali um único texto, do século II a.C.: Dn 12.2:

> Nesse tempo levantar-se-á Miguel, o grande Príncipe, que se conserva junto dos filhos do teu povo. Será um tempo de tal angústia qual jamais terá havido até aquele tempo, desde que as nações existem. Mas nesse tempo o teu povo escapará, isto é, todos os que se encontrem inscritos no livro.
>
> E muitos dos que dormem no solo poeirento acordarão, uns para a vida eterna e outros para o opróbrio, para o horror eterno. Os que são esclarecidos resplandecerão, como o resplendor do firmamento; e os que ensinam a muitos a justiça hão de ser como as estrelas, por toda a eternidade. (Dn 12.1-3)

Com a repetida expressão "naquele tempo", o autor do livro de Daniel refere-se à perseguição instigada por Antíoco Epífanes IV, a qual ele descreve brevemente como o tempo de angústias que precede o *eschaton* – mais angustiosa do que qualquer outra época desde a criação do mundo –, embora o aparecimento de Miguel, o representante celestial de Israel, sugira que a decisão em favor de Israel foi tomada no céu. Segue que a verdadeira libertação de Israel acontecerá naquele tempo de angústia; a angústia chegará a um fim e o *eschaton* começará. Então, dar-se-á a dupla ressurreição dos mortos, cujo destino após a morte, por isso, toma um novo rumo. Essa ressurreição é limitada a Israel e é concebida em total harmonia com as idéias israelitas: até agora os mortos têm estado "dormindo no pó da terra"; agora, eles "acordarão". O homem todo, não só uma parte dele, retorna à vida. É claro que isso não significa uma vida no além, mas uma nova vida neste mundo; ela, porém, será "eterna", isto é, de duração sem fim. Não há descrição do novo destino que aguarda os israelitas depois da morte, de modo que não podemos dizer o que significa "desprezo eterno", como oposto à "vida eterna". A excepcional posição concedida ao "sábio" torna claro que aqueles que acordam para a vida eterna são aqueles a quem o sábio deu um conhecimento que é coroado pela justificação que conduz à vida na forma de uma ressurreição: a sabedoria da fé escatológica. Qualquer israelita que se deixa guiar por essa sabedoria está entre aqueles que participarão da ressurreição para a vida eterna.

Dentro do contexto do livro de Daniel isso significa que a parte fiel de Israel será incluída sob a soberania eterna de Deus. Contrariamente ao ponto de vista tradicional do Antigo Testamento, esses mortos não são removidos para sempre da soberania de Deus, mas são incorporados nela através da ressurreição; a autoridade de Iahweh também se estende àqueles condenados ao desprezo eterno. Assim, o autor do livro de Daniel preenche uma antiga lacuna na lista daqueles que estão sujeitos à soberania de Iahweh: não apenas os vivos, mas também os mortos estão incluídos, depois de seu despertar, no começo do *eschaton*.

Assim, a idéia segundo a qual o homem ficava separado de Iahweh após a morte e, por fim, excluído da soberania de Deus e comunhão com Deus deu lugar à expectação de ser restaurado à soberania de Deus em conseqüência da ressurreição no começo do *eschaton*. Isto se constituiu num significativo progresso, apesar de não totalmente em harmonia com aquilo que os autores do livro de Jó e do Sl 73 consideravam crucial e com aquilo que pode assim satisfazer ao homem de que a questão do que está por vir se torna imaterial: a total experiência da soberania de Deus e comunhão com Deus em sua vida (Sl 73.25-28).

BIBLIOGRAFIA

A. Kuenen, *De godsdienst van Israël tot den ondergang van den Joodschen staat*, 1869-70.
A. Lods, *La religion d'Israël*, 1939.
A. Parrot, *Babylone et l'Ancien Testament*, 1956.
A. Penna, *La Religione di Israele*, 1958.
A. R. Stedman, *The Growth of Hebrew Religion*, 1949.
A. Vincent, "La religion d'Israël", in M. Brillant and R. Aigrain, *Histoire des religions*, t. IV (s.d.), 309-73.
A. Wendel, *Säkularisierung in Israels Kultur*, 1934.
B. Stade, *Biblische Theologie des Alten Testaments* I, 1905.
E. König, *Geschichte der alttestamentlichen Religion*, 1912.
E. Sellin, *Beiträge zur israelitisch-jüdischen Religionsgeschichte*, I & II, 1897-99.
_____, *Die alttestamentliche Religion im Rahmen der andern altorientalischen*, 1907.
_____, *Israelitisch-jüdische Religionsgeschichte*, 1933.
F. Giesebrecht, *Die Grundzüge der israelitischen Religionsgeschichte*, 1904.
G. Hölscher, *Geschichte der israefitischen und jüdischen Religion*, 1922.
H. van Oyen, *Ethik des Alten Testaments*, 1967.
H. Renckens, *De godsdienst van Israël*, 1963.
H. Ringgren, *Israelitische Religion*, 1963.
I. G. Matthews, *The Religious Pilgrimage of Israel*, 1947.
J. Gray, *Archaeology and the Old Testament*, 1962.
J. Hänel, *Die Religion der Heiligkeit*, 1931.
J. Hempel, *Das Ethos des Alten Testaments*, 1938; 2ª ed.,1964.
_____, "Die alttestamentliche Religion", in *HdO*, I.8.1 (1964), 122-46.

J. Muilenburg, "The History of the Religion of Israel", in *The Interpreter's Bible*, I (1962), 292-348.
_____, *The Way of Israel: Biblical Faith and Ethics*, 1961.
J. Wellhausen, "Israelitische-jüdische Religion", in H. Pinneberg, *Die Kulturen der Gegenwart*, 1/4 (1905), 1-38 (reimpresso em *Grundrisse zum Alten Testament*, 1965, 65-109).
K. Marti, *Geschichte der israelitischen Religion*, 1897; 3ª ed., 1907.
_____, *Die Religion des Alten Testaments unter den Religionen des vorderen Orients*, 1906.
M. Löhr, *Israelitische Religionsgeschichte*, 1906.
P. Humbert, "Le génie d'Israël", *RHPhR*, VII (1927), 493-515.
P. Montet, *L'Égypte et la Bible*, 1959.
R. Kittel, *Die Religion des Volkes Israel*, 1921; 2ª ed., 1929.
R. H. Pfeiffer, *Religion in the Old Testament*, 1961.
R. Smend, *Lebrbuch der alttestamentlichen Religionsgeschichte*, 1893; 2ª ed., 1899.
R. de Vaux, *Les institutions de l'Ancien Testament* I, 1958; 2ª ed., 1961; II, 1960 [ed. port.: *Instituições de Israel no Antigo Testamento*, Ed. Teológica, São Paulo, 2002].
S. Mowinckel, *Religion und Kultus*, 1953.
T. C. Vriezen, *De godsdienst van Israël*, 1963.
W. C. Graham and H. G. May, *Culture and Conscience: An Archaeological Study of the New Religious Past in Ancient Palestine*, 1936.
W. O. E. Oesterley and T. H. Robinson, *Hebrew Religion*, 1930; 2ª ed., 1937.
W. L. Wardle, *The History and Religion of Israel*, 1935.
Y. Kaufmann, *The Religion of Israel*, traduzido e compendiado por M. Greenberg, 1960.

ÍNDICES DE AUTORES

A

Abba, R. - 82, 95
Aharoni, Y. - 71, 91, 256
Ahlström, G. W. - 129, 134, 159, 163
Aistleitner, J. - 51, 60
Albright, W. F. - 17, 25, 35, 46, 48, 51, 54, 58, 63, 70, 176, 197, 256
Alfrink, B. - 94
Allen, E. L. - 343
Alt, A. - 31, 32, 42, 43, 63, 74, 76, 105, 106, 110, 154, 159, 180, 197, 214, 216, 258, 377, 429
Amiran, R. - 71, 232, 256
Amsler, S. - 159
Anderson, G. W. - 17, 42, 43
Arnold - 139
As, J. J. van - 197
Astour, M. C. - 34, 56
Auerbach, E. - 81, 164, 247, 253, 388, 495

B

Baeck, J. - 34
Baethgen, F. - 51
Balla, E. - 241, 289, 344
Balscheit, B. - 97, 180
Baltzer, K. - 100, 438
Barr, J. - 197, 236, 237
Baudissin, W. W. - 21, 51, 272, 388, 484

Bauer, G. L. – 18, 31, 32
Bauer, H. 51
Baumgärtel, F. - 87
Baumgartner, W. - 51, 66, 96, 377
Bea, A. - 32, 65
Beer, G. - 81
Bentzen, A. - 275, 377, 434, 438
Berghe, L. V. - 67
Bernhardt, K.-H. - 24, 69, 103, 184, 180, 214, 220, 229, 236, 488
Berry, G. R. - 438, 459, 479
Bertholet, A. - 22, 253, 277, 482
Beyerlin, W. - 81, 86, 87, 180, 331, 366
Binns, L. E. - 88
Blank, S. H. - 325, 335, 429
Bleek, F. - 20
Böhl, F. M. T. - 31, 180, 253
Borger, R. - 34, 447
Bottéro, J. - 34
Botterweck, G. J. - 105, 232, 245, 467, 498
Bousset, W. - 21, 482
Brandon, S. G. F. - 229, 232
Brekelmans, G. H. W. – 122, 126
Brentjes, B. - 35
Brichto, H. C. 41
Brock-Utne, A. - 49
Browne, L. E. - 438
Brunet, A.-M. - 459

Buber, M. - 81, 216, 343
Budde, K. - 22, 139, 149, 325, 377
Burkitt, C. F. - 94, 95
Busink, A. - 253

C

Campbell, E. F., Jr. - 54, 115
Canaan, T. - 214
Canney, M. - 39
Caquot, A. - 47, 60, 63, 72, 297, 319, 467
Caspari, W. - 81, 159, 289, 410, 418
Cassuto, U. - 60, 67, 68, 69
Causse, A. - 31, 159, 197, 289, 359, 383, 399, 429, 482, 499
Cazelles, H. 60, 283, 459
Chamberlayne, J. H. - 37
Chary, T. - 410, 429
Cheyne, T. K. 429
Chiera, E. - 34
Clemen, C. - 52
Clements, R. E. - 253, 344
Contenau, G. - 51
Cook, S. A. - 17, 51, 143, 399
Cooke, G. - 180, 214
Coppens, J. - 384, 438
Cornill, K. H. - 289
Cross, F. M., Jr. - 95
Curtis, J. B. - 197
Curtiss, S. I. - 51
Cyrus Gordon - 54

D

Dahood, M. - 51
Daube, D. - 81
Davies, G. H. - 122, 236, 353
Delcor, M. - 459
Delitzsch, F. C. - 95

Dentan, R. C. - 229
Dhorme, E. - 65, 96, 214, 253, 277
Dhorme, P. - 34, 216
Dibelius - 139
Doerne, M. - 19
Dostal, W. - 35
Dreyer, H. 135
Drioton, E. - 51
Driver, G. R. - 51, 94, 95
Duhm, B. - 21, 197, 214, 289
Dumermuth, F. C. - 383
Dupont-Sommer, A. - 31
Dürr, L. - 209, 232, 277, 305, 411, 438
Dus, J. - 109, 112, 137
Dussaud, R. - 31, 42, 51, 58, 64, 72, 129

E

Edzard, D. O. - 31, 32
Eerdmans, B. D. - 20, 94
Eichrodt, W. - 229, 319, 411, 449
Eiss, W. - 482
Eissfeldt, O. - 17, 18, 20, 21, 36, 40, 42, 51, 52, 53, 55, 58, 59, 63, 64, 65, 69, 89, 94, 96, 112, 113, 116, 122, 129, 131, 132, 133, 134, 137, 139, 142, 159, 171, 197, 201, 215, 216, 219, 233, 246, 268, 270, 284, 444
Elbogen, I. - 482
Elliger, K. - 49, 145, 361, 461, 492
Elmslie, W. A. L. - 17
Engnell, I. - 51, 180, 183, 229
Epeiser, E. A. - 35
Euler, K. F. - 180

F

Fensham, F. C. - 105, 202

Feucht, C. - 106
Fey, A. F. - 277
Fichtner, J. - 129, 197, 209, 210, 250, 325, 344
Finet, A. - 95
Fischer, L. R. - 35
Fohrer, G. - 27, 41, 49, 51, 62, 72, 81, 86, 93, 106, 109, 113, 159, 165, 180, 190, 193, 197, 210, 229, 247, 253, 260, 268, 277, 289, 298, 311, 319, 324, 337, 353, 386, 410, 411, 412, 438, 444, 448, 449, 471, 472, 473, 485
Forrer, E. - 33
Fraine, J. de - 24, 180, 182, 399, 429
Frankena, R. - 377
Frankfort, H. 180, 184
Fredriksson, H. 135, 214, 222, 444
Free, J. P. - 35
Freedman, D. N. - 95
Frost, S. B. - 410

G

Gabler, J. P. - 19
Gall, A. von - 134, 135
Galling, K. - 79, 93, 155, 159, 167, 180, 192, 193, 229, 259, 391, 420, 429, 434, 444, 474
Gaster, T. H. - 51, 72, 495
Gautier, L. - 253
Geiger, A. - 65
Gemser, G. – 31, 42
Gerstenberger, E. - 106
Gese, H. 91, 163, 197, 229, 494
Geus, C. H. J. de - 109
Gibson, J. C. L. - 37
Giesebrecht, F. - 81, 289

Ginsberg, H. L. - 52, 69
Glatzer, N. N. - 459
Glueck, N. - 124
Goitein, S. D. - 95
Gordon, C. H. - 35, 51, 56
Goudoever, J. van - 253
Graf Baudissin, W. W. - 51, 64, 135, 253, 315, 335, 411, 484
Graf, K. H. - 20, 247
Gray, J. - 51, 60, 64, 67, 69, 72, 91, 95, 128, 129, 180, 184, 185, 216, 253
Greenberg, M. - 34, 37, 87, 255
Gresmann, H. -
Gressmann - 42, 133, 139, 454
Gressmann, H. - 21, 31, 37, 81, 137, 145, 377, 410, 438, 482
Grether, O. - 93
Grimme, H. - 90
Grintz, J. M. - 31
Groot, J. de - 197
Guillaume, A. - 289
Gunkel, H. - 21, 79, 137, 229, 247, 289, 298, 305, 309
Gunneweg A. H. J. - 38, 87, 90, 253, 391
Gurney, O. R. - 66

H

Hagg, H. - 56
Haldar, A. - 51, 289, 342
Hallevy, R. – 180, 182, 188
Hallo, W. W. - 114
Hamp, V. - 97, 490, 492
Hänel, J. - 95, 343
Haran, M. - 31, 104, 137, 139, 142, 145, 175, 270, 463
Harnack, A. - 21
Hartlich, C. - 17

Hartmann, L. - 438
Hashimoni, A. - 91
Haspecker, J. - 229
Häussermann, F. - 305
Haussig, H. W. - 51
Heaton, E. W. - 343
Hegel, G. F. W. - 19
Heidt, G. W. - 214
Heiler, F. - 116
Heinemann, G. - 106
Hempel, J. - 17, 25, 41, 56, 98, 220, 236, 289, 304, 305, 308, 353, 361, 423, 473
Hemple, J. - 229
Henninger, J. - 48, 61, 72
Henry, M.-L. - 197, 229, 232
Hentschke, R. - 106, 356
Herder, J. G. – 19, 21
Herdner, A. - 51
Hermisson, H.-J. - 197
Herrmann, S. - 109, 113, 293, 344
Hertzberg, H. W. - 64, 121, 128, 163, 250, 257, 335, 356
Heschel, A. J. - 343
Hesse, F. - 229, 434
Hillmann, R. - 59, 129
Hocke, S. H. - 129
Hoftijzer, J. - 31
Hölscher, G. - 289, 325, 479
Holt, J. M. - 31
Hooke, S. H. - 180, 183, 269, 305, 498
Horst, F. - 41, 82, 109, 249, 264, 308, 486
Hulst, A. R. - 383
Hultkrantz, A. - 86
Humbert, P. - 197, 202, 234, 314, 342, 343, 472, 473, 486
Hvidberg, F. F. - 51, 129, 233

Hyatt, J. P. - 63, 82, 95, 335, 344, 356

I

Irwin, W. A. - 17, 96, 472
Irwin, W. H. - 109

J

Jacob, E. - 229, 319
Jacobs, V. - 67
James, A. C. - 40, 93, 180, 197
Janssen, E. - 399
Jastrow, M. Jr. - 94
Jenni, E. - 305, 361, 418
Jepsen, A. - 17, 35, 37, 101, 247, 289, 377, 383, 384, 393, 419, 473
Jeremias, A. - 22
Jeremias, F. - 253
Jeremias, J. - 136, 219, 282, 335
Jirku, A. - 41, 51, 63, 64, 65, 135, 197, 214, 229
Johnson, A. R. - 124, 180, 219, 277, 289
Judge, H. G. 482

K

Kaiser, G. P. C. - 18, 233
Kapelrud, A. S. - 17, 24, 51, 59, 67, 163, 314, 470
Kaufmann, J. - 17
Kaufmann, Y. - 113
Keller, C. A. - 81, 298
Kellermann, D. - 72, 459, 464
Kenyon, K. M. - 31
Kessler, W. - 429
Kilian, R. - 106
Kittel, H.-J. - 38, 219
Kittel, R. - 22, 63, 64, 72, 263, 418

Klein, W. C. - 305
Klengel, H. - 35, 59
Knierim, R. - 230, 247
Knudtzon, J. A. - 72
Koch, K. - 87, 230, 232, 250, 252, 266, 399, 429, 434, 461, 476
Koenig, J. - 91
Köhler, L. - 96, 230, 314, 418, 486
König, E. - 17, 94, 165, 180, 216, 418, 433, 498
Koolhas, A. A. - 180
Kornfeld, W. - 129, 258, 405
Kraetzschmar, R. - 101
Kramer, S. N. - 34
Kraus, H.-J. - 79, 128, 180, 187, 254, 262, 265, 343, 361, 420
Kraus, F. R. - 66

Krebs, W. - 73
Krieger, N. - 46, 135, 214, 444
Kritzinger, J. - 482
Kruyswijk, A. - 214, 220
Kuenen, A. - 20
Kuhl, C. - 289
Kuhn, K. G. - 95
Kupper, J.-R. - 31, 36
Kutsch, E. - 84, 85, 93, 100, 128, 163, 180, 187, 191, 254, 262, 282, 337, 384

L

Labat, R. - 180, 184
Labuschagne, C. J. - 214
Lack, A. - 64
Lagarde, P. de - 21, 495
Lagrange, M. J. - 51
Lambert, W. G. - 35, 207, 235
Landsberger, B. - 35, 286
Langhe, R. de - 51

Langton, E. L. - 214, 482
Lebram, J. C. H. - 459
Leibovitch, J. - 62
Leslie, E. A. - 46
Lewy, J. - 42, 43, 149
Liagre Böl, v- 72
Lindblom, J. - 95, 136, 147, 289, 308, 344, 410, 438
Lods, A. - 17, 180, 197, 210, 254, 282, 284, 292
Loewenstamm, S. E. - 67, 81
Lohfink, N. - 230, 281, 377, 384
Lokkegaard, F. - 53, 58, 67, 133
Löwinger, A. - 41
Luther, B. - 197

M

Maag, V. - 31, 93, 129, 214, 216, 314, 377
Maarsingh, B. - 383
MacDonald, J. - 459
MacLaurin, E. C. B. - 79, 94
Maier, J. - 128, 129, 135, 137, 138, 139, 140, 162, 259
Maisler, B. - 64
Malamat, A. - 37, 150, 292
Marti, K. - 135, 434
Martin-Achard, R. - 277, 383, 423, 498, 499
Matthes, J. C. - 254, 269, 281
Matthew - 43
Matthiae, M. - 51
Matthiae, P. - 54
May, H. G. - 42, 43, 80, 128, 137, 252, 258, 319, 388
Mayer, R. - 96, 420
Mazar, B. - 88
McCarthy, D. J. - 100, 101
McCown, C. C. - 17, 293

McCullough - 184
McKenzie, J. L. - 198
McKenzie, R. A. F. - 77
Meek, T. J. - 90
Meinhold, J. - 149, 197, 247
Mendenhall, G. E. - 75, 100
Menes, A. - 135, 230, 399
Merkel, R. F. - 17
Messel, N. - 438
Meyer, E. - 37, 39, 64, 81
Migne, J. P. - 61
Mohlenbrink, K. - 254
Moore, G. F. - 459
Morgenstern, J. - 31, 80, 137, 399, 433, 492, 496
Moscati, S. - 31, 32, 51, 53
Mowinckel, S. - 24, 41, 82, 84, 85, 91, 95, 112, 163, 184, 198, 245, 247, 264, 265, 255, 305, 308, 344, 346, 438, 454, 459, 485
Muilenburg, J. - 79
Mulder, M. J. - 51, 65, 129, 159, 163
Murphy, R. E. - 198
Murtonen, A. - 95
Myers, J. M. - 459
Myres, J. L. - 429

N

Neher, A. - 315, 335, 344
Neufeld, E. - 159
Nicholson, E. - 159
Nicolsky, N. - 84, 128, 198
Nielsen – 51, 90, 137, 138, 139, 150, 175, 247
North, C. R. - 180, 230, 254, 264, 459
Noth, M. - 31, 32, 55, 74, 81, 84, 87, 91, 109, 112, 117, 135, 159, 163, 171, 180, 230, 236, 259, 292, 383, 399, 479
Nötscher, F. - 101, 219, 289, 498
Nougayrol, J. - 55
Nyström, S. - 31, 38, 122

O

O'Callaghan, R. T. - 31
Obermann, J. - 67, 68, 95
Oesterley, W. O. E. - 254, 429
Orlinsky, H. M. - 109, 113
Osswald, E. - 81, 86, 310
Östborn, G. - 230, 319
Couroyer, B. - 106

P

Pangritz, W. - 230
Parrot, A. - 31, 36, 254
Patton, J. H. - 51
Paulus, J. - 459
Pax, E. - 40, 252
Pedersen, J. - 43, 49, 69, 84, 133, 233, 289, 290, 474
Pedersen, P. - 43
Perlitt, L. - 19
Pfeiffer, R. H. - 56, 225
Philby, J., St. - 88
Pidoux, C. - 230
Pidoux, G. - 438
Pilz, E. - 51
Ploeg, J. van der - 74, 159, 499
Plöger, O. - 254, 305, 438, 459
Pohl, A. - 35
Pope, M. H. - 51, 56, 58
Pope-Rölling - 59
Porteous, N. W. - 198, 305, 357, 448
Porter, J. R. - 92
Price, I. M. - 40

Pritchard, J. B. - 52, 75
Prthian-Adams, W. J. - 91

Q

Quell, G. - 254, 277, 310, 444

R

Rabast, K. - 105, 106
Rad, G. von - 85, 104, 112, 137, 138, 139, 150, 152, 179, 190, 198, 217, 230, 265, 266, 310, 346, 364, 365, 377, 383, 438, 467
Rahtjen, B. D. - 113, 114
Ratschow, C. H. - 96
Rendtorff, R. - 17, 24, 64, 129, 164, 233, 266, 289, 356, 420
Revetlow, H. Graf - 105
Richter, W. - 121, 161, 210, 255
Ridderbos, N. H. - 289
Ringgren, H. - 24, 180, 236, 254, 495
Ritschl, A. - 21
Smith, R. - 20
Robertson, E. - 104
Robinson, D. W. B. - 377
Robinson, T. H. - 109, 344
Rodd, C. S. – 180, 184
Röllig, W. - 51
Rosensohn, I. - 67
Rosenthal, E. I. J. – 180, 184
Rost, L. - 31, 49, 104, 128, 152, 216, 258, 268, 391, 430, 482
Rothenberg, B. - 91
Rowley, H. H. - 17, 31, 74, 93, 159, 164, 230, 254, 289, 290, 298, 356, 459, 473, 477, 479
Rybinsky, J. - 214

S

Sachs, W. - 17
Sasson, J. M. - 39
Schaeder, H. H. - 459
Schaeffer, C. F.-A. - 52, 54
Scharbert, J. - 277, 289
Schmid, H. H. - 81, 86, 260, 198
Schmidt - 59, 65, 137, 139, 180, 184, 217, 221, 247, 257, 264, 315, 356
Schmidt, W. H. - 52, 67, 216
Schmökel, H. - 31, 62, 88, 186, 198, 240
Schnutenhaus, F. - 81, 136
Schofield, J. N. - 129, 160, 247, 254, 277
Schunck, K.-D. - 112
Schwally, F. - 277
Scott, R. B. Y. - 160, 198, 258, 344
Seebass, H. - 31, 42, 79, 81, 87, 109
Seeber - 139
Segal, J. B. - 254
Sellin, E. - 27, 79, 81, 104, 139, 145, 423
Selms, A. van - 52, 55, 155
Semler, J. S. - 18
Seyrig, H. - 64
Smend, R. - 20, 81, 87, 102, 113, 127, 150, 230, 242, 315, 479
Smith, W. R. - 20, 52, 289
Snaith, N. H. - 254, 269, 319, 420, 498
Snijders, L. A. - 48, 257
Soden, W. von - 66, 95, 96, 184, 292
Soggin, J. A. - 160, 164, 180, 187
Stade, B. – 20, 37

Staerk, W. - 230, 343
Steuernagel, C. - 17, 20, 31, 410
Stier, F. - 214
Stoebe, H. J. - 124
Szörenyi, A. - 254

T

Thierry, G. J. - 94
Thomas, D. W. - 399
Thompson, R. C. – 52, 271
Thornton, T. C. G. - 180
Tood, E. W. - 160
Toombs, L. E. - 115
Tsevat, M. - 64, 215

U

Uchelen, N. A. van - 35
Unger, M. T. - 214

V

Valeton, J. J. P. - 101
Vanel, A. - 52
Vatke, W. - 19
Vattioni, F. - 62
Vaux, R. de - 31, 40, 84, 90, 104, 128, 181, 254, 259, 348, 430
Vawter, B. - 289, 479
Vincent, H. - 216, 254, 433
Vincent, L. H. - 64, 70
Vischer, W. - 88, 94, 214
Vogt, H. C. M. 482
Völter, D. - 99
Volz, P. - 81, 98, 228, 264, 269, 279, 335, 438
Vriezen, T. C. - 95, 149, 152, 229, 234, 319, 325, 365, 383, 411, 486

W

Wächter, L. - 278
Walker, N. - 99
Wallis, G. 77, 160
Walz, R. - 35, 36
Wanke - 215, 260, 366, 444
Wardle, W. L. - 97
Waterman, L. - 94, 434
Weber, M. - 112
Weinfeld, M. - 377, 383, 385, 411, 429
Weippert, M. - 74, 79, 171
Weiser, A. - 112, 152, 160, 163, 216, 234, 265, 315, 473
Welch, A. C. - 305
Wellhausen, J. - 19, 20, 21, 43, 434
Wendel, A. - 254, 271, 273
Westermann, C. - 17, 292, 418
Westphal, G. 135
Whitley, C. F. - 93, 344
Widengren, G. 181, 183, 184, 254, 305
Wienfeld, M. - 160
Wijngaarden, W. D. van - 62
Wilcoxen, J. A. - 84
Wildberger, H. - 160, 230, 260, 265, 335, 386, 486
Williams, W. G. - 344
Willrich, H. - 482
Winckler, H. - 22
Wolff, H. W. - 198, 246, 266, 315, 319, 344, 353, 383, 434
Wood, F. F. - 17
Worden, T. - 129
Woude, A. S. van der - 81, 152, 214, 227
Woudstra, M. H. - 113, 137
Wright, G. E. - 17, 25, 32, 115, 382, 477

Wüstenfeld, F. - 118

Y
Yamauchi, E. M. - 67
Yeivin, S. - 32

Z
Zeydner, H. - 39
Zimmerli, W. - 78, 198, 230, 290, 411, 414, 461, 474
Zobel, H.-J. - 38, 109
Zyl, A. H. van - 109, 414

ÍNDICES DOS TEXTOS BÍBLICOS

ANTIGO TESTAMENTO

Gênesis
1	212, 487
1.1-2,4a	232, 462. 486
1-11	207
1.26-27	98, 220, 486
1.27-28	246
2.1-3	255
2.4b-25	233
2.4bss	223
2.5	232
2.7	246, 278
2.20	246
2.23	234
3	251
3.15	452
3.19	278
3.20	246
3.22b-24	287
3.24	227
4	70
4.23-24	38
4.26	82
5.3	487
5.24	287
6.1-4	226, 287
6.3	278, 279
6.9-9.17	462
7.16	221
8.21	251, 271
8.21-22	231
9.4	40
9.6	153
11.5	218, 221
12ss	75
12.1ss	44
12.6-7	115
12.10ss	224
13.2ss	230
13.18	78, 79
14.5	61, 63
14.17-18	71
14.18-20	163
14.18ss	132
14.20	270
15	78
15.1	46
15.1b-2,7-12,17-18	47
15.6	245
15.15	279
16	69
16.4-14	153
16.7-14	78

16.7ss	227	25.21-26a, 29-34	153
17	150, 256, 462	25.23	153
18	78, 218, 221	26.1-3,12	230
18.4,8	78	26.23-25	78
18.18	240	26.24	44
18-19	252	27.27-29.39-40	153
19	153	27.27ss	41
19.3-38	33	27.29	207
19.24	218	28.10-22	79
19.30-38	153	28.10ss	70
19.30ss	389	28.12	218, 226
20.1ss	224	28.13	44, 45
20 26.1-11	208	28.14	240
21.8	150	28.18	148
21.8-21	153	28.20-22	272
21.14-19	78	28.22	270
21.17	218	29.22ss	150
21.33	78	29-30	153
22	73, 270	31.5,29	44
22.1-4,19	79	31.5b,13	79
22.1ss	70	30.14	203
22.2	79	30.37-38	203
22.11	218	31.53	44, 45
22.12	245	31-42	45
22.17-18	241	32.2-3	141, 144
22.20-24	114, 153	32.9	45
23.19	79, 141	32.10	44, 230
24	238	32.22-31	228
24.7	218	32.25-32	79
24.10	34	32.25ss	70
24.12	222	32.29	37
24.27	124	33.11	230
24.62	78	33.20	45, 115
25.1-5.12-18	34	34	153
25.1-6	153	34.14ss	39
25.2	115	35.1-7	44, 47
25.8	279	35.1ss	79
25.11b	78	35.4	115
25.13-16	114	35.10	37

35.14	148	4.22	243
35.27	79, 141	4.24-26	39, 228
35.29	279	5.1,23	102
36.1	45	5.5-21	153
36.10-14	114	6.23	83
36.20-28	115	7.8ss	224
36.31-39	153	7.14-10.29	153
37.29, 34	282	7.16	102
37.34	282	8.20ss	102
38.24	40	9.1,13	102
38.27-30	153	10.3	102
39-40	41	10.12	348
43.23	44	12.1-20,24-27a	84
44.5	204	12.6	127
46.1-4	78	12.13	84
46.2	218	12.21	85
48.15	218	12.23	226
48.15ss	41	12.24-27a	392
49.10	452	12.35-36	36
49.23-24	200	12.38	34
49.24	37, 46	13.3-16	392
49.25	44	13.3-16	84
50.17	44	13.19	394
50.3	283	14.2,9	59
		15.1-19	85
Êxodo		15.2	94
1-13	84	15.18	216
1-15	84, 85	15.20	277
2.1	90	15.20-21	150
2.24-26	103	15.21	89, 222
3.1	92	15.22ss	90
3.2	227	16-17	153
3.6,10	45	16.28	249
3.7,10	102	17.8ss	394
3.8	89, 207	17.16	94
3.13	83	18	92
3.14	82, 95, 96	18.5-6,27	92
3.15	82, 83	18.16	249
3.16	82	19	85

19.1	262	24.4	71
19.6	386	24.5	268
19.12-13	123	24.7-8	100
19.18	218	24.9-11	100
20	100, 248	24.9ss	136
20,7	202	25.10	139
20.1-17	100, 106, 392	28.41	274, 453
20.2	101, 242	28.42-43	274
20.3-17	247	30.17-21	274
20.4	220	31.13, 17	149
20.5	222	31.17b	149
20.5-6	252	32	103, 153, 171
20.6	384	32.17-18	394
20.10	149	32.26-29	90
20.11	149	32.34	208
20.12	252	33.11	394
20.18-19	245	33.14-15	219
20.22-23.19	380	33.20	220
20.24	268	34	100
20.24-23.9	103, 154, 178	34.1-28	207
20.24-26	77	34.6	124, 222
20.40	148	34.10,27-28	100
21.6	131	34.11-12	172
21.12,16,17	249	34.14	222
22.7	255	34.14-26	100, 248, 261
22.18	202	34.14ss	103
22.18-22.28	248	34.16	465
22.19	249	34.18	84, 262
22.20-23	360	34.18a, 14, 21a,	
22.30	84	22a, 14, 26a	170
23.10-11	264	34.18a, 21a, 22a,	
23.10-19	248	26a	261
23.15	84, 262	34.19	270
23.16	262, 263	34.22	262, 263
23.20ss	227	34.25	127
23.24	71	34.26	135, 204
23.28, 32-33	172	34.29-35	153
24.1-2,9-11	48	35.3	149
24.13-15	394	37.1ss	138

40.31-32	274	19.18	409
		19.19	70
Levítico		19.20ss	269
1-3	267	19.23-25	70
4.2	491	19.26	204
4.2,13,22	251	19.27-28	282
4.3	453	19.31	282
4.6,17	491	20.2-5	64
4.7,18	491	20.5	65
4.25,30	491	20.6,27	282
5.9	348	20.10-13,15	249
5.18s	491	20.27	202
6	49	21.1-7	274
7.16	272	21.1ss	204
8.6	274	21.5	282
8.14ss	491	22.8	40
8.15	491	22.21	272
10.8-11	274	23.11,15	262
11.24-25, 28, 32, 40	272	23.16-17	262
12.1ss	228	23.24-25	495
12.1-8	272	23.27-32	495
13	228	23.36	465
14.10-32	272	23.39	263
14.12ss	491	23.40	465
15	267, 272	23.42-43	263, 494
15.1ss	40	24.16	249
15.14-15,29-30	272	25.1-7	408
16	203, 229, 495	25.8-55	409
16.14ss	491	25.9	495
17.7	228	27.2-8	272
17.14	40		
17.15	40	**Números**	
17-26	394, 407	5.118s	273
18.7ss	49, 106, 107	6.1-21	200
18.21	64	6.2-21	272
19.2ss	221	6.9ss	491
19.3-12	248	6.27	272
19.9, 23	228	8.7	274
19.13-18	248	10.33b	138

10.35-36	138	4.41-43	393
11	153	4.44-11.32	178
11.14ss a 16-7	153	5.2	385
11.28-29	394	5.2-3	385
13-14	75	5.14	149
14.40ss	90	5.15	149
14.44b	138	6.4	483
15.8	272	6.4-8	494
15.22ss	491	6.5	245
15.32-36	149	6.13	245
15.37-41	494	7.1-6	386
20	153	7.2, 9	228
21.1-3	126	7.2ss	465
21.6	227	7.5	71
21.8-9	103	7.6ss	387
21.9	228	7.9,12	385
21.17-18	36	8.3	232
21.29	224	8.18	385
22-24	290, 291	9.7-10,11	407
23.9b	208, 241	10.1ss	138
23.21	216, 217	10.12	245
24.2	220	10.12-13	245
24.3-9, 15-19	207	10.18	360
24.17	452	11.13-21	494
25.1-5	201	12	178
28.26	262	12.5	388
32.38	59	12.13ss	379
33.7	59	13.2ss	204
		14.1	243, 282
Deuteronômio		14.1-2	204
1.3	393	14-26	178
1.1-4, 43	407	15	409
1.5	249	15.1ss	264
1.13,15	210	15.2	465
4	100	15.17	131
4.8	249	16.1-17	388
4.19	215	16.1-8	84, 128
4.31	385	16.9	210
4.37	219	16.13, 16	263

16.14	282	30.11,14	250
17.14ss	391	30.11ss	387
17.18	249	30.15ss	252
18.6	379	31	85
18.6-7	382	31.1-13	263
18.10	204	31.10-11	263
18.10ss	202	31.14,23	394
18.11	282	31.14-17,23	393
20	228	32.1-43	132
20.5-7	135	32.11	220
20.5-8	248	32.17	228
21.1-9	155	32.5,19	243
22.5,9-12	387	32.6,18	243
23.10ss	228	32.8-9	484
23.2	387	33.2	218
23.2-9	155	33.2-3	91
23.3	389	33.5	216
23.3ss	465	33.8-11	90
23.4-6	389	33.16-17	200
23.7-8	389	33.19	143
24.1-4	228	33	393
24.17	360	34	393
25.11-12	228	34.6	86
26.1ss	152	34.8	283
26.5	33, 152		
26.5ss	85, 152	**Josué**	
27	85	1.3-9,12-18	392
27.1-10	178	2-6	134
27.15-26	249, 392	3-4	138
27.15ss	103	4.18-19	79
27.19	360	5.10-12	127
28	252	5.13	227
28.1ss,15ss	252	5.13-15	215
28.1-68	178	5.14	215
29.1	385	6-7	126
29.12-13	385	7.6	79
29.8-12	495	7.26	145
29.9	385	8.29	145
29-30	100	8.30-35	392

8.34	85	5	111, 219, 222, 347
9	389		
9.27	276	5.4-5	91, 136, 199, 218
10.1-15	110	218, 219	
10.12	41	5.5	218
10.16-43	392	5.11	135
11.10-20	392	5.12	41
11.17	59, 80	5.13	127
11.22	348	5.20	215
12.7	59	5.23	227
13.5	59	5.24ss	125
13.17	59	5.31	135, 384
17.14-18	110	6	147
18.1	128	6-10, 12-16	111
19.8	59	6.11-32	133, 143
19.22	143	6.11ss	136, 227
19.38	120	6.19	147
19.51	128	6.23	245
22.1-8	392	6.25	71
22.7ss	144	6.25ss	147
22.22	132	6.26	73
23	392	6.34	136
24	85, 100, 110	8.22-23	121, 122
24.2,14-15	44, 47	8.23	194
24.26-27	115	8.26-27	145
24.32	394	8.27	143, 147
		8.32	279
Juízes		8.33	59
1	154	9	115, 120
1.33	120	9.4	59
2.1-5	154	9.8-15	194
2.20	126	9.23	136
3.3	59	9.23-24	226, 252
3.7-11	120	9.27	70, 73, 149
3.31	120	9.37	115
4	111	10.1-5	121
4.4a,5	111	11.6	120, 121
4.6	143	11.11	121
4.18ss	125	11.11, 34	144

11.16	90	2.12ss	147
11.21ss	131	2.18	145
11.23-24	224	2.22-36	392
11.24	61	2.27	199
11.29	136	2.27-34	303
11.30-31	272	2.28	145
11.40	135	2.29	269
12.8-15	121	2.30	242
13	141, 147	3.3	139
13.3ss	227	3.10	136
13.15ss	147	3-14	269
13.22	220	4	119
14.6	136	4.1-7.1	138, 166
14.10ss	150	4.11	139, 303
15.14	200	4.12	282
16.23	62	5.1-5	62
17	103	5.2-5	62
17.5	146, 147	5.5	228
17.12	274, 275	6.10-14	142
17.18	171	6.14	269
17-18	143, 145	7	392
18.17ss	146	7.2-17	122
18.30	90	7.5-12, 16	143
20.26	268	7.6	148
20.33	59	7.9-10	147
20-21	143	8	160, 161
21.4	268	8.11ss	194
21.19	263	8.1-2	141
21.19ss	142, 149	8.7,9-10.19-22	194
21.21	73, 277	9.1-10.16	161, 184, 393
		9.9	296
1 Samuel		9.12	70
1-3	142	9.12-13	147
1.3ss	149	9.12ss	255
1.11	272	9.16	191
1.21	147	9.16,17	242
1.26	273	10.1	191
2.10,35	191	10.3	142
2.12-17	275	10.5	296

10.5-6	304	24.13	211
10.17-27	160, 161	25.2ss	150
10.17ss	143	25.34	242
10.25	381	25.38	279
11	161, 184, 393	26.9ss	191
11.15	268	26.10	279, 347, 407
12	392	26.19	131, 221, 224, 271
13.7b-15	161		
13.7b-15b	161, 184, 393	28	161
13.9	268	28.9	202
13.14	242	28.13-14	282
13-14	161, 184, 393	28.14	284
14.3	145	30.7	145
14.49	217	31.10	61
15	126, 161	31.13	283
15.1	191, 242	**2 Samuel**	
15.2-3	252	1.2	282
15.12	150	1.12	282
15.23	146	1.14, 16	191
16.1-13	169	1.19-27	282
16.6	191	2	392
16.12-13	191	2.4	141
16.14	226, 486	2.6	222
17.45	215	5.2	242
18.7	150	5.3, 5a	141
19.13, 16	146	5.14-16	164
20.6	255	5.20	59
20.12	242	6	138, 162, 166
21.2-6	269	6.2	59, 140, 214
21.6	147	6.5	274
21.7	255	6.6-7	123
21-22	146	6.14	73, 145
22.18	145	6.17-18	268
22.20	493	6.21	242
23.9	145	7	189
23.10-11	242	7.6	140
24.6, 10	191	7.8	242
24.8	274	7. 8-16,18-29	169, 189

7.8ss	187	2.19	274
7.9	190	2.26-27	303
7.14	189	2.27, 35	275
7.14a	189	3.2	70
7.1-7,17	163, 166	3.4-15	165, 169
7.27	242	3.4ss	142
8.2, 4	162	3.6	222
8.18	182	4.2	275
9.8	274	4.31	74
11	162	4.32,33	167
12.7	191, 242	5.11	276
12.11-18	303	6.1-10	257
13.23	59	6.2-4,9	257
13.23ss	150	6-7	257
15.8	272	8	138
15.20	222	8.1-2	263
18.17	145	8.2,65	263
19.22	191	8.12-13	167, 218
21.6	142	8.22	273
21.10	282	8.22, 54	273
22.51	191	8.27	218
23.1	191	8.46	251
23.2	220	8.64	268
23.13ss	148	9.25	269
24.1	221, 486	11.5,33	61
24.16	226	11.7	144, 168
24.25	268	11.29-31	297, 302
3.31	282, 283	11.31	242
3.31ss	150	11.31-32	303
3.33	279	12.20	303
3.33-34	282	12.21-24	297
		12.28-29	103, 171
1 Reis		12.31	276
1	165	12.32-13.10	297
1.30	242	12.32-33	263
1.32-48	266	13.1-5	302
1.47	190	13.2	303
1.48	242	13.3	303
1.50ss	255	13.11-32	297

13.20-24	303	22.21	226
13.30	282	22.22	486
13.32	144		
13.32	263	**2 Reis**	
13.33	276	1	252
14	301	1.1-17	298
14.1-18	297	1.13	274
14.5	303	1.2-3	59
14.7	242	1.2ss	59, 301
14.12-18	303	1.9-12	302
14.23	71	1.9-12	303
15.13	97, 169	2	300
16.2	242	2.11	287
16.34	73	2.19-22	302
17.1	231, 242	2.19ss	204
17.14	242	2.23	303
17.14-16	302	2.23-25	302, 303
17.14ss	303	3.4-27	300
17.17-24	286	3.11	301
17.20ss	303	3.16-17	301, 303
17.21	302	3.27	224
18.1-2	231	4.1-7	302
18.4	297	4.1-8,15	300
18.19ss	292	4.13	301
18.26ss	304	4.18-37	286
18.28	282	4.29	302
19.7	227	4.33	303
19.10, 14	126	4.34-35	302
19.11ss	299	4.37	274
19.16	453	4.38	300
19.19-21	302	4.38-41	302
21	194	4.38ss	204
21.9-10	266	4.42	59
21.19	303	4.42-44	302
22	306	4.43	303
22.6	297	5	300
22.11	297, 302	5.11	41, 302
22.13-28	297	5.25-26	301
22.19	215	5.27	302

6.1-7	302	19.7, 8-9, 35	175
6.8-23	300	19.14	381
6.9	301	19.15	242
6.12	301	19.35	227
6.15ss	303	20.5ss	303
6-16	59	21.3	225
6.18	302	21.6	204
6.24-7.20	300	21.6	282
6.32	301	21.10	297
7.1ss	303	21.10-15	297
8.7-15	300	22.14	277
8.10-13	301	22.20	393
9	242	22.23	381
9.1-10	300	22-23	379
9.3ss	191	23.4	276
9.6	242	23.5, 11	225
9.25	303	23.8	144, 228
10.19	292	23.8-9	379
11	204	23.8-9,19	379
11.12	190	23.9	382
11.12-20	266	23.10	64
12.3	70	23.13	61
12.4-16	275	23.21-22	127
13.14	301	23.22	382
13.14-19	300, 302	23.25b	407
13.14-21	300	25.1, 8-9, 25	403
13.20-21	286, 302	25.18	275, 276
15.16	271		
16.10-16	275	**1 Crônicas**	
16.12-13	182	5.8	59
16.13	268	5.23	59
17.17	204	6.3-8	275
17.30	225	6.8-15	275
18.4	103, 174	6.33-47	276
18.13	326	14.11	59
18.17-20.19	326	15.16ss	491
18.19	175	16.22	453
19.2	276	16.36	491
19.6-7,35	303	17.14	217

21.1	222, 485	**Neemias**	
23.1	279	2ss	464
24.3	493	3	400
25.1	276	8	494
28.5	217	8.6	491
29.2	432	8.13ss	465
29.3	217	8.18	465
29.11	483	10.30	465
29.20	491	10.31	465
29.28	279	13.1ss	465
2 Crônicas		**1 Macabeus**	
3.1	79	6.49,53	264
3.14	432		
4.2ss	259	**2 Macabeus**	
4.6	259	15.36-37	496
5.12-13	491	**Jó**	
6.42	191	1.1	245
9.8	217	1.6	215
11.15	228	1.6ss	485
13.8	217	2.1ss	485
20.1-30	468	3	286
20.16	79	9.2-3	488
20.21ss	491	10.9	278
22.7	191	14.21	285
23.13	491	18.20	347
29.27	491	19.25-27	502
33	468	24.5-8, 14-16a	212
34.35	381	26.5	284
		26.5-6	285
Esdras		28	212, 471, 472
2.41-42	276	30.23	284
2.43ss	276	30.2-8	212
3.11	491	31	251
6.3-5	430	32-37	472
8.2	493	33.6	278
8.20	276	33.23ss	485
		34.11	252

36.27-37, 13	212	19	273
38.4, 39	212	19.1-6, 29, 68	73
38.7	215	19.7-14	472
38-17	284	19.7-14	489
40.15-24	212	19.13	251
40.25-41.34	212	20	179, 254
42.10	447	20.3	269
42.17	279	20.3-4	269
		20.5	190
Salmos		20.6	191
1	472, 489	21	179, 306
2	179, 254, 306, 433	21.2, 4	190
		21.3	190
2.2	191	21.9	219
2.3	218	22.18	452
2.4	218	22.29	280
2.7	189, 190	24	273
2.8	190	24.3	181
2.11	245	24.3-6	206, 249
3	273	24.9-10	217
5.7	273	25.14	246
8	487	26.9	279
8.4	246	27.1-6	273
8.6-9	246, 487	27.7-14	273
9.7	223	28	273
9.13	284	28.8	191
10.16	223	29.1	224, 226
11.4	218	29.16	223
14.2	218	30	273
15	206, 249, 273	30.3	281
15.1	181	31.1-9	273
15.24, 3-6	206	31.10-25	273
16	502	33.6,9	232
18b	179, 254	33.11	223
18.1	245	33.13ss	218
18.4-5	281	34	472
18.6	218	34.7	226
18.10	133, 216	34.12ss	252
18.50	191	36	472

36.9	223	72.8-11	192
37	472	73	470, 472,
37.13	347	474, 502, 504	
40	496	73.23-24	474
40.7	496	73.23ss	246
42.4	274	73.25-28	474, 504
42-43	273	74	402
44	179, 254	74.9-10	403
45	179, 272	76.8-9	245
45.7	191	77.1-15	402
45.7b-8	192	78.49	226
46.4	181	80.16	219
46.9	449	81	306
47	450	82	132, 226, 273
48.2-3	181	82.1	226
49	470, 472, 499	82.1.6-7	224
49.15	499	84.9	191
50	497	85.4	447
50.9-15	497	85.10	64
51	497	85.11-13	449
51.5	251	85.12-13	221
51.16-17	498	86.13	281
54	273	87	181
56	273	88.11-13	280
57	273	88.3-5	281
60	402	89	254
61	273	89b	179
62.9-10	245	89.3-4, 19-37	189
63	273	89.5,7	226
63.8	246	89.5-7	224, 226
68.4	133	89.6-9	224
68.8	91, 218	89.26-27	189
68.17	218	89.38, 51	191
68.25	277	89.38ss	433
69	497	90.2	223
69.30-31	497	90.3	278
71.20	281	90.4-6	246
72	179, 193, 254	90.10	279
72.2,4	360	90.13-17	449

90.14-15	245	132	179, 263, 306
91.5-6	229	132.10, 17	191
91.11-12	226	133	472
91.14	246	139.8	285
91.16	252	141	497
92.8	223	141.2	497
93.2	223	144	179, 254
96-99	450	144.13-14	448
99.5,9	273	145.13	223
101	179, 192, 254	145.1ss	483
102	402	146.10	450
102.12	223	147.4,15-18	232
102.14	403	148	232
102.24	279	149.2	450
103.3	251		
103.13	244	**Provérbios**	
103.19	483	1.7	245
104	212, 233	1-9	471, 472
104.7	232	6.16-19	212
104.21	132	7.27	211
104.29-30	246	9.10	245
105	472	10-22.16	179
105.15	453	11.2a	211
106	472	11.21,31	253
106.1	222	11.24	211
106.28	282	14.29	211
106.37	228	14.30	211
107.1	222	15.18	211
108	212	16.18	211
109.13	286	18.22	211
110	179, 254, 306	19.17	253
110.2	190	20.9	251
110.4	163, 182	20.17	211
112	472	22.24	211
118.8-9	245	25.2, 3	211
119	472, 489	25.15	211
123	402	25-29	179
128	472	26.20	211
130.3	488	27.7	211
		27.20	211

29.4	193	4.3	349, 449
29.22	211	5.1ss	243
30	212	5.20, 21	183
		5.23	359
Eclesiastes		5.25	242
5.1-7	497	5.25-29	354
		5.26ss	242
Cânticos dos canticos		6	221, 227, 308, 309
8.11	59		
3.8	228	6.1	221
		6.11	346, 367
Eclesiástico		6.11-12	348
39.1-9b	490	6.5	217, 221
48.1ss	41	6.9	243
49.12	432	6.9-10	352
50.5-21	493	7.1-9	363
		7.3	311, 325, 348
Isaías		7.9	245, 371
1.2-3	242	7.10-17	309
1.3	242	7.11	285
1.8	348	7.14	452
1.10-17	357, 369	7.18-19	242
1.15	273	7.24	436
1.16-17	249	8.1-4	311
1.16b-17	360	8.14	367
1.19	352	8.16-18	308, 367
1.19-20	346, 355, 365	8.18	167
1.21-26	194	8.19	282, 285
1-35	354	8.2	325
2.2	448	8.3	277
2.2-3	450	8.5-8	238
2.2-4	446, 450	8.6,11	243
2.3	450	9.2	442
2.4	449	9.2-7	365, 436, 451, 456
2.12-17	347, 366, 367		
3.1-9	194, 280, 363	9.5	449
3.12-15	362	9.8-21	354
3.25-4.1	281	9.8-9	314
3.26	282	10.1-3	183, 361

10.5-15	363	24-27	436, 440
10.20-21	349	25.6ss	446, 450
10.24-27a	444	25.8	448, 500
11.1-9	365, 436, 451	25.10	444
11.6-9	449	26.7-21	501
11.9	449	26.19	502
11.10	451	26.21	443
11.11,16	349	28.5	349
12.2	94	28.11	243
13	348, 444	28.21	367
13.10,13	447	29.4	285
13.21	228	29.9-10	352
14.9	63	29.13	359
14.9ss	284	29.13-14	243, 356
14.11,19-20	284	29.18	448
14.12	226	30.6	227
14.20-21	286	30.8-14	349
14.22	444, 227	30.14,17	348
15.2	70	30.15	245, 371
15-16	436	30.22	145
16.5	451	30.23-25	448
16.12	70	30.29	274
17.3,5-6	348	31.1-3	278
17.7-8	446	31.3	220, 278
18	238	31.4	181
19.1-15	436	32.1	452
19.21	269	32.3-4	448
20	311	32.9-14	354, 365
21.1-10	310, 417, 444	32.12	282
22.1-14	354, 365	33.1-6	436
21.9b	417	33.22	450
22.12	282	33.23	448
22.15-16	325	34	348, 444
24	348	34.4	447
24.1ss,18ss	447	34.8	347
24.5,20	443	34.14	228
24.21	215, 484	34-35	436
24.21-25.12	440	35.5-6	448
24.23	448, 450	36-37	175

38.10	281, 284	49.6	450
38.18	280	49.13	449
40.1-2	425	49.19-21	448
40.1-2,3-5,6-8	424	50.2	232
40.2	442	50.10-11	443
40.6,8	278	51.3	448
40.18	132	51.4-6	446
40.22ss	218	51.6	447
40.26	232	51.11	449
40-55	418	51.12-13	433
42.1	220	51.17	442
42.1-4,6	450	52.7	217
42.10-22	449	52.8-9	449
42.13	444	52.13-53.12	443, 446, 450, 457, 458
43.1-7	421		
43.6	243	53.10	501
43.10-17	443	54.1-3	448
43.13	132	54.11-12	448
43.15	450	55.3	425
44.3-4	448	55.6-7	445
44.6	450	56.1-2	443
44.21-22	445	56.1-8	436, 445, 450
44.23	449	56.4-5	286
44.24	232	56.7	446
44.26	448	56.9-57.13	436, 460
45.1	453	57.14	443
45.1-3	422	57.14-21	436
45.3,5-6,14-17	450	57.17	442
45.7	485	58	445
45.13	448	58.2	443
45.11	243	58.11-12	449
45.20,25	450	58.1-12	436, 460
45.22	132	58.12	448
46.3-4	349	58.13-14	436, 460
47.1	282	59	436, 443, 445
48.2	181	59.1-4	443
48.13	232	59.1-8	443
48.18	355	59.17-18	445
48.20	449	60.10,13	448

60.10-11	448	4.23-26	447
60.1-2	448	6.14	314, 346
60.19-20	447	6.20	270
60.21	449	6.26	282
60.22	448	7.1-15	352, 357
60-62	435	7.4	175
61.1	220, 453	7.16-20	176
61.2	443	7.18, 44, 17ss	225
61.3	449	7.22	104, 256
61.4	448	7.29	282
61.8	445	7.31	144
61.9	449	8.2	225
62	443, 448	8.8	361
62.12	449	8.8-9	210
63.1-6	436	8.19	217
63.7-64.11	417	9.20-22	282
63.9	219	10.2	204
65.10	448	13.1-11	311
65.11ss	445	14.12	269
65.13,14,18	449	16.1-4	311
65.17-18	447	16.5-7	311
65.20	500	16.6	282
65.25	449	16.8-9	311
66.10	449	17.5	245, 278
66.1-4	435	17.9	251
66.22	447	17.11	279
66.5-24	471	17.16-17	347
		18.1-11	352
Jeremias		18.20	273
1.2	335	19.1	276
1.4-10	308	19.1,2a, 10-11a,	
1-6	342, 343	14-15	311
2.2	243	19.13	215
2.2-3	384	22.1-5	346, 352
3.4	243	22.13-17	362
3.6ss	243	22.13-19	194
3.17	446	22.18	282
4.5-8,13-16,19-22	309	23.1ss	218
4.6	444	23.5-6	451

23.25ss	309	51.59-64	311
23.29	314		
24.8-9	348	**Lamentações**	
25.3	335	1.2,9,16-17,21	433
26.18	332	1.4,11	400
27	343	1.11	400
27.1-3, 12b	311	3.10	220
27.9	292	3.34-36	402
28	306, 343	4.16	219
28.10-11	311	5	400
29.24ss	276		
29.26	305	**Ezequiel**	
30.9,21	452	1	227
31.9	243	1.1-3.15	308
31.19	282	1.26-27	221
31.20	243, 402	3.16a	311
31.31-34	350, 364, 387	3.22-27	308, 311
32.1,7-15	311	4.1-3	311
32.35	64	4.4-8	311
33.15-16	451	4.9-17	311
34.5	282	5.1-14	311
34-17ss	48	7.5ss,10ss	348
35	201, 368	7.7	347
36.9	255, 266	8	176, 402
41.4-5	263	8.14	225
41.5	282	8.16	225
41.5-6	403	9.2ss	227
42.2-3	348	9.8	348
44.17ss	410	11.5	220
45.8-13	311	12.1-11	311
46.18	217	12.17-20	311
46.21	347	12.215s	308
47.5	282	13.18	404
48.15	217	14.1-11	404
50.1-51.58	418	16.20	243
50-27	347	16.53	447
50.39	228	17.21	348
50-51	444	17.22-24	451
51.57	217	18.2	402, 442

18.21-32	250	4.17	215
18.23	350	4.23	484
20.12, 20	149	7	481, 482
20.18s	372	7.9	481, 484
20.32	404	10.13, 20-21	215
21.6-7	311	10.13,21	485
21.18-24	311	12.1	215, 485
21.21	146, 204	12.1-3	503
21.25	347	12.2	503
21.25-27	452		
24.1-14	311	**Oséias**	
24.15-24	311	1	243
24.17	282	1.2	243
24.25-27	308, 311	1.2-9	311
25.9	59	1.9	243
27.30	282	1.10	243
30.1-9	348	2.2	243, 244
32.30	39	2.8-9, 21-23	232
33.21-22	308, 311	2.13	172, 356
33.24	400	2.16	243
34	218	2.18	362
34.23-24	193, 452	2.21-23	238
36.25-27	351	2.23	243
37.1-14	501, 502	3	243, 311
37.15-28	311	3.4	146
37.23-25	452	3.5a	452
38-39	424, 444	4.1,6	246
40-42	257	4.6,8,12	243
43.19-20	491	4.7-10	356
44.4-31	494	4.8	275
44.31	40	4.12-1,4	356
45.18-19	491	4.12-14	172
47.1-12	448	5.1-2	356
		5.4	243
Daniel		5.14	220
2	480	6.1-2	500
3.33	483	6.5	314
4.3,34,37	483	6.6	246
4.14	485	7.11-12	362

8.4	194	2.11-12	200
8.4b-5	172	2.12	200
8.4b-6	171, 356	3.2	241, 243
9.7b	304, 308	3.14	172, 225
8.11-13	356	4.4	270
8.12	249	4.4-5	356
10.1-2	356	4.5	269, 271
10.3	194	4.6-12	232
10.5-6a	171	5.3	348
10-5	172	5.4-6,14-15	357
10.10	242	5.5	141
11.1	243	5.7,10-11	359
11.7	243	5.14	249
11.10	220	5.16	282
12.3ss	241	5.18-20	347, 367
12.7,10	243	5.21-24	357
13.2	171	5.22	269
13.4	243	5.23	276
13.5-6	218	5.25	104
13.7	220	6.1-7	241
13.9-11	361	6.14	242
13.11	194	7.8,15	242
14.2,4	243	7.10	275, 314
14.2-9	239	7.10ss	308
		7.14	315
Joel		8.2	242
1-2	266	8.4-7	359
2.10	444	8.10	282
2.23	221	8.14	141, 225
2.28-29	449	8.14	172
3	447	9.2	285
3.2,9-10	441	9.7	241
3.18	448	9.11-15	452
		9.13	448
Amós			
1.2	314	**Abdias**	
2.1	283	15ss	348
2.1-3	371	21	450
2.6-8	359		

Jonas	
1.16	272

Miquéias	
1.2ss	242
1.3-4	219
2.6-9	242
2.13	450
3.8	220
3.9-10	359
4.1-3	326
4-5	436
4.7	349, 450
4.8	452
5.2,4	451
5.8	349
6	497
6.1-7.7	436
6.6-8	498
6.7	271
6.8	249, 366
7.4	347
7.8-20	436
7.18	349

Habacuque	
3.3-4	218
3.7	91

Sofonias	
1.7	242
1.7-9	348
1.9	228
1.12	402
1.14-16	348
3.12-13	362
3.15	450
3.9-10	446

Ageu	
1.4ss	400
2	453
2.1-9	432
2.2	349
2.6,21	447
2.6-7,21-22	444
2.10-14	249, 431, 449
2.15-19	434, 438
2.19	440, 443
2.20-23	451

Zacarias	
1.1-6	439
1.3	445
1.7-15	447
1.15	444
1.17	448
1.18-21	444
2.1-5	448
2.11	450
3.1ss	485
4	453
4.1-6a,10b-14	451
5.1-4	445
5.5-11	449
6	453
6.9-15	311, 451
7.5	403
7.12	220
8.4	448
8.6	349
8.9-13	435
8.14-15	439
8.19	403
8.20ss	446
8.23	450
9	453
9.1-8	450

9.1ss	444
9.9-10	451
9.10	449
9.11-17	441
9-11	471
10.2	146
10.3-12	441
10.6	447
11.1ss	444
11.4-16	441
12.1-13.6	441
12.9-13.1	451
12.9-14	471
12.14	447, 471
13.1ss	449
13.7-9	441
14	348, 441
14.16ss	446, 450
14.8	448

Malaquias

1.1	459
1.14	483
3.1	450, 451
4.4-6	451

NOVO TESTAMENTO

Lucas

16.19-31	499

Hebreus

3.13	191

FSC
www.fsc.org
MISTO
Papel produzido
a partir de
fontes responsáveis
FSC® C108975